ESSAI

SUR LA MUSIQUE.

TOME SECOND.

ESSAI
SUR
LA MUSIQUE
ANCIENNE ET MODERNE.

TOME SECOND.

A PARIS,

De l'Imprimerie de PH.-D. PIERRES, Imprimeur ordinaire du Roi;

Et se vend

Chez EUGENE ONFROY, Libraire, rue du Hurepoix.

M. DCC. LXXX.

Avec Approbation, & Privilége du Roi.

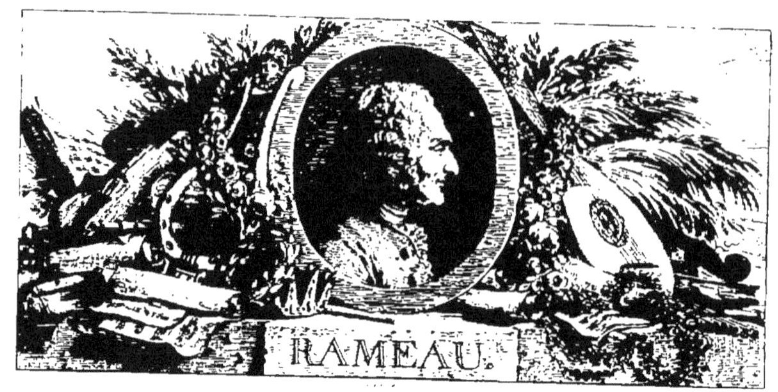

ESSAI SUR LA MUSIQUE.

LIVRE TROISIEME.

Abrégé d'un Traité de Compoſition.

CHAPITRE PREMIER.

De la Muſique.

Le grand Rameau nous dit que la Muſique étant la ſcience des ſons; le ſon eſt le principal objet de la Muſique.

Mais il n'en eſt que l'objet phyſique, & les rapports trouvés entre différens ſons, en font l'objet mathématique. Sa fin doit toujours être de plaire, & de faire naître en nous différentes paſſions.

CHAPITRE II.

Du Son.

Les Anciens ont cru que le ſon était produit par le corps ſonore de la même maniere que l'odeur eſt produite par la fleur, c'eſt-à-dire, en répandant dans l'air des petits corps capables d'affecter nos organes. On eſt convaincu maintenant que le corps qui réſone ne perd rien de ſa ſubſtance, & qu'il n'en ſort rien du tout qui ſoit tranſporté dans les organes de notre ouïe.

Qu'eſt-ce donc que le ſon, & comment ſe produit-il à nos ſens?

On ſait qu'il s'écoule toujours quelque tems avant que le ſon ne parviene à nos oreilles, & que ce tems eſt d'autant plus long, que le lieu où le ſon eſt produit, eſt éloigné de nous; en ſorte que pour ſe communiquer à une diſtance de 1000 pieds, il lui faut environ une ſeconde de tems (a). En obſervant une cloche, lorſqu'elle eſt frapée, ou une corde, lorſqu'elle eſt pincée, on s'apercèvra facilement que le corps ſe trouve alors dans un tremblement ou ébranlement, dont toutes ſes parties ſont agitées; ces vibrations mettent l'air voiſin dans une ſemblable vibration, qui ſe communique ſucceſſivement aux parties plus éloignées de l'air, juſqu'à ce qu'elles vienent fraper l'organe de l'ouïe. C'eſt donc l'air qui, recevant de telles vibrations, tranſporte le ſon juſqu'à nos oreilles, & il en réſulte que la perception d'un ſon n'eſt autre choſe que la communication intime de l'air ébranlé à notre organe de l'ouïe; & quand nous entendons le ſon d'une corde pincée, nos oreilles en reçoivent autant de coups que la corde a fait de vibrations. Mais il y a des ſons de différentes

(a) Quand on tire un canon, ceux qui en ſont éloignés n'entendent le bruit que quelque tems après qu'ils ont vu la flâme de la poudre. Ceux qui ſont éloignés de vingt-quatre mille pieds (un peu plus d'une lieue & demie de France ou un mille d'Allemagne) n'entendent le bruit que vingt-quatre ſecondes après la vue du feu. Le bruit du tonerre ne parvient auſſi à nos oreilles que quelque tems après l'éclair, & ſi nous obſervons qu'il s'écoule vingt ſecondes entre l'éclair & le tonerre, nous pouvons en conclure que le ſiége du tonerre eſt éloigné de nous de vingt mille pas.

especes : où rechercher les causes de ces différences ? Ce ne peut être que dans la relation des vibrations.

Lorsqu'une corde acheve 100 vibrations dans une seconde, & qu'une autre en acheve 200, le son de la premiere sera plus grave, ou plus bas, & l'autre plus aigu, ou plus haut.

Voilà la différence des sons graves & aigus, sur laquelle roule toute la science de la Musique, dont tout le mérite consiste à savoir mêler des sons qui diffèrent entr'eux par raport au grave & à l'aigu (*a*), mais unis tellement ensemble, qu'il en résulte une agréable harmonie. Le célebre Euler, d'après lequel nous avons donné la définition du son, a remarqué que nous ne pourions pas entendre un son qui ferait moins de vingt vibrations dans une seconde, parce qu'il serait trop bas; ni un son qui ferait dans une seconde plus de quatre mille vibrations, à cause de sa trop grande hauteur.

CHAPITRE III.

Des Intervalles.

On nomme ainsi la distance qu'il y a d'un son grave à un son aigu (*b*). Cette distance se divise en degrés, dont le premier s'appelle *unisson*. C'est lorsque deux voix ou deux instrumens, ou une voix & un instrument, forment le même son.

(*a*) Les anciens ayant consacré le grave aux cérémonies religieuses, majestueuses, douloureuses, & l'aigu à la gaîté, à l'impétuosité & même à la fureur, ne pouvaient souffrir le mélange du grave & de l'aigu. Ignorant l'art de les unir sans rudesse, & d'en faire résulter cette harmonie, tantôt terrible & entraînante, tantôt douce & persuasive, ils regardaient comme un attentat de les mêler ensemble. C'est une preuve incontestable qu'ils n'ont jamais connu la Musique à plusieurs parties; ou du moins, que s'ils en ont eu quelque idée, ils l'ont condamnée à ne jamais exister, parce qu'en souffrant seulement le dessus & la basse, ils auraient uni le grave à l'aigu. Ils n'ont donc jamais connu l'harmonie.

(*b*) On suppose qu'on est parti du ton le plus grave ou le plus bas, & que les autres se forment en élevant la voix successivement selon ses degrés naturels.

Le 2e degré s'appele . . . . . *seconde.*
Le 3e. . . . . *tierce.*
Le 4e. . . . . *quarte.*
Le 5e. . . . . *quinte.*
Le 6e. . . . . *sixte.*
Le 7e. . . . . *septieme.*
Le 8e. . . . . *octave.*
Le 9e. . . . . *neuvieme.*
&c. &c. &c. &c. &c. . . . .
Le 15e. . . . . *double-octave.*
Le 22e. . . . . *triple-octave.*
&c. &c. &c. &c. &c. . . . .

CHAPITRE IV.

*Ce que c'est que les Consonances ; pourquoi elles sont parfaites.
Ce que c'est que les Dissonances ; pourquoi elles sont imparfaites.*

On appele parfait ce qui est soumis aux proportions rationelles, c'est-à-dire, quand une chose, par exemple, fait deux fois, dans un tems égal, ce qu'une autre ne fait qu'une fois ; alors il y a proportion entre ces deux choses.

Une corde qui dans une seconde forme six vibrations, étant pincée en même tems qu'une corde qui en forme douze, il en résulte deux sons, qui forment une *Consonance*, parcequ'alors il existe un raport entre ces deux sons ; au lieu que dans deux cordes, dont l'une ferait dix-neuf vibrations, pendant que l'autre en formerait douze, il n'existe point de raport, ou s'il en existe un, il est impossible que l'oreille le découvre. Donc la plus simple Consonance est celle où le son aigu acheve précisément deux fois plus de vibrations que le son grave. Cette Consonance est appelée *octave* ; & l'octave aiguë est au son grave dans la proportion de 2 à 1, puisqu'elle forme deux fois plus de vibrations que lui.

La double octave formera quatre vibrations pendant que le son grave en forme une ; la triple en formera huit ; la quadruple, seize ; la quintuple, trente-deux. Voilà donc cette proportion établie :

1, 2, 4, 8, 16, 32, 64, 128, 256, &c.

Ainsi la proportion de	
L'unisson est de	1 à 1.
L'octave de	1 à 2.
La double octave de	1 à 4.
La triple octave de	1 à 8.
La quadruple octave de . . .	1 à 16.
La quintuple octave de . . .	1 à 32.
La sextuple octave de . . .	1 à 64.
La septuple octave de	1 à 128.
L'octuple octave de	1 à 256.
&c.	&c. . .

Toutes les proportions que nous venons de voir, tirent leur origine du nombre 2 ; puisque que 4 vient de deux fois deux, 8 de deux fois quatre, &c. Ainsi en n'admétant que le nombre 2 dans la Musique, on ne parvient qu'à la connaissance des Consonances appelées *octaves*.

En y introduisant le nombre 3 ; voyons ce qu'il en résultera.

La proportion de 1 à 3 nous présente deux sons, dont l'un rend trois fois plus de vibrations que l'autre dans le même tems.

Supposons donc que, dans la proportion de 1 à 3, le nombre 1 réponde au son *ut* : puisque le son *ut*[8e] est exprimé par le nombre 2 ; le nombre 3 nous donne un son plus haut que *ut*[8e], mais plus bas que *ut*[2e 8e], qui répond au nombre 4, puisque le nombre 4, ainsi que tous ceux engendrés du nombre 2, apartienent aux octaves. Or le son exprimé par 3 est celui que les Musiciens marquent par la note *sol* ; & ils nomment l'intervalle d'*ut* à *sol*, une *quinte*, parce que dans la succession des notes de la Gamme, *ut*, *re*, *mi*, *fa*, *sol*, *la*, *si*, *ut*, &c. la note *sol* est la cinquieme depuis *ut*.

Donc si le nombre 1 donne le son *ut* ; le nombre 2, le son *ut*[8e] ; le nombre 3, le son *sol*[8e] ; & le nombre 4, le son *ut*[2e 8e] : le son *sol*[2e 8e], qui est l'octave du nombre 3, donnera 6 ; en montant encore d'une octave, il donnera 12 ; à la triple octave, 24, &c.

EXEMPLE.

	8e	8e	2e 8e	2e 8e	3e 8e	3e 8e	4e 8e	4e 8e	5e octave.
ut,	ut,	sol,	ut,	sol,	ut,	sol,	ut,	sol,	ut,
1.	2.	3.	4.	6.	8.	12.	16.	24.	32.

Il résulte delà, que la proportion de 1 à 3 exprime un intervalle composé d'une octave & d'une quinte; & qui, à cause de la simplicité de ses nombres, doit former, après l'octave, la Consonance la plus sensible à l'oreille. C'est aussi celle qui, sur un instrument, s'acorde le plus facilement après l'octave.

Si l'unité nous avait marqué le son *fa*, le nombre 3 marquerait le son $\overset{\text{8e}}{\textit{ut}}$, en sorte que les sons suivans répondraient à ces nombres:

	8e	8e	2e 8e	2e 8e	3e 8e	3e 8e.
fa,	fa,	ut,	fa,	ut,	fa,	ut.
1.	2.	3.	4.	6.	8.	12.

De $\overset{\text{8e}}{\textit{fa}}$ à $\overset{\text{8e}}{\textit{ut}}$ l'intervalle est une quinte, contenue dans une proportion de 2 à 3; de même de $\overset{\text{2e 8e}}{\textit{fa}}$ à $\overset{\text{2e 8e}}{\textit{ut}}$, de $\overset{\text{3e 8e}}{\textit{fa}}$ à $\overset{\text{3e 8e}}{\textit{ut}}$, &c. il y a aussi l'intervalle d'une quinte, puisque la proportion de 4 à 6 & de 8 à 12, est la même que celle de 2 à 3.

Delà nous arrivons à la connaissance d'un autre intervalle contenu dans la proportion de 3 à 4, qui est d'$\overset{\text{8e}}{\textit{ut}}$ à $\overset{\text{2e 8e}}{\textit{fa}}$, & pareillement d'$\overset{\text{2e 8e}}{\textit{ut}}$ à $\overset{\text{3e 8e}}{\textit{fa}}$, ou simplement d'*ut* à *fa*. C'est ce que les Musiciens appelent *quarte;* Consonance qui n'est pas aussi agréable que la quinte, parceque sa proportion étant de 3 à 4, commence à être plus compliquée que celle de la quinte, qui est de 2 à 3.

C'est donc le nombre 3 qui nous a fourni les Consonances de la quinte & de la quarte.

Prenons maintenant trois fois le nombre 3, pour avoir le nombre 9, il nous donnera un son plus haut que le son $\overset{\text{2e 8e}}{\textit{fa}}$; donc le nombre 9 donne le son $\overset{\text{3e 8e}}{\textit{sol}}$; en sorte que $\overset{\text{2e 8e}}{\textit{ut}}$, $\overset{\text{3e 8e}}{\textit{fa}}$, $\overset{\text{3e 8e}}{\textit{sol}}$, $\overset{\text{3e 8e}}{\textit{ut}}$, seront marqués par 6, 8, 9, 12: d'où, prenant ces sons dans les octaves inférieures, les proportions demeurant les mêmes, on aura:

			8e			2e 8e			3e 8e			4e 8e
ut,	fa,	sol,	ut,	fa,	sol,	ut,	fa,	sol,	ut,	fa,	sol,	ut,
6.	8.	9.	12.	16.	18.	24.	32.	36.	48.	64.	72.	96.

proportions qui nous procurent la connaissance de nouveaux intervalles ; le premier est celui de *fa* à *sol*, dans la proportion de 8 à 9 : c'est ce que les Musiciens appelent *seconde* & aussi *ton entier.* Le second est celui de *sol* à $\overset{8^e}{\textit{fa}}$, contenu dans la proportion de 9 à 16 ; c'est ce qu'on appele *septieme*, intervalle qui est d'un ton entier ou d'une seconde plus petit que l'octave. Ces proportions de 8 à 9 & de 9 à 16, n'étant plus exprimées par les petits nombres 1, 2, 3, 4, 6, ne sont plus dans la classe des *Consonances*, mais commencent celle des *Dissonances.*

Prenons le nombre 9 trois fois, pour avoir 27, ce nombre marquera un ton plus haut que $\overset{2^e\,8^e}{\textit{ut}}$, & précisément d'une quinte plus haut que $\overset{8^e}{\textit{sol}}$. Ce sera donc $\overset{2^e\,8^e}{\textit{re}}$, & son octave $\overset{3^e\,8^e}{\textit{re}}$ répondra au nombre 54, & $\overset{4^e\,8^e}{\textit{re}}$ au nombre 108, &c. Représentons ces tons de quelques octaves plus bas, nous aurons les proportions suivantes :

ut, re, fa, sol, $\overset{8^e}{\text{ut}}$, re, fa, sol, $\overset{2^e\,8^e}{\text{ut}}$, re, fa, sol, $\overset{3^e\,8^e}{\text{ut}}$, re, fa, sol, $\overset{4^e\,8^e}{\text{ut}}$,
24. 27. 32. 36. 48. 54. 64. 72. 96. 108. 128. 144. 192. 216. 256. 288. 384.

Nous y découvrons que l'intervalle de *re* à *fa* est contenu dans la proportion de 27 à 32, & celui de *fa* à $\overset{8^e}{\textit{re}}$, dans la proportion de 32 à 54. Ce premier intervalle nous donne la *tierce mineure*, & le second la *sixte majeure.*

On pourait encore tripler le nombre 27 ; mais les Théoriciens modernes, que nous suivons ici, prenent le nombre 5 & ses multiples pour avoir les autres tons (*a*).

Nous avons vu jusqu'ici que le nombre 2 fournissait les *octaves*, le nombre 3 la *quinte* & la *quarte* ; 3 multiplié par 3, la *seconde* & la *septième* ; & 9 multiplié par 9, la *tierce mineure* & la *sixte majeure.* Introduisons maintenant le nombre 5, & voyons quel sera le son qui fait cinq vibrations, pendant que le son *fa* n'en fait qu'une.

Dans le même tems $\overset{8^e}{\textit{fa}}$ en fait deux, $\overset{2^e\,8^e}{\textit{fa}}$ en fait quatre, $\overset{2^e\,8^e}{\textit{ut}}$ six : le ton

---

(*a*) En triplant 27 on aurait 81. Les octaves supérieures de 5, sont 10, 20, 40 & 80 ; les Théoriciens modernes emploient 80, au lieu de 81, & ils appelent *comma* la différence entre ces deux nombres. Voyez la note de la page 10.

que nous cherchons est donc entre $\overset{2^e\,8^e}{\underset{4}{\textit{fa}}}$ & $\overset{2^e\,8^e}{\underset{6}{\textit{ut}}}$. C'est celui qu'on a nommé $\overset{2^e\,8^e}{\underset{5}{\textit{la}}}$, dont l'acord avec $\overset{2^e\,8^e}{\textit{fa}}$ fait ce qu'on nomme une *tierce majeure*, & forme une Consonance agréable, puisqu'elle est contenue dans la proportion de ces petits nombres 4 à 5. De plus ce ton $\overset{2^e\,8^e}{\underset{5}{\textit{la}}}$ fait avec $\overset{2^e\,8^e}{\underset{6}{\textit{ut}}}$ un acord contenu dans la proportion de 5 à 6, qu'on nomme *tierce mineure*, comme celle dont nous avons déja parlé, contenue entre les nombres 27 & 32, parceque la différence est presque imperceptible à l'oreille. Ce même nombre 5 étant appliqué aux autres tons; *sol*, *ut*, *re*, nous donneront de la même maniere leurs tierces majeures, prises dans la seconde octave au dessus; c'est-à-dire les sons $\overset{2^e\,8^e}{\textit{si}}$, $\overset{3^e\,8^e}{\textit{mi}}$, $\overset{3^e\,8^e}{\textit{fa}}$ ✱, qui, étant transportés dans la premiere octave, donneront maintenant ces tons avec leurs nombres :

fa,	fa ✱,	sol,	la,	si,	ut,	re,	mi,	$\overset{8^e}{\text{fa}}$,
128.	135.	144.	160.	180.	192.	216.	240.	256.

En ôtant le ton de *fa* ✱, on aura le genre *diatonique*, qui par conséquent résulte des nombres

2.
3.
3 × 3.
5.

En appliquant une seconde fois le nombre 5, il fournira les tierces majeures des quatre tons *la*, *mi*, *si*, *fa* ✱, qui sont *ut* ✱, *sol* ✱, *re* ✱, *la* ✱.

De sorte qu'à présent voilà l'octave remplie des douze sons :

ut, *ut* ✱, *re*, *re* ✱, *mi*, *fa*, *fa* ✱, *sol*, *sol* ✱, *la*, *la* ✱, *si*.

Et tous ces tons tirent leur origine des nombres

2.
3.
3 × 3.
5.
5 × 5.

Ainsi pendant que le son *ut* rend 384 vibrations, les autres sons en rendent les nombres suivans :

Nombre

	Nombres dont la multiplication donne la somme des vibrations de chaque son de la Gamme.	*Somme des vibrations.*	*Différences entre ces vibrations.*
ut	2 × 2 × 2 × 2 × 2 × 2 × 2 × 3	384	
ut ✻	2 × 2 × 2 × 2 × 5 × 5	400	16.
re	2 × 2 × 2 × 2 × 3 × 3 × 3	432	32.
re ✻	2 × 3 × 3 × 5 × 5	450	18.
mi	2 × 2 × 2 × 2 × 2 × 3 × 5	480	30.
fa	2 × 2 × 2 × 2 × 2 × 2 × 2 × 2 × 2	512	32.
fa ✻	2 × 2 × 3 × 3 × 3 × 5	540	28.
sol	2 × 2 × 2 × 2 × 2 × 2 × 3 × 3	576	36.
sol ✻	2 × 2 × 2 × 3 × 5 × 5	600	24.
la	2 × 2 × 2 × 2 × 2 × 2 × 2 × 5	640	40.
la ✻	3 × 3 × 3 × 5 × 5	675	35.
si	2 × 2 × 2 × 2 × 3 × 3 × 5	720	45.
8e ut	2 × 2 × 2 × 2 × 2 × 2 × 2 × 2 × 3	768	48.

Pendant que le son *ut* rend trois cent quatre-vingt-quatre vibrations, on voit que son octave *ut*[8e] en rend sept cent soixante-huit; ce qui fait précisément le double. Pour trouver le nombre des vibrations des octaves suivantes, on n'a qu'à multiplier 384 par 4, ou 768 par 2; & on trouvera que *ut*[2e 8e] rendra mille cinq cent trente-six vibrations: ensuite multiplier 384 par 8, ou 768 par 4, ou 1536 par 2; on trouvera que *ut*[3e 8e] rendra trois mille soixante-douze vibrations. Et ainsi des autres.

Pour comprendre la formation des sons de ces trois nombres 2, 3, 5, il faut remarquer que le signe mis entre chaque chiffre veut dire *multiplier*.

Ainsi la premiere rangée de chiffres signifie: deux multipliés par deux, font quatre; multipliés par deux, font huit; multipliés par deux, font seize; multipliés par deux, font trente-deux; multipliés par deux, font ſoixante-quatre; multipliés par deux, font cent vingt-huit; multipliés par trois, font trois cent quatre-vingt-quatre. Et ainſi des autres.

On voit par-là, que les différences entre ces tons ne ſont pas égales entr'elles, que les unes ſont plus grandes & les autres plus petites. C'eſt ce qui fait que les tons ne ſont pas égaux entr'eux; qu'il y a quelques *commas* (*a*) de différence entre certains tons; que quelques quintes ne ſont pas juſtes; que les deux tierces mineures, dont nous avons parlé, ne ſont pas égales; que le *la* ✻ n'eſt pas la même choſe que le *ſi* b, le *ſi* que l'*ut* b, le *ſi* ✻ que l'*ut*, l'*ut* ✻ que le *re* b, le *re* ✻ que le *mi* b, le *mi* que le *fa* b, le *mi* ✻ que le *ſa*, le *fa* ✻ que le *ſol* b, & le *ſol* ✻ que le *la* b. Mais comme ces différences ne ſont pas conſidérables, on les néglige ſur les inſtrumens à touches, tels que le clavecin, l'orgue, &c.

On nomme *demi-tons* les deux intervalles qui ſéparent la diſtance d'un ton à un autre; ainſi, ſur ces inſtrumens l'octave étant partagée en douze demi-tons à-peu-près égaux entr'eux, il en réſulte qu'aucunes quintes ni tierces, &c. ne ſont parfaitement juſtes; mais cette différence eſt ſi petite, que l'oreille ne peut l'apercevoir.

C'eſt encore cette différence qui fait qu'on éprouve dans un Ton une ſenſation que l'on n'éprouve pas dans un autre; & comme les quintes & les tierces ſont différentes dans chaque Ton, cette différence procure à chaque Ton un caractere qui lui eſt propre, & qui fait que l'un nous invite à la gaité, tandis que l'autre nous porte à la triſteſſe : telle eſt, à notre avis, l'origine de ces fameux *Modes* des Anciens, dont chacun avait un caractere différent, & qui étaient chez eux ce que ſont parmi nous les *Tons*, comme nous eſpérons de le prouver bientôt.

La véritable origine des tons qui ſont aujourd'hui en uſage, eſt donc tirée des nombres 2, 3 & 5. Si nous voulions y introduire le nombre 7,

(*a*) Le *comma* eſt le petit intervalle qui fait la différence du ton majeur au ton mineur; ſa raiſon eſt de 80 à 81. On l'appele *comma-majeur*; c'eſt le *comma* ordinaire.

On diſtingue auſſi deux autres eſpeces de *commas*. 1°. Celui que l'on appele *mineur*, dont la raiſon eſt de 2025 à 2048, il eſt la différence du demi-ton majeur au demi-ton moyen. 2°. Celui qu'on appele *maxime* ou *comma de Pythagore*, il eſt dans le raport de 524288 à 531441; c'eſt la différence, dont la douzieme quinte d'un ſon ſurpaſſe la dix-neuvieme octave de ce même ſon.

le nombre des tons de l'octave deviendrait plus grand, & nous donnerait les *quarts de ton*, que les Anciens connaissaient, & dont ils formaient ce qu'ils appelaient *l'enharmonique*; mais ces quarts de tons étant banis de notre Musique, nous ne pousserons pas plus loin nos recherches en ce genre. C'est à M. Euler que nous devons la démonstration que nous venons de donner; nous avons seulement tâché de la rendre plus claire pour les Musiciens qui ne sont pas Géometres.

Les Consonances consistent donc dans l'unisson (*a*), l'octave, la quinte, la quarte, la tierce & la sixte.

Et les Dissonances sont formées par la seconde & par la septieme. La septieme majeure, ou note sensible, est l'origine des Dissonances majeures; la septieme mineure, ou simplement la septieme, est l'origine de toutes les Dissonances mineures.

Nous établissons donc que tout intervalle commensurable forme une Consonance, c'est pourquoi on dit *Consonances parfaites*; & qu'il n'y a de Dissonances que les intervalles dont les raports sont irrationels, voilà pourquoi l'on dit *Dissonances imparfaites*.

(*a*) La différence des sons, à l'égard du grave & de l'aigu, étant ce qui constitue la consonance, l'unisson ne devrait pas en être une. Cependant on le compte dans le nombre des consonances.

L'unité étant le principe des nombres, & 2 en étant le premier, l'octave (qui répond au nombre 2) est naturelement la premiere consonance, & en terme de Composition, on l'appele *replique*, parcequ'elle se confond avec son principe. Une preuve que l'octave est une partie de son principe, c'est que sur un instrument, lorsqu'on fait résoner une corde avec un peu de violence, une autre corde, montée à une autre octave plus aiguë ou plus grave, frémira; au lieu que si on acorde trois cordes de cette maniere,

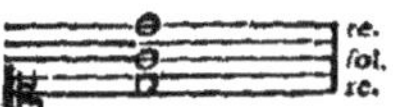

& que l'on fasse résoner la corde *sol*, il n'y aura que la quinte *re* qui frémira, la quarte *re* en dessous ne remuera point. Cette corde ne fait donc pas partie du son que l'on fait résoner, puisqu'elle ne frémit pas.

Une autre preuve que l'octave fait partie de son principe, c'est que sur la flûte, plus ou moins de soufle fait un son plus haut ou plus bas d'une octave.

Zarlin dit que l'octave est la mere, la source & l'origine de tous les intervalles; c'est par la division de ses deux termes, que s'engendrent tous les acords de l'harmonie.

CHAPITRE V.

De la Composition.

Ce qu'on appele *Composition*, ne consiste qu'en deux choses.

La premiere, à ranger & disposer plusieurs sons, ou semblables ou différens, les uns après les autres, de maniere que cette suite de sons n'ait rien de désagréable & fasse plaisir à l'oreille; c'est ce que les Anciens ont appelé *mélodie*, & ce que nous nommons *chant*.

La seconde, consiste à faire entendre deux ou plusieurs sons ensemble; de maniere que ce mélange soit agréable, c'est-à-dire, à inventer plusieurs chants différens entr'eux, mais qui puissent aller ensemble, & tels que le mélange ou la réunion des sons différens qui les composent, n'ait rien qui choque l'oreille (*a*); c'est ce que nous nommons *harmonie*, & ce qui seul mériterait le nom de *Composition*: mais l'usage a prévalu; on entend également par ce mot la *mélodie* & l'*harmonie*. Ainsi, former une agréable suite de sons, qui produisent un beau chant, y joindre d'autres sons, pour former un tout harmonique; voilà toute la Composition.

Elle se réduit donc à deux choses: donner des regles sûres pour aranger tellement les sons les uns après les autres, qu'il en résulte une mélodie agréable (*b*), & donner les moyens d'acompagner cette mélodie d'une bonne harmonie, c'est-à-dire, de faire entendre à la fois plusieurs chants différens, sans que ce mélange ait rien de désagréable.

(*a*) Athénée, liv. 3, dit qu'un Cuisinier Épicurien employait dans son art toutes les loix de la Musique, & mêlait ses viandes, tantôt selon la proportion de la quarte, tantôt suivant celles de la quinte ou de l'octave, c'est-à-dire, comme de 3 à 4, ou de 3 à 2, ou de 2 à 4.

(*b*) Il faut aussi qu'un Compositeur connaisse la portée & le caractere des voix & des instrumens, la facilité ou la difficulté de l'exécution; qu'il sache les regles particulieres établies par la convention, par le goût, le caprice (ou la pédanterie, dit Rousseau, parcequ'il ne savait pas en faire usage) comme les fugues, le contre-point, l'imitation, &c.

CHAPITRE VI.

De la Mélodie.

La *Mélodie* consiste dans une agréable succession de sons simples (*a*).

C'est au goût du Compositeur à choisir ses sons, & à s'en servir de maniere à créer des chants, qui flatent l'oreille, comme dans nos bouquets, le mélange heureux des couleurs parvient à flater la vue. C'est là que nous devons borner le pouvoir de la mélodie; tout ce que la mauvaise foi ou l'ignorance y ajoute de merveilleux, est aussi faux qu'impossible; & si ceux qui la mettent si fort au dessus de l'harmonie, voulaient être de bonne foi, ils conviendraient aisément qu'au Théâtre ou dans les Concerts, la Musique ne leur a jamais fait éprouver de sensations délicieuses que par l'harmonie, soit douce & sensible, soit bruyante & terrible. Que deviendraient en effet, sans l'harmonie, ces superbes récits obligés, ces morceaux d'expression, où l'ame déchirée partage les feintes douleurs d'un Acteur, souvent froid, & qui ne doit ses succès qu'à la précision avec laquelle il rend ce qu'un habile Compositeur, moyénant de riches acompagnemens & la force du rhythme, lui ordone d'exécuter? Abandonez-le sur la scène sans orchestre, laissez-le chanter un récitatif, quel qu'il soit, dénué d'acompagnement : comparez ce morceau avec un autre soutenu par l'harmonie; & prononcez ensuite.

Rousseau, au mot *mélodie* de son Dictionaire, dit *que la Musique ne peint que par la mélodie, & que les acords, lassant bientôt les oreilles, laissent toujours le cœur froid.* Cette proposition est au moins très hasardée : il ne faut, pour s'en assurer, qu'entendre les Opéra que l'on nous donne depuis quelques années, & s'interroger sur la cause du plaisir qu'on y ressent; on avoûra que ce plaisir vient de la beauté d'une expression imitative, que

(*a*) M. Algarotti dit que la mélodie est comme la vertu, qui consiste dans un point de perfection, hors duquel le trop & le trop peu vienent échouer.

l'harmonie ſeule peut faire naître. Qu'on exécute, ſans inſtrumens, *Roland*, *Iphigénie*, *Orphée*, &c. & l'on verra ſi la *mélodie* peut ſuffire.

Si Rouſſeau avait eu plus de connaiſſances qu'il n'en avait en harmonie, il n'aurait donné la préférence, ni à la mélodie ni à l'harmonie ſéparées l'une de l'autre, mais certainement à leur union, de laquelle il réſulte un charme inexprimable, que l'on peut appeler la *mélodie de l'harmonie*, & qui a lieu lorſque l'harmonie ne fait pas un vain bruit, mais lorſqu'elle chante ou qu'elle exprime.

C'eſt avec la même légereté qu'il critique l'uſage où l'on eſt quelquefois, de faire ſervir un air d'acompagnement à un chœur : ce qui eſt, dit-il, (croyant faire une épigramme) « *comme ſi on s'aviſait de réciter* » *deux diſcours à la fois* ». Nous nous contenterons de répondre : malheur à celui qui n'aura pas entendu avec plaiſir l'*air des Sauvages* ſervir d'acompagnement au chœur *Forêts paiſibles*, dans l'Opéra des Indes Galantes! Cet air ſublime nous ramene à la mélodie, acompagnée de l'harmonie, plus naturelement que tous les paradoxes de Rouſſeau ne pouraient faire.

On ſait qu'un ſon quelconque eſt compoſé de deux autres, qui ſont l'octave de ſa quinte (ou *la douzieme*), & la double octave de ſa tierce majeure (ou *la dix-ſeptieme*). Des oreilles bien fines & bien exercées entendent même quelquefois les octaves aiguës de ces intervalles. On appele ces ſons *les harmoniques du ſon principal :* & comme ils portent toujours chacun l'acord parfait, c'eſt fort heureuſement qu'ils ſont ſi faibles de leur nature ; car s'ils étaient plus forts, il en réſulterait une cacophonie continuelle. Dans l'acord parfait d'*ut*, par exemple, on entendrait toujours enſemble :

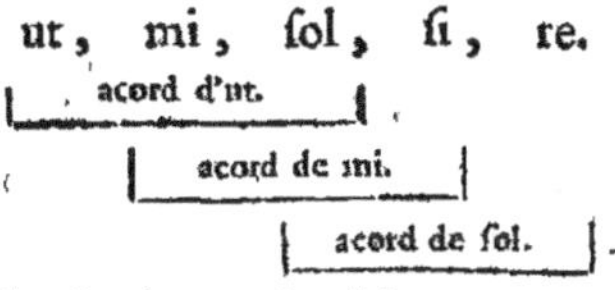

Et dans l'acord de ſeptieme de *ſol*, on entendrait :

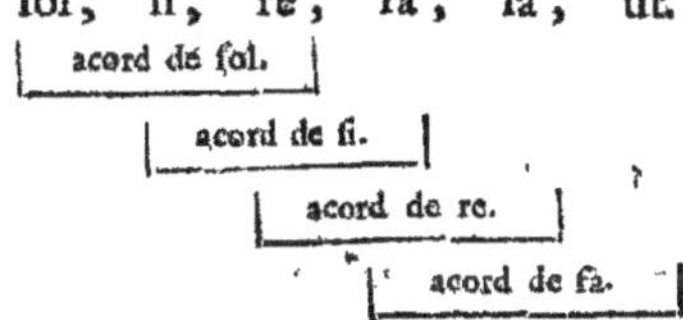

C'eſt par ces harmoniques que Rameau & Tartini, par un chemin abſolument oppoſé, ont cherché le principe de l'harmonie, ſans pouvoir le trouver ni l'un ni l'autre.

Les inſtrumens nous aſſignent les bornes des ſons praticables, au grave & à l'aigu; lorſqu'ils ſont trop élevés ou trop bas, ils ne peuvent plus ſe diſtinguer. Il ne faut pas croire pour cela, que l'étendue des tons ſoit l'intervalle qu'il y a entre le plus grave & le plus aigu. Dans cet intervalle les tons ſont répétés à chaque octave; c'eſt donc l'octave ſeule qui ſert de bornes à l'étendue des tons, & tous ceux qu'on peut former dans la nature ſont compris dans l'octave.

Quoique la nature ne diviſe pas cette octave en parties égales, & qu'il y ait entr'elles des différences que le calcul fait développer, ces différences étant preſque inappréciables à l'oreille, on eſt convenu de les regarder comme égales; & comme on a adopté que chacune de ces parties aurait un demi-ton, il en réſulte que l'octave entiere eſt compoſée de ſix tons ou de douze demi-tons. Toutes les voix peuvent former ces douze ſons, dont ſept ſont naturels & cinq artificiels. On appele les ſept premiers, *diatoniques*, & les cinq derniers, *chromatiques :*

Sons naturels, *ut*, *re*, *mi*, *fa*, *ſol*, *la*, *ſi*.

Sons artificiels, { *ut*✱, *re*✱, *fa*✱, *ſol*✱, *la*✱. ou *re*b, *mi*b, *ſol*b, *la*b, *ſi*b.

Les Anciens admétaient encore une troiſieme eſpece de ſons, qu'ils appelaient *enharmoniques*, dont nous parlerons dans un chapitre deſtiné particuliérement à cet objet; mais ils ſont preſque impraticables, & quand il ſerait poſſible de s'en ſervir, il n'y a point aujourd'hui d'oreilles aſſez délicates pour en ſentir le mérite. Ces ſons enharmoniques étaient formés d'un ſon coupé en pluſieurs parties.

Ce que nous appelons aujourd'hui *enharmonique*, eſt abſolument différent de la ſignification que les Anciens donnaient à ce mot, & ne conſiſte qu'à faire changer de nom à un acord, lorſqu'on peut donner deux noms à une des notes qui le compoſent. Par exemple, l'acord *ſi*, *re*, *fa*, *la* b, qu'on appele ſeptieme diminuée, eſt un acord dans le Ton d'*ut*, & doit naturélement être ſuivi de l'acord parfait *ut*, *mi* b, *ſol*. Si, au lieu de lui faire prendre cette route, on change le *la* b en *ſol* ✱, cet acord de ſeptieme diminuée, *ſi*, *re*, *fa*, *la* b, ſe change en un acord de ſixte majeure avec la fausse quinte *si*, *re*, *fa*, *sol* ♯, & est suivi de l'accord de sixte *ut*, *mi*, *la*; ou de l'accord parfait *la*, *ut*, *mi*, qui tous deux constituent le Ton de *la*. Ainsi, au lieu d'avoir été en *ut*, comme il semble que l'oreille devait y conduire : par ce changement de nom de *la* b en *sol* ♯, on se trouve en *la*; & c'est ce que nous appelons *enharmonique*. Il y a bien quelque analogie entre notre enharmonique & celui des Anciens, en ce que, quoique nous nous permétions d'appeler à notre gré le même ton *la* b & *sol* ♯, il y a effectivement entre ces deux tons une différence. Nous avons déja dit que c'est cette différence qui empêche que nos quintes & nos tierces ne soient parfaitement justes; c'est ce qu'il est aisé de constater par le calcul.

Les douze sons, dont nous venons de parler, peuvent se recommencer plusieurs fois en descendant & en remontant; c'est ce qu'on appele les différentes octaves : mais toute notre Musique est renfermée dans l'espace de sept octaves & demie, comme on le verra bientôt; c'est-à-dire, que depuis le son le plus grave ou le plus bas de la contre-basse, jusqu'au son le plus aigu ou le plus élevé de la flûte du tambourin, il y a sept octaves & demie.

Les Anciens avaient divisé leurs sons diatoniques en quinze degrés, qu'ils rangeaient en quatre classes, appelées *tétracordes*, parcequ'elles contenaient chacune quatre sons ou cordes.

Le système des Anciens commençait par le son le plus grave, & descendait à l'aigu, comme dans le tableau suivant.

Noms des Cordes des Anciens, en lettres latines.

Tétracorde	Cordes	Cordes	Tétracorde
	Proslambanomenos.		
1er Tétracorde *hypatôn.*	Hypatè-hypatôn.		
	Parhypatè-hypatôn.		
	Lichanos-hypatôn.		
	Hypatè-mesôn.		
2e Tétracorde *mesôn.*	Parhypatè-mesôn.		
	Lichanos-mesôn.		
	Mesè.	Mesè.	3e Tétracorde *synèmmenôn.*
3e Tétracorde *diezeugmenôn.*	Paramesè.	Tritè-synèmmenôn. .	
	Tritè-diezeugmenôn.	Paranètè-synèmmenôn.	
	Paranètè-diezeugmenôn.	Nètè-synèmmenôn. .	
	Nètè-diezeugmenôn.		
4e Tétracorde *hyperbolæôn.*	Tritè-hyperbolæôn.		
	Paranètè-hyberbolæôn.		
	Nètè-hyberbolæôn.		

Notes

Notes de notre Musique qui répondent aux Cordes des Anciens.			*Noms de leurs Cordes en lettres Greques.*	*Tétracordes.*	*Noms des Cordes en Français.*
En Enharmonique.	En Chromatique.	En Diatonique.			
la	la	la	Προσλαμβανόμενος.		L'ajoutée.
ſi	ſi	ſi	Υπάτη-ὑπατῶν.		La principale des principales.
ſi ×	ut	ut	Παρυπάτη-ὑπατῶν.	1er Tétracorde *hypatôn ou des principales.* (*Ces deux tetracordes étaient toujours joints ensemble.*)	La ſous-principale des principales.
ut	ut ✻	re	Λιχανὸς-ὑπατῶν.		Celle des principales qui ſe touchait de l'index.
mi	mi	mi	Υπάτη-μέσων.		La principale des moyenes.
mi ×	fa	fa	Παρυπάτη-μέσων.	2e Tétracorde *meſôn* ou *des moyenes.*	La ſous-principale des moyenes.
fa	fa ✻	ſol	Λιχανὸς-μέσων.		Celle des moyenes qui ſe touchait de l'index.
la	la	la	Μέση.		La moyene.
ſi	ſi	ſi *b* | ſi	Παραμέση.	3e Tétracorde *ſynèmmenôn ou des conjointes.* (*Quand il était joint au 2me*)	Celle d'après la moyene.
ſi ×	ut	ut	Τρίτη-διεζευγμένων.	3e Tétracorde *diezeugmenôn* ou *des ſéparées.* (*Quand il était joint au 4me.*)	La troiſieme des ſéparées.
ut	ut ✻	re	Παρανήτη-διεζευγμένων.		La pénultieme des ſéparées.
mi	mi	mi	Νήτη-διεζευγμένων.		La derniere des ſéparées.
mi ×	fa	fa	Τρίτη-ὑπερβολαίων.	4e Tétracorde *hyberbolæôn* ou *des aiguës.* (*Séparé ou uni avec le 3me.*)	La troiſieme des aiguës.
fa	fa ✻	ſol	Παρανήτη-ὑπερβολαίων.		La pénultieme des aiguës.
la	la	la	Νήτη-ὑπερβολαίων.		La derniere des aiguës.

Leur ſyſtême était donc composé de quatre Tétracordes, ainſi nommés :

En Grec.	*En Latin.*	*En Français.*
1. Τετράχορδον-ὑπατῶν.	1. Tetrachordon-hypatôn.	1. Tétracorde des *principales.*
2. Τετράχορδον-μέσων	2. Tetrachordon-meſôn.	2. Tétracorde des *moyenes.*
3. Τετράχορδον-διεζευγμένων.	3. Tetrachordon-diezeugmenôn.	3. Tétracorde des *ſéparées*, quand ſa premiere corde commençait à la *paramèſe ;*
........-συνημμένων.	-ſynèmmenôn.	Et tétracorde des *conjointes*, quand ſa premiere corde commençait à la *mèſe*, & lui était commune avec le ſecond tétracorde, auquel alors il était joint.
4e Τετράχορδον-ὑπερβολαίων.	4. Tetrachordôn-hyperbolæon.	4. Tétracorde des *aiguës.*

Chaque tétracorde s'acordait de trois façons, ſelon les trois genres *diatonique*, *chromatique* & *enharmonique.*

Dans le diatonique, un demi-ton, un ton, un ton :

ſi, *ut*, *re*, *mi*; ou *mi*, *fa*, *ſol*, *la*; ou *la*, *ſi*b, *ut*, *re*.

Dans le chromatique, un demi-ton, un demi-ton, un ton ½, ou tierce mineure :

ſi, *ut*, *ut* ✱, *mi*; ou *mi*, *fa*, *fa* ✱, *la*.

Dans l'enharmonique, un quart de ton, un quart de ton, deux tons, ou tierce majeure,

ſi, *ſi* ×, *ut*, *mi*; ou *mi*, *mi* ×, *fa*, *la*.

L'enharmonique conſiſtait dans la différence de *mi*, hauſſé d'un quart de ton, à *fa*; ce qui n'eſt pas aiſé à ſentir, ſur-tout dans des mouvemens vifs.

On voit par le tableau ci-deſſus, que dans l'acord des tétracordes, pour les genres chromatique & enharmonique, la premiere & derniere corde ne changeaient point, auſſi les appelait-on cordes *fixes* ou *immobiles*; il n'y avait que la ſeconde & la troiſieme, qui, prenant tantôt une intonation, tantôt une autre, ſe nommaient, à cauſe de cela, les *muables* ou *mobiles*.

Les Ariſtoxéniens prétendaient avoir ſix changemens d'acords pour leurs tétracordes; deux pour le diatonique, trois pour le chromatique, & un pour l'enharmonique. Ptolomée les réduiſit à cinq : comme les Auteurs de ce tems-là ſe contrediſent preſque tous, on s'eſt arêté à ce qu'il y a de plus général.

Rouſſeau, au mot *tétracorde* de ſon Dictionaire, prétend *qu'un tétracorde formait, pour les Anciens, un tout auſſi complet, que le forme pour nous une octave*. C'eſt un paradoxe qui ne peut pas même être diſcuté ſérieuſement, parceque, dans tous les tems, il n'eſt pas poſſible que l'oreille ne ſe ſoit aperçue que la *paramèſe* (octave de l'hypate-hypaton) & l'hypate-hypaton formaient, pour ainſi dire, le même ſon, avec la ſeule différence de l'aigu au grave, & avaient ainſi entr'elles une analogie qu'elles n'avaient avec aucune autre corde. La preuve en eſt, que les Grecs, qui ne pouvaient ſouffrir deux ſons différens frapés enſemble, chantaient à l'octave ou à la double octave, & croyaient chanter la même choſe; ils ſentaient donc que l'octave & le ſon principal ne faiſaient qu'un; ils ne croyaient donc pas qu'un tétracorde, une quarte pût jamais former *un tout complet*.

Si leur premiere Muſique était contenue dans un ſimple tétracorde, &

s'il eſt vrai que leur premiere lyre n'ait eu que trois ou quatre cordes, c'eſt qu'alors leur Muſique n'en était point une, mais ſimplement une déclamation; & l'étendue de ce tétracorde prouve ſeulement que la voix, dans la déclamation, ne pouvait paſſer les bornes de ce tétracorde, & par conſéquent ne pouvait s'abaiſſer au deſſous de l'*hypate-hypaton*, ni s'élever au deſſus de l'*hypate-meſon.*

Comme leur premiere Muſique (ou plutôt Plain-chant) fut conſacrée à la religion, ils ſe bornerent au tétracorde *hypaton*, qui était le plus grave, & qui s'acordait mieux avec la majeſté des Dieux. Quand ils introduiſirent la Muſique dans les harangues & dans les tragédies, pour acompagner ce qui devait être entendu diſtinctement par le Peuple, ils trouverent que le premier tétracorde était trop bas & trop ſourd pour cet uſage, & ils inventerent le ſecond tétracorde, appelé *meſon*, qui fut compoſé de la derniere corde du premier tétracorde, & de trois nouvelles cordes plus aiguës: (voilà les trois cordes ajoutées à la lyre par Terpandre, *ſelon Pline*). La Muſique ne ſe contentant pas alors d'être conſacrée aux cérémonies religieuſes & aux inſtitutions morales, voulut s'introduire dans les choſes de ſimple amuſement, & ſervir d'encouragement à la gaité. Les ſons des deux premiers tétracordes n'étant pas aſſez aigus pour opérer cet effet, il fallut inventer le troiſieme tétracorde, *ſynemmenon* & *diezeugmenon*; & l'abus de la gaité, comme les bacchanales, les orgies, les myſteres de la bonne Déeſſe, &c. auront fait inventer le quatrieme tétracorde, *hyperboleon*, parceque plus les ſons devenaient perçans, plus ils animaient des eſprits déja échaufés par le vin & par la débauche.

Il nous parait que voilà la marche la plus naturelle de l'invention des tétracordes. Jamais nous ne croirons que les Grecs aient été aſſez bornés, pour penſer avoir un ſyſtême complet de Muſique dans l'intervalle d'une quarte; & que leurs oreilles, ſi délicates en poéſie & en proſe, n'aient pas ſenti en Muſique, que cette étendue, pour être complete, devait aller juſqu'à l'octave. La preuve qu'ils l'ont ſenti, c'eſt qu'après avoir inventé les deux premiers tétracordes, dont le premier faiſait *ſi*, *ut*, *re*, *mi*, & le ſecond *mi*, *fa*, *ſol*, *la*, voyant qu'il leur manquait quelque choſe avec ces deux intervalles de quarte, ils ajouterent une corde au deſſous de la plus grave de celles qu'ils avaient, & ils la nommerent *proſlambanomenos* ou *ajoutée*, ce qui leur donna le *la*; & alors, en partant de cette *proſlamba-*

nomenos ou *la*, & montant jusqu'à la fin de leur second tétracorde, ils eurent *la*, *si*, *ut*, *re*, *mi*, *fa*, *sol*, *la*, ce qui leur fit une octave complete; & les deux derniers tétracordes ajoutés depuis, firent entr'eux une seconde octave. Le premier tétracorde *ne formait donc point pour les Anciens un tout aussi complet, que le forme pour nous une octave.*

Nous venons de voir les noms que les Anciens donnerent à leurs sons; mais ces noms étaient plutôt les noms des cordes de leur lyre ou de leur cithare, qui répondent aux différens noms que nous donnons à nos cordes, comme *bourdon*, *chanterelle*, *seconde*, *troisieme*, *quatrieme*, &c. Ainsi ces noms étaient plus propres pour la pratique des instrumens, que pour celle du chant; car comment pouvoir prononcer *proslambanomenos* sous une seule note? Aussi ils ne tarderent pas à y substituer d'autres noms plus courts.

Noms Grecs, té, ta, tè, tô, ta, tè, tô.
Noms modernes, si, ut, re, mi, fa, sol, la.

Les Romains, en adoptant la Musique des Grecs, changerent les noms des quinze sons des quatre tétracordes, & leur donnerent ceux des quinze premieres lettres de leur alphabet: A, B, C, D, E, F, G, H, I, K, L, M, N, O, P; ce qui dura jusqu'au Pape Saint Grégoire: car alors ce Pape ayant trouvé que le nombre en était trop considérable, les réduisit à sept.

A.	. . . .	A mi la.
B.	. . . .	B fa si.
C.	*D'où nous est venu*	C sol ut.
D.	*l'usage de dire:*	D la re.
E.	. . . .	E si mi.
F.	. . . .	F ut fa.
G.	. . . .	G re sol.

Cet usage subsista jusqu'au milieu du onzieme siecle, que Gui d'Arezzo, appelé vulgairement *Gui Arétin*, se servit des six syllabes *ut*, *re*, *mi*, *fa*, *sol*, *la*, qu'il prit de l'hymne de Saint Jean, comme nous l'avons déja dit; & l'usage de les nommer ainsi, s'est universelement établi. Cependant, comme les sons se réproduisent de sept en sept, & que Gui n'avait donné que six noms, il fallait à tous momens muer ou plutôt *muancer*, c'est-à-dire, nommer toujours *mi* chaque demi-ton qui se trouvait dans la mesure. Ce qui a besoin d'être un peu détaillé pour être compris.

Nos peres ne connaissant point le *si*, & n'ayant pour nommer leurs notes que *ut* (ou *do* (*a*)), *re*, *mi*, *fa*, *sol*, *la*, nommoient *mi*, ce que nous appelons aujourd'hui *si*, & s'y préparaient une note d'avance; ainsi, au lieu de dire comme nous,

demi-ton

ut, *re*, *mi*, *fa*, *sol*, *la*, *si*, *ut*,

muance

ils disaient, *ut*, *re*, *mi*, *fa*, *sol*, *re*, *mi*, *fa*.

Ainsi la muance commençait après *sol*, en disant *re*, *mi*, *fa*, au lieu de *la*, *si*, *ut*.

S'il y avait un *b mol* dans la mesure, la muance commençait deux notes d'avance; ainsi, au lieu de dire,

demi-ton

ut, *re*, *mi*, *fa*, *sol*, *la*, *si* b, *ut*,

muance

ils disaient, *ut*, *re*, *mi*, *fa*, *re*, *mi*, *fa*, *sol*.

Par ce moyen, les deux demi-tons de cette mesure, *mi fa* & *la si b*, se trouvaient *mi fa* & *mi fa*; & la muance commençait après le premier *fa*, en disant *re*, *mi*, *fa*, *sol*, au lieu de *sol*, *la*, *si* b, *ut*.

Si le chant commençait deux notes avant le demi-ton, la muance commençait alors comme dans cet exemple :

demi-ton

sol, *la*, *si*, *ut*, *re*, *mi*, *fa*, *sol*; au lieu de solfier

muance

ainsi, on disait, *ut*, *re*, *mi*, *fa*, *re*, *mi*, *fa*, *sol*.

Si le chant descendait après le *b mol* accidentel, la muance descendait aussi, comme dans cet exemple :

demi-ton

re, *mi*, *fa*, *sol*, *la*, *si* b, *la*,

muance

on disait alors, *re*, *mi*, *fa*, *re*, *mi*, *fa*, *mi*.

(*a*) Les Italiens disent *do*, pour ne pas dire *out*, qui serait dur à prononcer.

L'exemple suivant donne deux muances dans un trait de chant montant :

	demi-ton		demi-ton
ut, re, mi, fa, sol, la,	*si, ut,*	*re, mi,*	*fa ♯, sol,*
	1re muance		2e muance
ut, re, mi, fa, sol,	*re, mi, fa, sol,*		*re, mi, fa.*

On solfiait ainsi le chant suivant :

demi-ton	demi-ton	demi-ton	demi-ton	demi-ton	demi-ton
mi, fa,	*si, ut,*	*fa ♯, sol,*	*ut ♯, re,*	*sol ♯, la,*	*re ♯, mi,*
	1re muance	2e muance	3e muance	4e muance	5e muance
mi, fa,	*mi, fa,*	*mi, fa,*	*mi, fa,*	*mi, fa,*	*mi, fa.*

On voit aisément la difficulté qu'il y a de solfier ainsi, & combien de tems il faut étudier pour se la rendre familiere ; il est aussi à présumer que c'est cette longue étude, & cette fatigante méthode, qui donnent aux Musiciens Italiens la grande supériorité qu'ils ont de lire la Musique, & la précision avec laquelle ils l'exécutent. Nous croyons cependant que depuis quelques années ils ont abandonné la méthode des muances, pour prendre la nôtre, quoique le P. Martini fasse encore mention de l'anciene, dans son Livre qui a paru en 1774 ; mais ce savant Théoriste laisse voir clairement qu'il n'est pas ataché à celle de son pays, & qu'il en connait mieux que personne tous les inconvéniens.

Il est bien singulier qu'un homme aussi habile que Gui, ne se soit pas avisé de nommer le septieme son, ne pouvant douter que le huitieme ne fût l'octave juste du premier, & par conséquent le même ; & qu'il ait préféré cette suite si compliquée des *muances*, à une opération aussi aisée que l'est celle d'un septieme nom.

On fut cependant plusieurs siecles sans en détruire l'inconvénient ; & M. l'Abbé Brossard prétend, dans un manuscrit déposé à la bibliotheque du Roi, qu'en 1501 Balthasar *Prasperg*, de Mersburg en Allemagne, fit imprimer à Bâle un Traité de Musique chorale, au commencement duquel il y a une planche en bois, où l'on voit gravé très-distinctement, quoiqu'en lettres gothiques :

ut, re, mi, fa, sol, la, si.

Et il ajoute que ce Traité est dans la bibliotheque du Collége des quatre Nations ; mais malgré toutes nos recherches, nous n'avons pu l'y voir, & il nous semble qu'on s'acorde généralement à convenir que le *si* fut ainsi nommé par un Musicien du dernier siecle, nommé *le Maire* ;

peut-être cependant la premiere idée n'est-elle pas de lui. Car vers la fin du dernier siecle, un Flamand, nommé *David Mostard*, donna un petit Traité *De Institutione Musices*, dans lequel il substitue aux six syllabes de Gui :

muance

ut, re, mi, fa, sol, re, mi, fa.
bo, ce, di, ga, lo, ma, ni, bo.

où, par le moyen de cette nouvelle syllabe, il détruit toutes les muances, en nommant tous les tons de l'octave. Cette nouveauté fit du bruit, & eut des partisans, ainsi que des critiques; mais pour avoir voulu trop changer, on s'en tint à l'usage qui subsistait depuis six siecles. Peut-être que s'il n'eût proposé que d'ajouter la syllabe *ni*, cette nouveauté si simplifiante eût alors réussi comme elle le devait. Il est possible que *le Maire* ait connu l'Ouvrage de *David Mostard*, qu'il en ait senti l'utilité, & qu'ayant seulement changé le nom de *ni* en celui *si*, il ait beaucoup contribué à en introduire la pratique, ce qui l'en aura fait passer pour l'inventeur.

Jean Rousseau est le premier qui ait fait imprimer une méthode de Musique, selon le systême du *si*. Les Allemands eurent de la peine à s'y acoutumer. Ce ne fut qu'en 1697 que *Speeren* fit imprimer une méthode selon ce systême, & les Italiens commencent à l'adopter. *Le Maire* avait proposé de changer les noms des notes, il voulait qu'on les nommât :

ta, ra, ma, fa, sa, la, za, ta,
ut, re, mi, fa, sol, la, si, ut.

En 1685, un nommé *Lancelot* avait aussi proposé de les nommer :

ta, la, mi, da, se, re, ni, ta,
ut, re, mi, fa, sol, la, si, ut.

Mais ces changemens n'ayant aucune utilité réelle, ne furent point adoptés & ne devaient pas l'être.

CHAPITRE VII.

Figures ou Caracteres dont on s'est servi en différens tems pour noter la Musique des Anciens.

On ne se contenta pas d'avoir inventé des noms pour les sons : on crut nécessaire de les peindre aux yeux, pour soulager la mémoire ; & on convint pour cela de différens caracteres ou figures plus ou moins faciles à comprendre & à retenir, selon le génie des Nations qui s'en sont servies, ou plutôt selon les degrés de perfection que l'art de la Musique a reçus de tems en tems.

Les Grecs se servirent des lettres de leur alphabet. Ces lettres étaient entieres, coupées, droites, renversées, &c. & se marquaient sur une même ligne, au dessus de chaque syllabe du texte qu'ils voulaient chanter. Nous en avons tiré les figures exactes du Recueil précieux du Savant *Meibomius* (*a*). *Athénée*, d'après *Phémius*, nous anonce, dans son Livre 8, chap. 2, que *Stratonique*, Athénien, inventa les acords, ainsi que le moyen de les noter. Nous parlerons de cette découverte dans notre Livre 5, article, *Stratonique* ; on peut y voir l'importance dont est cette phrase d'Athénée, & combien elle confirme notre façon de penser.

Un manuscrit, que l'on peut voir à Saint-Sauveur de Messine, & qui a plus de huit cent ans d'ancieneté, prouve que l'on chercha à simplifier l'anciene méthode, en tirant huit lignes paralleles à une distance égale, & à la tête desquelles on mettait une de ces lettres, propres à marquer les sons ; au dessous de ces huit lignes on écrivait le texte, & au dessus de chaque syllabe, on mettait un point sur la ligne du son qu'on voulait donner à cette syllabe.

EXEMPLE.

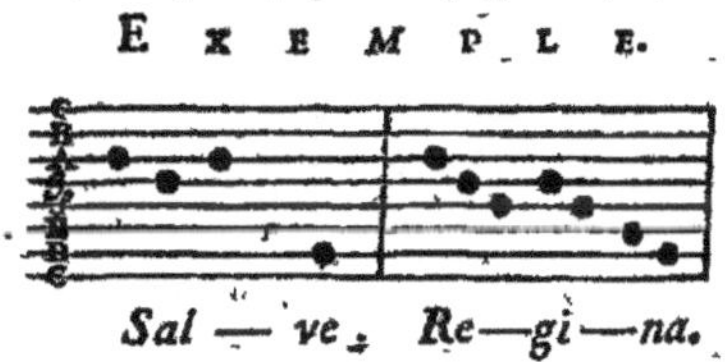

(*a*) Voyez ces figures à la fin de ce Livre.

Cette

Cette méthode avait cela de bon, qu'elle marquait distinctement les sons aigus & les sons graves.

Vers l'an 1024, Gui d'Arezzo réduisit ces huit lignes à quatre, & se servit des interlignes, aussi bien que des lignes; & par ce moyen il eut autant d'étendue en quatre lignes, qu'on en avait alors en huit. Il est constant qu'il ne se servit que de *points*, pour représenter ce que nous appelons aujourd'hui des *notes*; parceque la Musique n'étant alors que le *plain-chant*, dont toutes les notes sont égales, on n'avait pas besoin de signes pour marquer la différence de leur durée. C'est de-là que nous est venu le nom de *contre-point*. Cette méthode pouvait suffire, lorsque les systêmes n'étaient tout au plus que de quinze sons en deux octaves; mais depuis que leur quantité s'est si fort accrue, il a fallu trouver des moyens de les distinguer.

D'abord on a ajouté une ligne aux quatre de Gui; puis on a imaginé des clefs, qui élevent les sons d'une octave. On peut voir dans la table, que l'on trouvera à la fin de ce Livre, & qui est tirée du diapason général des instrumens à vent par M. Francœur le neveu, Maître de Musique de la Chambre du Roi, le tableau général des unissons, qui compose sept octaves & demie. On peut voir aussi le chapitre de notre premier Livre, où nous avons indiqué la maniere de déchifrer la Musique des XIIe, XIIIe & XIVe siecles.

Nous n'entrons point dans le détail des clefs, ni des valeurs des notes; nous supposons nos Lecteurs assez Musiciens pour en être instruits.

CHAPITRE VIII.

Étendue des Voix.

COMME toutes les Voix ne se ressemblent pas, & qu'elles ont, outre un caractere particulier, plus ou moins d'étendue, on les a distinguées en sept classes.

1°. *Premiers-Dessus*, en Italie *Soprano*, autrefois en France *Superius*. Ce sont les voix de femmes & d'enfans qui forment les sons les plus aigus. Quelques hommes ont cette voix, ou naturelement, ou par une opération contre nature.

ÉTENDUE.

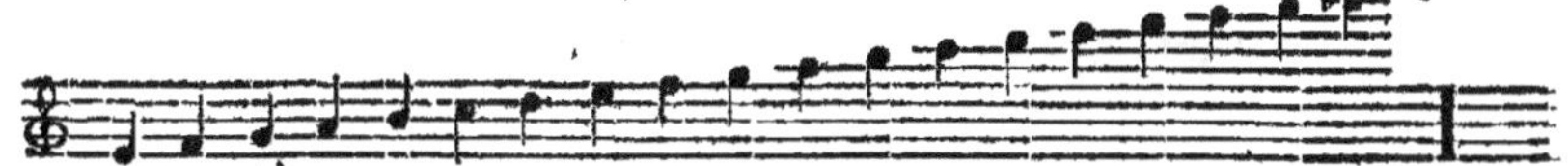

2°. *Seconds-Dessus* ou *Bas-Dessus*, en Italie *Discanto.*

ÉTENDUE.

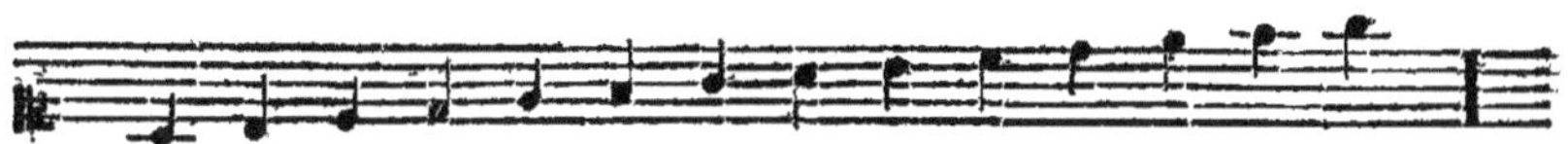

3°. *Hautes-Contres*, en Italie *Alto-Tenore*, forment les sons les plus élevés du *medium.*

ÉTENDUE.

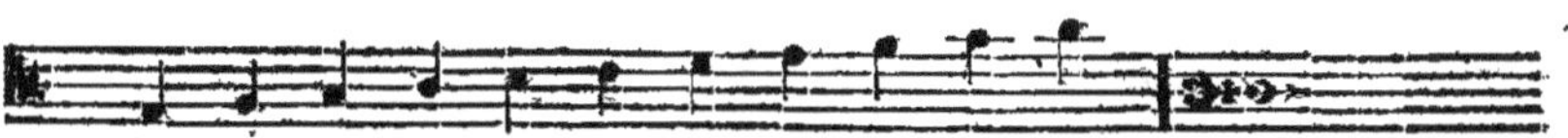

4°. *Tailles*, en Italie *Tenore*, forment les sons du milieu du *medium.*

ÉTENDUE.

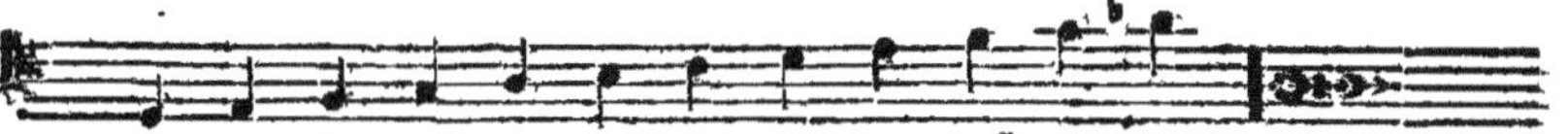

5°. *Concordant* ou *Baryton*, entre la Basse & la Taille : on ne s'en sert plus.

ÉTENDUE.

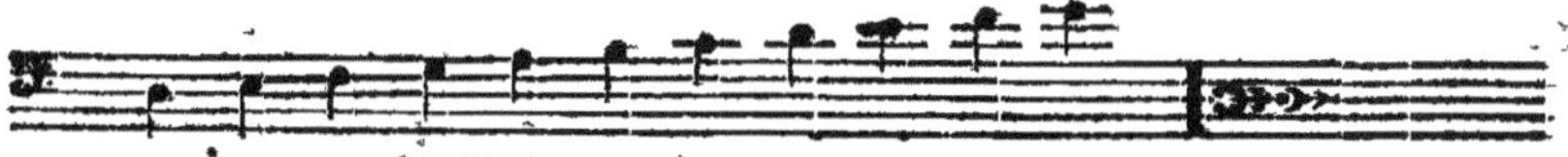

6°. *Basses-Tailles*, forment les sons les plus bas du *medium.*

ÉTENDUE.

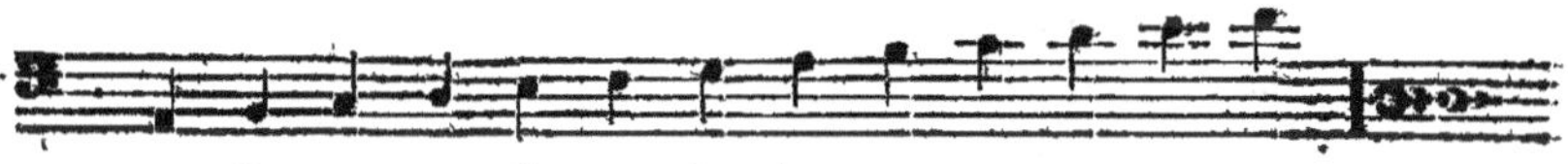

7°. *Basses-Contres*, forment les sons les plus graves.

ÉTENDUE.

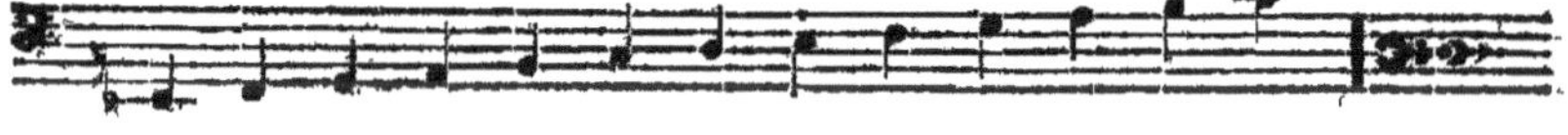

CHAPITRE IX.

Des Modes ou Tons.

Le nom de *Mode*, parmi nous, n'a pas la même ſignification qu'il avait chez les Anciens.

Nous ne connaiſſons actuelement que deux modes, le majeur & le mineur ; c'eſt-à-dire, que toute Muſique en Ton majeur eſt dans le *mode majeur*, & que toute Muſique en Ton mineur eſt dans le *mode mineur*. C'eſt la tierce qui conſtitue le mode, puiſque c'eſt la tierce qui conſtitue le Ton majeur ou le Ton mineur.

Le mode majeur eſt dans la nature, puiſqu'il eſt engendré par la réſonance du corps ſonore, qui rend la dix-ſeptieme majeure, double octave de la tierce majeure, ainſi que la douzieme, octave de la quinte du ſon fondamental.

Le mode mineur n'eſt pas donné par la nature ; il ne s'y trouve que par un renverſement expliqué par Rameau, & mieux encore par M. d'Alembert, dans ſes excellens *Élémens de Muſique théorique & pratique*, pag. 22.

Dans le mode majeur, la tierce, la ſixte & la ſeptieme doivent toujours être majeures.

Dans le mode mineur, les mêmes intervalles doivent toujours être mineurs ; cependant on rend preſque toujours majeure la ſeptieme : c'eſt ce qu'on appele la *note ſenſible*.

Quoiqu'il n'y ait effectivement que ces deux modes, on ſe ſert de ce terme dans un autre ſens ; & nous diſons qu'un air eſt dans le mode de *re*, quand il eſt dans le Ton de *re* majeur ou mineur, & alors il devient ſynonyme de Ton.

Ainſi, dans cette acception, on compte trente-quatre modes.

Chacun de ces modes peut être majeur ou mineur.

Modes		
ut.		
re.		
mi.		
fa.		
ſol.		
la.		
ſi.		
ut ♯	*ou* re *b*.	*Chacun de ces modes peut être majeur ou mineur.*
re ♯	*ou* mi *b*.	
fa ♯	*ou* ſol *b*.	
ſol ♯	*ou* la *b*.	
la ♯	*ou* ſi *b*.	
24. +	10 = 34.	

Ces trente-quatre modes ſe réduiſent à vingt-quatre, puiſqu'il y en a dix qui ne ſont que la répétition des autres, comme *ut* ♯ & *re* b, &c.

Paſſer d'un mode, ou d'un Ton, dans un autre, s'appele *moduler.* De-là vient la diſtinction du mode *principal.* & du mode *relatif.* Le principal, eſt celui dans lequel commence & finit ordinairement le morceau; & les modes relatifs, ſont ceux dans leſquels on paſſe dans le cours du morceau.

Chez les Anciens (*a*) le mode n'était que l'étendue d'un tel ſon à tel autre ſon.

(*a*) Les Anciens diffèrent beaucoup entr'eux ſur les définitions, les diviſions & les noms de leurs modes. Tous s'acordent à dire, que c'eſt une conſtitution de ſons, c'eſt-à-dire, l'eſpace d'une octave ou de deux tétracordes disjoints, remplis de tous les ſons intermédiaires ſelon le genre; & ce qui conſtatait chaque mode, c'était la maniere dont les deux demi-tons étaient placés dans l'octave : ainſi, comme il n'y a que ſept manieres de les placer, il n'y avait donc que ſept modes. Cependant les Anciens en ont admis ou rejeté un grand nombre en différens tems. (*Voyez le Dictionaire de Rouſſeau, art.* Mode).

L'idée que les Anciens atachaient à ce terme *mode* ou *ton*, était bien différente de celle que nous en avons. Ils n'entendaient par-là, qu'un certain degré d'élévation, dans le ſyſtême total de leur harmonie, dont les ſons ſe ſuivaient toujours ſelon le même ordre. Au lieu que, parmi nous, les modes ſont diſtingués l'un de l'autre, non-ſeulement par le

Les Anciens n'ayant dans leur Musique qu'une étendue très-bornée, n'en admirent d'abord que trois, dont les Toniques avaient entr'elles un ton de distance; le *Dorien* au grave, le *Phrygien* au milieu, & le *Lydien* à l'aigu. Ils partagerent ensuite ces tons en deux intervalles, & augmenterent de deux le nombre de leurs modes, l'*Ionien* & l'*Éolien* : le premier fut inséré entre le Dorien & le Phrygien, & le second entre le Phrygien & le Lydien.

Le systême s'étant ensuite étendu à l'aigu & au grave, on établit de nouveaux modes, qui tirerent leur dénomination des cinq premiers, en y joignant la préposition *hyper* (*sur*) pour ceux d'en haut, & la préposition *hypo* (*sous*) pour ceux d'en bas. Ainsi le mode *Lydien* était suivi de l'*Hyper-Dorien*, de l'*Hyper-Ionien*, de l'*Hyper-Phrygien*, de l'*Hyper-Éolien* & de l'*Hyper-Lydien*, en montant; comme, après le mode *Dorien*, venaient l'*Hypo-Lydien*, l'*Hypo-Éolien*, l'*Hypo-Phrygien*, l'*Hypo-Ionien* & l'*Hypo-Dorien*, en descendant. Mais l'*Hypo-Dorien* était le seul qu'on exécutât dans toute son étendue; à mesure que les autres s'élevaient, on en retranchait des sons à l'aigu, pour ne pas excéder la portée de la voix.

Nous sommes persuadés que ce que les Anciens appelaient *mode*, n'est que ce que nous appelons aujourd'hui *ton*, à l'exception que, dans chaque Mode, on ne parcourait que l'octave; au lieu qu'aujourd'hui, dans nos Tons, nous parcourons une bien plus grande étendue. Nous allons donner, dans la planche qui regarde cette page, un Tableau de tous les Modes, avec celui de nos Tons; & on sera en état de juger des raports qui sont entr'eux.

---

degré d'élévation, mais encore par le différent arangement ou la différente progression des sons (ce qui constitue la modulation majeure & mineure) : & outre cela, par les diverses modifications que reçoivent ces mêmes sons, à cause du défaut de justesse, inséparable de la maniere d'acorder les instrumens de Musique; modifications qui diversifient, au jugement de l'oreille, les modulations tant majeures que mineures, quoique toutes les majeures soient essentielement les mêmes, aussi bien que toutes les mineures. (*Voyez* le Mémoire de M. Burette, tom. 5 de l'Académie des Belles-Lettres, pag. 156).

On a pu voir dans le Tableau précédent, que ce que les Anciens appelaient *modes*, est en effet ce qu'aujourd'hui nous appelons *tons*, puisque les genres des uns & des autres se sont conservés semblables depuis plus de deux mille ans. Mais les Modes pouvaient être caractérisés plus particulierement que nos Tons, par le genre de poésies qu'on mettait en musique sur ces Modes, par l'espece d'instrumens qui acompagnaient les voix dans ces Modes, & par la mesure qu'on y employait.

Voilà à peu près tout ce qu'il est possible de conjecturer sur ces fameux *modes* qui ont donné lieu à tant de contes, dont plusieurs cependant pouraient s'expliquer assez naturelement. Ce qui nous semble le plus surprenant, c'est que la Musique ait un caractere assez distinct, pour que les Tons aient un caractere invariable depuis tant de siecles.

Les Grecs avaient encore d'autres *modes* improprement nommés; car ce n'étaient que des genres de composition; tels étaient le *mode tragique* destiné pour le Théâtre, le *nomique* consacré à Apollon, le *dithyrambique* consacré à Bacchus, le *syntonolydien*, dont parle Platon, & dont nous n'avons aucune connaissance, &c.

Il y avait aussi plusieurs des Modes, que nous venons de nommer, qui, selon divers Auteurs, portaient des noms différens : on peut consulter à ce sujet le Dictionaire de Rousseau, *art.* Mode.

CHAPITRE X.

Des Cadences.

Le mot *Cadence* est formé du verbe latin *cadere*, qui veut dire *tomber*, parce qu'une cadence est proprement une chute du chant ou de l'harmonie, d'un Ton à un autre, sur lequel on peut se reposer & déterminer tout à fait un morceau.

Il faut au moins trois sons pour former une véritable cadence; celui d'où l'on part, celui par lequel on passe, & celui sur lequel on se repose.

Il y a trois sortes de cadences :

La cadence parfaite,

La cadence imparfaite,

Et la cadence détournée.

Les cadences parfaites sont de trois sortes, comme dans ce *canon*, où elles sont toutes trois rassemblées.

Canon à trois.

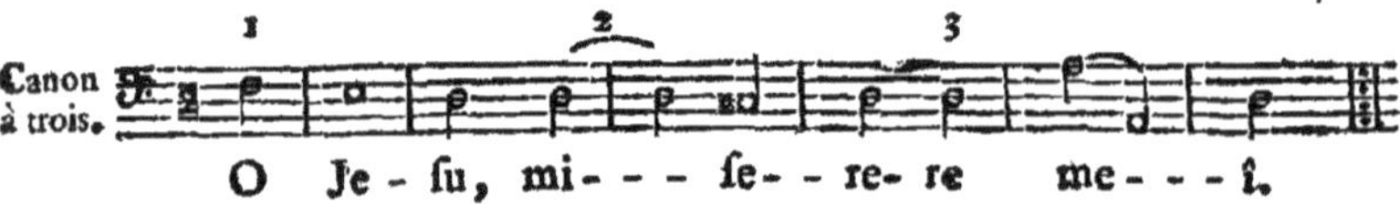

Les cadences imparfaites sont aussi de trois sortes:

Descendre d'un demi ton à la finale, soit naturel, soit accidentel.

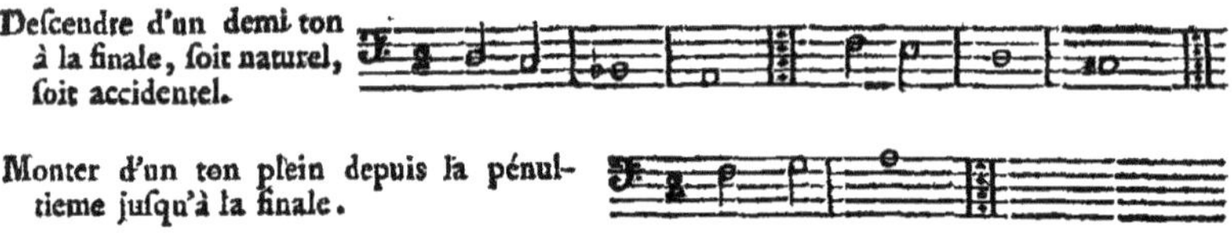

Monter d'un ton plein depuis la pénultieme jusqu'à la finale.

Monter de quinte ou descendre de quarte.

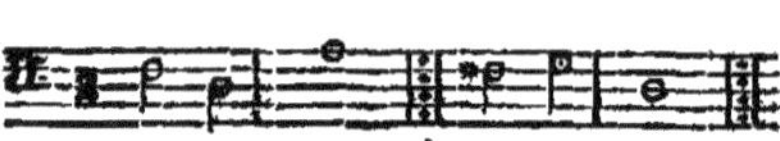

Les cadences détournées ne sont que de simples repos.

La finale sur le même ton que la pénultieme.

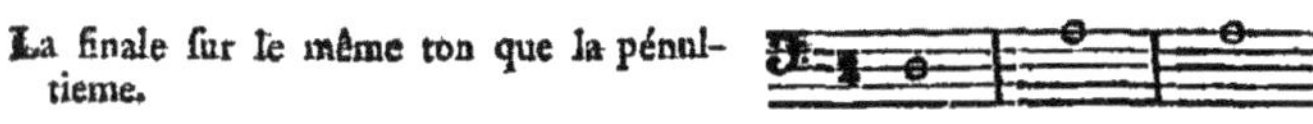

La finale descendant de la pénultieme par tierce majeure ou mineure.

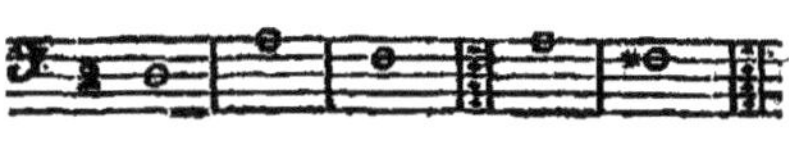

La finale montant de la pénultieme par tierce majeure ou mineure.

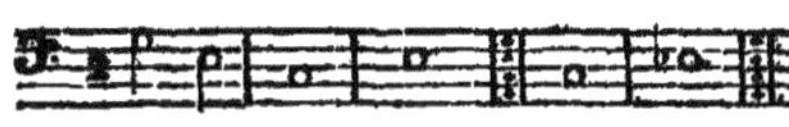

CHAPITRE XI.

De l'Harmonie.

L'Harmonie est une suite d'acords qui plaît plus ou moins à l'oreille. La nature nous donne *l'acord parfait*, composé d'un son, de sa tierce, & de sa quinte; l'art nous a donné les autres acords, qui sont tous dérivés de la *septieme* & de la *sixte*.

Les Anciens, dit-on, connaissaient l'harmonie. Nous n'en avons aucune preuve, & celles qu'on veut tirer de quelques passages de Séneque, paraissent au moins douteuses (*a*): mais ce qui nous fait croire qu'ils ne la connaissaient

(*a*) Voici le fameux passage de Séneque, épitre 84, qui prouve, dit-on, que les Anciens connaissaient l'harmonie : *Non vides quàm multorum vocibus chorus constet? Unus tamen ex omnibus sonus redditur. Aliqua illic acuta est, aliqua gravis, aliqua media. Accedunt viris fœminæ, interponuntur tibiæ, singulorum ibi latent voces, omnium apparent.*

« Ne voyez-vous pas de combien de voix différentes un chœur est composé? Cependant » de tous ces sons divers, il n'en résulte qu'un seul. Il y a des Hautes-Contres (*acuta*), » des Basses (*gravis*), des Tailles (*media*). Les voix des hommes se marient à celles des » femmes, les accens de la flûte s'incorporent avec elles; on ne distingue aucun son parti» culier, mais on recueille *une harmonie générale* ». Cela signifie seulement, ou peut signifier, que les voix des hommes sont graves & aiguës, ainsi que sont les Basses, les Tailles & les Hautes-Contres; que les voix des femmes sont à une octave au dessus des voix aiguës des hommes; que les flûtes sont à une octave au dessus des voix de femmes, & que tous ces sons à des octaves différentes ne font qu'un son unique; mais cela ne prouve pas que les Anciens composassent *à plusieurs parties*. Aristide Quintilien définit la Musique, *l'art qui apprend à bien chanter, & l'art qui apprend à composer un beau chant*, & Bacchius la définit *la connaissance du chant & de ce qui lui apartient*. Aristide, livre premier, dit qu'on entend par harmonie, *l'ordre de plusieurs sons qui se suivent*, mais il ne dit pas *le mélange de plusieurs sons*. Quelle preuve plus convaincante que les Anciens n'ont jamais connu ce que nous appelons harmonie? Cassiodore définit l'harmonie (qu'on appelait alors *symphonie*) d'une maniere qui prouve qu'il ne la connaissait pas; car il dit que c'est assez que plusieurs sons se rencontrent agréablement, pour satisfaire à toutes les conditions de cette définition, suivant laquelle il n'est point nécessaire de changer l'acord, ni de varier par les différentes modulations, des parties qui chantent chacune leur sujet. Cependant Cassiodore étant l'un des derniers Auteurs anciens qui aient écrit sur la Musique, devait savoir tout ce que savaient ses prédécesseurs.

Leur ignorance sur l'harmonie est donc prouvée par celle de Cassiodore, & il en résulte que l'harmonie des Anciens était semblable à celle que les Iroquois, amenés à Louis XIV vers la fin du siecle dernier, lui firent entendre, pour lui donner une idée de leur Musique. Plusieurs d'entr'eux chantaient à l'unisson ou à l'octave, & les autres acompagnaient ce chant, en grondant comme des pourceaux, avec des secousses marquées par un mouvement bien réglé; & voilà comment on tempérait l'aigu des voix, par le mélange de la gravité du *grondement rhythmique* des autres Chanteurs, ainsi que le dit Cassiodore. (*Voyez* la Musique des Anciens par Perrault).

Toutes les fois que Platon parle d'harmonie, il lui donne la signification que nous donnons aux Modes : il dit que les harmonies *Ioniene & Lydiene*, sont molles & efféminées, &c. que

connaissaient pas, c'est la préférence qu'ils donnaient à la *mélodie* sur la *symphonie*; c'est ainsi qu'ils appelaient alors leur prétendue *harmonie*.

Ils faisaient ordinairement jouer leurs instrumens à l'octave ou à l'unisson, quelquefois, dit-on, *à la tierce ou à la sixte*, *& rarement en trio*. Ainsi ils étaient bien loin de se douter des beautés d'un art, qui, quoique encore dans son enfance, est infiniment supérieur à ce qu'il était de leur tems.

Les Anciens donnaient quelquefois le nom d'*harmonie* à l'octave, c'est-à-dire, aux concerts de voix qui s'exécutaient à l'octave, & qui s'appelaient plus communément *antiphonie*.

Dans les premiers tems, les regles de l'harmonie ne furent fondées que sur l'approbation de l'oreille. Mais le Pere Mersenne, M. Sauveur, Rameau & Tartini ont enfin fixé des loix invariables, qui sont démontrées à ceux qui veulent prendre la peine de les étudier. Cette matiere, si seche par elle-même, traitée par des Musiciens qui n'étaient pas assez Géometres & par des Géometres qui n'étaient pas assez Musiciens, est devenue enfin si obscure & si rebutante, qu'il est peu de persones qui aient la constance d'étudier ces préceptes volumineux noyés dans des raisonemens qui n'ont jamais été entendus, même par leurs Auteurs.

Sans le courage de M. d'Alembert, les Ouvrages de notre grand Rameau, remplis de choses utiles, ingénieuses & neuves, ne seraient lus que par peu de persones, étant presque inintelligibles & dénués de cette méthode si nécessaire pour instruire par gradation. M. d'Alembert, fâché de voir tant de travaux inutiles, a voulu les mettre en valeur : il nous a donné ses *Élémens théoriques & pratiques*, qui sont, pour ainsi dire, l'élixir de tout ce qu'a écrit Rameau. La clarté, la justesse, la précision, voilà ce qui caractérise cet Ouvrage précieux, le seul, peut-être, utile aux jeunes

l'harmonie *Doriene* est propre à conserver les bonnes mœurs, &c. M. l'Abbé Fraguier, Savant illustre de l'Académie des Belles-Lettres, & admirateur des Anciens, s'étant avisé, quoique vieux, de s'instruire des premiers élémens de la Musique, prit quelques leçons d'acompagnement sur le clavecin. Charmé de la douceur de cette harmonie, qui se mariant aux sons mélodieux de la voix, flatait agréablement son oreille, il se sentit indigné contre ceux qui refusaient aux Anciens la connaissance d'une espece de concert si harmonieux. Il aurait dû plutôt s'indigner contre les Anciens, ou de leur ignorance en Musique, s'ils n'ont pas connu cette douce harmonie, ou de leur mauvais goût, si l'ayant connue, ils l'ont dédaignée.

Muſiciens, & dont nous ne ſaurions trop leur conſeiller la lecture répétée & la plus réfléchie.

Rouſſeau compare les acords aux mots dont les Dictionaires ſont compoſés. Il ne s'agit plus, pour faire un beau morceau de Muſique, ainſi qu'une belle piece d'éloquence, que de trouver la liaiſon néceſſaire; & voilà ce qu'on n'apprend jamais, à moins que la nature n'y ait diſpoſé nos organes. Pour faire un tout raiſonable, il faut que quelque choſe de ce qui précede, ſe tranſmete à ce qui ſuit; & c'eſt cette ſucceſſion plus ou moins agréable, qui forme une harmonie & une mélodie plus ou moins bonne.

Une des plus ingénieuſes découvertes de Rameau, eſt ſon principe de l'acord parfait mineur, dont la vérité lui eſt conteſtée par Rouſſeau (*art.* Harmonie), ſans qu'il en aporte d'autre raiſon, que de dire : *l'expérience eſt fauſſe.* Nous pouvons dire avec plus de vérité : *la réfutation n'eſt pas vraie.*

Rameau a dit : qu'une corde ſonore faiſait vibrer, ſans les faire réſoner, deux cordes plus graves, l'une à ſa douzieme & l'autre à ſa dix-ſeptieme majeure. Il en a conclu, par un procédé trop long à raporter, que la tierce mineure était dans la nature, & que le grave la donnait, comme l'aigu donne la tierce majeure. Rouſſeau prétend qu'*il eſt reconnu, que les cordes acordées au deſſous du Son fondamental, ne frémiſſent point en entier à ce Son fondamental; mais qu'elles ſe diviſent pour en rendre ſeulement l'uniſſon, lequel conſéquemment n'a point d'Harmoniques en deſſous. Il eſt reconnu de plus, que la propriété qu'ont les cordes de ſe diviſer, n'eſt point particuliere à celles qui ſont acordées à la douzieme & à la dix-ſeptieme en deſſous du Son principal, mais qu'elle eſt commune à tous ſes multiples; d'où il ſuit, que les intervalles de douzieme & de dix-ſeptieme en deſſous, n'étant pas uniques en leur maniere, on ne peut rien conclure en faveur de l'acord parfait mineur qu'ils repréſentent.*

Voilà l'opinion de Rouſſeau. Mais depuis quand une opinion eſt-elle une preuve? Qu'eſt-ce que c'eſt qu'*une corde qui ne frémit pas en entier, mais qui ſe diviſe pour rendre ſeulement l'uniſſon?* Si elle ne réſone point, & que par conſéquent on ne puiſſe l'entendre, comment ſait-on qu'elle rend l'uniſſon? Si *c'eſt une étrange théorie de tirer de ce qui ne réſone pas, les principes de l'harmonie,* c'eſt un étrange raiſonement que d'aſſurer comme certain, qu'*une corde qui ne réſone point, rend l'uniſſon.* Quand bien même Rameau aurait établi un principe faux, Rouſſeau n'en aurait pas moins dit une choſe abſurde; mais pluſieurs expériences, faites avec grand ſoin, nous ont déterminés à croire que Rameau ne s'eſt point trompé dans cette occaſion.

Nous avons vu très-diſtinctement vibrer les cordes plus graves que la corde principale, & nous n'avons pu diſtinguer aucun ſon; comme le ſon n'eſt autre choſe que l'air ébranlé par les vibrations, il nous ſemble poſſible que quelquefois les vibrations n'aient pas aſſez de force pour faire réſoner diſtinctement l'air qu'elles ébranlent. Si cela eſt, Rameau a raiſon; & ſi cela n'eſt pas, il n'eſt pas prouvé qu'il ait tort, puiſqu'alors il pourait avoir raiſon par une autre cauſe, & que certainement, en faiſant ſoner une corde, on n'entend jamais réſoner les plus graves pour former l'uniſſon, ainſi que le prétend Rouſſeau.

Une autre de ſes erreurs, eſt que *le corps ſonore ne donne pas ſeulement, outre le ſon principal, les ſons qui compoſent avec lui l'acord parfait, mais une infinité d'autres ſons formés par toutes les aliquotes du corps ſonore, leſquels n'entrent point dans cet acord parfait.*

Nous ne ſavons pas par quelle expérience il a entendu ou cru entendre d'autres ſons que la tierce & la quinte, mais nous déclarons formelement que nous n'en avons jamais entendu d'autres; il ne faut que lire ce que nous allons rapporter de Rouſſeau, pour ne plus douter de ſon erreur.

Tout ſon donne un acord vraiment parfait, puiſqu'il eſt formé de tous ſes harmoniques, & que c'eſt par eux qu'il eſt un ſon. Cependant ces harmoniques ne s'entendent pas, & l'on ne diſtingue qu'un ſon ſimple, à moins qu'il ne ſoit extrêmement fort; d'où il ſuit que la ſeule bonne harmonie eſt l'uniſſon, & qu'auſſi-tôt qu'on diſtingue les conſonances, la proportion naturele étant altérée, l'harmonie a perdu ſa pureté.

D'abord il n'eſt pas vrai qu'un ſon ne ſoit tel que par ſes harmoniques; car, puiſque, lorſqu'on fait réſoner une corde qui forme un ſon, on en entend trois, il en faut conclure que le ſon qu'on entend, eſt la réunion de trois ſons, dont deux ſont ſi faibles qu'on ne peut que difficilement les diſtinguer; mais il n'en eſt pas moins vrai que chacun de ces ſons eſt un ſon particulier : donc il n'en faut pas trois pour en faire un, parceque, s'il était néceſſaire, pour l'eſſence du ſon, qu'il fût un compoſé de trois, chacun de ces trois principes ne ſeroit rien ſéparément, & ne deviendrait quelque chose, que par sa réunion avec les deux autres; à moins que Rousseau n'ait voulu nous faire croire, que chacun de ces harmoniques est composé de trois sons, & cela jusqu'à l'infini. Rameau, que la profondeur de ses idées a quelquefois égaré, a bien voulu prouver aussi la Trinité par le son; assurément nous n'avions pas besoin d'une preuve aussi singuliere, mais cette preuve est aussi claire en son genre, que celle que Rousseau nous donne de la formation du son.

Mais quand il serait vrai que le son n'existe que par ses harmoniques, faudrait-il en conclure *que la seule bonne harmonie est l'unisson?*

Peut-on appeler harmonie l'unisson & même l'octave? Et parceque le corps sonore ne nous donne, ni la septieme, ni tous les acords qui en dérivent, peut-on nier que ce ne soit l'heureux mélange de ces acords qui fait la bonne harmonie, & même l'harmonie proprement dite?

Il semble que Rousseau ait pris à tâche de dire le contraire de ce qu'avait dit Rameau, uniquement pour le contredire; car il n'apuie son sentiment par aucune raison même plausible. Rameau a dit, que les *dessus* d'une certaine simplicité suggerent naturelement leur *basse*, & qu'un homme ayant l'oreille juste, quoique non-exercée, entonera naturelement cette basse. Rameau a dit vrai, & on en voit chaque jour des exemples frapans. Cependant Rousseau ne craint pas de répondre, que *c'est-là un préjugé de Musicien, démenti par toute expérience*; & que *non-seulement celui qui n'aura jamais entendu ni basse ni harmonie, ne trouvera de lui-même ni cette harmonie ni cette basse, mais* qu'*elles lui déplairont, si on les lui fait entendre*, & qu'*il aimera beaucoup mieux le simple unisson.* Nous convenons de ce fait, mais en le restraignant aux persones qui sont nées avec l'oreille fausse, ou avec une insensibilité totale aux charmes de la Musique.

Rameau a eu aussi raison de dire que *l'harmonie est la source des plus grandes beautés de la Musique*; & les savans & les ignorans ne peuvent également juger de la Musique, ainsi que Rousseau le prétend, pas plus qu'ils ne peuvent également être juges d'un tableau, d'une statue ou d'un monument. L'ignorant peut dire, cela me plaît, ou me déplaît; mais, dans aucun genre, il n'aura le droit de prononcer, d'après son sentiment, qu'une chose est belle ou ne l'est pas. Il est bien juste que ce soit le droit de ceux qui ont passé leur vie à s'instruire, & à distinguer la vraie beauté, qui, dans tous les genres, ne consiste que dans les proportions; il faut donc les connaître pour pouvoir en juger.

Rousseau dit à la fin du mot *Harmonie*, que *le physique des sons est très borné dans le plaisir qu'il nous donne, & n'a que très peu de pouvoir sur le cœur humain.* Nous abandonons cette assertion au jugement de ceux qui éprouvent les sensations les plus vives, lorsqu'ils entendent de la Musique instrumentale parfaitement exécutée par un orchestre semblable à celui de l'Opéra, du Concert-spirituel, ou de Messieurs les Amateurs.

CHAPITRE XII.

De l'Échele des Grecs & de la nôtre.

UNE *Échele* est, en Musique, la succession diatonique des notes.

Celle des Grecs était composée de deux tétracordes conjoints,

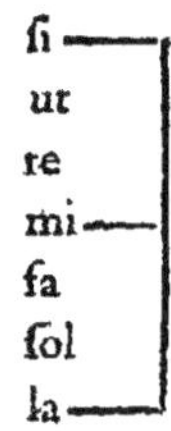

qui, comme l'a ingénieusement prouvé M. d'Alembert, était plus simple que la nôtre, puisqu'elle était formée du seul Mode d'*ut*.

si, *ut*, *re*, *mi*, *fa*, *sol*, *la*.

Basse fondamentale, *sol*, *ut*, *sol*, *ut*, *fa*, *ut*, *fa*.

Au lieu que notre échele *ut*, *re*, *mi*, *fa*, *sol*, *la*, *si*, *ut*, est formée du Mode d'*ut* & de celui de *sol*.

ut, *re*, *mi*, *fa*, *sol*, *la*, *si*, *ut*.

Basse fondam. *ut*, *sol*, *ut*, *fa*, *ut*, *re*, *sol*, *ut*.

Dans la Basse de la premiere échele, on ne trouve que *ut*, *sol*, *fa*, qui apartienent au Mode d'*ut*; & dans la Basse de la seconde, on trouve *ut*, *sol*, *fa*, qui apartienent au Mode d'*ut*, & *sol*, *re*, qui apartienent au Mode de *sol*. L'échele des Anciens était donc plus simple que la nôtre : aussi on la disait de suite, sans avoir besoin de repos, & sans que l'oreille en demandât; au lieu que quand nous chantons *ut*, *re*, *mi*, *fa*, *sol*, *la*, *si*, *ut*, il n'y a point d'oreille un peu exercée, qui ne sente un repos forcé après avoir dit *fa*; & la raison en est, que jusque-là on a été dans le Mode d'*ut*; mais qu'alors on en sort pour entrer dans celui de *sol*, où l'on acheve *sol*, *la*, *si*, *ut*.

Ce fut Saint-Grégoire qui changea les *tétracordes* des Anciens en un *heptacorde* ou systême de sept notes, & exprima ces notes avec les sept premieres lettres de l'alphabet. Gui d'Arezzo leur donna des noms, excepté à la septieme note, qui ne porte celui de *si* que depuis la fin du dernier siecle. On ne conçoit pas que les Anciens n'aient pas eu la même échele que la nôtre; on peut voir dans M. Sauveur la raison ingénieuse qu'il en donne, & qui ne peut être sentie que par les Géometres. Rousseau la critique : mais il nous semble, qu'avant d'accuser M. Sauveur de s'être trompé dans ses calculs, il aurait mieux valu donner un calcul plus juste que le sien; & c'est ce qu'il n'a pas fait.

CHAPITRE XIII.

Du Chromatique.

Le *Chromatique* est un chant composé d'une succession de sons, en montant ou en descendant par demi-tons.

Athénée en donne l'invention à Epigone, & Boëce à Timothée de Milet.

On s'en sert dans le genre triste, pour exprimer la douleur. En montant il est déchirant, quand il est bien employé; & en descendant il est plus sombre, quoiqu'un peu moins expressif.

Nous verrons bientôt que la marche fondamentale par quintes donne le genre diatonique, & celle par tierces majeures, le genre chromatique.

CHAPITRE XIV.

De l'Enharmonique.

ARISTOXÈNE & plusieurs autres Anciens ont appelé ce genre, *harmonie*.

Il consiste dans la différence qui est entre le *si* ✕ & l'*ut*, le *mi* ✕ & le *fa*, &c.

En général, c'est un chant où les quarts de ton sont admis. Ces quarts de ton ne peuvent guere se distinguer à l'oreille, & il faut y être fort exercé pour les sentir. On appele avec raison *quarts de ton* ces intervalles ; le calcul prouvant, par exemple, que la différence du *si* ✕ (tierce majeure de *sol* ✕) à l'*ut*, est de $\frac{3}{128}$ ou de $\frac{1}{41}$ environ.

Or on distingue quatre especes différentes de quarts de ton,

	Différence avec l'unité selon M. d'Alembert.
Le quart du ton majeur. . . .	$\frac{1}{32}$
Le quart du ton mineur. . . .	$\frac{1}{36}$
La moitié du demi-ton majeur.	$\frac{1}{30}$
La moitié du demi-ton mineur.	$\frac{1}{48}$

C'est pour cela que l'intervalle entre le *si* ✕ & l'*ut*, est appelé quart de ton ; sa différence avec l'unité étant de $\frac{1}{43}$, il en differe moins que le plus grand des quarts de ton, & plus que le plus petit.

Aristide Quintilien nous assure que ce genre était le plus doux des trois ; cependant les Anciens ne le conserverent pas long-tems, parcequ'on commença à ne plus calculer le plaisir (*a*), & que ces divisions de fractions n'en produisaient qu'à l'esprit, & jamais au cœur. Plutarque reproche aux Musiciens de son tems, d'avoir perdu le plus beau des trois genres, & d'oser dire que les intervalles n'en sont pas assez sensibles, comme si, ajoute ce Philosophe, tout ce qui échape à leurs sens grossiers cessait d'être dans la nature.

(*a*) M. d'Alembert, dans sa réponse à une lettre de M. Rameau, qu'il faut lire à la fin de ses Élémens, dit expressément : *que la considération des raports est illusoire pour rendre raison du plaisir que la Musique nous cause.*

Ce que nous appelons aujourd'hui *Enharmonique*, ne ressemble point à celui des Anciens. Nous l'employons quelquefois pour passer d'un Ton dans un autre, en faisant changer de nom à un acord. Par exemple, les sons, *fa* ♯, *la*, *ut*, *mi* ♭, forment un acord que l'on appele *septieme diminuée*, & cet acord doit conduire ordinairement à l'acord parfait mineur de *sol* : *sol*, *si* ♭, *re*.

Si, au lieu d'aller en *sol*, on veut passer dans le Ton de *mi*, on ne fait que changer le nom de *mi* ♭; on l'appele *re* ♯. Dans l'exécution on ne s'aperçoit point, ou fort peu, de ce changement, quoiqu'il y ait entre ces sons une différence d'un quart de ton enharmonique, différence presque inappréciable à l'oreille. Alors, *fa* ♯, *la*, *ut*, *re* ♯, devient une *sixte majeure avec fausse quinte*, qui conduit à l'acord parfait sur *mi* : *mi*, *sol*, *si*; ou à celui de *sixte* sur *sol* : *sol*, *si*, *mi*; & l'un ou l'autre de ces acords constate que l'on vient d'entrer dans le Ton de *mi*.

On peut, avec le même acord, *fa* ♯, *la*, *ut*, *mi* ♭, passer dans le Ton de *si* ♭, en changeant de même le *fa* ♯ en *sol* ♭ : *sol* ♭, *la*, *ut*, *mi* ♭. Alors cet acord de septieme diminuée devient une *seconde-superflue*, qui conduit à la *sixte-quarte*, *fa*, *si* ♭, *re* ♭, & qui constate que l'on est dans le Ton de *si* ♭.

On peut aussi passer, toujours avec le même acord, *fa* ♯, *la*, *ut*, *mi* ♭, dans le Ton d'*ut* ♯ : alors l'*ut* devient *si* ♯, & le *mi* ♭ devient *re* ♯; & l'acord de septieme diminuée se change en acord de *triton* (ou *quarte-superflue*) *avec tierce mineure*, *fa* ♯, *la*, *si* ♯, *re* ♯, & doit être suivi de l'acord de *sixte* sur le *mi* : *mi*, *sol* ♯, *ut* ♯, qui constate que l'on est entré dans le Ton d'*ut* ♯.

Voilà donc quatre marches enharmoniques différentes, qui procedent de la septieme diminuée, & dans lesquelles chacune des quatre notes de cet acord devient note sensible du Ton dans lequel on passe. Cet exemple suffira pour fixer les idées sur ce que nous appelons aujourd'hui l'*Enharmonique*; & nous ne raporterons pas les huit autres manieres de changer les quatre marches dont nous venons de parler, en se servant de la tierce majeure ou mineure.

Quoique l'oreille ne puisse guere sentir ce quart de ton enharmonique, lorsqu'il est isolé, elle s'aperçoit fort bien de la brusquerie qu'il cause dans ces différens passages; & bientôt elle est forcée d'admirer la maniere dont elle

elle se voit transportée dans un Ton, dont elle se croyait bien éloignée.

C'est l'acord qui suit cette septieme diminuée, qui prouve si on a suivi le genre chromatique, ou si on s'est servi de l'enharmonique.

Rameau a divisé l'enharmonique en deux genres, l'*enharmonique diatonique* & l'*enharmonique chromatique*; il a même essayé de faire des morceaux presqu'entiers dans l'un & l'autre de ces genres. Son fameux *trio* des Parques, d'Hippolyte & Aricie, est en grande partie dans le genre *enharmonique diatonique*, qui consiste à faire descendre de quarte la basse, & à la faire monter de tierce majeure, alternativement. Dans l'acte des Incas, des Indes galantes, il avait essayé de faire un tremblement de terre dans le genre *enharmonique chromatique*, qui consiste à faire descendre de tierce mineure la basse fondamentale, & la faire monter de tierce majeure, alternativement. Ces deux morceaux n'ont jamais pu être exécutés. Quand ils le seraient, nous osons assurer que l'effet en serait dur & mal sonant, & nous exhortons les jeunes Compositeurs à user de l'enharmonique rarement & avec la plus grande modération, & de ne jamais s'en servir que dans les endroits où il faut qu'ils surprenent l'oreille des Auditeurs; ce genre ne pourait que très rarement ne pas nuire à la mélodie, qui doit être la base de la composition.

Voici un exemple des deux especes d'enharmonique.

ENHARMONIQUE DIATONIQUE.

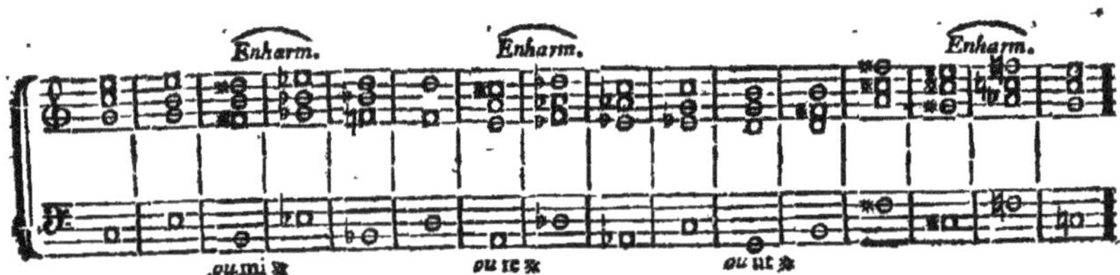

ENHARMONIQUE CHROMATIQUE.

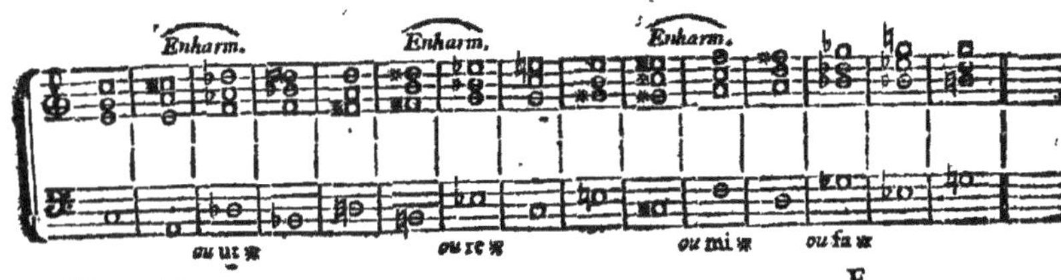

C'eſt une obſervation lumineuſe de Rouſſeau dans ſon Dictionaire (*art.* Enharmonique), que Rameau s'eſt trop occupé de calculs, & que le feu naturel de ce ſavant Artiſte eût produit des prodiges dont le germe était dans ſon génie, mais que ſes préjugés ont toujours étouffé. Sans doute toutes les fois que l'on voudra ſoumetre à la preuve du calcul tous les effets de Muſique que l'on trouve en préludant, & qui ſe ſuccedent rapidement chez un Compoſiteur de génie, il ne ſe peut que la verve ne ſe refroidiſſe par la ſéparation que l'on met entre les idées en les calculant. D'ailleurs il peut arriver que, pour une erreur de calcul, on rejete ce qui n'en fait pas moins un excellent effet au jugement de l'oreille. C'eſt au goût ſeul à conſerver ou à rejeter les productions du génie, & nous avons pour principe immuable que tout ce qui plaît à l'oreille eſt bon, mais que tout ce qui lui déplaît eſt mauvais, le vrai calcul, en Muſique, n'étant fondé que ſur le ſentiment de l'oreille.

Rouſſeau conſeille auſſi, avec la plus grande raiſon, d'employer ordinairement l'*enharmonique* dans le *récit obligé.*

Dans ces morceaux d'expreſſion, l'ame éprouvant ſans ceſſe des ſentimens oppoſés les uns aux autres, on ne peut mieux peindre le choc des paſſions & des idées que par ce genre de Muſique, qui eſt incohérent, & qui briſe le ſens de la phraſe muſicale, ainſi qu'une idée en vient briſer une autre.

Une preuve que l'enharmonique, tel que le calcul le donne, ne peut être employé dans notre genre de compoſition, c'eſt que pluſieurs de nos inſtrumens à cordes, & tous ceux à vent, ne peuvent faire la différence de *mi* ✱ au *fa*, du *fa* ✱ au *ſol* b, &c. C'eſt ce qui fait que ſur le clavecin, par exemple, ces deux ſons n'étant exprimés que par une même touche, les paſſages enharmoniques paraiſſent plus durs; au lieu que ſur le violon, le violoncelle, &c. le doigt pouvant être gliſſé un peu plus ou un peu moins, exécute ces différens ſons, & diminue ainſi la dureté qui réſulte du paſſage de l'un à l'autre. Il y a cependant des clavecins où les touches des dièſes & des bémols ſont coupées en deux, & où par conſéquent le *fa* ✱ & le *ſol* b, le *mi* b & le *re* ✱, &c. ne ſont pas la même choſe; mais outre que cette diviſion augmente de beaucoup la difficulté de jouer de cet inſtrument, il y a bien peu d'oreilles capables de la diſcerner, & aſſez délicates pour ſavoir gré à celui qui joue, de ce qu'il lui en a coûté de peine pour y parvenir.

On eſt donc convenu de forcer un peu les tierces majeures, en acordant le clavecin, & de diminuer auſſi un peu les tierces mineures ; ce qui fait qu'il n'y a guere que l'octave qui ſoit parfaitement juſte. Car, ſi on acordait les tierces comme elles doivent l'être, trois tierces majeures ou quatre tierces mineures devant faire l'étendue d'une octave, il ariverait que les quatre tierces mineures étant juſtes, paſſeraient l'octave de près de $\frac{1}{71}$ (a), & que les trois tierces majeures n'ariveraient à l'octave juſte que moins $\frac{1}{41}$ à peu près. C'eſt cette méthode, dont on eſt convenu de forcer un intervalle & d'en diminuer un autre, que l'on nomme *tempérament*. *Pythagore*, qui, le premier, trouva les intervalles, voulait qu'on ſuivît le calcul à toute rigueur. *Ariſtoxène*, qui trouvait avec raiſon combien cette rigueur reculait les progrès de l'Art, voulait que l'on ne conſultât que ſon oreille. Telle fut l'origine de la ſecte des *Pythagoriciens* & de celle des *Ariſtoxéniens*. Les premiers n'enſeignaient que la théorie, & les ſeconds la pratique. L'Antiquité a été long-tems diviſée par ces deux ſectes.

Rouſſeau donne (*art.* Tempérament), comme la meilleure maniere d'acorder le clavecin, celle qui ſuit.

1°. On commence par l'*ut* du milieu du clavier, & l'on afaiblit les quatre premieres quintes en montant, juſqu'à ce que la quatrieme *mi* faſſe la tierce majeure bien juſte avec le premier ſon *ut* ; ce qu'on appele la *premiere preuve*. 2°. En continuant d'acorder par quintes, dès qu'on eſt arrivé ſur les dièſes, on renforce un peu les quintes, quoique les tierces en ſouffrent, & quand on eſt arrivé au *ſol* ♯, on s'arête. Ce *ſol* ♯ doit faire, avec le *mi*, une tierce majeure juſte, ou du moins ſouffrable ; c'eſt la *ſeconde preuve*. 3°. On reprend l'*ut*, & l'on acorde les quintes au grave, ſavoir, *fa*, *ſi* b, *mi* b, & *la* b, faibles d'abord, puis les renforçant par dégrés, c'eſt-à-dire, afaibliſſant les ſons juſqu'à ce qu'on ſoit parvenu au *re* b, lequel, pris comme *ut* ♯, doit ſe trouver d'acord & faire quinte avec le *ſol* ♯, auquel on s'était ci-devant arêté ; c'eſt la *troiſieme preuve*.

(*a*) C'eſt cette différence que l'on appele le comma de Pythagore.

Voici le Tableau de cette maniere d'acorder.

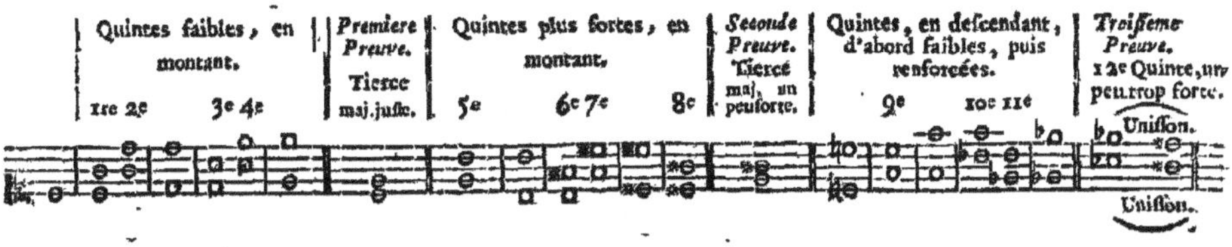

Quintes faibles, en montant.	*Premiere Preuve.*	Quintes plus fortes, en montant.	*Seconde Preuve.*	Quintes, en descendant, d'abord faibles, puis renforcées.	*Troisieme Preuve.*
1re 2e 3e 4e	Tierce maj. juste.	5e 6e 7e 8e	Tierce maj, un peu forte.	9e 10e 11e	12e Quinte, un peu trop forte. Unisson. Unisson.

Nous croyons qu'il est une méthode plus simple, & nous nous en sommes toujours bien trouvés : la voici en peu de mots.

C'est de commencer par *mi* b, & d'acorder ensuite par quintes justes & par octaves justes, comme dans le Tableau suivant.

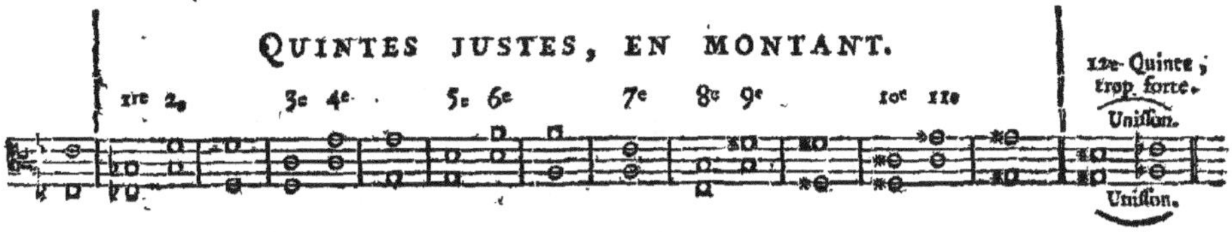

QUINTES JUSTES, EN MONTANT.	
1re 2e 3e 4e 5e 6e 7e 8e 9e 10e 11e	12e Quinte, trop forte. Unisson. Unisson.

Alors, si l'on fait soner l'octave au dessous de *sol* ✻, avec le *mi* b par lequ'on a commencé, on trouvera que ce *sol* ✻, devenu *la* b, ne fera pas une quinte juste avec le *mi* b ; mais on la laissera telle qu'on la trouvera, parcequ'il n'est pas possible qu'elle soit autrement. De cette maniere il n'y aura qu'une quinte fausse dans tout le clavier, & les autres se trouveront justes. Alors il faudra seulement éviter de jouer des morceaux de Musique dans le Ton de *la* b; parceque sa quinte n'étant pas juste à toutes les octaves, il ne peut en résulter qu'un effet désagréable, pour peu qu'on ait de la délicatesse dans les organes. Il poura très bien arriver que cette maniere ne paraisse pas bonne à plusieurs Musiciens; mais comme ils ne pouront prouver que celle qu'ils préferent soit meilleure, il nous est permis, comme à eux, de donner la préférence à la nôtre : au moins ne pouront-ils nier que celle-ci ne paraisse la plus simple.

CHAPITRE XV.

De la Baſſe fondamentale.

Ce fameux ſyſtême, inventé & calculé par le grand Rameau, doit ſe lire dans les excelens *Élémens de Muſique* de M. d'Alembert, qui l'a perfectioné : nous nous contenterons d'en donner ici une légere idée.

Elle ne peut exiſter, ſi elle ne règne toujours au deſſous des autres parties.

Toutes les notes de la baſſe fondamentale ne peuvent porter que l'*acord-parfait*, celui de *ſeptieme*, ou celui de *ſixte & quinte* (*a*).

Dans toute ſucceſſion d'acords-parfaits, il faut qu'au moins une des notes de l'acord où l'on paſſe, ſe trouve dans celui d'où l'on veut ſortir. Ainſi, lorſque de l'acord-parfait d'*ut*, par exemple, l'on veut paſſer à un autre acord-parfait, il faut que l'un des ſons de l'acord d'*ut*, c'eſt-à-dire, ou *ut*, ou *mi*, ou *ſol*, ſe trouve dans l'acord ſuivant.

Dans tout acord de ſixte & quinte, ou de ſous-dominante, c'eſt-à-dire, de quarte qui aille à la tonique, il faut qu'au moins une des conſonances de l'acord ſe trouve dans l'acord précédent. Ainſi dans l'acord *fa*, *la*, *ut*, *re*, il faut que *fa*, ou *la*, ou *ut*, ſe rencontrent dans l'acord précédent : *re*, qui eſt une diſſonance, peut s'y rencontrer ou non.

Toute dominante, ſimple ou tonique, doit deſcendre de quinte.

Toute ſous-dominante doit monter de quinte.

Le paſſage d'une dominante-tonique à une tonique, s'appele *repos abſolu*, ou *cadence parfaite*, comme nous avons déja vu ; & le paſſage d'une ſous-dominante à une tonique, s'appele *cadence imparfaite ou irréguliere*.

(*a*) M. d'Alembert dit, que la Baſſe fondamentale eſt le principe de l'harmonie & de la mélodie, comme le ſyſtême de la gravitation eſt le principe de l'Aſtronomie phyſique ; c'eſt-à-dire, que ces deux ſyſtêmes ne rendent pas raiſon de tout ce qui s'obſerve en Muſique ou en Aſtronomie.

C'eſt une choſe bien étonante, qu'on ait pu pouſſer la pratique de la Muſique au point où elle était parvenue, ſans en connaître le fondement ; & qu'on ait exactement trouvé toutes les regles, avant que d'avoir découvert le principe qui les donne.

Quand la basse fondamentale syncope, c'est une licence qu'il ne faut se permetre que rarement. Le *Dessus* est un chant supérieur à la basse fondamentale, & donne les notes de cette basse, qui lui répondent. Les autres parties sont prises dans le reste des notes des acords, lorsque le dessus & la basse en sont ôtés.

Elle ne peut marcher régulierement que de trois manieres.

1°. Monter ou descendre de tierce ou de sixte.

2°. Monter de quarte ou de quinte.

3°. Monter diatoniquement sur un acord parfait.

La basse fondamentale n'est pas une partie de Musique qui puisse être exécutée, elle est seulement la preuve de la composition; comme, en Arithmétique, l'addition est la preuve de la soustraction.

Toute harmonie ne peut être bonne, quand elle n'est pas soumise à la basse fondamentale.

Voilà à-peu-près les principales regles de ce systême, qui a tant fait de bruit dans son origine. Nous ne saurions trop conseiller de l'étudier avec le plus grand soin, & de se familiariser le plus que l'on poura avec ses régles & leurs exceptions. Il ne faut parvenir à les connaître si bien, que pour ne plus s'en occuper lorsqu'on compose.

Ceci a l'air d'un paradoxe, ce n'en est pourtant pas un.

Un Compositeur qui s'amuserait à tirer la basse fondamentale de tout ce qu'il fait, outre qu'il perdrait un tems considérable, resserrerait, par cette contrainte, les bornes de son génie; mais quand il est parvenu à un certain point de connaissance de la basse fondamentale, il contracte une habitude, qu'il ne peut plus perdre, de composer selon les regles de cette basse, & il ne dépend plus de lui, de rien faire qui ne soit soumis à sa marche.

CHAPITRE XVI.

De la Basse continue.

On lui a donné ce nom, parcequ'elle dure pendant tout le morceau qu'on exécute.

Ce n'est qu'une basse fondamentale, dont les acords sont renversés pour la rendre plus chantante; ainsi elle n'est, pour ainsi dire, qu'un chant intermédiaire entre le dessus, ou chant principal, & la basse fondamentale.

Il y a quelques regles principales, pour faire une bonne basse continue, comme d'éviter qu'elle fasse, avec le chant, deux octaves ou deux quintes de suite; mais ces regles ont quelques exceptions; & l'oreille seule nous apprend à perfectioner les basses continues.

La basse continue fut mise en usage en 1600, par un Italien nommé *Ludovic Viadana.* Dumont, Maître de la Chapelle du Roi, mort en 1682, en a établi l'usage en France. Avant lui, c'étaient les *hautes-contres* & les *tenore* qui faisaient les basses.

* Une regle invariable de cette basse, pour qu'elle soit bonne, c'est qu'elle fasse la partie la plus basse des morceaux où elle se trouve, & que dans les repos & cadences, elle présente les mêmes notes que la Basse fondamentale.

CHAPITRE XVII.

De la Basse contrainte.

Autrefois les Compositeurs regardaient comme un tour de force, de faire des passacailles, des chaconnes, &c. sur quatre ou huit mesures de basse qui se répétaient sans cesse, comme celle-ci :

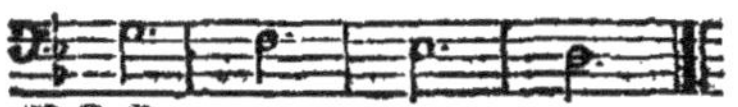

Les Compositeurs modernes ont reconu l'abus de pareilles miseres, & ne cherchent plus à donner des entraves à un Art, qui a par lui-même assez de difficultés, sans lui en procurer de nouveles.

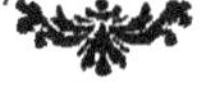

CHAPITRE XVIII.

Des Parties supérieures.

Les *parties supérieures* doivent observer, chacune en particulier, à l'égard de la basse, les regles de l'harmonie, comme s'il n'y avait qu'une partie; & il faut qu'elles procedent avec elle, le plus qu'il est possible, en mouvement contraire.

Les acords étant composés de trois, quatre ou cinq sons, il faut donc plusieurs voix ou instrumens pour les rendre; & ce sont les différentes manieres de faire chanter ces différentes parties, qui constituent la bonne ou la mauvaise harmonie.

La façon la plus simple de composer, est à quatre parties : *dessus, haute-contre* ou *quinte, taille*, & *basse*. Cependant, comme tous les acords ne portent pas quatre notes, & que plusieurs n'en ont que trois, il n'est guere possible, lorsqu'on compose à trois parties, qu'il n'y ait jamais dans aucune les mêmes notes qui sont dans les deux autres.

La premiere regle du *Trio*, ou de la Musique à trois parties, est qu'il faut qu'on entende la tierce dans tous les tems de la mesure, parcequ'elle est comme l'ame de l'harmonie. La sixte étant proprement une tierce renversée, peut très bien suppléer la tierce. Ainsi il suffit qu'une des parties fasse la sixte contre la basse, ou que les parties supérieures la fassent entr'elles.

Il faut que les trois parties du Trio soient le plus près possible les unes des autres, & sur-tout de la basse, parceque plus l'harmonie est serrée, plus l'oreille en est satisfaite.

Quand, dans une des parties, plusieurs dissonances passent *par supposition* (*a*) contre une seule note de la basse, l'autre partie peut marcher aussi

(*a*) Dans les parties supérieures, on appele notes *par supposition* ou notes *de passage*, celles qui ne portent point d'harmonie, & qui ne sont proprement que pour conduire d'une note d'harmonie à une autre note d'harmonie. Si l'on a, par exemple, les trois notes d'harmonie *ut*, *mi*, *sol*, & que pour remplir les interstices d'*ut* à *mi* & de *mi* à *sol*, on forme le chant *ut*, *re*, *mi*, *fa*, *sol*, en notes de moindre valeur; le *re* & le *fa* seront des notes *par supposition* ou *de passage*.

par supposition, ou tenir contre la basse. Toute partie qui syncope, doit toujours descendre d'un degré. Il ne faut presque jamais faire syncoper les trois parties ensemble, mais les deux supérieures le peuvent très bien.

En général les meilleures regles de composition que l'on puisse donner, sont les partitions des grands Maîtres.

CHAPITRE XIX.

Du Dessein.

Le *Dessein* est un chant que l'on veut faire régner dans le morceau que l'on fait, & qu'on a soin de rappeler dans les parties, & dans les différentes modulations où l'on passe. Rousseau le définit : *l'invention & la conduite du sujet, la disposition de chaque partie, & l'ordonance générale du tout.*

Les Modernes lui ont fait quiter son nom, pour lui donner celui de *motif*, pris des Italiens, qui l'appelent *motivo*, & le cultivent avec soin dans leur Musique.

Le grand art du Compositeur consiste à dessiner d'abord en grand, à bien établir son motif, & à le représenter de tems en tems à ses Auditeurs, de maniere que ce soit toujours avec un nouveau plaisir qu'on le voie revenir.

Rousseau dit avec grande raison, que c'est une faute de *dessein*, de laisser oublier son sujet; mais que c'en est une plus grande, de le poursuivre jusqu'à l'ennui.

CHAPITRE XX.

De l'Imitation.

L'imitation consiste à faire répéter le chant d'une ou de plusieurs mesures, dans une seule partie, ou dans toutes, & sur les différens modes que l'on veut parcourir.

On ne demande point à l'*imitation*, la sévérité qu'on exige pour la *fugue*.

On quite la premiere ; on la prend, on l'abandone à volonté. C'est ce qui fait que les grands Maîtres la dédaignent; mais nous la croyons bien plus susceptible que la *fugue*, d'être agréable.

CHAPITRE XXI.

Du Canon.

Le *Canon* est une fugue perpétuele, ou une imitation dans toutes les parties, qui répetent absolument le même chant.

L'empereur Charles VI, qui était grand Musicien, composait souvent des Canons, & en a fait faire de toutes les façons par les plus habiles Musiciens Italiens & Allemands.

Nous en donnerons plusieurs, faits en France, pour faire connaître les différentes manieres de les composer.

Les plus simples sont à l'unisson ou à l'octave; c'est-à-dire, que chaque partie répete sur le même ton le chant de celle qui la précede.

Telle est à-peu-près la maniere de composer des Canons de ce genre :

On écrit une ou plusieurs mesures d'un chant à volonté; on met sous ce chant autant de parties que l'on veut, ensuite on fait un seul chant de toutes ces parties; & le Canon est fait, en faisant commencer les diférentes parties à une mesure l'une de l'autre.

EXEMPLE.

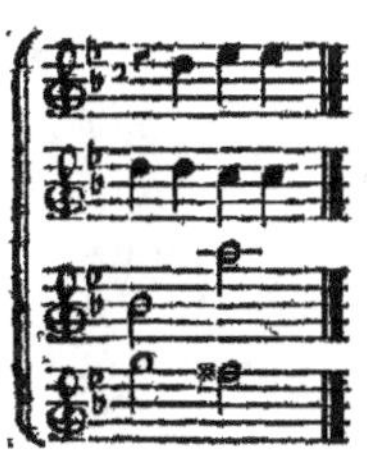

Ces quatre parties se chantant de suite forment ce chant

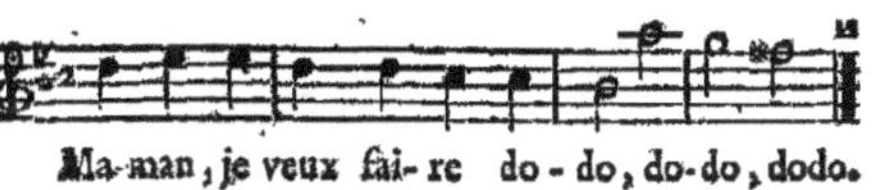

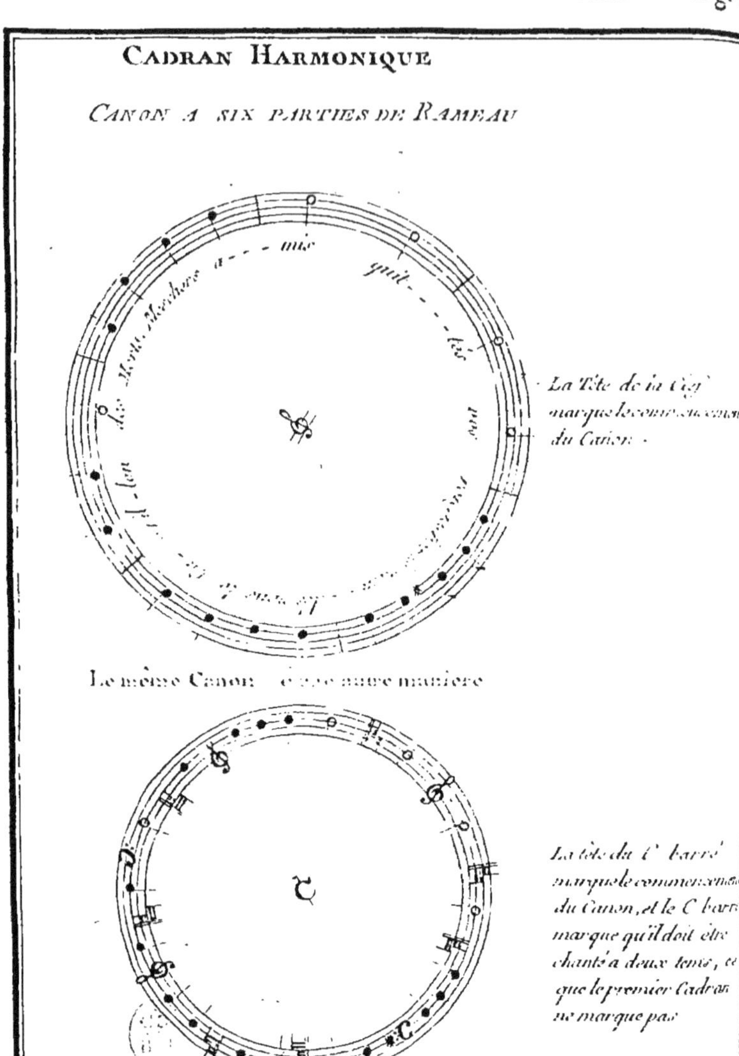
CADRAN HARMONIQUE
CANON A SIX PARTIES DE RAMEAU
La Tête de la Clef
marque le commencement
du Canon.
Le même Canon
La tête du C barré
marque le commencement
du Canon, et le C barré
marque qu'il doit être
chanté à deux tems, ce
que le premier Cadran
ne marque pas

On trouvera à la fin de ce Livre plusieurs Canons, dont quelques-uns sont fort compliqués. Nous ne les avons raportés que pour prouver combien il est inutile de perdre du tems à de pareilles recherches.

CHAPITRE XXII.

De la Fugue.

La *Fugue* consiste à faire répéter le *dessein* alternativement dans le dessus, dans la basse, & dans les parties.

Toute fugue a sa réponse dans la partie qui suit immédiatement celle qui a commencé. Cette réponse se rend à la quinte ou à la quarte, selon la fantaisie de nos Compositeurs.

La fugue est *authentique*, quand les notes du sujet vont en montant; & elle est *plagale*, lorsqu'elles vont en descendant. Il y en a à un, à deux & à trois desseins; d'autres qu'on appele *renversées*, & dont la réponse se fait par un mouvement contraire à celui du sujet.

Comme c'est le morceau le plus difficile à faire, & qu'il varie de toutes les manieres, nous renvoyons aux traités de Composition, pour aprendre à les connaître.

CHAPITRE XXIII.

Du Contrepoint.

On appelait autrefois *Composition*, l'invention des chants, & *Contrepoint*, la composition de l'harmonie. Mais aujourd'hui on donne le nom de *Contrepoint* aux parties ajoutées à un sujet donné; & ce qui n'était alors qu'une partie de plain-chant, est devenu maintenant ce qu'il y a de plus difficile à faire en Musique, par les fugues à plusieurs desseins qu'on y insere.

On définit aussi le Contrepoint, *l'harmonie simultanée de différentes parties.*

L'origine de ce nom vient de ce qu'ancienement les notes étaient des points, & qu'en composant, il fallait placer ces points l'un contre l'autre.

Le *Contrepoint double*, est proprement un chant composé sur quelque sujet donné; lequel sujet sert d'abord de basse ou de fondement à la composition de ce chant, de maniere cependant, que ce chant étant mis au-dessous du sujet, & lui servant de basse à son tour, le renversement de ces deux parties n'empêche pas que l'harmonie ne soit aussi bonne & aussi correcte entr'elles, que lorsqu'elles étaient dans leur premiere situation; ensorte qu'ils sont, chacun à leur tour, & sujet & contrepoint; ce qui a fait donner le nom de contrepoint *double* à cette espece de composition.

EXEMPLE.

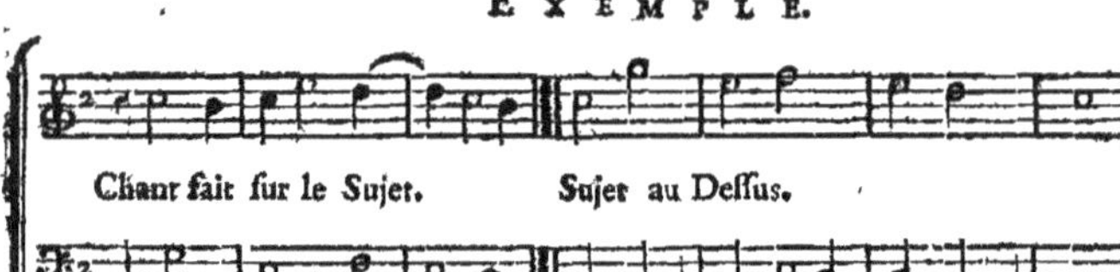

Le sujet peut être pris du plain-chant, ou inventé; mais il faut observer qu'il ne doit pas être trop long. Le meilleur, est celui qui n'excede pas quatre mesures; & la premiere note doit être la finale ou la dominante, ou au moins la médiante.

On peut voir dans les Traités de Composition, ce que c'est que le contrepoint à la tierce *ou* dixieme.

à la quarte *ou* onzieme.

à la quinte *ou* douzieme.

à la sixte *ou* treizieme.

à la septieme *ou* quatorzieme.

à l'octave *ou* quinzieme.

La septieme superflue, sauvée & préparée par l'octave, fait un bon effet, quand la replique est à la quinte au-dessous.

EXEMPLE.

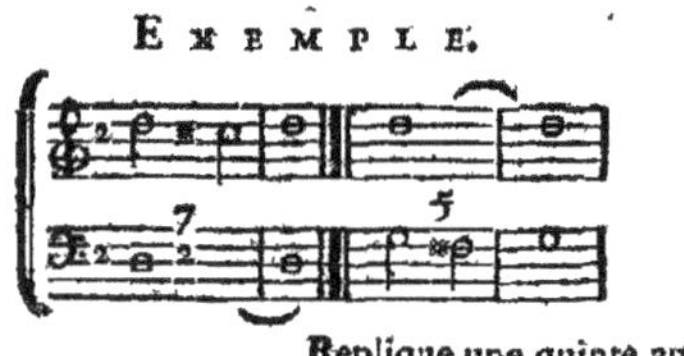

Nous sommes persuadés, que la replique du contrepoint a donné naissance à la sixte superflue :

EXEMPLE.

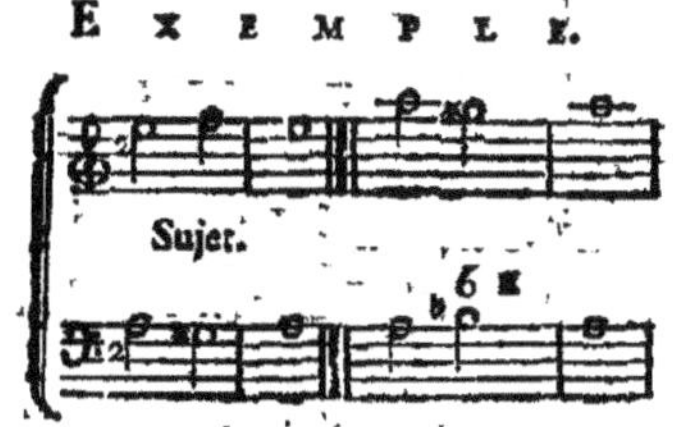

On peut syncoper au Dessus, la seconde ou neuvieme, & à la Basse, la quarte, pourvu qu'elles soient sauvées par la tierce.

EXEMPLE.

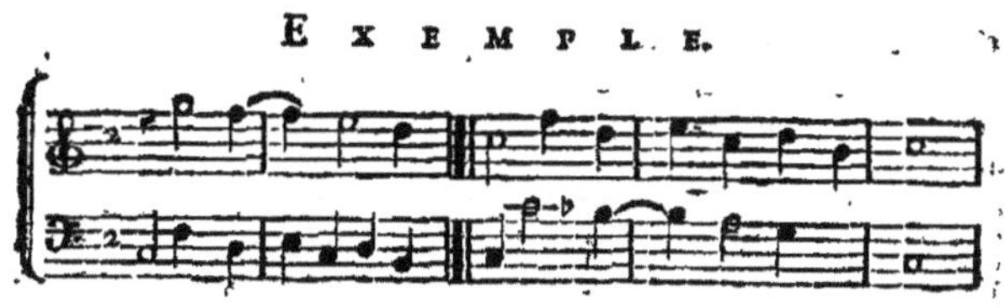

Exemple des Dissonances praticables dans le Contrepoint.

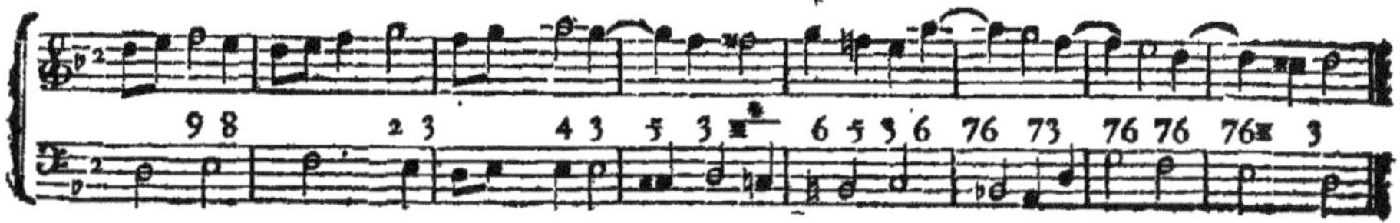

A. Neuvieme syncopée au Dessus & sauvée par l'octave.

B. Seconde syncopée à la Basse & sauvée par la tierce.

C. Quarte syncopée au Dessus & sauvée par la tierce.

D. Fausse quinte syncopée au Dessus & sauvée de la tierce.

E. Triton sauvé de la sixte.

F. Fausse quinte non syncopée.

G. Septieme syncopée au Dessus & sauvée de la tierce.

H. Septieme sauvée de la tierce.

I. K. L. } Septiemes sauvées de sixtes.

On peut aussi se servir de la seconde superflue, de la septieme superflue, & de la quinte superflue, de cette maniere :

EXEMPLE.

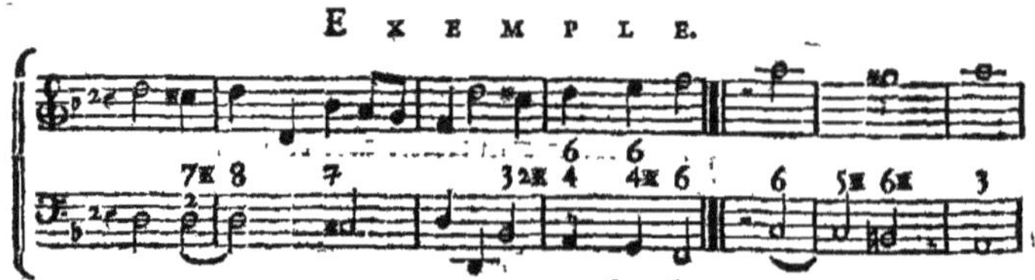

Le Contrepoint à la quinte doit commencer par la quinte dans le dessus, & la basse répond une quinte en dessous.

EXEMPLE.

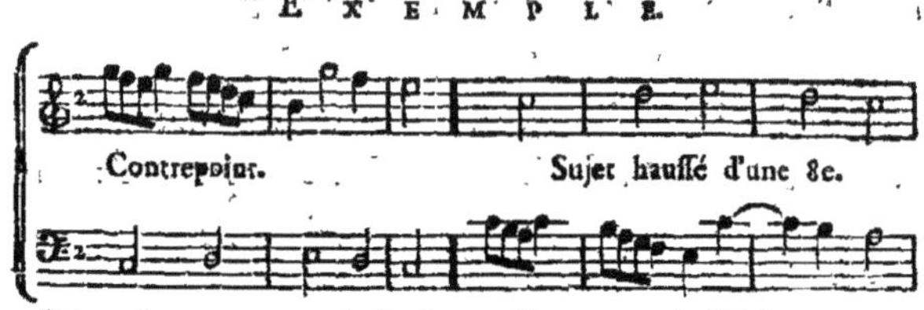

Sujet qui commence par la finale. Contrepoint baissé d'une quinte.

Exemple d'un Contrepoint dont le sujet commence par la Médiante.

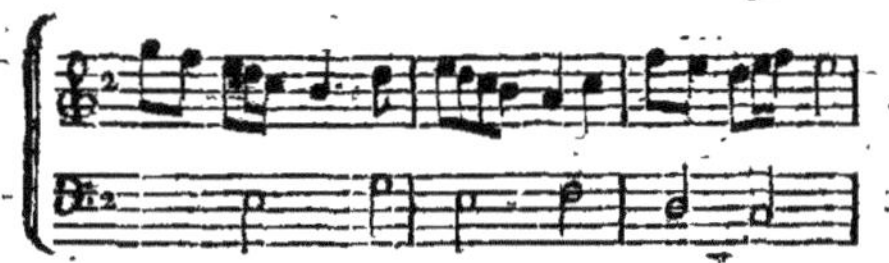

Contrepoint finissant par la Médiante.

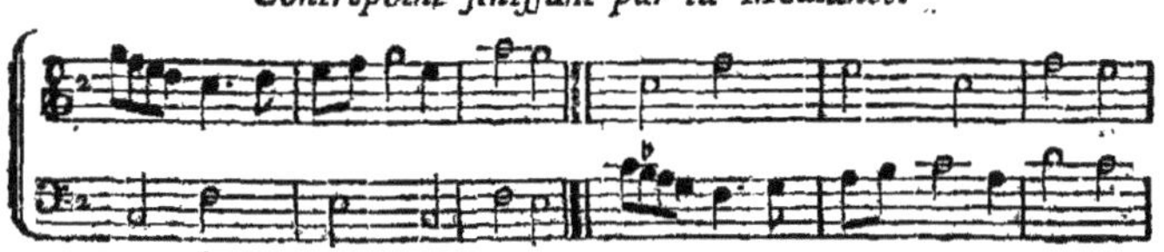

Contrepoint finissant par la Dominante.

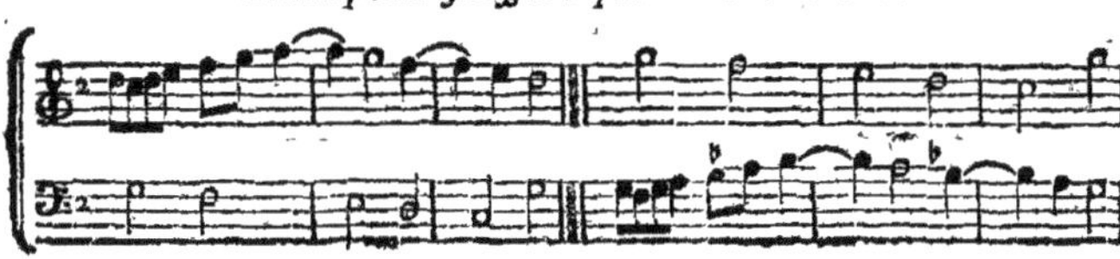

Dans la mesure à quatre tems, on ne doit jamais se servir, sur le premier & le troisieme tems, qui sont les bons tems de cette mesure, de la sixte majeure ou mineure; on la peut seulement faire par supposition, soit pour l'ornement du chant, soit dans le deuxieme & quatrieme tems, ou après une note pointée, & tout cela par dégrés conjoints.

EXEMPLE.

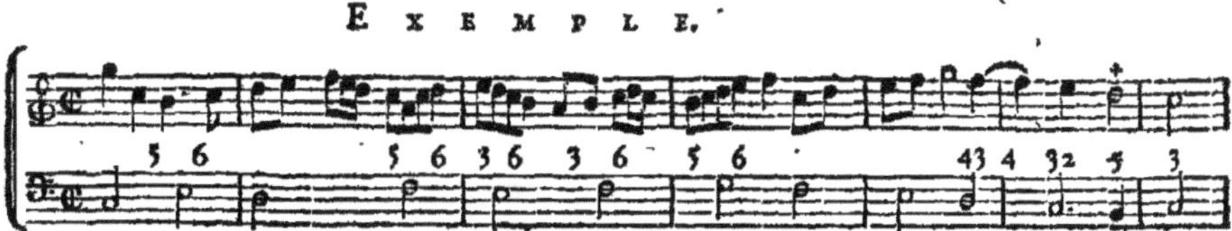

Le Contrepoint, fait sur le champ, & exécuté sans aucune préparation, sur un sujet donné, s'appele *Chant sur le Livre* (a).

CHAPITRE XXIV.

Du Chant sur le Livre.

C'EST prendre un sujet ou un chant tout fait, & composer & chanter, dans le même instant, au-dessus de ce sujet, un chant qui soit différent & qui fasse une bonne harmonie.

Ordinairement les sujets que l'on prend, sont des *Hymnes*, des *Proses*, des *Répons*, des *Antienes* ou des *Introïts*. La *Prose* est un chant rimé qu'on dit avant l'Évangile aux Fêtes solemneles seulement: il y en a quatre principales:

Pour *Pâque*, *Victimæ Paschali*: on en ignore l'Auteur.

Pour la *Pentecôte*, *Veni Sancte Spiritus*, par le roi Robert.

Pour la *Fête-Dieu*, *Lauda Sion*, par Saint Thomas d'Aquin.

Pour les *Morts*, *Dies iræ*, par le Cardinal Frangipani, dit *Malabranca*.

(a) Rousseau a raison de dire (art. *Contrepoint*), « qu'on a long-tems disputé pour savoir » si les Anciens avaient connu le contrepoint; mais que, par tout ce qui nous reste de leur » Musique, & sur-tout par les regles de pratique d'Aristoxène, on voit clairement qu'ils » n'en eurent jamais la moindre notion ». Comment l'auraient-ils connu, puisqu'ils ignoraient ce que nous appelons *accords*, c'est-à-dire, l'ensemble de plusieurs sons différens :

Ce fut saint Ignace, évêque d'Antioche & disciple de saint Jean l'Évangéliste, qui institua le Chant alternatif des Psaumes & des Hymnes. Saint Hilaire, évêque de Poitiers, composa plusieurs Hymnes qu'on chanta alors en Occident. C'est de ce Chant simple que saint Ignace a pris une comparaison, dans sa Lettre aux Éphésiens, lorsque, exhortant les Prêtres à la concorde, il demande qu'on soit semblable à la symphonie (harmonie) & qu'elle soit si juste qu'ils ne fassent tous qu'une voix (*a*).

Lorsqu'Horace dit: *Ut gratas inter mensas symphonia discors... Offendit, &c.* « La symphonie mal acordée offense les oreilles, &c. » *Art. poétiq.* v. 373. il entend simplement les voix à l'unisson qui ne chantent pas juste. La preuve que le mot *symphonie*, ou celui *d'harmonie*, ne signifiait que l'unisson ou l'octave, c'est qu'Aristote dit, dans son Problème 16, sect. 19, que *dans la symphonie, l'une de voix étant tout-à-fait semblable à l'autre, il arive nécessairement qu'il y en a une qui obscurcit l'autre*, c'est-à-dire, qu'il semble qu'il n'y en ait qu'une, *au lieu que dans l'antiphonie, les voix chantant à l'octave, on le distingue agréablement.* Si ce passage n'est pas concluant, nous ignorons de quelle nature doivent être les preuves qu'on exige de nous (*b*).

CHAPITRE XXV.

Du Plain-chant.

Le *Plain-chant* n'a pris la forme qu'il a aujourd'hui, que depuis que Gui d'Arezzo eut inventé les notes, & les eut placées sur quatre lignes. Avant ce tems, le plain-chant n'était que les débris de la Musique Greque, & pro-

(*a*) Nouvele preuve que l'harmonie de ce tems n'était que l'unisson, & que les Anciens n'en ont jamais connu d'autre, à moins que ce ne fut l'octave.

(*b*) Plutarque, dans son Traité *de l'inscription du temple de Delphes*, distingue les cordes de deux manieres. 1°. Plusieurs cordes ne faisant qu'un ton (ainsi que les cordes de Luth ou de Guitare montées à l'unisson ou à l'octave), il les appele alors *polychordia* 2°. Comme faisant chacune un ton différent, il appele celles-là *pœcilia.*

bablement

bablement qui nous en a conservé quelques chants que nous possédons sans le savoir. Avant le onzieme siecle, chez les Grecs comme chez les Latins, chaque son avait un nom & un caractere particulier, & on se contentait alors de mettre au-dessus de chaque syllabe du texte le caractere des sons qui convenaient à ces syllabes; ainsi les caracteres se trouvaient écrits avec le texte sur une même ligne. Mais le nombre des caracteres grecs qu'il fallait graver dans sa mémoire, montait à mille six cent vingt; ce qui était prodigieux, & bien difficile à retenir par cœur. Gui simplifia extrêmement l'art d'écrire la Musique, en imaginant les lignes, & y plaçant des points : mais comme ces points étaient tous égaux, ils ne pouvaient servir qu'au plain-chant, dont les notes sont égales. Ce fut en 1330, que Jean de Muris, Docteur & Chanoine de Paris, donna des valeurs aux notes, & inventa des signes qui indiquaient ces valeurs, & par conséquent les mouvemens. Plusieurs de ces signes ne subsistent plus, & on leur en a substitué d'autres. Cet art se perfectionne tous les jours.

On ne se sert que de deux clefs dans le plain-chant : la premiere, que l'on nomme clef d'*ut*, & la seconde, clef de *fa*. La clef d'*ut* se pose sur les quatre lignes, de cette maniere.

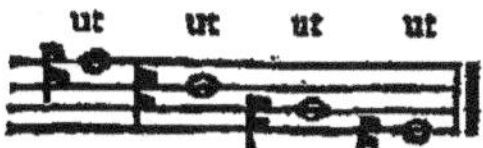

La clef de *fa* sert au chant grave, étant d'une quinte plus basse que la clef d'*ut*, & se pose rarement sur la seconde ligne, quelquefois sur la quatrieme, & presque toujours sur la troisieme, de cette maniere.

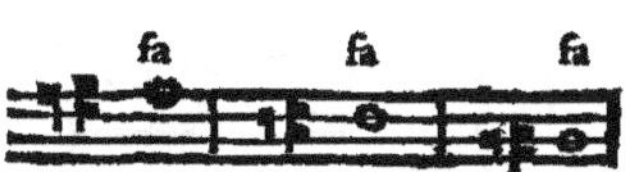

Voici quelques régles principales pour chanter sur le Livre, nous nous sommes étendus sur cette partie, parce qu'elle est moins connue, que les autres parties de la Composition.

Il ne faut jamais faire deux octaves de suite, tant en descendant qu'en montant, tant par degrés conjoints que disjoints.

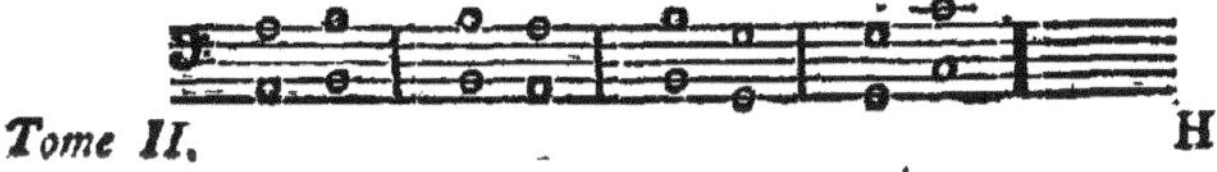

Il ne faut ni monter ni descendre, avec la basse, sur l'octave.

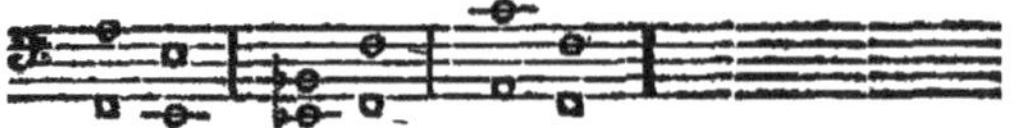

Quand la basse monte d'une quarte, il ne faut pas mettre l'octave sur sur la seconde note.

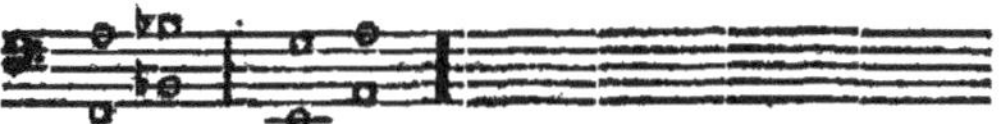

Quand la basse descend d'une quinte, il ne faut pas mettre l'octave sur la seconde note.

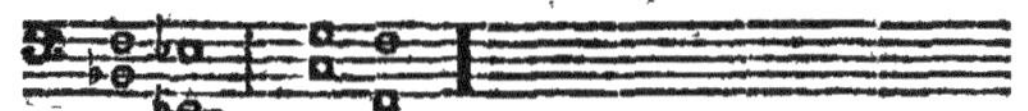

Il ne faut pas mettre l'octave après la sixte, à moins que la basse ne descende d'un ton par degrés conjoints, & que la sixte ne soit majeure.

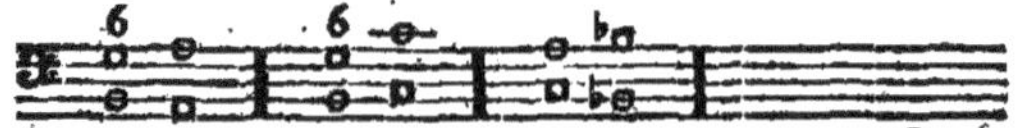

Il ne faut jamais mettre l'octave après la sixte mineure.

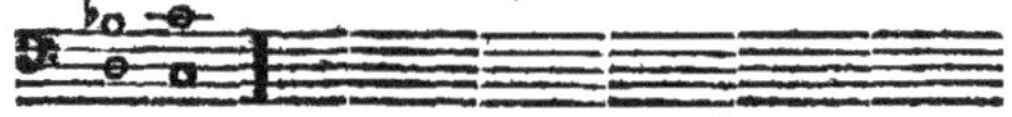

Quand on est monté à l'octave, il ne faut point monter de quarte.

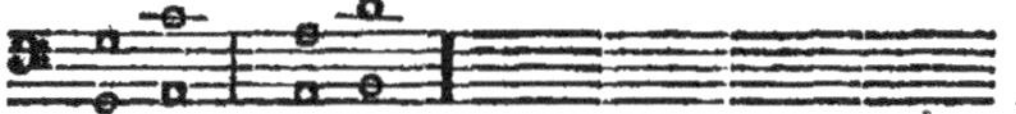

Il ne faut jamais faire deux quintes de suite, excepté en mouvement contraire :

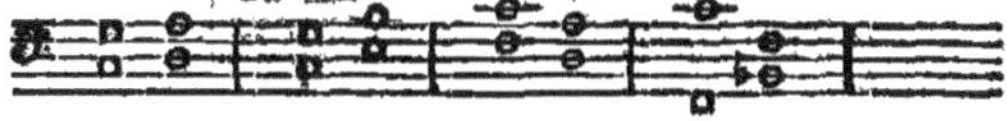

On ne doit point descendre ni monter avec la basse sur la quinte.

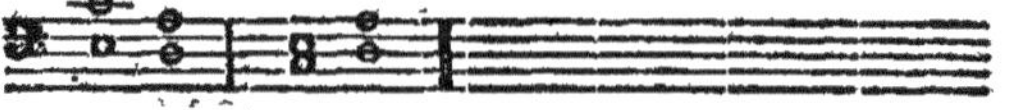

Quand on est à la quinte, il ne faut pas descendre de quarte sur la tierce.

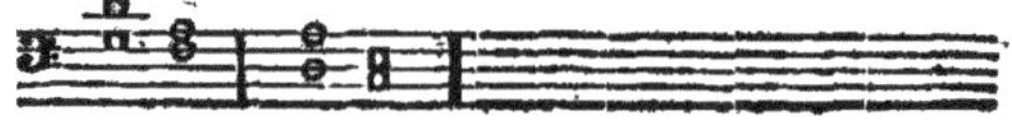

Il ne faut jamais finir par une tierce mineure, mais toujours par la majeure; & avant l'octave la tierce doit toujours être majeure.

Quand la basse monte d'une tierce, il ne faut pas descendre d'une tierce majeure ou mineure.

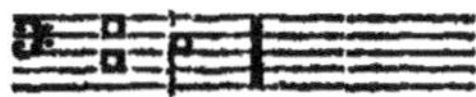

Quand la basse descend d'une tierce, il ne faut pas monter d'une tierce.

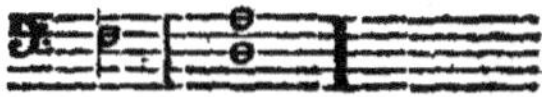

Il ne faut jamais commencer ni finir par la sixte majeure ou mineure; & devant l'octave la sixte doit être toujours majeure.

Après la sixte mineure il faut descendre, & après la sixte majeure il faut monter.

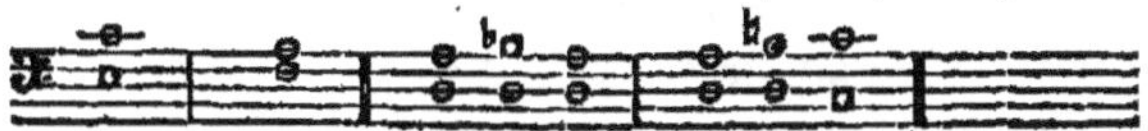

Le plain-chant était autrefois si estimé, que plusieurs Papes & Souverains en ont fait une étude particuliere. Charlemagne rétablit dans les Églises d'Occident, le chant Grégorien, que la succession des tems avait corrompu. Le roi Robert, fils de Hugues Capet, composa le chant de plusieurs répons & antienes, qui sont encore aujourd'hui les plus beaux morceaux de la Musique d'église.

Il y eut même des regles, des statuts & des loix, pour obliger ceux qui jouiraient des fondations, faites pour entretenir le chant dans les cérémonies religieuses, à cultiver ce précieux talent. Delà vient que la pratique du chant dans les églises, loin d'avilir ceux qui en faisaient profession, les faisait honorer.

En 1431, peu de tems après l'extinction du schisme d'Occident, un commissaire du Pape ayant été député pour régler quantité de points qui intéressaient la discipline de l'église de Sisteron, église alors fort considérable, il fut indigné que la plupart de ceux qui desservaient cette église, n'eussent aucune teinture de l'art de la Musique, *sans lequel*, dit-il, dans une lettre, *il est impossible que l'office divin se fasse avec décence.*

Il ordonna, par l'article 69 de ses statuts, que ceux qui ne sauraient point les regles de cet art, auraient soin de s'en faire instruire dans un

H 2

tems limité, sous telle peine que l'Evêque du lieu voudrait leur imposer, s'ils ne le faisaient pas. En 1661, les Bénéficiers de cette église s'aviserent de contester cette obligation, en disant que les statuts ne parlaient point d'une Musique travaillée à plusieurs parties, mais seulement de ce qu'on appelé *plain-chant* ou *chant Grégorien.* Sur cette contestation, qui alla en justice réglée, il intervint deux Arrêts du Parlement d'Aix; l'un du 5 Mars 1664; & le second confirmatif, du premier Janvier 1667, qui ne permet aux Bénéficiers de résigner leurs bénéfices, qu'à condition *que les resignataires seront en état de pratiquer l'art de la Musique, dans l'année de leur reception.* Et comme cet Arrêt fut rendu pour ordonner l'exécution de ce qui se pratiquait en France depuis plusieurs siecles, il sert à prouver qu'avant 1481, on composait à plusieurs parties, & que la Musique n'était pas seulement du plain-chant, puisque les Bénéficiers de Sisteron, qui se soumétaient à savoir le *plain-chant,* furent déclarés, par l'Arrêt du Parlement, dans l'obligation de savoir la *Musique.*

Cette digression nous a paru curieuse & nécessaire pour établir l'ancienneté de la Musique travaillée en France.

Il y a encore une espece de plaint-chant, qu'on nomme *faux-bourdon*: c'est de la Musique syllabique non mésurée. On peut le définir une psalmodie, à plusieurs parties, de nos hymnes, pseaumes & cantiques.

CHAPITRE XXVI.

De l'Accompagnement & des Accords.

L'ACOMPAGNEMENT est l'action de fraper, avec chaque note de basse, les acords qu'elle doit porter.

Pour apprendre en peu de tems à acompagner, il faut étudier le quatrieme livre du traité de l'Harmonie de Rameau. Il nous a paru que sa maniere est la plus simple. Il en existe cependant plusieurs autres qui sont bonnes aussi, & en général l'acompagnement est devenu une chose si simple, qu'en trois ou quatre mois, on peut se flatter (lorsque l'on étudie sérieusement) d'être en état de se passer de Maître.

Autrefois l'acompagnement était fondé sur une seule regle, qu'on appelait *regle de l'octave*, & qui avait été publiée, dit-on, en 1700 par le sieur Delaire (*a*).

La voici en majeur & en mineur.

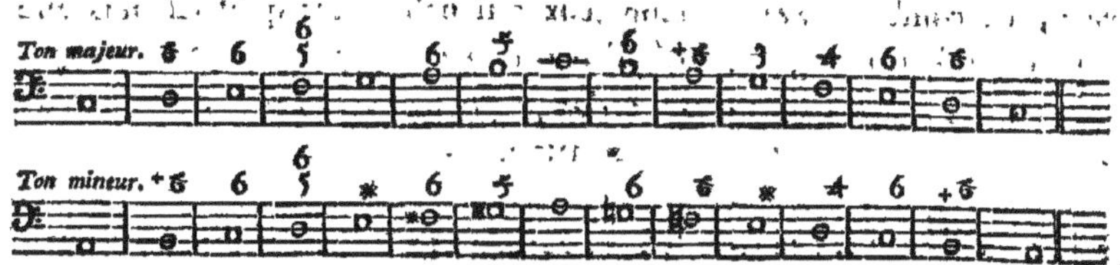

Cette regle était sufisante pour acompagner, tant qu'on ne sortait pas du même ton & de celui de sa dominante; mais du moment qu'on en sortait, elle ne donnait point les moyens de s'en apercevoir : il falut donc perfectioner cette méthode; c'est ce que Rameau a fait avec succès.

Rousseau prétend, dans son article *regle de l'octave*, qu'il est fâcheux qu'une formule destinée à la pratique des regles élémentaires de l'harmonie, contienne une faute contre ces mêmes regles, parcequ'il n'y a pas de liaison entre l'acord de la cinquieme note & celui de la sixieme. Nous n'entendons pas ce qu'il veut dire, ni où est la faute qu'il prétend être sur la sixieme note de l'octave; car dans cette manière de chifrer l'octave :

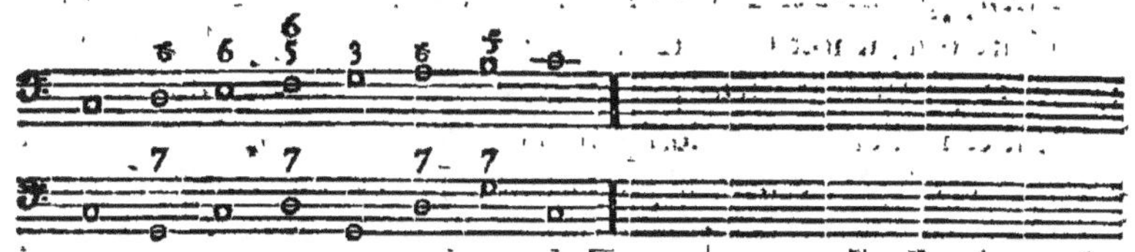

La tierce marquée sur la cinquieme note faisant *sol*, *si*, *re*, acord parfait du *sol* fondamental; & la petite sixte (*b*) marquée sur la sixieme note, faisant *la*, *ut*, *re*, *fa*, acord de septieme du *re* fondamental, *re* est donc commun aux acords, & sert par conséquent de liaison.

Mais quand cette liaison n'existerait pas, où Rousseau a-t-il trouvé qu'il

(*a*) Campion a dit l'avoir publiée le premier en 1716. Rameau, & Rousseau d'après lui, prétendent que c'est Delaire.

(*b*) L'erreur de Rousseau est d'avoir regardé comme une sixte simple l'acord de petite sixte.

faut qu'elle existe toujours? Dès que l'on est arrivé à la cinquieme note du ton (*a*), n'est-on pas maître d'aller où l'on veut?

C'est une autre erreur du même Écrivain, dans son article *acompagnement*, de combatre avec dérision ceux qui prétendent qu'il est plus aisé d'aprendre à acompagner, lorsqu'on commence par aprendre la composition; *c'est*, ajoute-t-il, *comme si l'on proposait de commencer par se faire Orateur, pour aprendre à lire* (*b*); mais il aurait dû songer qu'on aprend deux choses, en aprenant l'acompagnement; la science & la maniere. Un écolier est déja assez embarassé, & de cette longue suite d'acords, qu'il faut se mettre dans la tête, & de lire la Musique, que peut-être il ne lit qu'avec difficulté, & des changemens de ton, qui ne sont point marqués par les chifres, &c. sans avoir à songer au méchanisme des doigts & à la maniere de renverser les acords dans les doigts; ce qui fait une grande partie de la science de l'acompagnateur. Ce n'est donc point une chose absurde de proposer aux jeunes gens de commencer par aprendre la composition, ce qui doit être pour eux une affaire de quatre ou cinq mois tout au plus, & ensuite de se livrer entiérement au méchanisme de l'acompagnement, qui ne leur paraît alors qu'un jeu; n'étant plus embarassés par les différentes combinaisons qui se brouillent dans leur tête, quand ils aprenent en même tems l'*acompagnement* & à *acompagner*. Nous persistons donc à croire qu'il vaut mieux commencer par aprendre la composition, & nous le conseillons à tous ceux qui seraient arrêtés par cet article du Dictionaire de Musique. Nous leur conseillons encore, lorsqu'ils seront en état de se passer de maîtres, de ne pas employer, dans leur acompagnement, toutes les notes de l'har-

(*a*) La cinquieme note du ton s'appelle ainsi, quand elle ne porte qu'accord parfait; elle s'apelle dominante, dès qu'on y ajoute la septieme. On verra dans notre troisieme volume, à l'article *Blainville*, quelles sont les fautes que l'on trouve dans la regle de l'octave, & comment Rousseau en a supposé dans un endroit une, qui n'y est pas, tandis que dans ce même endroit, il n'a pas vu celle qui y est; non plus que les autres dont nous parlons dans le même article.

(*b*) Il est à remarquer que Rousseau, dans la même page, dit qu'*il faut qu'un acompagnateur soit grand Musicien, qu'il sache à fond l'harmonie, qu'il connaisse bien son clavier, &c.* (Voyez la page 6 de son Dictionaire). Comment cet acompagnateur sera-t-il grand harmoniste, s'il n'a pas apris la Composition? Il faut que Rousseau ait tort au commencement de sa page ou à la fin.

monie; c'est une richesse dont il faut user sobrement. On doit faire chanter les acords le plus que l'on peut; ce qui est impossible, lorsque l'harmonie est toujours complete. Les Italiens possedent supérieurement cette maniere agréable, de n'employer, dans leur acompagnement, que les notes nécessaires, sans faire parler les autres; c'est ce que l'habitude d'entendre d'habiles gens, & le goût naturel, aprenent bien mieux que toutes les regles que l'on pourait donner.

On peut lire, dans le Dictionaire de Rousseau, à l'article *acords*, le détail qu'il en donne, d'après le traité de l'harmonie de Rameau; ainsi que l'article *chiffres*, où l'on verra la maniere dont s'écrivent les acords.

CHAPITRE XXVII.

De la Tablature.

On appelle ainsi la maniere dont on note la Musique pour certains instrumens, comme la guittare, le luth, le théorbe, &c.

On se sert pour cela des premieres lettres de l'alphabet; & cette méthode est d'autant plus commode, qu'en lisant la Musique, on l'exécute en même tems.

On tire autant de lignes paraleles, qu'il y a de cordes à l'instrument; comme les manches sont divisés en touches, les *a* signifient les *à vide*, les *b*, la premiere touche, les *c*, la seconde, &c.

EXEMPLE.

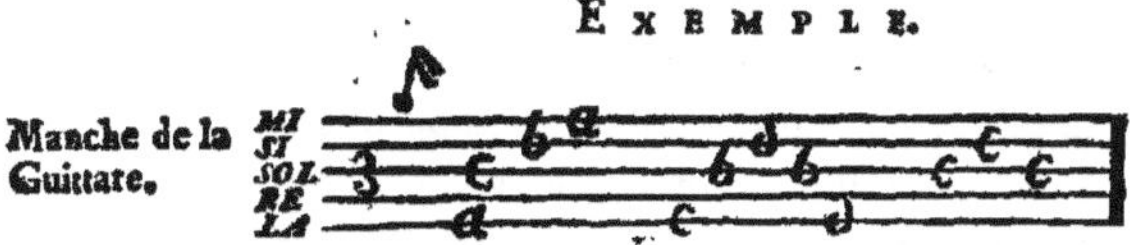

Ainsi cet exemple, noté à l'ordinaire, se lirait ainsi:

La petite double croche, qui est au-dessus de la ligne de l'exemple, marque que toutes les lettres de cette mesure sont des doubles croches. On écrit les valeurs des notes toujours sur cette ligne, & on n'est obligé de mettre une note que quand la valeur des lettres change. Lorsque toute la mesure est de noires, croches ou doubles croches, une noire, croche ou double croche, suffit; mais quand les valeurs sont mêlées, on les marque ainsi,

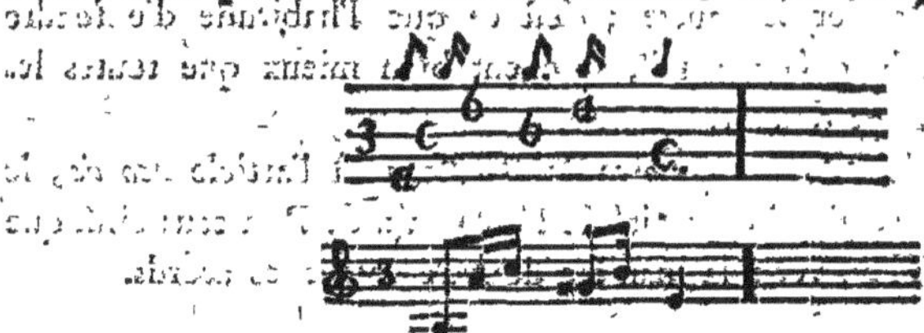

Dans cet exemple, on a été obligé de mettre, sur la ligne d'en haut, la valeur de presque toutes les lettres, excepté celle du premier *b*, parce qu'elle est la même que celle du *c* qui le précede. Ainsi, s'il y avait cent lettres de suite qui eussent la même valeur, on ne marquerait cette valeur que sur la premiere.

On voit combien cette méthode simplifie l'action de lire la Musique, on n'a plus besoin de dièses ni de bémols, & tous les tons sont égaux. Il en résulte aussi que l'on fait deux opérations en même tems, puisque le moment où on lit, est celui où l'on exécute. Mais comme la tablature change selon les différens instrumens qui ont plus ou moins de cordes, & ont un acord différent, on ne peut se mettre dans la tête ces différentes tablatures, de maniere à lire sans instrumens la Musique qu'elles représentent, & à la chanter comme on ferait avec des notes. Nous n'avons vu que Madeselle *Genti* posséder les Tablatures au point de s'en servir comme de la Musique. Cette célebre Virtuose est assez connue pour n'avoir pas besoin de nos éloges; mais nous saisissons avec plaisir l'occasion de la remercier des instructions qu'elle a bien voulu nous donner, pour nous aprendre à connaître la guittare, le luth & le théorbe, trois instrumens dont elle joue également bien, & pour lesquels elle a composé plusieurs acompagnemens des plus jolies chansons.

Les Grecs avaient aussi une double *tablature*, l'une pour les instrumens, & l'autre pour la voix. C'est Philochore qui nous le dit, dans le troisieme livre de son Atthis; mais il ne nous dit point leur maniere de l'écrire.

Fin du troisieme Livre.

CANON A 3. VOIX ÉGALES.

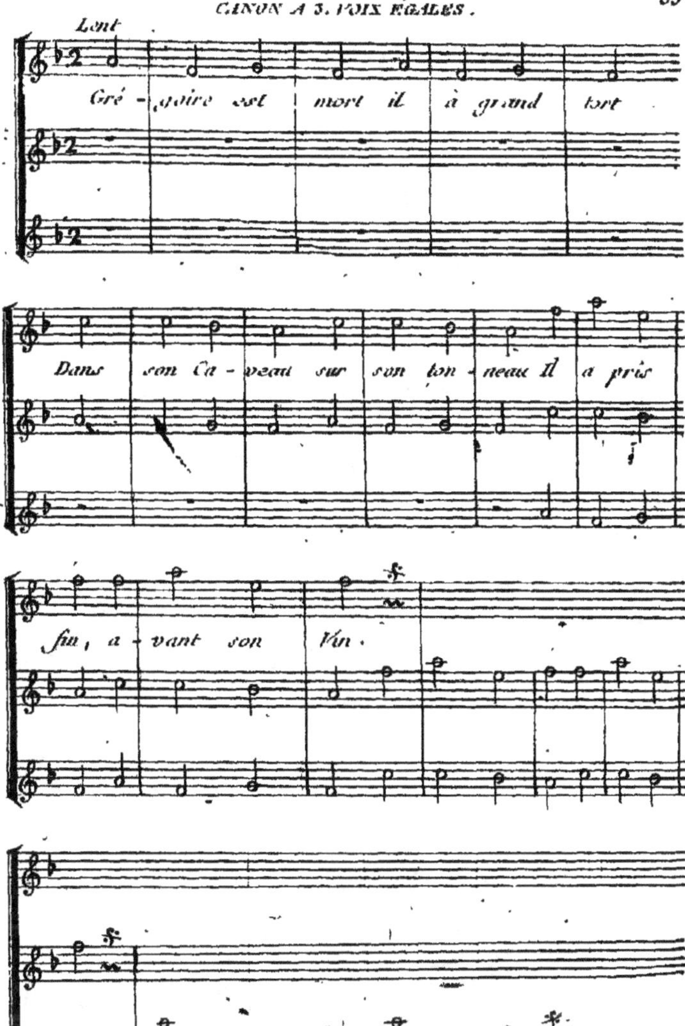

CANON À TROIS, À L'UNISSON.

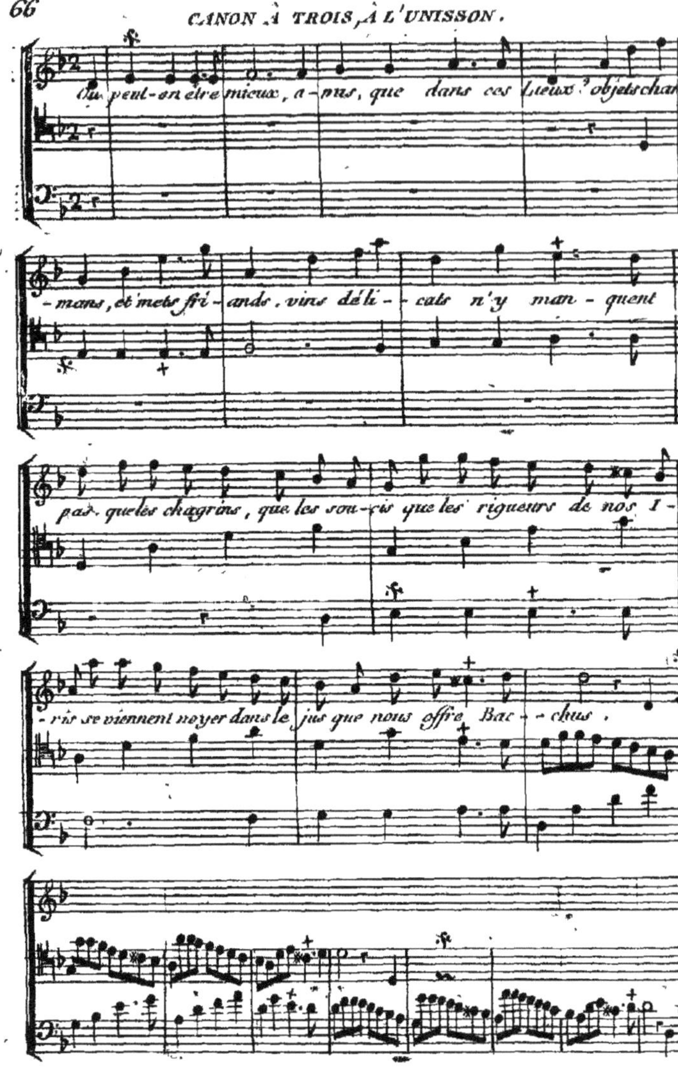

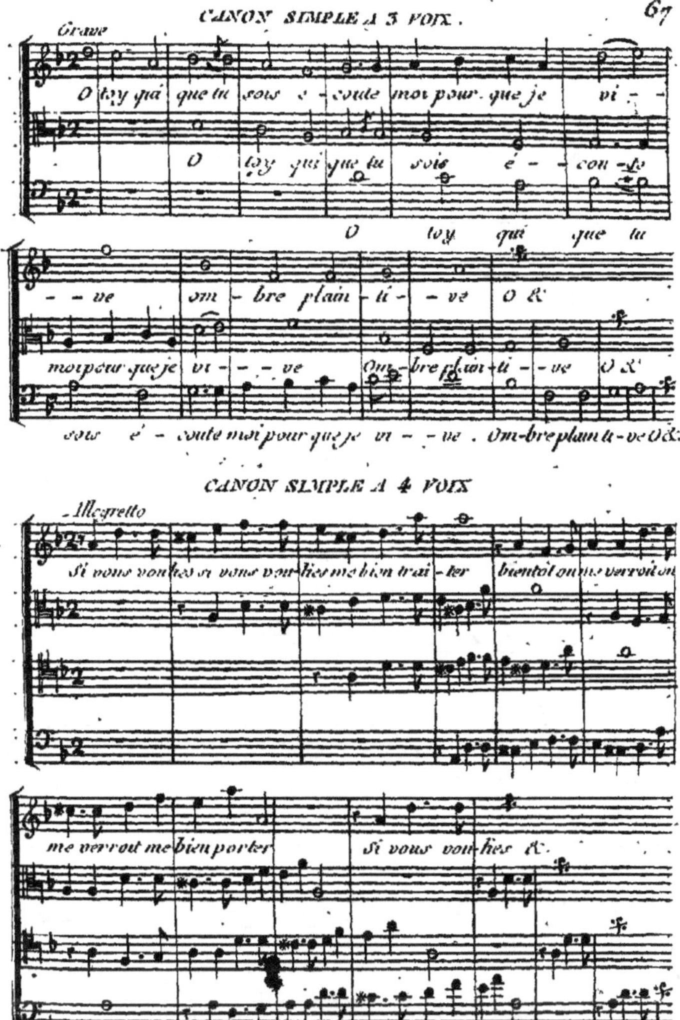
CANON SIMPLE A 3 VOIX.
Grave
O toy qui que tu sois é - coute moi pour que je vi - - ve om - bre plain - ti - - ve O &c.
O toy qui que tu sois é - - cou - te moi pour que je vi - - - ve Om - bre plain - ti - - ve O &c.
O toy qui que tu sois é - coute moi pour que je vi - - ve . Om - bre plain ti - ve O &c.
CANON SIMPLE A 4 VOIX
Allegretto
Si vous voulliés si vous voulliés me bien trai - ter bientôt on me verroit on me verroit me bien porter Si vous voulliés &c.

CANON A 3 VOIX A LA QUINTE ET A LA QUARTE

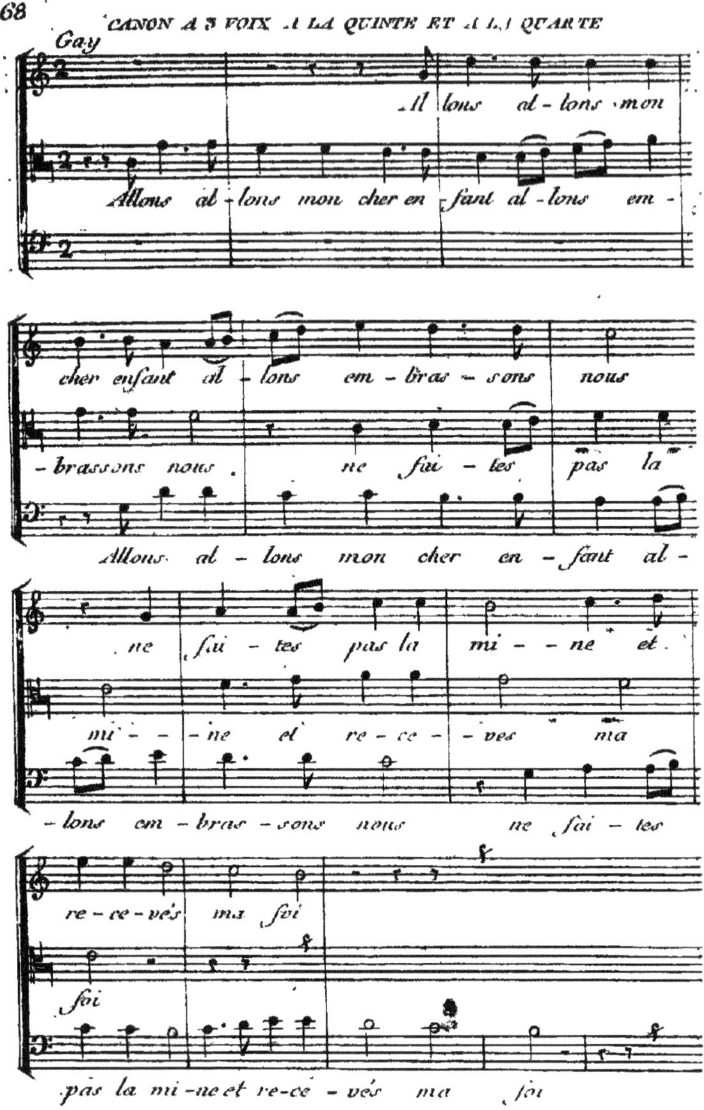

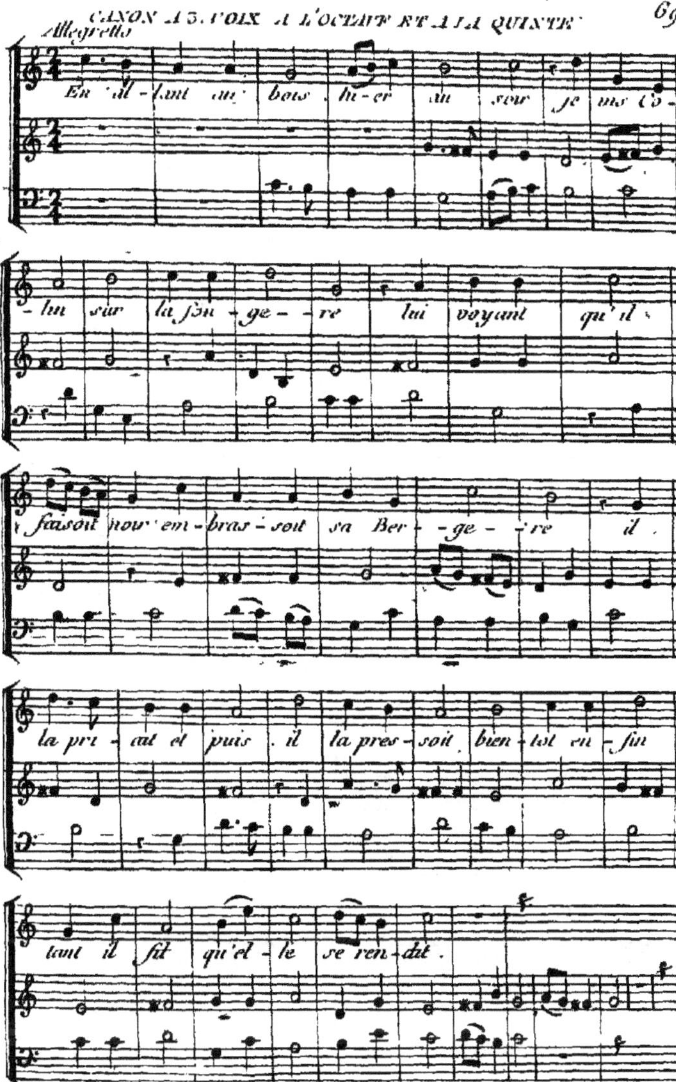
CANON A 3 VOIX A L'OCTAVE ET A LA QUINTE
Allegretto
En al - lant au bois hi - er au soir je vis Co -
- lin sur la fou - ge - re lui voyant qu'il
faisoit pour em - bras - soit sa Ber - ge - re il
la pri - ait et puis il la pres - soit bien - tot en - fin
tant il fit qu'el - le se ren - dit.

CANON À QUATRE VOIX ET À LA QUINTE PAR RAMEAU

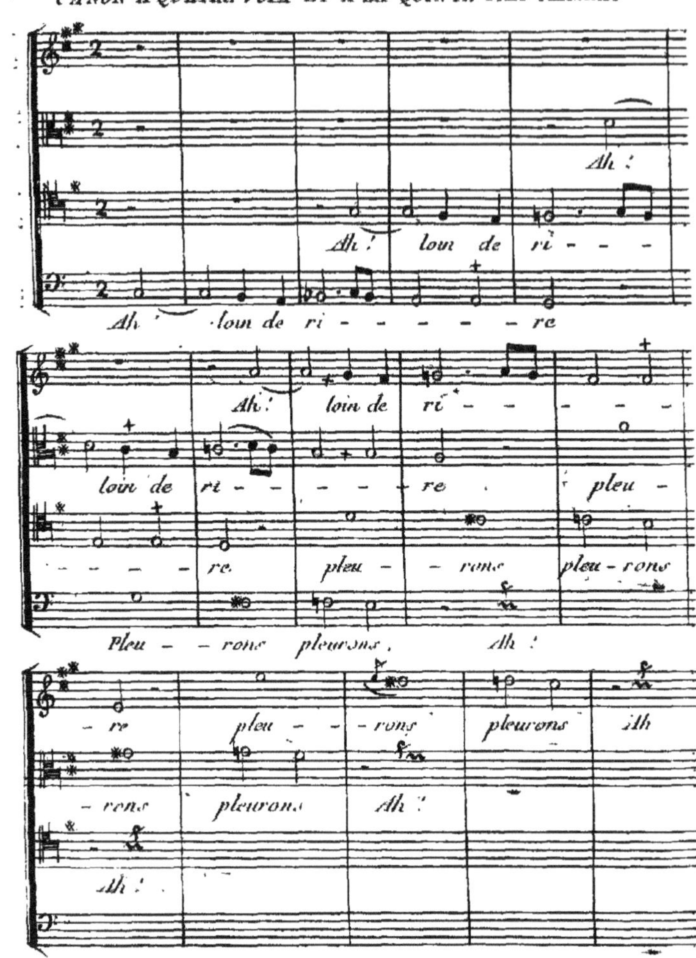

Nous croyons pouvoir assurer que ce Canon est un Chef d'œuvre, et jamais nous n'en avons vu qui puisse lui être comparé.

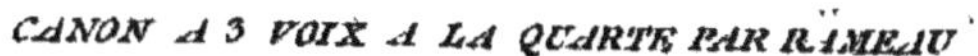

CANON A 3 VOIX A LA QUARTE PAR RAMEAU

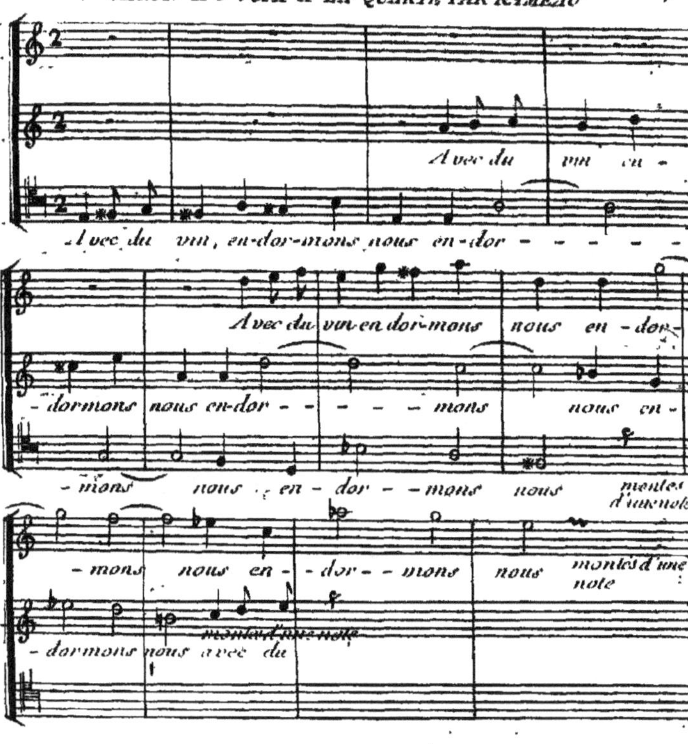

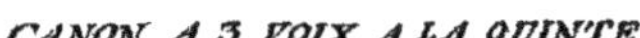

CANON A 3 VOIX A LA QUINTE

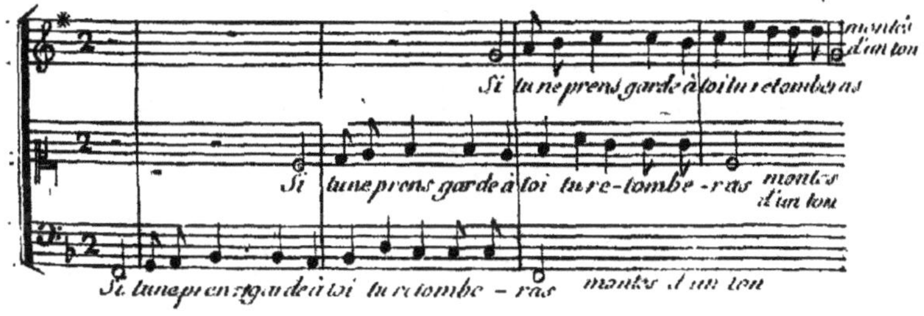

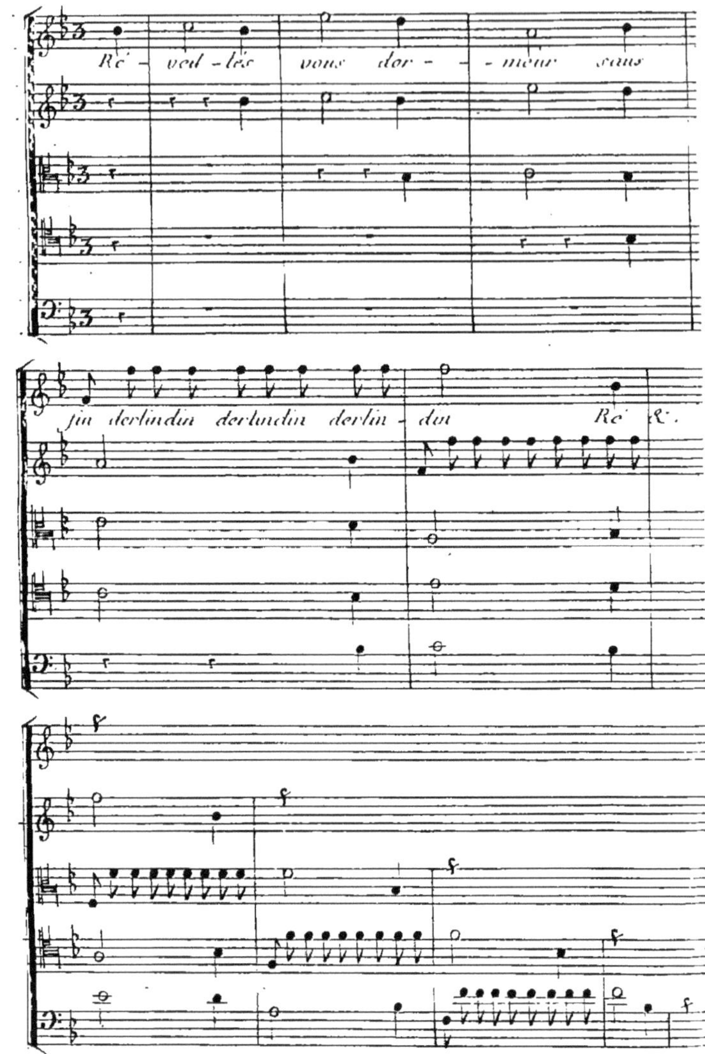
Ré - veil - lés vous dor - - - meur sans
fin derlindin derlindin derlin - din Ré &c.

DOUBLE CANON RENVERSÉ À QUATRE DESSINS À LA QUINTE AU DESSUS

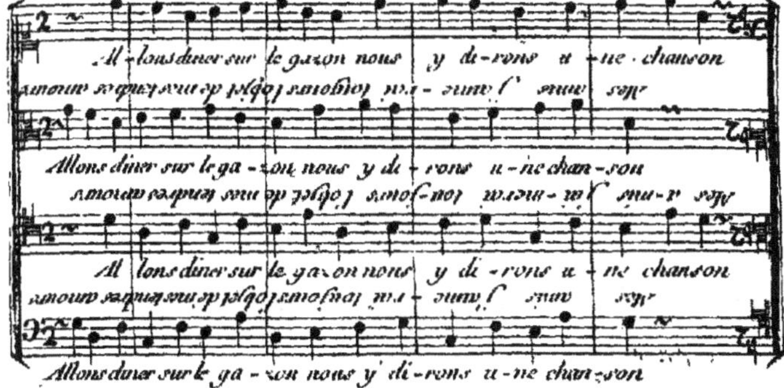

AUTRE DOUBLE CANON RENVERSÉ À DEUX DESSINS À LA QUINTE AU DESSUS

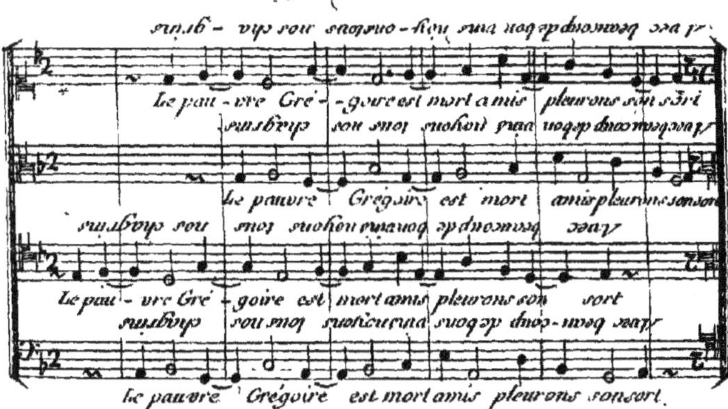

Nous ne raportons ces derniers Canons, que pour montrer l'abus que l'on peut faire du talent et du calcul : nous ne saurions trop engager les jeunes Compositeurs à mieux employer leur tems.

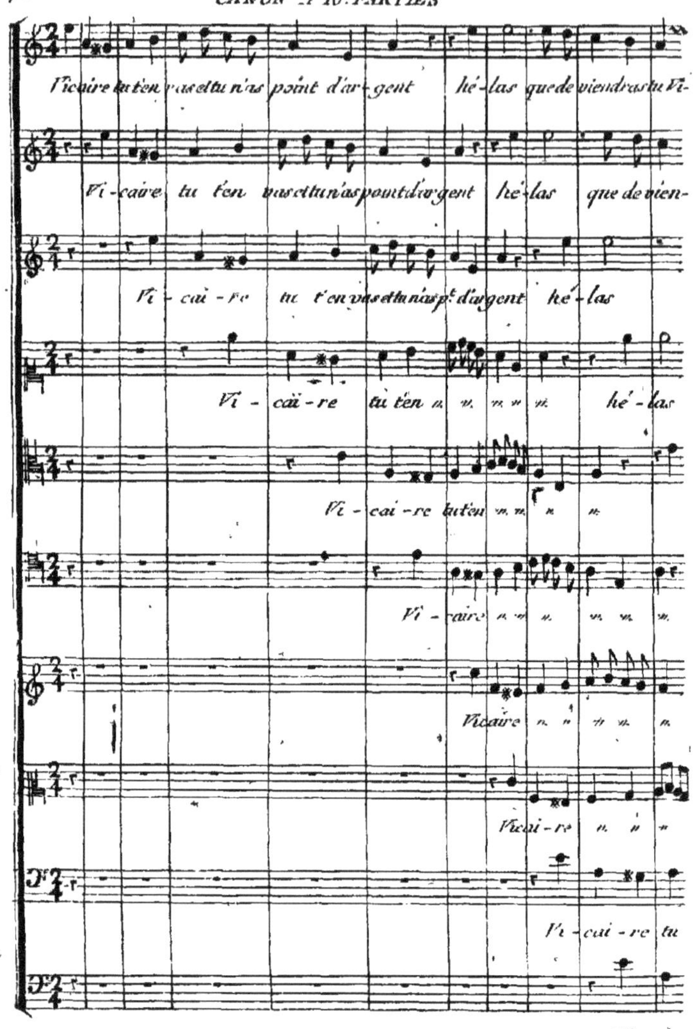
Vicaire tu t'en vas et tu n'as point d'ar-gent hé-las que de viendras tu Vi-
Vi-caire tu t'en vas et tu n'as point d'argent hé-las que de vien-
Vi-cai-re tu t'en vas et tu n'as pt. d'argent hé-las
Vi-caï-re tu t'en " " " " hé-las
Vi-cai-re tu t'en " " " "
Vi-caire " " " " " "
Vicaire " " " " "
Vicai-re " " "
Vi-cai-re tu
Vi-cai-

MORCEAUX

DE MUSIQUE

DU

16.e Et 17.e Siecle.

Melanges de morceaux de Musique, appellés Octonaires, sur differents sujets Moraux &c.
Par Claude le Jeune natif de Valencienne, Composit.r de la Musique de la Chamb. du Roy Henry III.

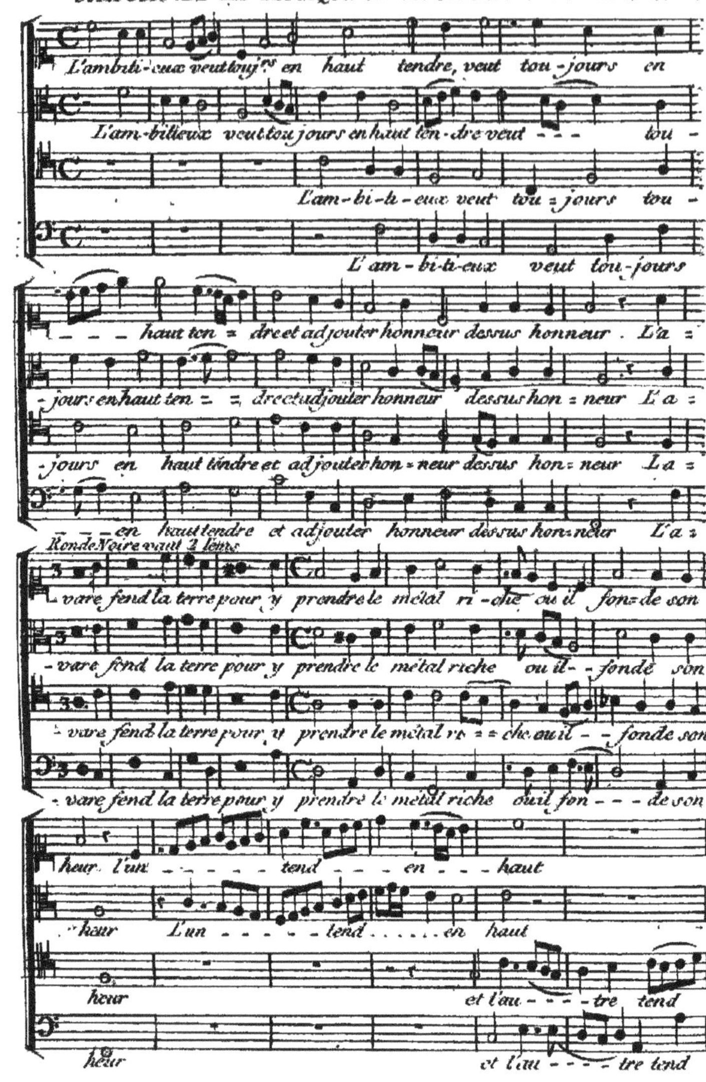

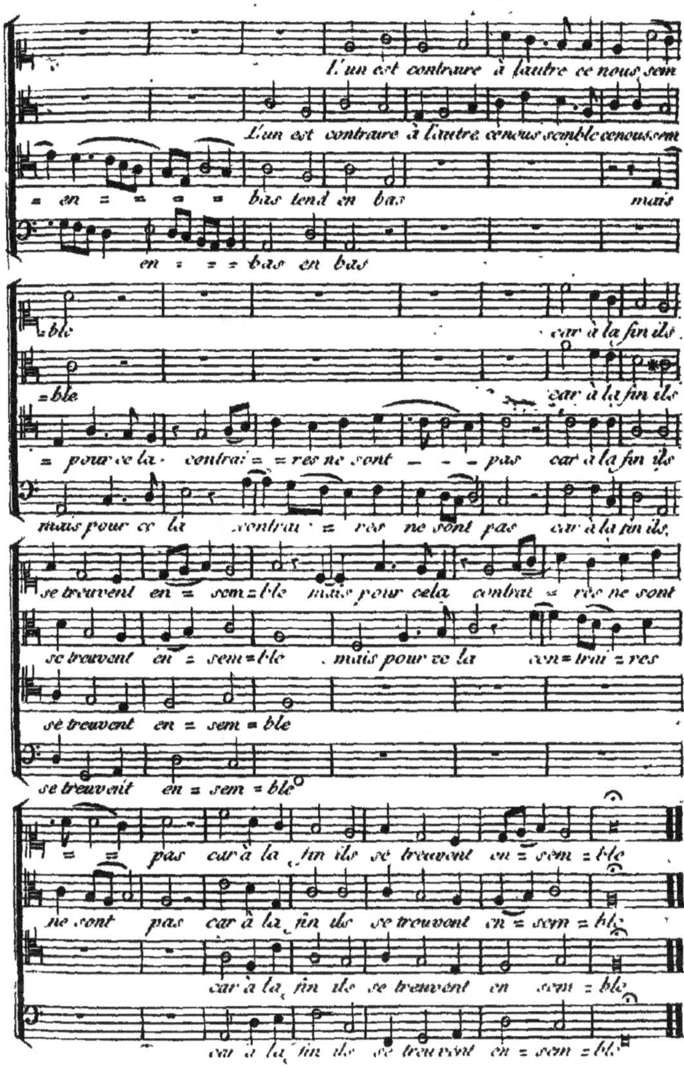
L'un est contraire à l'autre ce nous sem
L'un est contraire à l'autre ce nous semble ce nous sem
= en = = = = bas tend en bas mais
en = = = bas en bas
= ble car à la fin ils
= ble car à la fin ils
= pour ce la contrai = = res ne sont — — — pas car à la fin ils
mais pour ce la contrai = res ne sont pas car à la fin ils
se treuvent en = sem = ble mais pour cela contrai = res ne sont
se treuvent en = sem = ble mais pour ce la con = trai = res
se treuvent en = sem = ble
se treuvent en = sem = ble
= = pas car à la fin ils se treuvent en = sem = ble
ne sont pas car à la fin ils se treuvent en = sem = ble
car à la fin ils se treuvent en sem = ble
car à la fin ils se treuvent en = sem = ble

CANSON DE PETRARQUE ; SECOND COUPLET. A 5. VOIX. PAR CLAUDE LE JEUNE EN 1582 SOUS LE REGNE D'HENRY III.

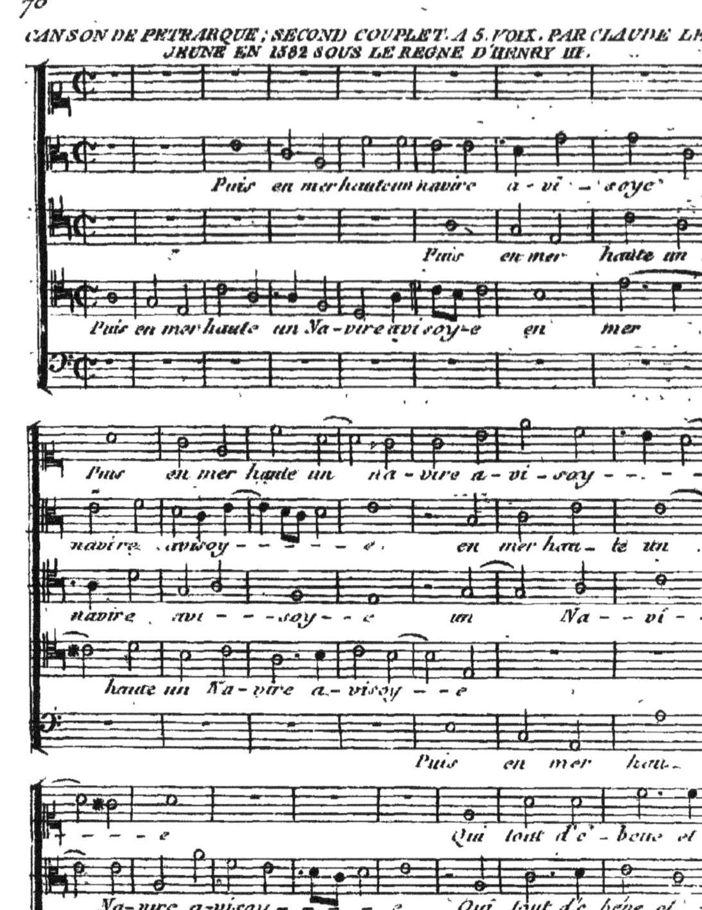

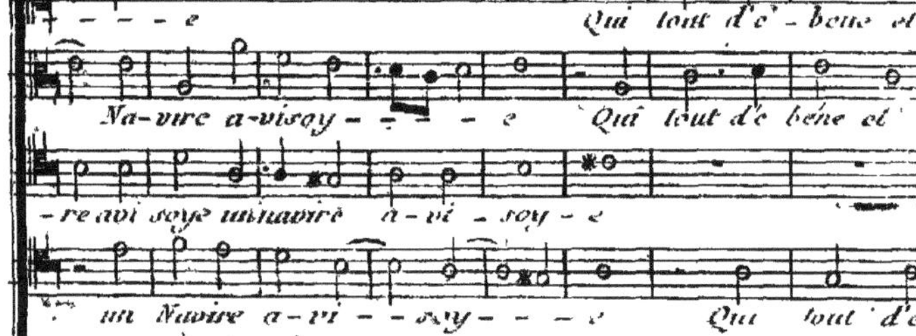

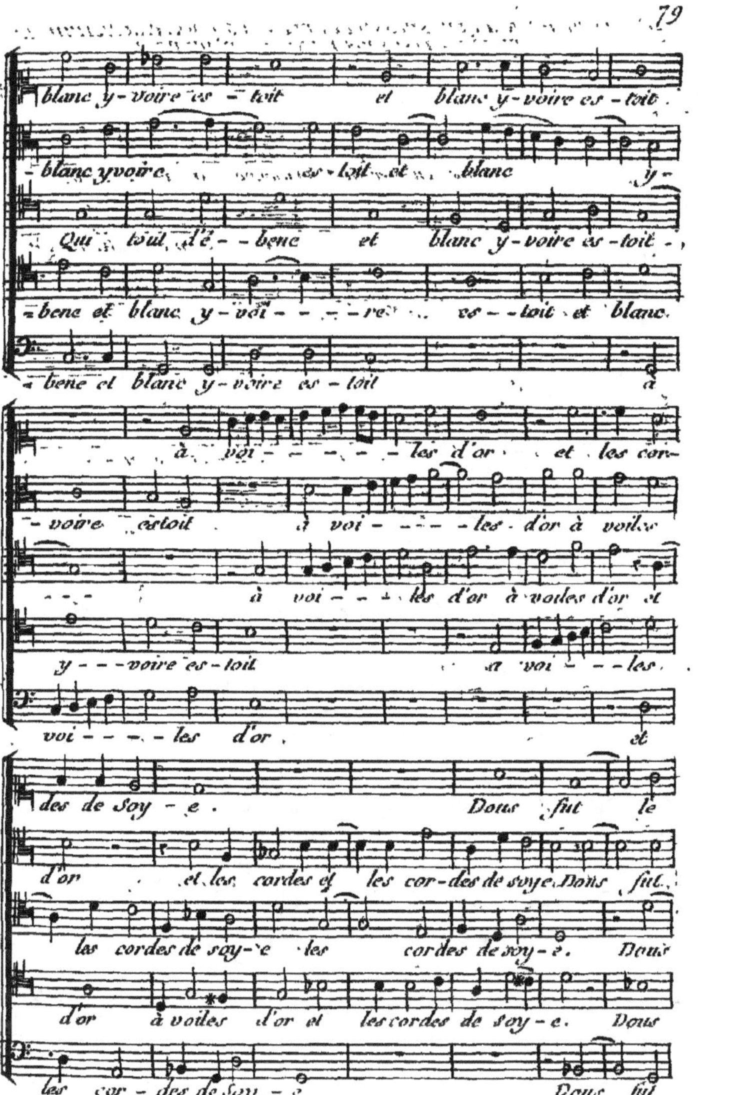
blanc y-voire es-toit et blanc y-voire es-toit
blanc yvoire es-toit et blanc y-
Qui toit d'é-bene et blanc y-voire es-toit
bene et blanc y-voi-re es-toit et blanc
bene et blanc y-voire es-toit à
à voi-les d'or et les cor-
voire estoit à voi-les d'or à voiles
à voi-les d'or à voiles d'or et
y-voire es-toit à voi-les
voi-les d'or et
des de Soy-e. Dous fut le
d'or et les cordes et les cor-des de soye Dous fut
les cordes de soy-e les cordes de soy-e. Dous
d'or à voiles d'or et les cordes de soy-e. Dous
les cor-des de Soy-e. Dous fut

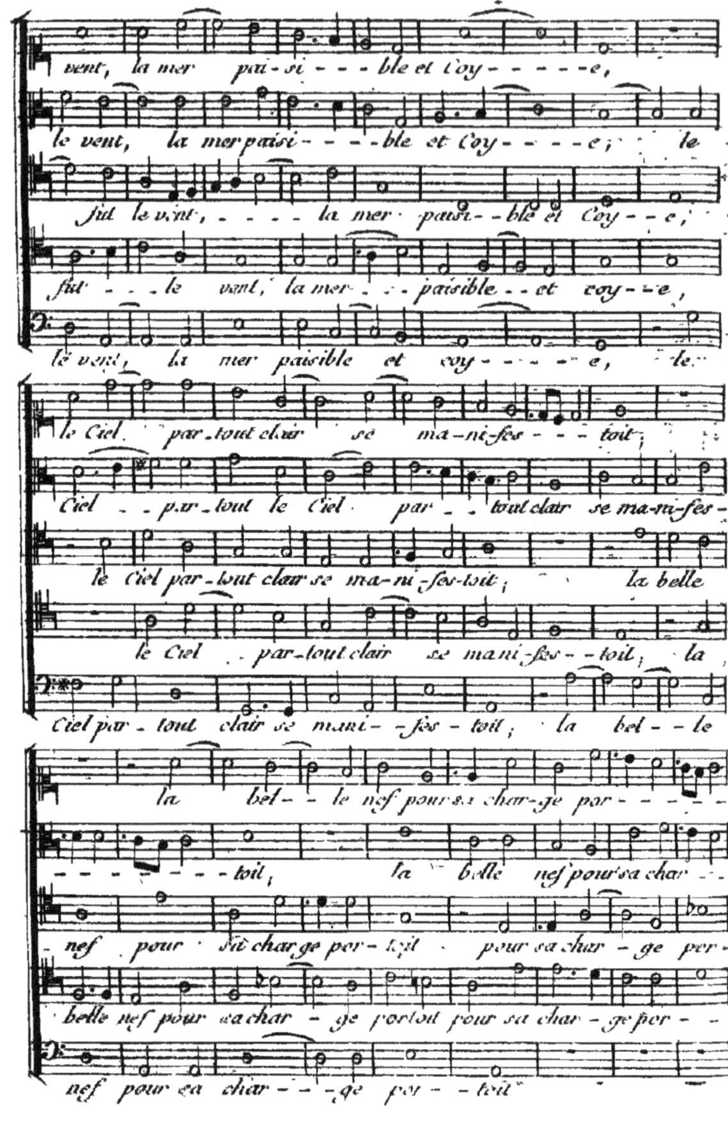
vent, la mer pai-si - - - ble et Coy - - - - - e,
le vent, la mer paisi - - - - ble et Coy - - - - e; le
fut le vent, - - - - la mer paisi - - ble et Coy - - e;
fut - - - le vant, la mer - - paisible - - et coy - - e,
le vent, la mer paisible et coy - - - - - e, le
le Ciel par-tout clair se ma-ni-fes - - - toit;
Ciel - - par-tout le Ciel par - - tout clair se ma-ni-fes-
le Ciel par-tout clair se ma-ni-fes-toit; la belle
le Ciel par-tout clair se mani-fes - - toit; la
Ciel par-tout clair se mani - fes - toit; la bel - - le
la bel - - le nef pour sa char-ge por - - - - -
- - - - - - - toit, la belle nef pour sa char - -
nef pour sa charge por-toit pour sa char - ge por-
belle nef pour sa char - ge portoit pour sa char - ge por - -
nef pour sa char - - ge por - - toit

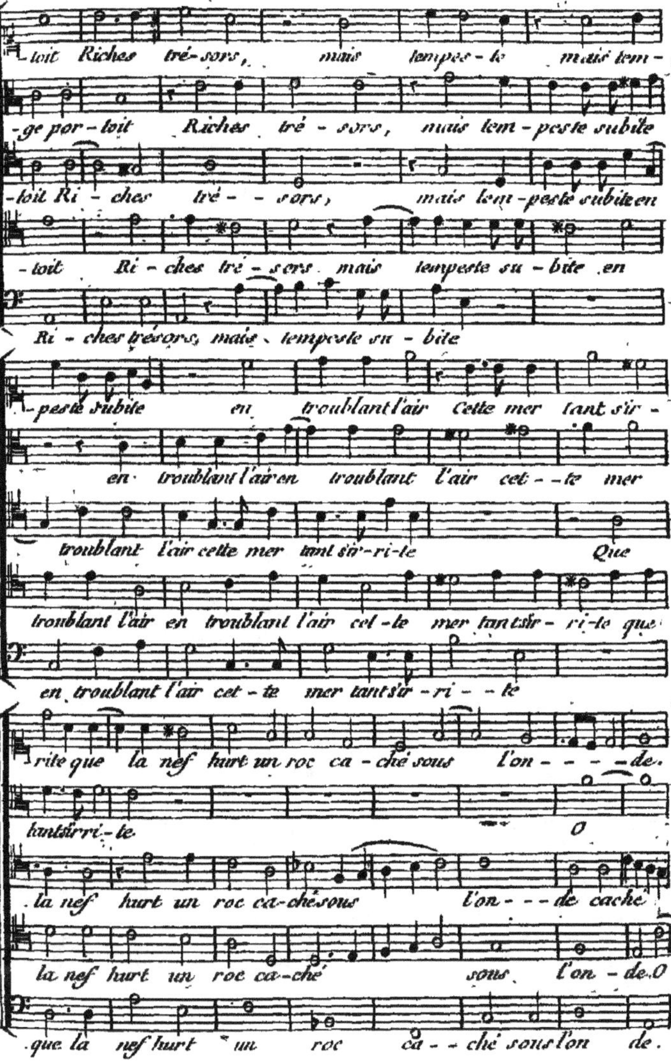
-toit Riches tré-sors, mais tempes-te mais tem-
-ge por-toit Riches tré-sors, mais tem-peste subite
-toit Ri-ches tré-sors, mais tem-peste subite en
-toit Ri-ches tré-sors mais tempeste su-bite en
Ri-ches trésors, mais tempeste su-bite
-peste subite en troublant l'air Cette mer tant sir-
en troublant l'air en troublant l'air cet-te mer
troublant l'air cette mer tant sir-ri-te Que
troublant l'air en troublant l'air cet-te mer tant sir-ri-te que
en troublant l'air cet-te mer tant sir-ri-te
-rite que la nef hurt un roc ca-ché sous l'on-de.
tant sir-ri-te. O
la nef hurt un roc ca-ché sous l'on-de caché
la nef hurt un roc ca-ché sous l'on-de. O
que la nef hurt un roc ca-ché sous l'on de.

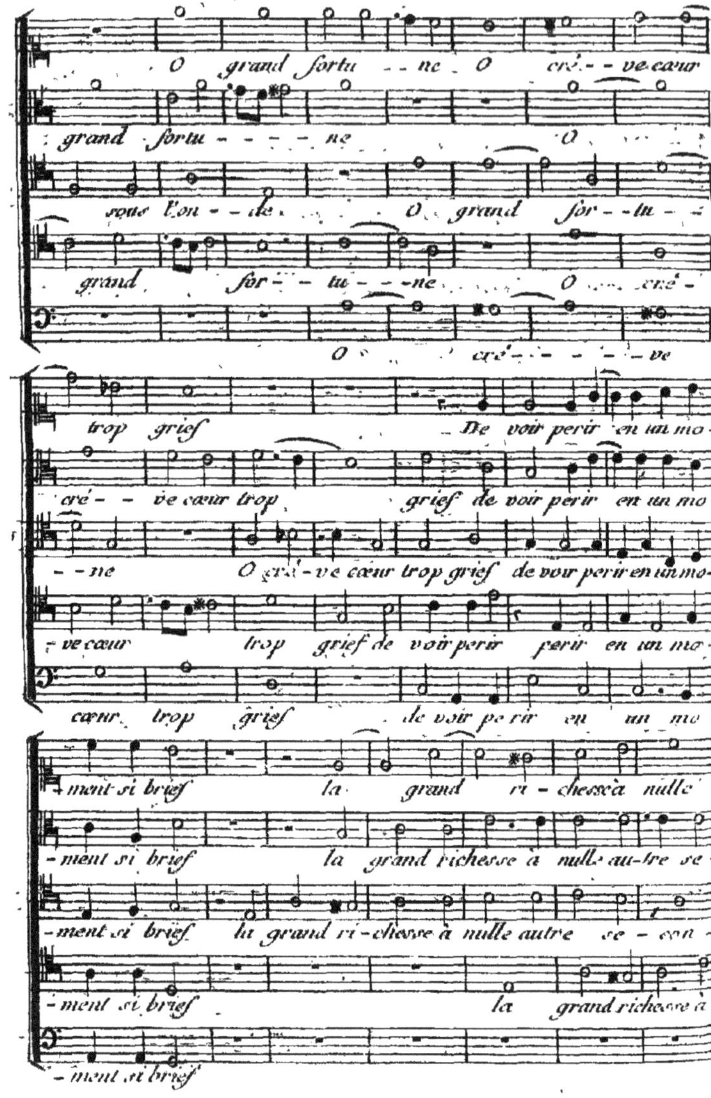
O grand fortu - ne O cré - ve cœur
grand fortu - ne O
sous l'on - de O grand for - tu -
grand for - tu - ne O cré -
O cré - ve
trop grief De voir perir en un mo-
cré - ve cœur trop grief de voir perir en un mo-
- ne O crè - ve cœur trop grief de voir perir en un mo-
- ve cœur trop grief de voir perir perir en un mo-
cœur trop grief de voir pe rir en un mo-
- ment si brief la grand ri - chesse à nulle
- ment si brief la grand richesse à nulle au-tre se-
- ment si brief la grand ri - chesse à nulle autre se - con-
- ment si brief la grand richesse à
- ment si brief

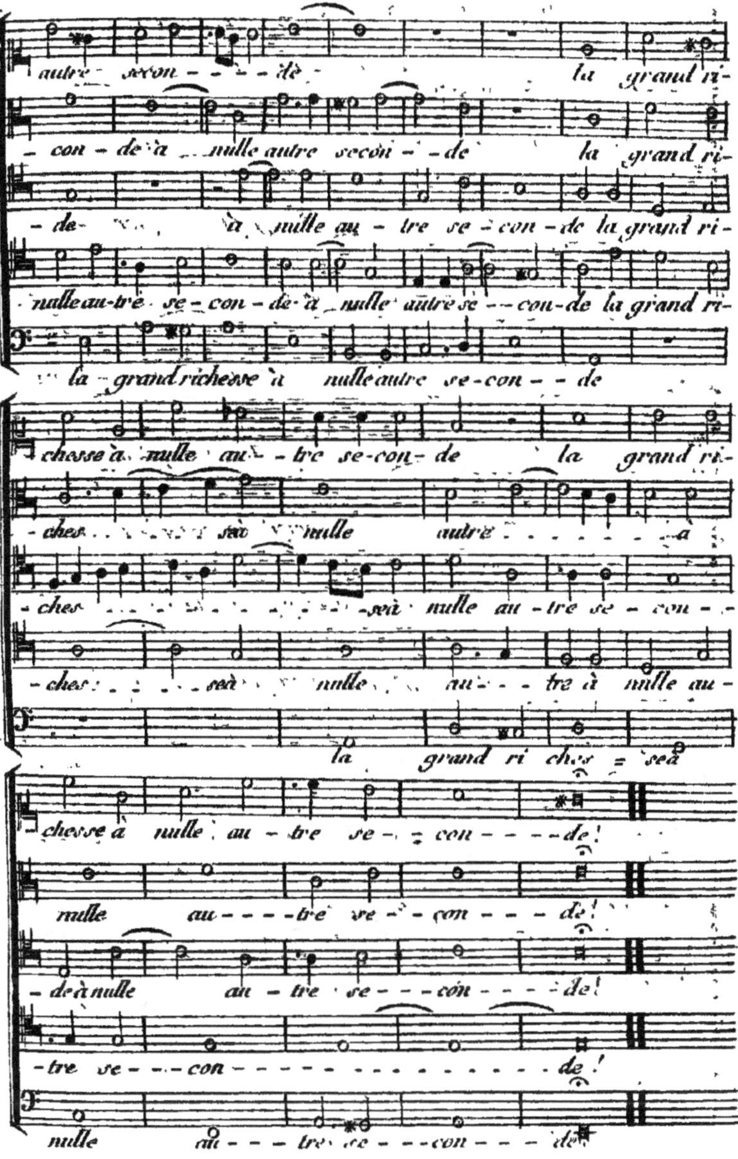
autre secon - - - de la grand ri-
- con - de à nulle autre secon - - de la grand ri-
- de à nulle au - tre se - con - de la grand ri-
nulle au-tre se - con - de à nulle autre se - - con-de la grand ri-
la grand richesse à nulle autre se-con - - de
chesse à nulle au - tre se-con-de la grand ri-
- ches sea nulle autre - - - - à
- ches - - - sea nulle au - tre se - con - -
- ches - - - sea nulle au - - tre à nulle au-
la grand ri ches - sea
chesse à nulle au - tre se - con - - - de!
nulle au - - - tre se - - con - - - de!
- de à nulle au - tre se - - - con - - - de!
- tre se - - - con - - - - - - - - - - - - - de!
nulle au - - - tre se - - - con - - - de!

QUINTI TONI ARTUR AUX-COUSTEAUX

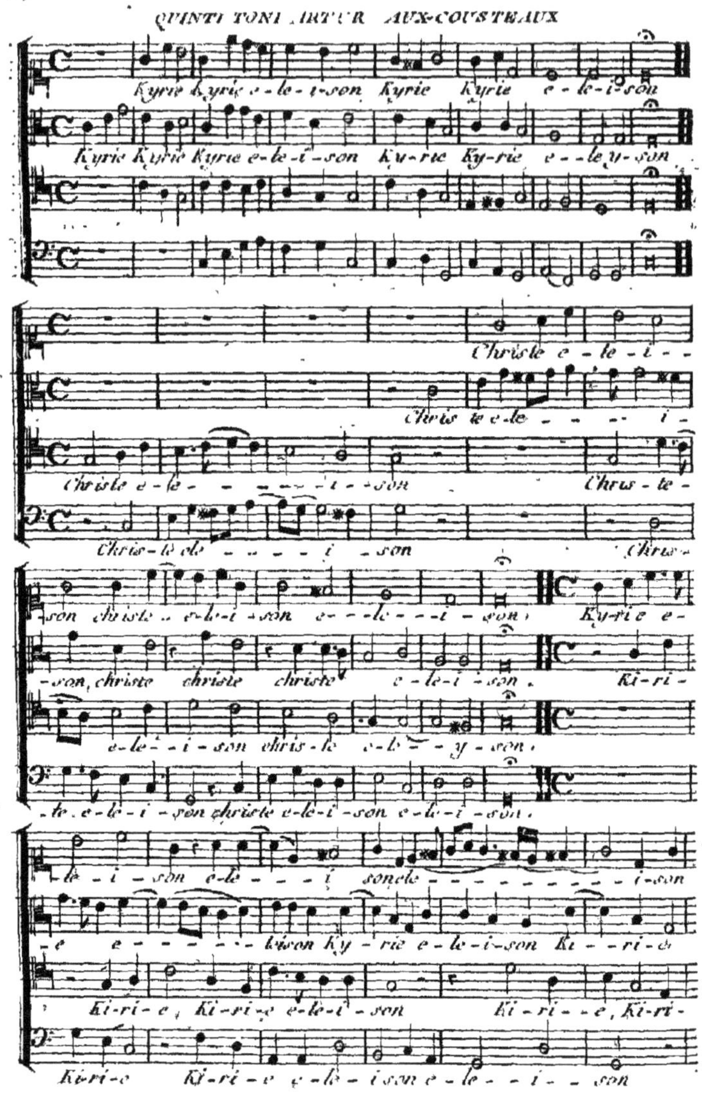

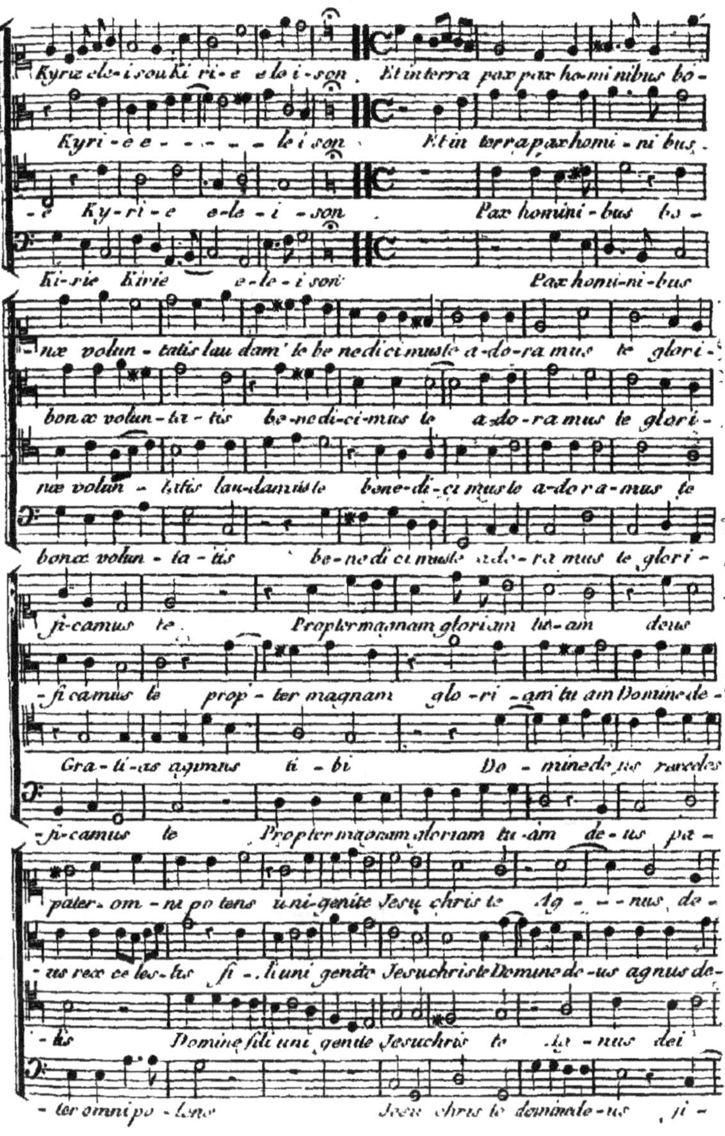
Kyrie ele-i son Kiri-e e le i-son. Et in terra pax pax ho-mi nibus bo-
Kyri-e e - - - - le i son. Et in terra pax homi-ni bus
-e Ky-ri-e e-le-i-son. Pax homini-bus bo-
Ki-rie Kirie e-le-i son Pax homi-ni-bus
-næ volun-tatis lau dam' te be nedi ci mus te a-do-ra mus te glori-
bonæ volun-ta-tis be-ne di-ci-mus te a-do-ra mus te glori-
næ volun-tatis lau-damus te bene-di-ci mus te a-do ra-mus te
bonæ volun-ta-tis be-ne di ci mus te a-do-ra mus te glori-
-fi-camus te. Propter magnam gloriam tu-am deus
-fi camus te prop-ter magnam glo-ri-am tu am Domine de-
Gra-ti-as agimus ti-bi Do-mine de-us
-fi-camus te Propter magnam gloriam tu-am de-us pa-
pater om-ni po tens uni-genite Jesu chris te Ag- - -nus de-
-us rex ce les-tis fi-li uni genite Jesuchriste Domine de-us agnus de-
-tis Domine fili uni genite Jesuchris te Ag-nus dei
-ter omnipo-tens Jesu chris te domine de-us fi-

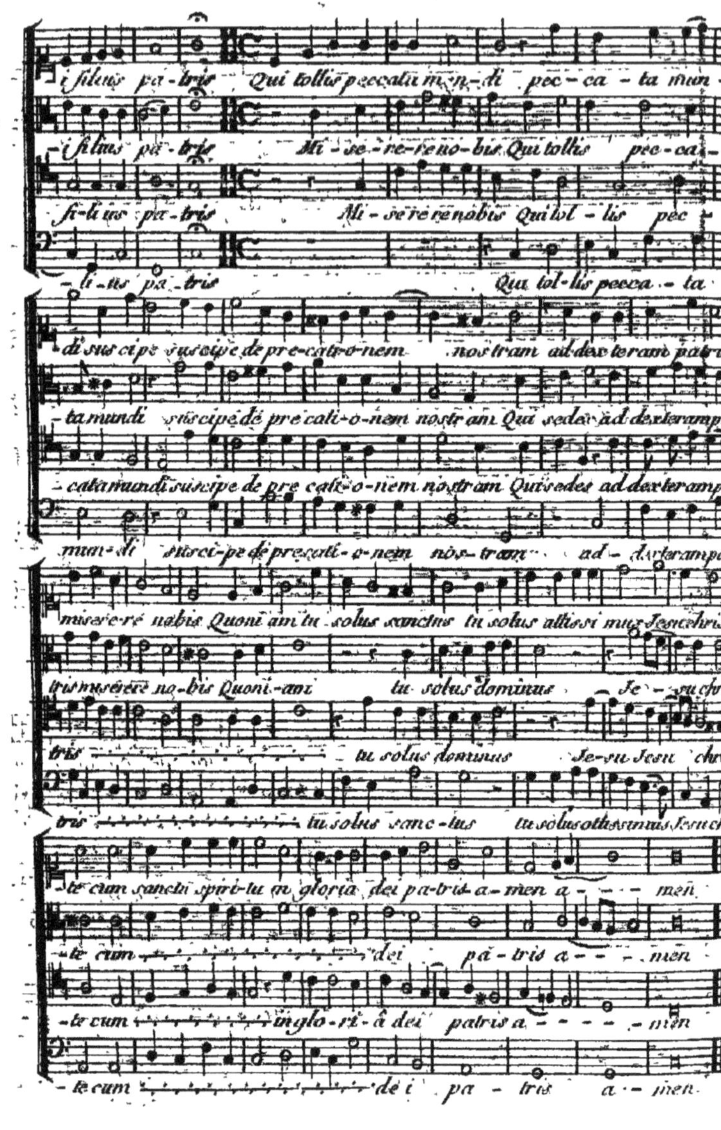
filius pa-tris Qui tollis peccata mun-di pec-ca-ta mun-
filius pa-tris Mi-se-re-re no-bis Qui tollis pec-ca-
fi-li-us pa-tris Mi-se-re-re nobis Qui tol-lis pec
li-us pa-tris Qui tol-lis pecca-ta
di suscipe suscipe deprecati-o-nem nostram ad dexteram patris
ta mundi suscipe deprecati-o-nem nostram Qui sedes ad dexteram pa
cata mundi suscipe de pre cati-o-nem nostram Qui sedes ad dexteram pa
mun-di susci-pe deprecati-o-nem nos-tram ad dexteram pa-
miserere nobis Quoniam tu solus sanctus tu solus altissimus Jesu chris-
tris miserere no-bis Quoni-am tu solus dominus Je-su chris
tris tu solus dominus Je-su Jesu chris
tris tu solus sanc-tus tu solus altissimus Jesu chri
te cum sancto spiri-tu in gloria dei pa-tris a-men a-men
te cum dei pa-tris a-men
te cum in glo-ri-a dei patris a-men
te cum de-i pa-tris a-men

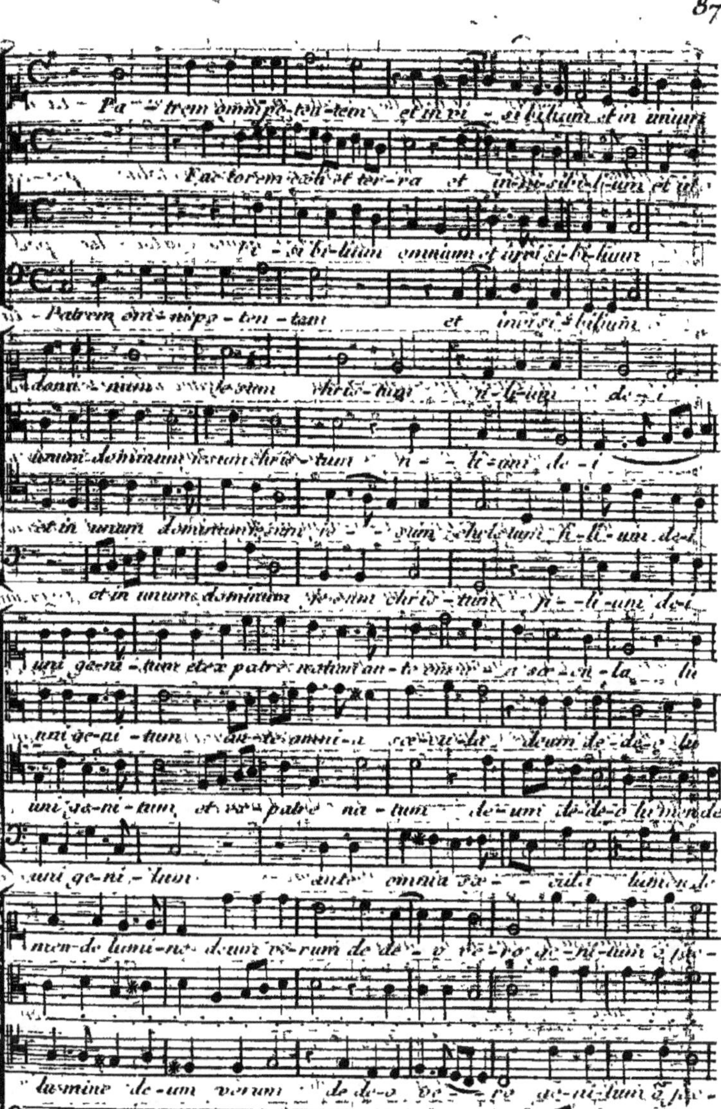

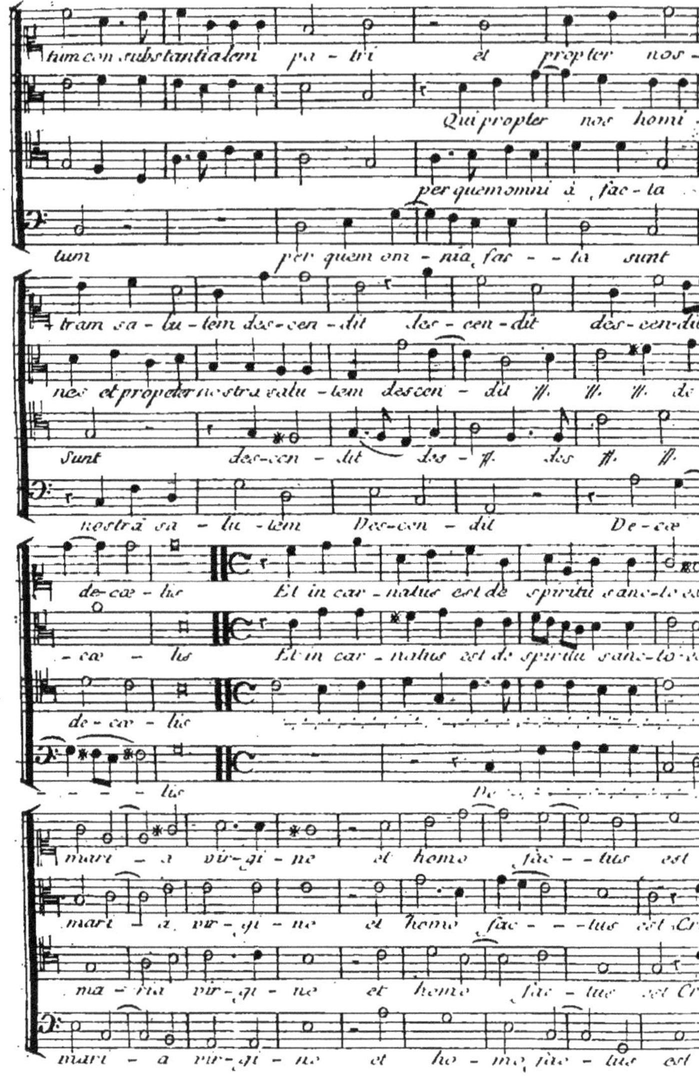
tum con substantialem pa - tri et propter nos -
Qui propter nos homi -
per quem omni a fac - ta
tum per quem om - nia fac - - ta sunt
tram sa - lu - tem des - cen - dit des - cen - dit des - cen - dit
nes et propter nostra salu - tem descen - dit de -
Sunt des - cen - dit des - des
nostra sa - lu - tem Des - cen - dit De - cœ
de - cœ - lis Et in car - natus est de spiritu sanc - to ex
- cœ - lis Et in car - natus est de spiritu sanc - to ex
de - cœ - lis
- - - lis De -
mari - a vir - gi - ne et homo fac - - tus est
mari - a vir - gi - ne et homo fac - - tus est Cru
ma - ria vir - gi - ne et homo fac - tus est Cru
mari - a vir - gi - ne et ho - mo fac - tus est

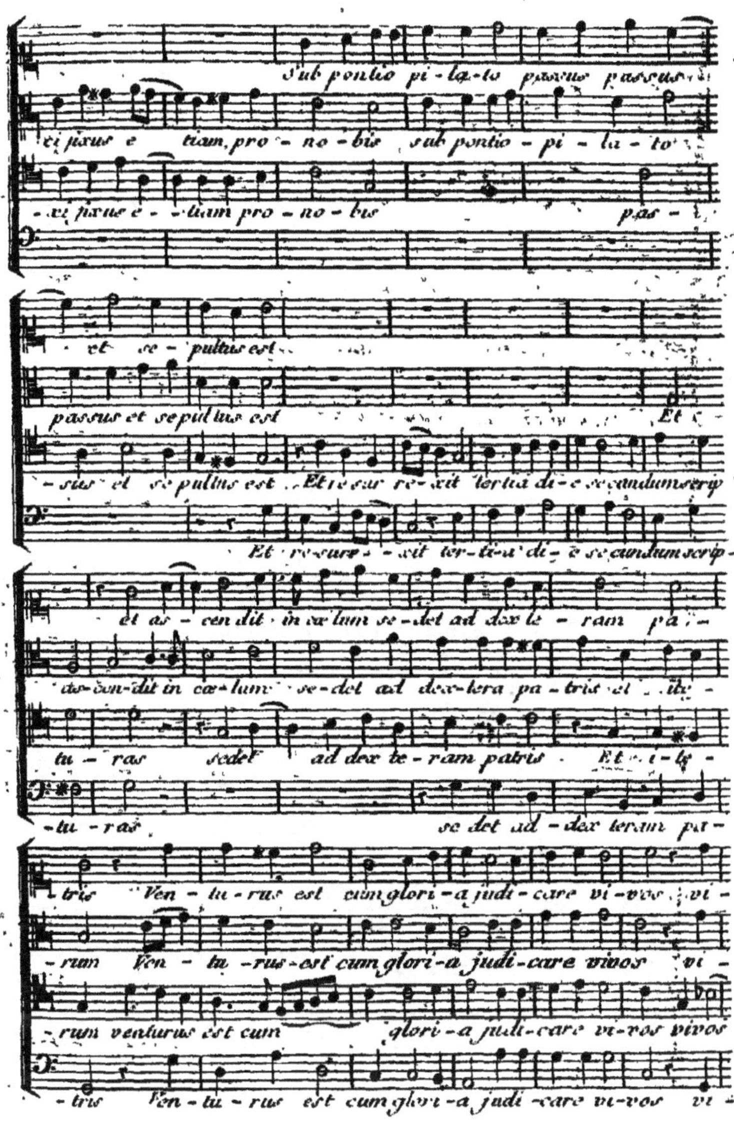
Sub pontio pi - la - to passus passus
ci fixus e tiam pro - no - bis sub pontio - pi - la - to
- ci fixus e - tiam pro - no - bis pas -
et se - pultus est
passus et sepultus est Et
- sus et sepultus est . Et resur re - xit tertia di - e secundum scrip
Et resurr - - xit ter - ti - a di - e secundum scrip -
et as - cen dit in cœlum se - det ad dex te - ram pa -
as - cen - dit in cœ - lum se - det ad dex - tera pa - tris et ite -
tu - ras sedet ad dex te - ram patris Et i - te -
- tu - ras se det ad - dex teram pa -
- tris Ven - tu - rus est cum glori - a judi - care vi - vos vi -
- rum Ven - tu - rus - est cum glori - a judi - care vivos vi -
- rum venturus est cum glori - a judi - care vi - vos vivos
- tris Ven - tu - rus est cum glori - a judi - care vi - vos vi -

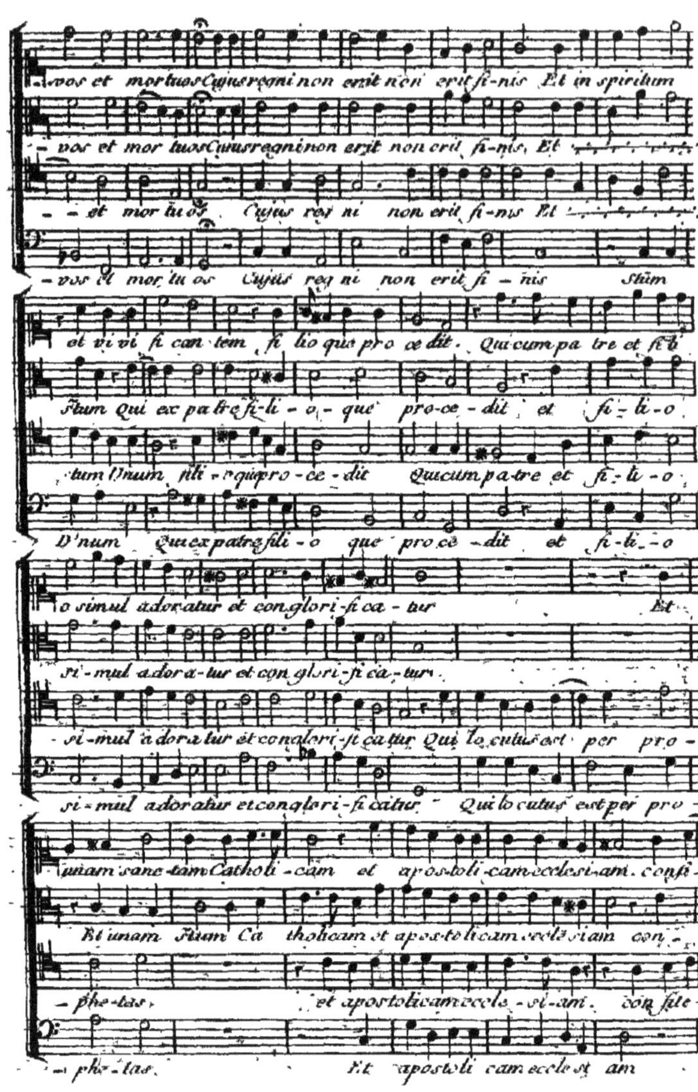
vos et mortuos Cujus regni non erit non erit fi-nis Et in spiritum
vos et mor tuos Cujus regni non erit non erit fi-nis, Et
- et mor tu os Cujus reg ni non erit fi-nis Et
vos et mor tu os Cujus reg ni non erit fi - nis
et vi vi fi can tem fi lio qui pro ce dit. Qui cum pa tre et fi
Qui ex pa tre fi-li - o - que pro-ce - dit et fi - li - o
Unum fili - o qui pro - ce - dit Qui cum pa-tre et fi - li - o
Qui ex patre fili - o que pro ce - dit et fi - li - o
o simul adoratur et conglori - fi ca - tur Et
si - mul a dor a - tur et con glori - fi ca - tur
si - mul a dor a tur et conglori - fi ca tur Qui lo cutus est per pro -
si - mul adoratur et conglori - fi catur Qui locutus est per pro -
unam sanctam Catholi - cam et apostoli - cam ecclesi - am. confi -
Et unam Catholicam et apostolicam ecclesiam con -
phe - tas et apostolicam eccle - si - am. con fite -
phe - tas Et apostoli cam eccle si am

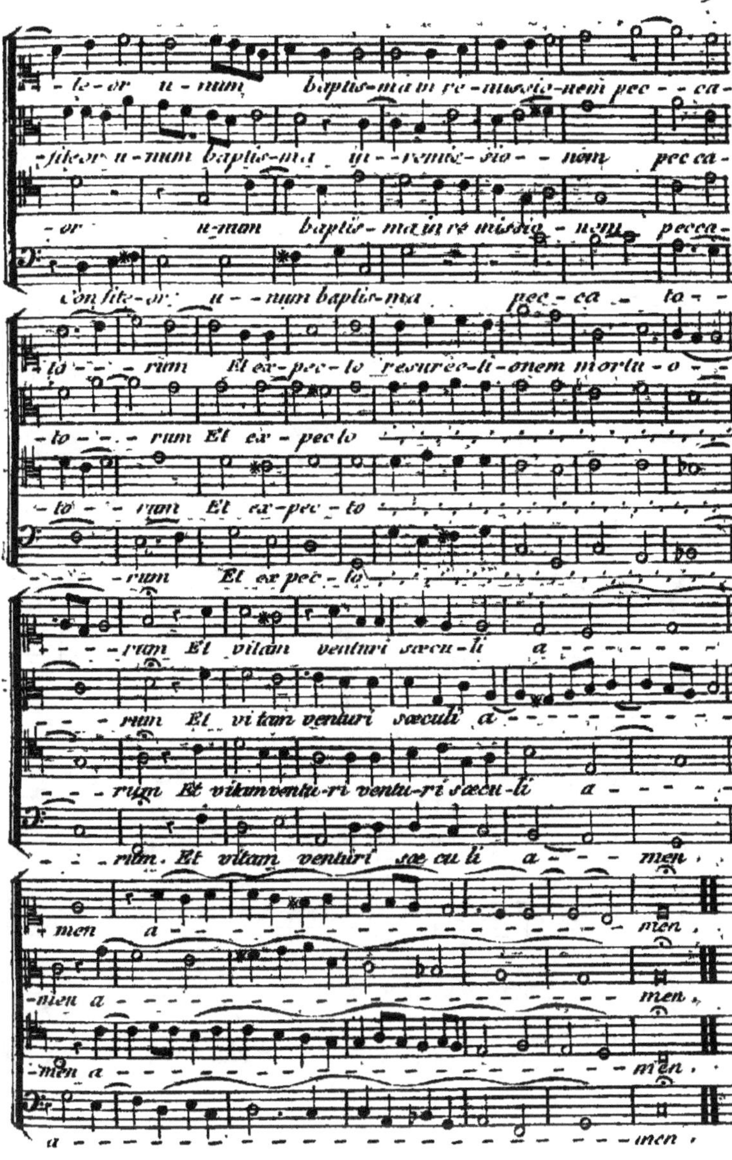
-te-or u-num baptis-ma in re-missio-nem pec--ca-
-fiteor u-num baptis-ma in--remis-sio--nem pecca-
-or u-num baptis-ma in re missio-nem pecca-
Con fite-or u--num baptis-ma pec-ca- to--
-to---rum Et ex-pec-to resurrec-ti-onem mortu-o-
-to---rum Et ex-pec to
-to---rum Et ex-pec-to
-rum Et ex pec-to
---rum Et vitam venturi saecu-li a---
---rum Et vi tam venturi saeculi a---
---rum Et vitam ventu-ri ventu-ri saecu-li a---
--rum. Et vitam venturi sae cu li a---men
-men a---men
-men a---men
-men a---men
a---men

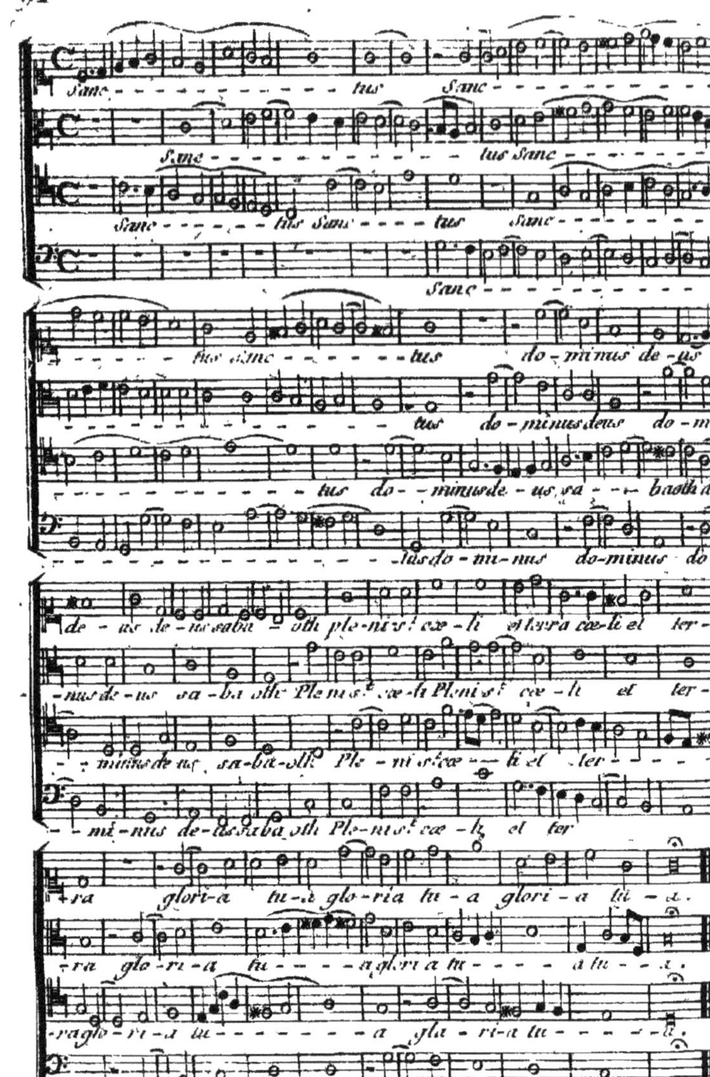
Sanc - - tus Sanc - -
Sanc - - tus Sanc - -
Sanc - - tus Sanc - - tus Sanc - -
Sanc - -
- - tus Sanc - - tus do-mi-nus de-us
- - tus do-minus deus do-mi-
- - tus do-minus de-us sa - baoth do-
- - tus do-mi-nus do-minus do-
de-us de-us saba-oth ple-ni s.t cœ-li et terra cœ-li et ter-
-nus de-us sa-ba oth Pleni s.t cœ-li Pleni s.t cœ-li et ter-
- minus de-us sa-ba-oth Ple-ni s.t cœ-li et ter-
- mi-nus de-us saba oth Ple-ni s.t cœ-li et ter
-ra glori-a tu-a glo-ria tu-a glori-a tu-a.
-ra glo-ri-a tu- - a glori a tu- - a tu- - a.
-ra glo-ri-a tu- - a glo-ri-a tu- - a.
-ra glo-ri-a tu- - a glo-ri-a tu- - a.

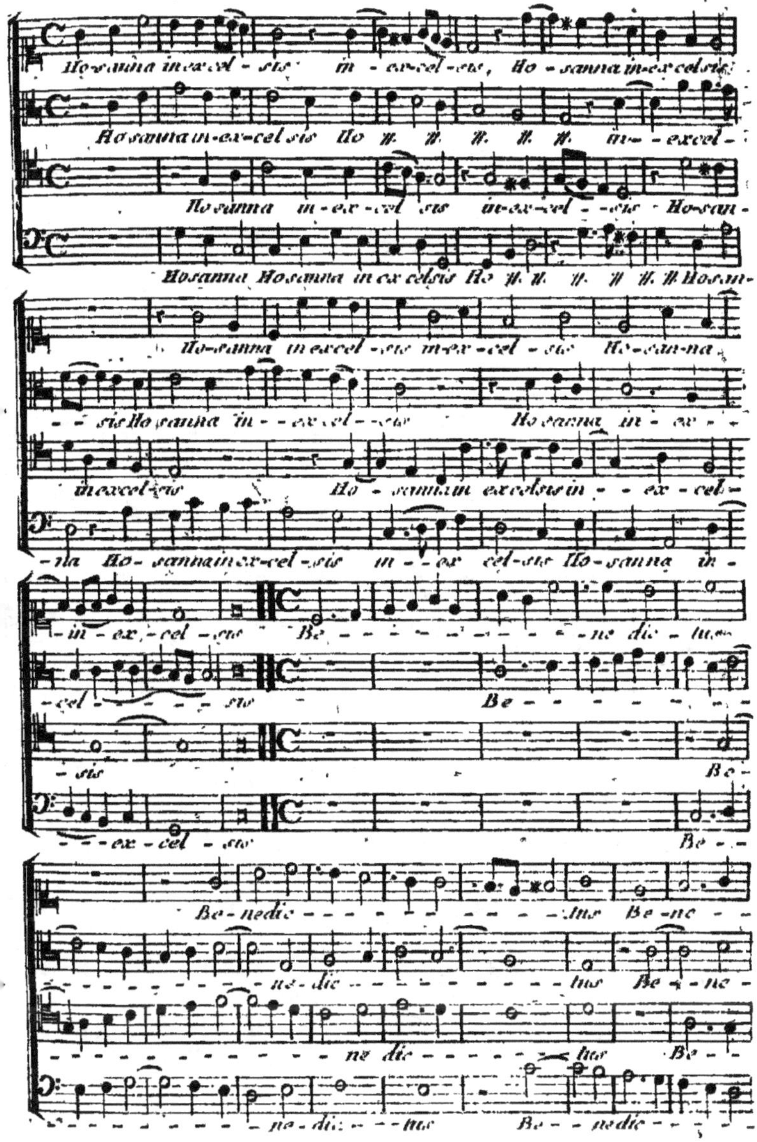

Hosanna in excel - sis in - ex - cel - sis, Ho - sanna in ex celsis

Hosanna in - ex - cel sis Ho ” ” ” ” ” in - - excel -

Hosanna in - ex - cel sis in - ex - cel - - sis Ho - san -

Hosanna Hosanna in ex celsis Ho ” ” ” ” ” ” Hosan -

Ho - sanna in excel - sis in - ex - cel - sis Ho - san - na

- - sis Hosanna in - - ex - cel - - sis Hosanna in - ex - -

in excel - sis Ho - sanna in excelsis in - - ex - cel -

- na Ho - sanna in ex - cel - sis in - - ex cel - sis Hosanna in -

- in - ex - cel - sis Be - - - - - - - - - - ne dic - tus

- cel - - - - - - - sis Be - - - - - - -

- sis Be -

- - - ex - cel - sis Be - -

Be - nedic - - - - - - - - - - - - tus Be - ne - -

- - - - - - - - - ne - dic - - - - - - - - - - - tus Be - - ne -

- - - - - - - - - - - - ne dic - - - - - - - - tus Be -

- - - - - - - - - - ne - dic - - - tus Be - - nedic - - - -

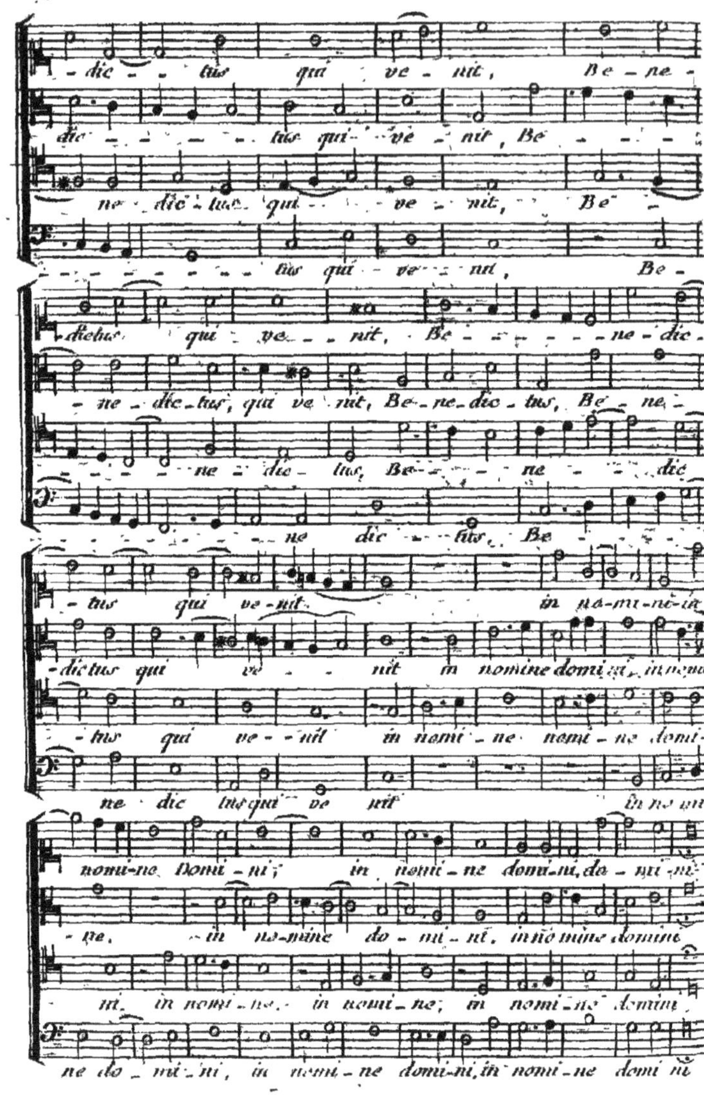
dic - tus qui ve - nit, Be - ne -
dic - tus qui ve - nit, Be -
ne - dic - tus qui ve - nit, Be -
tus qui ve - nit, Be -
dictus qui ve - nit, Be - ne - dic -
ne - dic - tus, qui ve nit, Be - ne - dic - tus, Be - ne -
ne - dic - tus, Be - ne - dic
ne dic - tus, Be -
tus qui ve - nit in no - mi - ne in
dictus qui ve - nit in nomine domi - ni, in nomi
tus qui ve - nit in nomi - ne nomi - ne domi -
ne dic tus qui ve nit in no mi
nomi - ne Domi - ni, in nomi - ne domi - ni, do - mi - ni
ne, in no - mine do - mi - ni, in nomine domini
ni, in nomi - ne, in nomi - ne, in nomi - ne domini
ne do - mi - ni, in nomi - ne domi - ni, in nomi - ne domi ni

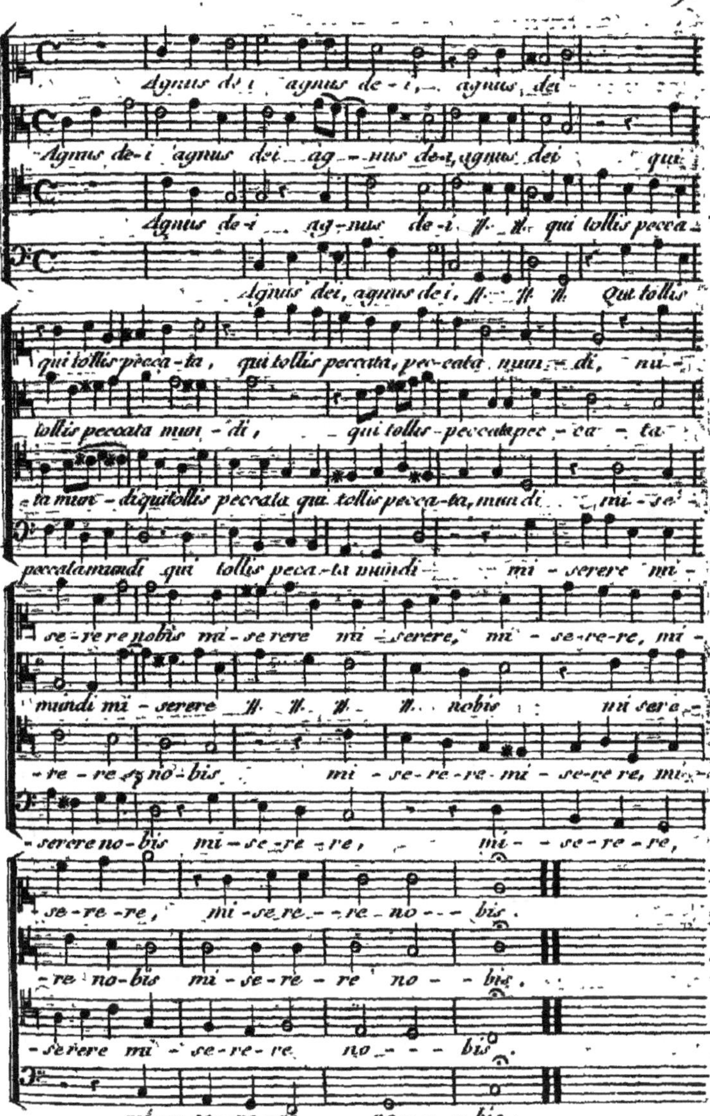
Agnus dei agnus de-i, agnus dei
Agnus de-i agnus dei ag-nus de-i, agnus dei qui
Agnus de-i ag-nus de-i qui tollis pecca-
Agnus dei, agnus dei, Qui tollis
qui tollis pecca-ta, qui tollis peccata, pec-cata mun-di, mi-
tollis peccata mun-di, qui tollis peccata pec-ca-ta
ta mun-di qui tollis peccata qui tollis pecca-ta, mundi mi-se-
peccata mundi qui tollis pecca-ta mundi mi-serere mi-
se-re-re nobis mi-se-rere mi-serere, mi-se-re-re, mi-
mundi mi-serere nobis mi-sere-
re-re nobis mi-se-re-re mi-se-re-re, mi-
serere no-bis mi-se-re-re, mi-se-re-re,
se-re-re, mi-se-re-re no-bis.
re no-bis mi-se-re-re no-bis.
serere mi-se-re-re no-bis.
mi-se-re-re no-bis.

PARTIE D'UN MOTET À 6. VOIX, PAR ORLANDE LASSUS TIRÉ DE SES MELANGES IMPRIMÉS EN 1576.

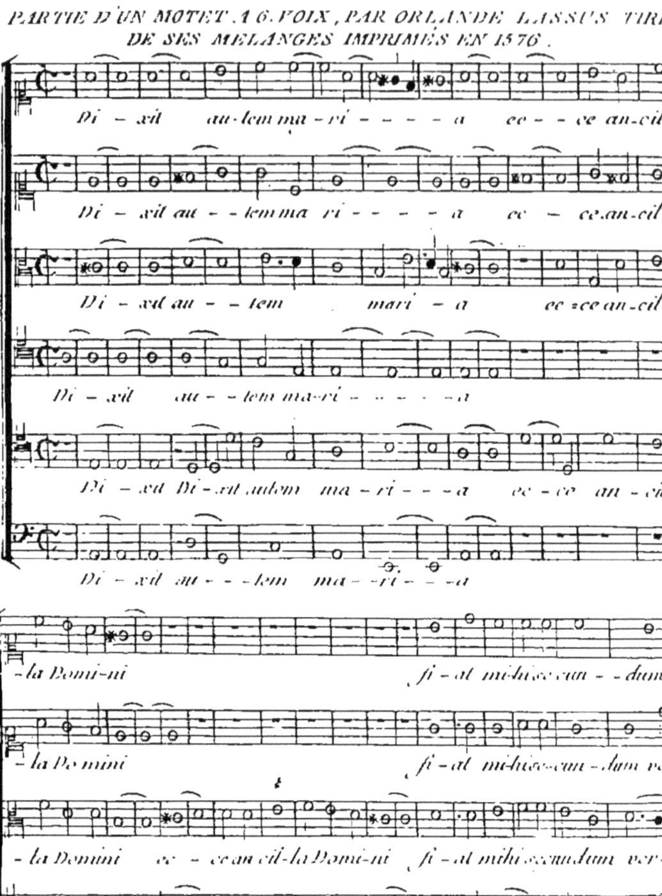

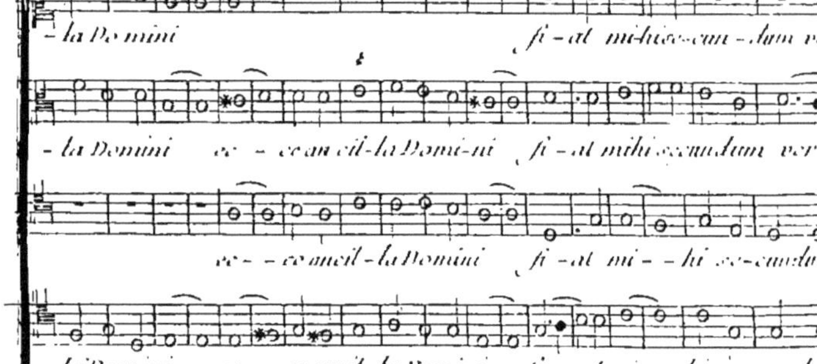

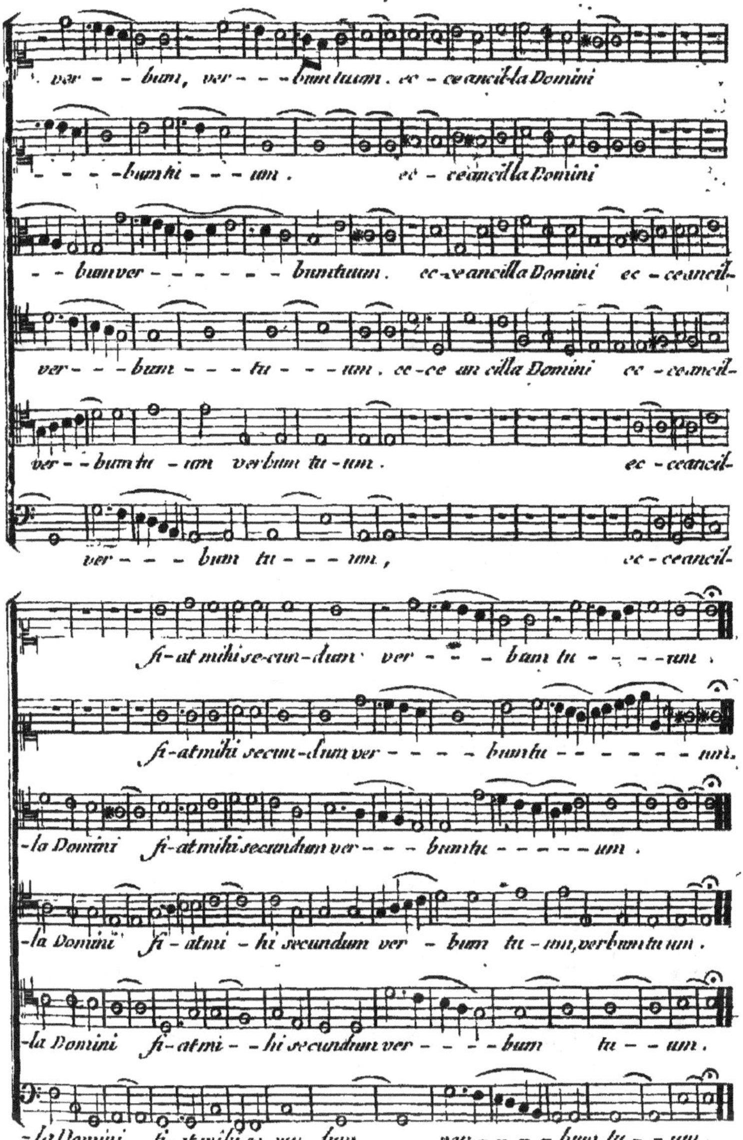

ver - - bum, ver - - - bum tuum. ec - ce ancil-la Domini

- - - - bum tu - - - um. ec - ce ancilla Domini

- - bum ver - - - - - - bum tuum. ec - ce ancilla Domini ec - ce ancil-

ver - - - bum - - - tu - - - um. ec - ce an cilla Domini ec - ce ancil-

ver - - bum tu - um verbum tu - um. ec - ce ancil-

ver - - - bum tu - - - um, ec - ce ancil-

fi - at mihi se-cun-dum ver - - - bum tu - - - - um.

fi - at mihi secun-dum ver - - - - bum tu - - - - - - um.

-la Domini fi - at mihi secundum ver - - - bum tu - - - - - - um.

-la Domini fi - at mi - hi secundum ver - bum tu - um, verbum tu um.

-la Domini fi - at mi - - hi secundum ver - - - - bum tu - - um.

-la Domini fi - at mihi se-cun-dum ver - - - - bum tu - - um.

MOTET A 8. VOIX PAR ORLANDE LASSUS 1576

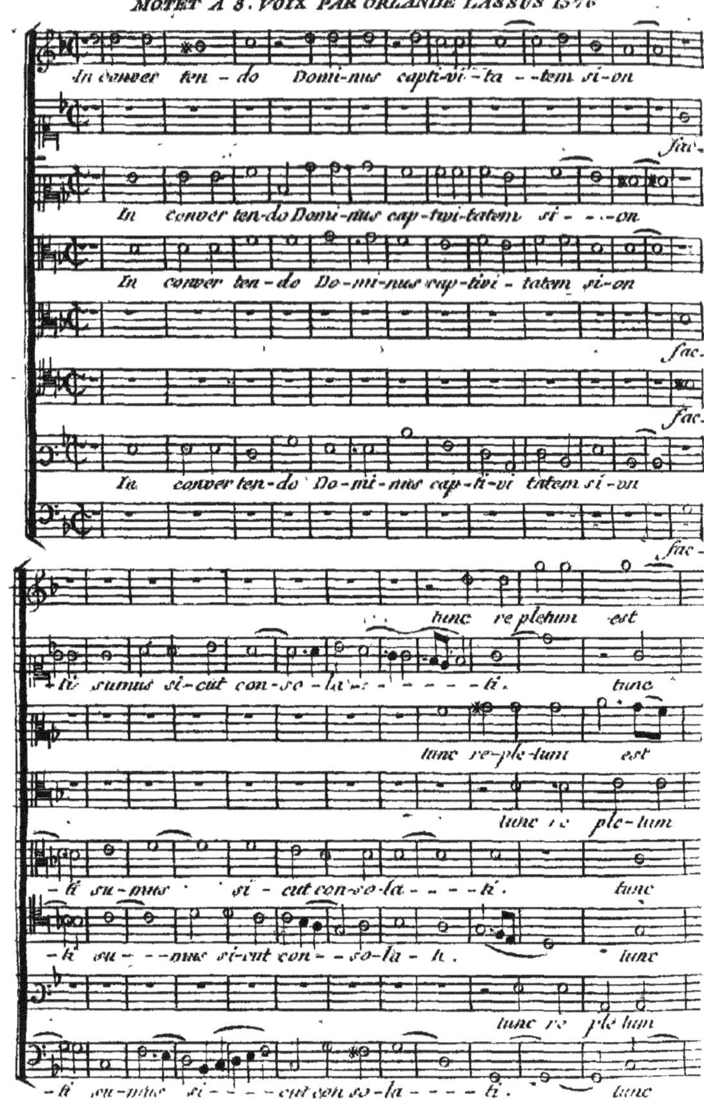

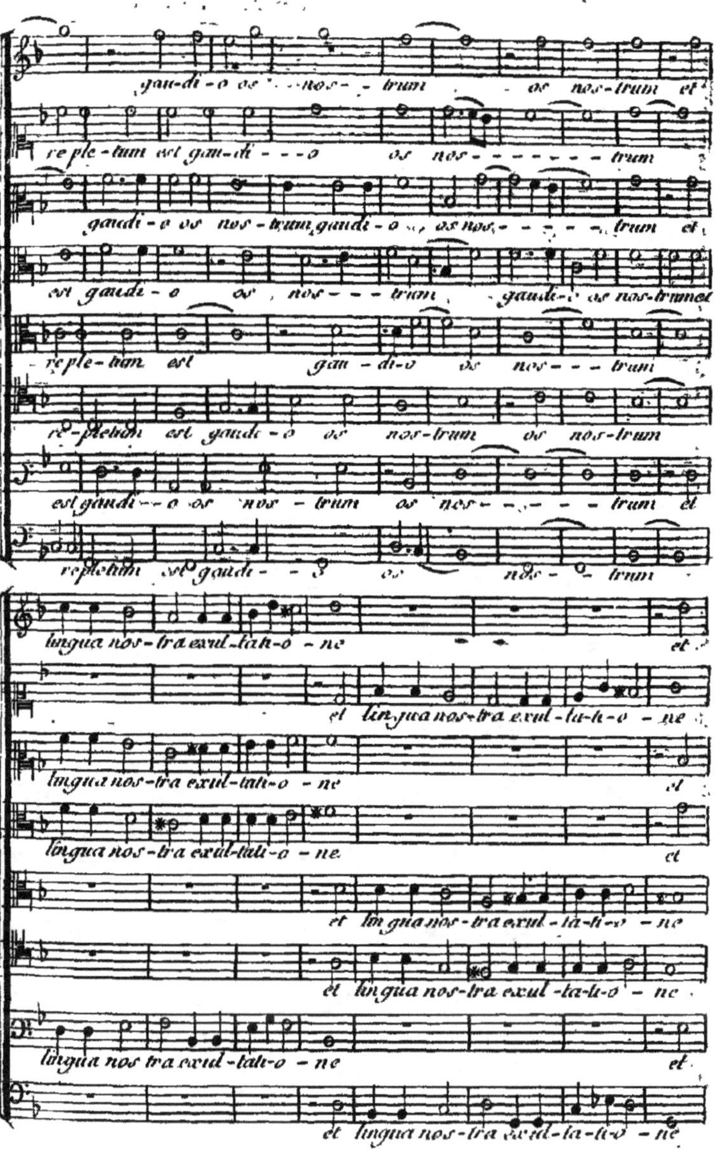
gau-di-o os nos- - trum os nos-trum et
re ple-tum est gau-di - - - o os nos- - - - - - - - trum
gaudi-o os nos-trum gaudi-o os nos- - - - - - trum et
est gaudi-o os nos- - - trum gaudi-o os nos-trum et
re ple-tum est gau-di-o os nos- - - trum
re-pletum est gaudi-o os nos-trum os nos-trum
est gaudi- - o os nos - trum os nos- - - - - - trum et
repletum est gaudi- - o os nos- trum
lingua nos-tra exul-tati-o - ne et
et lingua nos-tra exul-ta-ti-o - ne
lingua nos-tra exul-tati-o - ne et
lingua nos-tra exul-tati-o - ne. et
et lingua nos-tra exul-ta-ti-o - ne
et lingua nos-tra exul-ta-ti-o - ne
lingua nos tra exul-tati-o - ne et
et lingua nos-tra exul-ta-ti-o - ne

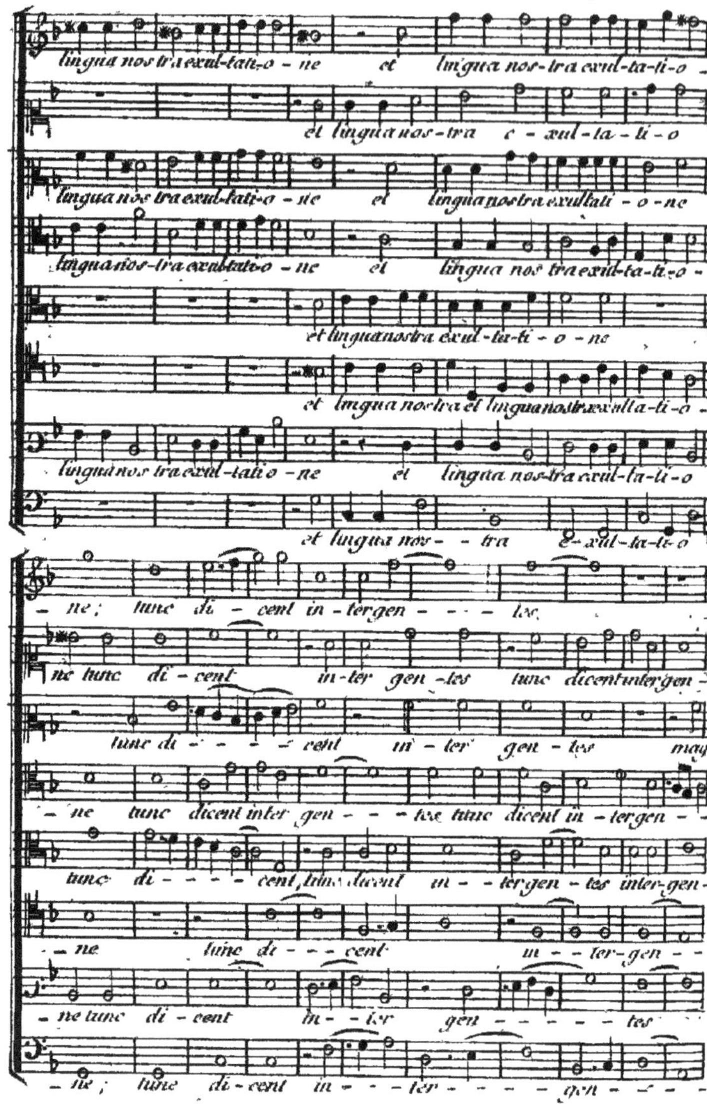
lingua nos tra exul-tati-o - ne et lingua nos-tra exul-ta-ti-o -
et lingua nos-tra e - xul-ta-ti-o
lingua nos tra exul-tati-o - ne et lingua nostra exultati - o - ne
lingua nos-tra exultati-o - ne et lingua nos tra exul-ta-ti-o -
et lingua nostra exul-ta-ti - o - ne
et lingua nostra et lingua nostra exulta-ti-o -
lingua nos tra exul-tati o - ne et lingua nos-tra exul-ta-ti-o
et lingua nos- - tra e-xul-ta-ti-o
- ne; tunc di - cent in - ter gen - - - tes
ne tunc di - cent in-ter gen - tes tunc dicent inter gen -
tunc di - - - - cent in - ter gen - tes mag-
- ne tunc dicent inter gen - - - tes tunc dicent in - ter gen - -
tunc di - - - - cent tunc dicent in - - ter gen - tes inter gen-
- ne tunc di - - - cent in - - ter - gen - -
- ne tunc di - cent in - ter gen - - - - - tes
- ne; tunc di - cent in - - - ter - - - - gen - - -

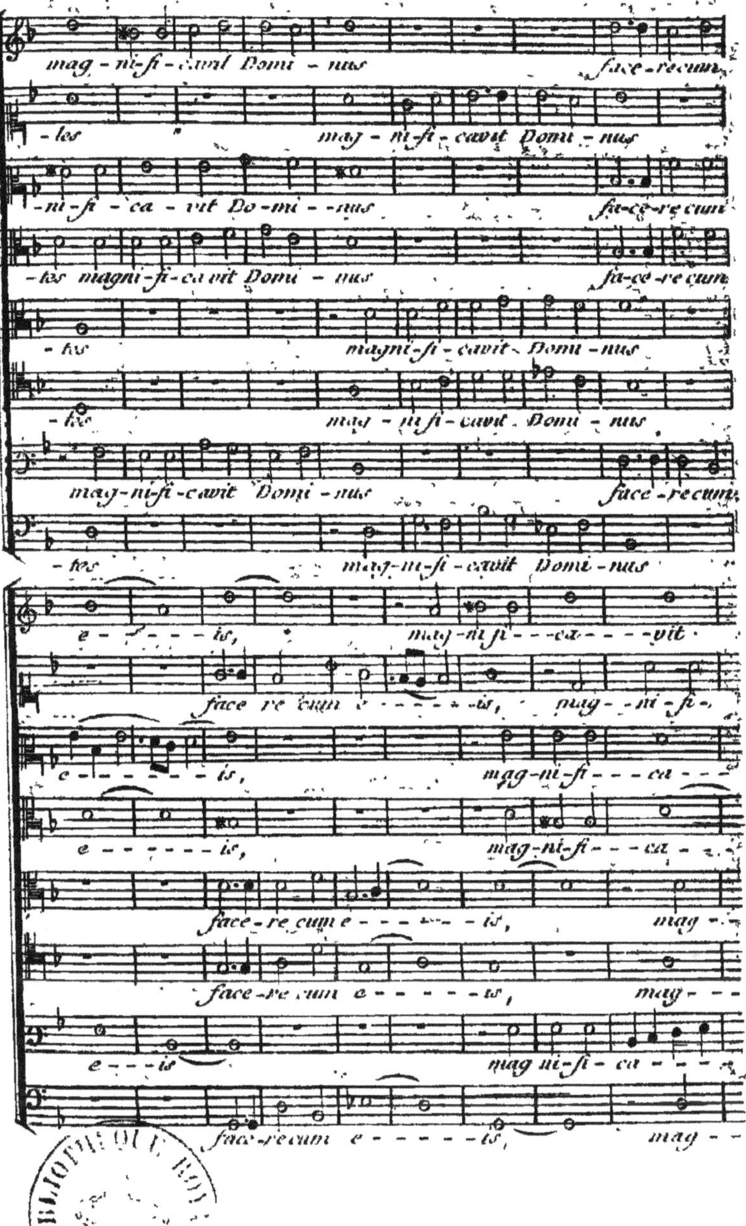
mag - ni - fi - cavit Domi - nus face - re cum
- les mag - ni - fi - cavit Domi - nus
- ni - fi - ca - vit Do - mi - - nus fa-ce-re cum
- tes magni - fi - ca vit Domi - nus fa-ce-re cum
- tes magni - fi - cavit - Domi - nus
- tes mag - ni - fi - cavit - Domi - nus
mag - ni - fi - cavit Domi - nus face - re cum
- tes mag - ni - fi - cavit Domi - nus
e - - - - is, mag - ni fi - - - ca - - - vit
face re cum e - - - - - - is, mag - - ni - fi -
e - - - - - - - is, mag - ni - fi - - - ca - - -
e - - - - - - - is, mag - ni - fi - - - ca - -
face - re cum e - - - - - - is, mag -
face - re cum e - - - - - is, mag - - -
e - - - is mag ni - fi - ca - - -
face - re cum e - - - - - is, mag - -

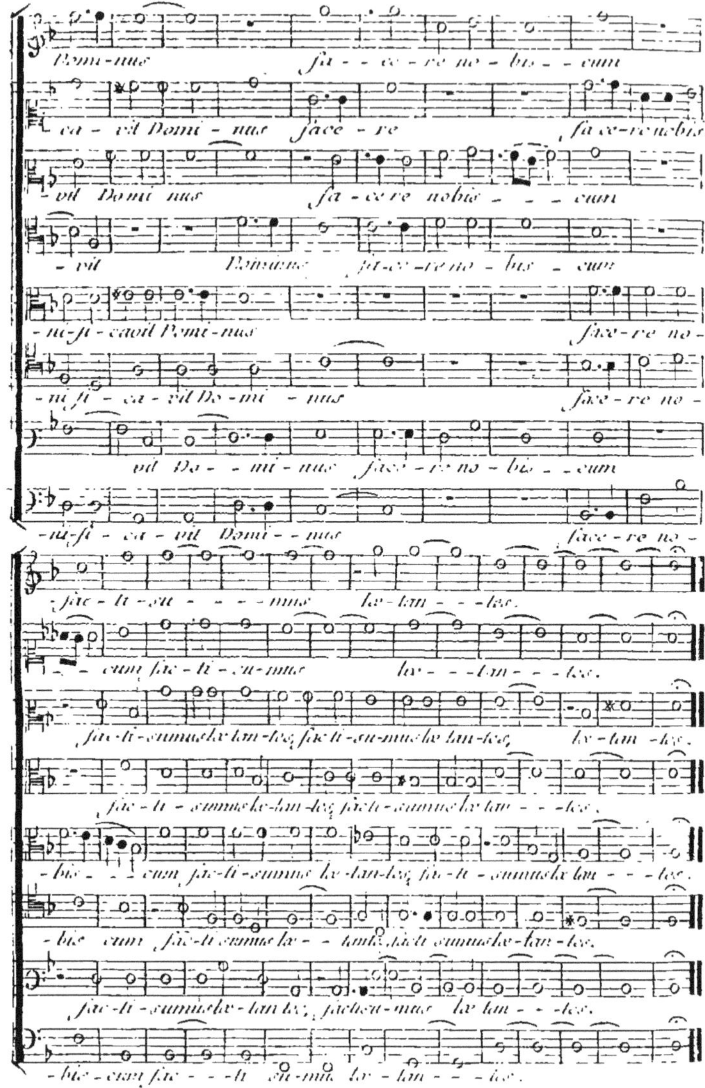
Domi - nus fa - - ce - re no - bis - - cum
- ca - vit Domi - nus fa-ce - re fa-ce-re nobis -
- vit Domi nus fa - ce re nobis - - - cum
- vit Dominus fa-ce-re no - bis - cum
- ni-fi - cavit Domi - nus face - re no -
- ni fi - ca - vit Do - mi - nus face - re no -
vit Do - - mi - nus face - re no - bis - - cum
- ni-fi - ca - vit Domi - - nus face - re no -
- fac - ti - su - - - - mus lae - tan - - - tes.
- - cum fac - ti - su - mus lae - - - tan - - - tes.
facti-sumus lae - tan - tes, facti-su-mus lae-tan-tes, lae - tan - tes.
fac - ti - sumus lae-tan-tes, facti - sumus lae - tan - - - tes.
- bis - - cum facti-sumus lae-tan-tes, fac-ti - sumus lae - tan - - - tes.
- bis cum fac-ti sumus lae - - tantes, facti sumus lae-tan-tes.
fac-ti-sumus lae-tan tes, facti-su-mus lae tan - - tes.
- bis - cum fac - - ti su-mus lae - tan - - - tes.

CANON A 3 VOIX A LA QUINTE ET A L'OCTAVE

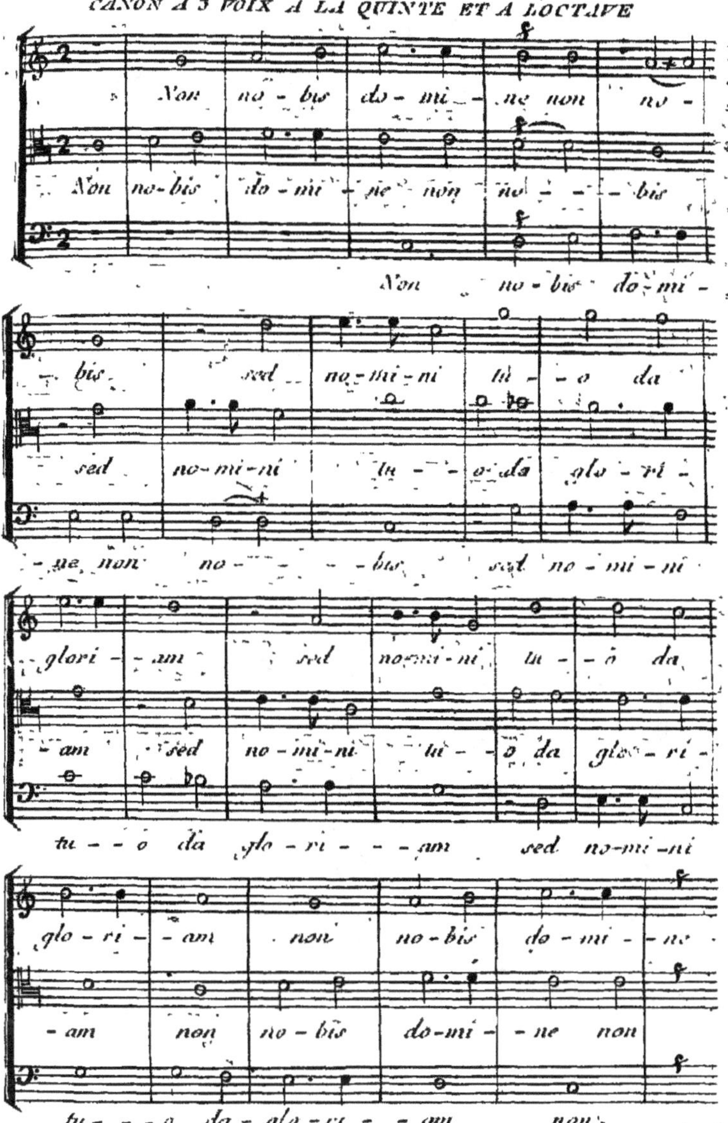

MESSE DES MORTS A 4. VOIX PAR CHARLES D'HELFER

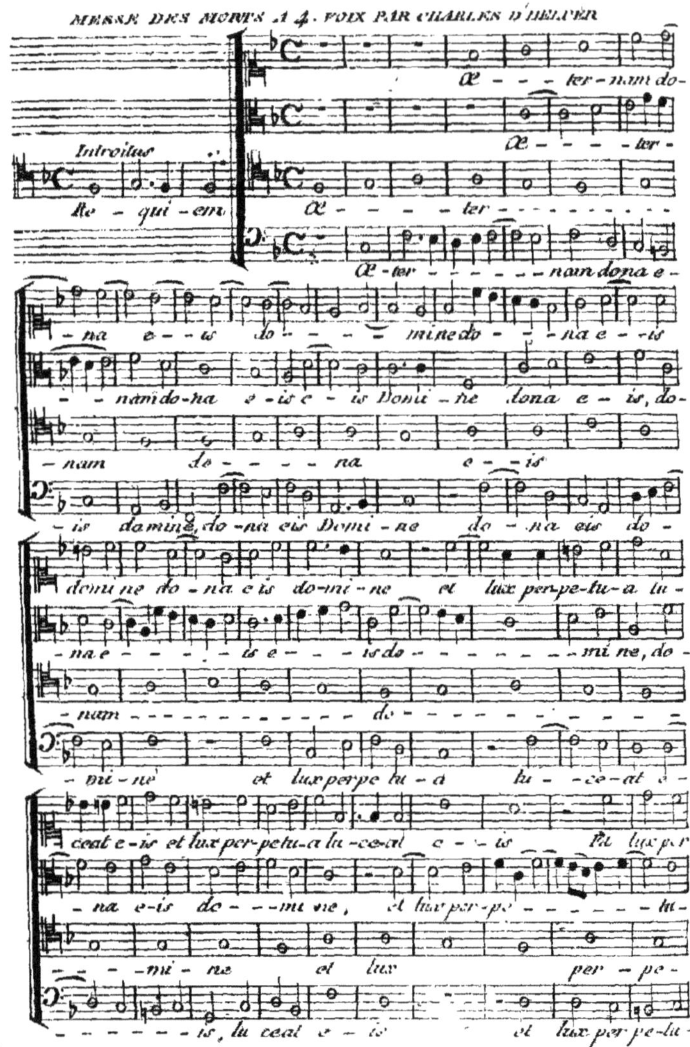

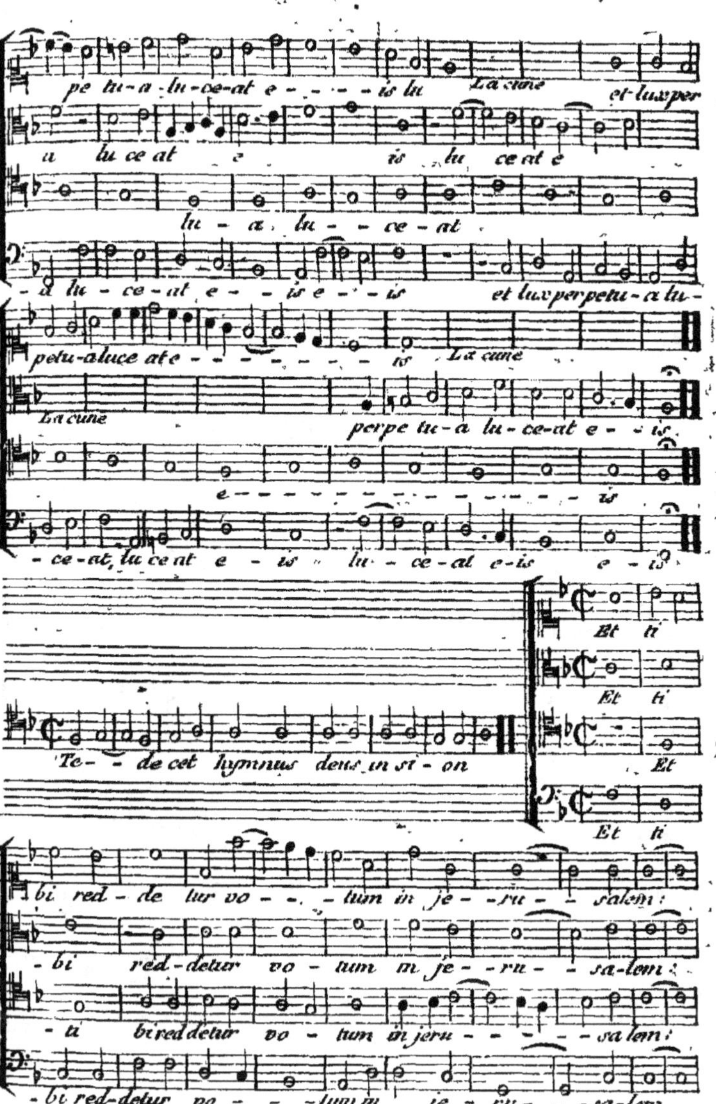
pe tu-a-lu-ce-at e - - - - - is lu
La cune
et-lux per
a lu ce at e is lu ce at e
lu - a lu - - - ce - at
- a lu - ce - at e - - is e - - is
et lux perpetu - a lu-
petu-aluce ate - - - - - - - - is
La cune
La cune
perpe tu - a lu - ce - at e - - is.
e - - - - - - - - - - - - - - is
- ce - at, lu ce at e - - is lu - - ce - at e - is e - is
Et ti
Et ti
Et
Et ti
Te - - de cet hymnus deus in si - on
bi red - de tur vo - - - tum in je - - ru - - salem :
- bi red-detur vo - tum in je - - ru - - sa-lem :
- ti bi red detur vo - tum in jeru - - - - - sa lem :
- bi red-detur vo - - - tum in je - ru - - -sa-lem .

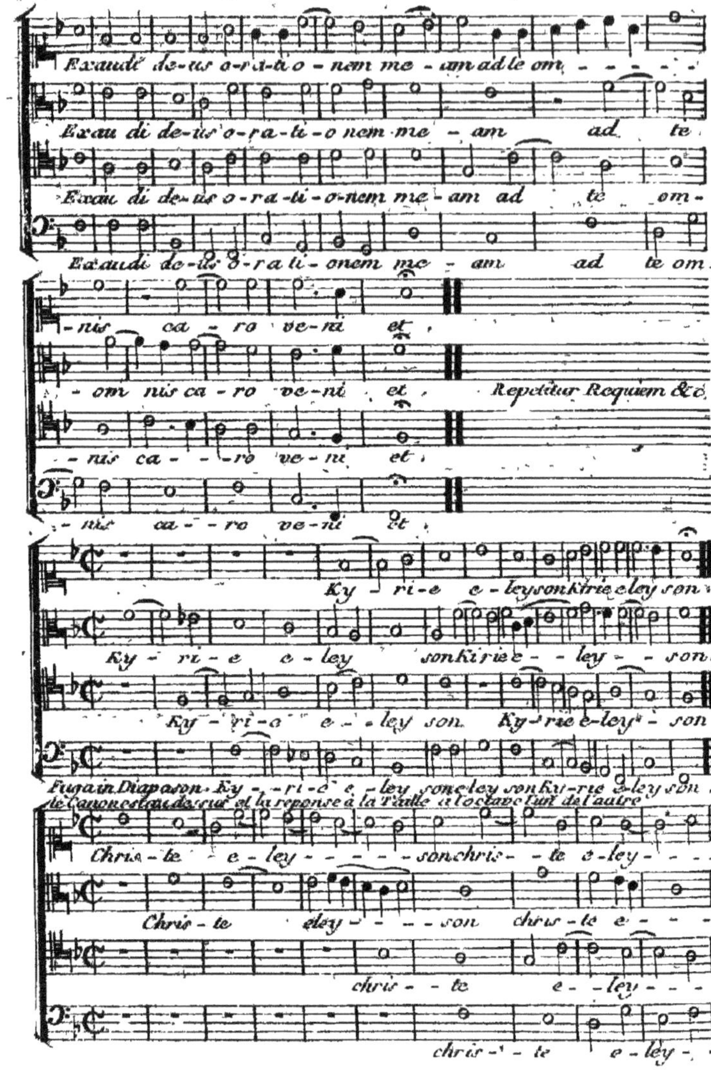
Exaudi de-us o-ra-ti-o-nem me-am ad te om-
Exau di de-us o-ra-ti-o nem me-am ad te
Exau di de-us o-ra-ti-o-nem me-am ad te om-
Exaudi de-us o-ra-ti-onem me-am ad te om-
-nis ca-ro ve-ni et.
-om nis ca-ro ve-ni et.
Repetitur Requiem &c.
-nis ca-ro ve-ni et.
-nis ca-ro ve-ni et.
Ky-ri-e e-ley son Kirie eley son.
Ky-ri-e e-ley son Kirie e-ley-son.
Ky-ri-e e-ley son. Ky-rie e-ley-son
Fuga in Diapason. Ky-ri-e e-ley son eley son Ky-rie e-ley son.
le Canon est au dessus et la reponse à la Taille à l'octave l'un de l'autre
Chris-te e-ley-son chris-te e-ley-
Chris-te eley-son chris-te e-
chris-te e-ley-
chris-te e-ley-

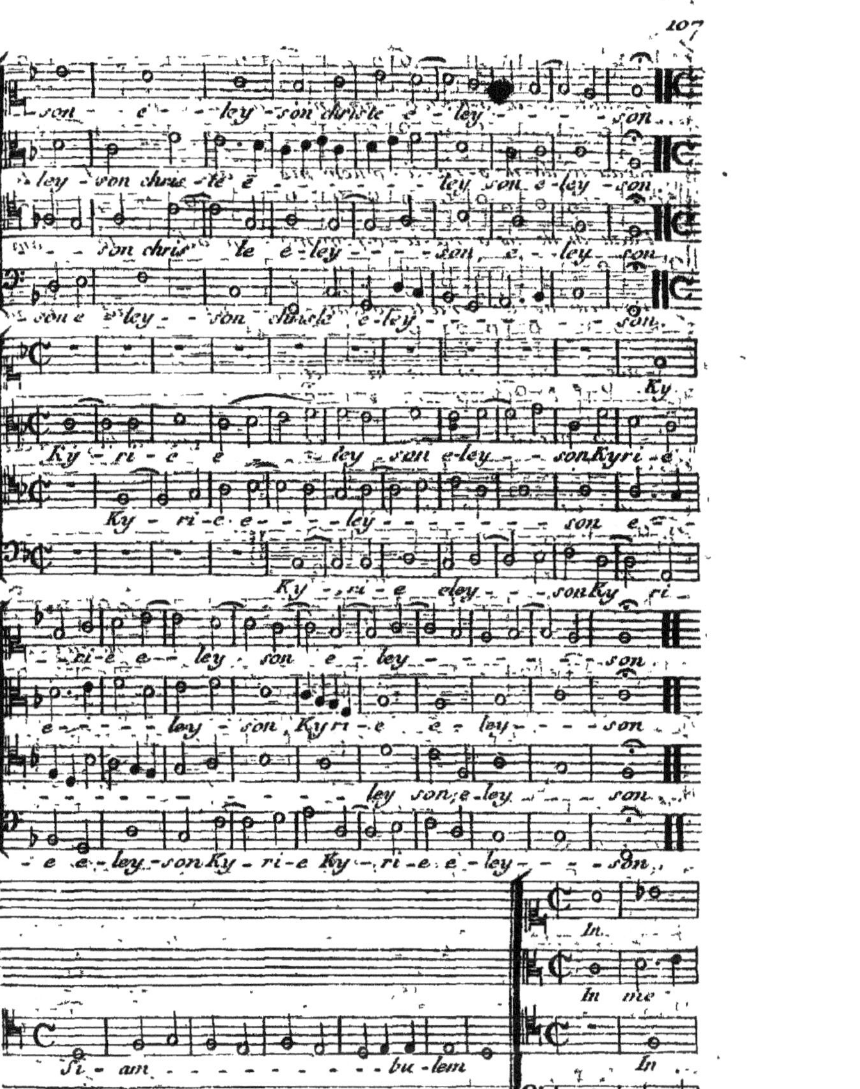

son - e - ley - son christe e - ley - - son
ley - son chris - te e - - - - - ley son e - ley - son
son chris te e - ley - - - son e - ley son
son e e - ley - - son christe e - ley - - son
Ky
Ky - ri - e e - ley son e - ley - - son Kyri - e
Ky - ri - e e - - ley - - - - - - son e
Ky - ri - e eley - - son Ky ri
ri - e e - ley son e - ley - - - - son
e - - - ley - son Kyri - e e - ley - - - son
ley son e - ley - - son
e e - ley - son Ky - ri - e Ky - ri - e e - ley - - - son
In
In me
Si - am - - - - - - - - - - bu - lem
In
In me

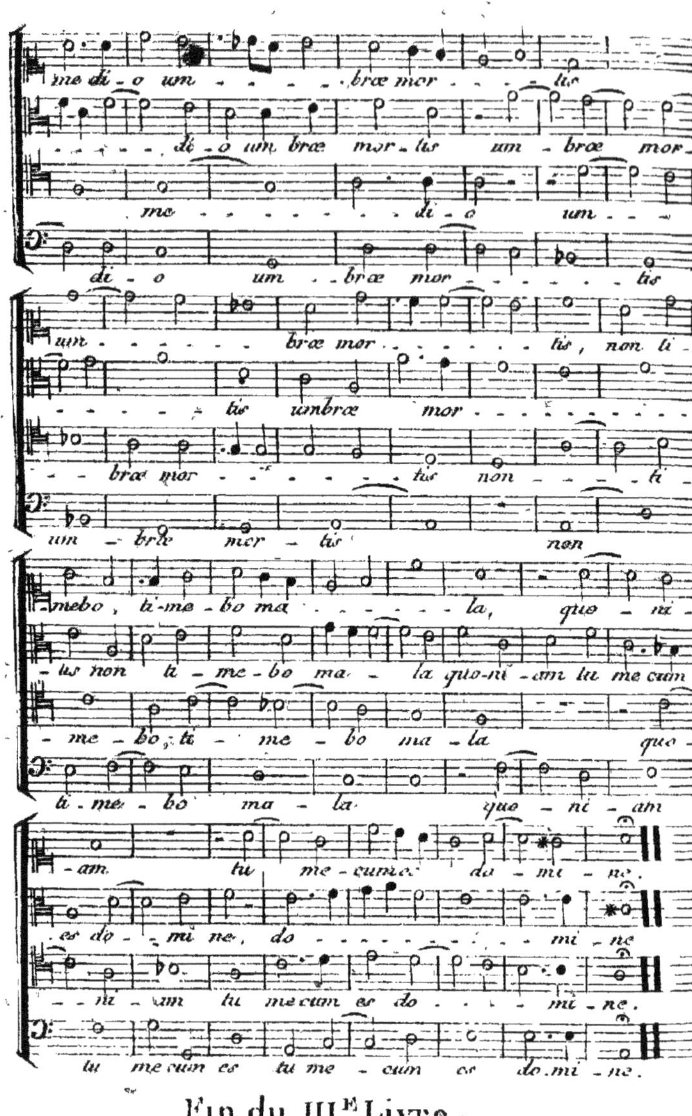

Fin du III.e Livre.

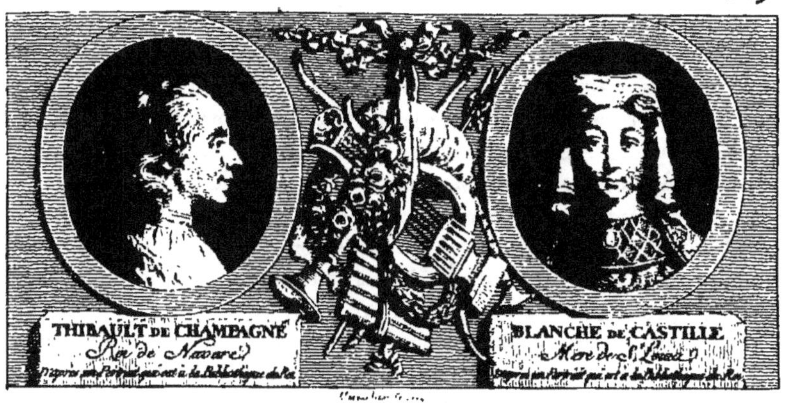

ESSAI SUR LA MUSIQUE.

LIVRE QUATRIEME.

Des Chanſons.

CHAPITRE PREMIER.

Réflexions ſur les Chanſons.

ROUSSEAU définit la chanſon : *un petit poëme lyrique fort court, qui roule ordinairement ſur des ſujets agréables, auquel on ajoute un air pour être chanté dans des ocaſions familieres, comme à table avec ſes amis, avec ſa maîtreſſe, & même ſeul, pour éloigner quelques inſtans l'ennui, ſi l'on eſt riche, & pour ſuporter plus doucement la miſere & le travail, ſi l'on eſt pauvre.*

Nous ajouterons à cette définition, que c'est quelquefois un moyen ingénieux d'écrire l'histoire de sa vie & les différentes situations de son ame; de convenir publiquement de ce qu'on n'oserait peut-être pas avouer en particulier; & d'instruire allégoriquement l'objet aimé de ce qu'on souffre tant à lui cacher. Enfin c'est le langage des amans malheureux, soit que l'espoir leur soit encore permis, où qu'ils l'aient entiérement perdu.

La douceur de la mélodie, jointe aux charmes de l'harmonie, ajoute une nouvele force & un sentiment plus tendre aux plaintes qu'on lui adresse. La Musique est alors l'accent de l'amour. Platon dit que les Dieux, touchés des travaux & des peines inséparables de l'humanité, firent présent à l'homme de la poésie & du chant.

Chez toutes les nations, depuis les plus policées, jusqu'aux plus sauvages, les chansons ont toujours servi d'interprètes, tantôt à la douleur physique & morale, & tantôt aux plaisirs.

Les sauvages, au milieu des tourmens les plus affreux & au moment d'être dévorés par la flâme, chantent (*a*) leur constance & insultent ceux qui leur donnent la mort.

Les Indiens se brûlent de leur propre volonté, & chantent en se brûlant. Les sauvages chantent aussi en allant au combat & aux funérailles de leurs chefs ou de leurs parens. Dans nos enterremens, on chante de même des prieres psalmodiées, & quelquefois acompagnées par des instrumens.

(*a*) *Chanson sauvage d'un prisonier prêt à mourir.*

« Arivez tous hardiment, assemblez-vous pour dîner de moi : car vous mangerez en » même tems vos peres & vos aïeux, qui ont servi d'alimens & de nouriture à mon corps & » à ceux de mes ancêtres. Ces muscles, cette chair & ces veines, ce sont les vôtres : pau- » vres fous que vous êtes, vous ne reconnaissez pas que la substance des membres de vos » peres s'y tient encore : savourez-les bien, vous y trouverez le goût de votre propre » chair ».

(*Tirée de Montaigne*, liv. 30).

Chanson d'amour des Caraïbes.

« Couleuvre arête-toi, arête-toi couleuvre, afin que ma sœur tire sur le patron de ta » peinture, la façon & l'ouvrage d'un riche cordon, que je puisse donner à ma mie : ainsi » soit en tout tems ta beauté, & ta disposition préférée à tous les autres serpens ».

Montaigne trouve cette chanson anacréontique (*même livre*).

Chez les Anciens, les guerriers chantaient des hymnes au moment de combatre. De nos jours, nos soldats ont encore des chansons qu'ils appelent, *chansons de bataille* (a). Ils chantent ensuite la victoire, quelquefois la défaite.

(a) Dans les campagnes de 1756 & 1757, les Prussiens ont fait revivre cet usage par les chants de guerre, de la composition de M. *Gleim*, qui se chantaient parmi leurs troupes.

Nous en raporterons un traduit de M. *Weiss*, qui pourra faire juger du mérite des autres.

Larmes d'une Amazone sur la tombe de son Amant.

Coulez, larmes délicieuses : coulez : mon cœur oppressé se résoud dans une douce douleur ; c'est l'unique bien que je pouvais encore desirer.

Oui, baignez mon sein, précipitez-vous de mes yeux : l'orgueil de la jeunesse, l'ornement des Héros, n'est que poussiere, & sa maison est une tombe.

Vous ne le reverrez plus, ô mes regards ! baignez de larmes son visage si beau & si terrible, vous ne le reverrez plus.

Mon oreille ravie ne l'entendra plus : ses discours ravissans comme le chœur des Muses, comme l'harmonie des Spheres, elle ne les entendra plus.

Mes lèvres brûlantes ne se colleront plus sur les siennes : elles ne recevront plus ses baisers doux comme le parfum des fleurs & comme la rosée du matin.

Triste & solitaire, je vais errer dans la vallée : sa vue inopinée ne me causera plus une douce émotion ! je ne le trouverai plus caché dans l'obscurité du bois.

Mais qu'entens-je ! . . . Quels accens lugubres se mêlent à l'expression de ma douleur ? Ils s'aprochent : j'entends des cris entrecoupés de sanglots.

Je vois . . . . une troupe de guerriers, compagnons de mon Héros, s'approcher à pas lent : elle est suivie d'une multitude de guerriers.

Ah ! leurs joues hâlées brûlent d'une douleur profonde, & de grosses larmes coulent sur leurs barbes épaisses.

O Guerriers ! que portez-vous sous ce manteau ? . . . Vous ne répondez rien . . . vous sanglottez ! . . . Ah ! malheur à moi : c'est lui ; c'est mon jeune amant.

Otez, ôtez, ce vêtement qui le dérobe à mes yeux. Je veux le voir ; il est à moi & à ma patrie. O jeune homme que tu es encore beau !

Ah ! laisse-moi encore t'embrasser, aimable Héros ! Que mon baiser ne peut-il te ranimer ; toi, dont un regard me donnait la vie !

Les artisans charment leurs travaux par des chansons qui les consolent (a); enfin, dans les cachots, on entend des chansons. Si elles exercent leur empire jusques dans ces tombeaux des vivans, dans quels lieux les plus reculés pourraient-elles ne pas pénétrer?

Nous croyons que l'on doit distinguer les chansons en quatre classes.

1°. Les hymnes en l'honeur de la Divinité.

2°. Les romances ou chansons amoureuses.

3°. Les chansons à boire, rondes, &c.

4°. Chansons d'esprit, madrigaux, parodies, vaudevilles, &c.

Amis, ce cœur ne bat plus : l'amour & la gloire ne le font plus palpiter : il ne se tourne plus avec un doux sourire vers moi.

Ce bras infatigable ne soulève plus l'épée ; il ne s'entrelace plus autour de mon col. C'en est fait ! ces restes de mon amant vont donc tomber en poussiere ! Arrêtez encore, ces blessures ne me disent-elles pas ce qu'il était ?

Laissez-moi les voir ! .... J'y vois le triomphe & la gloire, qu'elles sont profondes ! elles ne lui font plus de mal ; mais elles m'en font, ô ma patrie.

Elles engloutissent mes larmes ! mais tu ne veux plus être pleuré : la gloire me le défend.

Elle m'arrache de la tombe ! mon cœur s'aggrandit : il s'élève jusqu'à toi ; l'amour & le desir m'avoient trop ravalée !

Heureuse que sa chûte ait été si glorieuse ! ah ! que ne suis-je ce qu'il était, & que ne puis-je tomber comme lui !

Que mon ame ne peut-elle se dégager de sa dépouille, & que ne peut-elle animer ton corps pour devenir un être aussi grand que toi !

Alors d'une main courageuse je te vengerais ! & toi, ma patrie, que je me trouverais heureuse de combattre, de verser mon sang, de mourir pour toi, & d'obtenir les regrets & les pleurs d'une troupe de Héros, tels que ceux qui regretent & pleurent ici mon amant ... Amis, venez le coucher dans la tombe.

Entassez les crânes des ennemis, formez-en un monument à sa gloire, & arborez dessus le drapeau gagné par sa valeur.

Autour de la pyramide je planterai un bois épais de lauriers, & je lui consacrerai en silence mes soupirs.

O ma patrie ! mes pleurs aroseront ce bois sacré, jusqu'à ce que mes os reposent avec mon amant dans la même tombe.

(a) Sous Charles VI, on fit des chansons *lamentables*, sur l'assassinat du Duc d'Orléans ; elles se chantaient dans l'armée du Roi, pour insulter au Duc de Bourgogne.

CHAPITRE II.

Des Chansons Greques.

L'USAGE des chansons est naturel aux hommes. Elles sont le plaisir & l'amusement des enfans & des vieillards, des pauvres & des riches, de ceux qui travaillent, comme de ceux qui restent en repos. Ce goût a été de tous les siecles (*a*), & se trouve chez toutes les nations. Les Grecs, en le cultivant, n'ont fait que ce qu'avaient fait leurs prédécesseurs, & nous ne faisons que suivre leur exemple. Ils n'avaient point encore l'usage des lettres, qu'ils avaient celui des chansons (*b*). Ils mettaient en chant leurs loix & les événemens de leur histoire, pour s'en mieux souvenir.

Lorsque les lettres eurent donné naissance aux arts & aux sciences, les chansons firent faire des réflexions sur l'air & sur les paroles dont elles étaient composées. Les réflexions sur l'air furent l'origine des regles de la Musique, & les réflexions sur les paroles produisirent peu-à-peu les préceptes de la Poésie. La Musique & la Poésie, à leur tour, porterent les chansons à un point de perfection, où elles n'avaient pu aller dans les siecles précédens.

Nous ne parlerons point des épodes, des prosodies, des dithyrambes; celles dont il nous reste le plus de monumens, sont les chansons de table. Comme la nécessité de boire & de manger est de tous les états, il n'est pas surprenant que ce genre de chansons soit celui qui ait été le plus abondant. Tous ceux qui étaient à table, chantaient d'abord à l'unisson les louanges

(*a*) L'Ecclésiaste, chap. 47, dit que Salomon se fit admirer de toute la terre, par l'excellence de ses chansons.

(*b*) Les Arcadiens furent les premiers Chansoniers de la Grece. L'invention de la Chanson apartient à la condition pastorale, la plus anciene parmi les hommes. Qui pouvoit mieux l'inspirer que le spectacle de la Nature, que toutes les circonstances d'une vie simple, gaie, libre, uniforme, peu occupée, encore moins pénible, employée seulement à jouir des beaux jours, des agrémens infinis, que le ciel, la terre, les différentes saisons semblent offrir inutilement à plus de la moitié des hommes? *Voyez M. de Querlon*, p. 5.

de la Divinité. Ensuite l'usage vint de chanter l'un après l'autre, en tenant une branche de myrte qui passait de main en main.

Quand la Musique se perfectiona dans la Grece, & qu'on employa la lyre dans les festins, il n'y eut plus que les habiles gens en état de chanter à table, & leurs chansons s'appelerent alors *Scholies* (*a*).

Pindare, cité par Plutarque, dit que Terpandre fut inventeur des scholies, ou chansons à boire des Grecs. Il vivait vers l'an 676 avant J. C. selon les Marbres d'Oxford. Alcée, Anacréon & la savante Praxilla, qui vécurent dans le siecle suivant, cultiverent beaucoup ce genre de poésie.

On commençait à chanter les scholies, lorsque le dernier service était fait. C'est ainsi qu'il y a vingt ans, on chantait chez nous au dessert. Cet usage est presqu'entiérement aboli. Nos repas en sont moins longs, mais en sont-ils plus gais?

DES HYMNES.

Les hymnes ont été un des premiers monumens de l'histoire. Les Anciens les divisaient en trois classes.

1. Théurgiques ou Religieux.
2. Poétiques ou Populaires.
3. Philosophiques.

Il ne nous reste des premiers que ceux qui portent le nom d'Orphée.

Les Grecs chantaient souvent des hymnes (*b*) & des cantiques à la gloire de leurs Dieux, soit pour leur adresser des prieres, soit pour les remercier des choses qui leur arrivaient. Telles étaient les *Iules* de Cérès & de Proserpine, la *Philésie* d'Apollon, les *Upinges* de Diane, &c. (*c*)

(*a*) Mot qui signifie *oblique & tortueux*, pour marquer la difficulté de la chanson, ou parcequ'alors le Myrte ne passoit plus de main en main, mais faisait des lacunes, lorsqu'il rencontrait des convives qui ne savaient pas s'acompagner de la lyre en chantant.

Ce mot *Chanson*, autrefois *Cançon*, est formé de deux mots latins, *Cantûs-sonus*, *Chant-son*.

(*b*) Les cantiques se raportaient aux actions, & les hymnes aux persones.

(*c*) On a prétendu qu'ils étaient d'un Pythagoricien, nommé Cercops, ou d'Onomacrite, qui vivait un siecle avant Platon. Origène assure qu'il ne reste rien d'Orphée. Quoi qu'il en soit, ces hymnes se chantaient à l'honeur de Cérès & des autres Divinités, dans les initiations, & dans la célébration des mysteres Orphiques.

Ils en avaient aussi en l'honeur des héros. Tels étaient l'*Hymne* de *Thésée*, celui aux *Tyndarides*, à *Hercule*, &c.

Leurs sacrifices étaient toujours acompagnés de chants, & leurs funérailles d'hymnes funèbres. Cet usage s'est introduit dans nos coutumes religieuses. Les cérémonies de l'Eglise sont remplies d'antiennes, de proses, d'hymnes, de cantiques, de répons, &c. qui remplissent le même objet. Nos pseaumes ne sont que des chansons à couplets réguliers, & probablement David les avait imités des Égyptiens. Nous avons déja parlé de la fameuse hymne de saint Jean, qui a fourni les noms de six notes, & dont l'air est, à ce qu'on assure, le même sur lequel Sapho & Horace composerent plusieurs de leurs odes. Plusieurs autres chants des hymnes de l'Eglise sont d'une aussi grande antiquité, & ont peut-être servi à célébrer les louanges des faux Dieux, avant que d'être consacrés à celles du véritable.

On chantait aussi des hymnes aux triomphes, & Plutarque nous aprend, dans la vie de Paul-Emile, que lorsque ce grand homme triompha de Persée, dernier roi de Macédoine, toute son armée suivait son char, chantant des chansons à la Romaine, remplies d'épigrammes contre leur général, & d'autres à sa louange, pour célébrer ses grands exploits.

Les *Hyporchêmes* étaient des cantiques acompagnés de la cythare, sur lesquels on dansait aux fêtes des Dieux; c'est peut-être l'origine de nos danses en rond.

Le *Pœan* était un chant de victoire en l'honeur des Dieux. Xénodame & Pratinas en étaient les inventeurs, ainsi que Thalétas.

Les *Parthénies* étaient des airs à chanter par des jeunes filles. *Alcman*, *Pindare*, *Simonide*, *Bachylide*, &c. en avaient composé plusieurs sur le mode *Dorien*.

Les *Proëmes* étaient des hymnes en vers héroïques.

Les hymnes poétiques qui nous restent, sont ceux d'Homère & de Callimaque. On les chantait dans les solemnités. C'était des monumens autentiques de la religion populaire des anciens; quoique Platon se soit moqué d'Homère pour avoir peint les Dieux se combatant, faisant l'amour, &c. & pour avoir écrit sur eux les contes les plus absurdes.

Il paroît incontestable que les hymnes à Mercure & à Apollon, sont d'Homère: Thucydide & Callimaque le certifient; comment en douter! Nous n'avons que quelques hymnes philosophiques; un de Platon à l'Amour, un de Cléanthe à Jupiter; & quelques-uns de l'Empereur Julien & de Proclus.

DES ROMANCES ou CHANSONS D'AMOUR.

Les Anciens connurent ce genre; & les Œuvres d'Anacréon, ainsi que celles de plusieurs autres de leurs Poëtes, en sont remplies. Mais nous ne croyons pas leur manquer de respect, en disant, que nous les surpassons de beaucoup en ce genre, & que depuis mille ans, on en fait en France, de maniere à ne craindre la concurrence avec aucun peuple.

Chanson Greque à une jolie Bouquetiere.

« Sont-ce les roses de la corbeille ou celles de ton teint, fille aimable; » que tu veux vendre? est-ce le rosier même avec toutes les roses »?

(*Antologie, liv.* 1).

Chanson de Platon pour Arquéanasse de Colophon, traduite par Fontenelle.

L'aimable Arquéanasse a mérité ma foi;
Elle a des rides, mais je voi
Une troupe d'amours se jouer dans ses rides.
Vous qui pûtes la voir avant que ses apas
Eussent du cours des ans reçu ces petits vuides,
Ah! que ne souffrites-vous pas!

Autre de Platon.

Lorsqu'Agathis par un baiser de flâme,
Consent à me payer des maux que j'ai sentis;
Sur mes levres soudain je sens venir mon âme,
Qui veut passer sur celle d'Agathis.

DES CHANSONS A BOIRE.

Les Scholies embrassaient tous les genres; l'histoire, la guerre, la morale, la religion, l'amour & la vie; cependant elles servaient plus communément à célébrer Bacchus & le jus de la treille. Elles devinrent si fort à la mode, que dans presque tous les repas considérables, les joueurs d'instrumens arivaient au dessert pour acompagner les voix.

Dans les commencemens, tous les convives chantaient; mais quand la Musique

Musique eut fait des progrès considérables, il n'y eut plus que les gens du métier, & ceux qui étaient aussi habiles qu'eux, qui chanterent à table.

Les chansons Athéniennes étaient renomées par la naïveté de leurs premiers auteurs.

Scholie morale citée par Athénée.

« Quand on est encore à terre, il faut considérer si l'on a tout ce qui est » nécessaire pour entreprendre la navigation; mais quand une fois on est » sur mer, c'est une nécessité d'aller selon le vent ».

Autre de Timocréon.

« Vous ne deviez paraître, richesses aveugles, ni sur la terre ni sur la » mer, ni dans le reste du monde visible; mais habiter le Tartare & » l'Achéron, puisque c'est de vous que tous les maux viennent aux » hommes ».

Autre sur le choix des Amis, citée par Athénée.

« Ami, le scorpion se glisse sous toutes sortes de pierres; prends garde » qu'il ne te pique. Toute fourberie se cache dans l'obscurité ».

Il y avait ensuite les scholies sur la mythologie ou sur l'histoire.

Scholie sur la Mithologie, citée par Athenée.

« Latone enfanta autrefois deux enfans dans l'île de Delos, le puissant » Apollon aux cheveux dorés, & Diane qui se plaît à la chasse, qui lance » les traits à coup sûr, & qui a un empire souverain sur les femmes ».

Autre sur l'Histoire, citée par Athénée.

« Nous avons battu l'ennemi comme nous le souhaitions; les Dieux nous » ont donné la victoire, en la faisant passer du côté d'Athènes, cette patrie » de Pandrose qui leur est chere ».

Autre sur Ajax, citée par Athénée.

« Fils de Télamon, vaillant Ajax, on sait que vous parûtes devant Troye

» le plus brave des Grecs après Achille. Télamon était déja allé auparavant » à Troye. Ajax, le second des Grecs après Achille, y alla ensuite ».

Autres sur Harmodius & Aristogiton, citée par Athénée.

« Je porterai mon épée couverte de feuilles de myrte, comme firent » Harmodius & Aristogiton, quand ils tuerent le tyran, & qu'ils établirent » dans Athènes l'égalité des loix.

» Cher Harmodius, vous n'êtes point encore mort; on dit que vous êtes » dans les îles des bienheureux, où sont Achille aux pieds légers, & Diomède » ce vaillant fils de Tydée.

» Je porterai mon épée couverte de feuilles de myrte, comme firent » Harmodius & Aristogiton, lorsqu'ils tuerent le tyran Hypparque, dans » le tems des Panathénées.

» Que votre gloire soit éternelle, cher Aristogiton, parceque vous avez » tué le tyran, & établi dans Athenes l'égalité des loix ».

Autres sur des sujets ordinaires.

Alcée & Anacréon en ont fait beaucoup dans ce genre; & nous en raporterons quelques-unes.

Scholies d'Alcée.

I. « Jupiter envoie de la pluie, le mauvais tems s'anonce dans l'air; le cours » des eaux est arrêté par la gelée; chassez le froid, non-seulement en faisant » faire du feu, mais sur-tout en vous faisant donner du vin en quantité, » qui soit bon & d'une couleur foncée, pour ne porter que doucement à » la tête ».

II. « Humectez les poumons (a) avec du vin; l'astre brûlant se leve; » toute la nature est dans la soif, à cause de la chaleur ».

(a) A l'occasion de ces mots : *humectez les poumons*, Plutarque examine sérieusement si la boisson descend dans l'estomac ou dans la poitrine, & conclud pour cette derniere route, d'après l'autorité de plusieurs anciens. Ce qui ne donne pas une grande idée de leur anatomie ni de leur physique. (*Voyez les Mémoires de M. de la Nauze dans ceux de l'Académie*).

III. « Il ne faut point se laisser aller au chagrin, nous n'y gagnerions » rien, ô Bacchus! Le meilleur remede contre le chagrin, est de le noyer » dans du vin pris jusqu'à l'ivresse (*a*) ».

IV. « Buvons; pourquoi atendre la lumiere sans rien faire? Le jour » n'est qu'un doigt. Verse du vin dans des grandes coupes. Le fils de » Jupiter & de Sémélé a donné le vin aux hommes, pour leur faire oublier » leurs peines. Verse donc un & deux coups, & plusieurs ensuite; & s'ils » portent à la tête, qu'un verre chasse l'autre ».

Nous dirons seulement d'Anacréon, qui est entre les mains de tout le monde, que presque tout y est beau & naturel; point de pensée qui ne soit un sentiment, point de sentiment qui ne parte de l'ame & qui n'aille au cœur. On y trouve ces graces naïves qui caractérisent la chanson, & la distinguent des autres ouvrages de poésie. On y voit ces images riantes toujours sûres de plaire; la Musique sans doute était assortie aux paroles, & était presque toujours dans le mode Ionien (*ut* ✳ majeur & mineur) propre à la molesse & à la volupté.

Scholie de Pindare.

« Allons, que je m'enivre en hiver, à force de boire aux graces & aux » amours de Vénus; & qu'en jouant du cottabe, je l'adresse à Agathon ».

Scholie militaire d'Hybrias de Crète.

« Une lance, une épée & un beau bouclier pour la défense du corps, me » tiennent lieu de grandes richesses. L'une me sert à labourer, l'autre à » moissoner, & le troisieme à fouler la vendange. Par leur moyen, je suis » le maître de ma maison. Ceux qui n'ont pas le courage de prendre la » lance, l'épée & le bouclier, se prosternent à mes genoux, & me traitent » de maître & de grand roi ».

(*a*) Horace a dit depuis, liv. IV. ode 12:

Spes donare novas largus, amaraque
Curarum eluere efficax.

« De ce vin qui porte l'espérance au cœur, & bannit de l'esprit les plus cuisans soucis ».

DES CHANSONS D'ESPRIT.

Chanson d'Aristote sur la mort d'Hermias (a), *conservée par Athénée & par Diogène-Laërce.*

O Vertu! dont les feux sont si purs, si tranquiles,
Malgré les routes difficiles
Que vous présentez aux mortels,
Leur encens fumera toujours sur vos autels.
Souffrir pour vous, pour vous, perdre la vie,
Fut toujours pour les Grecs un sort digne d'envie,
Le premier des bonheurs.
De l'immortalité, telles sont les semences,
Que vous répandez dans les cœurs;
Contre les vices séducteurs
Elles seront toujours nos plus sûres défenses;
Leurs fruits sont en tout tems plus précieux que l'or,
Que l'amour des parens, que le sommeil tranquille;
Pour vous, Hercule, & Pollux & Castor
Se vouant aux travaux en suporterent mille:
Ce fut pour vous qu'Ajax & le fils de Thétis
Virent dès leur printems les rivages du Stix;
Et c'est pour posséder votre beauté céleste,
Que le Prince d'Atarne éprouve un sort funeste
En renonçant au jour.
Prince à jamais fameux, les filles de mémoire
Chanteront tes vertus, célébreront ta gloire;
Lorsque, pour Jupiter, témoignant leur amour,
Elles chanteront pour lui plaire
Le prix d'une amitié toujours pure & sincere.

(a) Hermias était Eunuque, Prince ou Tyran d'Atarne, & parent d'Aristote. Il se dévoua volontairement à la mort pour le salut de sa patrie, & Aristote fit ce *Pæan* ou cantique, pour célébrer cette action généreuse. Comme il n'était permis de faire des *Pæans* qu'en l'honeur des Dieux ou des Héros, Démophile & Eurymedon, ennemis d'Aristote, dénoncerent son cantique à la Justice, qui lui ordona de répondre à cette accusation; mais il s'enfuit à Chalcis, où il s'empoisona, dit-on, avec de l'aconit. D'autres, qui n'adoptent point cette cause de sa mort, disent qu'il se précipita dans l'Euripe, pour n'avoir pu comprendre ses flux & reflux.

Autre citée par Athénée.

Le premier bien, c'eſt la ſanté,
Et le ſecond c'eſt la beauté :
Après elles, c'eſt la richeſſe,
Lorſque les biens ſont bien acquis ;
Le quatrieme eſt la jeuneſſe,
Que l'on paſſe avec ſes amis.

Outre ces différens genres de chanſons, chaque profeſſion, dans la Grece, en avait une qui lui était particuliérement conſacrée. Voici à-peu-près les fragmens qui nous en reſtent.

La Chanſon des Bergers ou Bucoliaſme.

Diomus (*a*) berger de Sicile, en fut l'auteur, & Épicharme en faiſait mention dans l'*Alcyon* & dans *Uliſſe faiſant naufrage*, à ce que nous dit Athénée, livre 14, chap. 3.

On appelait auſſi Bucoliaſme un air à danſer qu'on jouait ſur la flûte.

La Chanſon ruſtique.

Pollux nomme ainſi celle des chevriers & des paſteurs.

La Chanſon des gens de journée à la campagne.

Athénée dit que Téréclide en avait parlé dans ſes amphictions. C'eſt tout ce qu'on en ſait.

La Chanſon des Moiſſoneurs.

Théocrite, Apollodore, Pollux, Athénée, Suidas, &c. font mention de cette chanſon, & la nomment la chanſon de Lityerſes ou le *Lityer;* nom qu'elle tirait de *Lityerſes*, fils naturel de Mydas. C'était un prince féroce qui obligeait les étrangers à moiſſoner avec lui ; & ceux qui n'en avaient pas la force, étaient mis à mort. Hercule le tua du vivant de Mydas.

Pollux dit que cette chanſon était lugubre, & qu'on la chantait autour des gerbes, pour conſoler Mydas de la mort de ſon fils.

(*a*) D'autres diſent Daphnis, ou Idis.

Théocrite raporte ainsi cette chanson. Nous ignorons si c'est la véritable, ou s'il l'a imitée.

« Cérès qui multipliez les grains & les épis, faites que cette moisson
» réussisse, & qu'elle soit des plus abondantes. Vous qui faites les gerbes,
» ayez soin de les bien lier, de peur que les passans ne disent : *misérables*
» *ouvriers, voilà du bien perdu.*

» Que le tas de vos gerbes soit exposé au vent du nord ou du couchant,
» c'est le moyen de faire gonfler les épis.

» Vous qui battez le bled, évitez le sommeil du midi, c'est l'heure où le
» grain se détache plus aisément de la tige.

» Les moissoneurs doivent commencer leur travail au réveil de l'alouette,
» finir quand elle se couche, & se reposer pendant la grande chaleur.

» Enfans, que le sort de la grenouille est à desirer ! elle ne s'embarrasse
» point qui lui donnera à boire, elle en a toujours abondamment.

» Il vaudrait mieux, homme avare, nous faire cuire des lentilles,
» que de te couper le doigt en voulant nous partager une graine de
» cumin ».

La Chanson des Eplucheurs de grains.

Aristophane en parle dans ses Prêtresses de Cérès, & Nicocharès, dans l'Hercule, chef de la danse.

La Chanson de ceux qui puisaient de l'eau.

Elle s'appelait *Himée*, & n'était que dans la bouche des persones les plus viles.

La Chanson des Meûniers.

Elle s'appelait *Épimulie*, *Épautée*, *Épinoste*, ou *Épiaulie*. On en trouve ce débris dans le festin des sages de Plutarque.

« Moulez, meule, moulez ; car Pittacus, qui regne dans l'auguste
» Mitylene aime à moudre ».

La Chanson des Tisserans.

Épicharme la nomme *Éline*.

La Chanson des Ouvriers en laine.

Athénée la nome *Iule*, Eratosthènes lui donne aussi le même nom dans un ymne en l'honeur de Mercure.

La Chanson des Nourices.

Elles étaient de deux especes; celle que chantaient les nourices en alaitant eurs enfans (*a*), on l'appelait *Catabaucalise*, & celle qui servait à les endormir, & qu'on nomait *Nunnie*.

Théocrite en fait chanter une à Alcmène, mere d'Hercule & d'Iphitus, pour les endormir à l'âge de dix mois.

« Dormez, mes enfans, d'un sommeil doux & tranquille, aimables freres, chers enfans; reposez en pleine santé; endormez-vous heureux, & revoyez l'heureux lever de l'aurore ».

La Chanson des Enfans.

On l'appelait *La La*.

La Chanson des Baigneurs.

Cratès en parle dans ses *audaces;* mais s'il était permis de chanter aux persones qui servaient aux bains, il n'était point honête à ceux qui se baignaient d'en faire autant. Théophraste (*b*) voulant peindre un homme grossier, le présente chantant & se baignant.

La Chanson d'Erigone.

On la nomait *Aletis* ou la *Vagabonde*, & on la chantait dans la fête des *Eores* ou de l'*Escarpolette*. Erigone était fille d'Icarius, fils d'Œbalus, & par conséquent cousine de Castor & de Pollux. Son pere ayant disparu, elle le chercha de tous côtés, & sachant enfin qu'il avait été tué, elle se pendit

(*a*) Platon ordone aux nourices de chanter beaucoup de chansons à leurs enfans. *Etiam nutricum, quæ adhibentur infantibus allactationi, suum quoddam carmen assignat.*

Faut-il croire Cardan ? qui assure se ressouvenir qu'en entendant chanter ces chansons, lorsqu'il était au berceau, il ressentit la plus voluptueuse satisfaction qu'il ait depuis éprouvée dans toute sa vie.

(*b*) Dans ses caracteres, chap. 4.

de désespoir. Peu après, la peste ravagea l'Attique; & l'oracle ayant été consulté sur sa réponse, on consacra la fête des *Éores* à la mémoire d'Erigone

Chanson sur Théodore.

Théodore était un jeune homme perdu de débauches, & qui mourut de mort violente. Athénée raporte qu'à la fête des *Éores*, les femmes chantaient sur lui plusieurs chansons.

Chansons en l'honeur de Cerès & de Proserpine.

Elles s'appelaient *Jules*, & étaient chantées avec la plus grande vénération.

La Chanson d'Apollon.

On la nomait *Philélie*, & tel en était le refrein: « Levez-vous, levez- » vous, charmant soleil ».

Upinges de Diane.

Chansons qui tiraient leur nom du mot *Upis*; nom sous lequel on adorait Diane chez les Lacédémoniens. Virgile le donne à une des compagnes de Diane.

La Chanson des Amans.

Trois choses invitent à chanter, selon Théophraste dans Plutarque. La peine, la joie & l'entousiasme, l'amour renferme les peines les plus cuisantes, les joies les plus vives & les transports les plus violens. Il faut donc que cette passion, qui réunit les trois principes du goût du chant, soit la plus propre de toutes à faire chanter des chansons.

Les chansons des amans se divisaient en trois classes.

Celle des hommes s'appelait *Nomion;* celle des femmes, *Calyce;* celle des jeunes filles, *Harpalyce.*

Il nous reste, dans Athénée, les débris suivans de ces trois différentes chansons.

« La chanteuse Ériphanis, aimant le chasseur Ménalque, allait aussi à » la chasse, & courait comme lui, avec ardeur, les bêtes féroces; elle » parcourait les endroits des montagnes les plus hérissés d'épines; les » peines

» peines de cette malheureuse amante inspiraient de la compassion. C'est » à ce sujet qu'elle fit, & qu'elle chanta la chanson appelée *Nomion*.

» Aristoxène, dans son quatrieme livre sur la Musique, dit : qu'anciennement les femmes chantaient une chanson appelée *Calyce*. Nous avons » des vers de Stésichore (*a*), où Calyce, éprise d'amour pour le jeune » Évathle, demande à Vénus la faveur de l'épouser ; mais, toujours rébutée » par le jeune homme, elle se précipita du rocher de Leucade ».

Le même Auteur, dans ses Mémoires abrégés, écrit : qu'*Harpalyce*, méprisée par Iphiclus, qu'elle aimait éperduement, sécha de douleur ; & à l'occasion de cet événement, on institua des jeux, où les jeunes filles chantaient la chanson Harpalyce.

La Chanson des Noces.

Elle s'appelait *Hyménée*, selon Athénée, d'après Aristophane, & donne naissance à l'*Épithalame*.

La Chanson des chants joyeux.

Il y en avait plusieurs en Grece, à qui on donnait particuliérement ce nom. Telle était la chanson de Datis, raportée par Aristophane. Ce Datis était un général Persan.

Chants tristes & lugubres.

Il y en avait de plusieurs especes : la *Lamentation*, l'*Ialème*, le *Linos*. La Lamentation se chantait dans les funérailles ou dans les jeux funèbres. L'Ialème se chantait dans le deuil. Le Linos était célebre en Phénicie & en Chypre, selon Hérodote ; & on prétend qu'il fut chanté, pour la premiere fois, aux jeux célébrés en l'honeur de Linus. Pollux prétend que c'était une chanson propre aux fossoyeurs, ainsi que le *Lytierse*. On l'appelait en Egypte *Maneros*, en latin *Nœnia*.

La Chanson des Vendanges.

Se nommait *Épilene*, & se chantait avec la plus grande joie.

La Chanson des Vainqueurs.

On la nommait *Épinicion*.

(*a*) Athénée & Eustache font mention de ce Poëme de Stésichore.

La Chanson de Sperchis.

Sperchis était un Grec, suivant Suidas, qui se livrant à Xerxès, s'était dévoué volontairement à la mort pour sa patrie. On avait fait une chanson en son honeur, & on la chantait tous les ans en sa mémoire.

Les Grecs avaient aussi des morceaux de Musique de différens caracteres, qu'ils appelaient *nomes*. C'était des especes de chansons sans paroles, qui s'exécutaient sur les instrumens, & dont la voix acompagnait quelques-uns.

Voici ceux qui étaient le plus en usage.

Le *Chorion*, nome en l'honeur de Cybele.

Chomachios, nome pour les flûtes.

Hermatias, nome dactilique.

Ortien était un air de flûte dont le ton était aigu & plein de vivacité; ce qui le rendait d'un grand usage dans la guerre, pour animer les combattans.

Endématie, nome sur lequel on exécutait une danse particuliere aux Argiens.

Eudromé, nome que les haut-bois jouaient aux Jeux Sthéniens, institués dans Argos, en l'honeur de Jupiter.

Gymnopédie, nome sur lequel dansaient les jeunes Lacédémoniennes toutes nues sur le théatre. Il avait été introduit à Sparte par *Xénocrite*, *Xénodame*, *Polymneste* & *Sacadas*.

Hexarmonien ou *Niglarien*, nome d'une mélodie efféminée & lâche qu'Aristophane reprocha à Philoxene son auteur.

Hiperboleïen, nome semblable à l'Hexarmonien.

Éolien & *Lydien*, nomes trochaïques.

Hiéracien.

Polymnestien, de Polymneste qui l'avait inventé.

Pythien, nome consacré à Apollon.

Comique, nome dont on se servait seulement dans les comédies.

Hypatoïde, nome grave.

Nétoïde, nome aigu.

Tripartite ou *Trimere*, nome sur trois modes. C'est-à-dire, qu'il modulait dans plusieurs modes.

Bipartite, nome sur deux modes.

Si les Grecs avaient connu l'harmonie, il ferait aisé d'expliquer différemment ces nomes, & l'on ne se contenterait pas de dire que le nome Tripartite modulait dans trois modes, & le nome Bipartite dans deux.

On dirait simplement que ces modes pouvaient s'exécuter ensemble; & voici comment : en ne se servant dans l'harmonie que des tons communs à ces modes, comme aujourd'hui les cors peuvent jouer en *ut*, quand le morceau est en *fa*, parceque dans le ton d'*ut*, le cor peut donner le *fa*, le *mi*, le *re*, l'*ut*, le *sol* en haut, & le *la* au-dessus, qui apartiennent autant au ton de *fa* qu'à celui d'*ut*. Ainsi des clarinets pouraient être en *mi* b, la *symphonie* en *sol mineur*, & des cors en *si* b; & jouer ensemble, sans que les auditeurs s'en aperçussent, & sans qu'il en résultât un autre effet que s'ils jouaient tous dans le même ton.

La symphonie ferait tous les tons de celui de *sol* ; les clarinets ne pouraient soner que l'*ut*, le *re*, le *mi* b & le *sol*. Point de *fa*, parcequ'il est dieze en *sol*, & les cors ne soneraient que le *si* b, l'*ut*, le *re*, le *mi* b, le *sol* & le *la*. De même point de *fa*, parcequ'il est dieze en *sol*. Voilà comme les Anciens auraient pu exécuter de la Musique dans trois modes à la fois, s'ils eussent connu l'harmonie.

Polycéphale, nome pour les flûtes en l'honeur d'Apollon.

Polymnastique, nome pour les flûtes.

Prosodiaque, nome en l'honeur de Mars.

Prosodie, nome pour les flûtes & propre aux sacrifices.

Schoénion, nome pour les flûtes inventé par Clônas.

Apothétos, nome pour les flûtes, aussi inventé par Clônas.

Trimeles, nome pour les flûtes.

Hormus était une danse ou un branle composé de filles & de garçons, où un garçon menait la troupe, en faisant des postures mâles & belliqueuses, & les filles le suivaient avec des pas plus doux & plus modestes, comme pour faire une harmonie des deux vertus, la force & la tempérance.

Les filles Greques de bonne maison s'assemblaient par troupes, ornées de bouquets, de guirlandes & de chapeaux de fleurs; elles allaient ensuite dans les temples chanter les hymnes dans les fêtes solemnelles, ou aux épousailles de quelqu'une de leurs compagnes.

La danse Lacédémonienne était à trois parties, qui représentaient les trois âges de la vie.

Ils chantaient en même tems (*a*):

Les vieux : *Nous fûmes jadis valeureux.*

Les jeunes : *Nous le sommes présentement.*

Les enfans : *Nous le serons à notre tour.*

Dans les commencemens, il n'était pas permis de rien changer dans le jeu de la cythare, soit pour le chant, soit pour le rhythme, & on avait soin de conserver à chacun des anciens airs le ton qui lui était propre : delà vint le nom de nome, qui veut dire, *loi*, *modele*; parceque les nomes étaient chacun dans un ton différent qui leur était affecté ; qu'on les regardait comme invariables, & qu'on ne devait point s'en écarter. Avant Olympe, les nomes ne se chantaient que dans les genres diatonique & chromatique ; ce fut lui qui aporta d'Asie l'usage des nomes enharmoniques.

On appelait *genre*, dans la Musique des Grecs, la maniere de partager le tétracorde, ou l'étendue de la quarte ; c'est-à-dire, la maniere d'acorder les quatre cordes qui la composaient. Cet acord pouvait se faire de trois façons, comme nous l'avons vu dans le livre précédent.

(*a*) Plutarque le raporte ainsi dans la vie de Lycurgue, traduite par Angot.

Vieillards.

Nous avons été jadis
Jeunes, vaillans & hardis.

Jeunes Gens.

Nous le sommes maintenant;
A l'épreuve à tout venant.

Enfans.

Et nous un jour le serons
Qui tous vous surpasserons.

CHAPITRE III.

Des Chanſons Romaines.

M. de Querlon nous dit qu'Ennius, en raportant aux Faunes les plus anciennes chanſons, leur donne une origine champêtre. Car les Faunes, les Silvains, les Satyres, les Nymphes n'étaient vraiſemblablement que certains habitans des bois, que leur vie ſolitaire & ſauvage fit ériger en divinités par la crainte, la ſuperſtition & la crédulité des hommes raſſemblés dans les villes & dans les campagnes.

Virgile nous a laiſſé de charmantes chanſons dans ſes églogues. Théocrite aurait dû nous donner celles que chantaient les Bergers de ſon tems; mais il n'a fait que nous en repréſenter l'uſage.

Les odes d'Horace ſont de vraies chanſons qu'il chantait à table avec ſes amis, à ſes maîtreſſes, ou dans les ſociétés, dont il faiſait les charmes. Quelle chanſon plus jolie que cette ode ?

3e Livre, Ode 13e.	*Traduction de M. Chabanon de Maugris.*
O fons Banduſiæ, ſplendidior vitro, *Dulci digne mero, non ſine floribus,* *Cras donaberis hædo,* *Cui frons turgida cornibus*	Fontaine pure, aimable Banduſie, Digne d'unir tes flots à des flots d'Ambroiſie; Demain ſur tes bords amené, Un Chevreau périra de feſtons couroné.
Primis, & Venerem, & prælia deſtinat *Fruſtra; nam gelidos inficiet tibi* *Rubro Sanguine rivos* *Laſcivi ſoboles gregis.*	Déja Vénus, la mere des délices, Lui promettait ſes flateuſes prémices; Déja ſon front s'armait contre un rival: Son ſang verſé rougira ton criſtal.
Te flagrantis atrox hora caniculæ *Neſcit tangere: tu frigus amabile* *Feſſis vomere tauris* *Præbes, & pecori vago.*	Quand tout brûle des feux que répand ſur le monde Le chien dévorant de Procris, Sous tes frais & charmans abris, Dort le bœuf las du joug, la brebis vagabonde.
Fies nobilium tu quoque fontium, *Me dicente cavis impoſitam ilicem* *Saxis; unde loquaces* *Lymphæ deſiliunt tuæ.*	O Fontaine, qui fuis ſous ces ombrages verds, Et qui du ſein d'un roc, tombant au pied d'un chêne, En murmurant, frappes la molle arêne, Sois à jamais célèbre par mes vers.

La vingt-quatrieme piece de Catulle est une chanson charmante. Elle commence ainsi : *Nulli se dicit mulier*, &c. Il y en a plus de cinquante du même Poëte qui sont de ce genre.

On peut regarder Ovide, Tibulle, Properce & Martial comme des chansoniers, puisque la plus grande partie de leurs ouvrages se chantaient. Du Fresni a imité de Martial, livre 10, ép. 75. sa charmante chanson de *Philis plus avare que tendre.*

On connaît la fameuse chanson que chantaient les soldats de César, lorsqu'il triomphait des Gaulois. « Citadins, gardez bien vos femmes ; voici » le Chauve si redoutable aux maris ».

Et celle qu'on fit sur l'empereur Aurélien, qui tua de sa main, dans l'espace de quelques jours, neuf mille cinq cent ennemis.

« Nous avons moissonné mille & mille têtes ; mille & mille têtes abattues » ont été l'ouvrage d'un seul homme, vive mille & mille fois le guerrier » qui a fait ces exploits. Persone n'a bu autant de vin qu'il a versé de sang ».

(*Vopiscus in Aurel.*)

On sait aussi que quelques momens avant de mourir, l'empereur Adrien fit des vers, qu'on peut appeler une véritable chanson. Voici comme Fontenelle l'a traduite.

Chanson d'Adrien.	*Imitation de Fontenelle.*
Animula, vagula, blandula,	Ma petite ame, ma mignone,
Hospes ; comesque corporis,	Tu t'en vas donc ma fille, & Dieu sache où tu vas !
Quæ nunc abibis in loca	Tu pars seulette, & tremblotante hélas,
Pallidula, rigida, nudula,	Que deviendra ton humeur folichone ?
Nec, ut soles, dabis jocos.	Que deviendront tant de jolis ébats ?

Florus écrivit un jour ces vers à Adrien :

Ego nolo Cæsar esse, *Ambulare per Britannos,* *Scythicas pati pruinas.*	Les promenades de César le menent au moins en Bretagne, ou bien il va braver les neiges de la Scythie : je ne veux pas être César.

L'Empereur lui répondit sur le champ :

Ego nolo Florus esse, *Ambulare per tabernas,* *Latitare per popinas,* *Culices pati rotundos.*	Les promenades de Florus sont les tavernes les plus voisines ; il s'enfonce au premier cabaret, où il éprouve la piquûre incommode des moucherons : je ne veux pas être Florus.

Nous ne nous étendrons pas davantage sur les chansons des Romains; nous avons à parcourir une carriere plus étendue, plus difficile, & sur-tout plus agréable.

CHAPITRE IV.

Des Changemens arivés à la Langue Romance ou Française.

AVANT que de commencer nos recherches sur les chansons françaises, nous croyons nécessaire de dire un mot sur quelques révolutions éprouvées par la langue française depuis Charlemagne. Les Lecteurs, curieux des détails intéressans en ce genre, pouront lire la savante dissertation de M. Levesque de la Ravaliere, dans son édition des Chansons du Roi de Navarre: ce sont ses judicieuses remarques qui nous ont servi de guide.

Les langues, ainsi que les empires, ont leur commencement, leur milieu & leur fin.

La nôtre, après bien des siecles, est parvenue à un degré, où il est à souhaiter qu'elle demeure, tant que la monarchie subsistera; quoiqu'on ne puisse se dissimuler qu'elle est remplie d'irrégularités, d'équivoques & d'imperfections qui la rendent difficile pour les étrangers, & même pour les Français qui veulent la parler & l'écrire avec pureté.

Il ne sera point question ici des différens patois qu'on a parlés de tout tems dans les différentes Provinces. Nous ne regarderons comme langue française, que celle qu'on parlait à la cour de nos Rois.

Dans le tems de Charlemagne, on parlait également le latin, & ce qu'on appelait la langue vulgaire. Cette langue paraissait à cet Empereur si digne d'être cultivée, qu'il chargea Éginhar de la réduire à des principes de grammaire (a). On ne sait si ce projet fut exécuté; mais il n'en reste aucune preuve. Duchesne nous dit qu'on appelait aussi cette langue vulgaire, *langue française*, *francisque* ou *romance rustique*. Elle est ainsi nommée au dix-huitieme canon du concile de Tours tenu en 813, peut-être parceque

(a) *Inchoavit & grammaticam patrii Sermonis*, Duchesne, tom. 2, p. 103.

cette langue rustique était celle du peuple & des nobles qui n'avaient alors aucune éducation, tandis que la latine était réservée pour les ecclésiastiques, qui seuls étaient instruits autant qu'on l'était dans ce tems-là.

Une preuve presque certaine que les Français étaient alors distingués en savans & en rustiques, c'est que Grégoire de Tours dit, dans la préface de son histoire : « Aujourd'hui les lettres sont méprisées, un Rhéteur philo- » sophe a peu d'auditeurs ; on court en foule entendre un rustique (*a*) ».

Aujourd'hui on serait blessé de s'entendre appeler rustique, parcequ'on donnerait à ce mot à-peu-près la même signification qu'à celle de rustre. Mais alors il signifiait absolument la même chose que le mot *laïque* ou *séculier* ; & cet état était celui de l'ignorance. Car le guerrier ne maniait que ses armes, & ne se glorifiait que de son courage ; le Juge ne prononçait que des arrêts, guidé plutôt par le bon sens & la droiture que par la connaissance des loix ; & le simple citoyen ne songeait qu'à l'administration de ses affaires & de son commerce, quelque borné qu'il fût alors. Les seuls Ecclésiastiques s'étaient emparés de la littérature, des arts, des sciences, & mettaient modestement entre eux & les laïques, la même différence qui est entre l'homme & la bête.

« L'homme, dit Nicolas de Clairvaux, ne differe pas plus des animaux, » qu'un lettré d'un laïque (*b*) ».

Cette langue des laïques fut donc appelée Rustique (*c*) ; ensuite on la nomma Romans ; & ce fut cette langue que Charlemagne voulut fixer par des regles invariables ; mais ce grand Empereur en fut détourné, peut-être par la facilité qu'il eut à aprendre celles des peuples qu'il soumettait. On dit qu'il les parlait toutes aussi bien que la sienne ; & il nous reste des preuves qu'il s'exprimait en latin aussi bien que les savans les plus renommés de son siecle. Peut-être aussi doit-on le peu de progrès que fit sous son regne la langue

(*a*) *Philosophantem Rhetorem intelligunt pauci, loquentem rusticum multi.* Le mot *intelligunt* ne veut pas dire entendre relativement à l'audition, mais à l'intellect.

(*b*) *Quantum à Belluis homines, tantum distant à Laïcis litterati.*

(*c*) M. Levesque de la Ravaliere prétend que ce terme de rustique n'est échappé qu'à quelques auteurs Ecclésiastiques de mauvaise humeur, & que tous les premiers auteurs n'ont jamais dit que *la langue Romans :* que ce mot est dérivé du latin *Romana lingua*, & a été depuis consacré à ces ouvrages légers, appelés *Romans*, parceque les premiers ont été composés en langue *Romanse* ou *Romans*.

langue Romans, à la renaiſſance des belles-lettres & des arts que Charles fit fleurir en France, par le moyen des ſavans étrangers qu'il atira à ſa cour. On ne peut raiſonablement penſer que ces Savans aiént préféré d'aprendre une langue barbare & ſans principes, à ſe ſervir de la facilité qu'ils avaient de s'expliquer dans la langue latine, dont ils poſſédaient toutes les beautés. Les connaiſſances que les Français prirent de cette langue, retarderent donc encore les progrès de la langue Romans. Les courtiſans de Charlemagne, pour lui faire leur cour, s'empreſſaient de s'inſtruire dans une langue que cet Empereur parlait avec tant de facilité; & alors, dit Paquier, le latin devint la langue *courtiſane.*

Aux aſſemblées générales du royaume, les affaires ne ſe traitaient qu'en latin; les loix, les plaidoyers, les actes, tout ce qui était public n'était rédigé qu'en cette langue (*a*).

Il falait que la langue Romans fût alors un ſimple jargon, puiſqu'elle éprouva l'humiliation de voir une langue étrangere s'emparer de tous ſes droits, ou peut-être était-ce une ſuite de l'aſſerviſſement des Gaules aux Romains, qui, en ſoumettant l'univers, avaient voulu, pour monument de leur domination, y faire régner leur langue, & par elle, étouffer toutes les autres.

Cependant une preuve certaine que la plus grande partie de la nation reſta atachée à ſon langage, c'eſt l'ordre que Charlemagne donna de faire à l'Egliſe, les inſtructions en langue Romans. Il donna auſſi des noms français aux mois de l'année, & fit ordonner par le Concile de Tours, de traduire les homélies en langue vulgaire. Louis-le-Débonaire ſoutint de tout ſon pouvoir les établiſſemens de ſon pere, & protégea la langue latine, qu'il préférait à l'autre. Cependant il fit ſouvent des vers en langue Romans, & nous en raportons pour preuve ceux-ci (*b*) que nous avons copiés, & qui ſont gravés,

(*a*) Nous avons encore une lettre de Charlemagne à Faſtrade, ſa femme, qui eſt écrite en latin. Il lui mandait la nouvelle d'une victoire qu'il venait de remporter. L'Impératrice ſavait donc le latin comme ſa langue naturelle.

(*b*) Hélas! que je ſuis prins de douleur!
Mourir mieux me vaudrait
Que ſouffrir telles épreintes.
. . . .

Il n'eſt pas poſſible de lire la quatrième ligne ou vers. La piece où eſt cette inſcription

dit-on, de sa main sur la muraille de la chambre qui lui servait de prison à l'abbaye de saint Médard de Soissons.

Son regne peut être appelé le siecle de la Métromanie, par la fureur que l'on eut alors de faire des vers; mais tout ce qui nous en reste, est écrit en latin. S'il y en eut en langue Romans, aucun débris n'est échapé à la barbarie du siecle; & c'est une preuve convaincante, que le latin l'emportait alors sur le Romans. Une autre preuve que ces deux langues existaient en même tems, c'est que plusieurs Auteurs ont loué ce Roi, de ce qu'il parlait le latin aussi bien que sa langue naturele (*a*). On sait les guerres affreuses que ses enfans se firent, & que les deux cadets, Louis & Charles, s'unirent en 842, contre Lothaire leur aîné.

Ils prononcerent un serment à Strasbourg, Louis, en langue romanse (*b*), & Charles, en langue tudesque, pour être entendus par les deux peuples, qui répéterent le serment après eux.

Voici celui des français en langue romanse, avec la traduction littérale dessous, faite par M. Levesque de la Ravaliere.

Si Lodhuvigs sagrament que son fadre Karlo jurat, conservat, & Karlus
Si Louis (le) serment que son frere Charles jure, conserve, & Charles
meos sendra de suo part non los tanit, si io returnar non lo pois, ne io ne
mon seigneur de son côté ne le tient, si je détourner ne le puis, ni moi ni
neuls cui eo returnar int pois, in nulla adjugha contra Lodhuvigs nun li iver.
aucun autre retourner ne le peut, en nulle aide contre Louis avec lui irai (*c*).

---

est un vrai cachot, précédé d'une salle extrêmement vaste, où se tenait une partie des soldats chargés de garder le prisonier. Ce cachot peut avoir sept à huit pieds de longueur, sur trois ou environ de largeur. Le jour n'y pénetre que par une espece de soupirail, les murs ont une épaisseur considérable, il sert maintenant de cellier. Il faut observer cependant que M. le Moine, Huissier du cabinet du Roi, auteur d'une histoire des antiquités de Soissons, aussi savante qu'agréable à lire, ne croit pas que cette complainte soit de Louis le Débonnaire, comme les moines de Saint-Médard l'assurent; le langage lui fait penser qu'elle est d'un siecle postérieur. C'est donc l'ouvrage de quelque malheureux qui aura été renfermé dans le même cachot.

(*a*) *Latiam vero linguam, sicut naturalem æqualiter loqui poterat.*

(*b*) Alors on n'appellait plus cette langue Romans, mais Romanse.

(*c*) Voici celui de Louis le Germanique, traduit littéralement par Duclos.

Texte.	*Traduction.*
« Pro Don amur, & pro Christian poblo	Par amour de Dieu & du peuple Chré-

On ne trouve aucune analogie entre cette langue appelée Romanſe & la langue nommée de même, qu'on parla depuis ſous ſaint Louis.

M. l'Abbé de Longuerue prétend que ce langage, du tems de Charles-le-Chauve, eſt encore le même que parlent les Catalans.

Une troiſieme langue fut donc alors en vogue, puiſqu'outre la romanſe & la latine, on ne parla gueres que la tudeſque dans les états de Louis II, frere de Charles-le-Chauve; & ce Roi aimait telement cette langue, que Otfrid, religieux de Wiſembourg, ayant mis les quatre Évangéliſtes en vers tudeſques, les lui dédia.

La paix fut enſuite proclamée à Coblents, entre les deux mêmes Rois & leurs neveux, enfans de Lothaire, en langue tudeſque & romanſe.

Depuis ce tems, la langue teutonique fut toujours employée dans les traités que les Français firent avec les Germains.

Il nous reſte encore quelques termes de la langue romanſe de ce tems, ou à-peu-près ſemblables. On appelait alors *camiſium* ce que nous appelons *camiſole; bargas*, ce que nous nommons *barque*, &c. mais ils ſont en ſi petit nombre, qu'on voit évidemment qu'elle n'était pas la même langue que celle que l'on parla deux & trois cent ans après Charles-le-Chauve. On doit attribuer la deſtruction de cette premiere langue romanſe aux ravages des Normands & au mêlange de leur langue avec la nôtre. Il en nâquit une nouvele langue, qui fut diviſée en autant d'idiômes qu'il y eut de ſeigneurs ſouverains. Ce fut alors que le latin devint plus en vogue que jamais, parcequ'il ſervit de point de raliement à tous les différens peuples qui ne pouvaient s'entendre que par ſon moyen.

Sous le regne de Hugues Capet, la nouvele langue romanſe commença

» & noſtro commun ſalvament, diſt di en » avant, in quant Deus ſavir & potir me » dunat, ſi ſalvarai eo ceſt meon fradra » Karlo, & in adjudha & in cadhuna coſa, » ſi cumhom per dreit ſon fradra ſalvar » diſt, ino quid il imi altre ſi faret, & ab » Ludher nul plaid nunquam prindrai, qui » meon vol ciſt meon fradre Karle in damno » ſit ».

tien, & pour notre commun ſalut, de ce jour en avant, en tant que Dieu me donnera de ſavoir & de pouvoir, je ſauverai ce mien frere Charles, & l'aiderai en chacune choſe, comme un homme par droit doit ſauver ſon frere, en ce qu'il en ferait autant pour moi: & je ne ferai avec Lothaire aucun traité qui de ma volonté puiſſe être dommageable à mon frere Charles.

à se former & à devenir d'usage (*a*). Son fils Robert cultiva les lettres, les arts & les sciences. Il savait parfaitement le latin, & fit dans cette langue plusieurs hymnes, que nous chantons encore avec la même Musique qu'il composa sur ses hymnes. Son goût pour le latin ne lui fit point négliger la langue française; & nous lisons dans l'histoire, que Thierry Duc de Lorraine, lui envoya pour ambassadeur Nantere, abbé de saint Michel, parcequ'il était très habile dans la connaissance de la *langue française* (*b*).

Un passage de Dudon, chanoine de Saint-Quentin, qui écrivit en 1002 les vies des premiers Ducs de Normandie, fait connaître que la langue romanse était la vulgaire de la ville de Rouen, quoiqu'alors gouvernée par des Danois.

Cet Auteur dit que Guillaume I, voulant choisir un lieu convenable à l'éducation de son fils Richard (*c*). « Comme la ville de Rouen se servait de » la langue romanse plus que de la danoise, & qu'au contraire, à Bayeux, » on parlait le danois plus que le romans, le Duc envoya son fils à Bayeux, » pour le former dès l'enfance à parler aux Danois leur langue aussi faci- » lement qu'on le faisait autrefois ».

Cette langue, appelée *gallica, française* au concile de Mouson, & *romana, romanse* par le moine Dudon, était donc alors en vogue.

Ce fut du tems de Robert que les familles ajouterent un nom français aux noms de baptême. Une charte de ce Prince confirme les privileges de l'Eglise de Saint-Denis, & la met sous sa protection contre les entreprises de Burchard, surnomé *Barbu*, qui tenait en fief de la même Eglise un château sur la Seine, à cause de sa femme, veuve d'Hugues, surnommé *Basseth*. Le nom de baptême était le nom, & le surnom était un nom français. Les Auteurs qui ont fixé l'origine des surnoms aux croisades, se sont évidemment trompés, puisque cette charte existe.

(*a*) Entre les chefs d'accusation, dont on chargea Arnoult, Archevêque de Reims, dans le Concile de Mouson, en 995, on lui reprocha un traité d'association qu'il avait fait en *Français Gallica* avec Charles de Lorraine.

(*b*) *Et Linguæ Gallicæ peritia facundissimus*. Analect. t. 2. p. 391. Chronique de Saint Michel.

(*c*) *Quoniam quidem Rotomagensis civitas Romanâ potius quam Dacischâ utitur eloquentiâ, & Bajocacensis fruitur frequentius Dacischâ linguâ, quam Romanâ, volo ut ad Bajocacensia deferatur quantocius mœnia, &c.* Histor. Norman. . . lib. 3. p. 112.

Sous Henri I & Philippe I, Marbode, Évêque de Rennes, composa en vers latins un traité des Pierres précieuses; & on en a la traduction en vers français, faite dans le même tems (*a*). Fauchet & Ducange prétendent que, lorsque Guillaume eut conquis l'Angleterre, il donna de nouveles loix à ses sujets, & qu'elles furent rédigées en langue françaife. M. Levesque de la Ravaliere le nie formellement. Tous ces faits si éloignés sont bien difficiles à débrouiller. Il est cependant certain que le premier Auteur connu qui ait écrit en langue vulgaire, fut un Chevalier de Bechada qui fit, en 1130, l'histoire de la prise de Jérusalem (*b*). Cependant cette langue ne paraissait pas encore dominante, puisque nous avons des lettres d'Hildebert, Archevêque de Tours, qui sont écrites à la Reine d'Angleterre, à Adele, comtesse de Chartres, & à de simples recluses, & toutes écrites en latin. Cette langue était donc universellement répandue.

Le regne de Louis-le-Gros n'aporta pas de grands changemens à l'état de notre langue. Nous avons encore quelques mots qui étaient alors en usage, tels que *brouette*, *meurtre*, *étendart*. (*c*) Le nom du village de *Besons* (*d*),

---

(*a*) M. Levesque de la Ravaliere croit que la traduction ne fut faite qu'à la fin du XIIe siecle, parceque le français en est parfaitement conforme à celui des Poëtes qui ont écrit depuis Louis-le-Jeune, & que les rimes y sont entremêlées comme dans le roman de Brut, fait alors.

(*b*) Cet auteur eut la précaution de consulter Gauberd, Normand, comme son maître, sur son style, & sur la langue vulgaire qu'il avait osé choisir; parceque les Normands étaient en possession de pratiquer notre langue mieux que nulle autre Province. Geoffroy de Vigeois parle ainsi de Bechada.

« Le Chevalier Grégoire Bechada du Château des Tours, au pays de Limoges, » homme d'esprit subtil, un peu versé dans les lettres, a écrit assez bien les gestes » de la guerre de Jérusalem, dans la langue maternelle & en poésie vulgaire, afin » que le peuple en sçût parfaitement l'histoire, n'ayant voulu raporter rien qui ne fût » vrai & agréable. Il a été douze ans à la composer; & de peur que son livre ne fût » méprisé, à cause qu'il était en langue vulgaire, il ne l'a entrepris que sur l'appro- » bation de l'Evêque Eustorge & par le conseil de Gauberd Normand ».

Ce passage prouve que peu avant le XIIe siecle, les écrits en langue vulgaire étaient rares, peu estimés, & faits seulement à l'usage du peuple. Celui de Bechada, s'il existe, n'a pas été encore découvert.

(*c*) Nommé anciennement *Standarz*. *Fulch. Hist. de Jérusalem.*

(*d*) *Culturam inter quadrariam & inter* Bezunz . . . Doublet, Hist. de Saint-Denis.

& celui de *Vaucresson*, que l'Abbé Suger dit avoir bâti (*a*). Ce fut la Province, & non pas Paris, qui produisit les premiers Auteurs; & la province de Normandie eut la gloire de sauver de l'oubli la langue romanse, & en la conservant, de la mettre en état de combattre un jour la latine. M. Arnaud prétend, avec raison, que ce ne fut que peu de tems avant saint Bernard, que le français commença à se former, c'est-à-dire à se polir. Les ouvrages de l'Abbé Suger, ses mémoires, ses lettres, celles de Pierre le vénérable & de tant de gens célebres du tems de Louis-le-Gros, étant écrites en latin, prouvent que cette langue était encore la dominante, & que le français n'était pas alors en état de la combattre. Ce ne fut que sous le regne de Louis-le-Jeune, que la langue romanse ou française commença à paraître avec éclat dans les Provinces.

Les plus anciens livres que nous ayons en cette langue, & qui furent faits après celui de Bechada, que nous n'avons plus, sont, le *Livre des Bretons*, fait en 1155, par Wistace ou Eustache.

Le *Roman du Chevalier au Lyon*, fait par Gasse dans la même année. Ce Gasse était de l'île de Gersai (alors Gersié) fut amené dès son enfance à Caen, & devint ensuite Chanoine de Bayeux & Clerc de la chapelle d'Henri III, Roi d'Angleterre. Quelques-uns lui donnent le Roman *du Rou des Normands*.

« Mil & cent cinquante-cinq ans
» Fit maistre Gasse ce Romans.
» Et le Roman du Rou des Normands (*b*) ».

Ce livre peut être regardé comme la suite de celui d'Eustache, puisque celui-là contient l'histoire du premier âge de l'Angleterre, & que l'autre contient celle du second âge. *Mant*, nous dit Gasse, *en langue du Nord & anglaise, veut dire un homme en français.*

« Mant en Engleiz & en Norrois
» segnefie home en Franchois ».

Ses ouvrages ne firent pas grande fortune en France; & Thibault, comte de Champagne, est presque le seul qui en ait parlé.

Les Rois conquérans ayant toujours aimé à faire régner leur langue, il

(*a*) *Quadam villa nova quam ædificavimus, quæ* Valcresson *appellatur.* Ibid. p. 876.

(*b*) Ce Poëme est ainsi nommé du nom de Raoul, premier Duc de Normandie, ou bien à cause du surnom de Roux qui fut donné à Guillaume II.

n'eſt pas étonant que la françaiſe ſe ſoit beaucoup répandue ſous le regne de Philippe-Auguſte. C'eſt à cette époque qu'il faut fixer le premier éclat de notre langue ; & tout ce qui l'a précédé, ne nous offre que des obſcurités impénétrables.

Ce fut alors qu'Alexandre, ſurnommé de Paris, compoſa ſon poëme de la Vie d'Alexandre-le-Grand, qui n'eſt qu'une allégorie de celle de Philippe-Auguſte & des dernieres années du regne de Louis-le-Jeune.

On trouve dans ce poëme une grande quantité de beaux vers tels que celui-ci :

« Pire eſt riche mauvais, que pauvres honourés ».
Un mauvais riche eſt plus mépriſable qu'un pauvre qui a de l'honeur.

Les vers d'Alexandre ont douze ſyllabes. On a dit que cette ſorte de vers avait été nommée alexandrins, ſoit d'Alexandre le héros du Roman, ſoit d'Alexandre, auteur du Poëme. Si Gaſſe, auteur du Roman du Chevalier au Lyon, eſt auſſi l'auteur du Roman du *Rou des Normands*, M. Leveſque de la Ravaliere a raiſon de nier à Alexandre l'invention des vers alexandrins, puiſque ce Roman en eſt rempli, & que dans ce cas, il aurait été fait long-tems avant Alexandre. Mais, s'il n'a été compoſé que par Gaſſe Brulés qui floriſſait en 1230, Alexandre peut être l'inventeur des vers de cette meſure, puiſqu'il écrivit ſous le regne de Philippe-Auguſte, long-tems avant *Gaſſe Brulés*.

Ce poëme fut le ſignal de toutes les poéſies qui parurent peu de tems après ; & la langue françaiſe ayant pu ſoutenir le ton de la poéſie, il fut encore plus facile de la faire parler en proſe. En 1290, parut le fameux Roman de *Triſtan* de *Léonois*, qui paſſe pour être le plus beau & le mieux fait qui ait jamais paru. Quelques années après, *Graal* & *Lancelot* ſuivirent. La vie de Charlemagne fut enſuite traduite du latin en français. Puis Villehardoin, Chevalier Champenois, Maréchal de Champagne & de Romanie, ne balança point à préférer la langue françaiſe à la latine, pour écrire ſon intéreſſante hiſtoire. Sous Philippe-Auguſte, le français parvint donc à s'emparer de la poéſie & de l'hiſtoire, il ne reſta au latin que les chaires, les tribunaux & les comptes des finances (*a*).

(*a*) Le Préſident Hainault nous dit que Henri II, Roi d'Angleterre, écrivit ſon teſtament en langue Romance ; ce qui prouve bien que c'était alors la langue vulgaire, & que le latin était redevenu une langue ſavante.

Ce fut alors que la langue provençale acquit un grand éclat par les poésies des Troubadours; éclat qui dura environ trois cent ans, & qui fut éclipsé par le progrès que fit le français sous le regne de François I.

L'avancement de la langue fut plus sensible sous le regne de saint Louis. Les Poëtes y fleurirent & les savans Astronomes, Géometres & Géographes s'en servirent pour constater leurs découvertes.

Entre les années 1240 & 1250, on commença à écrire en français les actes publics; & par un hasard singulier, Alphonse, roi de Castille, fit une ordonnance en 1260, par laquelle il voulut qu'à l'avenir les actes publics fussent écrits en espagnol dans ses états; & bientôt l'Allemagne en fit autant.

Saint Louis se servit de la langue françaife dans les Loix générales qu'il fit, & qui sont connues sous le nom d'*Établissement*. Son Histoire, écrite par Joinville, est en français & remplie des conversations qu'il eut avec cet Historien. Cette langue prit alors tant de faveur, & mérita telement les éloges des Savans, qu'on la crut parvenue à un dégré de perfection, à laquelle il n'y avait plus rien à ajouter. *Huon de Meri* désespérait d'ateindre à la beauté du langage de Chrétien de Troye, & de Raoul de Houdanc, qui avait écrit en français mieux que jamais aucun homme n'avait fait. Les étrangers commençaient aussi à avoir la plus grande estime pour la langue françaife, & envoyaient leurs enfans dans différentes villes du royaume, pour aprendre à la parler. Les trois jeunes Gentilshommes qu'Enguerrand de Coucy fit mourir en 1256 (*a*), pour avoir chassé sur ses terres, demeuraient depuis quelques tems à l'Abbaye de saint Nicolas du bois de Laon, & y étaient venus pour aprendre la langue françaife, qui acquérait tous les jours une plus grande célébrité (*b*).

C'est donc sous Philippe-Auguste que la langue françaife commença à se tirer de la barbarie où elle était retenue depuis son origine. Sous saint Louis, elle jouit d'un premier éclat, qui, au lieu d'augmenter dans les siecles suivans, ne fit qu'aller en déclinant jusqu'au regne de Louis XII. Celui de François I lui rendit tout son lustre; mais bientôt le mauvais goût qui s'introduisit dans les ouvrages de plusieurs Poëtes, la fit encore décliner

(*a*) Voyez Guillaume de Nangis.

(*b*) Le Dante & Pétrarque ont beaucoup loué plusieurs de nos Poëtes du XIIIe siecle,

jusqu'aux

jusqu'aux regnes immortels de Louis XIV & de Louis XV; regnes uniques dans l'histoire, tant par leur durée qui embrasse un intervalle de plus de cent trente ans, que parcequ'ils ont produit plus de chefs-d'œuvre d'esprit que les siecles qui ont suivi celui d'Auguste, n'en avaient produits à eux tous. Il en faut cependant excepter celui de François I & de Léon X, qui produisit Raphael, Michel-Ange, le Tasse, l'Arioste, & plusieurs autres génies qui, dans quelque tems qu'ils eussent paru, auraient toujours été les premiers de leur siecle.

C'est sous ces deux regnes, qui feront à jamais la gloire de la France, que la langue française est parvenue au plus haut degré de gloire qu'elle puisse jamais espérer. Il est à craindre que son élégance & son énergie ne diminuent à l'avenir. Sous prétexte de l'épurer, on en a banni une foule de mots expressifs qui n'ont pu être remplacés par aucun équivalent, & dont l'absence ne peut que l'apauvrir.

CHAPITRE V.

Des Chansons Françaises, & des Poëtes chansoniers des douzieme & treizieme siecles.

Il faut convenir que nous excellons dans ce genre de poësie, & que nous l'avons emporté sur toutes les nations du monde en chansons bachiques, amoureuses ou satyriques.

Les Gaulois avaient tant d'amour pour les vers, qu'on peut assurer qu'ils en eurent aussi pour les chansons (*a*).

Nous voyons dans Sidoine-Apollinaire (*b*), que Théodoric, roi des Gots, aimait à entendre jouer des instrumens, mais n'aimait pas le grand bruit ni les chansons. Dès ce tems-là donc, c'est-à-dire dès le cinquieme siecle, les chansons étaient en usage dans les Gaules.

(*a*) Leurs Poëtes, nommés *Bardes*, composaient des hymnes & des chansons pour conserver la mémoire de leurs guerriers qui s'étaient signalés dans les combats, ou avaient péri glorieusement les armes à la main.

(*b*) Ep. 11, l. premier.

La plus ancienne chanson des Français que nous ayons pu découvrir, est du tems du roi Clotaire II, & faite après une grande victoire sur les Sarrazins. C'est M. de la Ravaliere qui en raporte deux couplets : elle étoit latine.

I.	I.
De Clotario est canere Rege Francorum *Qui ivit pugnare cum gente Saxonum* *Quam graviter provenisset missis Saxonum,* *Si non fuisset inclitus Faro de gente Burgundionum.*	« Chantons le Roi Clotaire ; qui alla » combattre la nation Saxone. Les Ambas- » sadeurs Saxons auroient été traités sévé- » rement, Si Faron, de nation Bourgui- » gnone, n'eût intercédé pour eux.
II.	II.
Quando veniunt in terram Francorum, *Faro ubi erat Princeps, missi Saxonum,* *Instinctu Dei transeunt per urbem Meldorum,* *Ne interficiantur à Rege Francorum.*	» A l'arrivée des Ambassadeurs en France, » où Faron était prince, Dieu leur inspira de » passer par la ville de Meaux, pour les sau- » ver de la mort que le Roi leur préparait ».

Nous savons que les soldats Français étant en ordre de bataille, & marchant au combat, excitaient leur valeur par des chansons militaires, où ils célébraient les vertus de leurs anciens héros : Charlemagne, (au raport d'Éginard son historien) en fit un recueil; & cet Auteur remarque que ces chansons, comme celles des Germains, faisaient toute notre histoire, & comprenaient les plus belles actions de nos premiers Rois (a).

La chanson de Roland succéda, sous la seconde race, à ces vers barbares : on l'appelait *Chanson de Roland, Cantilena Rolandi*, parcequ'on y exaltait les faits de ce fameux Paladin.

M. le Marquis de Paulmy en ayant trouvé quelques débris dans de vieux Romanciers, les a rassemblés, les a embellis de plusieurs couplets qui sont absolument dans le même esprit, & en a fait une chanson charmante, que l'on trouvera dans ce livre. Il serait à desirer qu'on la fît aprendre à nos jeunes soldats; ce serait pour eux la meilleure leçon de bravoure, d'humanité & de discipline.

(a) Quel dommage que ce recueil n'existe plus! quels matériaux plus précieux pour l'Histoire! Peut-être le trouverait-on dans les archives de la Tour de Londres, dans le nombre des manuscrits emportés par les Anglais sous les regnes de Charles VI & de Charles VII.

M. le Comte de *Tressan* trouve surprenant, avec raison, qu'aucun manuscrit digne de confiance ne nous ait transmis la chanson de Roland : il croit qu'elle aurait dû se conserver du moins par une tradition orale, puisqu'il est prouvé que les vignerons, voisins de Marseille (colonie des Phocéens) chantent encore en travaillant quelques vers grecs très altérés, qu'on a reconnus pour être les fragmens d'une Ode de Pindare, sur les vendanges. Il croit aussi que, s'il existe encore quelques traits de cette chanson, ce doit être parmi les paysans des Pyrénées. (Nous n'en voyons pas la raison, puisque cette chanson n'a été composée qu'après la mort de ce guerrier tué à Roncevaux, & qu'elle n'a pas été chantée dans les Pyrénées plus que dans tout le reste du Royaume). M. le Comte de *Tressan* ajoute que feu M. le Marquis du *Viviers Lansac*, d'une illustre naissance, dont la terre, située dans les Pyrénées, est depuis plus de six cent ans dans sa maison, est le seul qui lui avait assuré qu'il avait cru reconnaître des fragmens de cette célebre chanson, dans la bouche des paysans montagnards; & que l'on pouvait rendre à-peu-près ce qu'il en avait rassemblé par la traduction suivante :

« O Roland! honeur de la France,
» Que par toi mon bras soit vainqueur!
» Dirige le fer de ma lance
» A percer le front, ou le cœur
» Du fier ennemi qui s'avance!

» Que son sang coulant à grands flots
» De ses flancs, ou de sa visiere,
» Bouillone encor sur la poussiere,
» En baignant les pieds des chevaux!
» O Roland! &c.

Si les débris, sur lesquels M. le Marquis de Paulmy a composé sa chanson, ne sont pas les véritables, nous sommes tentés de leur en savoir gré; car il n'est guères possible de croire que l'ancienne chanson fût aussi agréable & aussi expressive que la nouvelle.

L'Élégie de Gotescale, qu'il composa dans son exil, peut être regardée comme une chanson. Elle est adressée à un de ses compagnons.

N 2

(a) « Cher enfant (lui dit-il) pourquoi demandez-vous que je chante » quelques vers agréables ? Exilé au milieu des mers, pourquoi m'or- » donnez-vous de chanter ?

» Misérable que je suis ! les pleurs, les larmes, cher compagnon, me » conviennent mieux que le chant. Ah ! cher ami, pourquoi m'ordonnez- » vous de chanter ? »

Les chansons furent écrites en latin jusqu'au tems où les Normands commencerent à cultiver la langue romance, & à la tirer de l'obscurité où elle était depuis long-tems. La Provence lui disputa bientôt les grâces de la poésie. Les Troubadours parurent & eurent de grands succès. On lit dans l'Histoire de la Poésie française, que la Provence fut la porte par

---

(a) *Ut quid jubes pusiole,*
Quare mandas filiole,
Carmen dulce me cantare,
Cum sim longe exul valde ;
Intra mare,
O cur jubes canere ?

Magis mihi miserale !
Flere libet puerale
Plus plorare quam cantare ;
Carmen tale, jubes quare ;
Amor care,
O cur jubes canere, &c.

Gotescale, nommé aussi *Fulgence* à cause de son attachement à la doctrine de ce saint Evêque, était Saxon. Forcé de se faire Bénédictin à Fulde dans son enfance, il réclama en vain quelques années après, & se brouilla avec Raban, Archevêque de Mayence & Abbé de Fulde. Il se retira à Soissons, & y reçut l'ordre de la Prêtrise. La lecture des ouvrages de Saint Augustin, lui donna des idées sur la prédestination qui effrayerent l'Evêque de Vérone, avec qui Gotescale eut de longues conférences, en revenant de visiter à Rome les tombeaux des Saints-Apôtres. Le charitable Evêque le déféra à Raban, qui le fit condamner dans un Concile qu'il convoqua à ce sujet ; & dans un second Concile tenu en Querey, il fut dégradé de la prêtrise, obligé de brûler lui-même ses ouvrages, battu de verges, & renfermé dans une étroite prison au Monastere d'Auvillers en Champagne, où il mourut en 868. Les Moines lui refuserent les Sacremens & la sépulture, par l'ordre de Hincmar, Archevêque de Reims. Cependant sa doctrine fut déclarée bonne au Concile de Valence, tenu treize ans avant sa mort, mais sa personne n'en fut pas moins abandonée aux fureurs de ses ennemis.

où la rime entra en France; mais cependant on vient de voir des chansons rimées long-tems avant les poésies provençales (*a*).

Une Lettre d'Yves, Évêque de Chartres, au Pape Urbain II, nous aprend que, sous le regne de Philippe I, un jeune homme, qu'on avait surnommé *Flora*, pour marquer sa vie folle & efféminée, était l'objet des chansons satyriques que l'on faisait chaque jour sur lui. Elles étaient aussi licencieuses que sa conduite; & le scandale en fut si grand, que le saint Évêque crut devoir en écrire au Pape.

On a prétendu qu'Abélard avait composé des chansons françaises (*b*); mais rien ne le prouve. Il est vrai qu'il écrit à Héloïse :

« L'amour m'ayant embrasé le cœur, si j'inventais encore quelques vers, » ils ne parlaient plus de philosophie, ils ne respiraient que le langage de » mon vainqueur. Plusieurs de mes petites pieces sont chantées dans nos » villes, &c. » (Ép. 1).

Et qu'Héloïse lui répond :

« Entre les qualités qui brillaient en vous, deux sur-tout m'enflâmerent, » les grâces de votre poésie & celles de votre chant : toute autre femme en » aurait été également enchantée. Lorsque, pour vous délasser de vos » exercices philosophiques, vous composiez en mesure simple ou en rime, » des Poésies amoureuses, tout le monde voulait les chanter, à cause de la » douceur de votre expression & de celle du chant. Les plus insensibles aux » charmes de la mélodie ne pouvaient vous refuser leur admiration. Comme » la plupart de vos vers chantaient nos amours, mon nom fut bientôt connu » par le vôtre. Les sociétés particulieres & les publiques ne retentissaient

(*a*) Plusieurs auteurs croient que la rime en vers était connue des anciens. Il est vrai qu'on en trouve des exemples dans Catulle, dans Ovide & dans Virgile; mais ils n'en ont usé que rarement; toujours de maniere à faire entendre qu'ils n'en aprouvaient pas l'usage fréquent, & qu'ils ne l'ont connue que pour la rejetter.

On sait que parmi les Arabes, la rime est d'un usage immémorial. Des auteurs dignes de foi, assurent que l'Arabie seule a produit plus de Poëtes que tout le reste du monde ensemble; elle en compte jusqu'à soixante du premier ordre. L'un d'eux a mis l'Alcoran en rimes. Avant l'irruption des Maures, arrivée en 712, on n'avait point vu de vers rimés en Europe, on ne vit autre chose depuis. *Voyez l'Abbé Massieu*, p. 82.

(*b*) L'Abbé Massieu le dit dans son histoire de la Poésie Française, mais n'en apporte aucune preuve.

» que du nom d'Héloïse, les femmes enviaient mon bonheur. Hélas! que » sont devenus ces tems heureux! qu'ils sont changés! (Ép. 11).

Les Epitres d'Abélard & d'Héloïse sont écrites en latin, comment peut-on en conclure que les chansons, dont il est ici parlé, étaient en français? Tous les vers d'Abélard ont péri hors ces deux-ci :

« *Vive, vale, vivantque tuæ, valeantque sorores,*
» *Vivite, sed Christo, quæso mei memores.*
» Mon Héloïse, adieu, vivez, tes sœurs & toi;
» Vivez pour Jésus-Christ, mais souviens-toi de moi (*a*) ».

Nous ne pouvons raisonablement douter que toutes les chansons, faites avant le siecle de Philippe-Auguste, n'aient été écrites en latin. En vain a-t-on prétendu que les premieres chansons françaises (ou romances) furent faites sous Philippe I, rien ne le prouve : on peut donc en assurer l'époque à la fin du douzieme siecle (*b*). Ce genre eut un tel succès, que pendant le douzieme & le treizieme siecle, nous pouvons compter plus de cent trente-six Poëtes qui nous ont laissé des chansons plus ou moins agréables, mais qui presque toutes ont de la naïveté & de la délicatesse, même dans les sujets les plus libres (*c*).

(*a*) Epitaphe d'Abélard, par Pierre de Cluny :

« *Ille, sciens, quidquid, fuit ulli scibile.*
» Ci-gît tout ce qu'un homme peut savoir ».

Bernard de Cluny fit un Poëme de plus de trois mille vers exametres & rimés, dont le sujet était le mépris du monde; & pour rendre son ouvrage d'une plus grande difficulté, ses vers ne furent composés que de *dactyles*, excepté le sixieme pied de chacun, qui ne pouvoit ne pas être un *spondée*. Ces vers *latins* & rimés, s'appelaient *Léonins*.

(*b*) M. de Querlon nous dit que, pour peindre d'un trait les huit ou neuvieme siecles écoulés depuis le démembrement de l'Empire Romain jusqu'au renouvellement des lettres, il y eut toujours *du génie sans art, de l'esprit sans goût, du goût sans regles & sans principes, des connaissances destituées de lumieres, du savoir sans discernement, du jugement sans critique, &c.*

(*c*) Presque tous ces Poëtes composaient les airs de leurs chansons, mais ces airs n'étaient autre chose que du chant Grégorien; & même c'était souvent tout simplement les chants de l'Eglise qu'ils parodiaient. A la fin d'un grand nombre de leurs chansons, on trouve les premiers mots de l'hymne, dont l'air est celui de la chanson. Il est singulier qu'il n'y ait jamais eu en France plus de Poëtes tendres, galants & libres, que sous le regne du plus saint de nos Rois.

Il eſt étonant que depuis l'an 1385, environ juſqu'au regne de François I, on ne puiſſe rien trouver qui prouve que ce genre ait été cultivé. Depuis la mort de Philippe-le-Hardi, peu de Poëtes nous ſont connus, peu de chanſons nous ſont reſtées, excepté quelques-unes du Duc d'Orléans, de Froiſſart, de Machaut, & de quelques autres, mais inférieures à celles du treizieme ſiecle. Ce fut donc ſous Philippe-Auguſte qu'on abandonna le latin aux hymnes & aux autres chants de l'Égliſe; la langue françaiſe s'empara du reſte, & devint la langue de la jonglerie, c'eſt-à-dire, des Poëtes épiques, dramatiques & lyriques.

Alors les chanſons françaiſes commencerent à devenir communes, & Gautier de Coincy, religieux de ſaint Médard de Soiſſons, en compoſa un nombre conſidérable, que nous avons encore manuſcrites. Les premieres furent appelées (*a*) *Lais*, & preſque toutes étaient une ſorte d'élégie, dans laquelle le Poëte ſe plaignait de quelqu'infortune amoureuſe.

Triſtan, célebre par ſes amours, qui ſont la matiere du premier de nos Romans (*b*), eſt ſouvent occupé à acorder ſa harpe & à chanter des *Lais* (*c*).

On prétend qu'il y avait alors plus d'un ſiecle que les Poëtes Provençaux compoſaient des chanſons, & que c'eſt à eux que nous devons les nôtres. Si cela eſt, on les doit à quelque Troubadour acueilli à la cour de Philippe-Auguſte, ſes chanſons auront eu du ſuccès, & auſſi-tôt nos Poëtes ſe seront efforcés d'en faire de ſemblables. En effet les plus anciennes que nous ayons, ſont de Coincy, de Chrétien de Troye, d'Auboin de Sézane, du Châtelain de Coucy, &c. (*d*) qui vivaient vers la fin du douzieme ſiecle. Thibaut, Comte de Champagne & Roi de Navarre, qui floriſſait cinquante ans après eux, fut un des plus grands amateurs de ce genre de poéſie, qu'il cultiva lui-même avec ſuccès. Il nous reſte ſoixante-huit de ſes chanſons, dont M. Leveſque de la Ravaliere nous a donné ſoixante-ſix dans une édition qu'il en

---

(*a*) Du mot latin *Leſſus*, qui ſignifiait complainte ou chant funèbre.

(*b*) Il parut en 1190.

(*c*) Dans le roman de Perceforeſt, on voit qu'aux tables des dames & demoiſelles de la Reine, une pucelle, [c'eſt ainſi qu'on appelait alors toutes les jeunes filles], diſait une chanſon, & que toutes répondaient.

(*d*) Parmi les Poéſies d'Euſtache Deſchamps, on trouve une chanſon à boire, qui eſt peut-être la premiere que l'on connaiſſe dans notre poéſie.

a fait faire (*a*). Cette édition est correcte, & ornée d'excellentes remarques sur les révolutions de notre langue, & sur l'ancienneté des chansons françaises.

L'exemple de ce Prince entraîna quantité de jeunes gens qui voulurent l'imiter ou lui plaire. Les nôces des freres de saint Louis, avec les Princesses de Toulouse & de Provence, donnerent une ample matiere à nos Poëtes d'exercer leurs talents. *Charles d'Anjou* fut lui-même de leur nombre. M. de la Ravaliere assure n'avoir trouvé aucune piece de sa façon; cependant il a fait son édition des Poésies du Roi de Navarre sur le manuscrit de la bibliotheque du Roi, n° 7222; & la quatrieme chanson de ce Recueil porte le nom du Comte d'Anjou (*b*).

L'Académie établie en Provence pendant près d'un siecle, donna le ton à la poésie française, qui par conséquent ne s'occupa que de chansons, qui alors s'appelaient chants royaux (*c*), soit à cause du Roi de Navarre, qui en composa une foule, soit pour marquer que c'était le Poëme le plus noble & le plus digne d'être chanté à la cour. Car bien différentes de nos vaudevilles, loin de passer de bouche en bouche, elles n'étaient composées que pour les oreilles les plus délicates, & exécutées dans ces tems-là par les plus habiles Musiciens.

Le grand défaut de ces chansons est leur monotonie insuportable; presque

---

(*a*) Nous raporterons les deux que M. de la Ravaliere n'a pas connues, pour que le public ait la collection complette des chansons du Roi de Navarre. L'une se trouve dans les manuscrits du Roi & du Vatican, & l'autre dans celui de M. le Marquis de Paulmy.

(*b*) Elle commence ainsi:

« Li granz desirs & la douce pensée
» Que j'ai por vos, dame qui valez tant ».

Nous en avons trouvé une seconde dans les manuscrits de M. de Sainte-Palaye, & nous les raportons toutes deux à l'article du *Comte d'Anjou*.

(*c*) Ces chants étaient composés de trois, quatre ou cinq stances, le dernier vers de la premiere devait servir de refrein aux autres, & on leur donnait ce nom parce qu'on adressait cet ouvrage au Roi; les balades succederent aux chants royaux, & étaient moins longues. Ordinairement à la fin de ces deux Poëmes, on mettait en cinq vers un abrégé du sujet, qu'on appelait *envoi*, parce qu'on l'adressait au Roi, pour se le rendre favorable. Du Chant royal & de la Balade, sont venus le Lay, le Virelay, le Rondeau, le Triolet, & tous les petits ouvrages dont le refrein fait l'agrément.

tous

tous les Poëtes se sont assujetis au même modele; presque toujours ils parlent du printems, des fleurs, de la verdure, du ramage des oiseaux, &c. Il semblait qu'il y avait alors un cadre général qui servait aux Chansoniers. Cependant ils avaient un second genre qui différait un peu du premier, mais qui avait aussi sa monotonie : c'est ce qu'on appelait *Pastourelle.* Le Poëte sort dans les champs à pied ou à cheval, rencontre une Bergere très-jolie, lui fait des propositions, & de gré ou de force finit par jouer avec elle le jeu d'amour. Cette monotonie était déja insuportable du tems de Thibaut, qui s'en moque dans une de ses chansons, où il dit : « que les feuilles & les » fleurs ne servent en rimant qu'à ceux qui ne savent point inventer » d'autres sujets ».

« Feuille ne flors ne vaut rien en chantant
» Fors ke por défaute sans plus de rimoier, &c ».

Nous allons entrer dans quelques détails sur les anciens Poëtes, & raporter sur eux & sur leurs ouvrages le peu que nous en savons. Plusieurs ne sont connus que de *nom;* & les chansons qu'ils nous ont laissées, ne nous font pas regreter d'être si mal instruits sur leur compte. Des différens Recueils que nous avons examinés, & qui renferment plus de douze cent chansons, environ soixante-quinze nous ont paru dignes d'être distinguées. Peut-être cependant jugera-t-on que nous aurions dû nous montrer plus difficiles.

Adam de la Halle surnommé le Bossu, né à Arras, se fit Moine à l'abbaye de Vaucelles l'an 1300 ou environ. Il avait été marié avant de se faire Moine, ainsi que le prouvent ces vers.

« Seigneur, savés pourquoi j'ai mon habit changé,
» J'ai été avec femme, or revais au clergé ».

Nous avons de lui trente-trois chansons. On peut voir à la bibliotheque du Roi ses chansons manuscrites, n° 7363.

Il est auteur du Roman d'Oger le Danois.

« En tel maniere k'estre n'en puist blamez
» Li Roy Adams par ki il est rimez ».

Adenez (Le Roy), Poëte & excellent joueur d'instrumens, a fait le Roman de Cléomadès & celui de Bertin, où l'on trouve beaucoup de chansons.

Il floriſſait en 1260, & était Meneſtrel & Roi d'armes de Henri Duc de Brabant.

Dans ce tems-là, les Poëtes ſe donnaient quelquefois le titre de Roi, comme pour prouver la ſupériorité qu'ils avaient ſur les autres hommes.

On lit dans le roman de *Cléomadès* par *Adenez*.

« Ce livre de Cléomadès
» Rimé-je le Roi Adenez,
» Meneſtrel au bon duc Henry ».

On a vu qu'Adam avait pris le même titre dans le Roman d'Oger le Danois (*a*).

Il ne nous reſte aucune chanſon d'Adenez, quoiqu'il en ait fait un grand nombre.

Alars de Caus. Il nous reſte de lui deux chanſons qui ſe trouvent dans le manuſcrit du Roi. Il vivait dans le treizieme ſiecle.

Alexandre de Paris, né à Bernay en Normandie, ſous Philippe-Auguſte, floriſſait vers 1200.

On prétend qu'il eſt le premier qui ſe ſoit ſervi des vers de douze ſyllabes, qui prirent de lui le nom d'Alexandrins (*b*). Il acheva en vers de cette meſure le roman d'Alexandre.

Cet Alexandre de Paris fut un célebre Jongleur.

« Alexandre nos dit que de Bernay fut nez,
» Et de Paris refut ſes ſurnoms appelés ».

(*a*) On croit que *Marie de Brabant* eut grande part aux ouvrages d'Adenez, ſurtout aux Romans *de Berthe au grand pied*, *de Cléomadès* & d'*Ogier le Danois*. Cette Princeſſe aimable & éclairée, fut ſeconde femme de Philippe le Hardy. Jamais elle ne fut ſoupçonnée de galanterie, mais elle eſſuya une accuſation bien plus grave, ce fut d'avoir empoiſoné Louis, l'aîné des fils du Roi & d'Iſabelle d'Arragon, ſa premiere femme. *La Broſſe*, d'abord barbier du Roi, puis ſon favori, & ſon premier Miniſtre fut ſon accuſateur; mais la vérité fut reconnue, & *la Broſſe* pendu. Il faut lire cette anecdote intéreſſante, & qui fait connoître l'eſprit de ce ſiecle ſingulier, dans la Bibliothèque des Romans, Décembre 1778, pag. 200.

(*b*) Nous ne ſavons pas pourquoi on lui attribue l'invention des vers de douze ſyllabes, puiſqu'il n'eſt que continuateur du roman d'Alexandre, composé par *Lambert li Cors*; & que le commencement du roman eſt en vers de même meſure. C'eſt donc *Lambert* qui en eſt l'inventeur.

L'Auteur du roman d'*Athis* & de *Prophylias* eſt auſſi nommé *Alexandre*; mais on ignore ſi c'eſt le même : le ſtyle le fait croire.

Amiens le Clercs (Henri), connu ſeulement par le Manuſcrit du Vatican. Il nous reſte une chanſon de lui.

Amiens le Paignieres (Guillaume d'). Il vivait, ainſi que le précédent, du tems de ſaint Louis, & nous a laiſſé deux chanſons, qu'on trouve dans le manuſcrit du Vatican.

Andeli (Rogerin ou Rogiers d'), cité par Fauchet; a laiſſé deux chanſons qui ſont dans le manuſcrit du Roi. Il vivait ſous Saint Louis.

Angecourt (Perrin d'). Il fut attaché à Charles d'Anjou, frere de Saint Louis, à qui il adreſſa pluſieurs de ſes chanſons : elles nous aprenent qu'il demeurait à Paris par amour pour ſa Dame.

Le manuſcrit de M. le Marquis de Paulmy en contient vingt-quatre, & Fauchet en cite vingt-ſept; mais nous n'en connaiſſons que vingt-ſix.

PASTOURELLE (*a*).

Au temps nouvel Que cil oiſel Sont hetie & gai, En un bochel Sanz paſtorel Paſtore trouvai; Où ſeſoit chapiau de flors, Et chantoit un ſon d'amors Qui mult eſt jolis. *Li penſers trop mi guerroie* *De vous, douz amis.*	« Au tems nouveau que les oiſeaux ſont » gais & joyeux, je trouvai une bergere » toute ſeule dans un boſquet où elle faiſoit » un chapel (couronne de fleurs), & » chantait un air d'amour qui eſt joli. *Songer à vous me tourmente trop, doux » ami.*
Par grant rével Ens el prael Dire li allai; S'il vous eſt bel	» Tout joyeux, j'allai dans le bois & lui » dis : ſi vous voulez, je prends votre chapel, » & me donne à vous; je ſerai conſtant » & loyal, ſans jamais penſer à d'autres;

(*a*) Les deux derniers vers de chaque couplet ſont des refreins d'autres chanſons, que le Poëte acommode à la ſienne; & voilà pourquoi ils ne ſont jamais de la même meſure.

Por vo chapel
Vostre devendrai:
Fins & loiaux à touz jorz
Sans jamés penser aillors;
Et pour ce vous proi,
Bergeronnette,
Fetes vostre ami de moi.

» je vous prie donc, *douce bergere, faites* » *votre ami de moi.*

Sire, allez-en,
C'est pour noïent
Qu'estes ci assis!
J'aim loïaument
Robin le gent,
Et ferai tandis;
Sa mie fui & ferai,
Ne ja, tant com je vivrai,
Autre n'en jorra.
Robin m'aime, Robin m'a,
Robin m'a demandé si m'aura.

» Sire, retirez-vous; vous avez perdu » vos pas en venant ici. J'aime avec fidé» lité le gentil Robin, & l'aimerai tou» jours. Je suis & veux être sa mie, & » jamais tant que je vivrai, nul autre ne » jouira de moi; *Robin m'aime, Robin* » *m'a, Robin m'a demandée, s'il m'ob*» *tiendra.*

Mult longuement
L'alai proïant,
Que riens n'i conquis.
Etroitement
Tout en riant
Par les flans la pris,
Sur l'herbe la souvinai.
Mult en fut en grant esmai,
Si haut a crié,
Belle douce mere
He! Gardez-moi ma chastée.

» Pendant long-temps je la priai & ne » gagnai rien; alors tout en riant, je » la saisis étroitement par le corps & la ren» versai sur l'herbe. Elle fut bien étonnée, » & cria de toutes ses forces: *douce vierge* » *sauvez mon honneur.*

Tant i luitai
Que j'achevai
Trestout mon desir.
Je la trouvai
De bon essai,
Et douce à sentir.
Alors si me fui tornez;
Et, quant je fui remenbrez,
Si pris à chanter:
Par les Sainz Dieu, douce Margot,
Il a grant paine en bien amer.

» Je travaillai si bien que j'accomplis » mon desir, & la trouvai de bon aloi, » & ayant la peau douce. Alors je m'en » allai, & quand je me rappelai mon » aventure, je memis à chanter, *par les* » *saints Dieu, douce Margot, on a bien* » *de la peine à bien aimer* ».

Anjou (Charles d'), frere de Saint Louis, naquit en 1220, & mourut le 7 Janvier 1285. Gendre & héritier de Bérenger, comte de Provence, il conquit le royaume de Naples, & y porta avec lui le génie de la littérature françaiſe. Il commença par l'introduire à Florence, dont il fut maître pluſieurs années. Quelques Écrivains ont cru que le ſéjour de la maiſon d'Anjou en Italie & la réſidence de la cour de Rome en Provence avaient contribué à former, polir & enrichir l'Italien. Que cela ſoit ou non, il eſt certain que les Écrivains Provençaux ont contribué à faire fleurir la littérature italienne. Le goût des romances y fit paſſer inſenſiblement, en pluſieurs contrées, avec le goût de la galanterie, celui de lire les romanciers provençaux, & même l'envie de les imiter.

Chanſon du Comte d'Anjou.

Li granz deſirs & la douce penſée
Que j'ai por vos, dame qui valez tant,
Dont la peine ne puet eſtre célée
Ou m'avez mis & tenu longuement,
Encor tenez mon cuer en tel torment
Dont ja n'iſtrai nul jor de mon vivant
Se par vos non, douce dame honorée.

Li granz deſirs & la paine m'agrée
A ſouffrir tant de fin cuer bonement
Que par vos m'iert tote joie donnée,
Douce dame qui tant eſtes plaiſant;
Et ſachiez bien, Madame, à enſciant
Se de vos n'a aucun alégemant
Je ne ſai mais où merci ſoit trovée.

Et ſanz merci comment iert endurée
Si granz dolors par moi tant longement?
Se par vos eſt pitiez entroubliée,
Douce dame à cui mes cuers s'atent,
Mon cors perdrai & ma vie enſemant;
Et ſachiez bien, dame, certainement
Sì en ſeroiz de fins amans blaſmée.

Douce dame, car ſoiez remembrée
De la peine que ſuefrent fin amant
Tant que par vos me ſoit guerredonée

« Les grands deſirs & les douces penſées que vous m'inſpirés, Dame qui valez tant, ſont ſi puiſſans, que je ne puis plus céler davantage les peines que depuis long temps vous me cauſés. Vous tenez mon cœur dans un tel tourment que jamais de ma vie il ne me ſera poſſible d'en ſortir que par vous ſeule, douce Dame, mes amours.

» J'aime cependant à ſouffrir, de bonne foi, ces peines & ces deſirs violens, parce que j'eſpere que par vous, me ſeront accordés tous les plaiſirs; belle qui ſavez tant plaire, & ſachez que ſi je ne reçois de vous aucun ſoulagement, je ne ſais plus où l'on trouvera merci déſormais.

» Et ſans merci comment pourrai-je endurer ſi long-temps de telles douleurs? douce beauté, en qui ſe repoſe mon cœur, ſi vous oubliez la pitié, je perdrai le jour & la vie; mais ſachez auſſi que vous en ſerez à coup sûr blamée par les vrai amants.

» Douce Dame, ſongez ſans ceſſe aux tourmens qu'endure un amant véritable, jusqu'à ce que vous me récompenſiez de

Cele que j'ai soufferte, & tozjors sant :
Car onques n'oi voloir ne hardement
Ne j'a n'aurai, se Dieu plaist le poissant,
Que par moi soit loïal amors ghilée.

» ceux que j'ai soufferts, & que je souffre » toujours : car jamais je n'eus & jamais » je n'aurai, s'il plaît au Tout-Puissant, » le vouloir & la hardiesse de manquer en » rien au loyal amour.

Ja envers vos n'iert par moi porpensée
Desloïautez, douce dame avenant ;
La bonne foi qu'ai del cuer en convant
Lors porroiz vous, sanz blasme de la gant,
Et au maugré des felon mesdisant,
Faire de moi ami com bien amée.
Douce dame, del tout à vos me rent,
Aïez pitié de moi, s'il vos agrée.

» Jamais non plus je ne songeai à vous » être infidelle, douce & belle Dame. Mais » aussi quand vous aurez connu & éprouvé » la bonne foi qui est dans mon cœur, » alors vous pourrez, sans craindre le blâme » public, & en dépit des lâches médisans, » faire de moi votre ami comme vous êtes » ma bien aimée. Douce beauté, je me » rends à vous tout entier ; prenez pitié de » moi, je vous en conjure ».

Autre Chanson du Comte d'Anjou.

Trop est destroiz, qui est desconfortés
De cele en qui il a tout son cuer mis,
Et g'en ai tant soufert & enduré
Paine & travaux come loïaus amis ;
Et sachiés bien ja ne m'en retraierai ;
Ainz serviray à mon pooir touz dis,
Tant que j'aurai vers ma dame trové
Aucun confort des maus où il m'a mis.

« Trop est malheureux celui qui souffre » par celle en qui il a mis son cœur. J'ai » enduré comme un amant loyal beaucoup » de peines & de travaux, sachez cependant que jamais je ne m'en séparerai, » mais que je la servirai toujours selon » mon pouvoir, tant qu'à la fin je trouverai chez elle le soulagement des maux » qu'elle me cause.

Li desconfors m'a si déséspéré
Que je ne sai que puisse devenir ;
Mès un espoir m'a si réconforté
Que il li doit de mes maus souvenir :
Et tant me si en sa grant loïauté
Ja por autre ne me devra guerpir,
Quant il saura con je li ai esté,
Fins & verais, cortois sans repentir.

» Mes douleurs m'ont si fort déséspéré, » que je ne sai plus que devenir ; mais une » espérance me ranime, c'est qu'elle doit » se souvenir de mes maux ; & je me fie » tant en sa loïauté, qu'elle ne m'abandonnera jamais pour aucun autre, surtout quand elle saura combien j'ai été » tendre, fidèle & courtois sans changer.

Se loïauté me voloit avancier,
Bien porroie de légier soustenir
Ma grant dolour, & mes maus alégier
Que bone amor me fait por li soufrir :

» Si sa loyauté voulait m'obliger, je » pourrais sans peine supporter ma douleur, » & voir alléger les maux qu'amour fidèle » me fait endurer. Je suis & serai toujours

Touzjours ferai & fui en fon dangier,
Et fachiès bien ja ne m'en quier partir,
Por ce li pri qu'ele mi veuille aidier.
Qu'en defefpoir ne me face morir.

» à fon fervice: & fachez que je ne cherche » point à me féparer d'elle, mais que je » la prie feulement d'empêcher que le » défefpoir ne me faffe mourir.

Celle mi nuift qui m'y devroit aidier,
Et fi ne daigne avoir de moi merci,
Ne nule riens ne mi puet alégier
Se cele non qui fi me tient faifi
Que ne me puis ne ne fai confeillier,
Ainz en remaing dolens & esbahi.
Puifqu'el me veut en tel dolor laiffier,
Mefz me vendroit la mort que vuift enfi.

» Elle m'afflige celle qui devrait me fe- » courir, & elle ne daigne avoir pitié de » moi. Rien ne pourra me guérir pourtant, » que celle-là feule qui me tient foumis » au point que je ne puis, ni ne fais prendre » confeil. Je demeure étourdi & éperdu, » & puifqu'elle eft réfolue de me laiffer » languir, mieux me vaudrait la mort qu'elle » veut me procurer.

Un feul confort me tient en bon efpoir,
Et c'eft de ce c'onques ne la guerpi,
Servie l'ai touzjors à mon pooir
N'onc vers autre n'oi penfé fors qu'à li.
Et à tout ce me met à non chaloir,
Et fi fai bien ne l'ai pas déservi:
Si me convient atendre fon voloir
Et atendrai comme loyal ami.

» Un feul efpoir me réconforte, c'eft » que jamais je ne fus inconftant, que » toujours je l'ai fervie autant qu'il a été » en moi, & que je n'eus jamais de pen- » fées que pour elle. Cependant elle me » dédaigne, & je fais bien que je ne l'ai » pas mérité. Malgré cela je fuis réfolu » d'attendre fa bonne volonté, & je l'at- » tendrai comme un amant loyal ».

Argies (Meffire Gautier d'). On fait feulement qu'il était ami de maître Richard (de Semilly ou de Fournival).

Il vivait certainement fous le regne de Saint Louis, étant compris dans le manufcrit des Poëtes du treizieme fiecle. Nous avons vingt-fept chanfons de lui.

Chanfon de Fournival.

Chanfon ferai mult marriz
D'amors qui tant fçut valoir
Faus l'ont leffié décheoir,
S'en eft periz.
Li mons eft vaincuz & failliz:
Droift eft, puifqu'amors n'a pouvoir,
Que li fiecles ne puet mès rien valoir.

« Je ferai une chanfon pour regretter » amour qui fut tant valoir. Les faux amans » l'ont laiffé dépérir; il eft mort. Le monde » eft dégénéré & corrompu; & il n'eft » pas étonnant, puifqu'amour n'a plus de » pouvoir, & que les hommes ne valent » plus rien.

Bien vos a à noïent mis
Amors qui donne favoir,
Dames & Barons. Valoir,
Honor & pris

» Dames & Barons, amour qui départit » le favoir vous a réduits à rien. Valeur, » honeur & mérite en font altérés; & » remarquez-le bien, vous tous; largeffe &

En est mult forment amaiz.
Et bien sachiez vous tous de voir,
Largèce & bien se font mès pou paroir.

» belles actions se montrent aujourd'hui » rarement.

Solaz gieu... & ris,
Cortoisie & dire voir,
Voit l'en mès mult remanoir.
Bien est traïz
Cil, cele qui s'en fet eschis;
Car ne puet grant joie avoir,
Ne li conviengne en fine amor morir.

» On voit maintenant gaieté, jeux & » ris, courtoisie & franchise se cacher. » Celui ou celle qui les recherche est bien » trompé : car ils ne peuvent plus goûter » de joie, à moins qu'ils ne persévèrent » jusqu'à la mort, dans un amour constant.

Amors m'ont laschié & pris;
Et si serf à mon povoir
Celi qui me fet doloir
Si m'esjoïs,
Entant qui sui fins amis;
Se loïauté me puet valoir,
Ne puis faillir à guerredon avoir.

» Amour m'a enlacé & pris, & je sers, » autant qu'il est en moi, celle qui cause » mes maux. Je me réjouis pourtant d'ai» mer avec tant de loyauté ; car si la cons» tance peut être utile, je ne puis manquer » d'être récompensé ».

Arnould le Viéleux vivait dans le treizieme siecle, & a laissé trois chansons, dont deux sont dans le manuscrit du Roi, & une dans ceux de M. de Sainte-Palaye.

Aubins (ou Auboins) de Sézane, vivait sous Saint Louis, & nous a laissé cinq chansons.

Chanson d'Aubins de Sezane.

Lonc tens ai esté
En ire sanz joie,
Et si ai chanté
Que je m'efforçoie.
Or me vient à gré
Que genvoisié soie,
Qu'amors m'a mandé
Que servir la doie
A sa volenté.

» J'ai été long-temps dans le chagrin » sans mélange de joie, & cependant j'ai » chanté, parce que je m'efforçois. Je vais » être maintenant joyeux, car amour m'a » commandé de le servir à son gré.

Dex! tant fut bon nez
Cil qu'amors mestroie,
Que quant son grevé
Tant bel les ravoie!
Tout mi sui donné,

» Dieu! comme sont heureux ceux qu'en» flamme amour, puisque quand ils sont » dans la peine, il les ranime si agréa» blement. Je me suis livré à lui, quand » je devrais en mourir ; & ne veux

jamais

Se morir devoie : N'ai pas en pensé Que partir m'en doie A tout mon aé.	» jamais m'en séparer, tant que je vi- » vrai.
Dame, a vous me rent, Franche débonnaire. Par un biau semblant Me poez liez fere. Quant vois remirant Votre cler viere, Joie en ai si grant Que ne m'en puis taire : Pour ce chant.	» Dame franche & débonnaire, je me » rends à vous ; vous pouvez par un regard » favorable me rendre joyeux. Lorsque » j'admire votre visage brillant, je ressens » tant de joie que je ne puis plus me tenir, » & c'est ce qui me fait chanter.
Pascot en chantant Dit, cil ne vit gaires Qui por mal qu'il sent Se cuide retraire. Moi n'est à noïent De touz les maus traire, Se à mon vivant Povoie riens faire A son talens.	» Pascot (*a*) dit dans ses chansons, que » celui-là ne mérite gueres de vivre, qui, » pour quelques maux qu'il sent, veut se » retirer. Moi je regarde comme rien tous » ceux que je peux souffrir, si pendant » ma vie je puis faire quelque chose qui » plaise à ma belle.
Fine amour, merci : En vos est ma vie. Bien m'avez traï Se n'ai vostre aïe, A touz Sainz le di, Se je pert ma mie Qu'en Dieu ne me fi, Ne siens ne sui mie : Si l'affi.	» Amour je vous crie merci ; en vous » est ma vie, & vous me l'aurez ôtée par » trahison, si vous n'avez pitié de moi. » Je le déclare à tous les Saints ; oui » si je perds ma mie, je ne me fie plus en » Dieu, & ne veux plus être à lui, je » l'assure ».

AUDEFROIS LE BATARD est compris dans le manuscrit des Poëtes avant 1300. Nous avons de lui dix-sept chansons.

AUTIE (Simons d') ou d'Athies. *Guy d'Athie* était garde-des-sceaux sous Philippe-Auguste, depuis 1201 jusqu'en 1203.

(*a*) Poëte aparamment fameux alors par ses chansons, qui sont entiérement perdues, puisqu'il ne nous est connu que par cette citation.

Hugues d'Athies était Grand-panetier sous Philippe-Auguste & sous Louis VIII. Peut-être *Simon d'Athies* était-il le fils de l'un ou de l'autre. Nous avons de lui onze chansons.

Chanson de Simon d'Athies.

Folz est qui à escient
Veut sor gravele semer;
Et cil plus qui entreprent
Volage femme à amer.
On n'i puet raison trouver,
Tost ame, & tost se repent,
Et tost fet celui dolent
Qui plus s'i cuide fier.

» Fou est celui qui de sang froid veut » semer sur le sable; mais plus fou encore » est celui qui entreprend d'aimer femme » volage. On n'y peut faire aucun fonds; » elle aime soudain, soudain elle s'en » repent, & elle cause bien de la peine » à celui qui ose s'y fier.

Vaillanz hom, quant à li tent,
Fet trop adès à amer:
Car c'est cil qui sanz bon vent
S'espant en la haute mer.
A tel feme doit beer
Un conchierés de gent
Qui par son conchiement
La sache à son droit mener.

» Un galant homme, quand il jette » ses vues sur elle, fait trop de l'aimer; » c'est comme celui qui, sans un bon vent » se mettrait en mer. L'homme qu'il faut » à une telle femme, c'est un de ces ha- » bleurs fieffés, qui par ses hableries vienne » à bout de l'amener à son but ».

AUTRE.

Tant ai amors servie & honorée;
Bien mi devroit mon servise mérir,
Mès ma dolor n'iest ja guerredonée
Qu'à moi ne puet joie d'amors venir,
Hé! Diex! comment mi porroie esjouir
Quant je esloing la riens qui plus m'agrée?

« J'ai si long-temps servi & honoré amour » qu'il devrait bien m'en récompenser; mais » ma douleur n'obtiendra jamais un tel prix, » & je ne puis m'attendre à ses plaisirs. Ah » Dieu! comment pourrais-je espérer de me » réjouir quand je me sépare de ce qui me » plaît le plus au monde?

Se li miens cors se part de sa contrée,
Ne s'en vuet pas pour ce mes cuers partir.
G'en port mon cors, mès g'i les ma pensée:
Qui près aime, de loing ne puet haïr,
Ne près ne loing ne puet vrais cuers mentir,
Ne ja amors n'iers de mon cuer sevrée.

» Si mon corps quitte la contrée qu'elle » habite, mon cœur au moins ne veut pas » pour cela la quitter. J'emporte l'un, » mais je lui laisse l'autre. Qui aime de » près ne peut haïr de loin, & ni de près » ni de loin un cœur vrai ne peut tromper. » Ainsi jamais amour ne sortira de mon » cœur.

Cel est & belle & bone & bien senée.
S'ele s'amor mi daignoit consentir,

» Elle est belle, elle est bonne & pleine » d'esprit. Si elle daignait m'accorder son

Adonc feroit ma dolor oubliée.	» amour, j'oublirais à l'instant mes douleurs.
Je l'amerai, s'en devroie morir :	» Oui, je veux l'aimer, quand j'en devrais
Car plus me pleft, pour li aimer, languir	» mourir; il me plaît davantage de souffrir
Que par autrui fust ma dolor sanée.	» en l'aimant, que si une autre guérissait
	» mes maux.
En pou d'eure fu bien ma mort jurée	» En bien peu de temps ma mort fut
Sanz moi avant défier & garnir.	» arrêtée, sans que j'eusse pu m'en défier
Si œil riant, sa bouche colorée,	» ni m'en défendre. Ses yeux rians, ses
Ses biax parlers qui tant pleft à oïr	» levres vermeilles, sa douce voix qu'on
Bien m'i sorent décevoir & traïr	» a tant de plaisir à entendre, surent me
Qu'en contre aus trois n'ot ma réson durée.	» séduire & me tromper, & ma raison ne
	» put résister à eux trois.
Toute biauté est en li aünée;	» Elle réunit toutes les beautés, & Dieu
Souffrete en ot dex en moi enbelir.	» en manqua lorsqu'il voulut m'en gratifier.
Et quant biauté s'est toute à li donée,	» Mais en les lui donnant toutes & en ne
Dex qui me fist à la biauté faillir	» m'en donnant aucune, il m'a au moins
M'a donné cuer verai pour li servir,	» accordé un cœur sincere, douce dame
Douce dame honorée.	» que j'honore ».

Autieux ou Autels (Baudoins des) vivait dans le treizieme siecle, & nous a laissé deux chansons.

Celles que nous avons vues de lui, ne valent rien.

Bar (Le Comte de) Le manuscrit du Roi renferme une de ses chansons. *Renaud II*, dit le jeune, épousa *Agnès de Champagne*, fille de *Thibaud IV*, Comte de Champagne; & de ce mariage, vint, 1°. Henri I, mort sans enfans au siege d'Acre en 1191. 2°. Thibaut I, mort en 1217. Il fut Comte de Bar après la mort de son frere, & n'eut d'enfant que Henri II, *Comte de Bar*, qui épousa en 1219 Philippe de *Dreux*, fille de Robert de *Dreux*, Comte de *Braine*, & d'Yoland de Coucy, sœur ou tante de Jean de *Braine*, dont on verra un article ci-après, & qui nous a laissé trois chansons. Ce Comte de *Bar* se croisa en 1239, avec Thibaut, Comte de Champagne & Roi de Navarre; & s'étant laissé surprendre par les Sarazins près de Gaza en Palestine, avec Amauri de Montfort & plusieurs autres braves guerriers, on a toujours ignoré s'il fut tué à cette action, ou s'il mourut en prison; mais depuis ce moment, il ne fut plus mention de lui.

Henri II laissa deux fils, *Thibaut* II & *Renaud*. *Thibaut* épousa, 1°. Jeanne de *Flandres*, fille de Guillaume de *Dampierre* & de Marguerite, Comtesse de *Flandres*; 2°. Jeanne de *Montmorency*; 3°. Jeanne Toucy.

Nous ferions bien tentés de croire que le Comte de Bar, qui nous a laissé une chanson, était *Thibaut II*, gendre de la *Comtesse de Flandres*, ami du *Duc de Brabant* & frere de *Renaud*, *Marquis de Bar*, circonstances qui conviennent toutes à sa chanson; mais un obstacle invincible s'y oppose. A la fin de sa chanson, il s'adresse au *bon Comte d'Alost*; & vers l'an 1240, où sa chanson aurait pu être faite, il n'existait plus de Comte d'*Alost*; le dernier étant mort en 1212. C'était Philippe, Comte de *Namur* & d'*Alost*, second fils de *Baudoin le Courageux*, Comte de Hainaut, qui devint aussi Comte de Flandres en 1191, après la mort de *Philippe d'Alsace* son frere, tué au siege d'Acre. Ce Philippe, devenu *Comte d'Alost*, avait épousé en 1206 *Marie de France*, âgée de huit ans, fille de *Philippe-Auguste* & d'*Agnès de Meranie*, répudiée en 1201 & morte quelques mois après au château de Poissy. *Marie* avait d'abord été promise au fils du *Roi d'Écosse*, puis à *Artus*, Comte de Bretagne & d'Anjou. Après la mort du *Comte d'Alost*, son mari, elle épousa *Henri I*, *Duc de Brabant*, qui mourut en 1235, & elle le suivit bientôt après, le 1. Août 1238. Le Comte & la Comtesse d'*Alost* étant morts sans enfans, le comté fut réuni à la Flandre; & depuis 1212, on ne connaît plus de *Comtes d'Alost*.

Le comte de Bar, auteur de la chanson, ne peut donc pas être *Thibaut II*, puisqu'il ne fut Comte que vers 1240. Il est à présumer que c'était *Henri I*, mort sans enfans au siege d'Acre en 1191; & que la chanson fut faite vers 1189 ou 1190, dans le tems que le Châtelain de Coucy composait les siennes; alors *Philippe*, dernier Comte d'Alost, pouvait avoir dix-huit ou dix-neuf ans. *Henri I* avait été probablement en guerre avec quelque Prince Allemand qui l'avait fait prisonier; & pour sortir de prison, il implora le secours de *Godefroy III*, Duc de Brabant, mort en 1190, de sa belle-mere, qui ne nous est pas connue, du Comte d'*Alost Philippe*, par le moyen duquel il espérait du secours du Comte de Flandres son pere, & de son frere *Thibaut I*, Marquis de Bar, qui lui succéda, & mourut en 1217. Il dit aussi dans le premier couplet de sa chanson, *qu'il se fie beaucoup au Comte Othon*. Ce Comte pouvait être *Othon de Brunswick*, fils de *Henri*, *Duc de Saxe*, couroné Empereur en 1198 à Aix-la-Chapelle, après la mort de l'Empereur *Henri VI*, & qui fut appelé *Othon IV le Superbe*. En 1189 ou 1190, lorsque *Henri I, Comte de Bar*, pouvait faire des chansons, cet Empereur n'était encore que *Comte Othon*; & le malheureux *Comte de Bar*, confiné dans une prison, pouvait espérer en sa générosité.

Chanson du Comte de Bar.

De nos Seigneur que vos est-il avis,
Conpains Erars? dites vostre semblance:
A nos parens & à toz nos amis
Avom-i-nos nule bone atendance
parcoi soïons hors du Thyois païs
U nos n'avons joie, soulaz, ne ris?
Où Comte Othon ai mout grant atendance.

« Que pensez-vous de nos Seigneurs, » *ami Erard*? dites-en votre avis. Avons-» nous raison de nous fier à nos parens » & à nos amis pour sortir de cette Alle-» magne, où nous n'avons joie, ris ni » plaisir. Je me fie beaucoup au *Comte* » *Othon*.

Dux de Brabant, je fui jà vostre amis,
Tant con je ful en délivre poissance;
Se vos fussiez de rienz nule entrepris,
Vos éussiez en moi mult grant fiance.
Por Dieu vos proi ne me soïez eschis.
Fortune fait maint Prince & maint Marchis,
Meillor de moi, avenir meschéance.

» *Duc de Brabant*, je fus votre ami » tant que je fus puissant; si vous vous étiez » trouvé dans le moindre embarras, vous » auriez trouvé en moi un secours assuré. » Pour Dieu, je vous prie, ne m'abandonnez » pas. Souvent la fortune se plaît à humi-» lier des Princes & des Marquis meilleurs » que moi.

Bele-mere, ainc rienz ne vos messis
Par qu'éusse votre male-vueillance.
Dès celui jor que votre fille pris
Vos ai servi loïaument dès m'enfance;
Or sui por vos ici loïez & pris
Entre les mains mes morteus anemis,
S'avez bon cuer, bien en prendrez venjance.

» *Belle-mere*, jamais je ne fis rien pour » mériter votre mauvaise volonté. Depuis » le jour où j'épousai votre fille, depuis » mon enfance je vous ai servie loyalement. » Maintenant je suis pour vous retenu & » emprisoné par mes ennemis mortels. Si » vous avez le cœur bon, vous me vengerez.

Bons Cuens d'Alost, se par vos sui hors mis
De la prison où je sui en doutance,
Où chacun jor me vient de mal en pis,
Tozjors i sui de la mort en baance,
Sachiez par voir, se vos m'estes aidis,
Vostres serai de bon cuer à toz-dis,
Et mes pooir sanz nule retenance.

» *Bon Comte d'Alost*, si par votre moyen » je sors de cette prison où je crains » pour ma vie, où chaque jour je tombe » de mal en pis, où toujours je m'attends » à la mort, sachez certainement que si » vous me secourez, je vous serai dévoué » pour la vie, & que toute ma puissance » sera à vous sans exception.

Chançon, va, di mon frere le Marchis
Et mes homes, ne me facent faillance,
Et si diras à ceus de mon païs
Que loïautez mains preudomes avance.

» Chanson, va & dis à *mon frere le* » *Marquis* & à mes vassaux, qu'ils ne » m'abandonnent pas. Dis à ceux de mon » pays que loyauté honore les braves gens.

Or verrai-je qui sera mes amis,	» Je verrai par là qui sera mon ami, je
Et connoistrai trestoz mes anemis :	» connaîtrai mes ennemis; & s'il plaît à
Encor aurai, se Dieu plaist, recouvrance.	» Dieu, j'espere recouvrer ma liberté ».

Baral (Messire Geoffroy de) est un des Poëtes du treizieme siecle, dont les deux chansons se trouvent dans le manuscrit du Roi.

Baude de la Quarriere *ou* de la Kakerie florissait vers 1250. Nous avons de lui un dialogue de l'amour, de ses yeux & de son cœur. Ses quatre chansons ne méritent pas d'être copiées.

Baudes (Augenon Maître). On trouve une chanson de lui dans les manuscrits du Vatican, parmi les Poëtes lyriques du treizieme siecle.

Bauvais (Raoul de). M. de Paulmy a un manuscrit de lui. Il vivait sous Saint Louis, & nous a laissé cinq chansons (*a*).

Chanson de Raoul de Beauvais.

Puisque d'amors m'estuet chanter Chançonete commencerai, Et pour mon cuer réconforter De nouvele amor chanterai. Dex! tant me fet à li penser Cele dont ja ne partirai Tant com vivrai. Hé! Dex! vrai Dex! ne puis durer As maux que j'ai.	» Puisqu'il me faut chanter d'amour, je » commencerai une chansonete, & pour » reconforter mon cœur, je chanterai un » nouvel amour. Hélas! elle me fait tant » penser à elle, celle dont je ne pourrai » me séparer tant que je vivrai. Dieu! » je ne puis durer aux maux que je » souffre.
Se la belle blonde savoit Com li départirs m'ocira, Ja de moi ne départiroit S'amor, qu'ele donnée m'a; Car en quel lieu que mes cors soit, Mes cuers tosjours à li sera, Ne ja ne s'en départira. Dex! la reverrai-je tant ja La bele qui mon cuer a.	» Si la beauté blonde que j'aime savait » que la perdre me donnerait la mort, » jamais elle ne m'ôterait son cœur qu'elle » m'a donné. Car en quelque lieu que je » vive, le mien sera toujours à elle, & jamais » il ne s'en éloignera. Dieu! la reverrai-» je bientôt la belle qui a mon cœur?
Je proi cele qui mon cuer a Qu'elle vueille que soie amis,	» Je prie celle que j'aime de vouloir » m'aimer; & que le premier qui me nuira

(*a*) Les couplets de la chanson suivante sont de différentes mesures vers la fin.

Et li premiers qui mi nuira
Soit de Dam le Dieu maléis.
Aucuns bien nuire mi porra;
Mès conment que soie nuisis,
Bele, à vous sui
Sans ami ne suis-je pas?
Non seré-je ja,
N'onques ne fui.

» auprès d'elle, soit maudit du Seigneur » Dieu. Sans doute il est possible de me » nuire. Mais quand bien même ce mal» heur m'arriverait, belle, je suis tout à » vous. Et ne suis-je pas sans autre amie? » ne le serais-je pas toujours? ne l'ai-je pas » toujours été!

PASTOURELLE.

En mois de Mai par un matin
S'est Marion levée;
En un boschet lez un jardin
S'en est la bele entrée.
Dui vallet, Guïot & Robin
Qui lonc-tems l'ont amée,
Pour li voer delez le bois
Alerent à celée:
Et Marion qui s'esjoï
A Robin perceu, si dist
Ceste chançonete:
Nus ne doit lès le bois aller
Sans sa compaignete.

(*a*) » Au mois de Mai, par un matin » se leva Marion; la belle entra dans un » bosquet au bout d'un jardin. Deux jeunes » gens, Robin & Guyot, qui l'aimaient » depuis long-temps, allerent en tapinois » le long du bosquet pour la voir; & Ma» rion qui aperçut Robin, & qui voulait » se divertir, chanta cette chansonere, *nul* » *ne doit aller au bois sans une com*» *pagne.*

Robin & Guïot ont oï
Le son de la brunette.
Cil qui a plus le cuer joli
Fet melz la paëlete.
Guïot mult très-grant joie ot,
Quant ot la chançonete:
Pour Marion sailli en piez,
S'atempre sa musette.
Robin mult très-bien oï l'ot,
Au plustost que il onques pot
A dit en sa frestele:
Dex! quel amer!
Harou! quel jouer
Fait à la pastorelle.

» Robin & Guyot entendirent la chan» son de la brunette. Celui qui a le cœur » plus amoureux fait mieux . . . . Guyot » fut très-joyeux d'entendre ces paroles. » Il se leva pour Marion, & tira sa mu» sette. Robin de son côté qui l'entendit, » joua sur son fretel, cet air; *Dieu!* . . . .

(*a*) Les vers dans les différens couplets ne sont ni de même nombre ni de même mesure. Nous ne concevons pas trop comment on pouvait les chanter sur l'air du premier, chaque couplet finit par un refrein tiré d'autres chansons.

Guïot a mult bien entendu
Ce que Robin fretele,
Si très grand duel en a eu
A pou qu'il ne chancele.
Mès li cuer li est revenu
Pour l'amour de la bele.
Il a reposté sa musele,
Si secorie sa cotele,
Un petitet ala avant
De lez Marion maintenant,
Si li a dit tout en esmai:
Hé! Marionnette,
Tant amée t'ai.

» Guyot entendit très-bien le fretel de » Robin, & il en eut un tel chagrin que » peu s'en falut qu'il ne tombât; mais » l'amour qu'il avait pour sa belle lui remit » le cœur, il riposta par un air de sa mu- » sette, & après avoir arangé sa cotte, il » alla où était Marion, & lui dit tout hors » de lui-même; *Ah! Marionette je t'ai- » mais tant!*

Marion vit Guïot venir,
S'est autre part tornée.
Et quant Guïot la vit guanchir,
Si li dist sa pensée:
Marion mains fez à prisier
Que fame qui soit née,
Quant pour Robinet ce Bergier
Est si asseurée.
Quant Marion s'oï blasmer,
Li ceur le commence à trembler,
Si li a dit sanz nul déport;
Sire Vallet, vos avez tort,
Qui éveilliez le chien qui dort.

» Marion qui l'avait vu venir, s'en alla » d'un autre côté; & lorsqu'il la vit s'éloi- » gner, il déchargea son cœur. Marion, » dit-il, est la plus méprisable des femmes » qui existent, quand elle est si folle d'un » berger comme Robin. Celle-ci s'enten- » dant blâmer, frissonna intérieurement, » & répondit aussi-tôt sans détour, *sire » Damoiseau, vous avez tort de réveiller » le chien qui dort.*

Quant Guïot vit que Marion
Fesoit si male chiere,
Avant sacha son chaperon,
Si est tornez arriere.
Robin qui s'estoit enbuschiez
Sous un Chasteigniere
Pour Marion sailli en piez,
Si a fet Chapiau d'ierre.
Marion contre lui alla;
Et Robin deux fois la baisa,
Puist li a dit; *suer Marion,*
Vous avez mon cuer
Et j'ai vostre amor en ma prison

» Quand Guyot vit Marion le traiter » ainsi, il remit son chaperon & se retira; » alors Robin qui s'était caché sous des » chataigniers, se leva pour Marion, & » fit.... Marion vint au devant de lui, » il l'embrassa deux fois, & dit, *amie Ma- » rion, vous avez mon cœur*, & *j'ai le » vôtre dans ma prison* ».

BEAUMARCHAI

BEAUMARCHAIS (Pierre de) était frere ou cousin d'*Eustache de Beaumarchais*, Chevalier d'une grande réputation, que Philippe le Hardi envoya en Navarre, pour soutenir les droits de Jeanne, héritiere de ce royaume, que le Roi d'Arragon voulait dépouiller de ses états. Il se rendit à Pampelune, y fit son entrée en qualité de vice-roi, & y reçut, au nom de la Princesse, les hommages de la plus grande partie de la noblesse. La bonne conduite de Beaumarchais conserva la Navarre à sa souveraine, qui, dès qu'elle fut en âge de se marier, épousa Philippe le Bel, qui n'était encore que second fils du Roi, & devint ensuite l'héritier du royaume, par la mort de son frere aîné. Ce mariage réunit la courone de Navarre à celle de France. Nous avons deux chansons de lui.

BEAUMONT (Messire Gilles de). *Mathieu II, Comte de Beaumont*, vivait en 1174 & en 1190, & fut chambrier de Louis le jeune & de Philippe-Auguste.

Mathieu III, Comte de Beaumont, chambrier de France, épousa Alienor de Vermandois, & mourut en 1214.

Jean-Gilles, Comte de Beaumont, chambrier de France (peut-être notre chansonier,) épousa en premieres noces *Gertrude*, fille aînée de *Raoul de Soissons* (peut-être aussi celui qui nous a laissé des chansons) & d'Alix de Dreux. Il mourut en 1220.

Dans le manuscrit du Roi, on trouve une chanson de *Gilles de Beaumont*.

Il y avait un *Raoul de Beaumont*, maître Queux du Roi (*a*) qui employa cent livres parisis pour la dépense de la translation du corps de Saint Louis en 1298.

Jean de Beaumont était chambrier de Louis VIII (ce qu'on appele aujourd'hui premier gentilhomme de la chambre.) *Guillaume de Beaumont* était Maréchal de France sous Saint Louis, & mourut vers 1250. Il était probablement pere ou frere de *Messire Gilles de Beaumont*, qui nous a laissé une chanson.

Ce Guillaume prend le titre de *Maréchal de France* dans une obligation

(*a*) Ou grand Queux de France. Cette charge était la premiere de la bouche du Roi; ses fonctions ont été réunies, à celles de grand Maître.

de 230 livres, dont le Roi saint Louis avait répondu pour lui envers Pierre Chambellan. Cette obligation est datée d'Acre, en Juin 1250.

BERNEVILLE (Gillebert de) vivait en 1260, & était né à Courtray en Flandres. Il était attaché à Henri, Duc de Brabant, pere de la seconde femme de Philippe-le-Hardy. Ce Duc de Brabant lui a adressé une chanson qui commence par *Beau Gillebert*, &c.

Il aima Béatrix d'Oudenarde, quoiqu'il avoue qu'il était marié. Il était persuadé qu'on ne peut mettre trop de mauvaise foi dans le commerce des femmes, & qu'on n'y réussit qu'autant que l'on sait tromper.

« Nul ne se peut avancer
» En amour, fors par mentir ;
» Et qui mieux sçait s'en aider
» Plutôt en a son plaisir ».

Il nous reste de lui trente-une chansons.

Chanson de Gillebert.

J'ai fet maint vers de chançon ;
Et s'ai mainte foiz chanté :
Onques n'en oi guerredon,
Nes tant c'on m'en s'eust gré.
Mès ja pour ce n'iere faus ;
Toz fins & loïaus
M'en irai,
Et serai
Sages : si m'en retreirai
D'amer celi
Où il n'a point de merci.

« J'ai fait beaucoup de vers pour chansons, je les ai souvent chantés : & jamais » on ne m'en a récompensé ni sçu gré. » Je n'en serai pas pour cela plus faux ; » je continuerai d'être franc & loyal ; mais » je me retirerai, je deviendrai sage, & » je renoncerai à aimer celle dont il ne » faut attendre aucun merci.

Je ne donroie un bouton
D'amors, ne de sa fierté.
Issuz sui de sa prison
Ou j'ai mains mauz enduré.
Amors n'est fors paine & maus
Tormenz & travaus.
Joë n'ai
Quant les ai ;
Et pour celi me retrai
D'amer celi
Où il n'a point de merci.

» Je ne donnerais pas une feuille maintenant d'amour & de toute sa puissance. » Je suis sorti de sa prison, dans laquelle » j'ai tant souffert. Amour n'est que peine » & douleur, tourmens & travaux. Je n'ai » plus de joie depuis que je le sens, & » c'est pour cela que je renonce à aimer » celle dont il ne faut attendre aucun » merci ».

Se j'amaſſe traïſon
Ne meſdit, ne fauſſeté,
L'on m'euſt tenu à bon,
Et ſi m'euſt-on amé.
Certes, amors déloïauz,
Ja n'iere de çaus;
Ainz ferai,
Quant voudrai,
Chanſon; ſi me retraierai
D'amer celi
Où il n'a point de merci.

» Si j'avais aimé les trahiſons, les mé-
» diſances, la fauſſeté, on m'eût regardé
» comme un homme de mérite, & l'on
» m'eût aimé. Amour trompeur, jamais
» je ne ferai de ces gens là. Mais je ferai
» une chanſon toutes les fois qu'il me
» plaira, & je renoncerai à aimer celle,
» &c.

Nus ne ſe puet avancier
En amor, fors par mentir:
Et qui melz s'en ſet aidier,
Pluſtoſt en a ſon pleſir.
Qui fame juſtiſera,
Ja ne l'amera
Par convent
Loïaument:
Et pour ce je me repent
D'amer celi
Où il n'a point de merci.

» Ce n'eſt qu'à force de menſonges qu'on
» peut parvenir en amour; & qui ſait mieux
» les employer, en obtient plutôt qu'un
» autre, la récompenſe. Qui rendra juſtice
» aux femmes, jamais ne les aimera de
» bonne foi & loyalement. Pour moi je
» me repens d'aimer celle, &c.

Certes ja céler nel quier,
G'enpris ma dame à ſervir.
Rendu m'en a tel loyer
Qu'ele me cuida traïr.
Voirs fu; s'amor m'otria,
Mès elle me gaba
Por vil gent.
Vengement
M'en dont Dex. Je me repent
D'amer celi
Où il n'a point de merci.

» Je ne cherche point à m'en défendre;
» j'entrepris d'aimer une belle; & le prix
» dont elle a payé mon amour a été de
» me trahir. Il eſt vrai qu'elle m'accorda
» ſes bontés; mais elle me trompa & s'aban-
» donna à des gens mépriſables. Que Dieu
» me donne le plaiſir d'en être vengé. Je
» me repens d'aimer celle, &c ».

Le Poëte ſe répentit d'avoir fait cette chanſon que lui dicta la colere; il en a laiſſé une autre, où il demande pardon à ſa belle, & à l'amour, de les avoir outragés.

Autre Chanson de Gillebert.

Li joli pensé que j'ai Me vienent de fine amor Et ce que ma dame sai Bone & sage & de valor. Me conforte & tient en joie; Et se je pooie Passer la meillor C'on sache de faire honor; Por ma dame le feroie.	« Tout ce que j'ai de jolies pensées me » vient d'amour & de ce que je sais que » ma dame est bonne, sage & femme de » mérite. C'est elle qui m'anime & me » met en joie, & si je savais l'honeur qu'on » peut rendre à la meilleure des dames, » je le ferais pour la mienne.
Jamais je n'entr'oublierai Un ris qui vint de douçor Qu'ele fist quant l'esgardai. Mès ne dis pas tel folor Que pour moi fust, je faudroie; Ne voir ne diroie; Mès de tel savoir M'est el cuer que nuit & jor Me samble qu'adès la voie.	» Jamais je n'oublierai un souris si doux » qui lui échappa un jour que je la re- » gardais. Je ne ferai pas la folie de dire » que c'était pour moi, je tromperais & » ne dirais pas la vérité; mais ce souris » est resté si agréablement dans mon cœur, » qu'il me semble que je la vois toujours.
Dame je vous ai doné Mon cuer, sanz ja départir: S'il pooit estre à vo gré, C'est la rienz que plus desir. Dame franche & débonaire, Se savoie faire Le vostre plaisir, Mieuz ameroie à morir Que nus m'en véist retraire.	» Dame, je vous ai donné mon cœur, » sans jamais le retirer. S'il pouvait vous » être agréable, ce serait la chose que je » désirerais le plus. Dame franche & douce, » si je savais faire ce qui vous fait plaisir, » j'aimerais mieux mourir que l'on me vit » y manquer ».

Les deux autres couplets ne valent rien; mais en voici un d'une autre chanson qui se trouve plus bas, & qui est joli :

Adès ai esté jolis, Bien m'en vant: Encor le serai toz dis Mon vivant, Et ferai chançon plus lie	« J'ai toujours été joyeux, & je m'en » vante; mais je le serai toujours tant que » je vivrai, & je ferai chansons plus gaies » encore que je n'en fis jamais, car celle » que j'aime me prie & me dit de chanter;

C'onques ne fis por itant:
Que cele cui j'aim m'en prie
Et dit à moi que je chant;
S'en ai le cuer plus joïant.

» ce qui me rend le cœur plus content ».

BESTOURMES. Il nous reste deux chansons de lui, que l'on trouve dans le manuscrit du Roi, parmi celles des Poëtes du treizieme siecle.

BÉTHUNE (Guillaume de). Le manuscrit du Vatican nous a fait connaître deux chansons de lui, qui ne sont attribuées nulle part à Quesnes de Béthune; ainsi ce sont deux Poëtes différens.

BÉTHUNE (Le Comte de) (ou Messire Quênes de). Il nous reste de lui douze chansons, & il est compris parmi les Poëtes du douzieme & du treizieme siecles.

Une chanson d'Hugues d'Oisy, qui lui est adressée, semble prouver que le *Quesnes de Béthune* avait acompagné Philippe-Auguste en France à son retour de la Terre-Sainte; & il leur reproche leur lâcheté d'avoir sitôt abandonné les saints lieux.

Chanson du Comte de Béthune.

L'autrier un jour après la Saint Denise
Fui à Bethune ù j'ai esté souvent:
Là me souvient de gent de male guise
Qui m'ont mis sus mençonge à escient,
Que j'ai chanté des dames laidement.
Maiz ils n'ont pas ma chançon bien aprise;
Je n'en chantai que d'une seulement,
Qui bien forfist que venjance en fut prise.

« L'autre jour, le lendemain de la Saint-» Denis, j'allai à Bethune où j'ai été souvent; là je me suis rappelé les discours » que quelques méchants ont tenus sur moi » par mensonge, en disant que j'ai mal » parlé des dames. Mais ils ont mal compris ma chanson; je ne me suis plaint » que d'une seule qui s'est conduite si mal » qu'elle en a été punie.

Si n'est pas drois que on me deconfise;
Si vous dirai bien par raison comment:
Quar se on fait d'un fort larron justise,
Doit-il desplaire as loïaus de noïent?
Nennil par Dieu qui raison i entent.
Maiz la raisons est si arriere mise
Que ce c'on doit blasmer loent la gent,
Si loent ce que nus autres ne prise.

» Il n'est donc pas juste que l'on me » persécute, & je vous le prouverai bien. » Tous les jours on fait justice d'un voleur; » & cependant les honêtes gens ne s'en » plaignent pas. Non par Dieu, pour celui » qui suit la raison; mais la raison aujourd'hui est si peu estimée, que les gens » louent ce qu'on doit blâmer, & qu'ils » louent ce que persone n'estime.

A la meilleur du Royaume de France,

» J'ai donné mon cœur à la meilleure

Voire del mont, ai mon cuer atourné;	» femme de France, & même du monde
Et non pourquant paour ai & doutance	» entier; & je crains cependant que son
Que sa valour ne me tieigne en vuité,	» mérite me tienne en souffrance; car je
Quant trop redout orgueilleuse biauté;	» redoute beauté orgueilleuse. Puisse Dieu
Or mi doint Dex trover vraie espérance	» m'accorder véritable espérance, puisque
Qu'en tout le mont n'a orgueill ne fierté	» dans tout l'Univers il n'y a orgueil ni
Qu'amours ne puist plaissier par sa puissance.	» fierté, qu'amour, par son pouvoir, ne
	» puisse adoucir ».

Blazon (Mgr. Thibaut de) était un gentilhomme attaché à Thibaut, Roi de Navarre & Comte de Champagne, dont la cour respirait la poésie & la galanterie. On trouve dans ses chansons (dont neuf seulement nous restent) plusieurs proverbes qui sont encore d'usage.

Chanson de Thibaut de Blazon (a).

Chanter m'estuet, si criem morir:	« Je crains de mourir, & il me faut
Mult faz grant effors quand je chant.	» chanter. Il m'en coûte beaucoup pour
Tout le monde voi resbaudir,	» le faire. Hélas, je vois tout le monde
Las! tout adès mi truis dolent.	» dans la joie, & moi je suis toujours
Amors me fet au cuer sentir	» dans la douleur! Amour me fait sentir
Tele angoisse & tel torment	» au cœur telle angoisse & tels tourments,
Que je ne cuit mie garir,	» que, si ma belle ne prend pitié de moi,
Se la bele pitié n'en prent.	» je ne crois pas pouvoir en guérir. Mais
Certes à tort me plaing d'amors,	» non, c'est à tort que je me plains d'amour,
Mult en sont douces les doulors.	» les maux qu'il cause sont doux.
Certes à tort.	» Oui, c'est à tort, beau sire Dieu! je
Biau sire Dex! pour ce sui nez	» suis né pour aimer de toutes mes forces.
Que je l'amasse à mon povoir.	» Aussi fais-je hélas! malheureux que je
Si faz-je las! desconfortez:	» suis! & il ne tient qu'à elle de s'en aper-
Si s'en puet bien apercevoir.	» cevoir. Mais si, après avoir servi si long-
Et se g'i muir sanz estre amé	» tems dans l'espérance, je meurs sans être
Tant ai servi en bon espoir,	» aimé, on lui reprochera encore mes
Qu'encor li sera réprouvé	» services, j'en suis certain. Oui, elle a
Mes servises, g'el sai de voir.	» tort ».
Certes à tort.	

Blois (Robert de), né à Blois, vivait du tems de Saint Louis, & nous a laissé neuf chansons.

(a) C'est une espece de rondeau: le second couplet a deux vers de moins.

Chanson de Robert de Blois.

Par trop céler mon courage
Ne puis à joie monter,
Et si retieng à outrage
De trop géhir mon penser;
Ne plus qu'on puet sanz amer,
Avoir pris ne vasselage,
Ne puet-on tenir à sage
Homme qui trop set céler.

« Pour trop cacher mon amour, je ne » puis espérer de joie, & je me cause mon » malheur en célant mes pensées. Comme » on ne peut sans amour, mériter louange » & honeur, ainsi ne doit-on pas regarder » comme sage l'amant qui ne sait parler.

En toute chose a mesure,
Que bien garder i sauroit;
Mès vilaine amor n'a cure
D'esgarder réson ne droit.
Je dis que cil se deçoit
Qui n'a soing de couverture,
Et qui plus si asséure
Greigneur damage i reçoit.

» Qui voudrait y prendre garde, verrait » qu'en toutes choses il y a une mesure, mais » vilain amour ne connoît ni droit ni raison. » Je dis que celui-là se trompe lui-même » qui ne prend aucun soin pour se cacher; » & que plus il se fie en lui-même, plus il » reçoit de dommage.

Rire & bele bouche fere
Puet-on, ce dient li gent:
On note bien au viere
Et au fol contenement
Mainte folie souvent;
Pour ce se doit on retraire;
Et melz en fet son affere
Qui se cueuvre sagement.

» On peut, dit-on, soutire & montrer » un visage agréable. Mais à l'air du visage » & au maintien, on peut remarquer sou- » vent de la folie. Ainsi l'on doit se tenir » sur ses gardes; & celui-là est plus sûr » de réussir qui se cache prudemment ».

Blondeau de Neele, connu aussi sous le nom de Blondel. Voyez son article au chapitre des Troubadours. Il nous reste de lui vingt-neuf chansons.

Chanson de Blondeau.

La joïe me semont
De chanter au douz tens;
Et mes cuers li respont
Que droit est que g'i pens:
Car nule riens el mont
Ne faz seur son deffens.
Dex! quel siecle cil ont
Qui i metent leur sens.

« La joie (l'amour heureux), me fait » chanter au retour du printems, & mon » cœur lui répond qu'il est juste de m'en » occuper; car personne au monde n'ose- » roit désobéir à amour. Dieu! quelle vie » heureuse menent ceux qui s'abandonnent » à lui!

A la joïe apartient
D'amer mult finement;
Et, quant li lieus en vient,
Li donners largement.

» Pour obtenir ce bonheur, il faut aimer » loyalement, & quand l'occasion s'en » présente, donner libéralement; mais par- » dessus tout il faut discours courtois. Qui

Oncor plus i convient
Parler cortoisement:
Qui ces trois voies tient
Ja n'ira malement.

» pratiquera ces trois préceptes, jamais » n'éprouvera mauvais succès ».

Bodel (Jean) ou Bodeaux, né à Arras dans le treizieme siecle, nous a laissé cinq chansons.

Bouloigne (Gérard de) est compris dans la liste des Poëtes du treizieme siecle, dans les manuscrits de M. de Sainte-Palaye & dans celui du Roi. On n'a de lui qu'une chanson.

Bouteiller (Colard le). On croit qu'il était de la noble maison des Bouteillers de Senlis. Il était ami de Guillaume le Viniers, & vivait sous Saint Louis. Nous avons de lui seize chansons.

Brabant (Le Duc de). *Henri III*, Duc de Brabant, surnommé le *Débonaire*, épousa *Alix de Bourgogne*, fille d'*Hugues IV*. Leur fils aîné se fit Moine. *Jean I* succéda à son pere; *Geoffroy*, seigneur *d'Arscot*, était le troisieme, & *Marie* leur fille, épousa *Philippe le Hardi*, Roi de France. Le Duc Henri III mourut en 1260, & sa femme le 23 Octobre 1273. On a soupçonné que ses chansons étaient de son Menestrel Adenez, qui nous aprend que son maître, avant de mourir, commanda d'ouvrir sa chambre à tous ceux qui le voudraient venir voir, pauvres & riches, ayant fait mettre beaucoup d'or d'argent près de lui, afin de le donner aux pauvres. Nous avons de lui quatre chansons.

PASTOURELLE.

L'autrier estoie montez
Seur mon palefroi anblant,
Et pris m'estoit volentez
De trouver un nouviau chant.
Tout esbanoïant
M'en aloie;
Truis enmi ma voie
Pastore seant
Loin de gent:
Belement
La salu,
Et li dis, vez-ci vo dru.

« J'étais monté l'autre jour sur mon » palefroi (qui va l'amble), & il m'était » venu l'envie de faire un chant nouveau: » je marchais tout gaiment, quand je trou» vai dans mon chemin une bergere assise » à l'écart. Je la salue poliment, & lui dis, » vous voyez votre amant.

Biau

Biau sire, trop vous hastez,
Dit la touse; j'ai amant:
Il n'est gueres loing alez,
Il revendra maintenant.
Chevauchiez avant.
Trop m'effroie
Que il ne vous voie,
Trop est mescréant;
Ne talent
Ne me prent
De vos giu:
Aillors ai mon cuer rendu.

» Beau sire, vous vous pressez trop, » dit la fillete; j'ai un amant. Continuez » votre chemin, j'ai peur qu'il ne vous » voie, il est jaloux; & je n'ai nulle envie » d'écouter vos badinages: mon cœur est » donné à un autre.

Damoiselle, car créez
Mon conseil; je vous créant,
Jamès povre ne serez,
Ainz auroiz à vo talent
Cote traïnant,
Et corroie
Ouvrée de soie
Cloée d'argent.
Bonement
Se défent;
N'a valu
Quanque j'ai dit un festu.

» Demoiselle, faites ce que je vous con» seille. Je vous donne ma parole que vous » n'aurez plus jamais à craindre la pau» vreté, mais que vous aurez à votre gré » cote à longue queue, & ceinture tra» vaillée en soie avec des cloux d'argent. » Elle se défend bravement, & tout ce que » je disois ne produisoit rien, (n'a vallu » un fêtu).

Biau sire, car en alez,
Dist elle, c'est pour noïent;
Vostre parole gastez
Que je ne pris mie un gant.
Ne vostre beuban
N'ameroie,
Vos don ne prendroie,
Ne si autrement
Vostre argent;
Vo present
N'ai éu;
Maint prometeus ai véu.

» Beau sire, retirez-vous, dit-elle: c'est » inutile, vous perdez vos discours (que » je ne prise pas un gant). Je n'aimerais » pas vos galanteries, & ne prendrais ni » vos dons ni votre argent. Je n'ai point » vu ces présens dont vous parlez, & j'ai » souvent rencontré gens qui promettaient.

Damoiselle, car prenez
La çainture maintenant,
Et le matin si raurez

» Demoiselle, recevez dès ce moment » la ceinture; demain matin vous aurez tout » le reste. Alors elle sourit & j'en fus fort

Treſtout l'autre convenant.
Lors va ſorriant,
Et j'oi joie.
Tant fis qu'ele otroie
Mon gré maintenant.
Le don prent
Maintenant;
J'ai ſentu
De quel maniére ele fu.

» aiſe. Enfin je fis tant qu'elle conſentit » à ce que je voulais. Elle prit le pré- » ſent & moi je ſus comment elle était » faite ».

AUTRE.

Amors m'eſt à cuer entrée,
De chanter m'a eſméu:
Si chant por la bele née
A cui j'ai mon cuer rendu
Ligement;
Et ſachent la gent,
Mercier
Ne doit-on de mon chanter,
Fors li
Cui j'aim ſi
Que j'en ai & cuer & cors joli.

« Amour eſt entré dans mon cœur & » m'excite à chanter. Je chanterai donc » pour la belle à qui j'ai fait hommage » lige de mon ame. Et je veux qu'on ſache » que perſonne ne doit me ſavoir gré de mon » chant, hors celle que j'aime tant que » j'en ai le corps & le cœur joyeux.

Se j'ai dolor endurée
Por amor, & mal ſentu,
Il me plaiſt bien & agrée
Quant j'ai ſi bien eſléu;
N'ai talent
D'amer fauſſement:
Amender
Vueil, & loïaument amer
Por li
Cui j'aim ſi, &c.

» Si j'ai enduré quelque douleur & reſ- » ſenti des maux pour amour; je m'en » aplaudis au moins & m'en félicite quand » je vois que j'ai ſi bien choiſi. Je n'ai » point envie d'aimer fauſſement, mais » je veux me corriger & m'attacher loyale- » ment à celle que j'aime tant, &c.

Amors eſt en moi doublée
Plus que onques maiz ne fu:
Si ſervirai à durée;
Dex doint c'on m'ait retenu
Temprement,
Amorouſement
Sanz fauſſer:
Car je ne puis oublier
Celi
Cui, &c.

» Amour eſt augmenté en moi plus qu'il » ne le fut jamais. Je le ſervirai conſtam- » ment. Dieu veuille qu'on me garde ten- » drement, amoureuſement, ſans me trom- » per; car je ne puis oublier celle que, &c.

Et s'amors les fuens avance,
De moi li doit fouvenir :
Car je fui fuenz fanz faillance
A toz-jors fanz repentir.
Ententis
Serai mès touz dis
D'avancier
Amors, & fon nom haucier
Por li
Cui, &c.

» Si amour fait profpérer fes ferviteurs » il doit fe reffouvenir de moi; car je fuis » le fien fans retour & à jamais. Toujours » déformais je ferai occupé à honorer amour » & à exalter fon nom pour celle que, &c.

Adez me croift ma poiffance
Et volentez de fervir,
Sanz celi où j'ai fiance
Ne porrai mie garir;
Si conquis
M'ont fi très douz ris :
Sanz cuidier
Sai que ne puis eflongnier
De li
Cui, &c.

» Sans ceffe croît dans mon cœur l'envie » & l'ardeur de la fervir. Sans fes bontés, » dans lefquelles j'ai confiance, je ne pour» rai guérir. Son doux fourire m'a con» quis, & je fens qu'il n'eft plus en mon » pouvoir de m'éloigner de celle, &c.

Cuens jolis
De Flandres, amis,
Cui j'ai chier,
Me fauriez-vous confeilliez
De li
Cui j'aim fi, &c.

» Joli Comte de Flandres, ami que j'aime, » pouvez vous me confeiller fur celle que » j'aime tant », &c.

Braine (Meffire Jean, Comte de) vivait fous faint Louis, & nous a laiffé trois chanfons, que l'on trouve dans le manufcrit du Roi (*a*) & dans celui de Noailles.

(*a*) La table ancienne & la table nouvelle de ce manufcrit, attribuent fauffement ces chanfons au Roi Jean. Le nom du *Quens Jéhan de Braine*, eft à la tête de chacune de ces chanfons dans le même manufcrit. L'écriture de ces titres eft auffi ancienne que celle de la table ancienne, & la feconde a été copiée fur la premiere; ainfi il eft évident que c'eft une faute du premier copifte.

Le manufcrit de Noailles renferme deux copies de la troifieme de ces chanfons. La premiere eft attribuée *au Comte Jean de Braine*, & la feconde *au Chanoine de Saint Quentin.* L'écriture du manufcrit du Roi étant du treizieme fiecle, & le Roi Jean n'étant monté fur le trône qu'au quatorzieme, il eft impoffible qu'il foit l'auteur de ces chanfons.

Bresi (Hugues de) ou de Berci, ou de Brégy, contemporain d'Hélinand, vivait ſous Philippe-Auguſte, & était le plus agréable de nos vieux Romanciers. Il nous a laiſſé ſix chanſons. L'Abbé Maſſieux prétend qu'il eſt le même que *Guyot de Provins*, Auteur de la Bible. On le croit Moine, parce qu'il dit quelque part :

« Y a plus de douſe ans paſſé
» Qu'en noirs draps ſuis enveloppé ».

Il nous aprend que, de ſon tems, l'aimant ſervait à guider les vaiſſeaux. Car, après avoir parlé de l'étoile polaire qu'il appele Tramontane, il dit :

Icelle étoisle ne ſe muet.
Un art font qui mentir ne puet
Par vertu de la Marinette
Une pierre laide & noirette
Ou li fers volentiers ſe joint.

Bretagne (Jean I de Dreux, Comte de). Il était Comte ſouverain de Bretagne & fils de *Pierre Mauclerc*, ſi fameux ſous Philippe-Auguſte. Il épouſa *Blanche*, fille de Thibaut, Roi de Navarre. Ce fut *Gace Brulé* qui, pendant ſon ſéjour en Bretagne, lui fit naître le goût de compoſer des chanſons. Ce Prince & ſon épouſe ſurvécurent plus de trente ans au Roi de Navarre, qui mourut en 1253 ou 1254 (*a*).

Nous n'avons de lui que la chanſon ſuivante.

Chanſon du Duc de Bretagne.

Bernart, à vous vueil demander De deus choſes la plus vaillant, Pro ce que tant oi loer, Ou largece qu'on aime tant.	« Bernard je veux vous demander quelle » eſt la meilleure de deux choſes, ou la » valeur que j'ai entendu tant louer, ou » la libéralité qu'on aime tant. Dites m'en

(*a*) Les Souverains de cette province portaient également le titre de Duc ou Comte. Fauchet dit que celui dont il s'agit ici, était *Pierre*, ſurnommé *Mauclerc*, mais il ſe trompe.

Cette piece eſt un *jeu parti* entre le Duc & Bernard de la Ferté. Il y a dans les derniers couplets pluſieurs vers qui ont une ſyllabe de moins que ceux des deux premiers.

Si m'en dites vostre semblant;
Car j'ai touz jors oï conter,
Sans proëce ne puet monter
Nul chevalier très bien avant
Qui d'armes soit entremétant.

» votre avis; car j'ai toujours ouï dire que » sans prouesse, un chevalier, qui suit le » parti des armes, ne peut aller loin.

Cuens de Bretaigne, sans fausser,
Largèce vault melz, ce m'est vis:
Que largece fait homme amer
A trestouz ceus de son pays;
Méesmement ses anemis
Puet-on conquerre par doner:
Et si en puet-on acheter
L'amor au Roy de paradis;
Et qui l'a, mult li est bien pris.

» Comte de Bretagne, franchement à » mon avis, largesse est préférable. C'est » elle qui fait aimer un homme dans tout » son pays. Il peut même, par son moyen, » gagner ses ennemis; il peut en acquérir » l'amour du Roi du ciel; & celui qui la » possede est un homme bien estimable.

Bernart de la Ferté, amis,
Ne cuit sanz proęce vaille
Largece; ainçois m'est avis
Qu'en semble feu de paille:
Quant est ars, bien sé sanz faille
Riens ne vaut; pour ce m'est avis
Proece doit avoir le pris;
Car qui l'a, ne fera faille
En nul besoing où il aille.

» Bernard de la Ferté, mon ami, je ne » crois pas que largesse ait quelque prix » sans la prouesse. Il me semble au con- » traire qu'elle ressemble au feu de paille » qui, quand il a brûlé un instant, ne vaut » plus rien. Je conclus donc que prouesse » doit l'emporter; car celui qui est preux » ne manquera jamais, en quelque lieu » qu'il aille.

Cuens, & je di sans largece
Ne porroit nus estre preudon:
Car à toz biens fere adrece
Celui qui l'a en sa méson.
Et meesmement riches hon
Qui de doner n'a parèce,
Si ne le fet par détrèce,
Itel doit avoir région;
Et non mie le preus félon.

» Comte, je dis moi que sans largesse, » on ne peut être un prud'homme, car » c'est elle qui engage à faire du bien » celui qui la possede. J'ajoute de plus » qu'un homme riche qui est prompt à » donner, & qui le fait avec grace, devroit » posséder un état, & jamais le preux qui » en même temps peut être un traître.

Bernart, j'ai touz jors oï dire
Que li cors gaaigne l'avoir;
Et se il est mauvès sire
Quel chose le fera valoir?
Largece n'ia povoir

» Bernard, j'ai toujours entendu dire » que l'argent ne gagne que des corps. Si » votre homme libéral est un mauvais Prin- » ce, qu'aura-t-il pour se faire valoir (aimer » de ses sujets?) largesse ne fera rien à cela.

Ne fisicien ne mire.
Touz jors sera de l'Empire
Mis à henor en non chaloir,
Ce poez-vous savoir de voir.

» Il n'y a médecin ni chirurgien qui y sache » remède; & il sera regardé comme un » homme qui se soucie fort peu de l'honeur » de ses états : vous pouvez certainement » compter là-dessus ».

Bretel ou Breteaux (Sire Jean) vivait du tems de saint Louis, & a fait une foule de chansons en *jeux partis*. Il ne nous en reste que quatre.

Breteaux était ami de *Lambert Ferris* & de *Cuveliers*.

Burneau de Tours vivait sous saint Louis, & nous a laissé deux chansons.

Capelains de Laon est compris dans la liste des Poëtes du treizieme siecle, dans les manuscrits de M. de Sainte-Palaye.

La seule chanson qui nous reste de lui, est anonime dans le manuscrit de M. de Paulmy.

Carasauz, né à Arras, vivait sous saint Louis, & nous a laissé six chansons.

Castel ou Chastel (Robert ou Robins de) florissait en 1260, & a laissé six chansons, dont deux sont cotées en marge *couronées*, pour avoir, selon les aparences, gagné quelque prix.

Caupains (Arnould), compris dans la liste des Poëtes du treizieme siecle, nous a laissé cinq chansons.

Chancelier de Paris. La chanson qui nous reste de lui, est-elle de Hugues de Bethisy, Chancelier en 1186 & en 1200, ou de Guy d'Athies, vice-Chancelier en 1201, & peut-être frere ou parent de Simon d'Athies, l'un de nos Chansoniers de ce siecle, ou enfin, de frere Guerin, Garde-des-Sceaux en 1213, mort en 1230? C'est ce qu'il n'est pas aisé de décider.

Chanoine de Saint-Quentin (Le) vivait sous saint Louis, & nous a laissé trois chansons.

Chardon de Croisilles vivait sous saint Louis. Nous n'avons que deux de ses chansons.

Chartres (Matthieu Vidame de) de la maison de Vendôme, était Vidame du pays Chartrain, dont alors Thibaut de Champagne était Comte.

Il eſt à préſumer que leur goût pour les chanſons dût les lier enſemble. Le Vidame ne nous en a laiſſé que huit aſſez jolies. Il eſt qualifié panetier de France dans un état de la maiſon du Roi Philippe-le-Bel, de l'an 1288, & vivait encore en 1291.

Il était fils de Geoffroy de Freteval, Vidame de Chartres, mort en 1245, qui peut être auſſi l'auteur des chanſons; mais il n'eſt pas aiſé de décider, ſi elles ſont du pere ou du fils. Il nous en reſte neuf.

Les deux premiers couplets d'une de ſes chanſons ſe trouvent dans le Roman de Guillaume de Dole.

Chanſon du Vidame de Chartres.

Chaſcuns me ſemont de chanter; Mès n'en puis trouver l'achéſon, Quant cele ne me daigne amer Qui à tort me tient en priſon. Onques ne vout ma guériſon Querre, ne ma plaie ſaner, Tant m'a haï! Bien voi ſin amant traï, Quant amors m'a ſi enhaï.	» Chacun m'engage à chanter; mais » je ne puis en avoir l'envie, quand je » vois celle qui me tient dans ſa priſon, » ne daigner m'aimer. Jamais elle n'a voulu, » tant elle me hait! ſoulager mes maux, & » guérir la bleſſure qu'elle m'a faite. Quand » je vois amour tant m'affliger, je vois un » vrai amant bien trahi.
Lonc tens ai amé ſans fauſſer Cele dont n'os dire le non; Mès or la puis male nonmer, C'onques ne me fiſt ſe mal non. Servie l'ai ſanz traïſon, N'onques n'i poi douçor trouver: Tant m'a haï, &c	» Long-tems j'ai aimé, ſans tromper, » celle dont je n'oſe prononcer le nom; » mais à préſent je puis bien la nommer » méchante, puiſqu'elle ne me fit jamais » que du mal. Jamais je ne trouvai dou- » ceur en elle, tant elle me hait. Quand je » vois, &c.
Onques ne poi ſi bel ſervir Ma dame, que melz m'en féſiſt. En une eure péuſt mérir Les max que j'ai, s'ele vouſiſt: Més onques talent ne li priſt De moi reſpaſſer ne guérir, Tant m'a haï, &c.	» Je n'ai jamais pu ſi bien ſervir ma » dame, qu'elle m'en traitât mieux. Elle » eut pû dans une heure, ſi elle eût voulu, » guérir les maux que je ſens; mais jamais » l'envie ne lui vint de me ſauver du tré- » pas, tant elle me hait! &c.
Dame pour qui plor & ſouſpir, Ainc fame, fors vous, ne me ſiſt: Car quant voſtre biauté remir, Mon cuer lo qui ſi haut s'aſſiſt;	» Dame pour qui je pleure & ſoupire, » jamais femme que vous ne me toucha. Et » quand je contemple vos charmes, je loue » mon cœur de s'être adreſſé en lieu ſi haut.

Et ne porquant trop i méſpriſt
Quant enſi mi leſſiez morir.
Dame, merci;
Bien m'a, &c.

» Cependant il s'eſt mépris, puiſque vous
» me laiſſez mourir. Grace, ma dame
» quand je vois, &c.

Chançon, di ma dame au partir
En qui Dex tant de biauté miſt
Qu'ainc nule autre n'i pout partir,
N'ainc nule plus bele ne fiſt;
Di li qu'à li pas n'aſſériſt
De ſon ami leſſier morir
Tant ſanz merci.
Bien voi, &c.

» Chanſon, dis en partant à cette belle,
» à qui Dieu a départi tant de beauté,
» que nulle autre ne peut la balancer,
» & que nulle autre ne fut plus belle. Dis-
» lui qu'il ne lui convient pas de laiſſer
» mourir ainſi ſon ami ſans pitié. Quand
» je vois, &c ».

Chastel (Robert du) pourait bien être le même que Robins du Caſtel. Il nous reſte deux chanſons de lui.

Chevaliers (*Gueſves*). La table du manuſcrit du Roi fait mention d'une de ſes chanſons; mais elle a été coupée, peut-être par Henri III, qui a coupé preſque toutes les vignettes de ce manuſcrit. Celui de M. de Sainte-Palaye nous en a conſervé trois, dont on trouve une dans celui de Noailles.

Chiertain ou Certain vivait dans le treizieme ſiecle, & nous a laiſſé une ſeule chanſon.

Chison (Jacques de) ou Kison, vivait en 1250, & a laiſſé neuf chanſons d'amour, pleines de ſentiment.

Chanſon de Jacques de Chiſon.

Quant recommence & revient biaux eſtez,
Que foille & flor reſplendit par boſchage,
Que li froiz tanz, de l'hyver eſt paſſez,
Et cil oiſel chantent en lor langage,
Lors chanterai,
Et envoiſiez ſerai
De cuer verai:
Ja por rienz nel lairai;
Car ma dame qui tant eſt bone & ſage
M'a commandé a tenir mon uſage
D'avoir cuer gai.

« A préſent que revient & recommence
» le doux printems, que dans les bocages
» on voit briller fleurs & fruits, que la
» froidure de l'hiver eſt paſſée : je chan-
» terai, & ſerai joyeux de bon cœur, &
» ne me tairai pour choſe au monde;
» car ma dame qui eſt ſi bone & ſi ſage
» m'a ordonné de tenir ſelon mon uſage
» mon cœur gai.

Cil

Cil qui dient que mes chans est remez
Par mauvaistie & par faintis corage,
Et que perdue est ma jolivetez
Par ma langor & par mon mariage
N'ont pas bien sai
Si amoroz assai
Conme je ai
Qui joie maintendrai
Tot mon vivant; ne ja par nul malage
Conment qu'il griet, ne conment qu'assoage,
Ne recrerai

» Ceux que disent que j'ai renoncé à » chanter par lâcheté, par manque de » courage, & que ma nonchalance & » mon mariage m'ont fait perdre ma gaieté, » ne savent pas ce qu'on fait quand on » est amoureux comme je le suis, moi qui » maintiendrai joie toute ma vie, & qui » pour nulle maladie ne cesserai, soit que » l'amour me cause des peines, soit qu'il » me procure des plaisirs.

Li tens d'esté ne la bele saisons
Ne font or pas ma chançon envoisie,
Maiz douz pensé, & jolie raisons;
Et bone amors qui m'a en sa baillie,
Qui de joie mon fin cuer resemont
Me fait penser à la meillor del mont:
S'en doist estre mes chanz mout pluz jolis,
Car or endroit chant-je con fins amis.

» Ce n'est ni le printems ni la belle saison » qui rendent ma chanson gaie; c'est une » douce pensée, un ressouvenir agréable, & » l'amour qui, possédant mon cœur, le » somme avec joie de penser à la plus belle » du monde. Mon chant doit donc être » plus joyeux; car en ce moment je ne » chante que comme un tendre amant.

Et puisqu'amors est ma droite ochoisons,
Je me dois bien tenir à sa maistrie
Qu'ele m'aprent & les chans & les sons,
Et par li est ma pensée jolie.
Quar quant recort les biaux ex de son front,
Et les regart amouroz qui ens sunt,
Lors me confort qu'en pensans m'est avis
Que d'eus me naist, en souriant, mercis.

» Puisqu'amour est ma véritable ressource, » je dois bien m'y tenir attaché. C'est lui » qui m'enseigne à chanter, c'est lui qui » rend mes pensées riantes. Lorsque je » songe aux beaux yeux de ma belle & à » ses regards amoureux; alors il me sem- » ble que je vois merci naître en eux avec » un sourire ».

Chrestien de Troyes, Auteur du Roman du Graal, vivait vers la fin du regne de Louis-le-Jeune, puisqu'il y parle de *Philippe d'Alsace, Comte de Flandres*, comme vivant alors; & ce Prince mourut en 1191. Fauchet pense que les anciens Romans, comme Tristan, Lancelot, &c. avaient été d'abord composés en prose; & que vers ce tems, ils furent remis en vers & en nouveau langage. Tristan parut en 1190. Le Graal le suivit immédiatement.

On le fait auteur du Roman de Perceval; mais c'est seulement *Thori de Bourges*, qui n'en donne aucune preuve. Il a fait certainement le Roman du Chevalier du Lyon.

C'eſt auſſi à tort que Fauchet & Lacroix-Dumaine lui ont attribué le Fabliau du *Chevalier de l'Épée*. La preuve s'en trouve dans le préambule de ce Fabliau. L'Auteur reproche à Chreſtien de n'avoir pas parlé de Gauvain, lui qui avait parlé de tant de Chevaliers de la table ronde. Il nous reſte trois chanſons de Chreſtien de Troyes.

Cœsar, excellent Peintre & bon Poëte Provençal, vivait l'an 1384.

Colars le Bouteillier. (Voyez au *B*).

Colin Muset. (Voyez *Muſet*).

Contredit (Andrieu, André ou Pierre), Poëte du treizieme ſiecle, nous a laiſſé dix-ſept chanſons.

Corbie (Meſſire Pierre de) Poëte du treizième ſiecle, nous a laiſſé ſix chanſons, qu'on ne trouve que dans le manuſcrit du Roi & dans celui de Noailles.

Corbie (Rouſins de) vivait à-peu-près dans le même tems, & on ne trouve qu'une chanſon de lui dans le manuſcrit de M. de Sainte-Palaye.

Corbie (Vielard de). Cinq chanſons nous reſtent de lui: il était contemporain des précédens.

Coucy (Le Comte de); probablement c'était Raoul ſecond, Sire de Coucy, tué à la Maſſoure en 1250. Nous n'avons de lui que cette chanſon.

Chanſon du Comte de Coucy.

De jolis cuer enamoré
Chançonette commencerai,
Pour ſavoir s'il viendroit en gré
Cele dont ja ne partirai;
Ainz ſerai à ſa volonté,
Jà tant ne mi ſaura grever
Qu'el ne mi truiſſe ami verai.

« De cœur gai & amoureux, je commencerai une chanſon pour ſavoir ſi elle » plairait à celle dont jamais je ne me ſéparerai, & à la volonté de qui je ſerai » toujours dévoué. Car elle aura beau » m'affliger, je ſerai toujours ſon amant » fidele.

Quant ſon gent cors & ſon vis cler
Et ſa grant biauté remirai,
Lors la trouvai ſi à mon gré
Que toute autre amor oubliai :
Ce ne fut pas pour ma ſanté,
Et ſi cuit bien tout mon aé
Languir que ja ne li dirai.

» Quand je vis ſon joli corps, & ſon » minois charmant, & ſa beauté parfaite, » je la trouvai ſi fort à mon gré que je » renonçai à tout autre amour; ce ne fut » pas pour ma ſanté, car je crois que je » ſuis deſtiné à languir toute ma vie ſans » que j'oſe le lui dire.

Réſon me blaſme durement
Et dit que pas ne l'ai créu,
Car d'amer ſi très hautement
Ai trop mauvès conſeil éu ;
Mès pitié qui les fins amant
Fet iriez baux & joïanz,
Dit qu'amor mi ſera rendu.

» La raiſon me blâme durement, & me » dit que c'eſt ma faute d'avoir eu l'impru- » dence d'aimer en ſi haut lieu; mais pitié » qui procure joie & plaiſir aux amans » déſolés, me dit que je ſerai récompenſé.

Dame, ſe j'aim plus hautement
Que meſtier ne mi ſoit éu,
La grant biauté qu'à vous apent
A ſi mon corage méu :
Si vous cri merci bonement :
Car trop redout vilaine gent
Que il ne ſoient mes créu.

» Dame, ſi j'ai eu un amour plus am- » bitieux qu'il ne me convenoit, c'eſt la » beauté que vous avez en partage qui » m'y a excité. Je vous crie merci, car » je crains que les méchans ne ſoient crus » dans leurs médiſances ſur mon compte.

Deſormès n'eſt-il noïent
Du départir ne ne du mouvoir,
Ne pour paine ne pour torment,
Ne pour mal que mi face avoir :
Ainz ſerai tout à li ſervir,
Or ſoit du tot à ſon pleſir
Pour merci atendre & avoir.

» Déſormais peu m'importe que je parte » ou que je reſte, que j'éprouve peine & » tourment, & les maux dont elle m'afflige. » Je ſerai tout entier dévoué à la ſervir; » & c'eſt de ſa bonne volonté uniquement » que j'attends, & veux avoir merci ».

Coucy (Le Châtelain). Voyez ſes chanſons au chapitre ſuivant.

Coupele (Pierre de la) vivait en 1260, & nous a laiſſé cinq chanſons.

Couroierie (Eudes de la). Rien de bon de lui; mais il faut remarquer cet hémiſtiche ſingulier dans une chanſon, dont les vers ſont de dix ſyllabes.

Chadſon d'Endes de la Couroierie.

Apris ai d'amors treſtout mon aage,
Ore en ſui plus fox qu'au commencement ;
Mès je me pourpens q'il n'en eſt nul ſage,

« J'ai ſenti l'amour toute ma vie, & il » rend maintenant plus fou que je ne l'ai » jamais été. Mais je m'imagine que per-

Ja tant n'en aura apris longuement.
Or me face amors un tel avantage
Qu'ele me partit, ou qu'el m'asoage
Les maux qu'ai soffert débonairement.

» sone n'est est exempt, quelqu'étude qu'il » ait faite à ce sujet. Or, qu'amour me » fasse donc la grace, ou de me quitter » enfin, ou de me soulager des maux que » j'ai soufferts avec douceur ».

Il vivait sous saint Louis, & nous a laissé cinq chansons.

Craon (Pierre de). Ce qu'avance Fauchet, que ce Poëte était de l'illustre maison de Craon, est détruit par les premiers vers d'une de ses chansons, où il dit qu'il aime par protection, & que *ses bons seigneurs de Craon ont aimé toute leur vie*. Il était alors d'usage que les vassaux prissent quelquefois le nom de leur seigneur.

Il ne nous reste de lui qu'une chanson.

Craon (Maurice de) était peut-être frere du précédent, & a été confondu avec lui.

Il dit, dans la chanson qui nous reste de lui, qu'il aime par héritage, & que dans sa famille, on a toujours été galant de pere en fils.

» Fine amor claim en moi par héritage.
» Droiz s'est réson : car bien & loïaument
» L'ont servie de Creon leur aage
» Mi bon seigneur ».

Cupelin, bon Poëte du treizieme siecle, vivait en 1260. Il était compagnon de Hugues de *Braie-Selve*, fameux Menestrel, & composait les chansons que chantait ce jongleur.

Cuveliers (Jean le) vivait sous saint Louis, & nous a laissé six chansons.

Doete de Troyes. Elle se trouva à la cour de l'empereur Conrard à Mayence.

« De Troye la belle Doete
» Y chantait cette chansonette,
» Quant revient la saison
» Que l'herbe reverdoie.

Bible Guyot.

Doete était fameuse par sa beauté, son esprit & sa voix; & elle faisait des chansons, dont elle composait aussi les airs.

Douai (Pierre de). Nous n'avons qu'une chanſon de lui dans le manuſcrit de Sainte-Palaye. Il eſt dans la liſte des Poëtes du treizieme ſiecle.

Douche (Andrieu). Le manuſcrit de Sainte-Palaye nous a conſervé deux chanſons de lui. Il eſt dans la liſte des Poëtes du treizieme ſiecle.

Dregnau, de Lille, (Marotte ou Marie). Il nous reſte une ſeule chanſon d'elle, que l'on trouve dans le manuſcrit du Roi & dans celui de Noailles.

Mout m'abéliſt quant je voi revenir
Yver, greſill & gelée aparoir;
Car en toz tans ſe doit bien reſjoïr
Bele pucele, & joli cuer avoir.
Si chanterai d'amors por mieux valoir,
Car mes fins cuers plains d'amorous deſir
Ne mi fait pas ma grant joie faillir.

« J'ai du plaiſir quand je vois revenir » l'hiver & paroître le greſil & la gelée, » car en tout tems jolie pucelle doit ſe ré- » jouir & avoir le cœur joyeux. Je ferai » chanſon d'amour pour être plus gaie, car » mon cœur tendre, plein de deſirs amou- » reux, ne me donne pas lieu de m'at- » triſter ».

Durand, ancien Poëte Français, vivait vers l'an 1300, & compoſa pluſieurs Romans, où l'on trouve des chanſons. Étant amoureux d'une demoiſelle de la Maiſon de Balbi, cette demoiſelle tomba malade : on la crut morte; & Durand, en aprenant cette nouvelle, mourut ſubitement de douleur. Revenue à la vie, le chagrin qu'elle eut d'avoir cauſé la mort de Durand, lui fit prendre le voile.

Errars (Jean). Il y avait un Jean Errars, ſieur de Valery, Chambrier de Philippe le Hardy, & qui mourut en 1372. Il était probablement fils de celui qui nous a laiſſé trente chanſons. On lit dans le manuſcrit du Roi : *Chanſons de Jean Errars*, & *Chanſons de Jean Errars le jeune*; ce qui laiſſerait ſoupçonner qu'ils étaient deux freres : mais aucun autre manuſcrit ne fait cette diſtinction.

Chanſon de Jean Errars (a).

Je ne me ſai mès en quel guiſe
Ne maintenir ne demener,

« Je ne ſais plus que faire ni qu'i- » maginer, lorſque je me vois haï & mé-

(a) Toute entiere ſur deux rimes. Il y en a beaucoup d'exemples.

Quand cele me het & meſpriſe
Où cuidoie merci trouver.
De moi grever s'eſt entremiſe
Amours dont tant me ſueil loer,
Quant à cele me fet penſer
Où ne truis pitié ne franchiſe.

» priſé par celle en qui je croyais trouver
» merci. Amour dont j'avois coutume de
» me tant louer, s'eſt mis en tête de m'affli-
» ger, en m'atachant à une beauté en qui
» je ne trouve ni pitié ni compaſſion.»

Mès amours m'a la voie apriſe
Et la ſente de bien amer.
Parquoi pérèce ni faintiſe
Ne me porraient fors mener
Ne deſtourner de mon ſerviſe.
Ainz vueil tant par ſervir ouvrer
Qu'à joie puiſſe recouvrer,
Qu'eſpoir la m'a adès promiſe.

« Mais il m'a apris le chemin de bien
» aimer; ainſi ni découragement ni feinte
» ne pourront m'en faire ſortir & changer
» mes ſervices. Je veux au contraire, par
» ma conſtance, ſi bien faire, que je par-
» viendrai enfin à obtenir la joie qu'eſpé-
» rance m'a de tout tems promiſe. »

Eſpérance qui m'apetiſe
Mes maux, & fet entroublier,
Me temoigne bien & deviſe
Qu'amors ne veut ſa loi fauſſer
Ne remuer pour vaillantiſe;
Car là où cuers ſe veut doner,
Eſtuet cele part cors torner:
Tels eſt ſa force & ſa juſtiſe.

« Eſpérance qui diminue & qui me fait
» oublier mes maux, me dit & me répète
» ſans ceſſe qu'un amant ne doit manquer
» à ſa foi ni changer, quelque beauté qu'il
» trouve. Car quand le cœur veut ſe don-
» ner quelque part, il faut que le corps
» ſuive; & telle eſt ſa force & ſon pou-
» voir. »

Si je vous aim, & lo, & priſe,
Dame, n'en faz mie à blaſmer:
Car de biauté nature a miſe
S'entente en vous faire & former.
Sage en parler, par S. Deniſe,
Ce n'i fet pas à oublier.
Cil devrait bien Dieu aorer
Qui voſtre amour aurait conquiſe.

« Si je vous aime, ſi je vous loue &
» vous eſtime, dame, on ne doit pas m'en
» blâmer; car nature, quand elle vous for-
» ma, vous départit tout ce qu'elle avait
» de beauté. Il ne faut oublier non plus, par
» S. Denis! (*ſorte de ſerment*) la ſa-
» geſſe de vos diſcours. Certes celui qui
» aurait gagné votre amour, devrait bien
» remercier Dieu. »

Amours, qu'eſtes-vous en moi quiſe,
Que ne mi voulez conforter?
Par vous ai féte ceſte enpriſe,
Si vous en doi achoiſoner,
Et demander la mort qu'ai priſe,
En ſa grant biauté regarder,
Se merciz ne me veut tenſer
Contre le mal qui ſi m'atiſe.

« Amour, pourquoi vous fixer chez
» moi, puiſque vous ne voulez me ſoula-
» ger? C'eſt vous qui m'avez engagé dans
» cette entrepriſe; & c'eſt vous que je dois
» acuſer de la mort que me cauſeront les
» yeux de ma belle, ſi elle ne daigne avoir
» pitié du mal qui m'enflâme. »

AUTRE (a).

Pènser ne doit vilanie
Cuer qui aime loiaument,
Mès baer à cortoisie
Et haïr vilaine gent,
Et amer plus hautement
Cointe Dame renvoisie.
S'amerai la plus jolie
Qu'en treitout le monde sai :
J'ai, j'ai
Amoretes au cuer
Qui me tiennent gai.

(a) « Cœur qui aime loyalement, ne » doit penser à choses vilaines, mais s'ocu- » per de courtoisie, haïr les gens mépri- » sables, & aimer de plus en plus femme » aimable & attrayante. J'aimerai donc la » plus jolie que je connaisse dans le monde. » *J'ai amourettes au cœur qui me tiennent » gai.* »

Gai, joli toute ma vie
Serai, & plus bonement
Servirai, que que nus die,
La bele où mes cuers s'atent.
A mains jointes hulmement
Li pri qu'el ne m'oublit mie ;
Mès, s'il li pleſt, ſi m'ocie,
Ja ne l'en ſaurai maugré.
A la plus ſavoreuſete
Du mont ai mon cuer doné.

« Je ſerai toute ma vie gai & joyeux ; & » quoiqu'on diſe, j'en ſervirai avec plus » d'ardeur la belle en qui mon cœur ſe fie. » Je la ſuplie humblement à mains jointes » de ne pas m'oublier. Mais lui prît-il mê- » me envie de me faire mourir, je ne lui » en ſaurais pas mauvais gré ? *J'ai donné » mon cœur à la plus aimable du monde.* »

Doné li ai ſanz boisdie,
Cuer & cors entiérement :
Or doint Diex que otroïe
Me ſoit s'amor bonement.
S'ele croit vilaine gent,
Jamès nul jor de ma vie
N'iére bien comme d'amie.
Ja de li ne partirai
Amoretes
Ai
Joliveres ;
S'amerai.

« Mon cœur, mon corps, je lui ai tout » donné ſans tromperie ; or maintenant » que Dieu m'acorde d'obtenir ſon amour. » Si elle croit les méchans, je ſais bien que » jamais elle ne deviendra mon amie ; » néanmoins je ne la quitterai jamais ; *j'ai » amourettes jolies, & j'aimerai* ».

(a) Cette chanſon a, comme pluſieurs autres, à la fin de chaque couplet, un refrain tiré d'autres chanſons du tems ; mais ce qui eſt à remarquer, c'eſt que le mot qui finit un couplet, commence le couplet ſuivant.

S'amerai ſanz tricherie,
Si comne s'oi et entent,
Cele où il a cortoiſie
Plus qu'il n'a en autres cent.
Treſtout mes cuers à li tent;
Bele eſt et bien enſeignie;
Tant eſt bele & bien taillie
Que je l'aim en bone foi.
Tout li cuer me rit de joie
Quant la voi.

« J'aimerai ſans tromper, & c'eſt ainſi » que je l'entends & l'eſpere, celle qui » ſeule a plus de courtoiſie que cent autres » enſemble. Mon cœur n'aſpire qu'après » elle. Elle eſt belle, bien élevée & ſi » belle, ſi bien faite, que je l'aime de bonne » foi. *Quand je la vois, mon cœur ſourit* » *d'aiſe.* »

PASTOURELLE.

Dehors lonc pré el boſquel
Erroie avant hier;
Là vi mener grand revel
Emmi un ſentier,
D'une jolie Touſette,
Sage, pléſant & jonete.
Dex! tant m'enbéli,
Quant ſeule la vi!
Et la Touſe tout enſi
Commence à chanter.
Robin qui je dois amer
Tu puetz bien trop demorer.

« Je me promenais l'autre jour dans un » boſquet le long de la prairie, quand j'en- » tendis un grand bruit partir d'un petit » ſentier. C'était une fillette ſage, jolie & » jeunette. Dieu! quel plaiſir j'eus lorſque » la vis ſeule! La poulette chantait ces pa- » roles: Robin que je dois aimer, tu tardes » bien à ariver. »

Je la ſaluai plus bel
Que je poi raiſnier:
Si li donai mon chapel
Pour moi acointier;
Quant je vis ſa mamelette
Qui liève ſa cotelette,
Mes bras li tendi;
Si la très vers mi
Et la Touſe, &c.

« Je la ſaluai le plus poliment que je » pus; & pour me faire bien recevoir, je » lui donnai mon chapel. Mais quand je » vis ſes deux petites pommes qui ſoule- » vaient ſa colerete, j'ouvris les bras & la » tirai à moi. La poulette alors chanta. Ro- » bin, &c. »

Je l'aſſis ſor l'arbroiſſel,
Si la veus bien béſier.
Elle diſt, Sire Dancel,
Ce n'eſt mie meſtier:
Je ſui une jouvenete,
Povre de dras, & nuete
Et ſachiez de ſi
Que j'ai bel ami:
Et la Touſe, &c.

« Je la fis aſſeoir ſous un arbriſſeau, & » voulus l'embraſſer. Sire Damoiſeau, me » dit-elle, vous vous trompez; je ſuis une » pauvre bergere, mal miſe & preſque nue; » & ſachez d'ailleurs que j'ai un bel ami; & » la poulette chanta: Robin, &c. »

Sir

Sire, j'ai ami nouvel
Tout à souhaidier,
Je cuit qu'il est el vaucel
Delez cel vivier.
Robin sone sa musette;
Donc dist à moi la tousete,
  Tournés vous de ci,
  Sire, je vous pri;
Et donc recommence ensi
  La belle à canter:
Robin, &c.

« Sire, j'ai un ami nouveau tel que je » le puis desirer. Il est, je crois, dans ce » vallon près du vivier. Robin alors fait » entendre sa musette, & la fille me dit: » Sire, retirez-vous, je vous prie, & elle » recommença ainsi à chanter: Robin, &c.

En lieu de vo pastorel,
  Belle, m'aiez chier.
Ma ceinture & mon anel
  A ce commencier
Aurés, ma douce amiete:
A donc la mis sur l'herbete,
  Mon bon acompli;
  Mie n'i failli:
Et la touse, &c.

« Belle, lui répondis-je, aimez-moi au » lieu de ce berger; pour commencer, » vous aurez, ma douce amie, ma cein- » ture & mon anneau. Alors je la couchai » sur l'herbette & en fis mon plaisir, sans » que rien y manquât; & la poulette chan- » ta: Robin, &c. »

ENVOI.

Sire de Lonc-jamuel,
N'auront recouvrier
Ne ja n'auront leur avel
Li couart laisnier.
J'entrepris la baiselete,
Toute fis la foliete
La soie merci.
Quant je m'en parti,
Adonc la touse ensi
Commence à canter,
Robin, &c.

« Sire de Longjumeau, les amans ti- » mides n'obtiendront jamais ni succès ni » plaisirs. Je brusquai la bergere, & fis fo- » lie avec elle, de son bon gré. Quand je la » quitai, la jeune fille ainsi recommença à » chanter: Robin, &c. ».

Le quatrieme couplet & l'envoi sont dans le manuscrit du Vatican, mais ne sont point dans celui de M. le Marquis de Paulmy.

Autre Pastourelle du même (a).

L'autrier chevauchois mon chemin

(a) « Je chevauchais l'autre jour le long

(a) Il n'y en a aucune jusqu'ici, dont les couplets soient aussi irréguliers.

De jouste un ruissel;
Truis Pastore soz un pin
Novel;
D'un raimsel
Ot; fet chapel,
Et cote & chaperon ot d'un burel,
Frestel
Chalemel
Ot si notait;
Et chantait
Bien & bel:
Sovent regrete un pastorel,
Car sole gardait son aignel.
Je m'arrestai soz l'ombre d'un fraisnel,
Lès un boschel
Lassai mon pointrel:
Sa voix qui retentist el boschel
De s'amor m'esprent;
Car le cors a gent,
Le vis cler & bel.

» d'un ruisseau sur le grand chemin. Je » trouvai bergere sous un pin nouveau; » elle avait fait un chapel de branches d'ar- » bres. Elle avait cotte & chaperon de » bureau; elle avait fretel & chalumeau, » & chantait très-bien. Elle regrettait » souvent un berger; car elle gardait » seule ses agneaux. Je m'arêtai sous l'om- » bre d'un frêne; je laissai mon cheval à » l'entrée du bois. La voix de la bergere » qui retentissait dans le bosquet, m'enflâ- » ma d'amour; car sa taille était jolie, & » son visage frais & beau. »

Lasse! fait-ele en souspirant,
De duel morrai,
Robins ne m'aime de néant:
Or maudirai
Le tans de mai,
Et maudirai
Et foille & flor & glai.
Mal trai.
Si m'esmai,
Porcoi ne m'aime Robins, je ne sai;
Je l'aime de cuer vrai,
Ja par biauté nel laisserai,
Jamais autrui m'amor n'otroierai,
Trop ai
Le cuer vrai;
Mès je chanterai
Amé l'ai,
Et s'il ne m'aime, j'el lairai,
Certes j'el harrai.
Lasse! qu'ai-je dit? Voir non ferai.

« Hélas! s'écriait-elle en soupirant, je » mourrai de chagrin, Robin ne m'aime » pas, je maudirai le mois de mai, » je maudirai verdure, fleurs & glayeul, » Que je suis malheureuse! Je m'é- » tone pourquoi Robin ne m'aime pas, » & n'en sais pas la raison; car je l'aime » vraiment, jamais je ne le laisserai pour » un berger, quelque beau qu'il soit, ja- » mais je n'acorderai mon amour à d'autres; » j'ai le cœur trop vrai; mais je dirai dans » ma chanson, je l'ai aimé; & s'il ne » m'aime, je le laisserai, & certes je le » haïrai. Helas! Qu'ai-je dit? Non vrai- » ment je ne le ferai point. »

Quant je l'oï si dementer,

« Quand je l'entendis se plaindre ainsi;

Adonc li dis,
Lessiez ester
Cel
Pastorel:
Chaitis est &. sera toz dis,
Jamais n'aurais de lui soulaz
Tant come soit vis.
Tant dis
Et promis
Qu'entre mes bras
Doucement la saisis.
Sor l'herbe verdoïant la mis;
Les ex li baisai & puis le vis.
Lors me sembla que fusse en paradis.
Delui fu espris,
S'en pris
Et repris;
Puis li dis,
N'aurez pis.
Elle jete un ris,
Si dit: mes amis
Serez mais toz dis.

» je lui dis: abandonnez ce berger, c'est un » gueux, qui le sera toujours; jamais vous » n'aurez de lui satisfaction tant qu'il vivra. » Enfin je dis & promis tant que l'ayant » prise doucement entre mes bras, je l'as- » sis sur l'herbe verte, & lui baisai les yeux » & les joues; alors il me sembla que j'é- » tais en paradis. J'étais épris d'elle, j'en » pris & repris à mon appétit, & lui dis, » vous n'aurez jamais pis. Alors elle sou- » rit, & dit: vous serez toujours mon » ami. »

Eriers (Thomas). Fauchet le nomme Thomas Erars. La premiere de ses chansons est cotée en marge, *coronée*. Nous en avons douze de lui.

Espinais (Gautier d'). Fauchet le nomme d'Espinois, & cite cinq de ses chansons. Nous en avons neuf.

Il en adresse une au Seigneur de Bar, qui, apparemment, est celui dont il nous reste une chanson.

Voyez *Bar* (Comte de).

Espinais (Jacques de) frere ou cousin de l'autre. On n'a de lui qu'une chanson.

Esquiri (Jean d'). Le manuscrit de Ste.-Palaye & celui de Noailles nous ont conservé une chanson de lui: il vivait vers 1250.

Eustache, d'Amiens, vivait dans le treizieme siecle, & a fait beaucoup de chansons.

Il eſt Auteur du *Boucher d'Abbeville*, Fabliau.

La cinquieme nouvelle de la ſeptieme journée de Bocace, & la ſixieme de la neuvieme ſont priſes de lui.

Eustache le Peintre ou de Reims. Il ne faut pas le confondre avec Euſtache, Auteur du roman de *Brut d'Angleterre*. Il mourut vers 1240, & a fait pluſieurs chanſons d'amour, dont il nous reſte ſept.

Il dit dans une, que *Triſtan*, le *Chaſtelain de Coucy* & *Blondeau de Neſle* n'aimaient jamais comme lui. Ce Châtelain n'était donc pas Raoul II, tué à la Maſſoure en 1250, puiſqu'Euſtache le Peintre le cite comme un modele d'amour, & qu'il était mort dix ans avant lui. Il n'avait donc pu ſavoir l'hiſtoire du cœur.

Chanſon d'Euſtache le Peintre.

Cil qui chantent de fleur ne de verdure
Ne ſentent pas la doleur que je ſent:
Ainz ſont amanz auſi com d'aventure,
Quant il vuelent, ſi ont alégement.
Mais je ne puis chanter joliement,
Car tout adès maint mes cuers en torment,
Et ma Dame truis de merci ſi dure
Qu'à pou ne dis qu'en ſon cuer faut nature.

« Ceux qui chantent les fleurs & la verdure, ne reſſentent pas la douleur que j'éprouve; mais ce ſont des amans à l'aventure qui, quand ils veulent, ont ſoulagement. Pour moi, je ne puis chanter gaiement; car mon cœur eſt continuellement affligé, & je trouve ſans ceſſe ma Dame ſi dure à la pitié, que peu s'en faut quelquefois que je ne croie ſon cœur manquer de naturel. »

Onques, je croi, nés une créature
Not tant de mal pour amer loïaument:
Si en morrai, ſe longuement me dure,
Ou la bele de moi pitié ne prent.
Merci, Dame, vous entrai à garant:
Ne doit morir qui de tout pris ſe rent:
Non voir par droit. Mès tele eſt m'aventure,
Pour loïauté ſui à deſconfiture.

« Jamais aucune créature, je penſe, ne ſouffrit autant pour aimer loyalement. Oui j'en mourrai, ſi mon mal dure, ou ſi ma belle ne prend pitié de moi; grace, Madame, j'entrai à votre ſervice ſous bonne garantie; & celui qui, étant pris, ſe rend, ne doit pas mourir. Non certes, c'eſt la juſtice; mais tel eſt mon malheur, que je péris pour avoir été trop loyal. »

Douce Dame, bele & vaillant & ſage,
Où tot biens ſont aſſemblé pour manoir,
Pour Dieu vous pri, nel tenez à outrage
Si je vous aim, que ne m'en puis mouvoir.

« Dame douce, belle & ſage, en qui ſont réunies toutes les ſortes de mérites, ne regardez pas comme un outrage, je vous en conjure au nom de Dieu, ſi je

Ne je nel qier, ne je n'en ai voloir;
Et sachiez bien, douce Dame, de voir
Que se je muir ensi de tel malage,
Je di qu'amours pert son droit héritage.

» vous aime; car je ne puis m'en empê-» cher; je n'en ai ni la volonté, ni le desir; » & sachez vraiment que si je meurs ainsi » de chagrin, amour perdra son héritage » (un serviteur). »

Ors, ne lion n'est, ne beste sauvage
Qui, tel fox est, ne fraingne son vouloir
De fere mal & ennui & damage.
Mès ma Dame fet adès son povoir
De moi grever & de fere doloir:
N'autre merci ne puis de li avoir.
Si ne fait pas seneur ne vasselage,
Séle m'ocit, quand je li fis hommage.

« Il n'y a ours, lion ni bête sauvage » qui, quelque cruelle qu'elle soit, ne » perde souvent l'envie de nuire & de mal » faire. Mais ma Dame se fait un plaisir de » me tourmenter & de me désoler sans re-» lâche, & je ne puis obtenir d'elle rien » autre chose. Si elle m'ôte la vie quand » je lui fais hommage, cette action ne sera » ni sage ni généreuse ».

Onques Tristan n'ama en tel maniere,
Li Chastelain, ne Blondiax autresi,
Com je faz vous, très douce Dame chiere;
Et encor aim c'onques nus n'ama si.
Ne m'en creez pour ce se le di;
Car ce qu'on voit ne doit estre en oubli:
Qu'à moi pert bien au vis & à la chiere,
Que vostre amor m'est trop cruel & fiere.

« Jamais Tristan, le Châtelain (de » Coucy) ni Blondeau (de Néele) n'ai-» merent autant que je vous aime, chere » & douce Dame. Je crois même chérir » plus que qui que ce soit au monde. Au » reste, ne m'en croyez pas seulement » d'après mes discours; croyez-en mon vi-» sage, & mes yeux vous prouveront que » votre cœur m'est cruel & fier. »

Ferrieres (Raoul de) vivait sous S. Louis, & nous a laissé neuf chansons.

Ferris (Lambert). Il y avait sous S. Louis un *Ferris Pasté*, Seigneur de Chaleranges, &c. nommé Maréchal de France, dans trois chartes: il fut envoyé en 1226 en ambassade en Flandres, avec Raoul de Mello, probablement neveu de Dreux de Mello, Connétable de France, pour recevoir de Jeanne, Comtesse de Flandres, le château de Douay & plusieurs autres places. Notre *Lambert Ferris* est peut-être le même que *Ferris Pasté*, ou quelqu'un de ses parens. Ce qu'il y a de certain, c'est qu'il vivait vers 1250, & nous a laissé deux chansons.

Ferté (Messire Hugues de la) était probablement le Seigneur de la *Ferté-Bernard*, à qui le Comte de Bretagne adressa la chanson qui nous reste de lui : nous en avons trois d'*Hugues de la Ferté.* Ce Seigneur vivait sous S. Louis & sous Philippe-le-Hardi.

FONTAINE, de Tournay (Jean de la) connu seulement par le manuscrit du Vatican.

FOURNIVAL (Richard de) Chancelier de l'église d'Amiens. On trouve ses chansons dans un de ses ouvrages en prose intitulé : *Li Commandement d'Amour.* Il a aussi composé le *Bestiaire d'amour* (*a*) prose mêlée de vers. Il vivait sous S. Louis. Il ne nous reste que vingt chansons de lui.

Chanson de Richard de Fournival.

Je fu l'autrier en un autre païs
Q'uns Chevaliers ot une Dame amée.
Tant com la Dame fu en son bon pris
Li a s'amor esconduite & vée :
Jusqu'à un jor qu'ele li dist ; amis,
Mené m'avez par parole mains dis ;
Ore est l'amor conçue & donée,
Désormès sui tout à vostre devis.

« L'autre jour je fus dans un pays où » un Chevalier avait aimé une Dame. Tant » qu'elle fut jeune, elle lui refusa constamment son amour. Mais un jour enfin elle » lui dit : ami, vous m'avez jusqu'à présent beaucoup sollicitée, j'ai conçu à » mon tour de l'amour pour vous, & je » veux bien consentir à vos desirs. »

Li Chevaliers la regarda el vis,
Si la vit mult pâle & décolorée.
Par Dieu ! Dame, mort sui & entrepris,
Quant dès l'autrier ne soi ceste pensée :
Li votre vis qui semblait flor de lis
M'est si torné du tout de mal en pis,
Ce m'est avis que me soïez enblée.
A tart avez, Dame, cest conseil pris.

« Le Chevalier la regarda au visage : il » vit qu'elle était sans couleurs & sans fraî» cheur. Par Dieu, Madame, dit-il, il » faut que je sois bien malheureux de n'a» voir pas su autrefois quelle était votre » bonne volonté ; mais vos joues qui me » semblaient fleurs de lys, me paraissent » aujourd'hui, telles que je croirais voir » une autre. Madame, vous vous êtes » avisée trop tard. »

Quant la Dame s'oï si ramposner,
Grant duel en ot ; si dist par felonnie :
Danz Chevaliers, on vous doit bien gaber.
Cuidiez-vous donc qu'à certes le vous die ?

« Quand la Dame entendit qu'on lui » faisait ce reproche, elle en fut très pi» quée, & dit avec mépris : Sire Chevalier, » vous voulez donc qu'on se moque de

(*a*) Le *Bestiaire d'amour* est un traité sur la nature des différentes *bêtes* ou animaux, avec des applications morales, tant mauvaises que bonnes.

Nennil certes; onc ne l'oi en pensée. Voulez-vous donc Dame de pris amer ? Nennil certes ; ainz auriez envie D'un biau vallet bésier & acoler.	» vous. Quoi ! vous avez cru que je par-» lais tout de bon ! Non certes, jamais je » n'en eus la pensée. Vous faites semblant » maintenant de vouloir aimer une femme » de qualité. Je n'en suis pas dupe, & sais » que vous préféreriez plutôt un beau » garçon. »
Dame, fet-il, j'ai bien oï parler De votre pris, mès ce n'est ore mie. Et de Troie ai je oï conter Qu'ele fu-ja de mult grant seignorie. Or n'i puet-on fors les places trouver. Par tel réson vous lo à escuser, Que cil soient resté de l'yrésie Qui désormès ne vous voudront amer.	« Madame, répondit-il, j'ai bien, il est, » vrai, entendu parler de votre mérite, » mais ce n'est pas d'aujourd'hui ; & j'ai » entendu dire de Troie aussi qu'elle eut » une grande puissance ; mais maintenant » on n'y trouve plus que la place. Ainsi je » vous excuse de trouver coupables, de » l'infâme hérésie ceux qui désormais ne » voudront pas vous aimer. »
Danz Chevaliers, mari avez gardé Quant vous avez réprouvé mon aage, Si j'avoie tout mon jouvent usé : Si sui-je tant bele & de haut parage Qu'on m'ameroit à mult pou de biauté. Qu'oncor n'a pas, ce cuit, un mois passé Que li Marchis m'envoia son message Et li Barons a pour m'amor ploré.	« Sire Chevalier, vous n'y avez pas bien » regardé quand vous m'avez reproché » mon âge, comme si j'avais passé entiére-» ment ma jeunesse. D'ailleurs je suis d'une » naissance & d'une qualité telles qu'on » m'aimerait encore quand je ne serais pas » belle. Il n'y a gueres qu'un mois, je » pense, que le Marquis m'envoya un » message, & que le Baron a pleuré pour » obtenir mon amour. »

FREMAUX de Lille, vivait dans le treizieme siecle, & nous a laissé trois chansons médiocres.

GACE BRULÉS (Messire). Presque tous les manuscrits anciens lui donnent le titre de *Monseigneur*, & le font ami de Thibaut, Comte de Champagne. Quelques Auteurs (*a*) même avancent *qu'ils firent entr'eux les plus belles chansons les plus délitables & les plus mélodieuses qui furent oncques oyées.*

Quelques manuscrits l'appelent *Gaste-blé* (*b*) ; & il est certain que de

(*a*) (Voyez la Chronique de Saint Denis).

(*b*) Il y a même dans les manuscrits de M. de Sainte-Palaye une chanson qui commence ainsi : *Pour mieux valoir, &c.* sous le nom de *Gaste-blé* ; elle n'est nulle part sous le nom de Gace.

ſon tems, il y avait en Champagne une famille noble de ce nom. S'il eût été ami intime du Comte de Champagne, il l'aurait nommé dans quelqu'une de ſes chanſons, & ce Prince l'eût nommé dans les ſiennes. Comme cela n'eſt dans aucune de celles qui nous ont été conſervées, il y a grande aparence qu'ils ne ſe connaiſſaient pas. *Gace* nous aprend, par ſes chanſons, qu'il ſéjourna quelque tems en *Bretagne*, & laiſſe entendre qu'il s'y était retiré; mais ſans nous en aprendre la cauſe. Il paraît auſſi que le Comte de Bretagne adoucit ſes peines autant qu'il lui fut poſſible.

Gace fut un des plus aimables Poëtes de ſon tems, & ſans contredit celui qui écrivait le plus purement alors. Il y a une grande différence de ſes vers à ceux de ſes contemporains. Il a adreſſé la plupart de ſes chanſons à une Dame, dont il n'oſe pas dire qu'il eſt amoureux, & qu'il ne nomme pas; les autres le ſont au Comte & à la Comteſſe de Blois, au Comte Joffroy, à Guillon (ſon bel ami) à Gui de Ponceaux & à Oudin.

Gace floriſſait vers 1235.

Nous avons de lui ſoixante dix-neuf chanſons, dont il ne ſe trouve que quarante-ſix dans le manuſcrit de M. le Marquis de Paulmy.

Paquier cite pour la premiere chanſon du Roi de Navarre celle qui commence par

Au renouviau de la doulſour d'été.

Mais dans tous les manuſcrits où nous l'avons trouvée, elle eſt attribuée à *Gace*; & dans l'édition de M. Leveſque de la Ravaliere, qui raporte ſoixante-ſix chanſons de ce Prince, il ne fait pas mention de celle-là.

Chanſon de Gace.

Les oiſillons de mon païs Ai oïs en Bretaingne. A leur chant m'eſt-il bien avis Q'en la douce conpaingne Les oï jadis. Se g'i ai meſpris, Il m'ont en ſi doux penſer mis Qu'à chançon fere me ſuis pris Tant que je parataingne Ce qu'amors m'ont lonc tens promis.	» J'ai entendu en Bretagne les oiſeaux » de mon pays, & il me ſemble à leur » chant que ce ſont ceux que j'entendis » un jour dans la compagnie de ma belle. » Au reſte, ſi je me trompe, ils m'ont inſ» piré de ſi douces penſées, que je veux » faire une chanſon (laquelle je chante» rai) juſqu'à ce que j'obtienne ce que, » depuis ſi longtems, amour m'a promis. »
De longue atente m'eſbahis	« Je m'étone d'un ſi long délai, ſans cependant

Sanz ce que je m'en plaingne.
Ce me tout le gieu & les ris.
Nus qui amors enpraingne
N'eſt d'el ententis:
Mon cuer & mon vis
Truis mainte foix ſi entrepris
Un fox ſenblant j'ai apris.
Qui qu'en amour m'eſpraingne;
Ainz certes plus ne li meſfis.

» pendant m'en plaindre. Il m'ôte l'envie » de jouer & de rire. C'eſt à quoi perſone » ne ſongera quand il commencera d'ai-» mer. Mon cœur & mon viſage ſe trou-» vent ſi ſouvent affligés, que j'en ai con-» tracté l'air d'un homme ſans raiſon. Voi-» là ce qu'Amour me fait éprouver, & ce-» pendant jamais il n'a eu à ſe plaindre de » moi. ».

AUTRE.

A l'entrant du douz termine
Du mois nouvel,
Que la flor neſt en l'épine,
Et cil oiſel
Chantent parmi la gaudine
Seri & bel,
Lors me raſaut amors fine
D'un très douz mal
Que je ne penſe al
Fors là où mes cuers s'acline.

» Quand commence la douce ſaiſon du » printems, quand fleurit l'aubépine, & » que les oiſeaux chantent à l'envi ſous la » feuillée; amour alors m'ataque d'un doux » mal, tel que je ne puis penſer ailleurs » qu'à celle vers qui mon cœur penche. »

Onques d'autrui n'oi envie,
Ne jamais n'aurai:
Et ſi mes cuers ſi affie,
De duel morrai;
Car trop main greveuſe vie
Des max que j'ai.
Hélas! ele ne ſet mie,
Ne je ne ſai,
Se je jamès li dirai
Bele, ne m'ociez mie.

« Jamais je n'eus & jamais je n'aurai en-» vie d'une autre; & ſi mon cœur perſévere » à l'aimer, je m'atends à mourir de dé-» plaiſir; car les maux que je ſens me » font mener une vie trop douloureuſe. » Hélas! Elle n'en ſait rien; & je ne ſais » moi-même ſi jamais j'aurai la hardieſſe » de lui dire: Belle, ne m'ôtez pas la vie. ».

A touz les jorz de ma vie
La ſervirai,
Et ſerai en ſa baillie
Tant com vivrai,
Ne ja de ſa ſeignorie
Ne partirai,
Et ſe briément ne m'aïe
Trop grant mal trai;
Mès gueriz ſui ſe g'en ai
Un biau ſenblant en ma vie.

« Tant que je vivrai, je veux la ſervir & » reſter toujours ſous ſon empire; jamais je » ne me ſouſtrairai à ſa loi. Je ſais bien que » ſi elle n'a pitié de moi, j'ai tout à crain-» dre; mais auſſi je ſuis guéri, ſi, dans ma » vie, j'obtiens d'elle un regard favorable. ».

Gaidifer, n'eſt connu que par le manuſcrit du Vatican, qui a conſervé cinq de ſes chanſons.

Gievency (Adam de) Poëte du treizieme ſiecle, n'eſt connu que par les recueils de chanſons qui nous reſtent de ce tems-là, & il nous en a laiſſé huit.

Gobin, de Reims, a été confondu avec La Chevre de Reims; & ce ſont cependant deux Poëtes différens. Ils vivaient tous deux ſous S. Louis; & Gobin nous a laiſſé deux chanſons.

Mult ſeraît bone vie
De bien amer,
Qui aurait bele amie,
Pour déporter,
Sanz orgueil, ſanz folie
Et ſans guiler,
Ne ja n'euſt envie
D'autrui amer;
Ne me vouſiſt fauſſer,
Mès, com loïal amie,
Celui amer
Qui de fin cuer la prie.

« La douce vie que ce ſerait de bien aimer, ſi l'on avait, pour ſe divertir, belle amie ſans fierté, ſans caprice & ſans tromperie, qui n'eût point envie d'aimer un autre, qui ne voulût point vous trahir; mais, comme une amante loyale, s'atacher à celui qui l'aime d'un cœur ſincere. »

Guillaume. Fauchet fait mention de quatre Poëtes de ce nom, mais dont chacun avait un ſurnom.

Guillaume Viaux.
Guillaume le Viniers.
Guillaume de Lorris.
Guillaume de Villeneuve.

Il paroît que celui-ci eſt un Poëte different. Il eſt Auteur d'un poëme en vers de huit ſyllabes intitulé: *Li Beſtiares* ou *de la nature des Bêtes.* Il dédie ſon ouvrage à Raoul ſon Seigneur.

Guillaume, qui ceſt livre fiſt
En la definaille tant diſt
De Sire Raol ſon Seignor
Por qui il fu en tel labor:
Et li eſt bien guerdonné
Et bien promis, & bien donné.

Ce Seigneur était probablement *Raoul de Coucy*; l'orthographe de ce poëme étant un peu Picarde, & le style paraissant être celui du siecle de Philippe Auguste. On dit aussi qu'il a fait des chansons.

GRIEVILER n'est connu que par le manuscrit du Vatican, qui a conservé six de ses chansons.

GUIOT, de Dijon, l'un des Poëtes du treizieme siecle, nous a laissé seize chansons qu'on ne trouve que dans le manuscrit du Roi, hors quatre qui sont dans celui de Noailles.

HEDIN (Jacques de). Nous avons deux chansons de lui, dont une contre les femmes; de celle-ci nous avons cru pouvoir copier le premier couplet.

Je chant comme dervez;
Com cil qui est guilez
D'amors toute sa vie.
Proéce, loïautez,
Ne valor, ne bontez,
Ne sens, ne cortoisie
N'ont mès, d'amours aïe;
Car cil qui fame prie
N'iert jamès escoutez
S'il n'a deniers assez
Et la bourse garnie.

« Je chante comme un homme furieux, » comme un homme trompé toute sa vie » par amour. Prouesse, loiauté, mérite, » bonté, esprit, courtoisie, tout cela est » inutile pour obtenir secours de lui : celui » qui prie une femme, peut être sûr de n'être » jamais écouté s'ils n'apporte beaucoup » d'argent & la bourse garnie ».

Il est mort vers 1270.

HELINAND. Fameux Poëte sous Philippe Auguste. Paquier (page 598) nous dit *qu'on le renommait particuliérement pour chanter quelque belle chanson devant le Roi.*

« Quant li Roy ot mangè, s'appella Helinand
» Pour l'y esbanoyer commanda que il chant ».

Le roman d'Alexandre de Paris, d'où sont tirés ces vers, nous aprend qu'on faisait venir ce Poëte après que le Roi avait mangé, & qu'alors il chantait des vers sur quelqu'effet de la nature, ou sur quelque sujet tiré de la fable à peu-près comme nous voyons dans Homere que Phemius & Demodocus chantaient à la table d'Alcinoüs & de Pénélope ; & dans Virgile ; qu'Yopas chantait à la table de Didon.

Helinand était de Beauvais & Religieux de l'Abbaye de Fremont, ordre de Cîteaux.

Il vécut d'abord en homme du monde & en Poëte de Cour ; puis se retira à Fremont, dans le diocèse de Beauvais. L'Eglise l'a canonisé ; ce qui n'arrive pas fréquemment aux Poëtes. Le célebre Avocat Loisel tira ses œuvres de la poussiere au commencement du dix-septieme siecle, & en donna une édition assez exacte. Il mourut vers 1220.

HUGUES (Chatelain d'Arras) Poëte du treizieme siecle, ne nous a laissé qu'une chanson.

HUGUES le Maronniers, ami de Simon d'Authies, vivait par conséquent sous S. Louis. Nous n'avons de lui qu'une seule chanson.

HUGUES LE ROY a fait plusieurs chansons, & le Fabliau du *vair Palefroi* qui a été fameux.

Il vivait sous S. Louis.

JEAN L'ORGUENEUR, vivait dans le treizieme siecle, & nous a laissé deux chansons.

JEAN (le Petit). Nous n'avons qu'une chanson de lui.

JOSSELINS de Dijon. Les manuscrits du Roi & de Noailles nous ont conservé deux chansons de ce Poëte du treizieme siecle.

KAUKESEL (Maître Guibert de). Nous en avons quatre de lui, & nous savons qu'il vivait vers 1250.

LAGENI (Oudart de) ne nous a laissé que trois chansons, & était un des Poëtes du treizieme siecle.

LA CHIEVRE de Reims a été confondu quelquefois avec Gobin de Reims. Il vivait, ainsi que Gobin, dans le treizieme siecle, & nous a laissé cinq chansons.

LAMBERT l'aveugle. Une seule chanson de lui, que l'on trouve dans le manuscrit du Roi, nous prouve qu'il vivait dans le treizieme siecle.

LE MOINE de S. Denis. Le manuscrit du Roi nous a conservé trois de ses chansons, dont une prouve qu'il n'avait pas de trop bonnes mœurs; nous n'en raporterons que ce couplet.

En non Dieu c'est la rage
Que li maus d'amors;
S'il ne m'assoage,
Ne puis soufrir son outrage;
Mon corage
En retrairai:
De li partirai.
Mais n'est pas par moi;
Car quant la voi, la voi, la voi,
La belle, la blonde,
A li m'otroi.

« Par Dieu c'est une rage que le mal » d'amour. Je ne puis plus souffrir ses tour- » mens; s'il ne me soulage, je lui retirerai » mon cœur, je le quitterai. Mais cela n'est » pas en mon pouvoir, car quand je la » vois ma belle, ma blonde; je me livre » à elle ».

LILLE (le Trésorier de) ou Pierre le Borgne, vivait sous S. Louis, & nous a laissé trois chansons.

Chanson du Trésorier de Lille.

Joie ne guerredon d'amors
Ne viennent pas par biau servir;
Car on voit ceus souvent faillir
Qui servent sanz changier aillors.
Si m'en aïr,
Quant cele serf sanz repentir
Qui ne me veut fere secors.

« Ce n'est pas par la fidélité des ser- » vices qu'on obtient les plaisirs & la ré- » compense d'amour, puisqu'on voit sou- » vent échouer ceux qui aiment sans incons- » tance. Pour moi je m'en courrouce quand » je sers constamment celle qui refuse de » me secourir.

Voir est qu'amors est grant douçor,
Quant dui cuer sont un sanz partir;
Mès amors fet les siens languir
Et les ennuiz tozjors soffrir.
Bien os gébir
Que ne puis à amors venir,
Et en li gist tout mes recors.

» Il est bien vrai qu'amour est une » grande douceur, quand deux cœurs réunis » n'en font plus qu'un pour toujours. Mais » amour fait languir les siens, il leur fait » souffrir des peines continuelles. J'ose m'en » plaindre, car je ne puis réussir, & en » lui cependant est toute mon espérance.

Li haut pris & la grant valor
De la bele que tant desir,

» Le mérite incomparable de la belle » que je desire si ardemment, sa beauté

Sa biauté qu'en mon cuer remir,
Ses cler vis, sa fresche color
Me font creïr
Ma mort, & bonement souffrir
Les max d'amors & les dolors.

» dont mon cœur s'occupe, son visage éclatant, sa fraîcheur, me font craindre la mort, & cependant souffrir avec patience les maux & les douleurs d'amour.

Ha! bele, des non pers la flor,
Ne fetes votre pris mentir
Par trop merci contretenir:
Quanque vous viengne désenors,
Vueil melz morir.
Si n'aura en vous qu'aconplir,
Ne n'en ferez rien à rebors.

» Ah! belle, la fleur des femmes incomparables, n'affoiblissez point ce que vous valez, en me refusant trop long tems merci; j'aime mieux mourir que de vous voir faire un reproche; vous serez alors accomplie, & ne ferez plus rien de blâmable.

Ja voir n'iert periz mes labors;
Se fins cuers doit d'amors joïr:
Mès je criem par trop haut choisir
Ne soit mes guerredons trop cors.
Par son plésir
Li pri de merci accueillir.
Aumosne li est & honors.

» Oui certes mes services ne seront point sans succès, si un cœur constant doit espérer les jouissances d'amour; mais je crains qu'ayant porté mes veux trop haut, ma récompense ne soit trop petite. Je supplie donc ma belle de m'accorder merci de son bon gré; c'est une aumône, & elle lui fera honeur ».

Loris (Guillaume de) Auteur du Roman de la Rose.

« Ce est le Roman de la Rose
» Où l'art d'amours est toute enclose »,

C'est une imitation de l'Art d'aimer d'Ovide, mais qui malheureusement ne ressemble point du tout à son original.

Loris vivait encore en 1260; on croit qu'il étudiait en Droit, & on en donne pour preuve ces vers:

« Ainsi nos dit Justiniens
» Qui fit nos livres anciens ».

Louvois (Messire Jean de). On trouve une seule chanson de lui dans le manuscrit du Roi. Il vivait vers 1240.

Mailli (Monseigneur Bouchard de) (*a*) vivait au milieu du treizieme

(*a*) Le manuscrit du Roi donne cette chanson à Bouchard de Mailli, & la table de celui de Sainte-Palaye à Boucars de *Marli*.

iecle, & a fait une longue satyre intitulée : *l'Estoire li Romans de Monseignor Thiebault de Mailly*. Elle est curieuse par la quantité de personages qu'il y nomme. Il ne nous reste de lui qu'une chanson.

MAILLI (Mathieu de) probablement le fils du précédent, était Chambellan de Philippe le Hardy en 1271.

MAISONS (Gille de) nous a laissé deux chansons, & vivait sous S. Louis.

MAISONS (Jean de) vivait sous S. Louis, & ne nous en a laissé qu'une.

MARBEROLES (Messire Robers) Gentilhomme de Thibaut, Roi de Navarre, nous a laissé trois chansons qui ne valent pas grand'chose; on croit qu'il mourut à la Croisade de 1239, ou qu'il demeura captif chez les Infideles. Il dit qu'il ne fait des chansons tendres que par coutume; qu'au reste il n'aime point & n'aimera de sa vie, parcequ'il n'y a plus de véritable amour sur terre.

» Mort est amours, mort sont cils qui aimoient
» Les faux amanz l'ont fait du tout faillir ».

Nous n'avons de lui que trois chansons.

MARCHE (le Comte de). Ce Comte de la Marche était *Hugues* qui se révolta plusieurs fois contre S. Louis. Il avait épousé *Isabelle d'Angoulême*, veuve de Jean Sans terre, Roi d'Angleterre, & mere de Henry III. né en 1207. Cette Princesse avait été promise au Comte de la Marche, avant que d'épouser le Roi Jean; elle s'unit au Comte après la mort du Roi, arivée le 19 Octobre 1216.

Nous ne connaissons que Mathieu de Marli, de la maison de Montmorency, à qui on puisse l'attribuer. Il était Chambellan de France en 1272.

Au lieu de *Bouchard*, il est possible qu'il faille lire *Thibault*; car on lit dans les *Antiquités de Picardie*, par la Morliere, pag. 232, que *Thibault de Mailli* a dignement écrit en vers, & est estimé entre les premiers romanciers de la France. Il est probable que ce Thibault était l'auteur des chansons; il vivait en 1277.

Lorsque S. Louis donna le Comté de Poitiers à Alfonse son frere, le Comte de la Marche ne voulut point lui rendre homage. S. Louis marcha contre lui, & gagna la bataille de Taillebourg, où *Hugues* fut taillé en pieces. Ce malheureux Comte fut obligé de venir trouver le Roi dans son camp vis-à-vis Pons, de se jetter à ses pieds & de se soumettre. Il ne nous reste de lui que trois chansons.

Chanson du Comte de la Marche.

Puisque d'amours m'estuet les maus souffrir,
Merveilles est c'on les puis endurer;
Car ensi sui du tout à son plésir
Que nuit ne jor ne puis aillors penser.
Mon cuer li ai lessié sanz recouvrer;
Et s'il revient failli à amaïer,
Pour ce li pris, pour Dieu, qu'il ne m'ocie.

« Depuis que je suis condamné à souffrir les maux d'amour, je m'étonne comment on peut les endurer; car je suis tellement en son pouvoir, que ni le jour ni la nuit je ne puis avoir d'autres pensées. Je lui ai abandonné mon cœur sans retour, & s'il ne veut s'adoucir pour moi, je le prie, au nom de Dieu, de ne pas me donner la mort.

Douce dame, quant je primes vous vi,
Touz esbahiz le salu oubliai:
N'est merveilles se je m'en esbahi,
Car à mon cuer pas ne m'en conseillai:
Si vous l'aviez, onc puis ne'l recouvrai,
Tant li fustes de bele conpaingnie,
Qu'ainz puis entrer ne vout en ma baillie.

» Douce dame, la premiere fois que je vous vis, je restai tellement interdit que j'oubliai de vous saluer; & je ne dois pas m'étonner de cette émotion, car je ne pouvais plus conseiller mon cœur. Vous l'aviez pris dès le moment, je ne l'ai point recouvré depuis, & il se plaît tant d'être auprès de vous qu'il ne veut plus revenir en mon pouvoir.

Et puisqu'en vous a son repaire pris,
N'a pas failli à soi bien hebergier:
Car vous avez povoir de garantir
Contre touz çaus qui le voudront gréver.
Et si avez seur toutes loz & pris;
S'estes, dame, de biauté si garnie
Que riens ne faut en vous, ma douce amie, (*a*)

» Au reste puisque c'est chez vous qu'il s'est logé, je ne dois pas blâmer son choix: car vous pouvez le garantir des efforts de toutes celles qui lui en voudraient: & vous l'emportez tant sur elles, & possédez tant de beauté que je ne vois rien à desirer en vous, ma douce amie,

Fors que pitiez. Dont trop sui esbahiz:
Si que j'en sui à mésese mult grant;

» Que la pitié. Je m'en étonne, & m'en trouve fort à plaindre: car jamais, si je

(*a*) Le sens de ce couplet ne finit qu'avec les trois premiers mots du premier vers du couplet suivant.

Car

Car à nul jor, si conme il m'est avis,
Ne poi avoir de vous un biau senblant.
Ne sai pourquoi. S'onques en mon vivant
Ne fis vers vous ne mal ne félonnie,
Ne en penser, n'en dire vilanie.

Douce dame, quant de vous departi,
Toz effréez d'ilucques m'en allai,
Si c'onques puis, pour verté le vous di,
Ne poi savoir quele part je tornai.
Hé! las! qui set de moi que devendrai!
Tant ai au cuer d'angoisse & de haschie,
Que je morrai, se pitié ne m'aïe.

» me le rapele, je ne pus obtenir de vous » un doux regard. J'en ignore la raison; » jamais pendant ma vie je ne vous manquai par perfidie, par trahison, par » aucune pensée, ni parole déshonnête.

» Douce dame, quand je vous quittai » (*a*), je sortis hors de moi-même; tellement que depuis (je vous dis la vérité) » je n'ai su de quel côté tourner. Hélas » qui sait ce que je vais devenir! J'ai au » cœur tant d'angoisse & de douleur que » je m'attends à mourir, si votre compassion ne me sauve ».

Marchis ou Marquis (Bernard) Chambellan de Philippe le Long; alors Comte de Poitou en 1320. On a de lui plusieurs chansons en vers Provençaux.

Martins le Beguins, de Cambray, n'est connu que par le manuscrit du Vatican, qui nous a conservé quatre de ses chansons.

Mathieu le Juif, vivait sous S. Louis, & nous a laissé deux chansons.

Mathieu de Gant, le Clers, vivait dans le même tems, & nous a laissé six chansons.

Mauvoisin (Robert de) florissait vers l'an 1250, & ne nous a laissé qu'une chanson.

Moniot d'Arras (Jean). Quelques-uns croient que Moniot était son nom de famille; d'autres prétendent que ce mot veut dire *petit Moine*. Il vivait sous S. Louis, & nous a laissé seize chansons.

PASTOURELLE.

Ce fu en Mai,
Au douz tens gai
Que la sésons est bele;

« Ce fut en mai au doux tems gai que » la saison est belle, je me levai un matin » & allai me promener près d'une fontaine.

(*a*) Il fit probablement cette chanson après être parti pour la Terre-Sainte, en 1239.

Main me levai,
Joer m'alai
Léz une fontenele.
En un vergier
Clos d'esglantier
Oï une viele.
Là vi dancer
Un chevalier
Et une damoiselle.

» J'entendis dans un verger clos d'églantier le son d'une vielle, & là je vis danser » un chevalier avec une demoiselle.

Cors orent gent
Et avenant,
Et mult très biau d'ançoient;
En acolant
Et en besant
Mult biau se déduisoient.
En un destor
Au chief du tor
Dui & dui s'en aloient.
De sor la flor
Le gieu d'amor
A leur plésir fesoient.

» Ils avaient le corps bien fait & plein » de graces, & ils dansaient très-bien. Je » les voyais s'accoler, se baiser & s'amuser » beaucoup. Enfin tous deux s'en allerent » au bout du verger dans un endroit dé- » tourné, & sur l'herbe fleurie ils jouerent » à leur aise le jeu d'amour.

J'aillai avant,
Trop redoutant
Que nus d'els ne me voie,
Maz & pensanz
Et desirranz
D'avoir autre tel joie.
Lors vi lever
Un de leur per,
De si loing com g'estoie,
A apeler,
A demander
Qui sui & que querroie.

» Je m'approchai, quoique craignant » qu'ils ne m'apperçussent, triste & pensif, » & desirant goûter la même joie qu'eux. » Alors je vis un de ce couple se lever » & me crier à l'endroit où j'étais, pour » me demander & mon nom & ce que je » voulais.

J'alais vers aus;
Di lor mes maus,
Que une dame amoie,
A qui loïauz,
Sanz estre faux,
Tout mon vivant seroie,

» J'allai à eux; je leur contai mes maux; » que j'aimais une dame à qui je voulais » être dévoué toute ma vie, fidellement » & sans tromper; & pour laquelle j'éprou- » vais des peines & des tourmens tels que » je ne pouvais en donner l'idée. Hélas!

Por qui plus ſeat
Paine & torment
Que dire ne porroie.
Las ! or morrai,
Car bien le ſai,
S'ele ne me ravoie.

» j'en mourrai, & je m'y attends, ſi elle » ne daigne me rendre la vie.

Courtoiſement
Et gentement
Chaſcuns d'els me ravoie,
Et dient tant
Que Diex briement
M'envoit de cele joie
Pour qui j'atenz
Grant marrement.
Et je leur en rendoie
Merciz mul grant,
Et en plorant
A Dieu les conmaudoie.

» Chacun d'eux alors avec douceur & po» liteſſe me conſola. Ils m'aſſurerent plu» ſieurs fois que Dieu bientôt m'enverrait » ce plaiſir, dans l'eſpoir duquel je ſouffre » tant. Je leur fis des remercimens ſans » fin, & en pleurant je pris congé d'eux »

MONIOT, de Paris (Jean). On a de lui un ouvrage intitulé : *Le Ditelet de fortune.*

D'autres diſent que cette piece eſt de Moniot d'Arras. Ils vivaient tous deux ſous S. Louis. Nous avons onze chanſons de Moniot de Paris.

MOULINS (Meſſire Pierre de). Quatre chanſons que le manuſcrit de Ste.-Palaye nous a conſervées de lui, nous aprenent qu'il vivait ſous le regne de S. Louis.

MUSET (Colin) était un ſimple Jongleur ou Meneſtrel, que ſon eſprit éleva au grade d'Académicien de Troyes & de Provins.

M. le Marquis de P. croit que le Roi de Navarre ne laiſſa pas longtems *Colin Muſet* faire le métier d'un vil chanteur, courant les champs pour gagner ſa vie ; & qu'il le prit à ſon ſervice.

Une tradition fort ancienne nous aprend que *Colin Muſet* contribua de ſes deniers à la conſtruction du portail de Saint Julien des Ménétriers, qui ſubſiſte encore dans la rue Saint Martin, & qu'on l'y a repréſenté jouant du violon. Cet inſtrument reſſemble trop aux violons de nos jours, pour ne pas avoir été ajouté à la figure long-tems après qu'elle a été faite. On a voulu que la Vielle ait été inventée par *Colin Muset;* mais nous lui avons prouvé une bien plus ancienne origine dans notre second Livre. On l'a fait aussi à tort l'inventeur du Vaudeville. M. le Marquis de Paulmy a raison de le croire plutôt l'inventeur des chansons à danser, du moins n'en connaissons-nous aucune plus ancienne que la sienne (*a*). Il ne nous reste de lui que trois chansons.

Chanson de Colin Muset.

Volez oir la muse Muset?
En Mai fut fete un matinet,
En un vergier flori, verdet,
Au point du jor,
Où chantoient cil oiselet
Par grant baudor.
Et j'alai fere un chapelet
En la verdor:
Je le fis bel, & cointe, & net
Et plain de flor.
Vis une dancele
Avenant & mult bele,
Gente pucele,
Bouchete riant,
Qui me rapele:
Vien ça, si viéle
Ta muse en chantant
Tant mignotement.

« Voulez-vous ouir la chanson de Muset? » elle fut faite en Mai, un certain matin » dans un verger verd & fleuri, au point » du jour, tandis que chantaient à l'envi » les oiseaux. J'allai sur la prairie faire un » chapel; je le fis beau, propre, bien tourné, plein de fleurs. Alors j'apperçus une » demoiselle attrayante & belle, une pu- » celle gentille, qui avec un joli sourire, » m'appela. Viens-çà, Muset, joue-moi de » ta vielle en chantant ta chanson si joli- » ment.

J'alai à li el praëlet
O tout la viele & l'archet;
Si li ai chanté le Muset
Par grant amour.
. . . .
. . . .

Ces deux vers sont corrompus dans l'original.

» J'allai à elle dans la prairie avec ma » vielle & mon archet (*b*), je lui chantai » mon Muset amoureusement . . . . . . » . . . . » en voyant ses cheveux blonds, ses cou- » leurs vermeilles, son gentil corps qui

(*a*) On la trouvera en Musique à la fin de ce Livre: elle a été remise en français par M. le Marquis de P.

(*b*) Il y avait alors plusieurs especes de vielles; celle à roue, & celle à archet que nous ne connaissons plus, & d'où l'on a prétendu que nous était venue la viole. On voit que c'est de cette dernière dont jouoit *Colin Muset*, puisqu'il parle de l'archet.

Et quand je vis son chef blondet
Et sans color,
Et son gent cors amoureuset,
Et si d'ator,
Mon cuer sautele
Pour la damoiselle
Mult renouvele
Ma joie souvent:
Ele ot gonele
De drap de Castele
Qui restincele.
Doux Dex! je l'aim tant
Du cuer loïaument.

» inspirait l'amour, & ses atours, mon cœur » tressaille pour la demoiselle, & mon » plaisir augmente à chaque instant. Elle » avait une gonnelle de drap de Castille » très-brillant. Dieu! je l'aime tant & si » loyalement!

Quand j'oi devant li viélé
Pour avoir s'amour & son gré,
Elle m'a bien guerredoné,
Soe merci,
D'un bésier à ma volenté.
Dex! que j'aim si!
Et autre chose m'a donné,
Com son ami;
Que j'avoie tant desiré.
Ce m'est merci,
Plus sui en joie
Que je ne soloie;
Quant cele est moie
Que je tant désir.
Je ne prendroie
Avoir ne monnoie
Pour riens que voie.
Ne m'en quier partir;
Ainçois vuel morir.

» Quand j'eus viellé devant elle, pour » mériter son amour & sa grace, elle m'en » récompensa de son bon gré, par un bai» ser que je pris à mon aise. Dieu! quel » plaisir! elle m'accorda autre chose comme » à son ami. J'obtins ce que j'avais tant » souhaité; & je ressentis une joie extraor» dinaire quand je vis à moi cette beauté » que je desirais si fort. Je ne céderais pas » mon bonheur pour richesses, pour argent, » ni pour rien au monde. Je ne veux pas » m'en séparer, mais mourir à son service.

Ore a Colin Muset musé,
Et s'a à devise chanté
Pour la bele au vis coloré
De cuer joli.
Maint bon morcel li a donné
Et départi,
Et de bon vin fort à son gré,
G'el vous affi.

» Ainsi joua Colin Muset, & il chanta » gaiement pour la belle aux joues ver» meilles. Elle lui donna maint bon mor» ceau & d'excellent vin, je vous jure, » tant qu'il en voulut. C'est ainsi qu'il a » vécu jusqu'à présent. Il continuera de » même; il chante gaiment, & proteste » qu'il veut servir amour. Il a grand joie,

Ensi à son siecle mené
Jusques ici ;
Oncor doignole,
En chantant maine joie,
Mult se cointoie
Qu'amours veut servir.
Si a grant joie
El vergier où doignoie
Bien se convoie,
Bon vin fet venir
Très tout à loisir.

» & se plaît à retourner au verger où il » se divertit à faire venir bon vin tout à » loisir ».

Neele (Perrot de) était l'ami de Bretel, & vivait du tems de S. Louis ; il nous reste de lui une chanson.

Neuville (Jean de). Le manuscrit du Roi nous a conservé dix-neuf chansons de lui. Il vivait dans le treizieme siecle.

Chanson de Jean de Neuville.

Li douz tans de pascor
Ma guéri,
Que vergier de colors
Sont flori,
Bois & pré raverdi,
Li oisel sor la flor sunt resjoï.
Or balez, fins amis,
Por la bele au cler vis.

« Je suis guéri par le retour du doux » printemps, maintenant que les vergers » sont émaillés de fleurs, que les bois & » les prés sont reverdis, & que les oiseaux » se réjouissent sur les arbres fleuris. Or » dansez, tendres amans, pour la belle au » joli minois.

Ma dame n'os proïer,
Tant la dout,
Tant la crient avoier !
Car del tout
Me convient, sans dire rienz,
Devant son gent cors estre esbahis
Or, &c.

» Je n'ose rien demander à ma dame, » tant je la redoute, tant je crains de la » fâcher ! Je suis réduit à rester devant sa » jolie figure, tout ébahi, sans dire un seul » mot. Or, &c.

Sovent souspir & plor
Por celi
Qui ainc de ma dolór
N'ot merci,
Hélas ! porcoi la vi,
Quant je por un regart mon cuer i mis
Or, &c.

» Souvent je soupire & pleure pour celle » qui jamais n'eut pitié de ma douleur. » Hélas ! pourquoi l'ai-je vue ce jour où » un seul regard me coûta mon cœur ! » Or, &c.

Dame ; cil losengier
M'ont traï.
Qui vuelent dépécier,
Li honi !
Ce qu'amors establi.
Dames & chevaliers aiment toz dis.
Or, &c.

» Dame j'ai été desservi par les médisans » qui veulent, (les méchans !) séparer ce » qu'amour avait uni. Dames & cheva- » liers aiment constamment : Or, &c ».

Oisi (Messire Hugues d'). Thibaud le Bon, Comte de Blois, dernier grand Sénéchal de France, qui épousa Alix de France, sœur de Philippe Auguste, était fils de Thibaud IV, dit le grand Comte de Champagne, & frere cadet de Henry I, aussi Comte de Champagne. Ce Comte de Blois fut tué en 1191 au siége d'Acre, & laissa plusieurs enfans, entr'autres *Marguerite* mariée à *Hugues d'Oisi*, troisieme du nom, Seigneur de Montmiral, probablement celui dont il nous reste deux chansons. Vers 1220, il y eut un *Jean d'Oisi*, Seigneur de Montmiral, qui épousa une *Elizabeth* de la maison de Champagne.

Chanson de Mr Hugues d'Oisi (a). Il manque les deux premiers vers.

. . . .
. . . .
Maugrez tous sainz, & maugré Dieu ausi
Revient Quenes, & mal soit-il végnans.
Honiz soit-il, & ses préechemans ;
Et houniz soit ke de lui ne dit si.
Quant Dex verra que ses besoinz ert grans,
Il li faudra, car il li a failli.

« Malgré tous les Saints, & même en dépit » de Dieu, Quenes revient ; & puisse-t-il re- » venir pour son malheur. Honni soit-il lui & » ses prédications, & honni celui qui sur lui » ne dira si. Quand Dieu verra que la Terre- » Sainte est dans une grande détresse, il l'a- » bandonnera puisqu'il en a été abandonné.

(a) Cette chanson est satyrique. Elle est faite contre Mr. Quenes de Bethune, qui avait pris la croix, & avait annoncé son départ par la chanson,

Ahi amors ! com dure départie.

Si elle est de lui, comme les manuscrits du Roi & du Vatican la lui attribuent. On la trouvera dans le chapitre suivant parmi celles du Châtelain de Coucy.

Déchantez maiz, Quenes, je vouz en prie;
Car vos chançons ne sont més avenanz.
Or menrez-vous hônteuse vie ci;
Ne vousistes por Dieu morir joïanz,
Or vous conte-on avoec les sécréanz:
Si remaindroiz avoec vo Roi failli.
Ja dame Diex qui seur touz est puissanz,
Du Roi avant, & de vous n'ait mérci.

« Déchantez désormais, Quenes, je vous » en prie, car vos chansons ne conviennent plus. Vous allez mener ici une vie » honteuse. Vous n'avez point voulu mourir glorieusement pour Dieu, on va vous » compter maintenant parmi les renégats. » Vous resterez avec votre lâche Roi. » Que le Seigneur Dieu, qui est tout-» puissant, n'ait pitié, ni du Roi d'abord, » ni de vous ensuite.

Tout fu Quènes preuz, quant il s'en ala,
De sermoner & de gent preeschier;
Et quant uns seuz en remanoit de ça,
Il li disoit & honte & réprouvier.
Ore est venuz son lieu réconchier,
Et s'est plus orz que quant il s'en ala;
Bien poet sa croiz garder & estoïer:
K'encor l'a il tele k'il l'enporta.

» Quant Quenes s'en alla il fit des » prouesses pour sermoner & prêcher les » gens; quand il en voyait un seul rester, » il lui faisoit honte & lui disait des injures. » Or, maintenant il est revenu faire caca » dans son nid, & le voilà plus sale que » quand il est parti. Il peut bien garder » & conserver sa croix, car elle est encore » telle que quand il l'emporta ».

Ostun (Jacques d'). Une seule chanson de lui nous est restée. Il vivait sous S. Louis.

Paon (Philippe) a fait une chanson, dont voici le premier couplet.

Se felon & losengier
Ont parlé seur mi,
Or puent vif enragier
Car je di d'ans fi,
Et ma douce dame aussi
Qui pou prise leur dangier.
Et sachiez de fi
Pour l'amour que j'ai en li
Tien-je mon cuer si joli.

« Si les méchans & les médisans ont » parlé sur moi, ils peuvent maintenant » enrager tout vifs; car je dis fi d'eux, & » ma douce maîtresse aussi qui craint peu » leurs discours; & sachez sur ma foi que » c'est l'amour que je trouve en elle qui » me tient le cœur si joyeux ».

Il était l'un des Poëtes du treizieme siecle.

Pierre (Robers de la) a laissé neuf chansons, & vivait sous Saint Louis.

PRINCE DE MORÉE (le). Le ſeul manuſcrit du Roi avait conſervé deux chanſons de ce Prince ; mais elles n'exiſtent que dans la table, & faiſaient aparemment partie de celles coupées par Henri III. Nous n'avons pu les retrouver nulle part, & nous ignorons quel pouvait être ce prince de Morée.

QUARIGNON (Renier de). Le manuſcrit de Ste.-Palaye renferme deux chanſons de ce Poëte du treizieme ſiecle.

RENTI (Jean de) n'eſt connu que par douze chanſons de lui, qui ſe trouvent dans les manuſcrits de Ste.-Palaye & de Noailles.

ROBERT (de Reims) vivait ſous S. Louis, & nous a laiſſé cinq chanſons.

ROBIN, de Compiegne, ami de Bretel, vivait du tems de S. Louis.

ROGERET, de Cambray. Fauchet l'appele Roger, & dit qu'il jouait de la vielle.

Le Poëte le dit dans la ſeule chanſon qui nous reſte de lui : *Pour li faz ſonner ma viéle.*

SAUVAGE d'Arraz, Poëte du treizieme ſiecle, nous a laiſſé quatre chanſons.

SAUVAGE, de Béthune, vivait dans le même tems, & ne nous en a laiſſé qu'une.

SAUVALES COSSES. Le manuſcrit du Vatican qui ſeul en fait mention, ne nous a conſervé qu'une ſeule chanſon de lui.

SEMILLI (Richard de) vivait ſous S. Louis, & était ami de Gautier d'Argiès : nous avons quinze chanſons de lui.

Chanſon de Richard de Semilli.

J'aim la plus ſade riens qui ſoit de mere née
En qui j'ai treſtout mis cuer & cors & penſée.

« J'aime la plus belle perſonne que » femme ait engendrée. Je lui ai dévoué

Li douz Dex! que ferai de s'amor qui me tue?
Dame qui veut amer doit estre simple en rue,
En chambre o son ami soit renvoisie & drue.

» mon cœur, mon corps & mes pensées. » Dieu! que ferai-je de son amour qui me » fait mourir? dame qui veut aimer doit » dans la rue être modeste; mais dans la » chambre avec son ami, elle doit être » gaie & amoureuse.

N'est riens qui ne l'amast; cortoise est à merveille;
Plus est blanche que noif; conme rose vermeille.
Li douz Dex! &c.

» Il n'est personne qui ne l'aimât, ma belle; » elle est courtoise jusqu'à étonner. Elle est » plus blanche que neige, vermeille comme » la rose. Dieu! &c.

Elle a un chief blondet, euz verz, boche sadete,
Un cors pour enbracier, une gorge blanchete:
Li douz, &c.

» Elle a les cheveux blonds, les yeux » bleus, la bouche riante, une taille faite » pour être embrassée, une gorge blanche. » Dieu! &c.

Ele a un pié petit, si est si bien chaucié,
Puis va si droitement desus cele chauciée.
Li douz, &c.

» Elle a un petit pied, & si bien chaussé! » Elle marche avec tant de grace dans la » rue! Dieu, &c.

Que irai-je disant? n'est nule qui la vaille.
Se plaine est de pitié, n'est nule qui la vaille.
Li douz, &c.

» Que vous dirai-je? il n'est point de » femme qui la vaille, mais si elle a pitié » de moi, oh! c'est alors qu'aucune femme » ne la vaudra. Dieu! &c.

Chançon, va tost, si di la douce débonnere
Qu'el te chant, sanz merci el le saura bien fere.
Li douz, &c.

» Chanson, va la trouver, & dis à cette » beauté débonnaire qu'elle te chante; elle » le fera sans pitié. Dieu! &c.

PASTOURELLE (*a*).

L'autrier chevauchoie de lez Paris
Trovai Pastorele gardant berbiz,
Descendiz à terre, lez li m'assis,
Et ses amoretes je li requis.
El me dist, biau sire, par Saint Denis,
J'aim plus biau de vous & mult melz apris:
Ja tant conme il soit, ne sainz ne vis,
Autre n'amerai, je le vous plevis:
Car il est biax, cortois & senez.

« Je chevauchois l'autre jour près de Pa» ris, quand je rencontrai bergere gardant » brebis. Je mis pied à terre, m'assis auprès » d'elle, & lui demandai son amour. Beau » sire, me répondit-elle, par Saint-Denis, » j'aime plus beau, & plus honête que vous, » & tant que je serai saine & vivante je » n'aimerai autre, je vous le jure: car il » est beau, courtois & sensé. *Dieu! je suis*

(*a*) Hémistiche à remarquer; il est au troisieme pied & quelquefois placé à la cinquieme syllabe.

Dex je suis jonete
Et sadete,
Et j'aim tez.
Qui jones est
Et sades & sages assez (a).

» *jeunette, gentillette ; & j'aime tel qui* » *est jeune, gentil & sage aussi.*

Robin l'atendoit en un valet,
Par ennui s'assist lez un buissonet
Que il s'estoit levez trop matinet
Pour coillir la rose & le musguet.
S'ot ja à sa mie fet chapelet
Et a soi un autre tout nouvelet :
Et dist ; je me muir, bele, en son sonet :
Se vous demorez un seul petitet,
Jamès vif ne me trouverez.
Très douce damoisele,
Vos m'ocirez,
Se vous voulez.

» Robin était à l'attendre dans un vallon. » D'ennui il s'assit près d'un buisson, car » il s'était levé de grand matin pour cueillir » la rose & le muguet, afin de faire un » chapel à sa mie. Il s'en était fait un aussi » pour lui-même ; & il disait en chantant : » belle, je me meurs : vous ne me trou» verez plus en vie, si vous tardez encore » un instant : *très-douce amie, vous me* » *ferez mourir, si vous voulez.*

Quant elle l'oï si desconforter
Tantost vint à li sanz demorer.
Qui lors les veist joie démener,
Robin des bruisier & Marot baler.
Lez un buisson s'alerent joer.
Ne sai q'il i firent, n'en quier parler :
Mès n'i voudrent pas granment demorer,
Ainz se releverent pour melz noter
Ceste Pastorele ;
Vali doriax, li doriax
Laire le.

» Quand elle l'entendit se désoler, elle » vint à lui aussi-tôt. Vous les eussiez vus » alors montrer grande joie, Robin faire » du bruit, Marot sauter. Ils allerent s'é» battre derriere un buisson, je ne sais ce » qu'ils y firent & ne puis vous le conter ; » mais ils n'y resterent pas long-tems, & » se releverent pour chanter ce refrein d'une » pastourelle : *vali doriax, li doriax laire le.* (*b*)

Je m'arestai donc iluec en droit ;
Si vi la grant joie que cil fesoit
Et le grant Solaz que il démenoit
Qui oncques amors servies n'avoit.
Et di-je, maudit amors orendroit
Qui tant m'ont tenu lonc tens à destroit.
Ges ai plus servies q'onme qui soit, ·

» Je m'arrêtai donc là, & vis la joie » que montrait & le plaisir que témoignait » ce berger qui jamais n'avait servi amour. » Alors je m'écriai, je vous maudis, amour, » qui m'avez tenu si long-tems dans la » souffrance. Je vous ai servi mieux qu'hom» me au monde, & j'amais je n'en reçus

(*a*) Chaque couplet finit par des refreins d'autres chansons.
(*b*) Refrein qui probablement avait alors un sens que nous ignorons aujourd'hui.

N'onques n'en oi bien: si n'est-ce pas droit.
Pour ce les maudi :
Male honte ait cil qui amors parti,
Quant g'i ai failli.

» bien. N'est-il pas juste que je vous maudisse ? *puisse être déshonoré celui qui se* » *prend d'amour, quand moi je n'en retire* » *rien.*

De si loing con li bergiers me vit,
S'escria mult haut, & si me dist,
Alez vostre voie par Jhesus crist,
Ne nous tolez pas nostre déduit :
J'ai mult plus de joie & de délit
Que li Rois de France n'en a, ce cuit.
S'il a sa richece, je la lui cuit,
Et j'ai ma miete & jor & nuit,
Ne ja ne départiron.
Dancez, bele Marion,
Ja n'aim je riens se vous non.

» Du plus loin que me vit le berger, » il s'écria à haute voix, passez votre chemin & ne troublés pas nos plaisirs. J'ai » plus de joie & d'aise que le Roi de France, » je pense. S'il a des richesses, je les lui » laisse ; moi j'ai ma mie jour & nuit, & » jamais nous ne nous quitterons. *Dansez* » *belle Marion, je n'aime rien que vous*».

AUTRE.

L'autrier tous seus chevauchoi mon chemin
A l'oissue de Paris par un matin,
Oi dame bele & gente en un jardin
Ceste chançon noter :
Dame qui a mal mari,
S'ele fet ami,
N'en est pas à blasmer.

« L'autre jour sortant de Paris tout seul » un certain matin, j'allois sur mon cheval » lorsque je vis dans un jardin dame belle » & gentille, qui chantait ces paroles: Dame » qui a mauvais mari, si elle fait un ami » elle n'en est pas à blâmer.

Vers li me très, si li dis ; suer, dites-moi,
Pourquoi parlez vous d'ami ? est-ce desroi ?
Sire, je vous le dirai mult bien pourquoi,
Ja nel vous qier céler.
Dame, &c.

» J'allai à elle & lui dis, sœur, dites-moi, pourquoi parlez-vous d'ami ? est-» ce désespoir ? sire, je vous en dirai vo-» lontiers la raison & ne vous la cacherai » pas. Dame, &c.

A un Vilain m'ont donée mi parent
Qui ne fet fors auner or & argent ;
Et me fet d'ennui morir assez souvent
Q'il ne me let joer,
Dame, &c.

» Mes parens m'ont mariée à un vilain » qui ne fait qu'amasser or & argent, & » qui me fait souvent périr d'ennui, ne » me laissant jamais divertir. Dame, &c.

Je li dis, ma douce suer, se Diex me saut,
Vez-ci vostre doux amis qui ne vos faut ;
Venez-vous en avec moi, & ne vous chaut,
Si le lessiez ester,
Dame, &c.

» Ma douce sœur, repris-je, que Dieu » me sauve, vous voyez un ami qui ne » vous manquera jamais, suivez-moi, & » ne vous inquiétez pas du reste, laissez-là » votre mari. Dame, &c.

Sire, je n'iroie pas hors de Paris, J'auroie perdu honeur mès à touz dis : Mès ici l'accoupirai, se trouver puis Nus qui me veuille amer. Dame, &c.	» Sire, je ne veux pas sortir de Paris, » je serais deshonoiée à jamais, mais je me » vengerai ici, si je puis trouver quelqu'un » qui me veuille aimer. Dame, &c.
Quant je vis qu'avecques moi ne vout venir, Je li fis le gieu d'amors, au départir Puis me pria & requist qu'au revenir Alasse à li parler : Dame, &c.	» Quand je vis qu'elle ne vouloit pas » me suivre, je lui montrai le jeu d'a- » mour, & quand je la quittai, elle me » pria qu'à mon retour je vinsse encore lui » parler. Dame, &c ».

AUTRE.

Nous venions l'autrier de joer & de resver Moi & mi conpaing & mi per : Car jolis cuers nos maine, L'amors n'est pas vilaine Qui ainsi nos démaine.	« Nous venions l'autre jour de jouer & » de nous ébattre moi, mon ami & mes » camarades, car la gaieté nous mene, » & amour n'est pas vilain, quand il nous » fait vivre ainsi.
De Paris encontrasmes, ce cuit, Le greigneur bruit Des dames qui vont en déduit Au pardon outre seine : L'amors, &c.	» Nous entendîmes venir du côté de » Paris, je pense, un grand bruit : c'étaient » des dames qui allaient gaiement au par- » don (a) outre Seine. Amour, &c.
La plus belle du mont choisi, Dame à mari, Par pou que son nom ne vous di, Touz jors me met en paine : L'amors, &c.	» Je choisis dans la bande une femme » mariée, la plus belle du monde. Peu » s'en faut que je ne vous dise son nom : » toujours elle me met en peine. Amour, &c.
Ele ot euz vers, un chief si blondet, Vis vermillet, Douche bouche, douz mentonet, Une doucete alaine : L'amors, &c.	» Elle a les yeux bleus, les cheveux blonds, » les joues vermeilles, jolie bouche, joli » menton, douce haleine. Amour, &c.
Tuit li déduit du mont sont en li, Onc ce ne vi, Car ele chante sanz merci Cler conme une seraine : L'amors, &c.	» En elle sont tous les plaisirs du monde; » jamais je ne vis sa pareille : car elle chante » sans cesse doux comme la voix d'une » Sirène. L'amour, &c ».

(a) Apparemment au mont Valérien.

ROIX, de Cambray, Poëte du treizieme siecle, cité par Fauchet.

SENDRART ou SENDRAT. Le manuscrit du Vatican est le seul qui en parle, & nous a conservé une de ses chansons.

SOIGNIES (Gautier de) vivait sous S. Louis. Nous avons sept chansons de lui.

SOISSONS (Messire Raoul de). C'est peut-être le même que Henri de Soissons qui fut pris à la Massoure en suivant S. Louis, & qui fit des vers sur sa captivité.

Il y avait un Raoul, Comte de Soissons, dont la fille Gertrude épousa Mathieu II, dit le Grand, Connétable de France sous Philippe Auguste.

Ce fut après la mort de Gertrude qu'il épousa Emme, fille & héritiere de Guy V, Sire de Laval, dont il eut Guy VI, tige de la branche de Montmorency-Laval. Mathieu II mourut en 1230.

Ce Raoul était de l'anciene maison de Nesle, qui possédait le Comté de Soissons sous S. Louis. Il était grand ami du Roi de Navarre, qui, dans ses chansons, lui donne le titre de *Sire de Vertus*. Nous avons quatre chansons de lui.

Chanson de Raoul de Soissons.

Quant voi la glaie meure
Et le rosier espanir,
Et seur la bele verdure
La rousée resplendir,
Lors soupir
Pour cele que tant désir.
Hélas! j'aim outre mesure.
Autre si conme l'arsure
Fet quan qu'ele ataint brouir,
Fet mon vis taindre & pâlir
Sa simple regardeure
Qui me vint au ceur férir
Pour fere la mort sentir.

« Quand je vois la (*a*) mûre, & » la rose s'épanouir, & la rosée briller sur » la verdure, alors je soupire pour celle » que je désire tant. Hélas! j'aime outre » mesure. Et comme la brûlure grille tout » ce qu'elle atteint, son regard, qui vint » me frapper au cœur, pour me faire » éprouver la mort, fait pâlir & changer » mon visage.

Mult fet douce blécéure
Bone amour en son venir,
Et melz voudroit la pointure

» Un bon amour cause, quand il com» mence, une douce blessure, & il vau» drait mieux éprouver la morsure d'un

(*a*) Le texte dit *la glaie*. Nous ignorons ce que c'est.

D'un escorpion sentir,
Et morir,
Que de ma dolor languir.
Hélas! ma dame est si dure
Que de ma joie n'a cure
Ne de ma dolor guérir:
Ainz me fet vivre martir;
Et c'est adès m'aventure
C'onques dame ne servir
Q'ele me daignast mérir.

» scorpion & mourir, que languir ainsi » de douleur. Hélas! ma dame est si cruelle » qu'elle s'embarrasse fort peu de ma joie & » de la guérison de mes maux.. Elle me fait » vivre martyr; & tel a toujours été mon » sort de servir les dames, sans rien obtenir » d'elles.

Hé! très douce désirée,
Onques dame ne fu si:
Se vous m'aviez vée
La joie dont je vous pri,
Enrichi
Sont mi mortel anemi,
S'aurez leur joie doublée,
Et à moi la mort donnée:
Si ne l'ai pas déservi.
C'onques honme ne transsi
De mort si désespérée,
Et bien vueil estre péri
Puisqu'à s'amor ai failli.

» Ah! belle tant desirée, jamais femme ne » le fut comme vous; si vous me refusez les » plaisirs que je vous demande, mes enne- » mis en seront joyeux, vous aurez aug- » menté leur joie, & à moi vous me don- » nerez la mort. Je ne l'ai pourtant pas » méritée. Jamais homme n'éprouva mort » si désespérée, & je consens volontiers à » mourir, puisque je n'ai pu obtenir votre » amour.

He! Dex, je l'ai tant amée
Dès primes que je la vi,
C'onques puis d'autre riens née
Ne de mon cuer ne joï;
Ainz m'a si
Lessié pour l'amour de li
Que je n'aim autre riens née.
Mès se ma dame honorée
Set qu'ele ait loïal ami,
Bien devroit avoir merci
Se loïauté li agrée.
Mès souvent avient ensi
Que ce sont li plus haï.

» Ah Dieu! du premier moment que » je la vis, je l'aimai tant, que depuis » je n'ai joui, ni d'aucun plaisir ni de mon » cœur. Il est tant enflammé pour elle, » que je n'aime plus personne. Si celle que » j'honore sait qu'elle posséde un amant » loyal & que mon amour lui plaise, elle » devrait bien avoir pitié de moi. Mais sou- » vent il arrive que de pareils amans sont » les plus haïs.

Chançon, va-t-en, sanz atendre,
A ma dame droitement:
Prie li que sanz mesprendre

» Chanson, va-t-en, sans tarder, en » droiture vers ma dame; prie la de te » dire avec franchise sa pensée, car souvent

Te die tout son talent:
Car souvent
Vif plus dolereusement
Que cil que mort fet estendre;
Mès sa douce face tendre
En qui grant biauté resplent,
M'art si le cors & esprent,
Que li charbons soz la cendre
N'art pas si couvertement
Com fet li los qui atent.

» vivre est plus douloureux que l'état de » celui que la mort abat. Mais son doux » visage, en qui reluit tant de beauté, prend » & enflamme le cœur; & le charbon ne » brûle pas si secretement sous la cendre » que le fait celui qui attend (l'effet de » l'amour) ».

SOISSONS (Messire Tierry de). Joinville parle d'un Seigneur de ce nom, qui acompagna S. Louis en Palestine. Il fut pris à la journée de la Massoure ; & dans une de ses chansons il proteste que ni ses voyages, ni sa captivité, ni ses maladies, ne purent jamais changer ou affaiblir les sentimens de son cœur. On assure qu'il était de l'illustre maison de Soissons.

« Bien m'a amours éprouvé en Surie,
» Et en Egypte, où je fus mené pris.
» Si que je fus en grand paour de ma vie,
» Et chacun jour cuidai bien être occis.

Il nous a laissé six chansons.

Chanson de Thierry de Soissons.

Amis Harchier, cil autre chantéor
Chantent en mai volontiers & souvent;
Mès je ne chant pour feuille ne pour flor,
Se fine amor ne m'en done talent:
Car je ne sai par autre ensaignement
Fere chançon, ne chose que je die;
Mès quant amors & volenté m'aïe,
Sachiez de voir que j'ai assez réson
De bien chanter & de fere chançon.

« Ami Harcher, les autres chansoniers » font ordinairement leurs chansons en mai; » moi je ne chante, ni pour la verdure » ni pour les fleurs, si un amour sincere » ne m'en inspire l'envie. Car je ne sais » nulle autre raison qui puisse me faire » chanter ou parler. Mais quand amour » & tendresse m'animent, sachez qu'alors » j'ai motif de faire des vers & des chan» sons.

De bien amer ai mult bele achéson
Et de chanter trop biau conmencement:
Car autre si com la rose él bouton
Croist de biauté & en amendement,
Fet la bele qui à chanter m'aprent;

» J'ai un beau sujet d'aimer & de chanter; » car, comme on voit la rose & son bou» ton croître sans cesse en beauté & en agré» ment, ainsi voit-on croître la belle qui » m'inspire; & pour moi je trouve à chaque

Car

Car sa biauté voi adès enbélie
Et amender de fine cortoisie.
Si la m'estuet plus loïaument amer,
Et pour s'amor plus volentiers chanter.

» instant sa beauté s'embellissant & se parant » de courtoisie, il me la faut alors aimer » plus tendrement encore, & chanter pour » elle de meilleur cœur.

Quand je regart son doux viaire cler
Et son gent cors de bel acesmement,
Mes eux n'en puis partir n'amesurer;
Car en li voi de biautez plus de cent,
Dont bone amor m'ocit si plésanment
Que pour li muir, & si ne m'en plaing mie.
Mès c'est la mort qui me soustient en vie,
Quant la dolor m'est déliz & santez,
Et Richece ma plus grant povretez.

» Quand je regarde son visage brillant » & son joli corps de si beau maintien, » je ne puis retirer mes yeux de dessus elle; » car j'apperçois en elle cent charmes dif- » férents avec lesquels amour m'assassine » d'une maniere si agréable que je meurs, » & cependant ne me plains pas. C'est » cette mort au contraire qui me soutient » en vie; la douleur fait mon plaisir & ma » santé, & la richesse cause ma pauvreté.

Douce dame, quant vous me regardez,
Plus sui riches que d'or ne que d'argent.
Mès richece, puisque vous ne m'amez,
Ne me plest riens: car sanz vous j'ai noïent.
Et ne porquant d'un regard seulement
Sui plus riches que li rois d'Avegnie,
Car li solax de vostre conpaignie
M'est si plesanz que tozjors m'est avis
Qu'en cest siecle n'ait autre paradis.

» Quand vos yeux se fixent sur moi, » douce dame, je me trouve plus riche » que si j'avois or & argent; mais lorsque » je songe que vous ne m'aimez pas, la » richesse ne me plaît pas, car sans vous » tout ne m'est rien. Un seul regard cepen- » dant me fait plus opulent que le Roi d'A- » vegnie (a), & le plaisir que je goûte en vo- » tre compagnie est si doux qu'il me semble » qu'ici bas il n'y ait point d'autre paradis.

Bone & sage, cortoise de biax diz,
Merci vos proi plus débonérement
Que ne fet Deix Champion loeiz
Qui toz navrez sanz baston se deffent:
Car vostre amour m'assaut si mortieument
Qu'envers ses cous ne sai riens d'escremie,
Et vous avez du champ la seignorie.
Si vous requier, bele dame, merci,
Que vous aïez pitié de vostre ami.

» Bonne & sage, courtoise dans vos » paroles, je vous crie merci de meilleur » cœur qu'un champion qui s'est loué pour » un autre ne le crie à Dieu, quand déja » blessé il se trouve réduit à se défendre » sans bâton. Votre amour m'attaque si » cruellement que je ne connois aucune » ressource d'escrime contre ses coups. Vous » avez l'honneur du champ-clos; & je » vous conjure, belle dame, d'avoir pitié » de votre ami ».

TARDUIS (Joseph). Le manuscrit du Roi nous a conservé deux chansons de lui. Il vivait dans le treizieme siecle.

(a) Nous n'avons pu découvrir ce que c'était que ce Roi, peut-être semblable au Roi de Cocagne.

Thibaut d'Amiens. On trouve une seule chanson de lui dans le manuscrit de Clairambaut.

Thibault IV, treizieme Comte de Champagne & Roi de Navarre, fut aussi Comte de Chartres, de Blois & de Sancerre, & Vicomte de Châteaudun.

Il naquit au commencement de 1201, n'avait que quelques mois lorsqu'il perdit son pere, & hérita de tous ses biens.

Sa mere était fille & héritiere présomptive de *Sanche le Fort*, Roi de Navarre. Son aïeule était fille d'un Roi d'Angleterre, & sa trisaïeule était de la Maison Impériale.

Sa taille haute & bien proportionée, sa vaillance, son adresse dans l'exercice des armes, mais particuliérement dans celui de la lance, sa magnificence & sa libéralité, ses talens pour la poésie, & son goût pour les lettres, le rendaient un Chevalier acompli.

Cependant l'ambition & l'amour lui firent faire de grandes fautes; & malgré tout ce qu'a écrit M. Levesque de la Ravaliere pour prouver que ce n'était point la mere de S. Louis dont il était amoureux, il nous paraît démontré qu'elle régna toujours sur son cœur, & que cependant il soupira de tems en tems pour des objets passagers qui lui inspirerent aussi des chansons. Car il faut avouer que plusieurs des siennes ne peuvent convenir à cette Reine vertueuse. Par exemple celle-ci :

« Si Diex plut que je seusse	Si Dieu permettoit par bonheur
» De ma dame le plus haus :	Que seul je plusse à ma maîtresse,
» Certes bon gré l'en sçusse,	Je le remercirois d'une telle faveur.
» Mès trop parest communaux	Mais pour trop de galants, elle a de la tendresse.
» Moult ja de caux	Combien est-il de ces amants
» Qui deslient aulmoniere :	Qui trouvant auprès d'elle un accès trop facile,
» S'en font lor aviaux,	Y passent de très doux moments,
» Et g'en sui bouté arriére ».	Tandis que je me donne une peine inutile.

Louis VIII, qui n'ignorait pas la passion du Comte pour sa femme, mais qui avait besoin d'un vassal si puissant, dissimula jusqu'au moment où ayant résolu de passer l'hiver en Languedoc, pour être plus à portée de faire la guerre aux Anglais qui étaient en Guienne, il proposa son dessein à tous les Princes qui l'avaient suivi; tous y consentirent, excepté

Thibault, qui ne pouvait penser, sans désespoir, qu'il serait un an privé du plaisir de voir la Reine.

La maniere hardie & emportée dont il refusa le Roi, irrita à un tel point ce Prince, qu'il le menaça d'aller porter le fer & le feu dans ses Etats, s'il quitait l'armée. La haine que le Comte portait au Roi, était égale à son amour pour la Reine.

Plusieurs Historiens prétendent que ne pouvant se venger ouvertement, Thibault se servit de la voie secrete d'un poison lent. D'autres plus croyables font mourir Louis VIII d'une fièvre maligne & contagieuse, & assurent que le Comte de Champagne était trop généreux pour commettre une action si détestable. Cependant il fut aussi soupçoné d'avoir fait empoisonner Philippe, Comte de Boulogne, oncle de S. Louis.

Quoi qu'il en soit, Louis VIII mourut à Montpensier le 7 Novembre 1226, & par son testament, déclara Blanche, Régente du Royaume.

La conduite de la Reine prouva bien qu'elle n'avait jamais aprouvé celle de Thibault; car, quoique ses espérances fussent augmentées par la mort du Roi, jamais il ne fut si maltraité de Blanche; & le désespoir qu'il en eut, le fit consentir à devenir le chef de la ligue qui se forma contr'elle.

La jalousie vint encore redoubler sa rage. Varillas nous aprend qu'il soupçona que l'indifférence de la Reine pour lui, ne venait que de la passion qu'elle avait conçue pour le Cardinal de S. Ange, Légat du Pape. Persone ne l'égalait en bonne mine; il avait de la délicatesse dans l'esprit, & on n'avait pas encore vu un si parfait courtisan.

La Reine le consultait dans les affaires importantes, elle lui acordait toutes les graces qu'il sollicitait: il n'en falait pas tant pour alarmer un jaloux tel que Thibault, & pour fournir des armes aux médisans.

La Reine, qui sentit le besoin qu'elle avait du Comte de Champagne, se contraignit pour le mieux traiter, & lui fit dire qu'elle désirait le revoir à la Cour. L'impatient Prince abandona aussi-tôt la ligue, & acourut à Mont-Lhéri avec trois cens Gentilshommes qui servirent d'escorte à S. Louis pour pouvoir rentrer dans Paris, malgré les troupes de la ligue. Les Bourgeois de cette ville allerent en assez grand nombre au devant de leur Roi, pour occuper l'espace depuis Mont-Lhéri jusqu'à Paris, & ce Prince y rentra heureusement, suivi des trois cens Gentilshommes du Comte de

Champagne, qui rendirent inutiles les efforts que l'on fit pour l'enlever.

Blanche ayant réussi à remettre Thibault dans ses intérêts, ne l'en traita pas mieux qu'auparavant, & le désolé Comte n'aurait pas tardé à trouver les moyens de s'en venger, s'il n'eût eu besoin alors des secours du Roi pour défendre ses Etats contre les Ducs de Bourgogne & de Bretagne, qui assiégeaient Troyes.

Simon de Joinville, pere de l'Historien, se jeta dans cette place (a) & en fit bientôt lever le siége.

Le Roi vint aussi-tôt à la tête d'une armée pour secourir le Comte, & fut joint en chemin par Mathieu II Duc de Lorraine. Les ennemis du Comte, qui prenaient le prétexte de faire valoir les droits de la Reine de Chypre, à qui ils prétendaient que la Champagne appartenait par droit de naissance, députerent au Roi pour l'assurer de leur soumission, & le suplier de les laisser vuider leur querelle avec le Comte; mais le Roi leur ordona de se retirer, & condamna Thibault à payer à la Reine de Chypre 2000 livres de rente & 40000 d'argent comptant, pour acquérir les droits qu'elle prétendait avoir sur ses Etats. Ce fut alors que Thibault, épuisé par les frais qu'il avait été obligé de faire, & pour suivre les conseils de Blanche, toujours toute puissante sur son esprit, vendit au Roi ses Comtés de Blois, de Châteaudun, de Chartres & de Sancerre, afin d'avoir de quoi payer la Reine de Chypre.

Alors les Princes furieux de ne pouvoir acabler Thibault, comme ils l'avaient espéré, l'acuserent d'avoir fait empoisonner Louis VIII, & se soumirent aux peines portées par les Loix contre les calomniateurs, en cas qu'ils ne le convainquissent pas dans les formes.

Le Roi voyant que le feu allait s'alumer de tous les côtés dans son Royaume, engagea Thibault à se croiser, pour aller porter la guerre aux Infideles, & lui promit de défendre ses Etats, si on les ataquait. Ce moyen pacifia tout; Thibault, qui se voyait au moment d'être convaincu de son crime, se trouvait justifié par les secours que lui donnait S. Louis; & les ligués éloignaient pour longtems leur ennemi, en l'engageant dans une entreprise presque toujours fatale aux braves Chevaliers de l'Europe.

La réconciliation se fit donc par les soins de la Reine Blanche; mais

---

(a) En 1228.

comme le Comte se préparait à partir pour la Terre-Sainte, Sanche le Fort, Roi de Navarre, mourût sans enfans (*a*).

Il était le dernier de la race masculine de Dom Garcie Ximenès, laquelle avait régné plus de 500 ans sur la Navarre; &, selon la coutume de ce Royaume, la courone apartenait à Thibault, comme fils de Blanche de Navarre, sœur de Sanche & son unique héritiere.

Il se rendit aussi-tôt à Pampelune, & y fut proclamé Roi aux aclamations de tous ses sujets. Ayant trouvé dans le trésor de Sanche dix-sept cent mille livres (ce qui serait aujourd'hui près de trente millions) (*b*); il se crut assez puissant pour revenir contre la vente qu'il avait faite de Chartres, de Châteaudun, Sancerre & Blois, & leva une armée pour apuyer sa réclamation.

Mais le Roi ayant assemblé ses troupes dans le bois de Vincennes, se préparait à fondre sur la Brie & sur la Champagne, lorsque le Roi de Navarre eut recours à la soumission.

S. Louis voulut bien pardonner; mais il falut que Thibault donnât sa parole de partir pour la Terre-Sainte.

Ce fut à cette occasion qu'il fit une chanson où l'on trouve ces vers:

« Amour le veult & ma Dame m'en prie
» Que je m'en part, & je moult l'en merci.
» Quand par le gré ma Dame m'en chasti,
» Meilleur raison n'y voi à ma partie ».

TRADUCTION.

« Amour le veut & ma Maîtresse aussi
» Que je m'en aille, & je l'en remercie;
» Quand à mon gré ma Dame me châtie;
» J'aurois grand tort d'en avoir du souci ».

Avant son départ, Robert, Comte d'Artois, qui le haïssait, le fit in-

(*a*) En 1234.

(*b*) Le marc d'argent en 1226 était de 54 sols, il est aujourd'ui de 52 livres. C'est donc dix-huit fois plus. Les 1700,000 livres de Sanche feraient donc près de 30 millions; la somme est bien forte pour un tems où les métaux étaient rares.

sulter par ses gens. Mais le Roi les ayant fait arêter, ils furent condamnés à la mort; & Robert, pour leur sauver la vie, fut obligé d'avouer qu'il était le seul coupable, puisqu'on n'avait agi que par ses ordres. On fit à Thibault toutes les réparations qu'on put imaginer, & le Roi le combla d'amitié & d'honeurs.

(1239). Enfin le Roi de Navarre partit pour la Terre Sainte, acompagné des Ducs de Bourgogne & de Bretagne, & d'une foule de Seigneurs qui voulurent être du voyage.

Ils prirent leur route par l'Allemagne, la Hongrie, la Thrace, l'Asie mineure, le Mont-Taurus, &, après les plus grandes fatigues, ariverent à Joppé.

Il se passa si peu de choses considérables à cette croisade, qu'à peine les Historiens en ont-ils conservé quelques détails.

Thibault revint à la fin de 1240, & ne s'occupa plus qu'à bien gouverner ses Etats. Tout ce qu'on sait des dernieres années de sa vie, c'est qu'il se fit aimer de ses sujets, & en fut fort regretté.

On ne s'acorde pas sur le tems de sa mort; les Français le font mourir à Troyes le 10 Juillet 1254; & les Navarrois prétendent qu'il mourut à Pampelune le Mardi 8 Juillet 1253.

Il avait épousé trois femmes. 1e. *Gertrude, fille d'Aubert, Comte de Metz, & veuve de Thibault, Duc de Lorraine.* 2e. *Agnès de Beaujeu.* 3e. *Marguerite*, fille d'*Archambaud* de Bourbon, qui lui aporta en dot 360 mille livres, somme immense alors.

Ses enfans furent *Blanche*, fille d'Agnès, sa seconde femme, qui épousa en 1235 *Jean le Roux*, fils de *Pierre Mauclerc*, *Duc de Bretagne*; & de sa troisieme femme il eut: *Thibault V*, qui lui succéda, *Henri le Gros*, qui succéda à son frere mort sans enfans; *Pierre*, sieur de Maracaval, mort jeune; *Alienor*, morte jeune; *Marguerite*, mariée en 1255 à *Ferry*, second fils du Duc de Lorraine; *Béatrix*, seconde femme d'Hugues IV, Duc de Bourgogne.

Thibault V, qui avait épousé Isabelle, fille de S. Louis (*a*), étant mort

(*a*) Henri III, Roi d'Angleterre, étant venu en France pour visiter Saint Louis, choisit le Temple pour sa demeure, soupa chez le Roi en arrivant, & le pria de trouver bon qu'il lui donnât à dîner le lendemain. Saint Louis, pour lui faire honeur, le pressa de prendre

ſans enfans en 1270, à Trapany en Sicile, en revenant du ſiége de Tunis où S. Louis était mort, ſon frere Henri lui ſuccéda, & épouſa Blanche, fille de Robert Comte d'Artois, tué en 1250 à la Maſſoure en Égypte. Il mourut à Pampelune le 27 Juillet 1274, & laiſſa un fils & une fille.

Le jeune Prince étant mort enfant, ſa ſœur Jeanne devint héritiere de la Champagne & de la Navarre, & épouſa en 1284 Philippe II, fils de Philippe le Hardi, qui fut depuis Philippe le Bel, & réunit ainſi pour la premiere fois le royaume de Navarre à la courone de France.

Les deux époux vécurent dans la plus parfaite union, & le Roi était ſi perſuadé du mérite de Jeanne, qu'il lui laiſſa toujours l'adminiſtration de la Navarre & de la Champagne; elle mourut au château de Vincennes à 33 ans, le 2 Avril 1304, & fut inhumée aux Cordeliers de Paris. Son amour pour les Lettres lui fit fonder le College Royal de Champagne, vulgairement appelé le College de Navarre; on voit ſur la porte de ce collége la ſtatue de cette Princeſſe & celle de Philippe le Bel.

La Navarre reſta à la France juſqu'au 14 Mars 1335, que Philippe de Valois la céda au Comte d'Evreux & à Jeanne de France, ſon épouſe; mais la Champagne fut pour toujours réunie à la courone.

« Thibaut fut Roi galant & valeureux;
» Ses hauts faits & ſon rang n'ont rien fait pour ſa gloire;
» Mais il fut chanſonier, & ſes couplets heureux
» Nous ont conſervé ſa mémoire ».

Ces vers ſont tirés de l'Anthologie de Monet.

Chanſons du Roi de Navarre, qui ne ſe trouvent pas dans l'édition de M. de la Ravaliere.

Dame d'amors & li max que je trai
Font que je chant amourous & jólis
Et en chantant rouver, ce k'ainc n'oſai,
Celi que j'aim, que je ne fuſſe eſcondis
Di tel don que de joie:

« La Dame que j'aime, & les maux » qu'elle me cauſe, me font chanter amou» reux & gai, & en chantant, prier (ce » que je n'oſai jamais faire) celle qui m'eſt » chere, de ne point me refuſer le don que

---

place entre lui & le Roi de Navarre; mais Henri n'en voulut rien faire, & dit au Roi: *Vous êtes mon ſeigneur, & vous le ſerez toujours, prenez la place qui vous eſt due.* Saint Louis céda & s'aſſit, ayant à ſa droite le Roi d'Angleterre, & celui de Navarre à ſa gauche.

Voyez les Mémoires hiſtoriques de Champagne par Baugier.

Mès ce n'ert ja que doie
Tel-bien avoir de li,
Se par pitié bone amor que j'en pri
Ne fait aussi, con je sui siens, soit moie.

» j'attends pour me mettre en joie. Mais » jamais il ne m'arrivera de recevoir d'elle » un pareil bien, si amour par pitié ne fait » qu'elle soit à moi comme je suis à elle.

Loïal amours, de vo mal que ferai?
Confortez-moi, je sui de vos sorpris.
Célerai-je ma Dame? ou li dirai
Que por li sui en pene & mi amis?
Li célers me guerroie;
Se li di, ele anoie:
Tost dira, fui de ci;
Et il n'est riens que je resoigne si;
Si me tairai, face sens ou foloie.

» Amours, que ferai-je de vos feux? » Soulagez-moi, je suis tout entier à vous. » Le cacherai-je à ma Dame? ou lui avouerai-je que suis désolé pour elle, ainsi que » mes amis pour moi? Le lui cacher, fait » mon tourment. Si je l'avoue, elle s'en » irritera, & me dira, sortez d'ici : or il » n'est rien que je redoute autant que ces » paroles. Je me tairai donc, soit que je fasse » bien ou mal.

Fors qu'en chantant einsi me déduirai,
En désirrant ce qu'amors m'a promis,
Merci avoir; que ne déservirai
En mon vivant ne meillor qu'il ont quis,
Et se j'en requéroie,
Ma Dame, & je fàloie
Aussi qu'autre ont falli,
Jamais déduit en espoir si joli
N'auroit en moi.

» Je n'aurai plus désormais de plaisir que » de chanter, & desirer ce que m'a promis » amour, c'est-à-dire d'éprouver la pitié. » Jamais pendant ma vie je ne lui manquerai. Et si je demandais merci à ma Dame, » & qu'elle me le refusât, ainsi qu'elle l'a » refusée à d'autres, il n'y aurait plus pour » moi d'espoir ni de plaisirs.

Très dont que vi ma Dame, me donai;
Ains puis ne fui de li amer faintis,
Ne ja ne vueille amors qu'en nul délai
Mete le douc penser qu'en li ai pris.
Miex choisir ne sauroie,
Et plus je ne porroie
Aillors penser qu'à li:
Ainz me convient, en espoir de merci,
Vivre & manoir: por riens ne requerroie.

» Dès l'instant que je vis ma Dame, je » devins amoureux d'elle, & depuis ce moment, je ne fus pas infidele. Je ne » souhaite pas même qu'amour me fasse » perdre les douces pensées qu'elle me » donne. Je ne puis mieux choisir, & il ne » m'est plus possible de songer à d'autres » qu'à elle. Je suis résolu de vivre dans » l'espérance de la toucher, & pour rien » au monde je ne lui révélerais ma peine.

Aucune gent m'ont demandé que j'ai
Qui si porte pesme coulor ou vis;
Et je leur ai respondu, je ne sai,
Si ai menti, c'est d'estre fins amis.
Ensi mes cuers leur noie,

» Certaines gens en me voyant le visage » si pâle, m'ont demandé ce que j'ai, & » je leur ai répondu, je l'ignore. Je mentais; mais voilà ce que c'est que d'être » amant loyal. Ainsi mon cœur le leur

Et

Et porquoi leur diroie,
Quant ma Dame nel di
Qui m'a navré? mès tost m'aurait gari
S'elle favoit & dont s'en fust en voie

» cache; & pourquoi le leur avouerais-je, » puisque je ne le dis pas même à celle » qui m'a blessé? Elle pourrait bien vîte » guérir mes maux, si elle les connaissait » & si elle le voulait.

Au pui d'amors convenance tenrai
Tout mon vivant, soie amez ou haïs.

» Que je sois aimé d'elle ou haï, pendant » que je vivrai je ne me plaindrai jamais » au puits d'amour ».

AUTRE.

Puisqu'il m'estuet de ma dolour chanter
Et en chantant dire ma mésestance,
On ne doit pas à mon chant demander
Qu'il ait envoiseure;
Ainz chant selonc l'aventure,
Si con cil qui ne puet merci trouver
Et qui en soi n'a maiz point de fiance.

« Puisqu'il me faut chanter ma douleur, » & en chantant raconter mes maux, on » ne doit pas exiger de mes chants qu'ils » soient gais : mais je chante au hasard, » comme un homme qui ne peut éprouver » de pitié, & qui n'a plus d'espérance.

Si cum Equo qui sert de recorder
Ce qu'autres dit, & par sa seurquidance
Ne la daigna Narcissus reguarder,
Ainz secha toute d'ardure
Fors la vois qui encor dure:
Ensi perdrai tout, fors merci crier,
Et secherai de duel & de pesance.

» Semblable à Echo, qui ne fait plus » aujourd'hui que répéter ce que prononce » un autre, & que Narcisse, par orgueil, » ne daigna pas regarder, & qui sécha » d'amour, de façon qu'il ne lui resta plus » que la voix; ainsi je perdrai tout, ex- » cepté la ressource de crier merci, & je » sécherai de deuil & de chagrin.

Douce Dame qui me poez donner,
Pluz qu'autre rienz, de mes mauz aléjance,
Se mi laissiez morir pour bien amer
Vostre en iert la mespresure.
Merci, franche creature,
A la mort sui que n'en puis eschaper,
Se loïautez & pitiez ne m'avance.

» Douce Dame, qui pouvez me donner, » plus que nulle autre, soulagement de mes » maux, si je meurs pour vous trop aimer, » vous en essuyerez des reproches. Pardon, » femme aimable, mon état est désespéré, » & je ne puis en échaper, si votre loyauté » ou votre compassion ne me sauve.

Paintre & maçon qui bien sevent ouvrer,
Et trestout cil qui sevent d'ingremance
J porroient touzjours lor tanz user
En œuvre & en pourtraiture,
Ainz que il feist sa figure
Qui de biauté la péust resambler
De cuer, de cors, de vis & de samblance.

» Peintre & architecte qui savent tra- » vailler, & ceux qui connaissent la magie, » pourraient passer leur vie à travailler & » à peindre avant d'attraper sa figure & » de pouvoir faire femme qui lui ressemblât » de cœur, de corps, de figure & de traits.

Maiz amours que Narcissus fist mirer,	» Mais Narcisse que fit mirer amour,
Quant pour Equo en volt prendre venjance	» quand il voulut venger Echo, s'il eût
S'einsi vousist pour li une autre amer:	» voulu aimer ma belle à sa place, n'eût
Tel qui de li n'éust cure	» plus fait aucun cas de la nymphe; il
Mis l'éust à sa droiture	» eût employé plus raisonnablement l'or-
Du grand orgueill qui le fait révéler	» gueil qui le fit résister à elle, & se serait
Et en venist plustost à repentance.	» repenti bien plutôt ».

TRIE (Jean de). Jean I. de Trie & de Moucy, acheta en 1212 de Jean du Fayel, une rente sur un moulin près de Mouci-la-Ville.

Jean II épousa Alix de Dammartin, sœur de Simon de Dammartin, Comte de Ponthieu, & fut bisaïeul de Matthieu de Trie, Maréchal de France en 1320, & qui mourut comblé de gloire & d'honeurs le 26 Novembre 1344.

L'un de ces deux *Jean de Trie* est peut-être l'Auteur des deux chansons qui nous restent. Il y eut aussi un Matthieu de Trie, grand-Maître de la Maison de Philippe-le-Bel, & qui mourut en 1306.

VEAU (Guillaume). Fauchet l'appele Viaux. Les manuscrits de Paulmy & de Clairambaut nous ont conservé une seule chanson de lui.

VIEUX-MAISONS (Messire Pierre-Gilles de) vivait sous S. Louis, & nous a laissé douze chansons.

VILAINS d'Arraz, vivait dans le même tems, & nous en a laissé trois.

VILLENEUVE (Guillaume de la). Il y a aparence qu'il vivait sous S. Louis.

VINIERS (Gille le). Il y a eu un Nicolas Viniers ou Vignier qui a fait une histoire de la Maison de Luxembourg. Gilles nous a laissé cinq chansons; une d'elles fut faite à son départ pour la croisade: il était ami de Simon d'Authie, & vivait sous S. Louis.

Chanson de Gilles le Viniers.

Aler m'estuet là où je trairai paine,	« Il me faut aller là où je trouverai
Là où Dex fu pénez & travailliez.	» peines, où Dieu souffrit & mourut. J'y

Mainte pensée i aurai greveraine
Quant me serai de ma dame esloigniez,
Et sachiez bien, jamès ne serai liez,
Jusqu'à l'heure que la verrai prochaine.
Dame, merci; quant serai repériez,
Por Dieu vous proi, praigne vous en pitiez.

» aurai mainte pensée désespérante, quand » je me verrai éloigné de ma dame, & » jamais, soyez en sûr, je n'aurai de joie » jusqu'au moment où je la reverrai près de » moi. Accordez-moi une grace, madame, » & quand je serai de retour, au nom de » Dieu, prenez pitié de moi.

Douce dame, comtesse Chastelaine
De tout vouloir, qui sevrance m'iest griez,
Si est de vous conme de la seraine
Qui par son chant a plusieurs engingniez;
N'en sevent mot, les a si aprochiez
Que ses douz chans leur navie mal maine,
Ne se guétent ses a en mer plongiez;
Et s'il vous plest, ausi sui périlliez.

» Douce dame, comtesse Chatelaine de » mes volontés, vous dont la séparation » m'est si dure, vous ressemblez à la sirene, » dont le chant séduit plusieurs. Ils ne con- » naissent pas le danger; elle les fait ap- » procher néanmoins, attire leurs navires » par ses doux chants, & ils ne s'en apper- » çoivent que quand elle les engloutit dans » les eaux. Voilà, si vous me permettez de » le dire, ma véritable situation.

En périz sui, se pitiez ne m'aïe:
Mes se ses cuers resenble ses dous eux
Dont sai devoir que n'i périrai mie.
Espérance ai qu'ele l'ait mult piteus.
Souvent recort ce que j'oï dire seus
Qu'ele disoit, mult seroie esjoïe
Se réperiez; je vous feroie feus:
Or soyez vrais comme fins amoureus.

» Je suis dans le même péril, si votre » bonté ne me secourt. Mais si votre cœur » est aussi doux que vos yeux, je suis sûr » d'avance que je ne périrai pas. J'espere » qu'elle l'aura compatissant. Je me rap- » pele ce qu'elle disait un jour que nous » étions seuls. Elle disait: je serais bien » aise, si vous reveniez; alors je ferais des » feux de joie. Gardez-moi, en attendant, » fidélité, comme le doit un vrai amant.

Ha! Dex! dame, cist moz me tent la vie.
Biau sire Dex! Comme il est précieus!
Sanz cuer m'en vois el raigne de Surie,
O vous remaint, c'est ses plus douz hostiez.
Dame vaillant, comment vivra cors tiex,
Se le vostre ai adès en compaignie,
Adès serai plus joïanz & plus preus;
Pour vostre amour serai chevaleureus.

» Dieu! ces paroles, dame, me rendent » la vie. Beau sire Dieu, qu'elles sont dou- » ces! Je pars sans cœur pour le royaume » de Syrie. Il reste avec vous, c'est la plus » douce demeure qu'il puisse avoir. Dame » charmante, quelle douce vie aura ce corps, » si en retour il a le vôtre avec lui. J'en » serai moins triste & plus hardi, & pour » l'amour de vous, je me montrerai preux » chevalier.

Douz gentis cuers, Genevre la Roïne
Fist Lanceloz plus preuz & melz vaillant:

» Doux cœur gentil, la Reine Genevre » rendit Lancelot plus entreprenant & plus

<table><tr><td>Pour li en prist mainte dure aatine,
Et s'en souffri paines & travaus granz;
Mès au double li fu guerredonanz
Après ses maus amors loïax & fine,
En tel espoir serf & ferai touz tens
Celi à qui mes cuers est atendant.</td><td>» brave. Il entreprit pour elle mainte pé-
» rilleuse aventure, il souffrit peines &
» grands travaux; mais après ses maux,
» un amour tendre & loyal le récompensa
» au double; c'est dans cet espoir que je
» sers & que je servirai toujours celle dont
» mon cœur attend son bonheur ».</td></tr></table>

VINIERS (Maître Guillaume le) frere ou cousin de Gilles le Viniers. Nous avons de lui trente-quatre chansons.

VINIERS (Jacques le) peut-être frere du précédent, nous a laissé quatre chansons.

Nous croyons faire plaisir à nos Lecteurs d'ajouter au chapitre des Poëtes des douzieme & treizieme siecle, la notice de deux fêtes instituées vers ce tems-là, & qui ont subsisté pendant plusieurs siecles.

La Fête des Fous & la Fête de l'Ane (a).

On trouve à la bibliotheque du Roi un Livre manuscrit, de format *in-douze*, coté n° 1351, dans lequel est noté l'office de la fête des fous, tel qu'on le chantait à l'Eglise de Sens le jour de la Circoncision, sous ce titre : *Officium Stultorum ad usum Metropoleos ac Primatialis Ecclesiæ Senonensis*. Une instruction, placée à la tête du Livre, porte que cet office a été composé par Pierre de *Corbolio*, Archevêque de Sens, du tems que siégeoit à Rome le Pape *Honoré III* (b), & que le Livre a été transcrit sur celui qui se conserve dans les archives du chapitre de Sens, & dont la couverture est en ivoire, (*ex utraque parte foliis eburneis munito*).

Selon Moréri, une lettre circulaire des Docteurs en Théologie de la Faculté de Paris, envoyée en 1444 à tous les Prélats de France, pour les engager à abolir cette fête, nous apprend que les Clercs & les Prêtres créaient un Evêque ou un Pape (qu'ils appelaient l'Evêque ou le Pape des

(a) Si l'on desire plus de détails sur ce sujet, il faut lire les *Mémoires pour servir à l'Histoire de la Fête des Fous, par du Tillot*, 1741.

(b) Honoré III a été Pape depuis 1227 jusqu'en 1241.

sons) entraient dans l'Eglise, les uns habillés en femmes, d'autres en bouffons, ou masqués de différentes manieres, dansaient dans la nef, & même dans le chœur, en chantant des chansons dissolues, & faisant mille folies, même à côté de l'autel pendant la célébration de la messe. Ce n'était pas seulement dans les cathédrales & les collégiales qu'on faisait ainsi la fête des fous, cette impiété avait passé jusques dans les monasteres de l'un & l'autre sexe.

Quant à la fête de l'âne ou des ânes, c'était une cérémonie qui se faisait anciennement dans la cathédrale de Rouen, le jour de Noël. Des Ecclésiastiques choisis représentaient dans une procession, les Prophetes qui avaient prédit la naissance du Messie. Balaam y paraissait monté sur une ânesse; & c'est ce qui avait donné le nom à cette fête. Outre les Prophetes qui ont parlé de la naissance du Messie, on voyait encore dans cette cérémonie, non-seulement *Zacharie*, *sainte Elisabeth*, *saint Jean-Baptiste*, le *vieillard Simeon*, mais encore la *Sibylle Erithrée*, & le Poëte *Virgile*, à cause d'un passage d'une de ses Eglogues (*a*), qu'on croyait regarder la sainte Vierge. Chaque acteur récitait son passage, & l'on terminait la cérémonie par un motet, où les personages se réunissaient à tout le chœur.

On peut croire que la fête de l'âne devait être plus ancienne que celle des fous, puisqu'on trouve dans l'office de celle-ci une Prose de l'âne, qui se chantait avant le *Deus in adjutorium*. Le Livre dont nous avons parlé, commence par une antienne qui précédait la prose, & qu'on chantait à la porte de l'Eglise (*in januis Ecclesiæ*). Cette antienne, qui était une invitation à la joie, finit par ces paroles remarquables : *Sint hodiè procul invidiæ, procul omnia mæsta. Læta volunt quicumque colunt asinaria festa.*

(*a*) C'est la quatrieme. Eusebe de Césarée cite vingt-sept vers de la Sibylle Erythrée, qui parlaient de la premiere venue du Fils de Dieu, pour s'unir à notre nature, & de la seconde, pour juger le monde.

La Sibylle Erythrée mourut dans la Troade; Pausanias nous assure avoir vu son tombeau dans le bois sacré d'Apollon, avec une épitaphe en vers élégiaques, gravés sur une colone, & dont voici le sens :

« Je suis cette fameuse Sibylle qu'Apollon voulut avoir pour interprete de ses oracles : » autrefois vierge éloquente, maintenant muette sous ce marbre, & condamnée à un » silence éternel; cependant, par la faveur du Dieu, toute morte que je suis, je jouis » de la douce société de Mercure, & des Nymphes mes compagnes ».

Vient ensuite la Prose de l'âne, que nous allons transcrire ici en entier (*a*).

PROSE DE L'ANE.

Orientibus partibus
Adventavit asinus
Pulcher & fortissimus
Sarcinis aptissimus.
Hez, sir'âne, hez.

Hic in collibus Sichen
Enutritus sub Ruben,
Transiit per Jordanem,
Salit in Bethleem.
Hez, sir'âne, hez.

Saltu vincit hinnulos,
Damas & Capreolos,
Super Dromedarios
Velox mandianeos.
Hez, sir'âne, hez.

Aurum de Arabia,
Thus & myrrham de Saba
Tulit in Ecclesia
Virtus asinaria.
Hez, sir'âne, hez.

Dum trahit vehicula
Multa cum sarcinula,
Illius mandibula
Dura terit pabula.
Hez, sir'âne hez.

Cum aristis ordeum
Comedit & carduum,
Triticum à palea
Segregat in area.
Hez, sir'âne, hez.

Amen dicas asine
Jam Satur ex gramine
Amen, amen itera,
Aspernare vetera.
Hez, sir'âne, hez.

Air sur lequel on chantait cette Prose.

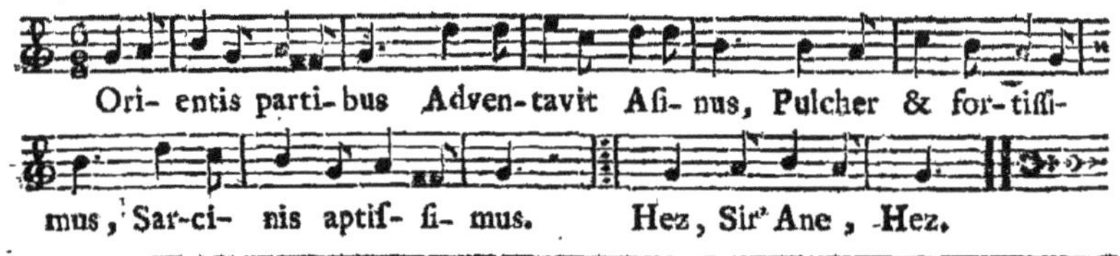

(*a*) Toutes les strophes sont sur le même chant. Dans l'original, il est noté sur quatre lignes, comme tout le plain-chant, & sur la clef d'*ut* à la troisieme ligne. Nous l'avons transporté à la clef de *sol*, & sur cinq lignes, pour le mettre à la portée d'un plus grand nombre de Lecteurs. Nous y avons d'ailleurs ajouté la mesure ordinaire à la plupart des proses des Eglises de France.

Les mots *hez*, *sir'âne*, *hez*, qu'on trouve à la fin de chaque strophe, sont écrits dans l'original, *hez sire asne hez*. Nous présumons que ce refrain est une salutation à l'âne, & qu'il faut lire : *sir'âne*, pour *sire âne*, *hez*, *hez*.

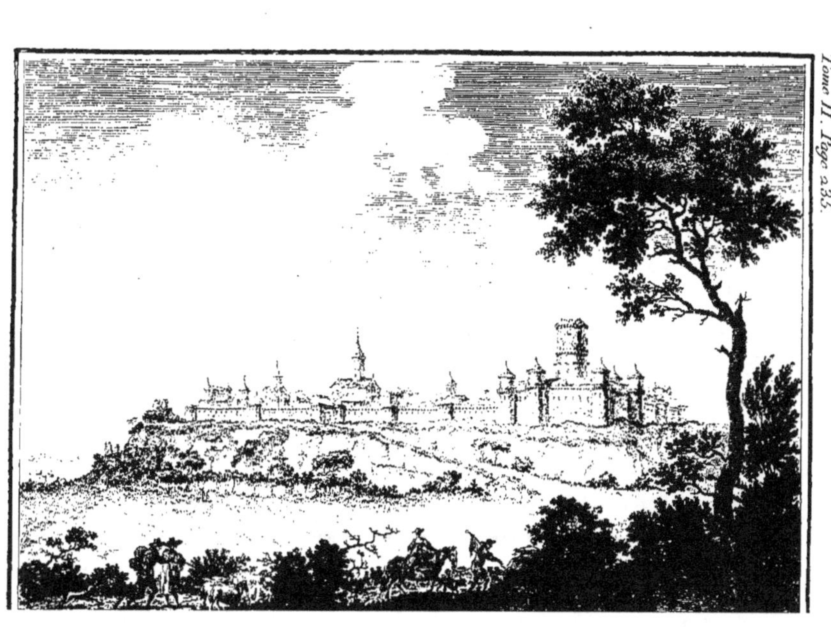

Tome II. Page 235.

CHAPITRE VI.

Chansons du Châtelain de Coucy.

SA célébrité, celle de ses chansons, l'histoire de ses amours pour la Dame de Fayel, nous ont engagés à nous étendre sur un sujet aussi intéressant.

Nous avons espéré que nos Lecteurs nous sauraient gré de tous les efforts que nous avons faits pour démêler les erreurs de plusieurs Historiens & Romanciers qui ont attribué à Raoul I, sire de Coucy, des chansons qu'il n'a pas faites, & un amour, dont son âge & les circonstances empêchent de croire qu'il ait été susceptible.

Nous donnerons d'abord une notice généalogique de l'illustre Maison de Coucy. Viendra après un extrait de la vie du célebre Châtelain de ce nom. Il sera suivi, en forme de preuves, des chansons qu'on lui attribue, & qui ont un caractere de vérité incontestable.

Duchesne, Auteur estimé, (*a*) assure, dans son histoire de la Maison de Coucy, qu'elle vient d'*Enguerrand de Boves*, qui devint possesseur en 1080 du château de Coucy, dont il donna le nom à ses descendans.

La maison de *Boves* tirait son origine d'un Seigneur appellé *Dreux* ou *Drogon*, qui s'illustra sous les regnes de Robert & d'Henri I, Rois de France.

Enguerrand I, Comte d'Amiens, Seigneur de Boves (*b*) & de la Fere, acquit la seigneurie de *Coucy* (*c*). Un acte qui existe encore, lui donne

(*a*) Et Dom Toussaint du Plessis, dans son histoire de la Ville & des Seigneurs de Coucy.

(*b*) La Maison de Boves fut appelée ainsi d'un ancien château voisin de la ville d'Amiens, qui est devenu célebre dans notre Histoire, & que Guillaume le Breton a décrit dans sa Philipide comme une place très forte. Voyez Duchesne, pag. 188 & suiv. Malbrancq, de Morini, *in*-4. tom. 2, page 89.

(*c*) Ce château, qui a donné ce nom à l'une des plus illustres Maisons de France, est dans le Vermandois, & dans une des plus belles & des plus heureuses positions, il est sur une montagne élevée. La tour qu'on en regardait comme imprenable avant l'invention du canon, a cent soixante douze pieds de hauteur & trois cent cinq de circonférence. Le tremblement de terre du 18 Septembre 1692 l'a fendue du haut en bas.

le titre de *très noble Prince*, mort en 1116 (*a*). Son fils, *Thomas de Marle*, Seigneur de Boves & de la Fere, & Comte d'Amiens, fut fameux par sa cruauté. Il prit son nom de sa mere *Ade* de Marle, & fut le premier qui prit le titre de Sire de Coucy par *la grace de Dieu* (*b*). Il fut un ardent ennemi des Moines; fit massacrer l'Evêque de Laon, après l'avoir mutilé, & tua de sa propre main trente hommes qui acompagnaient ce malheureux évêque. Il mourut à Laon en 1130 (*c*).

Son fils *Enguerrand* II (*d*) épousa en 1132. *Agnès de Boisgency*, dont il eut *Raoul* I & *Enguerrand*.

S'étant croisé, ainsi qu'Evrard de Bréteuil son beau-frere, pour acompagner le Roi Louis-le-Jeune au voyage de Jérusalem, ils y moururent tous deux vers l'an 1147.

Son fils *Raoul I, Sire de Coucy*, Seigneur de Marle, de la Fere, Crecy, Vervin, Landousie & Pinon, est celui à qui on a attribué sans raison les chansons que nous avons sous le nom de *Châtelain de Coucy*, & qu'on prétend avec si peu de fondement avoir été l'amant de la Dame de *Fayel*.

Né vers 1134, il avait épousé vers 1154, *Agnès de Hainault*, fille du Comte Beaudoin, dont il n'eut que trois filles.

La premiere fut *Yoland*, qui épousa Robert II, Comte de Dreux, petit-fils de Louis-le-Gros; & de ce mariage, vint entr'autres, une fille, mariée à *Renaut de Choiseul*, tige de tous les *Choiseul* qui existent aujourd'hui.

(*a*) Un acte passé par lui à Laon, l'an 1118, en présence de Barthelemi, évêque de Laon, &c. & de *Gui Châtelain de Coucy*, prouve qu'il ne faut pas confondre les châtelains (ou gouverneurs) avec les *sires* (ou seigneurs) de *Coucy*, puisqu'alors Enguerrand I était *seigneur de Coucy*, & que Gui en était châtelain. Cette note est essentielle pour la suite. (Voyez Duchesne, histoire de la Maison de Coucy, page 195).

(*b*) Nous donnerons à la fin de ce Livre une note très curieuse de M. l'Abbé Rive, sur ces mots, *par la grace de Dieu*.

(*c*) Ce Thomas de Marle & de Coucy écrivit en vieux français la Loi de Vervins, dans le pays de Thierache en Picardie. (Voy. parag. 61 de l'avertiss. qui est à la tête du titre 7 de l'hist. littéraire de la France, *in-4.*) L. R.

(*d*) Mademoiselle de Lussan, dans ses Anecdotes de la cour de Philippe-Auguste, a peint Enguerrand II comme un homme dur, sévere & presqu'insensible, quoiqu'il fût le plus doux de tous les hommes. La fille qu'elle lui donne, & Roger, Comte de Rhétel, qu'elle dit en avoir été le mari, n'ont jamais existé; tout cet épisode est absolument de son invention.

La

La seconde fut *Isabeau*, qui épousa en premieres noces (selon Duchesne) *Raoul*, *Comte de Roucy* (& selon Moréri) *Raoul*, *Comte de Coucy*) dont nous parlerons bientôt), & en secondes noces, Henri, Comte de *Joyeuse Grand-Pré*, d'où sont venus tous les *Joyeuse*.

La troisieme fut *Ade de Coucy*, mariée à *Thierry*, *seigneur de Beure*.

On ne saurait trop admirer la grandeur d'ame de *Raoul* I; car lorsque *Philippe d'Alsace*, Comte de Flandres, oncle & tuteur de *Philippe-Auguste*, voulut s'emparer du duché de Valois & du comté de Vermandois, dont il se prétendoit héritier légitime, *Raoul* fut le premier à remontrer au Roi l'injustice du Comte, & à lui conseiller de s'y opposer : cependant il ne doutait pas qu'au premier signal de la guerre, ses domaines ne fussent pillés & dévastés par le Comte de Flandres, qui était son plus proche voisin.

(*a*) Ce puissant & généreux seigneur ayant perdu sa femme en 1173, épousa en secondes noces, l'année suivante, *Alix de Dreux*, Princesse du sang, sœur de *Robert II*, Comte de Dreux, qui épousa en même tems *Yolande de Coucy*, fille aînée de *Raoul* & d'*Agnès de Hainaut*. Par ces deux alliances, il devint gendre d'un fils de France (Robert I de Dreux, fils de Louis-le-Gros) beau-pere d'un Prince du sang (Robert II de Dreux) & cousin-germain par sa femme du Roi Philippe-Auguste.

En 1190, avant de partir pour la Terre-Sainte à la suite du Roi, il fit son testament (*b*) qui nous a été conservé par l'Alouete; & ayant été tué

(*a*) Sa puissance était telle, qu'avant d'avoir épousé une petite-fille de France, il avait un chambellan, un bouteiller, &c. en un mot, tous les grands officiers qui sont réservés aux maisons souveraines. Au reste cela n'était pas particulier à Raoul I de Coucy. Jadis les Ducs & Comtes avaient les mêmes officiers, témoins les Comtes de Champagne. Voy. pag. 237, 248 des Mémoires historiques & critiques pour l'histoire de Troyes, *in*-8, 1774, tom. 1, L. R.

(*b*) Testament de Raoul, premier seigneur de Coucy, extrait du livre 1 de l'histoire de la Maison de Coucy, écrite par François l'Alouette.

« Moi Raoul, seigneur de Coucy, veux qu'il soit notoire à tous, présens & futurs, » qu'étant prêt à partir pour Jérusalem, & craignant qu'il ne s'éleve quelques difficultés » entre mes enfans, au sujet de la part de chacun d'eux, j'ai disposé de mes biens, selon » que je l'ai jugé convenable, & après avoir pris le conseil des gens de probité qui me » sont attachés.

» J'ai donc donné à Enguerrand, mon fils aîné, toutes mes terres & seigneuries, » pour être par lui possédées paisiblement, & sans réclamation quelconque, excepté

l'année suivante au siege d'Acre en Paléstine, âgé de cinquante sept ans. Son corps fut rapporté en Picardie, à l'Abbaye de Foigny (a). Alix sa veuve, vivait encore en 1212.

» les démembremens qui en ont été faits en faveur de mes autres enfans, & qui » sont tels.

» Je veux que Thomas, mon fils, ait en libre & tranquille possession, & sans être » inquiété de personne, Vervin, Fontaine & Landousie; & qu'il retire annuellement sur » les droits de vinage de Vervin & de Landousie soixante livres en monnoie, telle qu'on » l'employera dans lesdits vinages; & dans toutes ses possessions, il sera homme-lige de » son frere Enguerrand.

» J'ai assigné à Raoul, qui possede un titre clérical, quarante livres Parisis de rente, » à prendre sur mes revenus de Roye, & ce, tout le tems de sa vie.

» Quant à Robert, il aura pour sa part tous les biens qui m'ont été apportés en mariage » par sa mere, & ma terre de Pinon, avec la redevance entiere d'un certain bois que l'on » nomme vulgairement le passage de Pinon; & il tiendra tous ces biens à charge de plein » hommage à son frere Enguerrand: & s'il arrive que ledit sieur Enguerrand vienne à » mourir sans héritier, tout ce qui lui a été assigné pour sa part retournera à Thomas » son frere: & si au contraire, un desdits enfans, quel qu'il soit, vient à décéder sans » laisser d'héritier, sa part retournera entiérement à l'aîné.

» Pour ce qui est de ma fille Agnès, je lui donne mille & six cent livres, monnoie » d'Artois, à prendre sur les revenus de Marle & Crecy; laquelle somme elle sera l'espace » de huit ans à recevoir, à commencer seulement trois ans échus après mon départ. Ainsi, » le jour de saint Remi de chaque année, elle recevra cent livres à Marle, & les cent » autres livres restantes à Crecy; & l'on chargera l'Eglise de Prémontré du soin de lui » faire toucher ses revenus.

» Et s'il arrive que, pendant mon voyage d'Outre-mer, je vienne à décéder, si de » même ladite Agnès ma fille cesse de vivre avant d'être mariée, tout ce qui lui restera » d'argent comptant sera partagé en deux moitiés, dont une sera donnée à Alix sa » mere, qui est mon épouse, & l'autre sera léguée en aumône aux Hospitaliers, aux » Templiers & à l'Eglise de Prémontré, pour être partagée par égale part.

» Et enfin s'il nous arrive, à Alix ma femme ainsi qu'à moi de mourir, une moitié » de ladite somme passera à mon fils aîné, & l'autre aura sa premiere destination.

» J'entends que mes possessions, ainsi que les droits d'Alix ma femme, ne soient aucune- » ment grévés, voulant que mes arrangemens, même signés de moi, soient tout le tems » que je vivrai dépendants de ma volonté; or, pour que cet acte de partage de mes biens » soit authentique & irrévocable (à moins cependant que je ne sois porté à y changer » quelque chose), j'ai voulu qu'il fût écrit & scellé de mon sceau. Fait l'an de l'Incar- » nation de J. C. 1190 ». Nous avons cru faire plaisir à nos lecteurs en raportant ici cette piece intéressante quelque étrangere qu'elle soit à notre sujet. L'original est en latin.

(a) Le Chanoine Morliere prétend que Raoul de Coucy ne fût pas tué au siege

Il laissa de son second mariage. 1°. *Enguerrand* III qui fit rebâtir le château de *Coucy*, dont on voit encore des restes considérables, & se distingua beaucoup à la bataille de Bouvines. Quelques historiens prétendent que, pendant la minorité de S. Louis, les plus grands seigneurs de France s'étant ligués contre la maison royale, offrirent la couronne à Enguerrand, (*a*) qui eut la générosité de la refuser. Sa devise prouvait sa noble simplicité :

« Je ne suis Roi, ne Duc, Prince, ne Comte aussi
» Je suis le sire de Coucy ».

Sa mort fut aussi funeste que singuliere, en passant à gué une petite riviere (*b*), son cheval le jeta à la renverse, & son épée étant sortie du foureau, il tomba sur la pointe. Sa branche fut éteinte en 1311, en la persone d'Enguerrand IV, son second fils; l'aîné Raoul II (*c*) fut tué en 1250

---

d'Acre, mais que ce fut Robert de Boves; pag. 260, des illustres maisons de Picardie, *in-fol.* Quand il auroit raison, cela ne nuiroit pas à notre opinion sur le Coucy qui a été l'amant de la belle Fayel & l'Auteur des Chansons. L. R.

(*a*) L'Alouete prétend que le Coucy qui fut élu Roi sous la minorité de S. Louis, fut Enguerrand II; il se trompe. *Voy.* fol. 136 de son Traité des Nobles, & des vertus dont ils sont formés, &c. A Paris, chez Robert le Manier, M. D. LXXVII, *in*-4°. L-R.

(*b*) Auprès de *Cerfis*, château à une lieue de Vervins & à trois ou quatre de Marle, sur une petite riviere qui prend sa source auprès de l'Abbaye de Thenailles.

(*c*) En rapportant la chanson du Roi de Navarre dans laquelle il parle de Raoul en ces termes :

Raoul, Turc ne Arabi,
N'ont riens du votre saisi
Revenés par tans en arriére.

M. Leveque de la Ravalliere ajoute ces mots : « Je serois tenté de croire que le Raoul » de la chanson était le Châtelain de Coucy, célebre par ses poésies & par ses amours ». Nous nous flattons de prouver que ce Raoul tué en Egypte n'est pas l'auteur des chansons; mais il est très-possible qu'il soit celui dont parle Thibaut. Il était petit-fils de *Raoul I, Sire de Coucy*, & Joinville nous aprend qu'il fut tué à la Massoure, « là, » dit-il, fut tué le Comté d'Artois, & le Sire de Coucy qu'on appelait Raoul ». La chanson que M. Leveque de la Ravalliere dit être de *Raoul de Coucy*, & qui est adressée au Roi de Navarre, n'est pas de lui, mais de *Raoul de Soissons*. On la trouve dans le manuscrit de M. le Marquis de Paulmy. Elle commence ainsi : *Roy de Navarre Sire de Vertu ;* & elle est sous le nom de *Raoul de Soissons ;* ce qui prouve encore que M. de la Raà la Massoure en Égypte, près du Comte d'Artois, frere de *Saint Louis, qu'il défendait* au prix de son sang (*a*). Ce fut cet Enguerrand IV qui fit pendre trois gentilshommes Flamands qu'il avait trouvés chassant sur ses terres. Saint Louis l'ayant fait arrêter, voulut qu'il fût jugé par les Pairs & les Barons; mais les Juges devant se récuser, lorsqu'il s'agit de juger un parent, ceux d'Enguerrand sortirent de l'assemblée l'un après l'autre, & le Roi resté seul, s'aperçut qu'il n'aurait pas dû sortir le dernier. Enguerrand fut cependant condamné par le Roi à une amende considérable, qui servit à fonder un hôpital à Pontoise, & les écoles publiques à Paris (*b*).

2°. *Thomas*, qui eut par le testament de son pere Raoul la seigneurie de *Vervin*, & fut l'auteur d'une branche long-tems illustre, mais qui perdit sa splendeur sous le regne de Henri II. On accusa *Jacques de Coucy Vervin*, gendre du Maréchal du Bietz, d'avoir trahi l'état, en rendant Boulogne aux Anglois en 1544, après cependant la résistance la plus vigoureuse pendant six semaines. Dès que Henri II fut parvenu au trône en 1547, ses ennemis produisirent des faux témoins & parvinrent à le faire décapiter en cette même année. Ce qui prouve que la haine seule dicta ce jugement, c'est que tous ceux qui avaient composé le conseil de guerre, où il avait déterminé de rendre la place, furent renvoyés absous : il n'y eut que le sieur de Longueval qui paya son absolution : il possédait la terre de *Marchais*, à trois lieues de Laon : cette terre convenait à un

---

valliere a fait une erreur lorsqu'il dit (tome 2, page 79) que les manuscrits ne le nomment simplement que *Raoul de Soissons*, puisque celui de M. le Marquis de Paulmy l'appele *Messire Raoul de Soissons*; ce qui prouve qu'il était parent, & peut-être frere de *Jean*, Comte de *Soissons*, qui vivait alors.

Thibaut adresse une autre chanson au même Raoul, qui commence par ces mots : *Sit Loes moi à choisir*, &c. Il lui propose une question à décider; c'est de savoir lequel est préférable de sentir & baiser sa maîtresse, sans la voir & lui parler; ou bien de la voir & de lui parler, sans la sentir ni la toucher.

(*a*) Jean le Carpentier a prétendu que ce Raoul II fût l'amant de la dame Fayel; *Voy*. p. 238, t. 1, *Hist. de Cambray*, *in*-4°. Leide chez l'Auteur, CIƆIƆCLXIV. Il y a apparence qu'il se trompe, puisque le même Roman dit que l'amant de la dame de Fayel se croisa avec Richard, Roi d'Angleterre, qui était parti pour la Terre-Sainte environ 59 ans auparavant. Jovet & Mezeray ont fait la même faute. L. R.

(*b*) Enguerrand IV eut une sœur, qui fut mariée en premieres noces au Roi d'Ecosse; & en secondes noces à Jean de Brienne, Roi de Jérusalem, & depuis Empereur d'Orient.

Miniſtre : on fit peur à Longueval, qui la donna pour recouvrer ſa liberté. Henri II eut des remords ſuperflus, & fit reſtituer au fils de Vervin la plus grande partie de ſes biens qui avaient été confiſqués; mais ce ne fut que ſous Henri III, en 1575, qu'on revit le procès, & que la mémoire de *Vervin* fut réhabilitée avec un éclat ſans exemple.

La poſtérité maſculine de cet infortuné finit à ſon petit-fils, mort en bas-âge.

Jacques de Coucy Vervin avait trois freres, Raoul, Jean & Robert; ces deux derniers furent Aumôniers du Roi, & Raoul a été la tige de MM. de *Coucy Polecourt*, qui exiſtent aujourd'hui en Champagne, & dont M. de Belloy a prouvé la filiation d'une maniere irréſiſtible.

Cette ſeule maiſon de *Coucy Polecourt* jouit d'un double avantage bien ſingulier : c'eſt que la Maiſon Royale deſcend de Louis-le-Gros par les mâles, & de Raoul I de Coucy, par les femmes; & que Meſſieurs de Coucy deſcendent de Louis-le-Gros par les femmes, & de Raoul par les mâles (*a*).

Revenons maintenant à *Enguerrand de Coucy*, frere de *Raoul I* (*b*). Une charte de l'an 1142 prouve qu'il fut baptiſé cette même année par Barthelemi, Évêque de Laon. On n'a pas la date préciſe de ſa mort; mais il était déja décédé, ſelon l'Auteur des antiquités & recherches de l'Abbaye royale de Saint-Denis, en 1174, & enterré dans cette Abbaye (*c*).

(*a*) *Raoul I, Sire du Coucy*, laiſſa encore de ſon ſecond mariage deux garçons & une fille, dont il eſt inutile ici de faire mention.

(*b*) M. de Belloy n'en fait pas mention, & c'étoit cependant très-néceſſaire à ſes recherches, comme on va le voir. Voici ce qu'en dit ſeulement Don Touſſaint Dupleſſis dans ſon Hiſtoire de Coucy, page 49 : « *Enguerrand II* ne laiſſa que deux enfans; » *Raoul I*, qui hérita de la plus grande partie de ſes biens, & Enguerrand .... qui » eut deux enfans vivans encore en 1187 ». (apparemment que Don Touſſaint avait vu la piece dont nous allons parler). « L'un nommé *Raoul* qui prit le parti de l'Egliſe, » & l'autre nommée *Marguerite*, qui fut mariée à *Joubert*, Seigneur de la Ferté Beliard ».

(*c*) *In nomine ſanctæ & individuæ Trinitatis. Ego* Radulfus *Dei gratia* Cociaci & *Marlæ Dominus*, &c. *Noverit tam futurorum poſteritas quam præſentium induſtria, Quod ego* Radulfus Engelranni *Nobiliſſim filius, ob remedium animæ meæ* Agnetis *uxoris meæ, & anteceſſorum noſtrorum, & ſpecialiter pro anima fratris mei* Engelranni *cujus corpus in Eccleſia Beati Dionyſii Gallorum Apoſtoli honorifice ſepultum*

Cet Enguerrand laissa deux enfans, *Raoul* & *Marguerite*, mariée à *Joubert*, seigneur de la *Ferté Beliard.* Duchesne, dans l'histoire de la Maison de Coucy, ne parle point de ces deux enfans dans la généalogie qu'il donne de cette maison, mais il en fait mention dans les pieces justificatives, page 351. De plus, un extrait des archives de la Maladrerie de Laon, prouve qu'ils existaient, puisque *Raoul I, sire de Coucy*, y dit, dans un acte daté de 1187, *Hujus rei testes Radulfus Clericus* (*a*) *nepos* (*b*) *meus, Margareta de firmitate neptis mea*, &c. Il exprime bien clairement que *Raoul* est son neveu, & Marguerite sa niece; & puisque *Raoul I* n'avait point de sœurs, & qu'il n'avait pour frere qu'*Enguerrand*, il fallait bien que *Radulfus Clericus & Margareta neptis*, fussent enfans d'*Enguerrand.*

Ce Raoul, qui était Clerc en 1187, ayant perdu son pere en 1174, avait donc alors au moins treize ans, & peut-être vingt. En 1191, année du siege d'Acre & de la mort de *Raoul I*, ainsi que de la sienne, il pouvait donc avoir vingt à vingt-cinq ans, âge où les passions sont les plus vives, & où les têtes ardentes sont susceptibles des idées les plus singulieres, celle d'envoyer son cœur à une amante qu'il adorait, est bien plus aisée à concevoir dans ce jeune homme éperdu d'amour, que dans

---

est, sanctæ Congregationi ejusdem Ecclesiæ contuli centum solidos Provinensium in Nativitate Beatæ Mariæ semper Virginis in vuinagio nostro apud Marlam singulis annis persolvendos, &c. *datum apud Marlam anno* MCLXXIIII. Liv. 4, des Antiquités que nous venons de citer.

(*a*) Comme les mots *nepos* & *neptis* signifient aussi *petit-fils & petite-fille*, on pourrait nous objecter qu'il n'est pas question dans cet acte, d'un neveu & d'une niece de ce Raoul, mais d'un de ses petits-fils & d'une de ses petites-filles. Nous prévenons cette objection, en disant que ces deux mots ne peuvent signifier dans cette piece, que *neveu* & *niece*. Parceque Raoul I, qui s'était remarié faute d'hoirs mâles, en 1174, ne pouvait avoir de ce second mariage, aucun petit-fils, ni aucune petite-fille en état de servir de témoins en 1187. Il est vrai qu'il pouvait en avoir, des filles qu'il avoit eües de son premier mariage; mais comme il ne désigne ces deux témoins que par leurs noms de baptême, c'est une preuve qu'ils étaient les enfans de son frere. S'ils étaient issus de ses filles, il n'auroit pas manqué d'ajouter quelques surnoms à leurs noms de Baptême, pour ôter toute équivoque. On sait que les surnoms sont au moins du dixieme siecle. L. R.

(*b*) Ce mot *Clericus* est équivoque, & il signifie un ecclésiastique, un homme de lettres, un notaire, un copiste, &c. mais nous croyons qu'il doit signifier en cet endroit, un ecclésiastique. Notre systême ne serait que mieux fondé, si nous lui donnions la signication d'homme de lettres. L. R.

Raoul I, ſire de Coucy, alors, âgé de cinquante-ſept ans, mari d'une Princeſſe du ſang, preux Chevalier, dont la ſageſſe & la prudence étaient connues de tout le monde.

Il y a dans la bibliotheque du Roi une hiſtoire manuſcrite du Châtelain de Coucy (*a*). Elle a été compoſée, à ce que l'on prétend, vers l'an 1228.

(*a*) L'inventaire des livres de Charles V, Roi de France, indique que ce Prince avait un manuſcrit intitulé : *Du Châtelain de Coucy & de la Dame de Fayel.* On ne ſait ce qu'il eſt devenu ; il paroît que celui qui a pour titre : *Roumans du Châtelain de Coucy & de la Dame de Fayel*, doit être une copie de celui-là, ou peut-être celui-là même. Cet inventaire était en 1715 dans la bibliotheque de M. l'Archevêque de Rouen, & il a appartenu à François I, comme on le voit par ſa ſignature que l'on a effacée, mais qui ſe lit encore. *Voy. Mémoires de Littérature, in-4°.* tom. 2, pag. 694 & 695.

C'eſt un grand volume en papier couvert de cuir rouge, découpé par fleurons, qui a pour titre : *Inventaire des livres du Roi notre Seigneur, eſtans en ſon Chaſtel du Louvre.* Sur le ſecond feuillet, on lit : *Cy après en ce papier ſont écripts les livres de très-Souverain & très-Excellent Prince Charle-le-Quint de ce nom, par la grace de Dieu, Roi de France, eſtant en ſon Chaſtel du Louvre en trois chambres, l'une ſur l'autre, l'an de grace* MCCCLXXIII. *Enregiſtrés de ſon commandement, par moi Giles Malet, ſon Valet de Chambre.* Il y avait alors 909 volumes. En 1423, après la mort de Charles VI, la bibliotheque du Roi fut examinée & priſée. On y trouva 853 volumes eſtimés 2323 liv. 4 ſols, ſomme conſidérable alors. En 1425, le Duc de Betfort, Régent du Royaume, ſe fit repréſenter ces mêmes livres. Garnier de Saint-Yon, alors bibliothécaire, lui en rendit un bon compte, & en demeura chargé juſqu'en 1429, que le même Duc en déchargea entiérement Saint-Yon, & lui en donna quittance ; on n'a jamais ſçu ce qu'il fit de ces livres ; mais il eſt bien probable qu'il les fit paſſer en Angleterre. *Voy. ibid.* pag. 701 & 702, & tom. 15 des mêmes Mémoires, pag. 705 & 706.

Il y a dans la bibliotheque du Roi, un manuſcrit cotté 7031, & qui a pour titre *Rational du divin Office* ; on y lit à la fin le ſeing de Charles V, & ces paroles écrites de ſa main ; *c'eſt livre, nommé Raſional des divins offices, eſt à nous Charles V de noſtre nom, & le fiſmes tranſlater, eſcrire & tout parfaire en l'an* MCCCLXIV. Charles. *Ibid.* p. 703, au commencement de ce même volume, au revers de la couverture, on lit : Ce *livre eſt à Jehan, Conte d'Engoſleme, lequel l'acheta à Londres en Angleterre, l'an de grace* 1441. (in eâd. pag.).

Ce livre était donc de la bibliotheque de Charles V, & avait été porté en Angleterre par les ordres du Duc de Betford. Probablement les autres auront eu le même ſort. M. Félibien aſſure que dans les Regiſtres de la Chambre des Comptes, il eſt dit que les livres de la tour du Louvre furent achetés 1200 francs, par le Duc de Betford, & que cette ſomme fut comptée à Pierre Thury, Entrepreneur du Mauſolée de Charles VI & d'Iſabeau de Baviere, ſon épouſe.

Son titre est, *Romans (a) du Châtelain de Coucy & de la Dame de Fayel*. Le Châtelain qu'elle a pour objet, y est nommé *Renaut de Coucy* (b) : on y lit qu'il n'était pas riche. Cela ne peut convenir à Raoul I, qui était un des plus riches Seigneurs de France, mais cela convient parfaitement à Raoul son neveu : il était entré dans l'état ecclésiastique, son titre clérical ne devait pas être plus considérable que celui de son cousin-germain Raoul, fils de Raoul I, qui (ainsi que nous l'avons vu ci-dessus) n'était que de quarante livres Parisis. Il n'était pas encore pourvu de bénéfices. Il était par conséquent sans fortune. L'amour dont il était embrâsé pour la Dame

(a) On n'entendait pas alors par le mot *Roumans* ce que nous entendons aujourd'hui par le même mot. Ce mot signifiait tout livre écrit en langue *Romance*, soit en vers soit en prose; parmi ceux qui sont en vers, on remarque l'histoire de Philippe-Auguste, écrite en rimes par Guillaume le Breton. Cette histoire commence au couronnement de ce Roi, arrivé en 1179, du vivant de son frere Louis VII. Elle finit en 1217, après la bataille de Bouvines. Une page & demie qui n'est plus de lui, contient le récit de la mort de Philippe, arrivée en 1223, & la description de ses funérailles. *Guillaume le Breton* était en Bretagne vers 1170. Il fut précepteur du fils naturel de Philippe-Auguste, *Pierre Carlotte*, qui mourut, en 1249, Evêque de Noyon, & accompagna Philippe-Auguste dans plusieurs de ses campagnes; entr'autres à la bataille de Bouvines où il fit l'office de Chapelain de Sa Majesté. Qu'on nous permette de transcrire ici quelques détails que Guillaume le Breton nous rapporte dans son Histoire, & qui nous ont parus assez curieux pour ne pas les passer sous silence.

« Le Roi, dit-il, ayant harangué ses troupes; les soldats lui demanderent sa bénédiction, & la charge ayant sonné aussi-tôt, ils donnerent tête baissée sur l'ennemi, » & combattirent avec toute la valeur possible; comme nous étions au même instant » derriere le Roi, & assez près de sa personne, un de ses Clercs, & moi son Chapelain, » qui écris ceci, dès que nous eumes entendus le bruit des trompettes, nous entonâmes le » Pseaume *Benedictus Deus meus qui docet*, que nous chantâmes d'un bout à l'autre, ensuite » celui d'*Exurgat Deus & Domine in virtute tua lætabitur Rex*, autant que nous le » pouvions faire au milieu des gémissemens & des cris que faisaient les combattans; & nous » ranimâmes de notre mieux leur confiance, en leur faisant sentir l'avantage qu'ils avaient » de combattre pour un Roi protecteur de l'Eglise, contre des Princes qui en avaient » toujours été les persécuteurs ».

(b) Dans le recueil de l'origine de la Langue & Poésie Française du Président Fauchet, donné à la Bibliotheque du Roi en 1761, par l'Abbé d'Olivet (n° X., 8185), & où il y a plusieurs corrections de la main de l'auteur, on voit, page 124, à l'article du *Châtelain de Coucy*, le mot *le* effacé, & à la marge on lit, de la main de Fauchet, *Raoul ou Regnaut*.

de

de Fayel, lui fit quitter l'état eccléfiaftique. Il prit le parti des armes; mais fi fon changement d'état ne nuifit pas à fes amours, il n'augmenta vraifemblablement pas fa fortune. Cela étant, ce Raoul doit être celui que le Roman a en vue. Il eft certain qu'aucun autre que lui ne peut avoir été le Châtelain de Coucy de ce tems-là. Il n'exiftait alors d'autre Coucy que lui, auquel on puiffe attribuer les amours. Les fils de Raoul I étaient encore en trop bas-âge, pour qu'un d'eux ait pu être le héros de ce Roman; le plus âgé d'entr'eux n'avait que treize ans, lorfqu'ils eurent le malheur de perdre leur pere. Ce qui confirme notre opinion, c'eft l'ordre qui regne entre quelques chanfons du Châtelain de ce manufcrit. Elles n'y font qu'au nombre de fix, mais elles y forment, par la maniere dont elles fe fuivent, un tableau dans lequel il eft impoffible de ne pas reconnaître le Raoul que nous venons d'indiquer. Nous en donnerons une copie à la fin de cet article, & nous y joindrons toutes celles que nous avons recueillies d'après divers autres manufcrits, fous le nom de ce Poëte infortuné. Il n'y en a auffi aucune d'elles qui ne s'acorde avec quelques-uns des faits qui font racontés dans ce Roman.

L'Auteur du manufcrit du Roi nous dit que le Châtelain n'arriva en Paleftine, avec Richard, Roi d'Angleterre, qu'après la prife d'Acre (*a*) (où Raoul I, fire de Coucy, avait été tué). Ce n'était donc pas le fire de Coucy.

Tous les anciens Auteurs, ainfi que celui de ce manufcrit, *Froiffart*, *Chriftine de Pifan*, &c. lui donnent le titre de *Châtelain*, & non pas celui de *Sire* que prenait *Raoul I.* Nous avons déja obfervé qu'on nommait alors *Châtelains* les gouverneurs des châteaux, mais non pas les feigneurs; nous en avons plufieurs exemples, entr'autres, celui d'*Enguerrand III de Coucy* (*b*), *châtelain de Cambrai*, dont il n'était pas feigneur, mais gouverneur pour le Roi.

(*a*) Hume dit que Richard aborda devant Acre pour partager feulement la gloire de fa prife. Cependant Meferay affure que le fiége dura cinq mois, & que Richard y arriva deux mois après Philippe, trois mois avant la prife. Le Préfident Hainault dit qu'Acre fut prife par les Français; les Anglais n'y étaient donc pas. De plus, dans fon édition *in*-4°. (tom. premier page 166), il dit que le fiege d'Acre dura trois ans: M. de Belloy affure que Richard ne joignit Philippe qu'après la prife d'Acre: nous avons fuivi fon opinion.

(*b*) Un manufcrit du Roi, qui contient une grande quantité de Chanfons du douzieme

Raoul I n'était donc pas *le Châtelain de Coucy*. Une preuve encore plus forte, est que l'Auteur du manuscrit parle plusieurs fois du *Sire de Coucy*, tué au siége d'Acre.

Le Châtelain & le Sire sont donc deux différens Chevaliers.

D'ailleurs nous avons déja dit qu'en 1191, que Raoul fut tué, il avait environ cinquante-sept ans, était marié avec une Princesse du Sang qu'il aimait beaucoup, & avec laquelle il vivait dans l'intelligence la plus parfaite. Peut-on le croire susceptible à cet âge d'une passion si violente, & qui produisît des effets si extraordinaires?

Il est bien plus vraisemblable que le véritable héros de cette tragique histoire ait été Raoul son neveu. Il était Clerc en 1187 (*voyez ci-dessus page 242*): il avait alors au moins treize ans; mais il pouvait en avoir vingt: il était né avec des talens distingués pour la poésie (*a*) & avec les passions les plus vives. Il y a apparence qu'il se dégoûta de son état, & qu'il l'abandonna peu de tems après l'acte dont nous venons de parler. Peut-être l'amour qui vint s'emparer de son cœur pour la Dame de Fayel, entra-t-il pour beaucoup dans ce changement d'état. Peut-être aussi le desir de la gloire, & l'envie de signaler son courage en Palestine, le déterminerent-ils à prendre le parti des armes? Ce fut en 1187 que Lusignan, Roi de Jérusalem, fut défait à la jour-

---

& du treizieme siecle, en a conservé plusieurs du *Châtelain de Coucy*, & une du *Comte de Coucy*: ce Comte pouvait être *Raoul I, Enguerrand III* ou *Raoul II*, Sires de *Coucy*; mais cette distinction prouve indubitablement que le *Châtelain* n'était pas le *Comte*. Nous avons raporté cette chanson, *Tome II*, *page* 181.

(*a*) Dans le manuscrit, le Châtelain est représenté

« Biaux, courtois, plains de savoir.
» Onqs Gauvains ne Lancelos
» Retinrent d'armes plus grant los.
» . . . . . .
» Parlures savoit faire & chans ». . . . .

Il est dit aussi qu'il n'était pas riche, & notre Raoul ne l'était pas, ainsi que nous l'avons déja dit.

née de Tibériade, & la perte de Jérusalem fut la suite de cette déroute. La croisade fut aussitôt annoncée, l'Empereur Frédéric donna l'exemple à toute l'Europe, partit le premier, & se noya en traversant le Cydnus, ce même fleuve dans lequel Alexandre-le-Grand avait pensé périr. Ainsi le peu de fortune de ce jeune homme, l'exemple de tant de braves Seigneurs, qu'une fureur sacrée emportait en Orient, l'ardeur bouillante de son tempérament, & vraisemblablement le dépit de ne pouvoir être heureux de long tems, l'auront fait voler en Palestine. Une autre raison s'y sera peut-être jointe, c'est qu'il s'imagina que le Seigneur de Fayel se croiserait, & qu'il emmenerait sa femme avec lui.

Il peut donc être devenu amoureux de la Dame de Fayel vers la fin de 1187 ou au commencement de 1188, l'avoir célébrée par ses chansons plus de deux années avant son départ pour la Terre-Sainte, & y avoir terminé sa vie, par les suites d'une blessure ou par une maladie.

Comme Moréry dit que Raoul I, Sire de Coucy, donna à un Comte de Coucy, qui s'appelait aussi Raoul, Isabeau, sa seconde fille, qui, après la mort de son mari, épousa un Joyeuse Grand-Pré; ce Raoul ne peut être que le nôtre, puisque nous avons déja prouvé qu'il n'existait alors aucun autre Coucy. Ce nouveau fait ne peut être expliqué que par d'autres conjectures. Les voici : elles ne nuiront aucunement à celles que nous avons déja produites. Raoul I s'appercevant de la passion naissante de son neveu pour la belle Fayel, aura voulu l'éteindre, en lui faisant épouser sa seconde fille. Il lui aura fait quitter l'habit ecclésiastique, & lui aura donné le gouvernement de son château. Mais voyant que la digue qu'il avait voulu opposer au torrent des feux de ce jeune homme, n'avait fait que les irriter, il l'aura forcé de se croiser avec lui, pour épargner à sa fille la douleur d'avoir une rivale dans son voisinage; car le château de Fayel était peu éloigné de celui de Coucy.

Raoul I sera parti avant son gendre pour le siége d'Acre. Le châtelain, retenu en Europe par les charmes de son amante, aura prétexté des longueurs. Mais obligé en qualité de brave chevalier, d'obéir au serment que son beau-pere aura exigé de lui avant son départ, il ne sera arrivé en Asie qu'après le siége d'Acre. Si nous mettons un intervalle entre son départ & celui de son beau-pere, c'est parce qu'on lit, dans le Roman que nous avons déja cité, que le Châtelain de Coucy (a) n'arriva en Asie qu'après ce siége. Nous aurions pu nous passer de ces nouvelles conjectures, Moréri est si inexact, qu'il mérite bien peu de confiance. Il y a lieu de présumer qu'il s'est trompé, puisque Duchesne (page 348) donne le nom de Raoul de Roucy au Comte que Moréri a appelé Raoul de Coucy (b).

Il nous paraît donc démontré que l'erreur des Historiens n'est fondée que sur le même nom que portaient l'oncle & le neveu, & sur ce qu'ils perdirent tous deux la vie en Palestine, l'un peu de tems avant l'autre.

Nous allons prouver maintenant que la Dame de Fayel n'était point de l'illustre Maison de Vergy; & c'est à M. de Belloy que nous devons la découverte de ce fait intéressant.

Le nom de la *Dame de Fayel* ne se trouve point dans le manuscrit du Roi. Froissard (c) a été le premier qui lui a donné le nom de *Vergy* ou

(a) On lit dans le superbe manuscrit de M. le Marquis de Paulmy, à la fin des chansons de *Gace Brulé*: « *Cy faillent les Chançons Monseigneur Gace Brulé*, & *commen-* » *cent les Chançons le Châtelain de Coucy* ».

Il était alors d'usage de distinguer les états & d'écrire les qualités des gens que l'on citoit. Gace Brulé était un Chevalier distingué. Aussi le copiste écrit-il, *de Monseigneur Gace Brulé*; ailleurs il dit, *Chançons de Blondiaux de Nèele*, parceque ce Blondiau était un simple Musicien.

En nommant celles du *Châtelain de Coucy*, s'il eût voulu parler de *Raoul I*, *Sire de Coucy*, l'eût-il nommé simplement le *Chastelain de Coucy*? Il est évident qu'il eût écrit *Chançons de Monseigneur le Sire de Coucy*.

S'il a donné le titre de Monseigneur à *Gace Brulé* & à *Thibault de Blazon*, celui de Messire à *Raoul de Soissons*, à *Morise de Creon*, à *Robert de Marberoles*, à *Thierry de Soissons*, *&c.* aurait-il refusé celui de Monseigneur à l'un des plus grands Seigneurs de France? Ce Châtelain de Coucy n'était donc pas *Raoul I*, *Sire de Coucy*, mais *Raoul*, cadet de cette maison; & alors on ne donnait le titre de *Monseigneur* qu'aux aînés.

(b) Don Toussaint le nomme aussi *Comte de Roucy*.

(c) Froissard vivoit sous Charles V. On voit ces vers dans un recueil de ses poésies manuscrites, écrites vers 1380.

« La Châtelaine de Vergy
» Et le Châtelain de Coucy
» Qui outremer mourut de doël r *i douleur*
» Tout pour la dame de Faïel ».

de Vergie (*a*). Quelle apparence qu'une auſſi grande Maiſon que celle de Vergy ſe fût alliée avec un ſimple gentilhomme tel que le Seigneur de Fayel, tandis que, ſous le regne de Philippe-Auguſte, il n'y avait que trois filles de cette Maiſon, qui étaient:

Premiere, *Alix*, mariée en 1199 à Eudes III, Duc de Bourgogne, morte le 3 Mars 1251.

Seconde, mariée au Comte ſouverain d'Auxonne.

Troiſieme, *Agnès*, fille & héritiere de Hervé de Vergy-Donzy, Comte de Nevers (*b*).

S'il y en eût eu une quatrieme, n'eût-elle épouſé qu'un gentilhomme?

L'héroïne de l'hiſtoire n'eſt donc pas une Vergy?

M. de Belloy croit avec plus de vraiſemblance, qu'elle était de la Maiſon de *Levergies*, Maiſon qui exiſtait alors dans le Vermandois, & dont l'exiſtence eſt démontrée par pluſieurs preuves inconteſtables.

---

2 *jeune Chevalier.* » Après la mort du 2 Baceler
» On ne le peut, ne doit celer
» Pour ce qu'on voulait ſe vangier
» Des vrais amans, on fit mangier
» La dam', le cœur de ſon ami...
» Jamais plus boire ne me faut,
3 *morceau* ». Car ſur 3 morcel ſi precious
» Si dous & ſi delicious
» Nul boire ne pourai prendre.
» On ne l'y put puis faire entendre
4 *voulut* » Qu'elle 4 voſiſt manger ne boire,
5 *vraie* » Cette mattere eſt toute 5 voire.

(*a*) Cette illuſtre maiſon tiroit ſon nom du Château de *Vergy* près d'Autun, il fut ruiné en 1609 par ordre d'Henri IV.

(*b*) Elle fut accordée à Philipe de France, fils aîné de Louis VIII, & le mariage ne fut point accompli à cauſe de la mort du Prince, arrivée en l'an 1218, cinq ans avant celle de Philippe-Auguſte. Le jeune Prince n'avait alors que 9 ans, & Agnès en avait ſix ou ſept. Cette princeſſe épouſa dans la ſuite *Gui de Châtillon*, & de ce mariage vint *Yolande de Châtillon*, mariée à *Archambaud IX*, Sire de Bourbon: Leur fille cadete *Agnès*, dame de Bourbon, épouſa *Jean de Bourgogne*, Sire de Charolois, ſecond fils de *Hugues IV*, Duc de Bourgogne, & de leur mariage vint *Béatrix de Bourgogne*, femme de *Robert de France*, Comte de Clermont, tige de la Maiſon Royale de France.

Le château de *Levergies* est voisin de *Fayel* (*a*), qui appartenait en 1770 à M. *Laillier*, beau-pere de M. le *Président de Bonneuil*, après avoir cessé d'appartenir, dès 1340, à Messieurs de *Fayel*. Quoi de plus vraisemblable qu'une alliance entre un Seigneur de Fayel & une Demoiselle *Levergies*, sa voisine, que l'amour d'un *Châtelain* (ou gouverneur) du château de Coucy en Vermandois, pour une Dame de Fayel, dont l'habitation était aux environs de la sienne (*b*); enfin, que toute la suite de cette histoire, fondée dans notre hypothese sur des pieces encore existantes (*c*).

Nous regardons donc comme démontré, que jamais *Raoul, Sire de Coucy*, n'a aimé une Dame de Fayel du nom de *Vergy*, & que les chansons que plusieurs Auteurs lui attribuent, ne sont pas de lui, mais que leur véritable auteur est *Raoul de Coucy, Châtelain de Coucy*, neveu, & peut-être gendre de *Raoul I*; & qu'il est le seul qu'on doive regarder comme le héros de cette histoire, si toutefois elle est véritable (*d*).

(*a*) On montre encore dans un mur du Château de Fayel, situé à une demi-lieue de Saint-Quentin, une très-ancienne figure de pierre que l'on dit être le portrait de la malheureuse amante du Châtelain de Coucy.

(*b*) Le manuscrit dit positivement que Coucy allait & revenait en une nuit de chez lui chez la dame de Fayel.

(*c*) La tradition qui subsiste encore à *Saint-Quentin* & à *Fayel*, fait que les enfans répétent d'après leur pere cette déplorable aventure.

(*d*) On lit dans le second volume de l'Histoire de Provence (pag. 266), une note dans laquelle l'auteur prétend prouver que l'histoire de Cabestaing avec la dame de Roussillon est plus ancienne que celle du Châtelain de Coucy; & que parconséquent, elle pourait bien n'être qu'une imitation de l'autre.

Voici les preuves qu'il en donne:

« Il est constant que ce Poëte (Cabestaing) mourut vers l'an 1181, sous le regne » d'Alfonse, puisque Raimond de Miraval, qui florissoit à la fin du XIIe siecle, parle » de la mort de Cabestaing, comme étant arrivée il y avait déja plusieurs années. *J'ai » oui conter, dit-il, ce qui fait horreur à entendre, qu'un Chevalier vint faire l'amour » avec la femme du Seigneur de Castelnou; le mari, à qui cela déplut, entra sans » en être prié & lui coupa la tête* »!

L'histoire de Cabestaing & de la dame de Roussillon (que l'on peut lire dans celle des Troubadours, par M. l'Abbé Millot), nous apprend que le Comte Raimond de Roussillon, ayant attiré Cabestaing hors de son château, le tua, lui coupa la tête, fit apprêter son cœur par son cuisinier comme un morceau de venaison, & après l'avoir fait manger à sa femme, lui montra la tête de son amant, pour lui prouver que c'était de son cœur qu'elle venait de se nourrir.

Extrait du Roman du Châtelain de Coucy & de la Dame de Fayel, qui est à la bibliotheque du Roi sous le numéro 195, & qui a été écrit vers 1228.

Comme nous ne raportons ici que la plus exacte vérité, nous ne cacherons point à nos Lecteurs que l'Auteur de ce manuscrit assure dans son début, qu'il a entrepris d'écrire ce *Conte*, pour plaire à sa Dame.

« Amours qui est principaument
» Voie de vie honnestement
» M'a donné vouloir de retraire
» Un *Conte* de très noble afaire ».

Quel rapport a cette histoire avec celle dont parle *Miraval*? & qu'a de commun un Seigneur de Castelnou, qui surprend sa femme en flagrant délit, & coupe la tête à celui qui le déshonore, avec Raymond de Roussillon qui fait manger à sa femme le cœur de son amant? c'est par cette seule circonstance que l'histoire de *Raoul de Coucy* & celle de *Cabestaing* se ressemblent; & il est impossible qu'elle ait pu avoir lieu dans l'histoire dont parle Miraval; car le seigneur de Castelnou, après avoir tué son rival devant sa femme, n'avait plus besoin de lui faire manger son cœur pour lui apprendre sa mort, ni de lui montrer sa tête puisqu'il la lui avait coupée en sa présence; bien plus, *Miraval* ne parle point de la circonstance du cœur; il est donc évident que ce sont deux histoires différentes. Mais supposons que ces deux histoires aient pour objet le même fait, il ne s'ensuivrait pas que la mort de Cabestaing fût arrivée en 1181, ainsi que le dit l'auteur de l'histoire de Provence. Car Miraval vivant encore en 1213, (puisqu'il se trouva en cette année à la bataille de Muret en Espagne,) & n'étant mort que depuis à Lérida (entre les années 1220 & 1230), peut avoir parlé de cette aventure tragique, comme arrivée depuis plusieurs années; en effet elle peut s'être passée au commencement du XIIIe siecle; quand même on en remonterait la date vers 1200, elle ne serait arrivée qu'environ dix ans après la mort du Châtelain de Coucy. L'histoire de ce Châtelain n'est donc pas une imitation de celle de Cabestaing, puisque le calcul de l'auteur de l'histoire de Provence n'est fondé sur aucune preuve, mais simplement sur des probabilités.

S'il eût connu le *Roumans du Châtelain de Coucy* & le manuscrit de M. le Marquis de Paulmy, il n'aurait pas dit que le *témoignage de Froissard, qui vivoit en* 1380, *lui a paru le plus ancien qu'on puisse alléguer en faveur du sentiment qui attribue au Châtelain de Coucy, l'aventure dont il est question.* L'Abbé Lenglet a cité une copie de ce Roman, sur laquelle on lisoit qu'il a été composé en 1220 (tom. 2, pag. 231, *Biblioth. des Romans*). Voilà une piece qui est certainement plus ancienne que Froissard.

Il dit encore à la troisieme page :

> « Fait mon cœur à compter un *conte*
> » Qui n'est ne de Roi ne de Conte,
> » Ains est d'un Chevalier si preu ».…

Reste à savoir si le mot *conte* signifiait alors ce qu'il signifie aujourd'hui. Dans ce cas, l'Auteur aurait imaginé la plus grande partie des faits de ce Roman, & sur-tout son dénouement tragique, qui n'est raporté que par lui & par l'Auteur de la vieille chronique, dont parle Faucher; mais cependant le fond de cette histoire ne serait pas moins vrai, puisque les chansons du Châtelain existent dans des manuscrits qui ont près de quatre cent cinquante ans d'ancienneté, que tous les Auteurs contemporains en parlent, & que les Poëtes de son tems le citent souvent comme un modele d'amour.

Renaud (*a*), Châtelain de Coucy, devient amoureux de la Dame du Fayel, dont le château était près de Saint-Quentin. Un jour qu'il sait qu'elle est seule, il va lui déclarer sa passion. Elle répond que jamais elle ne manquera à son mari; de retour chez lui, il essaie de l'attendrir par une chanson qu'il lui envoie par un ménétrier (*b*). Quelque tems après, il retourne à Fayel, le mari allait aux plaids, il exige que le Châtelain reste au château; celui-ci en profite pour presser de nouveau la Dame. Elle fait la même réponse, mais elle consent à lui donner quelque chose qu'elle ait porté. Il lui demande un de ses manches (*c*), dont il veut orner (*d*) son bras droit au tournoi que le *Sire de Coucy* (*e*) doit donner bientôt entre

(*a*) L'auteur du chef-d'œuvre d'un inconnu, donne le même nom au Châtelain du Coucy. *Voy*. pag. 246. La Haye, 1716.

(*b*) *Voyez* à la fin de cet article la premiere chanson du Châtelain; *Pour verdure ne pour prée*. Elle est dans le manuscrit.

(*c*) De Belloy, dans son extrait fait de cette *manche* un *bracelet*. Il y a cependant dans l'original :

> « Vouroie une mance de vous
> » Ridée as las large dessous ».

(*d*) *Voyez* la chanson ci-après, qui commence par la *douce voix du Rossignol*.

(*e*) Le *Châtelain* & le *Sire de Coucy*, sont donc deux personages différens; l'auteur des chansons, qui est le *Châtelain*, ne peut donc être ni *Raoul I*, ni *Raoul II*, qui tous deux étaient *Sire de Coucy*. Mais ce *Sire de Coucy*, qui présidait à ce tournoi, devoit être *Raoul I*, quoique l'auteur (apparemment par méprise) le nommé *Enguerrand*; on en verra bientôt des preuves. Ce tournoi doit être en 1188, 89 ou 90.

la

la Fere & *Vendeuil*, près de l'Oise, & la Dame la lui donne. L'Auteur fait du tournoi une longue description qui tient environ le quart de son ouvrage. Il paraît qu'il était fort instruit dans le blason; car il n'y a pas un seul Chevalier, dont il ne blasone l'écu (*a*). Renaud se distingue au tournoi par sa valeur & son adresse. Il est cependant blessé au bras; mais cette blessure ne l'empêche point de se trouver au festin que le *Sire de Coucy* donne dans la prairie aux Dames & aux Chevaliers : il y vient avec le bras en écharpe, & on lui adjuge le prix du tournoi. C'est un faucon que lui présente la Comtesse de Soissons à la tête des Dames.

La Dame de Fayel qui avait été témoin de sa valeur, cede enfin à

(*a*) Les Seigneurs & Gentilshommes qui assistent au Tournoi, sont entr'autres : le Duc de Limbourg, le Comte Philippe de Namur, le Comte de Hainault, Messire Arnould d'Oudenarde, Messire Philipe de Jascelle, Gautier de Sorel, Enguerrand de Randon (qui joûta contre le Sire de Coucy), Geoffroy de Losengnon, Lambert de Longueval, le Comte de Blois, Gautier de Châtillon, Falleni, Gobart d'Apremont, Jean de Hangesi, Arnoud de Mortagne, Hugues de Rumigny, le Sire de Manteville, le Sire de Gauville, le Comte Simon de Montfort, Gaulas de Moï, le Seigneur de Montmorency, le Seigneur de Fayel, le Seigneur de Ber, Hugues de Loart, Dreux de Chauvigny, Charles de Rembecourt. Une Dame après qui précede le Tournoi, chante cette espece de triolet, que nous rapportons pour prouver l'ancienneté de ce genre de poésie.

Toute vostre gent
Sont li plus joli du tournoiement.
S'aime loïaument
Toute vostre gent;
Et pour cele di qu'il ont maintien gen (gentil)
Toute vostre gent.

A un autre repas, dans une autre circonstance, des dames chantent aussi des triolets que tout le monde répete en chœur. L'auteur en rapporte deux. Le deuxieme chanté par la dame de Fayel, mérite seul d'être connu, parcequ'il est exactement coupé comme les triolets de nos jours.

J'aim bien loïaument;
Et s'ay bel amy
Pour qui di souvent,
J'aim bien loïaument.
Est miens ligement;
Je le sai de fy. (certainement)
J'aim bien loïaument,
Et s'ay bel amy.

tant de mérite, & lui permet de se rendre chez elle à certain jour où son mari devait être absent. Là ils prennent des précautions pour se voir en sûreté & cacher leurs amours. La Dame met dans sa confidence Isabelle sa femme-de-chambre, qui était sa cousine-germaine : c'est à celle-ci que le Châtelain doit faire passer ses lettres, & il se sert pour son messager d'un commissionnaire gagné par argent, auquel il fait accroire qu'il aime la *chambriere*.

Près de la garderobe de la Dame, est un bosquet, dont la porte donne dans le bois voisin. On promet de la tenir ouverte la nuit, & l'on y donne un rendez-vous au Châtelain. Cependant, d'après quelques réflexions de la cousine, la Dame se propose de l'éprouver encore. Elle se rend la nuit à la porte du bosquet, mais elle ne l'ouvre pas. Elle entend le Châtelain faire ses complaintes; il baise cette porte qu'elle a touché de ses belles mains, & enfin, quand le jour paraît, il se retire désespéré (*a*). Il tombe malade si dangereusement qu'on craint pour ses jours.

A cette nouvelle, la Dame se repent de l'épreuve qu'elle lui a fait subir. Heureusement elle est invitée à une noce qui doit se célébrer à Chauvigny, elle y entend dire à la Dame de Changis, parente du Châtelain, qu'elle veut aller le voir; elle lui dit sur le champ : « Puisque » vous allez chez le malade, mon char a été versé en route, ma femme- » de-chambre en a été blessée; laissez-moi la vôtre pour me servir, je » vous en suplie. Malgré cela, la mienne est en état de vous acompagner ». Telle est la ruse qu'elle emploie pour faire dire par sa femme-de-chambre un mot de sa part à son amant.

Le troc a lieu, & Isabelle trouve le moyen de remettre au Châtelain des tablettes qui lui rendent la joie & la santé. Il obtient un rendez-vous nouveau, où il est plus heureux que la premiere fois. Il jouit pendant quelque tems sans trouble de son bonheur, mais enfin on le trahit.

A une fête où il se trouve avec sa Dame, il laisse échaper un regard & un soupir qui sont apperçus par une Dame (*b*) jeune, aimable, mais qui

---

(*a*) *Voy*. la chanson, *Quand li été & la douce séson.*

(*b*) L'auteur ne nomme point cette dame, & de Belloy remarque judicieusement que c'est parceque peut-être elle vivait encore en 1228, année où le manuscrit peut avoir été mis au jour.

aimait le Châtelain, & qui, soupçonnant aussi-tôt la vérité, le fait épier, & découvre qu'il se rend la nuit au château de Fayel, quand l'époux est absent.

Aussi-tôt qu'elle en est sûre, elle avertit l'époux, qui, pour s'en convaincre, feint de s'absenter & va se cacher dans le bois. Bientôt il voit entrer le Châtelain qu'on avait averti de son absence. Certain alors de son déshoneur, il se propose de surprendre les deux amans ensemble. A la faveur de l'obscurité, il entre par la petite porte en même tems que lui, & appelle aussi-tôt ses valets. Cette Dame indisposée, était restée au lit, la suivante seule avait été ouvrir. Le Châtelain a la présence d'esprit de dire qu'il ne vient que pour Isabelle, qui, par attachement pour sa maîtresse, en convient. L'absence de la Dame favorisait ce mensonge. Fayel veut chasser Isabelle; Gobert, son écuyer & son parent, obtient de lui que, pour éviter l'éclat (*a*), elle restera encore huit jours au château (*b*).

Hors d'état de servir désormais sa cousine dans ses amours, la pauvre Isabelle, avant que de partir, lui conseille de s'attacher Gobert, & lui répond de sa fidélité. Le conseil est suivi. L'Ecuyer promet de servir sa maîtresse; mais comme la jalousie de Fayel ne lui permet plus de s'éloigner de chez lui, Gobert prend le parti de quitter son service, sous prétexte qu'il a besoin, pour acquérir quelque gloire de suivre les tournois. Fayel y consent : il lui permet même de passer au service du Châtelain, qui était fort renommé dans ce genre de combats.

Ce dernier avait appris par Gobert quelle était la cause secrete de tout cet éclat, & il se proposait de se venger de la Dame qui l'avait trahi. Il se rend chez elle, la cajole, & lui demande ce qu'elle ne demandait pas mieux que d'acorder. Le rendez-vous est fixé dans un bois; mais au moment qu'elle se prépare à lui donner la derniere preuve d'amour, Isabelle & Gobert, avertis par le Châtelain, & qui s'étaient cachés, se montrent tout-à-coup, & la malheureuse se retire couverte de confusion, après avoir essuyé une si terrible leçon.

(*a*) Il représente à son Maître que le Châtelain est trop bien *aparente* pour que la famille ne soit pas à redouter. Il était donc de la maison de Coucy, & s'il en était, il ne pouvait être que *Raoul*, neveu de Raoul I, puisqu'ils étaient les deux seuls *Coucy* qui existassent alors.

(*b*) *Voy*. la Chanson *Au renouvel*.

Gobert procure une entrevue aux deux amans pendant l'absence du mari. Il vient au château, avec un écuyer qu'il dit blessé, & qui avait un linge autour de sa tête : cet écuyer n'était autre que le Châtelain, qui passe toute la nuit auprès de sa belle. Quelque tems après, Fayel allant, avec sa femme, à Saint Maure des-Fossés, Renaud a encore le même plaisir dans leur route, chez un Meunier qu'il a gagné. Une autrefois il pénetre dans le château, déguisé en Mercier.

A cette derniere entrevue, il apprend que Fayel a déclaré qu'il voulait se croiser. Gobert, qu'il consulte, lui conseille de prendre aussi la Croix, pour pouvoir suivre sa maîtresse (*a*). Il passe donc en Angleterre, sous prétexte d'assister à un tournoi qu'a annoncé le Roi Richard; mais il savait devoir y trouver un Cardinal qui venait d'y passer, pour prêcher la croisade; il y prend la Croix avec Richard & un grand nombre d'autres Seigneurs. Le Cardinal repasse en France, la Dame de Fayel veut se croiser; mais son mari s'y oppose, & il déclare que sa santé ne lui permettant pas de faire un voyage aussi long, il restera en Europe.

Désespoir des deux amants. Renaud eût bien voulu ne pas partir; mais c'était se déshonorer & se trahir. Il ne lui restait qu'un seul espoir, celui de revenir bientôt auprès de sa Dame, déguisé en aveugle : il trouve le moyen d'entrer chez elle pour lui faire ses adieux. Elle lui donne pour gage de son amour *des tresses de ses cheveux* (*b*), qu'elle coupe & qu'elle envelope dans un morceau de cendal (taffetas) (*c*).

Le Châtelain désespéré, s'embarque à Marseille, avec Gobert, sur la flotte de Richard : ils arrivent devant Acre, qu'ils trouvent au pouvoir des Chrétiens. Richard qui veut acquérir quelque gloire, va attaquer les Sarrasins. Il remporte une victoire, à laquelle contribue le Châtelain, & dont le fruit est la conquête d'Ascalon & de Césarée. Mais un jour qu'il était dans un château, il se trouve tout-à-coup attaqué par les Sarrasins. Le brave Renaud fait une sortie à la tête de quelques troupes; il les repousse, mais il est blessé d'une flèche empoisonnée, & les médecins lui annoncent qu'il en mourra. Il veut passer en France pour voir encore sa

(*a*) *Voy.* la chanson, *Au nouvel tems que mai & violette.*

(*b*) De Belloy y ajoute un anneau, mais il n'en est pas question dans le manuscrit.

(*c*) *Voy.* la chanson, *A vous amant plus qu'à tout autre.*

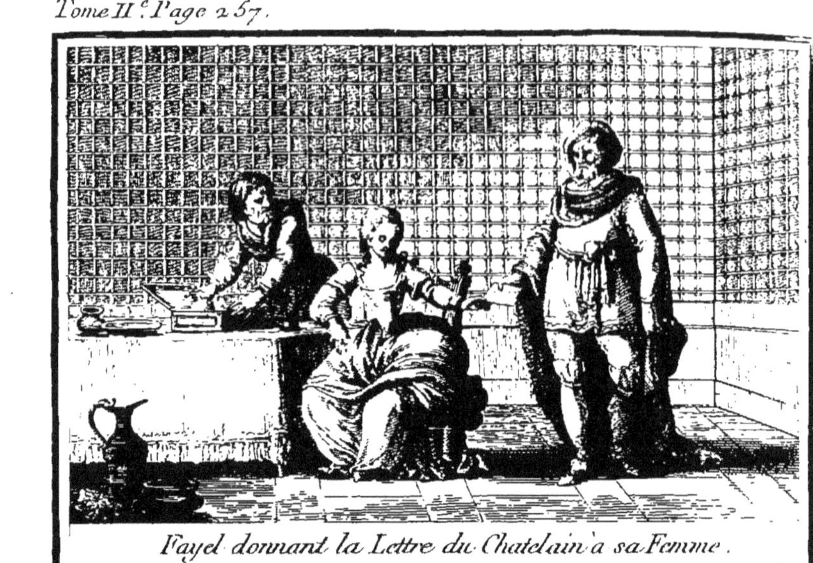

Fayel donnant la Lettre du Chatelain à sa Femme.

1.re Visite du Chatelain à la Dame de Fayel.

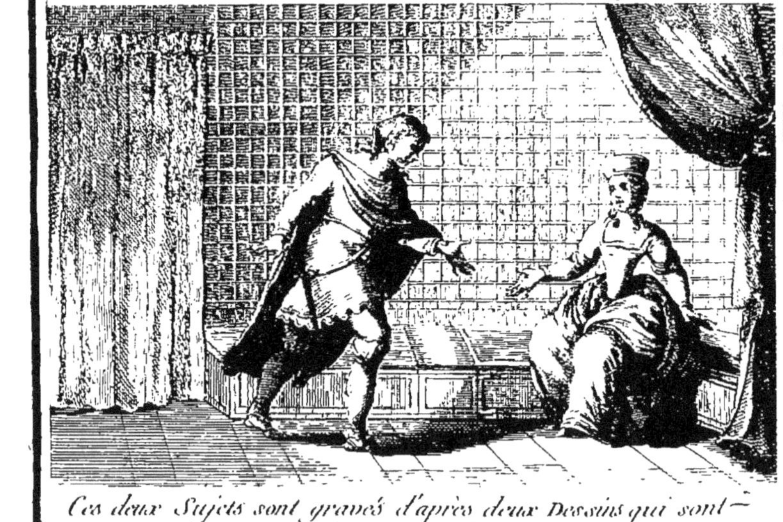

Ces deux Sujets sont gravés d'après deux Dessins qui sont dans le Manuscrit des amours du Chatelain de Coucy. On y voit les Costumes du douzieme Siecle.

Mirys . del. Chenu Sculp.

mie, dans l'espoir que sa présence le guérira. Un vaisseau allait mettre à la voile, sur lequel étaient deux Cardinaux, & d'autres passagers; il y monte. Mais dans le passage son mal empire, & il se voit sans espérance. Alors il baise amoureusement les tresses chéries, fait venir un Clerc, auquel il dicte une lettre pour elle : il ordonne au fidele Gobert, dès qu'il sera mort, de le faire ouvrir, de prendre & d'embaumer son cœur, & de le porter avec les tresses & sa lettre à la Dame qu'il aime. Il se confesse ensuite à un des Cardinaux, qui le communie, en l'exhortant à espérer pour son salut, puisqu'il meurt *au service de Dieu.* Un instant après, il meurt en recommandant à Gobert de saluer sa Dame. Le fidele écuyer accomplit les ordres du Châtelain. De retour en France, il veut se rendre au château de Fayel. Malheureusement il rencontre l'époux, qui, furieux contre lui, parcequ'on l'avait instruit que Gobert avait servi les amours du Châtelain, & soupçonnant qu'il vient encore pour le même motif, veut le tuer. Gobert demande grâce & avoue la vérité. Le jaloux prend la boëte qui renferme les tresses, la lettre & le cœur. Il appele son cuisinier (*a*), lui ordonne d'apprêter ce cœur; & le fait servir à sa femme, qui vante beaucoup ce ragoût, & convient que jamais : « ne mangea plus *savoureus mes* ». Fayel lui apprend que c'est le cœur de son amant; & pour l'en convaincre, lui lit la lettre & lui montre les tresses. La malheureuse saisie d'horreur, se contente de répondre, qu'après avoir pris une telle nourriture, ce sera la derniere de sa vie (*b*); on l'emporte sans connaissance; mais elle ne reprend ses sens que pour regretter son fidele amant, & meurt bientôt après.

Fayel craignant que les parens de sa femme ne vengeassent sa mort, la fait inhumer avec beaucoup d'honeur, & part pour la Terre-Sainte, afin de se soustraire à leur colere. Le souvenir de sa barbarie le poursuit par-

(*a*) « Son *mestre queux* mist à raison,
» Et li comande estroitement, &c ».

On nomme encore aujourd'hui *maîtres-queux*, les cuisiniers du Roi, qui sont en charge.

(*b*) » Je vous affi certainement
» Qu'an nul jour mes mengeray :
» D'autre morcel ne metteray
» Deseure si gentil viande.

tout : lorsqu'il fut revenu chez lui, on ne le vit jamais rire, & il survécut fort peu à sa femme; ainsi dit l'Auteur :

. . . . . Vous finirai l'histoire
« Et li *contes* des vrais amans. . . . .
» Et tel doivent être si fait
» Tout cil qui sont amant parfait ».

Il ajoute qu'il n'a entrepris cet ouvrage que parceque l'amour l'enflâme aussi pour une Dame aimable. Il dit qu'il va rimer son nom, mais de maniere que personne ne pourra le deviner, il ajoute que, pourvu que sa belle le sache & l'en récompense, il sera content (*a*).

Chronique écrite vers 1380, *& citée par Fauchet.*

« Au tems que le Roy Philippes régnoit & le Roi Richart d'Angleterre vivait, il y avait » en Vermandois un autre moult gentil, gaillard, & preux Chevalier en armes, qui » s'appelait Regnault de Gouci, & estoit Chastelain de Couci. Ce Chevalier fut moult » amoureux d'une Dame du Païs, qui estait femme du Seigneur de Faïel. Moult orent » de poine & travail pour leurs amours, ce Chastelain de Couci & la Dame de Faïel : » si comme l'histoire le raconte, qui parle de leur vie : dont il y a Romans propre. Or » advint que quand les voyages d'outre mer se firent, dont il est parlé ci-dessus, que les » Roys de France & d'Angleterre y furent, ce Chastelain de Couci y fut, pour ce qu'il » exercitait volontiers les armes. La Dame de Faïel, quand elle sçeut qu'il s'en devait aller, » fist un laqs de soye moult bel & bien fait, & y avait de ses cheveux ouvrés parmi » la soye : dont l'œuvre semblait moult belle & riche, dont il lioit un bourrelet moult riche » par dessus son heaume : & avait longs pendans par derriere, à gros boutons de perles. » Le Chastelain alla outre mer, à grant regret de laisser sa Dame par deçà. Quand il » fut outre mer, il fit moult de chevaleries : car il était vaillant Chevalier, & avait grant » joye que on rapportast par deçà nouvelles de ses faits, à fin que sa Dame y prist » plaisir. Si advint qu'à un siege, que les Chrestiens tenoyent devant Sarrasins oultre » mer, ce Chastelain fut feru d'un quarel au costé bien : du quel coup il lui convint » mourir. Si avait à sa mort mout grant regret à sa Dame : & pour ce appella un sien » Escuyer, & lui dit, je te prie que quand je seray mort, que tu prennes mon cœur, » & le met en tel maniere, que tu le puisse porter en France à ma Dame de Faïel, & » l'envelope de ces longes icy : & lui bailla le las que la Dame avait fait de ses cheveux, » & un petit escrinet, où il avait plusieurs anelez & diamans, que la Dame lui avait

(*a*) Du Verdier fait mention d'un Roman de la Chastellaine de Vergy, imprimé à Paris, *in*-16, par Denis Jannot (p. 243, anc. édit.) : il n'a pas observé si ce Roman est en vers ou en prose. Il est peut-être un abrégé en prose de celui qui vient d'être analysé.

» donnez : qu'il portoit tousjours avant luy, pour l'amour & la convenance d'elle. Quand » le Chevalier fut mort, ainsi le fit l'Escuyer : & prist l'escrinet, & lui ouvrit le corps, » & prist le cœur, & sala & confit bien en bonnes espices, & mit en l'escrinet avec » le las de ses cheveux, & plusieurs anelez & diamans, que la Dame lui avait donnez, » & avecques une letres moult piteuses, que le Chastelain avoit escrite à sa mort & » signée de sa main. Quand l'Escuyer fut retourné en France, il vint vers le lieu où » la Dame demeuroit : & se bouta en un bois près de ce lieu : & luy me sadvint tellement, » qu'il fut veu du Seigneur de Faïel, qui bien le cognent. Si vint le Seigneur de » Faiel à tout deux ses privez en ce bois, & trouva cet Escuyer : auquel il voule courir » sus en despit de son maître qu'il hayoit plus que nul homme du monde. L'Escuyer » lui cria merci : & le Chevalier luy dit, ou je te occiray, ou tu me diras où est le » Chastelain. L'Escuyer luy dit, qu'il estoit trespassé : & pour ce qu'il ne l'en vouloit » croire, & avoit cest Escuyer paour de mourir, il luy monstra l'escrinet pour l'en faire » certain. Le Seigneur de Faiel prist l'escrinet, & donna congé à l'Escuyer. Ce Seigneur » vint à son queux, & luy dit qu'il mit ce cœur en si bonne maniere, & l'apareillasse » en telle consiture qu'on en peut bien manger. Le queux le fit : & fit d'autre viande » toute pareillé, & mit en bonne charpente en un plat : & en fut la Dame servie au » disner : & le Seigneur mangeait d'une autre viande qui luy ressembloit : & ainsi mangea » la Dame le cœur du Chastelain son ami. Quand elle ot mangié, le Seigneur luy » demanda, Dame, avez-vous mangé bonne viande ? & elle lui respondit, qu'elle l'avoit » mangée bonne : il luy dit, pour cela vous l'ay-je fait apareiller ; car c'est une viande » que vous avez moult amée. La Dame qui jamais ne pensast que ce fust, n'en dit plus » rien. Et le Seigneur lui dit de rechef : sçavez que vous avez mangé ! & elle répondit » que non : & il lui dit, adonc, or sachiez que vous aves mangé le cœur du Chastelain » de Coucy. Quant elle ot ce, si fut en grand pensée pour la souvenance qu'elle eut de » son ami : mais encores ne peut-elle croire cette chose, jusques à ce que le Seigneur » luy bailla l'escrinet, & les lettres. Et quant elle vit les choses qui estoyent dedans » l'escrinet, elle les cogneut : si commença lire les lettres, quant elle cogneut son signe » manuel & les enseignes. A donc commença fort à changer, & avoir couleur : & puis » commença fortement à penser. Quand elle ot pensé, elle dit à son Seigneur : il est » vray que ceste viande ay-je moult amée : & croy qu'il soit mort, dont est domage, » comme du plus loyal Chevalier du monde. Vous m'avez fait manger son cœur, & est » la derniere viande que je mangeray onques : ne onques je ne mangé point de si » noble, ne de si gentil. Si n'est pas raison que après si gentil viande, je en doye » mettre autre dessus : & vous jure par ma foy que jamais je n'en mangeray d'autre » après ceste cy. La Dame leva le disner, & s'en alla en sa chambre, faisant » moult grant douleur ; & plus avoit de douleur qu'elle n'en monstroit la chere. Et en » celle douleur, à grands regrets & complainte de la mort de son ami, fina sa vie & » mourut. De ceste chose fut le Seigneur de Faïel courroucé, mais il n'y peut mettre » remede, ne homme ne femme du monde. Cette chose fut sçeue par tout le Païs, & » en ot grant guerre le Seigneur de Faiel, aux amis de sa femme : tant qu'il convint » que la chose fut rapaisée du Roy & des Barons du païs ».

CHANSONS DU CHATELAIN DE COUCY.

CHANSON Ire. (a)

Pour verdure ne pour prée,
Ne pour feuille, ne pour flour,
Nulle chançon ne m'agrée,
S'il ne vient de fine amour.
Més li faignant priéour
Dont ja Dame n'iert amée,
Ne chantent fors en pascour;
Lors se plaignent sans dolour.

Dame tieng à esgarée
Qui croit faus druz menteour:
Car honte a longue durée
Qui avient par tel folour;
Et joie a povre savour
Qui en tel lieu est gastée.
Celle atent de lui valour,
Qui chace sa déshonour.

Fausse drue abandonnée
Veut les nos & puis les lor:
Ne jà s'amours n'iert enblée,
Que ne le sachent pluisour.
Més à Dame de valour,
Belle & bone & acesmée,
Qui ne croit losengéour,
Doit-on penser nuit & jour.

Mult m'a amours atornée
Douce paine & dous labour:
Ne jà pour riens qui soit née,
N'oublierai ceste honour
D'amer toute la meillour
Qui par les bons soit louée.
Mès de ce sui en errour,
C'onques n'aimai sans paour.

« Qu'on chante les bois, les prairies, les » verds feuillages, les fleurs naissantes; ces » chansons ne m'agréent, si un véritable » amour ne les inspire. Pour qui feint d'ai- » mer & n'aimera jamais la Dame qu'il fa- » tigue de ses prieres, le desir de chanter » ne revient qu'avec pâques. Il se plaint » alors sans douleur.

» Je tiens pour folle, Dame qui croit » ami faux & perfide. La honte qui suit » sa folie est de longue durée; le plaisir » qu'elle prodigue est en pure perte & de » pauvre saveur. Peut-elle s'attendre à être » estimée de qui cherche à la désho- » norer?

» Amie perfide & imprudente veut avoir » amis vrais & discrets, sans renoncer aux » indiscrets & faux amis. Si l'on pense à » s'en faire aimer, il faut que mille rivaux » le sachent. Oui, ce n'est qu'à Dame » estimable, belle, bonne, de naturel » gracieux & ennemi des flatteurs, qu'on » doit penser nuit & jour.

» Amour m'a préparé peine bien douce, » bien douce occupation. Jamais pour » créature au monde, je n'oublierai l'hon- » neur d'aimer la meilleure de toutes celles » qui ont mérité l'éloge des vrais amans. » J'ai tort sans doute de n'avoir jamais » aimé sans craindre.

(a) Cette chanson est la premiere que fit le Châtelain selon le manuscrit du Roman. On ne la trouve sous son nom que dans ce manuscrit, par-tout ailleurs elle est anonyme.

Tant

Tant s'est amours afermée
En mon cuer à bon séjour,
Que j'ai plus haute pensée
Que tout li autre améour.
Més li faus enquéréour
Font œuvre mal eurée,
Enging de mainte coulour,
Pour tourner joie en tristour.

» Tant s'est affermi l'amour dans mon » cœur, tant il y a séjourné pour mon » bien, que j'ai osé élever ma pensée plus » haut que nul autre amant. Mais je crains » la calomnie des curieux qui manœuvrent » & s'intriguent de toutes façons pour » changer ma joie en tristesse.

Dame, cele part me tour
Que m'amour ne soit doublée,
Et mon desconfors greignour;
Dont je mourai sans retour,
Se par vous ne sont menour.

» Dame, mon unique recours, loin de » vouloir que l'activité de mon amour » étant doublée, ce même amour & mon » déconfort s'accroissent, faites qu'ils di- » minuent, ou j'en mourai ».

II.

Nouvele amor où j'ai mis mon penser,
Me fet chanter de la plus débonnere
Qu'on puist el mont ne voer ne trouver.
Si m'en semont mes cuers de joie fere:
Et quant j'ai mis en li m'entencion,
Dont ne doi-je chanter se de li non.
Tout mi penser sont à ma douce amie,
Puisque je sai mon cuer en sa baillie.

« Nouvel amour occupe mon ame & » m'inspire de chanter la plus aimable » femme qui soit au monde. Docile aux » mouvemens de mon cœur, je m'aban- » donne à la joie: fidèle au desir de plaire » à la beauté que j'aime, je ne dois chanter » que pour elle. Aussi tous mes pensers » sont-ils à ma douce amie, la souveraine » de mon cœur.

Et quant mes cuers s'est mis en li amer,
Je ne m'en doi mie arriere retraire:
Ainz me convient otroier & graer
Les volontez de mon cuer sans desfere.
Et se je truis ma Dame o le douz non,
Plaine d'orgueil sans nisun guerredon,
Donques ai-je toute joie enhaie:
Més, se Dieu plest, ce ne m'avendra mie.

» Quand ce cœur suit son penchant à » l'aimer, dois-je en éprouver un contraire? » Non, c'est à lui de me faire la loi, à » moi de l'agréer & d'y obéir. Mais si » ma Dame, dont le nom promet tant de » douceur, n'a pour moi qu'ingratitude & » fierté, adieu toute ma joie. Loin de moi, » bondieu, un semblable malheur.

Se je trai mal, je n'en sais qui blasmer
Forz ses douz euz & son simple viére,
Dont li mien sont traï en esgarder:
Mès n'i voient riens qui face à desplere
N'en cors, n'en bras, n'en bouche, n'en menton,
Fors seul itant qu'ele ne me fet don
De li amer por alongier ma vie:
S'ele le fet, ce sera cortoisie

» Las! si j'étais malheureux, à qui m'en » prendre? A ces yeux si doux, à cette » physionomie si naive & si attrayante? » Comment résister au plaisir d'admirer des » charmes si parfaits! quelle taille, quels » bras! quelle bouche! quel menton! tout » plaît en elle & séduit. Faut-il qu'elle » mérite le blâme de ne vouloir que pro- » longer ma vie en me pardonnant mon » amour? Encore ce pardon est-il une » courtoisie.

Douce Dame, je ne vous os rouver
Ce dont amors ne me rueve pas tere:
Mes se voz euz où l'on se puet mirer,
Qui tant sont cler, ne mi sont de mal aire;
Vous poez bien oïr à ma chançon
Et à mes diz que je n'aim se vous non:

» Douce Dame, amour n'exige pas que » le sentiment soit muet: mais je n'ose » le faire parler. Si vos yeux si fins & si » brillans, ces yeux où chacun veut lire » son bonheur, daignent se fixer sur moi; » si votre oreille est attentive à mes chan- » sons, à mes plaintes, vous entendrez,

Et que mes cuers au vostre s'umelie
Ki de toute sa dolour vous mercie.

» vous verrez que je n'aime que vous, & » que mon cœur, esclave du vôtre, chérit » son esclavage, & vous en remercie.

De la dolor vous doi-je mercier
Et des pensiers que vous me fetes traire:
Qu'ausi com vos les me poez doner,
Quant vous plera les me porrés retraire.
Et quant je sai en vous ma garison,
Se je vous aim, g'i ai assez réson:
Més quant j'aurai de vous haïr envie,
Jà puis honour n'aie jour de ma vie.

» Oui, je vous remercie d'un esclavage » qui ne me laisse que la liberté de penser » à vous: liberté que vous pouvez m'in- » terdire comme vous me l'avez permise. » Pourrais-je ne pas aimer l'objet bien- » faisant de mes pensées, & dans lequel » je trouve la guérison de mes peines. Si » j'étais jamais tenté de le haïr, que je sois » déshonoré pour la vie.

ENVOI.

Douce Dame debonaire, prison
'Avés doné mon fin cuer ki vos prie
Que vostre soit, sanz point de vilonie.

» Douce Dame, vous avez donné une » agréable prison à mon cœur. Il vous » prie qu'il soit toujours à vous, sans cesser » d'être fidele ».

Cette chanson est mutilée, & sans nom d'Auteur dans le manuscrit du Vatican, & l'envoi n'est pas dans celui de M. de Paulmy. Elle paraît avoir été faite dans les commencemens de l'amour du Châtelain.

III.

Bien cuidai vivre sans amour
Dès-ore en paix tout mon aé;
Mais retrait m'a en la folour,
Més cuers dont l'avoie escapé.
Enpris ai grenour folie,
Que li fous enfis ki crie
Pour la belle estoile avoir,
Qu'il voit haut & ciel seoir.

« J'espérerais vivre sans amour & en » paix le reste de mes jours; mais le » penchant de mon cœur m'entraîne vers » une passion folle à laquelle je le croyais » échapé. Aussi suis-je plus fou que l'en- » fant qui crie pour avoir l'étoile qu'il » voit fixée au haut de la voute céleste.

Coument que je me désespoir,
Bien m'a amours guerredouné
Che que je l'ai à mon pooir
Servi sans desloïauté,
Que roi me fait de folie.
Si se gart bien qui s'i fie

» Au reste, quelle raison de me déses- » pérer? amour ne m'a-t-il pas bien re- » compensé de l'avoir loyalement servi de » tout mon pouvoir? Graces à lui, je » suis roi de folie. Qui sera plus sage que » moi, se gardera bien de se fier à l'espoir

De si haut mérite avoir;
Mais n'en puis mon cuer movoir.

N'est pas merveilles se m'aïr,
Vers amour qui tant m'a grevé.
Diex! l'or le peusse tenir
Un seul jour à ma volenté;
El comperroit cier sa folie.
Si me fache, Dieus aïe,
A morir li convenroit
Se ma Dame me vaincoit.

Ai! frans cuers qui tant convoit,
Ne baez à ma foleté.
Bien sai qu'en vous amer n'ai droit,
S'amour ne m'i eust donné:
Mais d'esforcier fais folie,
Si con fait nès que venz guie,
Qui va là où il l'enpaint,
Si ke toute esmie & fraint.

Ha! Dame, où nus biens ne se faint,
Merchi pour franchise & pour gré.
Puisqu'en vous sont tot mal estaint,
Et tout bien vif & alumé,
Connoissiez dont la folie
Me vient qui me tolt la vie:
Qu'à rien n'ose faire clamor,
S'à vos non de ma dolor.

Canchon, ma plaisans hachis
Me salue, & si li prie
Que pour Dieu & pour s'onnour,
N'ait jà l'us de traitour,
Que bien sevent li plusour,
Que Judas fist son Seigneur,
Et Guenes l'emperaour.

» d'obtenir faveur d'aussi grand mérite que » celle à laquelle mon cœur ne peut re- » noncer.

» Ce n'est pas merveille, si je me cour- » rouce contre amour qui m'a tant grevé. » Dieu! que ne puis-je le tenir un jour » en ma puissance! Il payerait cher sa » folle tyrannie. J'en jure Dieu que je » prie de m'aider: il mourrait, si ma Dame » ne le défendait & n'était pas victorieuse.

» Ah! cœur plein de franchise, objet » de tous mes desirs, soyez insensible à » l'excès outrageant de ma folie. J'aime; » & je sais bien que le droit d'aimer est un » bienfait de l'amour. Mais l'effort impé- » tueux d'une passion violente fait délirer » la raison. C'est le vent en furie qui tour- » mente en mer un vaisseau & le pousse » contre l'écueil où il doit se briser.

» Dame, en qui nulle vertu n'est trom- » peuse, hélas! pour franchise & pour » satisfaction, je vous demande merci. Puis- » qu'en vous se trouve la guérison de tous » maux, avec le principe fécond de tous » biens, daignez connaître d'où me vient » cette folie qui me fait mourir. A vous » seule, j'ose me plaindre de ma douleur.

» Chanson, salue pour moi celle qui cause » mon agréable tourment, & la prie que, » pour Dieu & pour son honeur, elle n'ait » jamais l'usage de l'art de trahir, que savent » si bien tant d'autres: art odieux qui rendit » Judas coupable envers son divin maître & » Ganelon envers l'empereur Charlemagne.

Cette chanson, anonime dans le Rec. des Anec. poét. fr. manusc. avant 1300, est attribuée au Châtelain dans les anc. Poés. fr. manus. du Vatican, nº 1490.

CHANSON IVe.

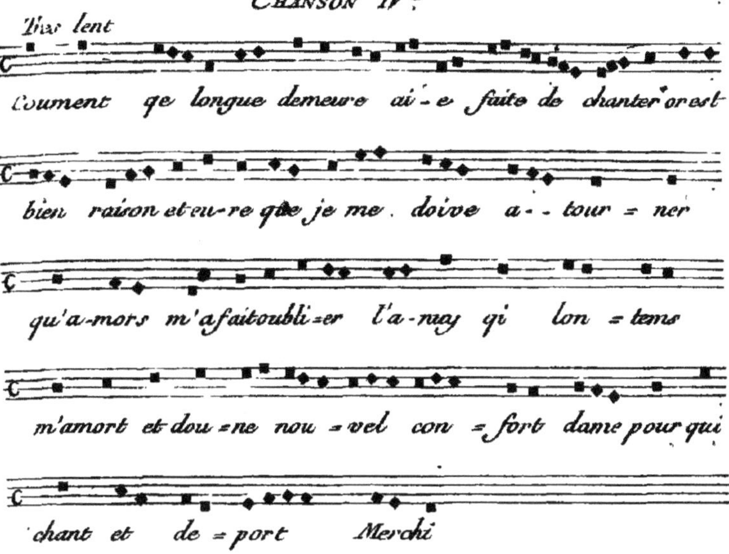
Très lent
Coument qe longue demeure ai-e faite de chanter or est
bien raison et eu-re qe je me doive a--tour=ner
qu'a-mors m'afait oubli=er l'a-nuy qi lon=tems
m'amort et dou=ne nou=vel con=fort dame pour qui
chant et de=port Merchi

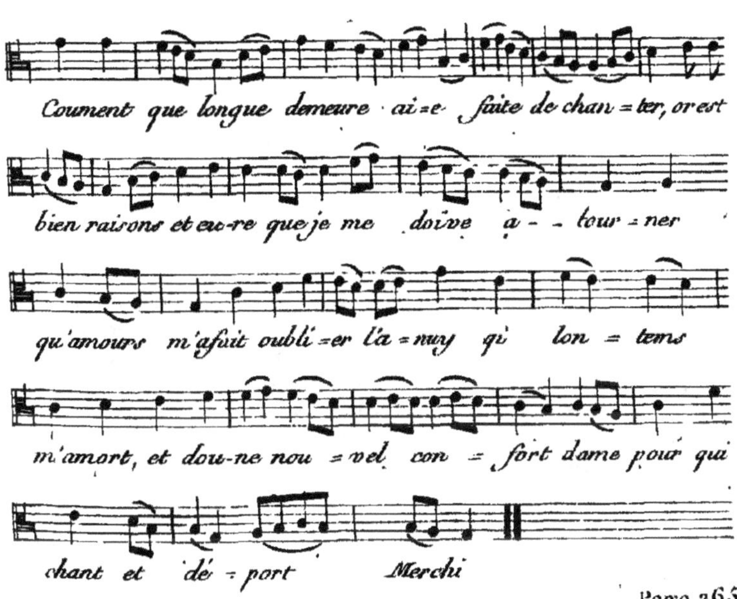
Coument que longue demeure ai=e faite de chan=ter, or est
bien raisons et eu-re que je me doive a--tour=ner
qu'amours m'afait oubli=er l'a=nuy qi lon=tems
m'amort, et dou-ne nou=vel con=fort dame pour qui
chant et dé=port Merchi

IV.

Coument ke longue demeure
Aie fait de canter,
Or est bien raisons & eure
Qe je me doive atourner:
K'amours m'a fait oublier
L'anui qi lontans m'amort,
Et doune nouvel confort.
Dame, pour qui chant & deport,
Merchi.

« Bien que je sois demeuré long-tems » sans desir de chanter, il est heure & raison » de préparer nouvelles chansons. Amour » m'a fait oublier mes longs & mortels » ennuis; il me reconforte. Dame, pour » qui je chante & m'égaye, je vous » crie merci.

Chertes, Dame, mout s'onneur
Qi courtois est contre tort:
Jà, de crueul, au deseur,
N'orrés dire bon recort.
Et se l'amours que jou port,
Me fait plus que moi amer;
Vous, dame, doit-il membrer
Qu'en jentil cueur doit-on trover
Merchi.

» Courtoisie à l'épreuve des torts est » louable & fait honneur: mais de cruauté » jamais on ne vous fera l'éloge. Dame, » si l'amour que je vous porte, me fait » vous aimer plus que moi-même, qu'il » vous fasse souvenir qu'en gentil cœur » on doit trouver merci.

De périlleuse avanture
M'avez amours atourné,
Quant por vous n'a de moi cure
Chele à qi m'avés donné.
Mors me sui por votre gré:
Grant honte i aurés por voir,
Se vos nel faites doloir
Tant qe desgnât de moi avoir
Merchi.

» Vous m'avez mis, amour, en périlleuse » aventure. Celle à qui vous m'avez donné, » de moi ne se soucie. Je mourrai donc » pour vous plaire: mais en vérité, ce sera » grande honte à vous, si vous ne lui faites » partager ma douleur, tant qu'elle daigne » avoir de moi merci.

Grant pechiés est & grans paine
D'amours servir faintement,
Si con la fausse gent vaine
Qi font semblant sans talent.
Et Dieus porqoi le consent!
K'il se veut si bel mentir,
Et jou qi sui au morir,
Ne sai c'un mot, tant le desir,
Merchi.

» C'est pécher grievement & s'exposer » à grieve peine, que de servir l'amour, » en feignant comme ces hommes faux » & vains qui, sans aimer, font semblant » d'être amoureux. Comment Dieu con- » sent-il que le mensonge soit plus élo- » quent que la vérité. Pour moi, qui meurs » d'amour, je ne sais dire qu'une chose, » tant je la desire vrajment: dame, merci.

Mult fait l'amours que vilaine
Qi commenche por faillir :
Car plus de mort est grevaine
Puis qu'il li convient guerpir.
Mieus ne puet èle traïr
Chelui qi à li se prent,
Faire Roi & puis noient.
Dame, por chou qu'à vous me rent;
Merchi.

» Amour, qui commence pour finir, est » une infâmie : la mort est moins doulou» reuse que la nécessité d'en voir la fin. » Qui s'y laisse prendre, peut-il être mieux » trahi ! Il est roi, puis rien. Dame, » puisqu'à vous je me rends, merci ».

Cette chanson est anonime dans le manuscrit de M. de Paulmy & dans celui de Clerambaut. Les deux derniers couplets n'y sont pas; & à leur place, il y en a un qui ne dit pas grand chose.

Elle est toute entiere dans le manuscrit du Roi & dans celui du Vatican.

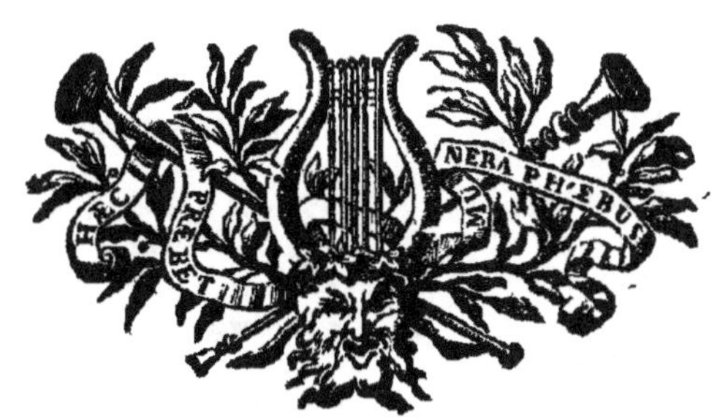

V.

Moult ai été longuement esbahis,
Que je n'osai chançon à fère enprendre ;
Car de ma joie estoie départiz.
Or me refait amors en li entendre,
Qu'une biauté m'est venue devant,
Qui me semont & prie que je chant
Et je suis si siens quites ligement,
Que tout me puet & engagier & vendre.

» Je suis resté si long-tems étourdi de » mon malheur, que je n'ai pas eu le cou» rage d'essayer une chanson. J'avais re» noncé à la joie ; mais l'amour m'y rap» pele. Une beauté vient m'ordonner, me » prier même de chanter. Qu'elle dispose » de moi comme de son homme-lige, » comme de son esclave, si elle veut m'en» gager ou me vendre.

Par tantes fois ai esté assailliz,
Que je n'ai mais pooir de me deffendre:
Ne je ne sui si forz ne si hardiz,
Que vers amors osasse point contendre.
Puisque de moi vuet faire son talent,
Soffrir m'estuet si débonairement
Que se jaunes contre li me deffent,
Face en bon droit que bien le me puet rendre.

» J'ai soutenu tant d'assauts, qu'il ne » m'est plus possible de me défendre. D'ail» leurs je ne suis ni assez fort ni assez hardi » pour oser résister à l'amour. Puisqu'il veut » faire de moi sa volonté, il me faut le » souffrir de si bonne grace, qu'il m'en » sache gré & se venge avec moins de » rigueur, si jamais je me révolte.

S'onques granz biens dut estre desserviz
Por mal avoir, bien doi merci attendre:
Car j'en sui si meuz & affoibliz
Qu'amorz en puet li plus saiges aprendre.
Si vos en trai la plus béle à garant
De cui james nus vos lise ne chant.
Mais ne sai pas encor certainement
Quel guierredon ele me voudra rendre.

» Si jamais on mérita grand bien pour » avoir eu grand mal, j'obtendrai merci. » Je suis si affaibli, si défait, qu'amour » peut me donner comme la meilleure leçon » vivante de son pouvoir. J'appele à témoin » de l'excès de mes maux la plus belle » qu'on ait jamais célébrée en vers & par » des chansons. Comment m'en recompen» sera-t-elle ? Je ne le sais pas bien encore.

Jamés mes eulx ne fussent assoviz
De regarder sa douce face tendre,
Ses blanches mains, ses doiz lons & traitis,
Qui font amor enflamer & esprendre ;
Ne si beaux braz, ne si gent cors vaillant,
Ne son col blanc, son chief blonc & luisant.
Toute biauté qui sor autre resplant
Est mise en li qu'il n'i a que reprendre.

» Non ? jamais mes yeux ne se rassasie» ront de regarder sa figure douce & tendre, » ses blanches mains, ses doigts longs & » bien filés, dont la vue enflamme d'amour. » On brûle en voyant ses beaux bras, sa » taille gentille, la blancheur de son cou » & le blond luisant de ses cheveux. Toute » la beauté dont brillent les femmes, est » réunie en elle pour la rendre parfaite.

Jamès

Jamès nus chant par moi ne fut oiz;
Portant peust mes cuers de dolor fendre.
Mais or ferai de grant joie esbaudiz,
Por ce qu'amors le vuet à son oes prendre;
Qu'ele voit bien & conoist & entent
Qu'il n'en est plus qui si aint leaument.
Et s'il li prait, por Deu si face tant,
Qu'en ma dame face pitié descendre.

» Jamais on ne m'entendit chanter pour » me plaindre; mon cœur eût-il dû fendre » de douleur. Mais je ferai désormais ravi » de la joie la plus vive, puisqu'amour » veut bien me prendre à son service, puis- » que la beauté que je sers, voit, recon- » noit & sent qu'il n'est pas d'amant plus » loyal que moi. Ah! Amour puissé-je » lui inspirer le besoin de m'aimer comme » je l'aime »!

Il n'est pas difficile de voir que cette chanson est une des premieres du Châtelain.

Elle ne se trouve que dans le manuscrit de Messieurs de Paulmy, de Sainte-Palaye & Clairembaut.

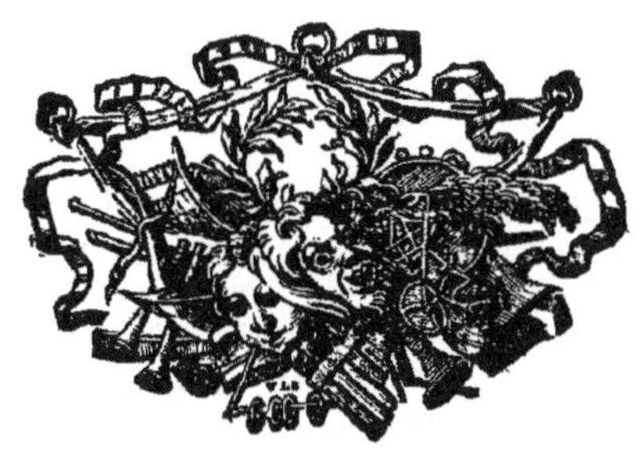

V I.

Li nouviau tems, & Mais, & Violete,
Et Rossignoz mi semont de chanter :
Et mes fins cuers me fait d'une amorette
Si douz présent, que ne l'os refuser.
Or me dont Dex en tele honor monter,
Que cele où j'ai mon cuer & mon penser,
Tienne une fois entre mes bras nuete,
Ainz que j'aille outre mer.

» Le Printems, le mois de Mai, la Vio-
» lete & le Rossignol; tout m'invite à chan-
» ter : & mon cœur sensible me fait d'un
» amour si doux présent, que je n'ose le
» refuser. Dieu veuille donc, qu'avant mon
» voyage d'outremer, je parviene à l'honeur
» de tenir une fois nue entre mes bras, celle
» où j'ai mis mon cœur & mes pensées !

Au comencier la trouvai si doucete,
Qu'onc ne cuidai por li maus endurer;
Mais ses douz vis & sa fresche bouchete,
Et si vair oeil qui sont riant & cler,
M'orent ains pris que m'i puisse donner;
Mais s'or me veut retenir ou quiter
Melz aing à li fallir, si me promete,
Qu'à une autre achever.

» D'abord je la trouvai si douce, que je
» n'imaginai jamais souffrir aucun mal par
» elle; mais son visage attrayant, sa bouche
» fraîche, ses beaux yeux bleus, rians &
» clairs, se sont emparés de mon cœur
» avant que je pusse le donner. Qu'elle
» veuille le garder ou me le rendre, j'aime
» mieux ne pas être heureux avec elle,
» pourvu qu'elle me fasse espérer, que d'être
» heureux avec une autre.

Las! porquoi l'ai de mes eulx regardée,
La douce riens qui fausse amie a non,
Quant de moi rit, & je l'ai tant plorée.
Si doucement ne fu trahis nuls hon.
Tant com fu miens, ne me fist se bien non;
Mes or sui siens, si m'ocit sans réson,
Et c'est por ce que de cuer l'ai amée :
Ne set autre acheson.

» Hélas ! pourquoi l'ai-je vu, ce doux
» objet qui mérite si bien le nom d'ingrate,
» quand elle rit de moi, de moi qui ai
» tant pleuré pour elle ! Nul homme ne
» fut si doucement trahi. Tant que je fus
» maître de mon cœur, elle n'eut pour moi
» que de la bonté : aujourd'hui qu'elle en
» est souveraine maîtresse, elle me fait
» mourir. C'est sans doute pour l'avoir trop
» aimée, du moins n'y sai-je autre raison.

De mil soupirs que je li dois par dete
Ne me veut pas d'un tout seul acquiter;
Ne fausse amors ne veut que s'entremete
De moi laissier dormir & reposer :
S'ele m'ocit moins aura à garder.
Je ne m'en sai vengier fors au plorer;
Car qui amors destruit & deshirete,
L'en ne set où clamer.

» De mille soupirs que je lui dois, elle
» ne me ferait pas grace d'un seul; elle est
» si cruelle qu'elle ne me pardonerait pas
» de reposer & de dormir un seul instant.
» Si je meurs, ce sera un serviteur de
» moins pour elle. Je ne sai m'en venger
» qu'en pleurant; car à qui demander
» justice contre une ingrate, qui anéantit
» l'amour en le privant de ses droits ?

Seur totes joies est cele coronée
Qui d'amors vient. Dex ! i faudrai-je donc !
Oil par Dieu, tels est ma destinée,
Et ce destin m'ont doné li felon.
Si sevent bien qu'il font grant mesprisons;
Car qui ce tolt dont ne puet faire don,
Il en conquiert enemis & mellée,
N'i fait se perdre non.

Le bonheur qui naît d'amour est supé» rieur à tout autre. Dieux ! ne l'obtien» drai-je jamais ? Non, sans doute. Telle » est la destinée où me réduisent les mé» disans; ils savent bien qu'ils me font gran» de injustice : mais quiconque prive un » autre d'un bonheur dont il ne pourait le » faire jouir, s'expose à avoir des ene» mis & des quereles : il ne fait qu'y » perdre.

(a) Si coiement ai ma dolor celée,
Qu'à mon semblant ne le reconnoist-on.
Se ne fussent la gent malheurée,
N'eusse pas sopiré en pur don.
Rendu m'eust amors mon guierredon :
Mais en ce point que dui avoir mon don,
Lors fu m'amors enseignie & mostrée;
Jà n'aient il pardon.

» Je fus toujours si bien le maître de mes » sentimens douloureux, qu'il me semblait » impossible d'en pénétrer le secret. Sans » les médisans, je n'eusse pas soupiré en» vain : l'amour m'eût récompensé. Mais à » l'instant où j'allais être heureux, on » découvrit mon amour, & on le publia. » Puissent les médisans n'obtenir jamais » pardon » !

Probablement le Châtelain ne fit cette chanson que pour faire tomber les bruits qui couraient sur son bonheur; & pour tâcher de tromper, s'il lui était possible, les regards curieux qui s'efforçaient d'éclairer sa conduite.

(a) Ce couplet n'est pas dans le manuscrit de M. le Marquis de Paulmy, mais dans celui du Vatican, dont on trouve une copie chez M. de Ste. Palaye.

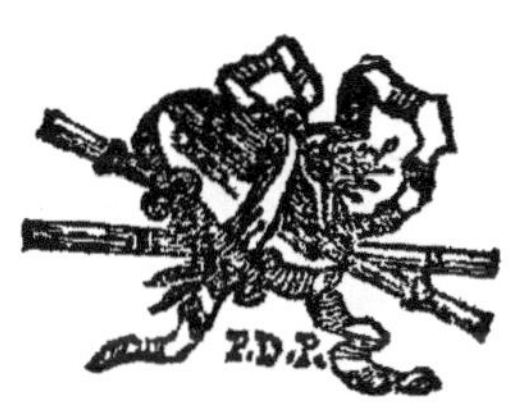

VII.

Par quel forfait & par quel mesprison
M'avés, amor, si de vos esloignié,
Quant de vos n'ai confort ne garison;
& si ne truis qui de moi ait pitié.
A tort m'avez si sanz merci laissié,
C'onques de vos ne me vint se mal non.
N'encor, amors, ne vos aire prochié
Mon servise: mais orc m'en plaing gié,
Et di que mort m'auez sanz achoison.

Bien deussiez, Dame: garder raison
En moi grever, qu'ai servi & proié
Tant longuement en bone entencion.
N'onques un jor ne me fistes lié.
Malement ai mon service emploié,
Se par merci ne veing à guierredon.
Merci, amors, trop m'avez travaillié:
Ne me laissiés ensi desconsoillié
Que ma Dame ne me giet de prison.

Proi vos, ma Dame, par vo très grans valours,
Que vos amés vostre loial ami.
Alegiéz moi mes maux & mes dolours;
Car je suis cil ki mieux vos a servi.
De vos atent guierredon & merci,
Ne ma joie ne puet venir d'alllours;
Et se g'i fail, mors sui & mar vos vi.
Dit ai que fox, ainz m'en teing à gari:
Mais trop vient lent, Dame, vostre secours.

Ne cuidiés pas, Dame, ce soit folours
Se je vos aing & dout, & ser & pri.
Tant ai servi, vostre en sera l'onours
Quant vous m'aurez mon serivse meri.

« Par quel forfait & par quelle injustice, » Amour, éloignez-vous de moi toute con- » solation & tout espoir de guérison? je ne » trouve personne qui ait pitié de moi. C'est » bien à tort que vous me laissez sans merci. » Jamais je n'éprouvai de vous que des » rigueurs. Cependant je ne vous ai point » encore reproché mes services: mais enfin » je m'en plains, & dis que vous me » faites mourir injustement.

» Dame, vous devriez bien être plus mo- » dérée en me grevant; moi qui vous ai si » long-temps servie, & dont l'hommage » est si pur. Jamais je n'obtins de vous le » plus léger adoucissement à mes maux. » J'aurai bien malheureusement employé » mes services, si pour récompense je n'ob- » tiens votre merci. Merci donc, amour, » vous m'avez trop tourmenté; enseignez- » moi du moins le secret d'empêcher que » ma Dame ne me rende ma liberté.

» Dame, aimez votre loyal ami; je vous » en conjure par tout ce qui vous rend ai- » mable. Adoucissez mes maux & mes dou- » leurs. Qui vous a mieux servi que moi? » J'attends de vous merci & récompense; » de vous l'unique principe de mon bon- » heur. Si vous me les refusez, je suis mort; » & ce sera malheureusement que je vous » aurai vue. Mais, que dis-je? non, je ne » mourrai point; cependant vous tardez » trop, Dame, à me secourir.

» Non, ce n'est point une folie de » vous aimer & respecter, de vous servir » & prier. Je vous ai servie si constamment: » m'en récompenser serait une justice qui

De vos proier me dout, & fais hardi :
Qu'en amors a hardemenz & paours.
Ne tout ne coil mon cuer, ne tout nel di ;
Et se je riens par paour i obli,
Vainque pitiez, douce Dame, & amours.

» vous ferait honneur. Je crains & j'ose » tout à la fois vous prier ; tant il est vrai » qu'en amour on est en même temps timide & hardi. Mon cœur ne vous cache » pas tout, mais il ne vous dit pas tout : » & si par timidité j'oublie certaines choses, » douce Dame, qu'amour & pitié vous les » fassent deviner.

Se fins amis destroiz & angoissous
Doit joie avoir por servir leaument ;
Donc doi-je bien par droit estre joioux ;
Car je suis cil qui plus a de torment.
Si vos aim tant, Dame ; finement,
Que je ne puis pour autre estre amouroux :
Et mes chançons fais por vos soulement,
N'onques nul jor ne chantai fausement.
Si me lait Dex, Dame, joir de vous.

» Après de longues souffrances, si un » amant pour avoir été loyal & fidele, doit » enfin être heureux ; j'ai bien droit de » l'être. Qui plus que moi a souffert » pour vous que j'aime si constamment, » qu'il m'est impossible d'être jamais amoureux d'une autre. C'est pour vous seule » que je chante ; & mes chansons furent » toujours l'expression vraie de mes sentimens. A Dieu plaise, douce Dame, » qu'enfin je sois heureux ».

Cette chanson, attribuée au Châtelain de Coucy, dans le manuscrit de M. de Paulmy & de Clérembaut, pourrait bien n'être pas du Châtelain, mais de *Rogier d'Andelys*. Elle est tronquée dans le manuscrit de M. de Paulmy.

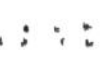

VIII.

Lorſque roſe ne fuille
Ne flour ne voi paroir;
Que n'oi chanter par bruille
Oiſel ne main ne ſoir;
Adonc floriſt mon cuer, à ſon voloir,
En bonne amour qui m'a en ſon povoir
Si qu'ainz n'en poi iſſir.
Et s'il eſt riens qui m'en puiſſe partir:
jamès nel quier ſavoir, ne Dex nel vuille.

« Je ne vois paroître feuilles ni fleurs: » la roſe tarde à éclore. Je n'entends matin » ni ſoir les oiſeaux amoureux chanter dans » les bocages. Cependant, ſemblable à la » fleur qui s'épanouit aux rayons du ſoleil, » mon cœur s'ouvre volontiers à ceux de » la beauté que j'aime. J'en ſuis & ſerai » à jamais l'eſclave. S'il eſt un moyen de » m'affranchir, puiſſai-je l'ignorer toujours! » Dieu veuille le rendre impoſſible!

C'eſt bien droiz que m'enduille,
Quant ma dolor deſir:
Car j'aim plus que je ne ſuille
Ce dont ne puis joir.
Et connois bien que n'i puis avenir;
S'amors ne veint raiſon, je doi faillir;
Ce ſai je bien de voir.
Por Deu, amors, faites-en non chaloir
Metre raiſon tant qu'ele me recuille.

» Le deſir de ma Dame, eſt pour moi » une loi de ſouffrir. Auſſi l'aimai-je plus » que jamais, ſans eſpoir d'être heureux. » Je connais même l'impoſſibilité de par- » venir au bonheur. Si l'amour ne triomphe » de la raiſon, je le ſais; toujours je ſerai » malheureux. Pour Dieu, Amour, fais que » la raiſon ſoit moins écoutée, & que je » ſois mieux accueilli.

Dame, nul mal que j'aie
Ne tieng fors à legier:
Car ſans vos ne porroie
Vivre un ſoul jor entier.
Sans voſtre amor, ne m'a vie meſtier;
Ne je ne vuil tot le ſiegle en muer,
Ou aler à mort vivant.
La! Dame-Dex, ne mi lait vivre tant
Qu'au ſiegle ennui où ma mie verroie.

» Dame, je trouve légers tous les maux » que j'endure pour vous: ſans vous, je ne » pourrais vivre un ſeul jour entier. Si je » n'aimais, que me ſervirait la vie! Je vivrais » un ſiecle que je ne veux point changer; » dût ma vie être une mort continuelle! » Hélas! grand Dieu! me laiſſerais-tu vivre » de façon qu'un ſiecle de vie ſerait un » ſiecle de tourment, même en voyant ma » mie!

Par mainte fois m'effroie
S'amors & fait penſant;
Et adés me ravoie
Et donne cuer joiant.
Enſi me fait vivre meſléement
D'ire & de joie; mais ne ſai s'a talent

» Mainte fois amour m'effraie & me rend » penſif: puis il me raſſure & me rend » joyeux. Ainſi ma vie eſt un mélange de » joie & de triſteſſe. Je ne ſais ſi c'eſt envie » de m'éprouver: mais non; je ſoupçonne » plutôt le deſſein de m'affliger & d'eſſayer

Que me veuille eſprover.
Nenil : eſpoir ains eſt por moi irer,
Por eſſaier ſe por mal recroie.

Mainte longue ſemaine
Trui, quant ſui loing de li :
Le penſant à grant poine,
Sovent les en maudi
Quetant durent. Las ! & je deſir ſi
Revoir celi dont jamès pas n'obli
Les moz ne les ſemblanz :
Ainz mi confort quant en ſuis remenbrant.
Si me delit, quant eſt de moi lointainne.

» ſi ma conſtance à ſouffrir peut-être » laſſée.

» Que les ſemaines me ſemblent longues, » quand je ſuis loin de ma Dame ! Plein » d'une idée ſi triſte, ſouvent je les maudis, » ces ſemaines dont la longueur contrarie le » deſir que j'ai de revoir celle dont je ne puis » oublier l'eſprit & les charmes ! Quand je » me les rappele, ce ſouvenir me ranime : » c'eſt ainſi que je charme l'ennui de ſon » abſence ».

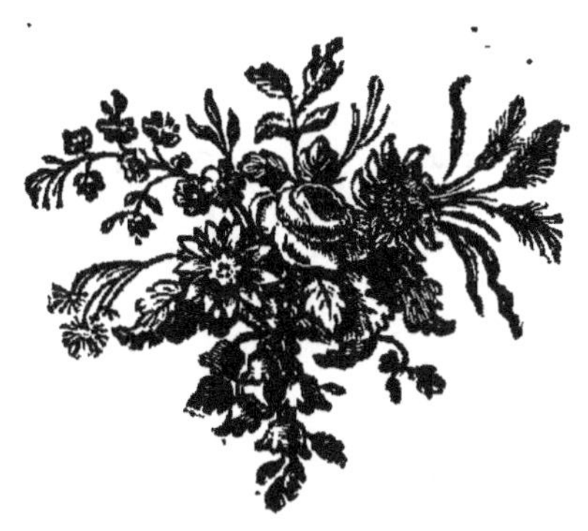

IX.

Je chantasse volentiers liement,
Se j'en trouvasse en mon cuer l'acheson :
Mès je ne puis dire, se je ne ment,
Qu'aie d'amors nule riens se mal non.
Pour ce ne puis fere lie chançon,
Qu'amors le me desensaigne,
Qui veut que j'aime & ne vuet que je tiengne.
Ensi me tient amors en desespoir,
Que ne m'ocit ne me let joie avoir,

« Je chanterais volontiers avec joie, si je trouvais en mon cœur raison de chanter. Mais puis-je, sans mentir, dire qu'en aimant j'aie éprouvé autre chose que peines & chagrins ? Comment donc faire chansons joyeuses ? Amour me les fait oublier; lui qui veut que j'aime & ne veut pas que je sois aimé. Il prolonge ainsi mon désespoir, m'interdisant la mort, comme il m'interdit la joie de ma vie.

Je ne doi pas amors grant mal voloir,
S'à la plus bele du monde mon cuer rente :
C'onques biauté ne fist si son povoir
D'estre avec li si esmetéement,
Comme ele fet de son très biau cors gent,
Que riens qu'à grant biauté tiengne.
Ne truis qu'en li n'en sa façon soffraigne,
Fors qu'un petit li messiet, ce m'est vis,
Ce que trop tient ses euz de moi eschis.

» J'avoue, Amour, qu'on ne doit pas vouloir mourir, pour s'être rendu à la plus Belle du monde. Jamais Beauté ne put si bien qu'elle, par les graces vives & enjouées de toute sa personne, égayer l'ennui de la captivité. Je ne trouve en elle rien que de beau, de parfait. Une seule chose, à mon avis, lui messied un peu; c'est trop de crainte que je ne lise dans ses yeux.

Quant je resgart son debonaire vis,
Et je la pris sanz biau respons avoir,
N'est merveille s'en resgart m'esbahis,
Quant je conois ma mort & sai de voir,
Puisque merci ne m'i daigne valoir,
Ne sai où nul confort praingne;
Car ses orguelz m'ocit & li mehaigne.
Ha ! douce riens cruelz, tant mar vos vi,
Quant pour ma mort nasquites sans merci.

» Quand je regarde sa figure ingénue, & que je prie sans avoir bonne réponse; ce n'est pas merveille si je me trouble. Je vois alors & je sens que je n'ai plus qu'à mourir, puisque merci ne daigne venir à mon secours. Quel peut être mon reconfort ? la fierté de ma Dame, pénible à elle-même, me sera mortelle. Doux & cruel objet ! ah ! que malheureusement je vous connus, vous qui pour causer ma mort, naquîtes sans merci !

Que ferai, Dex ! partirai moi de li,
Ainz que s'amors me parait tout ocis ?
Nenil voir : las ! il ne puet estre ensi,
Qu'amors me tient, & m'a volentiers pris,
Qui a mon cuer en li pour mourir mis.

» Dieu, quel parti prendre ? Romprai-je les liens qui m'attachent à elle, avant que d'avoir senti se rompre tous ceux qui m'attachoient à la vie ? hélas ! non, c'est chose impossible. Amour me retient en

esclavage,

Ne jamès tant me mespraigne,
Que sanz merci ou sanz mort en reviengne :
Qu'assez vueil melz morir en doux desir,
Que vivre iriez, & la vie haïr.

» esclavage, & l'esclavage où il m'a mis, » est volontaire ; j'y dois mourir. Loin de » moi à jamais l'idée d'en sortir sans avoir » obtenu merci ou la mort. J'aime bien » mieux mourir dans une douce espérance, » que de vivre avec le repentir d'une faute » qui me ferait haïr la vie.

Dès que mes cuers ne s'en veut revenir
De vous, Dame, pour cui il m'a guerpi,
Aumosne aurez s'el daigniez retenir ;
Car s'il revient à moi, a il failli.
Pour vostre honour & pour Deu vous en pri,
Que de li pitié vos praigne :
Qu'il n'affiert pas à vous que nus s'en plaingne,
Qu'el mont n'a voir si cruel traison,
Com biau senblant à corage félon.

» Puisque mon cœur ne veut point se » séparer de vous, Dame pour qui il s'est » séparé de moi, ce sera charité, si dai- » gnant le retenir, vous le gardez de faillir » en revenant à moi. Pour Dieu, pour » votre honneur, prenez pitié de lui, je » vous en prie. Non, ce ne sera jamais » de vous qu'on se plaindra, en disant » que rien au monde n'est si cruellement » traître que beau semblant avec cœur félon.

ENVOI.

Dame, coment qu'il m'en preingne,
Merci amors de ce qu'ele me daigne
Tenir à suen : ne jà de sa prison
Ne quiers issir, se mors ou amés non.

» Dame, quelque soit mon sort, je re- » mercie amour de ce qu'il daigne m'agréer » pour son captif. Je ne sortirai jamais de » sa prison que mort ou aimé ».

Cette chanson est aussi attribuée dans le manuscrit du Roi à Hugues de la Ferté ; mais tous les autres la donnent au Châtelain.

X.

Bele Dame me prie de chanter ;
Si est bien droiz que je face chançon.
Je ne m'en sai ne ne puis destorner :
Car n'ai povoir de moi, se par li non.
Elle a mon cuer que jà n'en qier oster ;
Et sai de voir q'il n'i trait se mal non.
Or le doint Diex à droit port arriver ;
Car il s'est mis en mer sans aviron.

« Belle dame me prie de chanter, il est » bien juste que je lui obéisse. Je ne puis » ni ne sais m'en défendre : car je n'ai de » volonté que la sienne. Elle a mon cœur » que je ne cherche point à lui ôter. Je sais » néanmoins qu'il n'éprouve que douleur. » Puisse Dieu le faire arriver à bon port, » car il s'est mis en pleine mer sans aviron.

Preuz & sage, je ne vous os conter
La grant dolor que j'ai, s'en chantant non.
Et sachiez bien, plus n'en orrez parler ;
Car je n'en voi nule droite réson.
J'aim mels ensi souffrir & endurer
Ces très douz max, sans avoir guérison,
Que d'un autre quanqu'on puet demander :
Ce sachiez bien, débonnere au douz non.

» Discret & sage, je n'ose vous dire » qu'en chansons la douleur que j'endure. » C'est même pour la derniere fois que » vous entendez ma plainte. Il me semble » peu raisonnable de la renouveller. Le » doux mal que je souffre, j'aime mieux » l'endurer sans espoir de guérison, que » d'obtenir d'une autre tout ce qu'on peut » demander : soyez-en sûre, vous qui savez » adoucir la rigueur même d'un non.

De ceste amor qui tant me fet péner
Ne voi je pas com je puisse partir :
Car je n'i voi réson de l'eschiver,
Ne n'est pas droiz que j'en doie joïr.
Mès fol desir fet souvent cuer penser
En si haut lieu q'il n'i puet avenir :
Et fine amors si ne doit pas grever
Ceux qui painent tosjors de li servir.

» Je ne vois pas comment je pourrais me » séparer de cet amour, quoiqu'il me tour- » mente. Je ne vois même aucune raison de » le vouloir. Ce n'est pas que je me flate d'en » mériter la récompense ; mais le desir égare » quelquefois un cœur, en le dirigeant vers » un objet qu'il ne peut atteindre. D'ailleurs » l'amour cesse quelquefois d'être contraire » à ceux qui s'efforcent de le servir avec » constance.

S'onques amis ot joie pour amer,
Je sai de voir que n'i doi pas faillir :
Car riens, fors moi, ne porroit endurer
Les granz travaus que j'ai por li servir.
A son plésir me fet plaindre & plorer,
Et souspirer, & veillier sans dormir.
Mès itant fut à moi réconforter,
Que nuit & jor en plorant la remir.

» Si jamais un amant fut récompensé » pour bien aimer, je dois espérer de l'être. » Quel autre que moi pourroit endurer » ce que je souffre depuis que je sers l'amour. » Comme il lui plaît, je me plains, je pleure, » je soupire, je veille toutes les nuits : une » chose au moins me console, c'est que » nuit & jour en pleurant je songe à ce » que j'aime.

Je ne me sai tenir ne conforter
De vos biax cuers servir entierement;
Et quant je plus vous doi merci crier,
Lors vous truis-je cruels si durement
Que jà à moi ne ferez biau semblant;
Ainz les fetes autrui por moi grever.
Mès quant vostre œil me vuelent regarder,
Et je remir le vostre biau cors gent,
Tant sui je hors de paine & de torment.

» Quelque peu consolant que soit l'amour » auquel je me suis voué, je ne puis m'en » affranchir Plus j'acquiers le droit de vous » crier merci, plus je vous trouve de cruauté. » Elle est telle que pour m'affliger, vous » prodiguez aux autres l'accueil favorable » que vous me refusez. Il est vrai que dès » que vos yeux daignent se fixer un instant » sur moi, & que je puis admirer vos grâces, » je ne sens plus ni peines ni tourmens ».

On ne trouve cette chanson que dans les manuscrits de M. de Paulmy, & de Clerambaut.

X I.

Tant ne me sai dementer ne complaindre
Que puisse avoir de ma dolor saloz :
Ne de mon cuer ne puis la flambe estaindre
Dont tante fois me claim dolent & laz.
Cele m'ocit vers qui ne me sai faindre;
Ainz sui tozjors en paine & en porchaz,
Se jà porrai jusqu'à s'amor ataindre.

« J'ai beau me lamenter & me plaindre, » je ne puis trouver de soulagement à ma » douleur. Je ne puis éteindre dans mon » cœur cette flâme dont l'ardeur me fait » pousser des cris douloureusement répétés. » Elle me fait mourir, cette Beauté avec » qui jamais je ne fus feindre; toujours » je suis dans la peine & l'inquiétude de » savoir si je pourrai m'en faire aimer.

Tant faz pour li gréveuse pénitance
Que touzjors sui en plor & en souspir;
Et si set bien que je l'aim sanz doutance.
Tant com li plet me puet fere languir :
Jà par autrui n'i aurai délivrance,
Se n'est par li que tant aim & desir,
Que tout i met mon cuer & m'espérance.

» Ma vie est une vraie pénitence. Pour » elle je pleure & soupire sans cesse. » Elle sait bien pourtant que je l'aime : » comment pourrait-elle en douter ? elle » peut tant qu'il lui plaira me faire lan- » guir : jamais autre ne me guérira, puis- » que je l'aime & desire tant, qu'en elle » seule j'ai mis mes pensées & l'espoir de » ma guérison.

Adès amors me semont & atise
De li amer; mès n'i truis fors dangier.
Et si l'aim tant de fin cuer sanz fanitize,
Que ne me puis tenir de li prier.

» A tout instant amour me presse de l'ai- » mer, & m'y excite; cependant je n'y » trouve que danger. Je l'aime avec tant » de violence & de vérité, que je ne puis

Ne sai se jà l'aurai à moi conquise;
Et ne porquant ce me fet rehétier,
Que l'eve seut percier la pierre bise.

» me tenir de solliciter un tendre retour. » Je ne sais si je pourrai l'attendrir; une » chose pourtant ranime mon espérance, » c'est que *l'eau qui tombe goutte à goutte* » *perce le plus dur rocher*.

Dame, mar vi le cler vis & la face
Où rose & lis florissent chascun jor.
Tant m'esbahis que ne sai que je face,
Quant je regart vostre fresche color,
Et vo douz front qui plus est cler que glace.
Dame, merci; car trop à grant dolor
Muir & languis: vostre pitié le sache.

» Dame, c'est donc pour mon malheur » que je vis cette figure charmante, & ces » joues où fleurissent chaque jour roses & » lis. Quand j'en admire la fraîche couleur » & ce front plus uni que glace, je suis » tellement transporté que je perds l'usage » de ma raison. Dame, je vous crie merci, » je souffre trop : je languis, je meurs, » que votre pitié le sache.

Vainque pitié, douce Dame, droiture;
Ne mi lessiés morir à tel torment.
Tant par vous truis tous tens sauvage & dure
Que m'ocirés, se vous vient à talent:
De vos penser ne puis fere mesure.
Dame, merci; trop me secorrés lent:
Si me merveil con vostre cuers l'endure.

» Dame, que la pitié l'emporte sur le » devoir: ne me laissez pas mourir dans » ce tourment. Je vous trouvai toujours si » farouche & si cruelle! oui vous me fe» rez mourir, si vous le voulez. Je ne » puis me rassasier du plaisir de penser à » vous. Je vous crie merci; vous tardez » trop à me secourir, & je m'étonne que » votre cœur le souffre ».

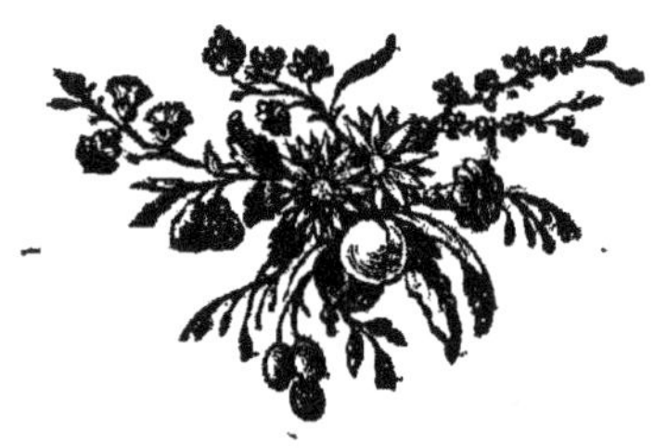

CHANSON XVII.e

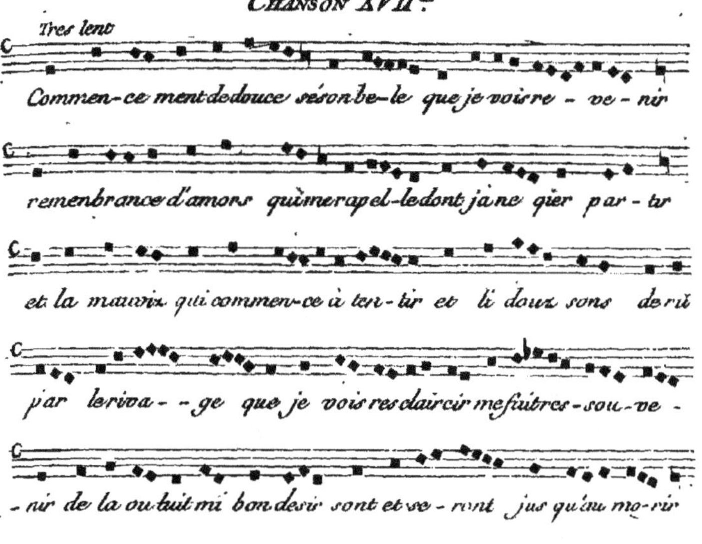

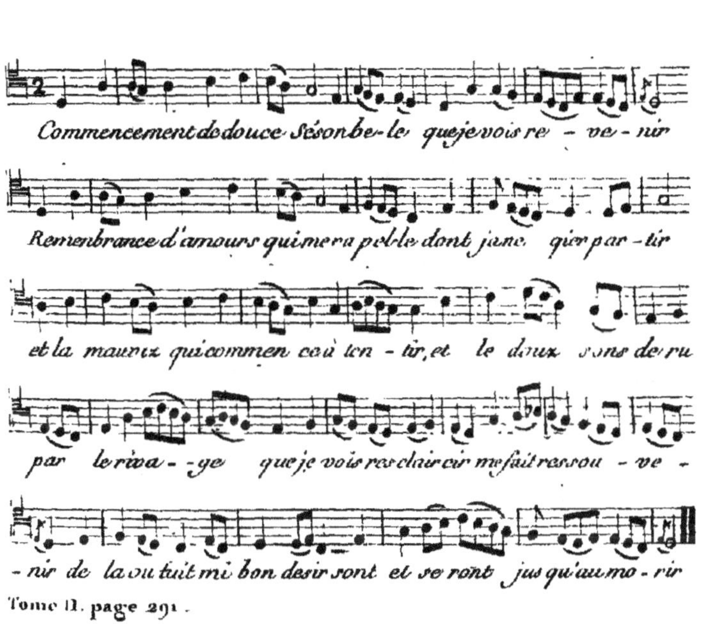

XII.

Quant li Rosignol jolis
Chante seur la flor d'Esté,
Que naist la rose & le lis
Et la rousee el vert pré :
Plains de bone volonté
Chanterai con fins amis,
Mais d'itant sui esbahis
Que j'ai si très haut pensé,
Qu'à paines iert acomplis
Li servirs dont j'atens gré.

» Quand le rossignol joli fait retentir de » ses chants les bocages que l'été pare de » fleurs, quand le lis & la rose se hâtent » d'éclore, & que la rosée tombe en perles » sur la verdure des prés; plein de vo- » lonté amoureuse, je dois chanter comme » loyal amant. Mais une chose me trouble : » j'ai élevé si haut ma pensée, que j'aurai » peine à m'acquitter du service, dont j'at- » tends qu'on me sache gré.

Liement ont entrepris
Ce qui trop m'aura grevé,
Mi fol œil volenteiz
Qui sovent ont esgardé
Là où je n'ai mie osé
Dire que j'estoie quis.
Œil, par vos sui-je trahiz. !
Voir est, mal avez ovré;
Mès or en aiez merci,
Et si vos soit pardonné.

» C'est avec gaieté que mes yeux vo- » lontairement & follement indiscrets ont » entrepris chose dont j'aurai trop raison » d'être fâché. Ils ont souvent regardé l'ob- » jet vers lequel je n'osais dire qu'amour » m'attirait. Vous m'avez trahi mes yeux ; » en vérité, vous en avez mal agi. Mais » vous aurez votre grâce, je vous par- » donne.

Oil, ce est mains que noient,
Je ne vous puis mal vouloir :
Car quant je me reporpenz
Comme ele est bele à veoir,
Souvent me fetes doloir
En ce que trop vous truis lent.
Mès li rassoagemens
Des biens que g'en cuit avoir,
Me fet doubler mes talens
De servir à mon povoir.

» Votre indiscrétion n'est rien moins » qu'impardonnable. Comment vous en » voudrais-je, moi qui ne me rappelle » jamais combien ma Dame est belle à » voir, sans me plaindre de ce que vous » avez été trop lents à l'admirer? Mais » quelles que soient mes plaintes, l'idée des » biens que j'attends d'elle, me soulage & » me fait redoubler d'ardeur pour la servir » à mon pouvoir.

Benois soit li hadimens
Où je pris si boin espoir ;
Car eurs, servirs, & talens
M'i porroit encoir valoir.
Se doi-je molt bien voloir

» Heureuse la hardiesse qui m'inspira » l'espoir de si grand bien ! Bonheur, soins » & savoir faire peuvent encore le réaliser. » Oui, je serai toujours à ma Dame ; je » dois le vouloir, & je le desire. Si j'ai

Ke siens soie; car g'i pens.
Voire, se j'ai tant de sens
C'on ne s'en puist parchevoir.
Encoir venra lieus & tens
De ma très grant joie avoir,

» l'esprit de ne pas laisser appercevoir le » secret de mon cœur, je pourrai (a) *encore* » rencontrer le lieu & le moment favorable » à mon amour.

Se je m'en dueil & souspir
Ne m'en doi pas esmayer :
Tant ne porroie servir
Q'il me poist ennuyer.
N'en donroie le desir
Pour tout l'avoir de souz ciel
Que je ne me voie sésir
De l'amor que j'ai tant chier.

» Si maintenant je soupire & me désole, » je ne puis m'en affliger. Quelque longs » & infructueux que soient mes services, » jamais l'idée ne me viendra de m'en » impatienter : & m'offrît-on tout ce qui » existe sous le ciel, je ne le troquerais pas » avec le simple desir de voir un jour mon » amour couronné ».

Le dernier couplet de cette chanson est de huit vers, & les quatre premiers de dix ; ce qui fait soupçonner que les copistes se sont trompés, ou que ce dernier couplet appartient à une autre chanson.

(a) Il l'avait donc déja rencontré.

XIII.

Quant li Estés & la douce saisons
Fait foille & flors & les prés raverdir,
Et le dols chans des menus oisillons
Fait à pluisors de joie sosvenir;
Las! chacuns cante, & je plore & sospir.
Et si n'est pas droiture ne raisons:
Ains c'est adès tote m'entencions,
Dame, de vos honorer & servir.

« Dans la saison nouvelle, la verdure » des bois & des prairies, le parfum des » fleurs, les doux concerts des oiseaux, ré» veillent dans le cœur des amans heureux » le sentiment de leurs plaisirs. Ils chantent, » hélas! tandis que je pleure & soupire. » Mais quelle raison de m'attrister en cédant » au desir de vous honorer, ma Dame, & » de vous servir? »

Se j'avoie le sens k'ot Salemons,
Si me feroit amors por foll tenir:
Car trop est malle & cruex sa prisons,
Si me le faut essaier & sentir:
Si ne me veult à son eus retenir,
Ne enseingnier quelle est ma garisons.
Car j'ai amé longuement en prudons,
Et amerai tosjours sans repentir.

» J'aurais la sagesse de Salomon, qu'a» mour saurait la changer en folie. Quelque » pesante que soit sa chaîne, il me la faut » traîner malgré moi. Cependant il me » dédaigne pour son esclave, sans m'en» seigner le moyen de recouvrer ma liberté. » Quel remede à mon malheur? j'ai long» tems aimé avec constance: c'est d'aimer » toujours de même, sans m'en repentir.

Merveilles n'ai dont vient ceste oquoisons,
Qu'elle me fait à tel dolor languir.
C'est par ce qu'elle croit les felons,
Les losengiers, que Diex puis maleïr.
Tote lor peine ont mise en moi trair:
Mais ne lour vaut lor mortex traïsons,
Quant le saront quex iert li guerredons,
Dame, de vous qui ainc ne seu mentir.

» Dois-je m'étonner que l'objet de mon » amour s'obstine à me faire ainsi languir » dans la douleur? Elle écoute les médi» sans, ces flatteurs que Dieu puisse mau» dire. La médisance qui s'efforce d'em» poisonner un bonheur que la malignité » seule imagine, sera bien déconcertée, » lorsqu'elle saura que tant de constance » me fut toujours inutile, & qu'elle le saura » de vous, Dame, qui jamais ne mentîtes.

Ainc ne le seue losengier, ne flater,
Ne jà Diex sens ne m'en doinst ne talent;
Mais ma Dame servir & honourer,
Et faire adez à son comandement.
Et saichiés bien, se beau servir ne ment,
Ou li miens cuers ki bien ne puet grever
. . . .
Ara mes mes cuers ki adès s'i atent.

» Jamais je n'eus le talent de tromper » ni de séduire. A Dieu ne plaise que j'en » connaisse l'usage! je ne veux que servir & » honorer ma Dame: sa volonté sera tou» jours ma loi. A vous bien servir, j'éprou» verai sans doute mille peines; mais elles se» ront cheres à mon cœur, s'il peut, sans trop » se flatter, en espérer un jour la récompense.

Se

Se vous daignés ma proiere escouter,	« Douce Dame, daignez écouter ma
Douce Dame, je vous proi & demant	» priere, & permettez-moi l'espoir d'être
Ke vous pensés de moi guerredoner;	» récompensé. Mon unique soin sera dé-
Je penserai de bien servir avant.	» sormais de vous faire agréer mon service;
De tous les maus que j'ai ne m'est noïant,	» si vous voulés m'aimer, tous mes maux
Douce Dame, se me volés amer :	» me deviendront doux. Il ne vous faut
En poi de tens poés guerredoner	» qu'un instant pour réaliser le bonheur
Les biens d'amors ke j'ai atendus tant.	» après lequel j'ai tant soupiré ».

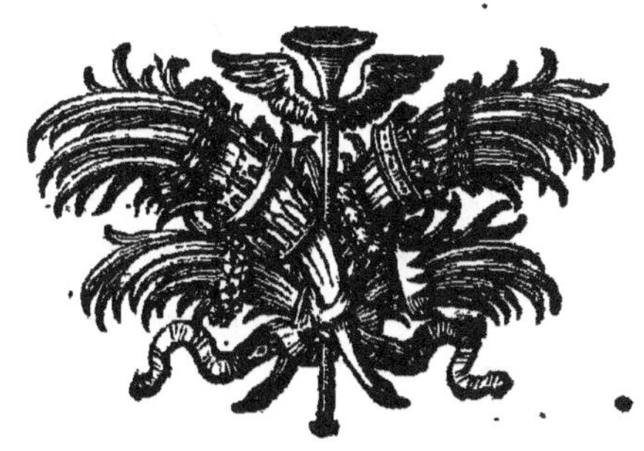

XIV.

En aventuré coumens
Ma daerraine chançon.
Si ne suis lies, ni dolens;
Si ne sai se vive ou non,
Ou se j'ai tort ou raison,
Ou se j'aim, ou c'est noïens.
Mais itex est mes talens,
Que sans nule repentance,
Pens à la millor de France.

Et li très doux pensemens
De sa très bele faiçon,
Me fait renouvellemens
De toute joie sans non:
Mais tant enquierent felon,
Losengier & male gens.
Mais ensi l'ai en porpens,
Ke por mal ne por grévance,
Ne seront ma mésestance.

Ainc n'amai à repentir,
Ne jà ne l'enquier savoir.
Ains ai mis ens li servir
Cuer & cors, force & povoir.
Et s'ele me fait doloir,
Bien me le pora merir;
K'ele a pooir d'accomplir
Mon voloer tote ma vie,
Ma très douce chiere amie.

« Je hasarderai une derniere chanson. » Sans joie comme sans tristesse, je ne sais, » hélas! si je suis vivant ou mort, raisonnable ou déraisonnable, amoureux ou » non amoureux. Mais une chose que je » sais, & qui m'est naturelle; c'est que, » sans m'en repentir jamais, je veux tou» jours penser à la meilleure femme de » France.

» Je pense à sa très belle façon; & ce » très doux penser renouvelle en moi un » sentiment de joie inexprimable. En vain » la gent felonne & curieuse des médisans » s'enquiert malignement de l'état de mon » cœur; elle ne le saura pas. Quelque » malheureux, quelque douloureux qu'il » puisse être, j'ai résolu de lui en dérober » la connaissance.

» Jusqu'aujourd'hui Amour ne m'apprit » à me repentir, & je ne desire pas encore » de l'apprendre. J'ai mis cœur & corps, » force & pouvoir, à servir la Beauté dont » je suis amoureux. Si elle me fait souffrir » des peines, peut-être m'en récompensera- » t-elle! Ma très douce & chere amie » peut bien accomplir mon vouloir: j'es» pérerai toute ma vie.

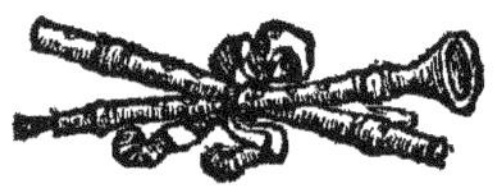

CHANSON XV.e

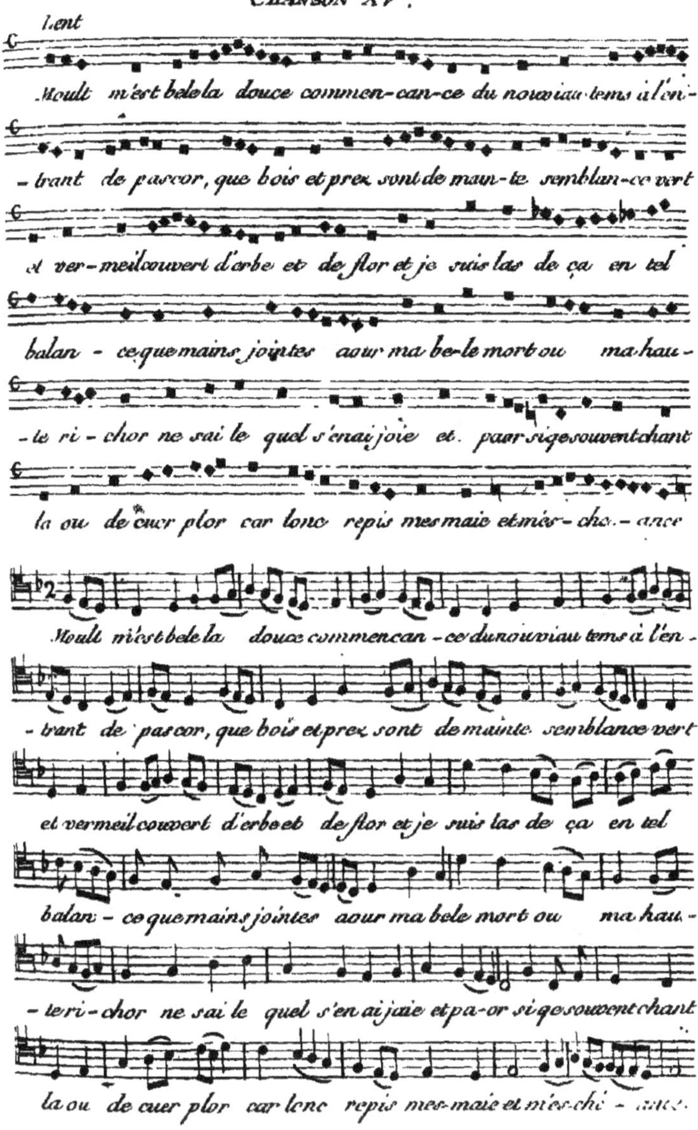
Lent
Moult m'est bele la douce commen-can-ce du nouviau tems a l'en-
-trant de pascor, que bois et prez sont de main-te semblan-ce vert
et ver-meil couvert d'erbe et de flor et je suis las de ça en tel
balan - ce que mains jointes aour ma be-le mort ou ma hau-
-te ri - chor ne sai le quel s'en ai joie et paor si qe souvent chant
la ou de cuer plor car lonc repis mes maie et més-che - ance
Moult m'est bele la douce commencan - ce du nouviau tems à l'en -
- trant de pascor, que bois et prez sont de mainte semblance vert
et vermeil couvert d'erbe et de flor et je suis las de ça en tel
balan - ce que mains jointes aour ma bele mort ou ma hau -
- te ri - chor ne sai le quel s'en ai joie et pa-or si qe souvent chant
la ou de cuer plor car lonc repis mes-maie et més-ché - ance.

XV.

Moult m'est bele la douce coumencance,
Du nouviau tens à l'entrant de Pascor,
Que bois & prez sont de mainte semblance,
Vert & vermeil, couvert d'erbe & de flor!
Et je suis, las! du tout en tel balance,
Qu'à mains jointes aor
Ma bele mort, ou ma haute richor.
Ne sai lequel, s'en ai joie ou paor;
Si qe souvent chant là où de cuer plor;
Car lonc respis m'esmaie & m'eschéance.

Jà de mon cuer n'istra mais la semblance
Dont me conquist, à moz plain de douçour,
Cele cui j'ai tozjors en remenbrance,
Si que mes cuers ne sert d'autre labour.
Ha! franche riens! en cui j'ai ma fiance,
Merci pour vostre honour;
Car s'en vos truis semblant menteour
Vos m'aurés mort à loi de traïtour.
S'en vaudra mout noans vostre valour,
Si m'ociés ensi par decevance.

Las! com ma mort de débonere lance,
S'ensi me let morir à tel dolor!
De ses beaux eulz me vint sans défiance
Ferir au cuer qu'ainz n'i ot autre estor.
Moult volentiers empresisse vengeance,
Par Dieu le criator;
Tel que mil fois la peusse le jor
Ferir au cuer d'autretele savor.
Ne jà certes n'en feisse clamor,
Se j'eusse d'ensinc vengier poissance.

Ne cuidiés pas, Dame, que je récroie
De vous amer, se mort nel me deffent:

« Que je me plais à goûter les douceurs » de la saison nouvelle aux approches de » Pâques : tems où les bois & les prés se pa» tent de verdure & de l'émail des fleurs! » Cependant ce spectacle ne peut charmer » l'ennui de mon ame incertaine. Je de» mande à mains jointes, ou ma mort ou » mon bonheur; & je ne sais quel sera mon » sort. Delà naît mon espoir, ou ma crainte. » Aussi chantai-je souvent lorsque mon cœur » est triste : car une longue attente m'alarme » sur mon sort futur.

» Jamais de mon cœur ne sortira l'image » de celle qui me conquit avec un langage » plein de douceur, de celle à qui je songe » toujours; si bien que c'est l'unique oc» cupation de mon cœur. Ah! franche » créature, en qui j'ai mis tout mon e poir, » pour votre honneur, ayez pitié de votre » amant; car si vous m'eussiez surpris par » un faux semblant, ce seroit en trahison » que vous me feriez mourir; & pareille » action diminuerait votre mérite.

» Hélas! comme je mourrai d'une douce » mort, s'il me faut mourir du trait dont » elle m'a blessé! Ses regards me le lan» cerent au moment où je ne m'en défiois » pas, & avant que je pusse m'en défendre. » Bon Dieu, qu'avec plaisir j'entrepren» drois de me venger, si mille fois le jour » je pouvois faire à son cœur une semblable » blessure! Certes je ne me plaindrais plus, » si je pouvais ainsi me venger.

» Dame, ne pensez pas que je renonce » à vous aimer, si la mort ne m'y con-

Car fin amors tient mon cuer & maistroie,
Qui tout me done à vous entierement.
Si que jou n'ai confort de moi ne joie,
Et qu'il m'avient souvent
Que je m'oubli pensant entre la gent.
Et tel delit ai en mon pensement
De vous, Dame, à qui amors me rent,
Que s'à vous n'ert, jà parler n'enquerroie.

» damne. Un amour constant tient mon » cœur captif & le maîtrise. Il me donne » à vous tout entier; si bien que je n'ai de » moi-même ni consolation ni joie, & que » souvent il m'arrive de m'oublier en rêvant » dans les sociétés : rêverie délicieuse, & » que le plaisir de vous parler, à qui l'a- » mour me soumet, peut seul interrompre.

Ha! franche riens, puisqu'en vostre manoie
Me sui tous mis, trop me secorés lent;
Car nus dons n'est cortois qui trop délaie :
Si s'en esmaie icil qui s'i atent.
Uns petiz bien vaut mieuz, se Dex, me voie
Qu'on fait cortoisement,
Que cent greignor fais ennieusement.
Car qui le suen donne retraiamment,
Son gré en pert : & si coste ausiment
Con à celui qui bonement outroie.

» Ah! franche créature, vous me se- » courez trop lentement; moi qui suis en » votre puissance. Un don trop différé n'est » plus une courtoisie; & celui qui croit y » avoir droit, s'en fâche. Un petit bienfait, » accordé avec courtoisie, (j'en atteste Dieu) » vaut mieux que cent autres plus grands, » faits de mauvaise grace; car celui qui vou- » droit retenir ce qu'il donne, perd son droit » à la reconnaissance; quoique cependant il » lui en coûte autant qu'à celui qui donne » de bonne grace.

ENVOI.

Chançon, va-t-en là où mes cuers t'envoie :
Là troveras, ne l'os dire autrement,
Cuer sanz merci, cors graille, blanc & gent,
Et vis riant & grant biauté veraie.

» Chanson, va-t-en où mon cœur t'en- » voie: là tu trouveras, je n'ose le dire au- » trement, cœur sans merci, corps svelte, » blanc & joli, visage riant, & beauté sans » fard (*a*) ».

(*a*) Ces vers prouvent peut-être qu'on mettait du rouge dès ce tems-là.

XVI.

Quant voi venir le bel tanz & la flour,
Que l'erbe vers resplent aval la prée;
Lors me souvient d'une douce dolour,
Et du douz lieu où mes cuers tent & bée.
S'ai tant de joie, & s'ai tant de douçour
Que partir n'en porroie à nul jour:
Et quant je sui pluz loinz de sa contrée,
Tant est plus près mes cuers & ma pensée.

Voir il n'est riens dont je soie en tristour,
Quand me souvient de la très bele née;
Et si cuit bien que je faiz grand folour,
Quar maintes fois l'ai mult dure trouvée.
Maiz biauz semblanz me remet en vigour:
S'emploïerai moult bien la grant amour
Dont je l'ai tant dedenz mon cuer amée,
Se loïautez m'i laist avoir durée.

Dame, merci, se je suis fins amis;
N'esprouvés pas seur moi vostre venjance:
Car vostre sui & serai à touz dis,
Je non tairai pour mal ne pour grevance.
Se par vos sui de bien amer espris,
Douce Dame, ne m'en doit estre pris;
Et se por vos trai ire ne pesance,
Jà n'en charrai en mauvaise espérance.

Biau sire Dieu! coument porrai avoir
Iceste amour que tant aurai requise?
Jà nel deust ne souffrir ne voloir
La douce riens qui tant est bien aprise,
Puiz qu'ele m'a du tout en son pooir.
Ne me feist si longuement doloir
S'ele seust com s'amors me justise;
Jà ne fausist pitiez ne l'en fust prise.

« A l'aproche du beau tems, à la vue des » fleurs qui émaillent la verdure des prés, » je me souviens avec une douce mélancolie, » du lieu charmant où mon cœur » tend & aspire. Ce souvenir est si doux, » que je m'en occupe sans cesse: plus je » suis loin de ma Dame, plus mon cœur » en est près.

» Non, rien ne m'attriste, quand il » me souvient d'elle. Ce n'est pas qu'y » penser soit chose raisonable; car maintes » fois je l'ai trouvée trop cruelle. Mais » l'image enchanteresse de sa beauté ranime » mon délire. L'ardent amour, dont mon » cœur depuis si long-tems brûle pour elle, » pourra faire mon bonheur, si loyauté » continue d'en nourrir la flamme.

» Dame, je vous crie merci; vous aimer » constamment, seroit-il donc un crime, qui » méritât votre vengeance? Je vous apartiens, & c'est pour la vie; quelles que soient » les peines auxquelles je m'expose. L'amour que vous m'avez inspiré, & dont » je suis si vivement épris, ne me doit pas » rendre plus malheureux: il peut me faire » souffrir, mais non me désespérer.

» Grand Dieu! comment pourrai-je obtenir ce retour que j'ai tant sollicité! une » beauté si heureusement née peut-elle vouloir le malheur de l'amant qu'elle asservit? » Elle abrégerait ma douleur, si elle connoissait le suplice que j'éprouve en l'aimant, & sa pitié l'intéresserait en ma » faveur.

Cette chanson ne se trouve pas dans le manuscrit de M. de Paulmy, & ne se trouve que dans celui du Roi.

CHANSON XVIIE.

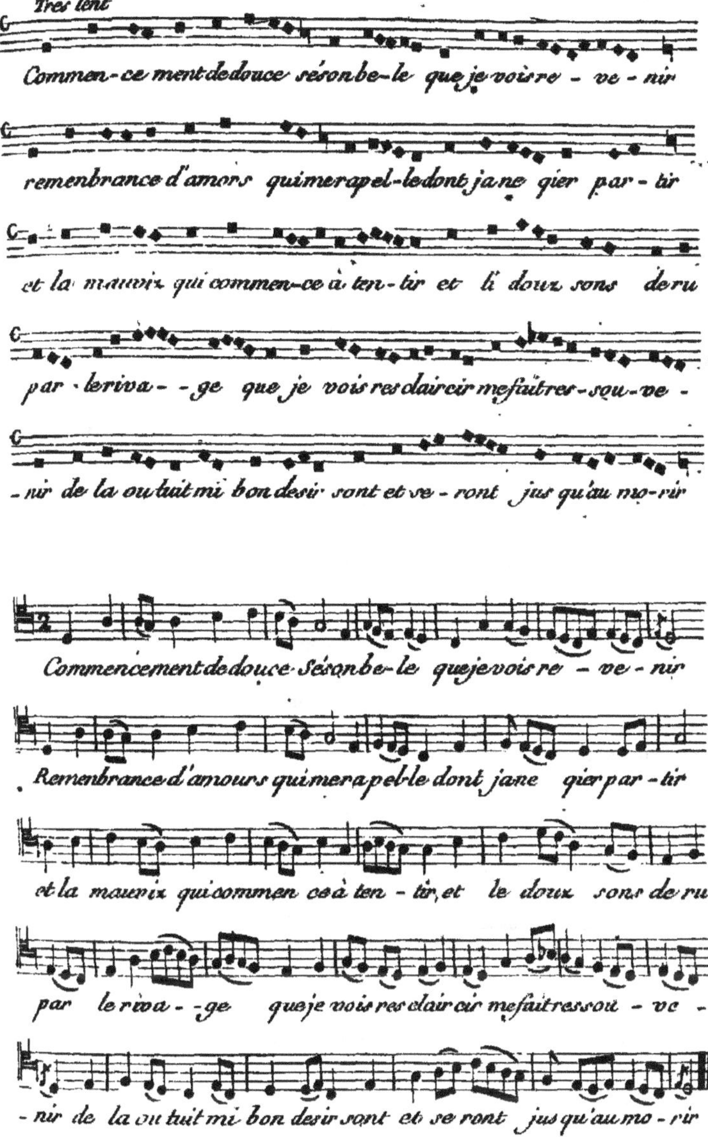

XVII.

Commencement de douce seson bele
Que je voi revenir,
Remenbrance d'amors qui me rapele,
Dont jà ne puis partir,
Et la mauviz qui coumence à tentir,
Et li douz sons dou ruissel de gravele
Que je voi resclaircir,
Me font ressouvenir
De la où tuit mi bon desir
Sont & seront jusqu'au morir.

« Commencement de douce & belle saison dont je vois le retour, souvenir d'amour qui m'attire, & dont je ne puis plus me départir, le chant nouveau de l'alouette, l'agréable murmure du ruisseau qui s'éclaircit en roulant sur le gravier; tout me rappele l'idée de la Dame pour qui sont & seront jusqu'à la mort tous mes vrais desirs.

Touz tens m'est plus amor fresche & novelle,
Quant recort à loisir
Ses eulx, son vis, qui de joie sautele,
Son aler, son venir,
Son biau parler, & son gent contenir,
Son douz regart qui vient d'une estencele
Mon cuer au cors férir,
Sans garde de périr.
Et quant je plus plaing & souspir,
Plus sui joians & plus m'aïr.

» Mon amour pour elle se renouvelle en toute saison, & me semble plus délicieux chaque fois qu'à loisir je pense à ses yeux, à sa physionomie qui pétille de joie, à sa façon d'aller & venir, à son parler gracieux, à son gentil maintien, à son regard doucement étincelant d'un feu qui pénetre jusqu'à mon cœur, & le brûle sans le consumer. Alors plus je me plains & plus je soupire; plus je m'enflamme & plus je jouis du plaisir d'aimer.

Loiaus amors, & fine & droituriere
M'a si en son povoir,
Que ne m'en puis partir ne trere arriere;
Ne je n'en ai voloir.
N'est pas amors dont l'en se puet mouvoir,
Ne cil amis qui en nule maniere
La bée à décevoir:
Dont faz-je bien savoir
Qu'ensemble convient remanoir,
Moi & amors par estouvoir.

» Amour loyal, constant & fidele, exerce sur moi tel empire que je ne peux m'y soustraire. La volonté même est impossible. L'amour dont on peut se dégager, n'est point de l'amour, c'est une tromperie; & qui vise à tromper, est indigne du nom d'ami. Aussi fais-je savoir, que de toute nécessité amour & moi demeurerons engagés l'un à l'autre.

Se li ennuis de la gent malparliere
Ne me feist doloir,
J'eusse bien joie fine & entiere
D'esgarder, de veoir.

» Dame, sans la médisance qui me nuit & me désole, je pourrois bien jouir de la vraie & entiere satisfaction de vous voir & de vous regarder. Mais ce que

Mès ce que n'os por aus ramentevoir,
Conoissiez, Dame, au viz & à la chiere,
Que je n'ox mon voloir
Dire, por percevoir :
Mès bone Dame doit savoir,
Conoissance & merci avoir.

» mes yeux n'osent vous dire, vous le devinez sans doute à mon air & à ma » figure. Le desir que je crains de laisser » appercevoir, doit vous être connu; & » le connaissant, vous devez, si vous êtes » bonne, en avoir merci.

Vos merci-je, ma douce Dame chiere,
Quant vous daigniez voloir,
Et qu'il vos plaît à oir ma proiere
Ensi com je l'espoir.
Mais se pitiez me pooit escheoir,
Granz fust ma joie & peine légiere,
Sanz point de mescheoir :
Mais mout me fait bien voir
Amors, qu'elle vos trait à oir
De moi faire à vostre voloir.

» Je vous remercie, ma douce & chere » Dame, de ce que vous daignez, en » agréant mon desir & en écoutant ma » priere, flatter mon amoureux espoir. S'il » arrivoit que pour moi vous fussiez touchée » de pitié, grande seroit ma joie & toute » peine légere; c'est chose constante. Mais » Amour me fait trop bien voir que vous » n'acceptez un ami que pour en faire » votre esclave.

Chançonete, por voir,
A cele que tant seis valoir
Te feras en Flandres savoir :
Philippe, à mon pooir,
Pri amors que vos lait veoir,
Ce que fins amanz doit avoir.

» Chansonnette, je n'en doute pas; la » Dame, de qui le mérite est tant connu, » voudra bien t'apprendre en Flandres & » te chanter; & vous, Philippe, vous saurez » qu'à mon pouvoir, je prie Amour de vous » laisser voir ce que parfait amant doi » posséder ».

XVIII.

La douce voix du Rosignol sauvage
Qu'oi nuit & jor cointoier & tentir,
Me radoucit mon cuer & rasouage;
Lors ai talent que chant pour esbaudir.
Bien doi chanter, puisqu'il vient à plésir
Celi qui j'ai de cuer fait lige hommage:
Si doi avoir grant joie en mon corage,
S'ele me daigne à son oes retenir.

« La douce voix du Rossignol sauvage » que j'entends nuit & jour s'égayer & » chanter, adoucit les peines de mon cœur » & les soulage. Pour me réjouir, je veux » chanter moi-même. Je le dois, puisque » c'est le plaisir de celle à qui j'ai fait l'hom- » mage lige de mon cœur. J'aurai bien » grande joie, si elle daigne me retenir à » son service.

Onques vers li n'oi faus cuer ne volage,
Si m'en devroit por ce melz avenir.
Ainz l'aim & serf, & aor par usage,
Si ne li os mon penser descouvrir:
Car sa biauté me fet si esbahir,
Que je ne sai devant li nul langage;
Ne regarder n'os son simple visage,
Tant en redout mes eulx à départir.

» Moi, qui n'eus jamais pour elle un » cœur ni faux ni volage, je devrais être » plus heureux. Il m'est si naturel de l'ai- » mer, de la servir & de l'adorer! Ce- » pendant je n'ose lui découvrir ma pen- » sée. Sa beauté me trouble au point » que devant elle je ne sais que dire. » Je n'ose même l'envisager, tant je » crains de ne pouvoir soutenir son re- » gard.

Tant ai en li ferm assis mon corage
Qu'ailleurs ne pens: & Dex m'en doint joïr.
C'onques Tristans, cil qui but le buvrage,
Si coriaument n'ama s'en repentir:
Car g'i met tot cuer, & cors & desir,
Sens & savoir. Ne sai se fas folage;
Ançois me doute qu'en trestout mon aage,
Ne puisse li, ne s'amor deservir.

» Je l'aime d'un amour si constant, que » je ne puis penser qu'à elle. A Dieu ne » plaise que j'en sois aimé! Tristan, même » après avoir bu son fameux breuvage » ne fut pas plus amoureux que moi, & » avec moins de repentir. Car je mets à » l'aimer cœur & corps, raison & senti- » ment. Je ne sais si c'est folie; mais je » doute qu'en toute ma vie, je puisse » mériter d'elle un amoureux retour.

Je ne di pas que je face folage,
Nès se pour li me devoie morir:
Qu'el mont ne truis si bele ne si sage;
Ne nule riens n'est tant à mon plésir.
Mult aim mes euz qui me firent choisir:
Lues que la vi, si lessai en ostage

» Non, ce n'est point folie, dussé-je » mourir pour elle! Je ne trouve au monde » rien de si beau, de si sage, rien qui me » plaise autant. Que je sais bon gré à mes » yeux qui fixerent mon choix. Lorsque » je la vis, je lui laissai mon cœur en

Mon cuer qui puis i a fet lonc estage;
Ne jamès jor ne l'en qier departir.

Chançon va-t-en pour faire mon message
Là où je n'os trestorner ne guenchir:
Que tant redout la male gent ombrage
Qui devinent ains que puist avenir
Le bien d'amors. Dex les puisse maleir!
Qu'à maint amant ont fet ire & outrage;
Mes de ce ai tousjors mal avantage,
Q'il les mestué, sus mon gré obéir.

» ôtage; il y est depuis long-tems, & jamais je ne veux l'en retirer.

» Chanson, sois ma messagere, vois celle que je n'ose approcher d'aucune façon, tant je redoute ces gens ombrageux & malins, qui devinent le bonheur d'un amant avant qu'il soit réalisé. Puisse Dieu les maudire. Ils outragent, ils désespérent maint amant, & tel est mon malheur, que pour eux, je suis obligé de me contraindre ».

Dans cette chanson le Châtelain commence à se plaindre de ce qu'on s'est apperçu de son amour, & qu'on en jase.

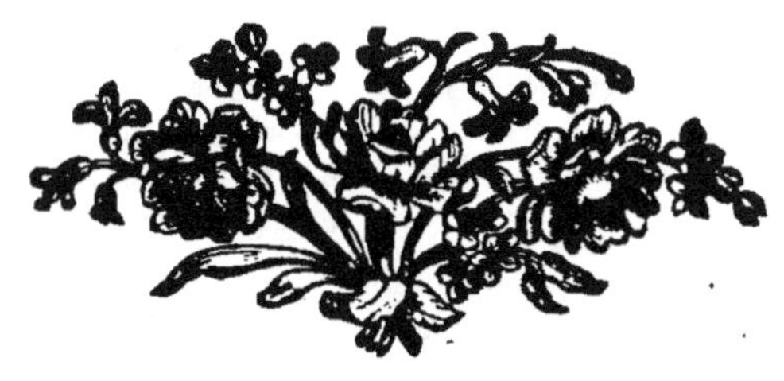

XIX.

Merci clamanz de mon fol errement,
Ferai la fin de mes chançons oïr;
Car trahi m'a & mort à mien escient
Mes jalous cuers cui je doi tant haïr.
Tel mal m'a fait, por le dit d'autre gent;
Tuit sont parti de moi joïous talant:
Et quant joie me faut, bien est raisons,
Qu'avec ma joie faillent mes chançons.

» Merci de mon fol égarement! Je le » déplore en cette chanson, la derniere » que je ferai entendre: mon cœur m'a » trahi: qu'il doit m'être odieux! Je meurs » pour en avoir suivi les jaloux mouve» vemens. Trop prompt à croire les rap» ports, il a causé mon malheur. Aussi » n'ai-je plus talent d'être joyeux. Quand » ma joie finit, il est bien raison qu'avec » elle finissent mes chansons.

Bien sai qu'il est tans, & lieus, & raisons
Qu'à tous les biens du mont doie faillir;
Car porquis l'ai, & moie est l'acoisons;
Et qui mal quiert, il doit bien mal soffrir.
Dex doint que mors en soit mes guerredons,
Ainz que de moi face lies les felons.
Mais por martir vivrai, & por veoir
Ma bele perte, & por plus mal avoir.

» Je sais trop que je dois perdre tous les » biens de la vie: tout me condamne à une » peine que j'ai volontairement encourue. » Qui cherche son malheur, le trouve & » doit le souffrir. Puissé-je, en me rési» gnant à la punition de ma faute, mériter » de Dieu la grace de mourir avant d'avoir » vu la joie des félons! Mais non; je vivrai » pour prolonger mon martyre, pour voir » la Beauté dont j'ai perdu l'amour, pour » sentir des maux plus cruels que la mort.

De pou me sert qui me vuet conforter
D'autrui amer; mieux le voudrait taisir.
Car en mon cuer ne porroie trover,
Que je de li partisse mon desir.
Se ce me fait que me vuille grever,
Puisque s'amor m'a faite comparer,
Tot li pardoing à mon definement;
Et si mes cuers li faut, m'amour li rent.

» Quel service me rend celui qui, pour » me consoler, me dit d'en aimer une autre! » Mieux vaudrait se taire; car je ne pour» rais obtenir de mon cœur la liberté de » changer l'objet de mon desir: objet qui » ne me captive que pour éterniser ma » souffrance. Que j'ai payé bien cher le » plaisir de l'aimer! A l'approche de ma » fin, je lui pardonne tout; & si mon » cœur est coupable d'une faute, mon » amour saura l'expier.

S'ainz nus amanz out de meffait pardon,
Donc me devrait bien par droit tieus tenir;
Car je forfis en bone entençion,
Et bien cuidai que me deust mérir:

» Si jamais on pardonna la faute d'un » amant, on devrait bien pardonner la » mienne. C'est un forfait, je l'avoue; » mais trop d'amour en fut la cause. Mon

Mais ma Dame ne quiert se mal non;
Por ce si hé moi & ma garison;
Et quant mi mal li sont bel & plaisanz,
Por ce me hé & sui mes malvuillanz.

» désespoir me sembla raisonnable, & je » crus mériter quelque pitié. Mais ma » Dame ne se plaît qu'à me voir mal- » heureux : elle me hait pour toujours, & » mon malheur durera autant que sa haine. » Quand elle s'en fait un plaisir, puis-je » en vouloir la fin! Je dois me haïr moi- » même.

As fins amanz pri qu'il dient le voir;
Liquelx doit mieuz par droit d'amors joïr;
Ou cil qui aime de cuer, à son pooir,
Et ne s'i set mie très bien covrir;
Ou cil qui prie sans cuer, por decevoir,
Et bien s'i set garder par son savoir.
Dites amanz, qui vaut mieuz par raison,
Leaus folie, ou sage trahison.

» O! vous, loyaux amans, parlez vrai, » je vous prie. Lequel a plus de droit aux » faveurs d'amour; ou de celui qui aimant » avec franchise & de tout son pouvoir, » ignore l'art de maîtriser les mouvemens » de son cœur, ou de celui qui, savant » en ce même art, ne feint d'aimer qu'au- » tant qu'il faut pour séduire. Dites amans : » une franchise imprudente ne vaut-elle pas » mieux qu'une sage trahison? »

Il paraît par cette chanson que le Châtelain n'avait pu contenir un mouvement de jalousie mal fondée, qui avait causé une légere tracasserie entre lui & sa Dame.

X X.

A la douçor du tens qui raverdoie,
Chantent oisel & floriffent vergier :
Mès je ne sai dont resjoïr me doie,
Quant à merci fail, quant plus je la quier.
Je chanterai sanz joie & sanz proier,
Que ma mort voi, ne faillir n'i porroie,
Puis qu'amors veut que contre moi la croie.

« La douceur de la saison où la verdure se renouvelle, fait chanter les oiseaux » & fleurir les vergers. Pour moi, qui » plus je demande merci, moins je l'es- » pere ; je ne sais chose dont je doive me » réjouir. Je chanterai néanmoins sans être » joyeux ; & n'essayerai point d'éloigner » par des prieres une mort que je vois » inévitable. Puisqu'amour le veut, je m'y » condamne moi-même.

Dex ! qu'a Amors qui touz les siens guerroie,
Ceus qu'ele puet grever ne mestroïer :
Li biax semblans qu'en ma Dame trouvoie,
M'a trop grevé, n'ainc ne mi vout aidier.
Cele mi fu cruels à l'acointier ;
Je sai de voir qu'à son tort me m'estroie :
Si me convient qu'à sa volenté soie.

» Dieu ! faut-il toujours être en guerre » avec l'amour ? Ne se rend-il donc maître » d'un cœur que pour s'en faire le tyran ? » Le beau semblant de ma Dame a causé » mon malheur. Il est sans-remede, puis- » qu'en la connaissant mieux, je l'ai trouvée » cruelle. Je sais qu'elle a tort de me traiter » en esclave : mais elle le veut, & je dois » me soumettre.

Puisqu'ensi est qu'à li ne puis contendre,
Ou vueille ou non, servir la me convient.
Qui cuide avoir grant joie por atendre,
Bien doit servir ; mès cil qui faillir crient
Est si destroiz, quant secors ne li vient ;
Mès je ne puis moi ne mon cuer défendre
De plus amer, qu'amors ne me veut rendre.

» Puisque je ne peux m'opposer à sa vo- » lonté, il faut que bon gré malgré je sois » son esclave. Qui croit à la récompense » de ses longs services, doit servir de tout » son cœur : mais qui craint de la man- » quer, perd courage, si elle est trop » retardée ; hélas ! comment ne plus ai- » mer ? Je ne puis m'en défendre ; encore » moins mon cœur qu'amour ne veut pas » dégager.

Grand péchié fet qui son homme veut prendre
Par biau semblant monstrer tant q'il le tient :
Ensi me fit ma Dame à li entendre,
Dont or me fet tel cuidier se devient
Qui en veillant faut & en dormant vient ;

» C'est grand péché de ne montrer beau » semblant à un homme que jusqu'à ce qu'il » soit retenu dans le piege auquel on vou- » lait le prendre. Tel fut l'artifice de ma » Dame, pour m'attirer à elle & exciter

S'en nest l'amor & croist qui jà n'iert mendre,
Dont el me fet & flamber & esprendre.

» en moi un espoir qui, en veillant, s'a-» néantit & renaît en dormant. Ainsi se » nourrit & se fortifie un amour qui ja-» mais ne s'affaiblira : ainsi s'accroît la » flamme dont je suis épris.

Je ne tieng pas l'amor à droit partie
Dont il convient morir en trop amer :
Si me couvient qu'en morant chante & rie,
Et faz senblant de ma joie cuidier.
Amors me dit qu'ensi doi endurer,
Mort espérant & en atendant vie.
Morir en puis, mès ne sai que g'en die.

» Je tiens qu'il est contre tout droit de » prétendre que, pour trop aimer, il faille » mourir. Est-ce un devoir en mourant, » de chanter, de rire, de feindre qu'on » ne pense qu'à la joie? Amour me dit » que je dois ainsi braver la mort, sans » désespérer de ma vie. Mourrai-je? Je ne » sais plus trop qu'en dire.

Dame, valour, beauté & cortoisie
A tant en vos qu'on n'i sai qu'amender;
S'auvec ces biens acuilliez félonie,
Par achoison de vostre ami grever,
Vostre fin cuer en feriez blasmer,
Qui vostre sui en vostre seignorie,
En vostre amour qui donra mort ou vie.

» Dame, vous en qui l'on ne peut desirer » plus de courtoisie & de beauté, plus de » qualités estimables, si vous joigniez à » ces mêmes qualités la volonté de rendre » votre ami malheureux, ce serait félonie. » On vous en blâmerait, parce qu'amour » vous a fait ma souveraine, avec pouvoir » de me donner la mort ou la vie.

Li cuens de Blois devroit bien mercier
Force d'amours qui li dona amie.
Amer pot-il; mès il n'en morut mie.

» Le Comte de Blois devrait bien re-» mercier Amour, qui pour lui força le » cœur de sa Mie. Il a aimé : mais il n'en » est pas mort ».

Le manuscrit de Clairambaut donne cette chanson à Blondeau de Nesle; & celui de Noailles, au Châtelain.

Le Comte de Blois, dont il est parlé, était Thibault I, dit le Bon; Comte de Blois & de Chartres, dernier Grand-Sénéchal de France en 1153, qui fut tué au siege d'Acre en 1191. L'office de Sénéchal fut supprimé à sa mort. Le Connétable & le Grand-Maître partagerent les fonctions de cette charge.

XXI. (a)

A vous, amans, plus qu'à nul autre gent,
Est bien raison que ma dolor complaingne,
Quant il m'estuet partir outréement,
Et dessevrer de ma loyal compaingne :
Et se la pert, n'est rien qui me remaingne.
Et sachiés bien, Amours, certainement,
Si nus morut por avoir cuer dolent,
Jamès par moi n'iert leus vers ni lais,

« Amans, il est bien raison que, de » préférence à tous autres, vous soyez les » confidens de ma douleur & de mes plain» tes ; quand pour aller outre-mer, il faut » me séparer de ma loyale compagne. En » la perdant, je perds tout au monde. Sa» che, Amour, que si jamais homme mourut » de douleur, on n'entendra plus de moi » lais ni chansons.

Beau sire Dex ! que iert donc, & coment
Iert tex la fins qu'il m'estuet congié prendre ?
Oil, par Deu ; ne puet estre autrement :
Aler m'estuet morir en terre estrange.
Or ne cuit nus que granz duel me souffraingne,
Quant de li n'ai confort ne garison,
Ne de nule autre avoir joie n'atent.
Fors que de li ? ne sai se c'iert jamès.

» Bon Dieu ! que faire ? Cette séparation » est-elle donc une nécessité à laquelle je » doive enfin obéir ? Oui, sans doute : il » faut que j'aille loin de ma compagne » mourir en terre étrangere. Qu'on ne croie » pas que mourir soit chose si douloureuse » pour moi, de qui elle voit le tourment » sans le soulager, pour moi qui d'elle seule » espere toute ma joie ; espérance que peut» être elle ne réalisera jamais.

Beau sire Dex ! que iert du désirrer,
Du douz solaz & de la compagnie,
Et de l'amour que me soloit mostrer
Cele qui m'ert & compaigne & amie ?
Et quant recort sa simple cortoisie,
Et les douz moz dont suet à moi parler ;
Comment me puet li cuer au cors durer !
Quant ne me part, certes moult est mauvès.

» Bon Dieu ! comment vivre sans les » desirs qu'inspire la présence de ma com» pagne & amie, sans le plaisir consolant » d'être avec elle, sans les douceurs de son » amitié. Quand je songe que je ne verrai » plus la maniere simple & affable dont » elle m'accueille, que je n'entendrai plus » le ton flatteur dont elle me parle, com» ment mon cœur n'abandonne-t-il pas » mon corps. C'est bien mal à lui de ne » vouloir pas s'en séparer.

Ne me veut Dex pas por noïant doner
Trestous les biens q'ai eus en ma vie ;

» Je le vois : Dieu ne veut pas que j'aie » pour rien tous les biens dont j'ai joui en

---

(a) Les huitiemes vers de chaques couplets riment ensemble.

Ainz les me fet chierement comperer,
Quant il m'estuet départir de ma mie.
Merci li cri qu'ainz ne fis vilanie;
Car vilain fet bone amor desevrer.
Ne de mon cuer ne puis s'amor oster;
Si me convient que je ma Mie lès.

» ma mie. Qu'il me les fait chérement » payer, en exigeant que je m'éloigne de » celle que j'aime! Je lui crie merci pour » un amour dont il devrait permettre les » douceurs à qui fut toujours honnête. Qui » ne l'est pas, mérite seul d'en être sévré. » Hélas! je ne puis l'arracher de mon » cœur cet amour; & il faut m'arracher » de ma Mie!

(a) Or sont tout lie li fol losengeour
Que il pesoit des biens qu'en avoie.
Jà pelerins de ce n'iere à sejour,
Que jà vers eulz bonne volenté aie.
Se je puis bien perdre toute ma joie,
Que tant mal m'ont fait li traïtour.
Se Diex volait que eussent mal jour,
M'ame poroit charger plus pesant fais.

» Quelle joie pour les envieux à qui » mon bonheur faisait peine! mon pèleri- » nage finirait, que je ne finirais pas de leur » en vouloir. Il est possible que pour moi » tout bonheur soit perdu: ils m'ont fait » tant de mal, les traîtres. Oui, si Dieu » voulait me venger d'eux, s'ils éprou- » vaient des malheurs, le mien, fût-il en- » core plus accablant, me deviendrait sup- » portable.

Je m'en vois, Dame: à Dieu le créatour
Vous commant-je, en quel lieu que je sois.
Je ne sai mès si verrez mon retour,
Et si ne cuit que jamès nous revoie.
Mès je vous prie que où que mes cuers traie,
Que nos convens vous me teigniés.
Si prie Dieu qu'aussi m'envoit honnour
Com je vous ai esté amis & vrais.

» Je pars, ma Dame. En quelque lieu » que je sois, je vous recommande à Dieu » notre créateur. Incertain de mon retour, » j'ignore si vous me reverrez, si je vous » reverrai. Mais vous savez nos conven- » tions; par-tout où je serai, mon cœur les » réclamera: je vous prie d'y être fidelle. » Je prie aussi Dieu d'égaler la gloire que » j'acquerrai, à la vérité de l'amour que » j'ai eu pour vous.

. . . . Va, chançon, si t'en proie,
Que je m'en vois servir nostre Seignour:
Et sachiez bien, Dame de grant valour,
Si je revieng, que pour vous servir vois.

» Chanson, je t'en prie, presse-toi d'aller » annoncer que je pars pour le service de » notre Seigneur: & vous, Dame de rare » mérite, souvenez-vous, si j'en reviens, » que c'est pour vous que je suis parti ».

(a) Ce couplet & l'envoi ne sont que dans le manuscrit du Roman.

XXII.

Ahi! amors, com dure départie
Me convendra fere pour la meillor
Qui onques fust amée ne servie!
Dex me ramaint à li, par sa douçor
Si voirement com g'en part à dolor.
Dex! q'ai-je dit? Jà ne m'en part-je mie.
Ainz va mes cors servir notre Seignor,
Mes cuers remaint du tout en sa baillie.

Pour li m'en vois sospirant en Surie;
Car nus ne doit faillir son Criator.
Qui li faudra à cest besoin d'aïe,
Sachiez de voir qu'il faudra à greignor.
Et sachiez bien li grand & li menor
Que là doit-on fere chevalerie;
C'on i conquiert Paradis & honor,
Et pris, & lox, & l'amor de sa Mie.

Qui ci ne veut avoir vie honteuse,
S'aille morir pour Dieu liez & joïeus:
Car ceste mors est bone & glorieuse,
Qu'en i conquiert le raigne glorieus.
Ne jà de mort n'en i morra un seus;
Ainz nestront tuit en vie glorieuse.
Je n'i sai plus qui ne fust amoreus,
Trop fust la voie & bone & deliteuse.

Dex est assis en son saint héritage:
Ore i parra comme cil le secorront
Que il geta de la prison honbrage,
Quant il fut mis en la croix que Turc ont.
Bien sont honi tuit cil qui remanront,
Se nes retient pouretez ou malage:
Et cil qui riche & sain & fort seront
N'i puent pas demorer sans hontage.

« Hélas! amour, qu'il est cruel de se séparer » de la meilleure femme qui fut jamais ai» mée & servie! Puisse Dieu, par sa bonté, » me ramener auprès d'elle avec un plaisir » égal à la douleur que j'éprouve en m'en » séparant. Dieu, qu'ai-je dit? Je ne m'en » sépare point. Mon corps va servir le Sei» gneur, mais mon cœur demeure tout en» tier près d'elle.

» Soupirant pour elle, je m'en vais en » Syrie. On ne doit pas manquer à son » Créateur. Qui manquerait à le secourir » dans ce besoin, lui manquerait sans doute » dans un besoin plus pressant. Sachez tous » que c'est là où l'on doit se signaler par » mille exploits de Chevalerie. On y gagne » paradis, honneur, gloire, louange, & » l'amour de sa Mie.

» Que celui qui craint de vivre avec » honte, aille mourir avec joie pour son » Dieu. Quelle mort plus belle & plus » glorieuse! Le royaume des cieux en est » la récompense. Que dis-je? ce n'est point » une mort. Mourir ainsi, c'est naître pour » la gloire, c'est commencer à vivre. Ah! » sans l'amour, que ce voyage aurait de » charmes!

» Dieu est assiégé dans son saint héritage: » Il s'agit de voir comment le secoureront » ceux qu'il a racheté de l'enfer, en mou» rant sur la croix que les Turcs profanent. » Honte, déshoneur, à quiconque, sans » raison de maladie ou de pauvreté, ne » vole pas à son secours. Voilà le partage » de ceux qui demeureront.

Tuit li clergié & li honme d'aage
Qui en aumosnes & en bienfet meinront,
Partiront tuit à cest pélérinage,
Et les Dames qui chastée tenront,
Se loïauté font à ceux qui i vont.
Et s'eles font par mal conseil folage,
A lasches gens mauveses le feront;
Car tuit li bon s'en vont en cest voyage.

« Les prêtres, les vieillards qui y con-
» tribueront par leurs aumônes & leurs
» bienfaits; les femmes, qui malgré l'ab-
» sence, garderont fidélité à leurs amans,
» partageront la gloire de cette pieuse ex-
» pédition. S'il en était d'assez folles pour
» devenir infidelles, elles ne le seraient que
» pour des lâches : tous les braves cheva-
» liers sont du voyage ».

M. de la Ravalliere cite cette chanson comme semblable à-peu-près à celle du Roi de Navarre, commençant ainsi :

« Signor, saciez, ki or ne s'en ira
» En cele terre, û Diex fu mors & vis, &c.

Il la donne à Raoul II de Coucy, tué à la Massoure, & la prétend imitée du Roi de Navarre; mais le Châtelain de Coucy qui en était le véritable auteur, étant mort en 1191, c'est le Roi de Navarre qui a été l'imitateur.

Le manuscrit du Vatican la donne au *Comte de Béthune*; mais il se trompe visiblement. Cette chanson est absolument du même style que celles du Châtelain, & sa passion y perce, malgré ce qu'il croit devoir à Dieu.

XXIII.

S'onques nus hons gour dure départie
Ot cuer dolent, je l'aurai par réson :
Onques turtre qui pert son conpaignon
Ne remest jor de moi plus esbahie.
Chascun pleure sa terre & son païs,
Quant il se part de ses coriax amis :
Mès nul partir sachiez, queque nus die,
N'est dolereuz que d'ami & d'amie.

Se je sçusse autretant à l'enprendre
Que li congiez me tormentast ensi,
J'eusse mise m'ame en vostre merci,
S'alasse à Dieu graces & merciz rendre
De ce que ainz souffristes à nul jor,
Que je fusse baanz à vostre amor.
Mès je me tieng apaiez à l'atendre,
Puisque chascun vous aime si sanz prendre.

Li remenoir m'a mis en la folie
Dont je m'iere gardez mainte séson.
D'aler à li ore ai qui l'acheson
Dont je morrai; & se ne muir, ma vie
Vaudra bien mort : car cil qui a apris
A estre liez, renvoisiez & jolis,
A assez pis, quand sa joie est faillie,
Que s'il moroit tout à une hasehie.

Un confort voi en vostre déservrance,
Que je n'aurai à Dieu que reprochier.
Mès quant pour li me convient vous lessier,
Onques ne vi si dure déservrance.
Car cil qui voit tele amor déservrer,
Et n'a povoir q'il puisse recouvrer,
A assez plus de duel & de pesance,
Que n'auroit jà li Rois s'il perdoit France.

« Si jamais homme, au moment d'une » séparation cruelle, eut le cœur navré de » douleur, je l'aurai à bien juste raison. » Jamais tourterelle qui perd son tourte- » reau, ne fut plus désolée que moi. On » pleure, on regrette son héritage & son » pays, quand il faut dire adieu à ses » amis de cœur : mais sachez qu'il n'est » adieu, quoiqu'on dise, vraiment dou- » loureux que celui d'ami & d'amie.

» Lors de mon entreprise, si j'eusse su » tant souffrir en prenant congé, Dame, » j'aurais mis mon ame en votre merci, & » serais parti rendant graces à Dieu de ce » que vous ne m'aviez jamais permis d'as- » pirer à votre amour. Enfin, je l'ai cette » permission, & je m'en contente, puisque » c'est en desirant sans jouir, que chacun » vous aime.

» En restant, j'ai fait la folie dont je » m'étais si long-tems gardé. J'ai cherché » l'occasion d'aller vous voir, & je vous » ai vue. J'en mourrai, ou si je n'en meurs » pas, ma vie sera une mort véritable. » Pour qui fut toujours d'humeur gaillarde » & enjouée, perdre la joie & la gaîté » est pis que recevoir le coup de la mort.

» Ma seule consolation, en me séparant » de vous, est de n'avoir rien à reprocher à » Dieu, qui voit mon amour avec indulgence. » Mais quand il me faut vous laisser pour » lui, est-il un devoir aussi rigoureux ? Qui » se voit séparé de l'objet de son amour, » sans la possibilité de s'y réunir, éprouve » une peine plus accablante que ne serait » celle du Roi, s'il perdait son royaume de » France.

Pardieu, amors, tout ſui hors de balance :
Partir m'eſtuet de vous ſanz demorer.
Tant en ai fet que ne puis plus durer.
Et s'il ne fuſt de remenoir viltance
Et reproche, j'allaſſe demander
A ma Dame congié de retorner :
Mès elle eſt, voir, de ſi très grant vaillance,
Qu'à ſon ami ne doit faire faillance.

» Amour, je n'ai plus à balancer ; il » faut partir. J'ai tant fait, qu'un plus long » délai m'eſt impoſſible. Si ce n'était la » crainte de m'avilir en reſtant, & de m'at» tirer un reproche, j'irais demander à ma » Dame la permiſſion de retourner (*a*) ſur » mes pas. Mais la nobleſſe des ſentimens » qu'on priſe en elle, s'oppoſe à une com» plaiſance qui la ferait manquer à ſon » ami ».

(*a*) Que veut dire cette permiſſion de *retourner* qu'il ſerait tenté de demander à ſa Dame ? Eſt-ce la permiſſion de ne point partir & de renoncer à ſon vœu, ou celle de revenir en Europe après quelque tems, & de ne point reſter dans la Paleſtine juſqu'à la mort, comme s'y engageaient certains croiſés.

Il paraît par ce dernier couplet, 1°. que cette chanſon eſt la derniere de toutes celles du Châtelain, & qu'elle fut faite au moment qu'il allait monter à cheval ; 2°. que ſa maîtreſſe ne demeurait point auprès de lui, puiſqu'il craignait qu'on ne lui fît un reproche d'aller lui demander une permiſſion ; ce qui n'eût point retardé ſon départ, ſi le château de la Dame n'eût été qu'à une ou deux lieues du ſien. 3°. Enfin, que le Châtelain avait probablement obtenu les faveurs de ſa belle. Il ſemble au moins l'indiquer dans ces deux vers, où il ſe repoſe ſur l'eſtime qu'elle lui a inſpiré pour croire qu'elle ſera fidelle.

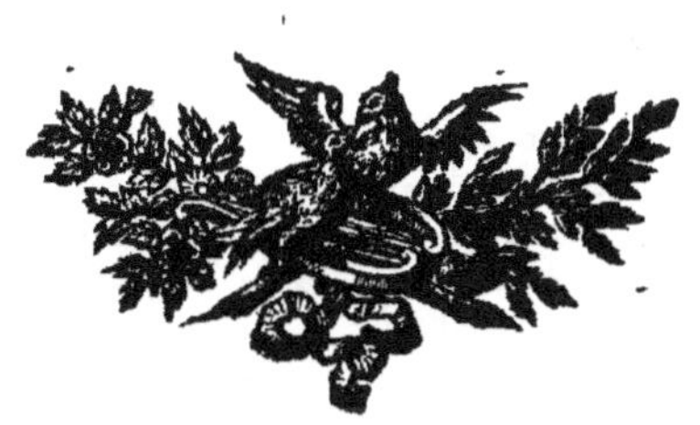

XXIV.

Chanson anonyme (a).

Li Chastelains de Couci ama tant,
Qu'ainz por amors nus n'en ot dolor graindre :
Por ce ferai ma complainte en son chant,
Que ne cuit pas que la moie soit maindre.
La mort mi fet regreter & conplaindre
Vostre cler vis, bele, & vostre cors gent.
Morte vos ont frere & mere & parent,
Par un très fol désevrement mauvès.

« Tant aima le Châtelain de Coucy, que » pour aimer, on n'éprouva jamais douleur » plus grande. Je ne crois pas moindre la » mienne. Aussi prendrai-je son ton dans » ma complainte. La mort, ô ma belle, me » fait regretter votre figure jolie, votre » gentil corsage. Mere, frere, parens vous » ont fait mourir, en s'obstinant méchamment à notre séparation.

Por qui ferai mès ne chançon ne chant,
Quant je ne bé à nule amor ataindre ?
Ne jamès jor ne quier en mon vivant
M'ire & mon duel, & ma dolor refraindre.
Car venist or la mort por moi destraindre !
Si que morir m'esteut maintenant ;
C'onques mès hom n'ot un mal si très grant,
Ne de dolor au cuer si pesant fais.

» Pour qui ferais-je encore airs & chansons, quand je n'aspire plus au bonheur » d'être aimé ? Je ne veux de ma vie affaiblir » le sentiment de ma colere & de ma douleur. Que la mort ne vient-elle me saisir » de façon qu'à l'instant je meure. Non, » jamais homme n'eut mal aussi grand, » affliction aussi accablante.

Mult ai veu & mult ai esprouvé
Mainte merveille eue & endurée :
Mès ceste m'a le cors si aterré,
Que je ne puis avoir longue durée.
Or maudirai ma male destinée,
Quant j'ai perdu le gent cors acesmé,
Où tant avait de sens & de bonté ;
Qui valait melz que le roïaume d'Ais.

» J'ai vu, j'ai senti, j'ai enduré peines » merveilleuses. Mais ce dernier coup m'a » si fort aterré, qu'il est impossible que j'en » releve. Je ne peux y survivre long tems. » Maudite soit ma destinée, quand je songe » que j'ai perdu créature si gentille, si » sensée, si bonne, & valant mieux pour moi » que le royaume d'Ais (peut-être d'Asie).

Je departi de li outre mon gré :
C'estoit la riens dont je plus me doloie.
Ore a la mort le départ conformé ;
A touzjors mès c'est ce qui me tout joie.
Nule dolor ne se prent à la moie :
Car je sai bien, jamès ne la verré.

» Je me séparai d'elle bien malgré moi. » Cette séparation, plus douloureuse pour » moi que chose au monde, la mort l'a » rendue éternelle. Aussi la joie m'est-elle » à jamais ravie. Il n'est douleur comparable à la mienne. Je ne la verrai plus,

(a) Le dernier vers de tous les couplets est sur une rime particuliere, & ces vers riment entr'eux, sans rimer avec ceux du couplet.

Hélas! chétif, où iré? que feré?	» je le fais. Malheureux que je suis! hélas!
S'or ne me muir, je vivrai touzjors mais.	» où aller? Que faire? Si je ne meurs pas
	» à présent, je ne mourrai donc jamais?
Pardieu, amors, je ne vos pris noïent,	» Oui, amour, je ne vous prise rien.
Car morte est cel pour qui je vous prisoie:	» Celle pour qui je vous prisais, n'est plus.
Je ne pris rien ne biauté, ne jovent,	» Je ne prise ni beauté ni jeunesse, or ni
Or, ne argent, ne chose que je voie.	» argent, ni chose que je voie. La raison?
Pourquoi? pour ce que la mort tout mestroie.	» c'est que la mort dispose de tout en maî-
Je cuit amors, & adieu le conmant.	» tresse souveraine. Je renonce à l'amour
Jamès ne cuit vivre fors en torment;	» & lui dis adieu. Ma vie désormais sera un
Joie & déduit tout outréement lais.	» tourment. Plaisirs, joie, je vous laisse ».

Nous n'avons rapporté cette chanson que parcequ'elle prouve combien l'amour du Châtelain de Coucy était célebre; puisque l'auteur anonyme de cette chanson y dit, *que pour aimer, on n'éprouva jamais une douleur plus grande que la sienne.* L'histoire amoureuse de ce Châtelain n'est donc pas un conte.

Nous avons cru faire plaisir à nos Lecteurs, en leur donnant la Table suivante de toutes les chansons des douzieme & treizieme siecles, qui nous ont été conservées dans les précieux manuscrits que nous avons examinés avec le plus grand soin.

Il faut avoir pris la peine de les parcourir plusieurs fois, pour juger de la difficulté qu'il y a de corriger les erreurs des copistes. On trouve plusieurs de ces chansons attribuées à différens auteurs; d'autres y sont tronquées; & ce n'est qu'en les comparant plusieurs fois que l'on peut découvrir la véritable leçon.

Nos six colonnes indiquent en quels lieux sont les manuscrits que nous avons cités : *V*, signifie la bibliotheque du *Vatican*; *R*, celle *du Roi*; *P*, celle de M. le Marquis *de Paulmy*; *S*, celle de M. *de Sainte-Palaye*; *C*, celle de M. *de Clairambaut* (maintenant dispersée); & *N*, celle de la maison *de Noailles*.

Chaque étoile ou astérisque apprend que la chanson sur la ligne de laquelle elle se trouve, est dans le manuscrit qui appartient à sa colonne; & les notes qui sont au bas de chaque page, rendent compte des chansons qui se trouvent sous différens noms dans les manuscrits.

Cette Table a le double avantage de faire trouver en peu de tems les chansons dont on a besoin, & d'indiquer les auteurs d'un grand nombre de chansons, qui, peut-être, sont anonymes dans d'autres manuscrits.

CHAPITRE VII.

CHAPITRE VII.

TABLE des Chanſons des XIIe & XIIIe ſiecles, qui ſe trouvent dans les Manuſcrits du Vatican, du Roi, de M. le Marquis de Paulmy, de M. de Sainte-Palaye, de M. de Clairambaut, & de MM. de Noailles (1).

A

Adam de le Halle ou *le Boſſu d'Arras.*	V.	R.	P.	S.	C.	N.
A CHANTER ai volenté curieuſe	*	.	.	*	.	.
Amours ne me veut ouïr	*	.	.	*	*	.
Dame, vos hom vous eſtreine	*	.	.	*	*	.
D'amoureux cuer voeuil chanter	.	.	.	*	*	.
De chanter ai volonté curieuſe	.	.	.	*	*	.
De cuer penſieu & déſirrant	*	.	.	*	*	.
Glorieuſe Vierge Marie	.	.	.	*	*	.
Grant déduit a et s'amoureuſe vie	.	.	.	*	*	.
Hélas! il n'eſt mais nus qui aim	*	.	.	*	*	*
Je n'ai autre retenance	*	.	.	(a)	.	*
Je ne chant pas	.	.	.	*	*	.
Je ſens en moi l'amour renouveler	.	.	.	*	*	.
Il ne muet pas de ſans celui	*	.	.	.	.	*
Ki à droit veut amour ſervir	*	.	.	*	*	.
Li douz mauz mi renouvele	.	.	.	*	*	.
Li jolis mauz que je ſens	.	.	.	*	.	*
Li mauz d'amer me plaiſt mieux	.	.	.	*	*	.
Madame, je vous eſtrene	*	.	.	.	.	.
Ma douce dame & amours	*	.	.	*	.	*
Mais amors ſi de me plaindre	.	.	.	*	.	*
Merci, amour, de la douce doulor	.	.	.	*	*	.
Merveille eſt quel talent j'ai	*	.	.	*	*	.
Moult plus ſe paine amours	*	.	.	*	*	.

(1) Les aſtériques marquent que les Chanſons ſe trouvent dans les Manuſcrits où on les voit placées.

Les (a) déſignent qu'elles y ſont anonymes.

	V.	R.	P.	S.	C.	N.
On mi deffent que mon cuer	·	·	·	☆	☆	·
Or demande mout ſouvent	·	·	·	☆	·	☆
Or vois-je bien qu'il ſouviene	☆	·	·	a,	☆	·
Pour ce ſe je n'ai été	·	·	·	☆	☆	·
Pourquoi ſe plaint d'amour	·	·	·	☆	·	☆
Puiſque je ſui de l'amoureuſe loi	☆	·	·	☆	·	☆
Qui a Pucele ou Dame amée	·	·	·	☆	☆	·
Sans eſpoir d'avoir ſecours	☆	·	·	☆	☆	·
Se li maus qu'amours envoye	·	·	·	☆	☆	·
Tant me plaint voire enamoureux	☆	·	·	☆	·	☆
Alars de Caus. (Meſſire)	—	—	—	—	—	—
A tous amans pri qu'il dient le voir	·	☆	·	·	·	·
Hé ! ſerventois, arriere	·	☆	·	·	·	☆
Amiens le Paigneres. (Guillaume d')	—	—	—	—	—	—
Amours me fait m'en veut	☆	·	·	·	·	·
Puiſque chanter onqes nul hom aida	☆	·	·	·	·	·
Amiens le Clere. (Henri)	—	—	—	—	—	—
Feuilles ne flours ne mi ſont pas	☆	·	·	·	·	·
Andeli. (Rogerin ou *Rogiers d')*	—	—	—	—	—	—
Ja pour ce Sedain	·	☆	·	(a)	·	☆
[1] Par quel forfait & par quelle occiſon	·	☆	·	·	·	☆
Angecourt ou *Angecors. (Perrin d')*	—	—	—	—	—	—
Amors dont ſens & cortoiſie	·	·	☆	☆	☆	·
Au tems nouel que cil oiſel	·	·	☆	☆	☆	·
Biau m'eſt du tems	·	·	☆	(a,	·	·
Bone amor, conſeilliés moi	·	·	☆	☆	☆	·
Chançon vueil fere de moi	·	·	☆	☆	☆	·
Haute eſpérance garnie	·	·	☆	·	·	·
Heneur & bone aventure	·	·	☆	☆	☆	·
J'ai un joli ſovenir	☆	·	☆	☆	☆	·
Jamès ne cuidai avoir	·	·	☆	☆	☆	·
Je ne chant pas pour verdor	·	·	☆	☆	☆	·
Il convient k'en la candeille	☆	·	·	·	·	·
Il feroit trop bon morir	·	·	☆	☆	☆	·
Il ne me chaut d'eſté	☆	·	☆	☆	☆	·

[1] Attribué au Chatelain de Coucy, dans le Manuſcrit de M. de Paulmy.

	V.	R.	P.	S.	C.	N.
Li jolis mais ne la flors.	✡	.	✡	✡	✡	.
Lors quant je vois le Buiſſon	✡	.	✡	.	.	.
Onques ne fui ſans amor.	.	.	✡	✡	✡	.
Onques pour éloignement	.	.	✡	✡	✡	.
On voit ſouvent en chantant	✡	.	✡	✡	✡	.
Quant je voi l'herbe ce matin	.	.	✡	✡	✡	.
[1] Quant li biax eſté repere	.	.	✡	✡	✡	.
Quant li cinceius s'eſcrit	✡	.	✡	✡	✡	.
Quant partis ſui de Provence	.	.	✡	✡	✡	.
Quant voi à la fin d'eſté	.	.	✡	✡	✡	.
Quant voi le félon tens fixé	.	.	✡	✡	✡	.
Quant voi l'herbe amalir	.	.	✡	.	.	.
Très-haute amor qui tant	.	.	✡	✡	✡	.
Anjou (*le Comte d'*)	—	—	—	—	—	—
Li grans déſirs & la douce penſée	.	✡	.	.	.	.
Trop eſt deſtrois qui eſt déconfortés	.	.	.	✡	✡	.
Argier. (*Gautier d'*)	—	—	—	—	—	—
A Dex tant ſont mès de vilanie	✡	.	✡	✡	✡	.
Ains mais ne fis Chançon	.	✡	.	.	.	✡
Autres que je ne ſueill	.	✡	✡	✡	✡	.
[2] Bien font amors leur talent	.	.	✡	✡	✡	.
Bien ne cuidai de chanter	.	✡	.	.	.	✡
Ceſt gent me	.	✡	.	.	.	.
Chançon ferai mult marriz	✡	✡	✡	✡	✡	✡
De cele me plaig	.	✡	.	.	.	✡
Dez que ci ai touzjors chanté	.	✡	✡	.	✡	✡
En grant aventure ai miſe	.	✡	.	.	.	.
En icel tens que je voi la fadour	.	✡	.	.	.	✡
Hé diex! tant ſont mois	.	✡	.	.	.	.
Humilités & franchiſes	✡	✡	.	.	.	✡
J'ai maintes fois chanté de joie	.	✡	.	.	.	✡
Je ne me doi plus taire	.	✡	.	.	.	.
La douce penſée me vient d'amor	.	✡	.	.	.	✡
La gent dient pourquoi	✡	✡	.	.	.	✡
Ma douce penſée	.	.	.	✡	.	.
Maintes fois m'a l'en demandé	.	✡	.	.	.	✡
N'eſt pas à ſoi qui aime	.	✡	.	.	.	.
Or chant nouvel eſt longuement	.	.	✡	✡	✡	.

[1] A Gontiers de Soignies dans Noailles.

[2] Attribuée à Thibaut de Blaſon, dans le manuſcrit du Roi.

	V.	R.	P.	S.	C.	N.
Quant il ne pert fueille ne flor	·	·	☆	☆	☆	·
Quant la sésons s'est démise	·	☆	☆	☆	☆	☆
Quant li tens pert sa chalor	·	☆	·	·	·	☆
Se cela me plaig	·	·	·	☆	·	·
Se j'ai esté longtans hors du pays	·	☆	·	·	·	☆
Une chose ai dedans mon cœur	·	☆	·	·	·	☆
Arnous le viéleux, de Gatinois.	—	—	—	—	—	—
En enceinte curieux	·	·	·	☆	·	·
Pensis, chief enclin un matin	·	☆	·	·	·	·
[1] Por conforter mon corage	·	☆	·	·	·	·
Aubins ou *Aubouins de Sezane.*	—	—	—	—	—	—
Bien cuidai toute ma vie	·	·	·	·	·	·
Contre le dous tens novel	☆	·	·	·	·	·
Lonctens ai esté en ire	·	·	☆	☆	☆	·
Quant voi le tems felon	☆	·	·	·	·	·
[2] Tant sai d'amours	☆	·	☆	☆	☆	·
Audefrois le bâtard.	—	—	—	—	—	—
Amours de qui resmuet	·	☆	·	·	·	☆
An nouviau tans pascor	·	☆	·	·	·	·
Bele Emmelos esprès	·	☆	·	·	·	·
Bele jsabiaux pucele	·	☆	·	·	·	☆
Bele ydoine se siet	·	☆	·	·	·	☆
Bien doi faire mes chauchoir	·	☆	·	·	·	☆
Com esbahis m'estuet	·	☆	·	·	·	☆
Destrois, pensis	·	☆	·	·	·	☆
En Chambre a or	·	☆	·	·	·	☆
En l'ombre d'un vergier	·	☆	·	·	·	·
Fine amors en espérance	·	☆	·	(a)	·	☆
Ne sai mais en quel	·	☆	·	·	·	☆
Onques ne sentant chanter	·	☆	·	·	·	☆
Por travail ne por	·	☆	·	·	·	☆
Quant voi le tens	·	☆	·	·	·	☆
Se par mon chant me povoit	·	·	·	☆	·	·
Tant ai esté pensis	·	☆	·	·	·	☆
Autie ou *Athie. (Simon d')*	—	—	—	—	—	—
[3] Amour qui fet de moi tout son coment	·	·	☆	·	·	·

[1] Attribuée à Jean Errars, dans le même Manuscrit.

[2] A Pierre de Molins, dans le manuscrit du Roi.

[3] A Jean l'Orgueneur dans Clairambaut, & à Sauvage d'Aras dans Noailles.

	V.	R.	P.	S.	C.	N.
Bone amors que	•	✱	•	•	•	•
Fols est qui a absent	•	✱	•	•	•	✱
[1] Li beaux estés se resclair	•	✱	•	•	•	✱
Li noviau tens qui fait paroir	•	✱	•	•	•	✱
Nouel amors on j'ai mis mon penser	•	✱	•	•	•	✱
On ne peut bien	✱	•	•	•	•	•
Quant li dous esté défine	✱	✱	•	•	•	✱
Quant je voi le grant	•	✱	•	•	•	✱
Quant la saison défine	•	✱	•	•	•	✱
Tant ai amor servi & honoré	•	✱	✱	•	•	✱
Autieux ou *des Autels*, (*Baudoin des*)	—	—	—	—	—	—
[2] Avriex ne mais	•	✱	•	•	•	✱
[3] M'ame & mon corps doig à celi	•	•	✱	✱	✱	•
B						
Bar. (*le Comte de*)	—	—	—	—	—	—
De nous Seigneur que vous est-il	•	✱	•	•	•	•
Baral. (*Messire Geoffroy de*)	—	—	—	—	—	—
A nul homme n'avient	•	✱	•	•	•	•
Chançonette por pedier	•	✱	•	•	•	•
Baude de la Quariere ou *de la Kakerie.*	—	—	—	—	—	—
Chanter m'estuet & si ni sai	•	•	✱	✱	✱	•
Coros d'amors mau talens	•	•	✱	✱	✱	•
Ier main pensif chevachai	•	✱	•	•	•	•
Main se Leon la bien faite	•	•	•	•	•	✱
Baudes Augenon. (*Maitre*)	—	—	—	—	—	—
Loyal amours ne puet nus esprisoir	✱	•	•	•	•	•
Beauvais. (*Raoul de*)	—	—	—	—	—	—
Delès un pré verdoient	•	•	✱	✱	✱	•
El mois de Mai par un matin	•	•	✱	•	•	•
Puisque d'amors m'estuet chanter	•	•	✱	•	•	•
Quant la séson renouvelle	•	•	✱	✱	✱	•
Remenbrance de bon amor	•	•	✱	✱	✱	•

[1] A Gace Brulé, dans le manuscrit du Roi, où elle est double.

[2] Attribuée dans le même manuscrit à Kuffins de Corbie.

[3] A Kuffins de Corbie, dans le manuscrit de Noailles.

	V.	R.	P.	S.	C.	N.
Beaumarchais. (Pierre de)						
[1] Bien cuidai toute ma vie	•	☆	•	•	•	☆
Douce Dame ce soit	•	☆	•	•	•	☆
Joie & jouvent, valor & courtoisie	•	•	☆	•	•	•
Beaumont. (Messire Gile de)	—	—	—	—	—	—
Cil qui d'amors a droite remenbrance.	•	☆	•	•	•	•
Berneville. (Gilbert de)	—	—	—	—	—	—
Adès ai esté jolis bien	•	☆	•	•	•	•
Amors, pour ce que mes chanz	•	•	☆	☆	☆	•
Amors, votre Seignorie.	☆	☆	(a)	•	•	(a)
Au besoin voit-on l'ami	•	•	☆	☆	☆	•
Aucunes gens m'ont enquis	☆	☆	•	•	•	•
Au nouviau tems que l'ivers	•	•	☆	•	☆	•
Comment qu'amors me	•	☆	•	•	•	•
Cui doient li Lozangier	☆	☆	•	☆	☆	•
D'aller lonc pré.	☆	•	•	•	•	•
D'amors me vient li sens.	•	☆	•	•	☆	☆
Elas! me sois refusés	•	☆	☆	☆	☆	•
Foi & amor & léauté	☆	•	☆	•	•	•
J'ai fet mains vers de chançon	•	•	☆	☆	☆	•
J'ai souvent d'amors chanté.	•	•	☆	☆	☆	•
Jamais ne perdroit mane.	•	☆	•	•	•	•
Jamès chançon ne ferai	•	•	•	☆	☆	•
Je chant, mès c'est mauvais signe.	☆	•	•	•	•	•
Je feïsse chançons	•	☆	•	•	•	•
Je n'eusse j'à chanté	☆	☆	☆	•	☆	☆
J'oi tout avant blasmé.	•	•	•	•	☆	☆
Joliement de chanter	•	•	•	•	☆	☆
Jolivetés de cuer	•	☆	(a)	•	•	•
[2] Hé amors, je fais norriz	•	•	☆	☆	☆	•
L'autre chose a en amor.	•	•	☆	☆	☆	•
L'autrier d'aix à la Chapelle.	☆	•	•	•	•	•
Li joli pensé que j'ai	•	☆	•	•	•	•
Merci amors, car j'ai vers vous.	•	•	☆	☆	☆	•
Onques d'amors n'aime les grief peines.	•	•	☆	☆	☆	•
Onques mais si esbahis.	☆	☆	•	•	•	•

[1] Attribuée dans le même manuscrit à Guyot de Dijon, & dans celui de Noailles à Aubin de Sesane.

[2] Attribuée à Robert de la Pierre, dans le manuscrit du Roi.

	V.	R.	P.	S.	C.	N.
Puisqu'amors le veut.	.	✲	.	.	.	.
Tant me pleft à être amis	.	✲	.	.	.	.
Bestourmés.	—	—	—	—	—	—
Or feroit mercis de saison	.	✲	.	.	.	✲
Sire Diex en tante	.	.	.	.	.	✲
Bethune. (*Guillaume de*)	—	—	—	—	—	—
On me reprend d'amours	✲	.	.	.	.	.
Puisque jou sui de l'amoureuse loi	✲	.	.	.	.	.
Bethune. (*Messire Comte* ou *Quesnes de*)	—	—	—	—	—	—
Au commencier de ma nouvelle	.	.	.	✲	.	.
Au point d'yver	.	✲	.	✲	.	.
Bele douce dame chiere	.	✲	.	✲	.	✲
Bien me deusse	.	✲	.	✲	.	✲
Chançon légiére à entendre	.	.	.	✲	.	✲
Dex est assis en son saint	.	✲	.	✲	.	.
Gente m'est la saison d'été	.	.	.	✲	.	.
L'autrier auint en cet autre	.	✲	.	(a)	.	.
[1] L'autrier un jour après la St. Denis	.	✲	.	✲	.	✲
Mout me semont	.	✲	.	✲	.	.
De rage & de revêrie	.	✲	.	✲	.	.
Tant ai amé c'or	.	✲	.	✲	.	.
Blazon. (*Messire Thibaut de*)	—	—	—	—	—	—
Amors, que porra devenir	.	✲	✲	✲	✲	.
Au main par un ajornant	.	✲	✲	✲	✲	.
[2] Bien font amours	.	✲	.	.	.	✲
Bien voi que ne puis morir	.	.	✲	✲	✲	.
Chanter & renvoisier	.	.	✲	✲	✲	✲
Chanter m'estuet, si crient mourir	.	.	✲	✲	✲	.
Ier matin par un ajornant	.	.	.	.	.	✲
Li miens chanter	.	✲	.	.	.	✲
Quant je voi esté venir	.	✲	✲	✲	✲	.
Blois. (*Robert de*)	—	—	—	—	—	—
[3] Li départir de la douce contrée	.	✲	.	.	.	✲
Merveil moi que chanter puis	.	.	✲	✲	✲	.

[1] Attribuée aussi à Jean Errars, dans le manuscrit du Roi.

[2] A Gauthier d'Argies, dans celui de M. de Paulmy.

[3] Attribuée à Chardon de Croisille, dans le manuscrit de M. de Paulmy.

	V.	R.	P.	S.	C.	N.
Par trop céler mon corage	•	•	✡	✡	✡	•
Puisque me sui de chanter entremis	•	•	✡	✡	✡	•
Tant con fus fors de ma contrée	•	•	•	✡	•	•
Blondeau de Nesle.	—	—	—	—	—	—
Ains que la foille descende	•	✡	•	•	•	✡
[1] A la douçor du tems que reverdoie	•	•	✡	•	✡	✡
A l'entrée de la saison	•	✡	•	•	•	✡
A l'entrée d'esté que le tens commence	✡	✡	✡	✡	✡	•
Amors dont sui espris	•	✡	✡	✡	✡	✡
Bien doit chanter qui fine amor	✡	✡	✡	✡	✡	•
Chanter m'estuet, car joie ai	•	•	✡	✡	✡	•
Cil qui tous les maux essuye	•	•	✡	•	•	•
Coument que d'amors me dueille	•	✡	✡	✡	✡	•
Cuer désiroux	✡	✡	•	•	•	✡
De la plus douce amor	•	✡	•	•	•	✡
De mon désir ne sai mon melz elire	•	✡	•	✡	✡	•
En touz tens que vent & bize	•	✡	•	•	•	✡
J'aime par coustume & par us	•	✡	✡	✡	✡	•
Li plus se plaint d'amors	✡	✡	✡	•	•	✡
Li Rossignoz annoncie la nouvelle	•	•	✡	•	•	•
Mes cuers me font	•	✡	•	•	•	✡
Ma joie me semont	•	•	✡	✡	✡	•
Ne savoient mon torment	•	✡	✡	•	•	•
Onques mais nus hons	•	✡	•	•	•	•
Puisqu'amors dont m'otroie à chanter	•	•	✡	✡	✡	•
Quant je plus sui en poor de ma vie	•	✡	✡	✡	✡	•
Quand voi le tems felon	✡	•	•	•	•	•
Quique sere de joie	•	✡	•	•	•	✡
[2] Rose ne lis	•	✡	(a)	(a)	(a)	•
Si amors veut que	•	✡	•	•	•	✡
Tant ai en chantant proié	•	✡	✡	✡	✡	✡
Tant aime & veuill	•	✡	•	•	•	✡
Tant de Soulaz g'i ai	•	✡	•	•	•	•
Bodel ou *Bodeau.* (*Jean*)	—	—	—	—	—	—
[3] Contre le dous tans	•	✡	•	•	•	•

[1] Attribuée au Châtelain de Coucy, dans le manuscrit du Roi.

[2] A Chardon de Croisille, dans le manuscrit de Noailles.

[3] Attribuée aussi dans le même manuscrit à Guyot de Dijon, & à Aubins de Sesane, dans celui de Noailles.

	V.	R.	P.	S.	C.	N.
Entre le bois & la plaine	.	☆	.	.	.	☆
Hui main me chemin	.	☆	.	.	.	.
L'autre jor lès un boschel	.	☆	(a)	.	.	.
Lès uns prè verdoyant	.	☆	.	.	.	.
Bouloigne. (Gérard de)	—	—	—	—	—	—
Bonne amours m'a à son service mis	.	☆	.	☆	.	.
Brabant. (le Duc de)	—	—	—	—	—	—
Amour m'est au cuer entrée	.	☆	.	.	.	.
Biau Gillebert, dites, s'il vous agrée	.	☆	☆	☆	☆	.
L'autrier estoie montez	.	.	☆	☆	☆	.
Le Cascuns del monde savoit	☆	.	.	.	.	.
Braine. (Messire Jean, Comte de)	—	—	—	—	—	—
Je n'ai chanté trop fort ne trop souvent	.	☆	.	.	.	☆
[1] Par dessous l'ombre du bois	.	☆	.	.	.	☆
Pensis d'amours, dolentz	.	☆	.	.	.	☆
Bresi, *Bregy*, ou *Bercy*. *(Hugues de)*	—	—	—	—	—	—
Aussi com cil qui	.	☆	.	.	.	☆
Lonc tans ai servi	.	☆	.	.	.	.
Nus hom ne set d'amis	.	.	.	☆	.	☆
Oncor ferai une chançon perdue	☆	☆	☆	☆	☆	.
Quant voi le tens	.	☆	.	.	.	.
S'onques nus hom	☆	☆	.	.	.	☆
Bretagne. (le Comte de)	—	—	—	—	—	—
Bernard, à vous vueil demander	.	.	☆	☆	☆	.
Bretel ou *Bretiaux*. *(Sire Jean)*	—	—	—	—	—	—
Jamais nul jour de ma vie	☆	.	.	.	.	.
Li miens canter ne puet plaire	☆	.	.	.	.	.
Onqs nul jours ne cantai	☆	.	.	.	.	.
Uns dous regars en larrechin soutiens	☆	.	.	.	.	.
Burniau de Tours.	—	—	—	—	—	—
Ha! quanz soupirs me viennent	.	.	☆	☆	☆	.
Quant voi cheir la froidure	.	.	☆	☆	☆	.

[1] Le manuscrit de Noailles le donne aussi au Chanoine de Saint Quentin.

C.

	V.	R.	P.	S.	C.	N.
Capelains de Laon.						
Un peti devant le jor	.	.	(a)	☆	.	.
Carasaux.						
Com amans en désespérance	☆	☆	.	.	.	.
Fine amor m'envoye	.	☆	☆	.	.	☆
N'est pas sages ki me tourne	☆	.	.	.	.	.
Pour ce me suis de chanter entremis	.	.	.	☆	.	.
Puisque j'ai chançon meue	.	.	☆	.	(a)	.
Puisque la rose soit fleurie	.	☆	.	.	.	.
Castel ou *Chastel.* (*Robert* ou *Robins du*)						
Amours qui mult mi guéroie	.	.	☆	☆	☆	.
Bien ai amours qui m'a donné	☆	.	.	.	.	.
En loyal amour ai mis	.	.	☆	☆	☆	.
Nus fins amans ne se doit esmayer	☆	.	.	.	.	.
Pour couse j'aim & joune suis	☆	.	.	.	.	.
Se j'ai chanté sanz gueredon	.	.	☆	☆	☆	.
Caupins. (*Arnoult*)						
De l'amour celi sui	.	☆	.	.	.	☆
Entre Godefroi & Robins	.	.	.	☆	.	☆
Hélas! k'ai sourfet à la gent	.	.	.	☆	.	.
Ier main pensis	.	.	.	.	.	☆
Quant j'oi chanter ces oiseaux	.	☆	.	.	.	.
Chancelier de Paris.						
Li cuer se voit de l'ueil plaignant	.	.	.	☆	.	.
Chanoine de S. Quentin.						
[1] A l'entrant d'ou tens Salvage	.	☆	.	.	.	☆
Jherusalem se plaint	.	☆	.	.	.	☆
Prose ne flor, chant d'oisiax	.	.	☆	☆	☆	.
Chardon de Croisille.						
Marvis raison qui	.	☆	.	.	.	☆
[2] Li départirs de la douce contrée	.	.	☆	☆	☆	.
Chartres. (*le Vidame de*)						
Avant la saison del doc tems	.	.	.	.	.	☆

[1] Attribuée dans le manuscrit de Noailles à Gilles de Vieux-maison.

[2] A Robert de Blois, dans celui du Roi.

	V.	R.	P.	S.	C.	N.
Chascuns me semont de chanter	.	.	✡	✡	✡	.
[1] Combien qu'aie demouré	✡	✡	.	.	.	✡
[2] D'amors vient joye & honours	.	✡	.	.	.	✡
[3] Li plus desconfortez del mont	✡	✡	.		.	.
Quant foillissent li boscage	.	.	✡	✡	✡	.
Quant la sesonz del douz tans	✡	✡	✡	.	.	.
[4] Tant ai d'amors qu'en chantant	.	.	✡	✡	✡	.
[5] Tant con je fusse fors de ma contrée	✡	✡	✡	.	.	✡
Chevaliers. (*Guesvres*)	—	—	—	—	—	—
Au commencier de ma novelle amour	.	.	.	✡	.	✡
Chanter m'estuet que pris m'en est corage	.	.	.	✡	.	.
Chançon legiere à entendre ferai	.	.	.	✡	.	.
Chiertain ou *Certain.*	—	—	—	—	—	—
Sendrat s'il estoit ainsi qu'en Religion	.	.	.	✡	.	.
Chison, (*Jacques de*) *appellé Jakemon de Cison dans le manuscrit du Vatican.*	—	—	—	—	—	—
Contre la froidor	.	✡	✡	.	.	.
[6] Novele amor, qui m'est	.	✡	✡	.	.	.
Li noviau tems que je voi	✡	.	.	.	.	.
Li tens d'esté ne la bele	.	✡	.	.	.	.
Quant foille, vers & flors	.	✡	.	.	.	.
Quant la saison est passée	.	✡	✡	.	.	.
[7] Quant la saisons del doux tens	.	✡	.	.	.	.
Quant l'aube espine florist	.	✡	✡	.	✡	.
Quant recomance & revient	.	✡	.	.	.	.
Chrétien de Troye.	—	—	—	—	—	—
D'amour qui m'a tolu à moi	✡	.	.	.	.	✡

[1] Attribuée à Gautier de Soignies, dans le manuscrit de M. de Paulmy.

[2] A Oudart de Laceni, dans le même manuscrit.

[3] A Gace Brulé dans le même & dans celui de Clairambaut ; à Tibaut de Blazon, dans Noailles.

[4] A Jacques de Chison, dans le manuscrit du Roi.

[5] A Robert de Blois, dans celui de Clairambaut.

[6] A Alars de Caux, dans Noailles.

[7] Au Vidame de Chartres, dans Clairambaut & dans M. de Paulmy.

	V.	R.	P.	S.	C.	N.
Joye ne guerredon d'amours	☆	.	.	.	.	☆
Quant li douls esté décline	☆	.	.	.	.	☆
Colars le Boutéillier.	—	—	—	—	—	—
Amor & bone espérance	☆	☆	.	.	.	☆
Aucunes gens m'ont	☆	☆	.	.	.	.
Ce que aprend en France	☆	☆	.	.	.	☆
Guillaume trop est perdu	☆	☆	.	.	.	☆
J'avoie laissié le chanter	.	.	☆	☆	☆	.
Je n'ai pas droit acheison	☆	☆	☆	.	.	.
Je ne puis laissier que	☆	☆	.	.	.	.
Je ne sai tant merci	☆	☆	.	.	.	☆
[1] L'autrier par un matinet	.	.	☆	☆	☆	.
Li biaux tens d'esté	☆	☆	.	.	.	.
Li cuer se voit de l'oeil	.	.	.	☆	☆	.
Loiaus amors & desirriers	☆	☆	.	.	.	☆
Merveil moi que de chanter	☆	☆	.	.	.	☆
Onques mais en mon vivant	☆	☆	.	.	.	.
Par une raison qui	.	.	.	.	.	.
Quant voi le tens	☆	☆	.	.	.	☆
Colin Muset.	—	—	—	—	—	—
En Mai quand li rossignolet	☆	.	.	.	.	.
Sire cuens, j'ai vielé	.	.	☆	☆	☆	.
Volez oir la muse muset	.	.	☆	☆	☆	.
Contredit. (*Andrieu* ou *André* ou *Pierre*, *Maître*)	—	—	—	—	—	—
Amors m'a si del tout à son voloir	.	☆	.	.	.	☆
Autans que je vois	.	☆	.	.	.	☆
Bonn & belle & aimant m'a prié	.	.	.	☆	.	.
[2] Dame, pour vous m'estoit	.	☆	.	.	.	☆
De belle Isabel ferei	.	.	.	.	.	☆
El mois d'Avrill	.	☆	.	.	.	☆
Jà pour nul mal	.	☆	.	.	.	☆
Je ne me dois d'amors	.	☆	.	.	.	☆
Iriés, pensis, chantai	.	☆	.	.	.	☆
Moulst m'est belle	.	☆	.	.	.	☆

[1] Attribuée à Jean de Neuvile, dans le manuscrit du Roi.

[2] Dans le manuscrit de Noailles cette Chanson commence par *Dame pour vous m'esjois boinement* : c'est que dans tous les couplets l'ordre est renversé.

	V.	R.	P.	S.	C.	N.
Penfersme doit villaine	.	.	.	✱	.	.
Pré ne vert bois	.	✱	.	.	.	✱
Quant je voi le dous tens	.	.	.	✱	.	.
Quant je vois partir foille	.	✱	.	.	.	✱
S'il peut maint déconfort oïr	.	.	.	✱	.	.
[1] Très haute amors	.	✱	.	.	.	✱
Vivre m'estuet	.	✱	.	.	.	✱
Corbie. (Pierre de)	—	—	—	—	—	—
Dame, ne vous doi	.	✱	.	.	.	✱
En aventure ai chanté	.	✱	.	.	.	✱
Esbahis en lonc voiage	.	✱	.	.	.	✱
Li mounier du mariage	.	✱	.	.	.	✱
Par un ajournant	.	✱	.	.	.	✱
Pensis que fins amourenx	.	✱	.	.	.	✱
Corbie. (Roufins de)	—	—	—	—	—	—
M'ame & mon cors	.	.	.	✱	.	.
Corbie. (Vielars de)	—	—	—	—	—	—
Cil qui me prient de chanter	.	.	.	✱	.	.
De chanter me sémont amors	.	.	✱	✱	✱	.
Desconfortés, plains d'ire	.	.	(a)	✱	(a)	.
Mains ai joie que je ne fuel	.	.	.	✱	.	✱
Coucy. (le Comte de) (probablement Raoul II, Sire de)	—	—	—	—	—	—
De joli cuer enamouré	.	✱	.	.	.	✱
Coucy. (li Chatelain de)	—	—	—	—	—	—
[2] Ahi ! amors com dure départie	.	.	✱	✱	✱	.
[3] A la douçour du tens que reverdoie	.	✱	.	.	.	.
A vous amanz plus qu'à nule autre gent	.	✱	✱	✱	✱	✱
Belle dame, me prie de chanter	.	.	✱	✱	✱	.
Bien cuidai vivre fans amour	✱	.	.	.	.	.
[4] Comencement de douce féfon bele	.	.	✱	.	.	.

[1] Attribuée aussi au Roi de Navarre, dans le manuscrit du Roi; & à Perrin d'Angecourt dans ceux de M. de Paulmy & de Clairambaut.

[2] Attribuée au Comte de Bethune, dans les manuscrits du Roi & du Vatican.

[3] A Blondeau de Nêle, dans le manuscrit de M. de Paulmy.

[4] Attribuée dans le manuscrit du Roi à Gautier d'Espinais.

	V.	R.	P.	S.	C.	N.
Coument que lon que demeure	☆	☆	(a	☆	(a,	☆
En aventure coumens	.	☆	.	☆	.	☆
[1] Je chantasse volontiers liement	☆	☆	☆	☆	☆	☆
La douce vois du rossignol sauvage	☆	☆	☆	☆	☆	.
L'an que rose ne fueille	.	☆	☆	a	☆	.
Li nouviau tans, & mais, & violete	☆	☆	☆	☆	☆	.
Merci clamant de mon fol erement	☆	☆	☆	☆	☆	.
Mult ai esté longuement esbahis	.	.	☆	☆	☆	.
Mult m'est bele la douce començance	☆	☆	☆	☆	☆	.
[2] Nouvele amor ou j'ai mis mon penser	(a)	.	☆	☆	☆	.
[3] Par quel forset & par quele acheson	.	.	☆	.	.	.
[4] Pour verdure ne pour prée	.	a	(a)	(a)	(a)	.
Quant li estés & la douce saison	.	☆	.	☆	☆	☆
Quant li rossignol jolis	.	.	☆	☆	☆	.
Quant voi venir	.	☆	.	.	.	.
[5] Sonques nus hons pour dure départie	.	.	☆	☆	(a)	☆
Tant ne me sai démanter	.	.	☆	☆	☆	.
Coupele. (Pierre de la)	—	—	—	—	—	—
A mon pooir ai servi	.	☆	.	.	.	☆
Chançon fais n'est pas	.	☆	.	.	.	☆
Je chant en aventure	.	☆	.	.	.	☆
Quant li tans jolis revient	.	☆	.	.	.	☆
Quant yvers & frois	.	☆	.	.	.	☆
Couroirie. (Eudes de la)	—	—	—	—	—	—
Chançon ferai par grand désespérance	.	.	☆	☆	☆	.
Desconfortés com cil qui est sans joie	.	.	☆	☆	☆	.
Ma derniere vuel fere en chantant	.	.	☆	☆	☆	.
Tout soit mes cuers en grant désespérance	.	.	☆	☆	☆	.
Trop ai longuement	.	.	☆	☆	☆	.
Craon. (Messire Maurice de)	—	—	—	—	—	—
Al entrant del douz termine	.	☆	.	.	☆	.

[1] Elle est double dans le manuscrit du Roi; est attribuée la premiere fois au Chatelain, & la seconde fois à Hugues de la Ferté.

[2] A Simon d'Aurbie, dans Noailles.

[3] A Roger d'Andeli, dans le manuscrit de Noailles & dans celui du Roi.

[4] Attribuée au Chatelain dans le manuscrit de ses amours, composé vers 1228; attribué aussi à Gace Brulé, dans le manuscrit du Roi.

[5] Attribuée à Hugues de Bregy, dans le manuscrit du Roi.

	V.	R.	P.	S.	C.	N.
Craon. (Messire Pierre de)						
Fine amor claim en moi	✡	✡	✡	✡	✡	.
Cuveliers, (Jean le) d'Arras.						
Anvis & désespérance m'ont fait	✡	.	.	✡	.	.
Au coumencier de	.	✡	.	.	.	.
J'ai une dame enamée	✡	.	.	.	.	.
Jolivetés & jovence	✡	.	.	.	.	.
Mout me plaisent à sentir	✡	.	.	.	.	.
Pour la meilleur qu'onques forma nature	.	.	✡	✡	✡	.
D.						
Douai. (Pierre de)						
Quant je vois estés, a donc sui jolis	.	.	.	✡	.	.
Douche. (Andrieu)						
Jehan amis, par amour je vous prie	.	.	.	✡	.	.
Quant je vois la saison venir	.	.	.	✡	.	.
Dregnau de Lille. (Marotte ou *Marie)*						
[1] Mout m'abélist quant je voi revenir	.	✡	.	.	.	✡
E.						
Empierre. (Jaques d')						
Cors de si gentil faiture	.	.	.	✡	.	.
D'amours naist fruits vertueux	.	.	.	✡	.	.
Eras. (Jean)						
Amours dont je me cuidai	.	✡	.	.	.	✡
Au tens nouuel que c'est	.	✡	.	.	.	.
Au tens Pascor l'autrier	.	.	✡	✡	✡	✡
Bonne amour qui son repere	.	.	✡	(a)	.	.
Dehors lonc pré & bosquets	.	.	✡	✡	✡	.
De la légier entrepris	✡	✡	.	.	.	✡
De pascor un jour alloie	✡	.	.	.	.	✡
Encore suis cil ki a merchi	.	.	.	.	.	✡
Je ne cuidai nus chanter	.	.	✡	(a)	.	.
Je ne me sçai en quel guise	✡	✡	✡	✡	✡	.
Hardis suis en la constance	.	✡	.	.	.	.
Her main pensis chevauchai	.	✡	.	.	.	.

[1] Attribuée aussi à Jean de Neuville, dans le même manuscrit.

	V.	R.	P.	S.	C.	N.
[1] L'autreier chevauchai mon chemin	.	☆	.	.	.	.
L'autrier par un matin	.	☆	.	.	.	.
L'autrier par une vallée	.	☆	.	.	.	.
L'autrier paſtor	.	☆	.	.	.	.
L'autrier une paſtorele	.	☆	.	.	.	.
[2] L'autrier un jor après la St. Denis	.	☆	.	.	.	.
L'autrier un jors	.	☆	.	.	.	.
Lès breuil d'un vert feuillage	.	☆	.	.	.	.
Nus chanters mais le mien	.	.	.	.	.	☆
Mus cuer n'eſt mis à moi	.	.	.	.	.	☆
Paſtorel lès un boſchel	.	☆	.	.	.	.
Por conforter mon corage	.	☆	.	.	.	.
Par un très-bel jour de Mai	☆	.	.	.	.	.
[3] Penſer ne doit vilanie	.	.	☆	☆	☆	.
[4] Penſis, chief enclin	.	☆	.	.	.	.
Pré, ne vergié, ne boſcage	.	☆	.	.	.	☆
Quant voi le tens	.	☆	.	.	.	.
Très-penſant d'une amorette	.	☆	.	.	.	.
Erriers. (Thomas)	—	—	—	—	—	—
Ainc mais nul jor né chantai	.	☆	.	☆	.	☆
Bien me ſui aperceus	.	.	☆	☆	.	.
Diex ! qu'eſt le grand dolour	.	.	.	☆	.	☆
Hélas ! je me ſuis donnés	☆	.	.	.	.	.
Je ne luirai mon viſage	.	☆	.	☆	.	☆
Ne doi chanter de foille ne de flor	.	.	.	☆	.	☆
Nus ne fet les maux d'amours	☆	.	.	.	.	.
Onques ne forme mon penſer	.	.	☆	☆	.	☆
Quant la froidure eſt partie	.	☆	.	☆	.	☆
Quant voi le tems repoivier	.	☆	.	☆	.	☆
Tant ai amé & proié	.	.	.	☆	.	☆
Un deſeret y aurai retraite	.	.	.	☆	.	☆
Deſpinais. (Gautier d')	—	—	—	—	—	—
Amanz finz & verais	.	☆	☆	☆	☆	.
Comencement de douce	.	☆	.	.	.	.

[1] Attribuée à Richard de Semilly, dans le manuſcrit de M. de Paulmy.

[2] Au Comte de Bethune, dans le manuſcrit du Roi.

[3] Attribuée à Guyot de Dijon, dans le même manuſcrit.

[4] A Arnoult le Viéleux, dans le même.

Deſconfortez

	V.	R.	P.	S.	C.	N.
Desconfortez & de joie partiz	.	✲	✲	.	✲	.
[1] Jérusalem, grant domage	.	✲	.	.	.	.
Outrecuidiers & ma folle	.	✲	.	(a)	.	.
Puisqu'il m'estuet de ma douleur	.	.	.	✲	.	.
Quant voi yver & froidure	.	.	✲	✲	✲	.
Tous efforciez aurai chanté	.	✲	.	.	.	.
Tout autre si con l'aymant	.	.	✲	✲	✲	.
Espinais. (Jacques d')	—	—	—	—	—	—
[2] Au comencier de ma nouvel amor	.	.	.	✲	✲	.
Esquiri. (Jean d'.)	—	—	—	—	—	—
Jolivetés & boine amors m'ensegne	.	.	(a)	✲	.	✲
Eustache le Peintre, de Reims.	—	—	—	—	—	—
Amours, coument porroie chanson	.	.	✲	.	✲	.
Chanter me fet pour mes maux	.	.	✲	.	.	.
Cil qui chantent de fleur ne de	.	.	✲	.	✲	.
Ferme & entier, sanz me fausser	.	.	✲	.	.	.
Force d'amours me destraint	.	.	✲	.	✲	.
Nient plus que droiz puet estre	.	.	✲	✲	✲	.
Tant est amours puissanz	.	.	✲	.	✲	.
F.						
Feriere. (Raoul de)	—	—	—	—	—	—
Encore m'estuet-il canter	.	.	.	.	.	✲
[3] J'ai oublié pau mes travaux	.	✲	.	.	.	.
L'an ne puet pas à deux	.	.	✲	.	.	.
Par force chant coum esbahis	.	.	✲	✲	✲	✲
[4] Quant je voi les vergiers	.	✲	.	.	.	.
[5] Quand il ne pert fueille ne flours	.	✲	.	.	.	.
Quant li lousseignols jolis chante	.	✲	.	.	.	✲

[1] Attribuée à Jean de Neuville, dans le manuscrit du Roi.

[2] A Jean le Cuveliers, dans le même manuscrit.

[3] Attribuée à Gautier d'Argies, dans le manuscrit de M. de Paulmy & dans celui de Clairambaut.

[4] A Gilles de Vieux-maisons, dans celui du Roi.

[5] A Gace Brulé, dans celui de M. de Paulmy & celui de Clairambaut; & à Gilles de Vieux-maisons, ainsi qu'à Raoul de Ferrieres, dans celui du Roi.

	V.	R.	P.	S.	C.	N.
Quant yvers a tel poiſſance	.	✡	.	.	.	.
Se j'ai chanté ce poiſe	.	✡	.	.	.	.
Si ſui du tout à fine amor	.	✡	✡	✡	✡	.
Une haute amor qui eſpſent	.	.	✡	✡	✡	.
Ferris. (Lambers)	—	—	—	—	—	—
Amours qui m'a du tout en ſà	.	.	✡	✡	✡	✡
Li très-doux tans ne la ſaiſon	.	.	✡	✡	✡	.
Ferté. (Meſſire Hugues de la)	—	—	—	—	—	—
En talent ai ke je die........on	.	✡	.	✡	.	✡
[1] Je chantaſſe volontiers liement	.	✡	.	.	.	✡
Or ſoi mes a convenu	.	✡	.	✡	-	✡
Fournival. (Richard de)	—	—	—	—	—	—
Ades m'eſloye	✡	.	.	.	.	.
Ainc ne vi grand	✡	✡	✡	✡	.	✡
Ce fut l'autrier en un	.	.	✡	✡	✡	.
Chaſcun, qui de bien amer cuide avoir non	.	.	.	.	✡	.
[2] Gente m'eſt la ſaiſon	.	✡	.	✡	.	✡
Joie d'amours ne puet	✡	.	.	.	.	.
L'amour demand ou che en franche	✡	.	.	.	.	.
Lon tans me ſuis eſcondis	✡	.	.	.	.	.
Mere au Roi omnipotent	✡	.	.	.	.	.
Oiés Seigneur pere tens pas oiſeuſe	✡	.	.	.	.	.
Par mintes fois penſé ai.	✡	.	.	.	.	.
Puiſqu'il m'eſtuet de ma dolor	✡	.	.	.	.	✡
[3] Quant chante oiſiaux	✡	✡	.	✡	.	✡
[4] Quant chiet la foille	✡	✡	.	✡	.	✡
Quant jou voi la douce ſaiſon d'eſté	✡	.	.	.	.	.
Quant la juſtice eſt ſaiſię	✡	.	.	.	.	.
Se j'avoie pooire	✡	.	.	.	.	.
Talent avoit d'amer	✡	.	.	.	.	.
Tex s'entremet de garder	.	✡	.	.	.	.
Un chaſcun qui de bien amer	.	.	✡	.	.	.

[1] Attribuée au Chatelain de Coucy dans tous les autres manuſcrits ; mais on n'avoit pas examiné qu'il n'y a que les deux premiers vers de ſemblables.

[2] Attribuée à Richard de Semilly, dans le manuſcrit du Roi.

[3] Idem.

[4] Idem.

	V.	R.	P.	S.	C.	N.
Fremeaux de Lille. (Jean)						
[1] De loial amor	✡	✡	.	.	.	✡
[2] Ma bone foi & ma loyal	.	✡	✡	✡	✡	.
Onques ne chantai	.	✡	.	.	.	.
G						
Gace Brulé. (Monseigneur)						
A la douçor de la belle saison	.	.	✡	✡	✡	.
A la joie que desir tant	.	✡	.	.	.	✡
[3] A l'entrant d'un douz termine	.	.	✡	✡	✡	.
A malaise est qui s'est	.	✡	.	.	.	.
Au renouviau de la douçor d'esté	.	✡	✡	✡	✡	.
Avril ne mai, froidure ne le tems	.	.	✡	✡	✡	.
Biaux m'est étés	.	✡	.	.	.	✡
Bien ai l'amor dont l'on cuide	.	✡	✡	✡	✡	.
Chanter me plest qui de joie est norri	.	✡	✡	✡	✡	.
Chanter m'estuet irrément	.	.	✡	✡	✡	.
Cil qui d'amors me conseille	.	✡	✡	✡	✡	.
[4] Cil qui tous les maus as	.	✡	.	.	.	.
Compagnon je sai tel	.	✡	.	.	.	✡
Contre le froid	.	✡	.	.	.	.
Contre le tens que voi	.	.	✡	✡	✡	.
Dame merci	.	✡	.	.	.	.
[5] D'amors qui ma tolu à moi	.	.	✡	.	.	.
De bien amer grande joie	.	.	✡	✡	✡	.
De bone amor & de loyal	✡	✡	✡	✡	✡	✡
Desconfortés, plein de dolor & dire	✡	✡	(a)	✡	(a)	✡
[6] Desconfortés, plein dire & de pésance	.	✡	(a)	(a)	(a)	.
Desormès veuille voir	.	✡	.	.	.	.
Douce dame grez & graces	.	✡	✡	✡	✡	.
En cil tens que je voi	.	✡	.	.	.	✡
Encore à si grande poissance	.	.	✡	✡	✡	.
En douz tens & en débonere	✡	✡	✡	✡	✡	.

[1] A Jacques le Viniers, dans le manuscrit de Noailles.

[2] A Guyot de Dijon, dans le même manuscrit du Roi.

[3] A Jossélins de Dijon, dans le manuscrit du Roi.

[4] Attribuée à Blondeau de Nesle, dans le manuscrit de M. de Paulmy.

[5] A Chrétien de Troye, dans Noailles.

[6] A Vielard de Corbie, dans Noailles.

	V.	R.	P.	S.	C.	N.
En tous tans Madame	.	✲	.	.	.	.
[1] Fine amour & bone espérance	.	.	✲	.	.	.
Fine amour & bone & franche	.	.	.	.	✲	.
Foille, flour, ne rousée	.	✲	.	.	.	.
Grant péchié fet que de chanter	.	✲	✲	(a)	✲	.
Ja de chanter en ma vie	.	✲	(a)	(a)	(a)	.
J'ai été lon tens hors du pais	.	.	✲	✲	✲	.
[2] J'ai oublié poine & travaux	.	.	✲	.	.	.
Je n'eu pieça nul talent	.	✲	.	.	.	.
Je ne puis pas sé loing	.	✲	✲	✲	✲	.
[3] Ire d'amors qui en mon cuer repaire	.	.	.	.	✲	.
Iriez & destrois & pensis	.	.	✲	✲	✲	.
L'an que fine foille	.	✲	.	.	.	✲
L'an que voi l'erbe	.	✲	.	(a)	.	.
[4] Li biaux estez	.	✲	.	.	.	.
Li consirrers de non	.	✲	.	.	.	.
Li oisellons de mon pais	.	✲	✲	.	.	.
[5] Li plus desconfortés du mont	.	.	✲	.	.	.
Li plusors ont d'amors	✲	✲	✲	✲	.	✲
Mains ai joie que ne sueil	.	.	✲	.	.	.
Mei n'est quant voi	.	✲	.	.	.	.
Merci amours qui est il	.	✲	.	.	.	.
[6] Mout ai esté longement	.	✲	.	.	.	.
Ne mi font pas acoison de chanter	.	✲	.	✲	✲	.
Ne puis faillir à bone chançon	.	.	✲	✲	✲	.
[7] N'est pas à soi qui aime corsaument	.	.	✲	✲	✲	.
Oez pourquoi plaing & sopir	.	.	✲	.	.	.
Pensis d'amors vueil retrere	✲	✲	✲	✲	✲	.
Por ce dame grez	✲	.	.	.	.	.
[8] Pour verdure ne por prée	.	✲	(a)	(a)	(a)	.
Quant bone dame & fine amor	.	✲	✲	✲	✲	.
Quant define fueille & flor	.	.	✲	✲	✲	.

[1] A Pierre de Molins, dans le manuscrit du Roi.

[2] Attribuée à Giles de Vieuxmaisons, dans le manuscrit du Roi, ainsi qu'à Raoul de Ferieres.

[3] Le Dante l'attribue à tort au Roi de Navarre.

[4] A Simon d'Authie, dans le manuscrit de M. de Paulmy.

[5] Au Vidame de Chartres, dans le manuscrit du Roi.

[6] A Jean de Neuville, dans le même manuscrit.

[7] A Gautier d'Argies, dans le manuscrit du Roi.

[8] Au Chatelain de Coucy, dans le roman de ses amours.

	V.	R.	P.	S.	C.	N.
Quant de soulas	.	☆	.	.	.	.
[1] Quant fine amors	.	☆	.	.	.	.
Quant fleurs & glais	.	.	☆	☆	☆	.
Quant je vois la noif remise	.	☆	☆	☆	☆	.
Quant je vois l'erbe reprendre	.	.	☆	.	.	.
Quant l'erbe meurt	.	☆	☆	☆	☆	.
Quant li tens reverdoie	.	☆	.	.	.	☆
Quant ma mene	.	☆	.	.	.	.
Quant reverdit la glais	.	☆	.	.	.	.
Quant voi & geil & froidure	.	☆	☆	.	.	.
Quant voi la flor boutonner	.	☆	☆	☆	☆	.
Quant voi le tens bel & cler	.	☆	☆	☆	☆	.
Quant voi paroir la fueille	.	.	☆	☆	☆	.
Que bien aimer granti	.	☆	.	.	.	.
Qui sert de fausse proiere	.	.	☆	☆	☆	.
Sanz attente de gueredon	.	☆	☆	.	.	.
Savez pourquoi plait	.	☆	(a)	(a)	(a)	☆
Si grand déduis ne si souveraine	☆	.	.	.	.	.
Sorpriz d'amours & plains d'ire	.	☆	☆	☆	☆	.
Tant de solas comme j'ai por	.	.	☆	☆	☆	.
Tant m'a mené force de	.	.	☆	☆	☆	.
Gaidifer.	—	—	—	—	—	—
Amours ki sur tous a pooir	☆	.	.	.	.	.
Je me cuidoie bien tenir	☆	.	.	.	.	.
Las! pourkoi ris ne jus	☆	.	.	.	.	.
Par grant effors m'estuet dire	☆	.	.	.	.	.
Quant Dieus ne veut tout si saint	☆	.	.	.	.	.
[2] *Gevenci.* (*Sire Adam de*)	—	—	—	—	—	—
Amis Guillaume, ami si sage	.	☆	.	.	.	☆
Assez plus que d'estre amis	.	☆	.	.	.	☆
Compains jéhan, un jeu	.	☆	.	.	.	☆
La douce concordance	.	☆	.	.	.	☆
Marvi loial voloir	☆	☆	.	.	.	☆
Per li servir en bonne	.	☆	.	.	.	☆

[1] Au Roi de Navarre, dans le manuscrit de Paulmy & de Clairambaut.

[2] Il y a deux Chansons de Gevenci, dont tous les couplets sont en musique différente dans le manuscrit du Roi. C'est une chose peu commune.

	V.	R.	P.	S.	C.	N.
Si que fortune d'amors	.	✡	.	.	.	✡
Trop est coutumiere	.	✡	.	.	.	✡
Gobin, de Reims.						
On soloit à en arriere	.	.	✡	✡	✡	.
Pour le tems qui verdoie	.	.	✡	✡	✡	.
Gontiers, de Soignies.						
A la joye des oiseaux	.	.	.	✡	.	✡
Bel m'est quant voi naitre le fruit	.	.	.	✡	.	✡
Chanter m'estuet de recomens	.	.	.	✡	.	✡
Doloureusement coment	.	.	.	✡	.	✡
Douce amors qui m'a talenti	.	.	.	✡	.	✡
Je n'en puis mon suer blamer	.	.	.	✡	.	✡
La flors nouvele qui resplane	.	.	.	✡	.	✡
L'an quant voi esclaircir	.	.	.	✡	.	✡
L'an que la froidor	.	.	.	✡	.	✡
L'an que la saisons s'agent	.	.	.	✡	.	✡
L'an que li bouillon	.	.	.	✡	.	✡
L'an que li dous chans	.	.	.	✡	.	✡
Li tans novaus & la douçours	.	.	.	✡	.	✡
Li tans que foille & flors destruit	.	.	.	✡	.	✡
Ne me done pas talent	.	.	.	✡	.	✡
Quant joi & bel	.	.	.	✡	.	✡
Quant joi tentir & bas & haut	.	.	.	✡	.	✡
Quant li beaus tens a nous	.	.	.	✡	.	✡
Sè li bisiel baisent lor chant	.	.	.	✡	.	✡
S'offers me suis de chanter	.	.	.	✡	.	✡
Tant ai mon chant	.	.	.	✡	.	✡
Uns maus k'aime	.	.	.	✡	.	✡
Yver aproisme & la saisons	.	.	.	✡	.	✡
Grieviler.						
Amours envoisié	✡	.	.	.	.	.
Dolens, irés, plains d'ardure	✡	.	.	.	.	.
Entre raison & amour	✡	.	.	.	.	.
Joli amours ki m'a en sa	✡	.	.	.	.	.
Joli espoirs & amoureux	✡	.	.	.	.	.
Pour boine amour & ma dame	✡	.	.	.	.	.
Guyot, de Dijon.						
Amours m'a assise rente	.	✡	.	.	.	.
Amours m'ont si enseignié	.	✡	.	.	.	✡

	V.	R.	P.	S.	C.	N.
[1] Bien cuidai toute ma vie	•	✡	•	•	•	•
Chanterai par mon corage	•	✡	(a)	(a)	(a)	•
Contre le dous tens nouvel	•	✡	•	•	•	•
Desormais est raisons	•	✡	•	•	•	•
D'amors me doit souvenir	•	✡	•	•	•	•
[2] De mon dolereus vous	•	✡	•	•	•	•
Hélas qu'ai forfait	•	✡	•	•	•	(a)
[3] Joie ne gueredon d'amors	•	✡	•	•	•	•
Li dous tens nouviau	•	✡	•	•	•	(a)
[4] Ma bone foi & loïauté	•	✡	•	•	•	•
[5] Penser ne doit villenie	•	✡	•	•	•	•
[6] Qnant je vois plus felons	•	✡	•	•	•	✡
Quant li dous estés	•	✡	•	•	(a)	•
[7] Uns maus come mais ne	•	✡	•	•	•	•
H.						
Hedin. (Jacques)	—	—	—	—	—	—
Je chante coume dervez	•	•	✡	✡	✡	•
Se part mon chant mi pouvoie	•	•	✡	✡	✡	•
Hugues Chatelain, d'Arras.	—	—	—	—	—	—
[8] Aller m'estuet la où je le trouvai	•	•	•	✡	•	✡
Hugues li Maroniers.	—	—	—	—	—	—
Robert or me conseilliés	•	•	•	✡	•	•
I.						
Jean de la Fontaine, de Tournay.	—	—	—	—	—	—
Amours me fait de cuer joli canter	✡	•	•	•	•	•

[1] Attribuée dans le même manuscrit à Pierre de Beaumarchais.

[2] Attribuée à Gillebert de Berneville, dans Noailles.

[3] Au Trésorier de Lille, dans le manuscrit de M. de Paulmy, & à Chétien de Troye dans Noailles.

[4] A Fremeau de Lille dans le Roi, Paulmy, & Clairambaut.

[5] A Jean Errars, dans Paulmy.

[6] Cette Chanson & la précédente ont à la fin de chaque couplet un refrain de plusieurs chansons, vraisemblablement en vogue dans ce tems là.

[7] A Gontier de Soignies, dans Noailles.

[8] A Gilles le Viniers, dans Paulmy & Clairambaut.

	V.	R.	P.	S.	C.	N.
Jean l'Orgueneur.						
Amours qui fait de moi tout son coment	.	.	.	*	.	.
Au tens que voi la froidnre	.	.	*	*	*	.
Jean, (Petit) peut-être l'Orgueneur.	—	—	—	—	—	—
J'ai amé très-tout mon vivant	*	.	.	.	.	.
Josselins, de Dijon.	—	—	—	—	—	—
A l'entrée d'un doux	.	*	.	.	.	*
Par une matinée	.	*	.	.	.	*
K.						
Kaukesel. (Maître Guibert de)	—	—	—	—	—	—
Chanter vaudrai d'amours	.	.	.	*	.	.
Fins cuers enamorés	.	*	.	.	.	*
Quant voi le dous tems	.	.	.	*	.	.
Un chant nouvel	.	*	.	.	.	*
L.						
Laceni. (Oudart de)	—	—	—	—	—	—
[1] Amours & desduis & joie	.	*	.	.	.	*
D'Amours vient joie & hor	.	.	*	.	*	.
[2] Flor qui s'espant	.	.	*	*	*	.
La Chevre, de Reims.	—	—	—	—	—	—
[3] Bien s'est amors honie	.	.	*	.	.	.
Jamais portant glaire	.	*	.	.	.	.
Jamais portant que l'ame	.	*	.	.	.	.
[4] Plaindre m'estuet de la bele	.	.	*	.	.	.
Qui bien veut amors	.	*	.	.	.	.
Lambert, l'Aveugle.	—	—	—	—	—	—
L'autrier quant cors fut esclarcis	.	*	.	.	.	.
Le Moine, de Saint Denis.	—	—	—	—	—	—
Amors m'a éprise	.	*	.	.	.	.
Amours me doit souvenir	.	*	.	.	.	.

[1] Attribuée au Vidame de Chartres, dans le manuscrit du Roi.
[2] Aussi à Gilles le Viniers, dans le manuscrit de Noailles.
[3] A Robert de Reims, dans Clairambaut.
[4] Idem.

Et

	V.	R.	P.	S.	C.	N.
Et mon Dieu, c'est la rage	•	✡	•	✡	•	✡
Le Trésorier de Lille, ou *Pierre le Borgne.*	—	—	—	—	—	—
Haut honor d'un commandement	•	•	✡	•	•	•
[1] Joie ne guerdon d'amors	•	•	✡	•	•	•
Li lousseignols que j'oi	✡	✡	✡	•	•	✡
Louvois. (*Messire Jean de Louvois*)	—	—	—	—	—	—
Chant ne me vient de verdure	•	✡	•	•	•	•
M.						
Mailli. (*Messire Bouchart de Mailli*)	—	—	—	—	—	—
Trop me puis de chanter taire	•	✡	•	•	•	✡
Maisons. (*Gilles de*)	—	—	—	—	—	—
Je chant, més c'est mauvés signes	•	•	✡	✡	✡	•
[2] J'oi tout avant blasme puis voir	•	•	✡	✡	✡	•
Maisons. (*Jean de*)	—	—	—	—	—	—
Je ne cuit pas qu'en amors traïson	•	•	✡	✡	✡	•
Marberolles. (*Robert de*)	—	—	—	—	—	—
[3] Chanter m'estuet, car pris m'en est	•	•	✡	✡	✡	•
Qui d'amors a remembrance	•	✡	•	✡	✡	✡
Sire Dex! en tante guise	•	✡	(a)	✡	(a)	•
Marche. (*Monseigneur le Comte de la*)	—	—	—	—	—	—
L'autrier chevauchoie sous par une contrée	•	•	✡	✡	✡	•
[4] Puisque d'amours m'estuet les maux	•	•	✡	✡	✡	•
Tout autre si com li Rubiz	•	•	✡	✡	✡	•
Martin le Béguin, *de Cambray.*	—	—	—	—	—	—
Boine aventure ait madame	✡	•	•	•	•	•
Loiaus amours, bone de fine	✡	•	•	•	•	•

[1] A Guyot de Dijon, dans le manuscrit du Roi; & à Chrétien de Troyes, dans Noailles.

[2] Ces deux chansons sont attribuées à Gilles de Vieuxmaisons, dans Noailles.

[3] Attribuée à Gilles de Vieuxmaisons, dans le manuscrit du Roi.

[4] A Jean Erars, dans Clairambaut.

	V.	R.	P.	S.	C.	N.
Loiaus desirs & pensée jolie	☆	.	.	.	.	.
Pour demeurer en amour	☆	.	.	.	.	.
Mathieu, le Juif.	—	—	—	—	—	—
Par grand franchise me convient	.	.	(a)	☆	(a)	.
Por autrui mouvai mon chant	.	.	.	☆	.	.
Mathieu de Gant, le Clers.	—	—	—	—	—	—
Com plus aim & mains ai joie	☆	.	.	.	.	.
De faire cançon envoisie	.	☆	.	☆	.	.
Je sers amors en mon pooir	.	☆	.	☆	.	☆
Mahieu de Gant, respondés	.	.	☆	☆	☆	.
Mahieu, jugiès se une dame	.	.	☆	☆	☆	.
Onqnes de chanter en ma vie	.	.	☆	☆	☆	.
Mauvoisin. (Robert de)	—	—	—	—	—	—
Au tens d'esté que voi vergier florir	.	.	☆	☆	☆	.
Moniot, d'Arras. (Jean)	—	—	—	—	—	—
A l'entrant de la saison	.	☆	.	.	.	☆
A ma dame ai pris congié	☆	☆	.	.	.	☆
Amors me fait renvoisier	☆	☆	(a)	.	(a)	☆
Amors, n'est pas j'en die	☆	☆	☆	☆	☆	☆
Amors, s'onques en ma vie	.	.	☆	☆	☆	.
Après le définiment	.	☆	.	.	.	.
Chansonette à un chant	☆	☆	.	.	.	☆
Ce fu un mai au douz tens gai	.	.	☆	☆	☆	.
Dame, ains que je voise	.	☆	.	.	.	☆
De joli cuer enamorée	.	.	☆	☆	☆	.
Encoir à si grand poissance	.	☆	.	.	.	☆
Li doux termine m'agrée	.	☆	☆	.	.	☆
[1] Ne me done pas talent	☆	☆	a	.	(a)	.
Nus n'a joie ne solaz	☆	☆	☆	.	☆	.
Plus ami que ne soloie	.	☆	.	.	.	☆
Quant voi les près florir	.	☆	.	.	.	☆
Moniot, de Paris. (Jean)	—	—	—	—	—	—
A une ajornée	.	.	☆	☆	☆	.
Au nouviau tems que nait la violette	.	.	☆	☆	☆	.
De haut lieu muet la cançon	☆	.	.	.	.	.

[1] Attribuée à Gontiers de Soignies, dans Noailles.

	V.	R.	P.	S.	C.	N.
Je chevauchoie l'autrier	•	•	✱	✱	✱	•
L'autrier par un matinet	•	•	✱	✱	✱	•
Li tens qui raverdoie	•	•	✱	✱	✱	•
Lonctens ai mon tens usé	•	•	✱	✱	✱	•
Pour mon cuer ressecier	•	•	✱	✱	✱	•
Quant j'oi chanter l'aloette	•	•	✱	✱	✱	•
Qui bien aime à tart oublié	✱	•	•	•	•	•
Qui veut amors maintenir	•	•	✱	✱	✱	•
Moulins. (Messire Pierre de)	—	—	—	—	—	—
Chanter me fait ce dont	•	•	•	✱	•	•
Fine amor & bone	•	•	•	✱	•	•
Quant foillissent li bocage	•	•	•	✱	•	•
Tant sai d'amors	•	•	•	✱	•	•
N.						
Nèle. (Pierot de)	—	—	—	—	—	—
Douce vierge roïne	✱	•	•	•	•	•
Neuville (Jean de)	—	—	—	—	—	—
Amors à qui toujors	•	✱	•	•	•	•
[1] A tous amans	•	✱	•	•	•	•
D'amors me plain ne sui	•	✱	•	•	•	•
[2] Desoremais est raisons	•	✱	•	•	•	•
En tout le mont ne truis	•	✱	•	•	•	•
Gautier de Formeseles	•	✱	•	•	•	•
Guillaume li Viniers, amis	•	✱	•	•	•	•
[3] Jherusalem grant	•	✱	•	•	•	•
La douçor d'estée	•	✱	•	•	•	•
L'an que la froidure faut	•	✱	•	•	•	•
[4] L'autrier par un matinet	•	✱	•	•	•	✱
Li dous tens de pascor	•	✱	•	•	•	•
[5] Mout ai été longement	•	✱	•	•	•	•
[6] Mout m'abéli	•	✱	•	•	•	•

[1] Aussi attribuée à Alars de Caus, dans le manuscrit du Roi.

[2] Attribuée à Guiot de Dijon, dans le manuscrit du Roi.

[3] Dans le même manuscrit, elle est sous le nom de Gautier d'Espinais.

[4] A Colars le Bouteiller, dans le manuscrit de Paulmy.

[5] A Gasse, dans le même manuscrit.

[6] A Marie de Dregnau de Lille, dans le même manuscrit, & dans celui de Noailles.

	V.	R.	P.	S.	C.	N.
Puisqu'ensi l'ai entrepris	.	☆	.	.	.	.
Quant je voi par la	.	☆	.	.	.	.
Quant li boscages retentir	.	☆	.	☆	☆	.
Quant voi la flor	.	☆	(a)	.	.	.
Quant voi fenir yver	.	☆	.	.	.	.
O.						
Oisi. (*Messire Hugues d'*)	—	—	—	—	—	—
En lax que chevalier	.	☆	.	☆	.	.
[1] Maugrez tous sains	.	☆	.	☆	.	☆
Ostun. (*Jacques d'*)	—	—	—	—	—	—
Bele, sage, simple & plesant	.	.	☆	☆	☆	.
P.						
Paon. (*Philipe*)	—	—	—	—	—	—
Se felon & lozengier	.	.	☆	☆	☆	.
Pierre. (*Robert de la*)	—	—	—	—	—	—
Cele que j'aime	.	☆	.	.	.	.
Contre le doux tens de may	☆	.	.	.	.	.
[2] Hé amors	.	☆	.	.	.	.
J'ai chanté mout liement	.	☆	.	.	.	.
Joliment me doit chanter	.	.	.	.	.	☆
Je chantai de ma dolor	.	☆	.	.	.	.
Je ne cuidai mais chanter	☆	.	.	.	.	.
Par maintes fois ai chanté liement	☆	.	.	.	.	.
Si j'ai chanté	.	.	.	☆	.	.
Prince, de Morée.	—	—	—	—	—	—
Au nouviau tems que j'oi	.	☆	.	.	.	.
Loiaux amors qui m'alume	.	☆	.	.	.	.
Q.						
Quarignon. (*Renier de*)	—	—	—	—	—	—
Andrieu dou che	.	.	.	☆	.	.
Jehan, li quiex a miendre	.	.	.	☆	.	.

[1] A Gace Brulé, dans Clairambaut.
[2] Attribuée à Guilbert de Berneville, dans Paulmy.

R.	V.	R.	P.	S.	C.	N.
Renti. (Jean de)						
Amours par sa courtoisie	•	•	•	✲	•	✲
J'ai grand pieca delacé de chanter	•	•	•	✲	•	✲
Jehan Bretel, un chevalier	•	•	•	✲	•	✲
Je m'esmerveille forment	•	•	•	✲	•	✲
L'autrier errai	•	•	•	✲	•	✲
* Li rossignols jolis	•	•	•	✲	•	✲
N'est pas sage qui enprent	•	•	•	✲	•	✲
Onques ne sent chançon	•	•	•	✲	•	✲
Plus ke mais ne suel	•	•	•	✲	•	✲
Qui n'auroit bone amour	•	•	•	✲	•	✲
Se che n'estoit pour dame	•	•	•	✲	•	✲
Se loïautés en amour pooit	•	•	•	✲	•	✲
Robert, de Reims.						
Bergier de ville champêtre	•	•	(a)	•	✲	•
L'autrier de joute	•	•	•	•	✲	•
Quant voi le douz tens venir	•	•	✲	✲	✲	•
Quand feuillissent li buisson	•	•	•	•	✲	•
[1] Qui bien veut amors descrire	•	•	✲	✲	✲	✲
Rogerin, de Cambray.						
Nouvele amour qui si m'agrée	•	•	✲	✲	✲	•
S						
Sauvage, d'Arras.						
Amour qui fait de moi tout son	•	•	•	•	•	✲
[2] Quant li tens pert sa chalor	•	•	✲	✲	✲	•
[3] Quant voi paroir la feuille	•	✲	•	•	•	•
Robert de Bethune	•	✲	•	•	•	•
Sauvage de Bethune.						
[4] Quant voi paroir la fueille	•	✲	•	•	•	✲
Sauvale Cosses.						
Amors qui fait de moi tout son coment	✲	•	•	•	•	•

* Chaque couplet commence par le mot qui a fini le précédent.

[1] Attribuée à la Chevre, de Reims, dans Noailles.

[2] A Gautier d'Argies, dans les manuscrits du Roi & de Noailles.

[3] A Sauvage de Bethune, dans le même.

[4] A Sauvage d'Arras, dans le même.

	V.	R.	P.	S.	C.	N.
Semilli. (Richart de)						
Ame ne vi grant hardement	.	☆	.	.	.	.
Chançon ferai plain d'ire & de pensée	.	.	☆	☆	☆	.
Dex s'entremet de garder	.	.	.	.	.	☆
De chanter m'est pris corage	.	.	☆	☆	☆	.
[1] Gente m'est la saison d'esté	.	☆	.	.	.	.
J'aime la plus sade riens qui soit	.	.	☆	.	.	.
Je chevauchai l'autrier la matinée	.	.	☆	☆	☆	.
[2] L'autrier chevauchai mon chemin	.	.	☆	☆	☆	.
L'autrier tout seus chevauchoie	.	.	☆	☆	☆	.
Mult ai chanté, rien ne mi peut valoir	.	.	☆	☆	☆	.
Par amors ferai chançon	.	.	☆	☆	☆	.
Nous venions l'autrier de joer	.	.	☆	.	.	.
[3] Quant chiet la fueille	.	☆	.	.	.	.
Quant la saison renouvele	.	.	☆	☆	☆	.
[4] Quant chante oisiaux	.	☆	.	.	.	.
Sendrart ou *Sendrat.*						
Doy home sont auquistout d'un eage	☆	.	.	.	.	.
[5] *Soignies. (Gautier de)*						
Au tens gent qui raverdoie	.	.	☆	☆	☆	.
Conbien que j'aie démoré	.	.	☆	☆	☆	.
Dolerousement tourmenté	.	☆	.	.	.	.
El mois d'esté qui li tens rassoage	.	.	☆	.	.	.
Li tens noviaux & la doçor	.	.	.	.	.	☆
L'an que florist la bruiere	.	☆	.	.	.	.
Merci amors, or ai mèsfet	.	.	☆	.	.	.
Quant j'oi tentir haut & bas	.	☆	.	.	(a)	.
Tant ai mon chant entrelaissiés	.	☆	.	.	.	.
Soissons. (Raoul de)						
Chançon m'estuet & fere, & comencier	.	☆	☆	☆	☆	.
Quant je voi & fueille & flor	.	.	☆	☆	☆	.

[1] A Richard de Fournival, dans le même.

[2] A Jean Erars, dans le manuscrit du Roi.

[3] A Richard de Fournival, dans le même.

[4] Idem.

[5] Peut être ce Gautier de Soignies est-il le même que Gontiers de Soignies. Cependant aucune chanson n'est donnée de l'un à l'autre, dans les différens manuscrits.

	V.	R.	P.	S.	C.	N.
Quant voi la glaie meure	✱	✱	.	.	.	.
Roys de Navare, sire de Vertu	.	✱	✱	✱	✱	.
Soissons. (Thierry de)	—	—	—	—	—	—
A la plus sage & à la plus vaillant	.	.	✱	.	(a)	.
Amis Harchier, cil autre chanteor	.	.	✱	.	.	.
Chançon legiére à chanter	.	.	✱	.	.	.
Destrece de trop amer	.	.	✱	.	.	.
[1] Encor n'est pas réson	.	.	✱	.	.	.
Helas! ere ai-je trop duré	.	.	✱	.	.	.
T.						
Tarduis. (Joseph)	—	—	—	—	—	—
L'an queles jours sunt	.	✱	.	.	.	.
L'on nues mes d'avrill	.	✱	.	.	.	.
Thibaut, d'Amiens.	—	—	—	—	—	—
J'ai un cueur trop lent	.	.	.	✱	✱	.
Thibaut, Comte de Champagne, & Roi de Navarre.	—	—	—	—	—	—
[2] . A enviz sent mal qui ne l'apris	.	✱	✱	✱	✱	✱
. Amours me fait comencier une chançon	.	✱	.	.	✱	✱
. Ansis comme unicorne sui	✱	✱	✱	✱	✱	.
. Autant plein de felonie	.	✱	✱	✱	✱	✱
. Bauduin, ils sont dui amant	(a)	✱	.	.	.	✱
. Bien me cuidoie partir	✱	✱	✱	✱	✱	✱
. Bons Roi Thibaut, Sire, conseillés moi	.	✱	✱	(a)	.	.
. Chançon ferai que talent m'en est pris	.	✱	✱	✱	✱	✱
. Chanter m'estuet, que ne m'en puis tenir	.	✱	✱	✱	✱	✱
. Comencerai à faire un lai	.	✱	.	.	.	✱
. Contre le tans qui desbrise	.	✱	✱	✱	✱	.
. Coustume est bien, quant l'on tient	.	✱	✱	✱	✱	.
. Cuens, je vous port un jeu	.	✱	✱	✱	✱	✱
. Dame, cil vostres fin amis	.	✱	✱	✱	✱	✱
— Dame d'amors	.	✱	.	.	.	.
. Dame ensi est qu'il m'en convient aler	.	✱	✱	✱	✱	.
. Dame l'on dit, que l'on meurt bien de joie	.	✱	✱	✱	✱	✱

[1] Attribuée à Guillaume le Viniers, dans le manuscrit du Roi.

[2] Les chansons marquées par un point, sont dans l'édition de M. de la Ravaliere.

	V.	R.	P.	S.	C.	N.
Dame merci, une riens vos demant	.	☆	☆	☆	☆	☆
De chanter ne me puis tenir	.	☆	☆	☆	☆	☆
De fine amor vient ſcience & beauté	.	☆	☆	☆	☆	☆
De grant joie me ſuiz touz eſmeuz	.	☆	☆	☆	☆	☆
De grant travail & de petit exploit	.	.	☆	☆	☆	.
De ma dame ſouvenir	.	☆	☆	.	☆	.
De novel m'eſtuet chanter	.	☆	☆	☆	.	.
De tous mes maux, n'eſt nus plus plaiſans	.	☆	☆	☆	☆	☆
Diex eſt enſi come li pélicans	.	☆	☆	☆	☆	☆
Douce Dame, tout autre panſement	.	☆	☆	.	.	.
Dou très-donc non à la Vierge Marie	☆	☆	☆	☆	☆	☆
En chantant voel ma dolour deſcouvrir	.	☆	☆	☆	☆	☆
En mai la rouſée, que neſt la flor	.	☆	.	.	(a)	.
Enpereres ne rois n'ont nul pooir	.	☆	☆	.	☆	.
Feuille ne flors ne vaut rien	☆	☆	☆	☆	☆	☆
J'aloie l'autre ier errant	.	☆	.	.	☆	☆
Je ne puis pas bien mettre en non chaloir	☆	☆	☆	☆	☆	☆
Je ne vois mais nului, qui gieu ne claim	☆	☆	☆	☆	☆	☆
[1] Je n'ox chanter trop tard ne trop ſouvent	,	.	☆	.	☆	☆
L'autre ier par la matinée	.	☆	☆	.	.	.
L'autre nuit en mon dormant	.	☆	☆	☆	☆	☆
Les douces dolors	.	☆	☆	☆	☆	☆
Li douz penſers & li douz ſovenirs	.	☆	☆	☆	☆	☆
Li roſſignoz chante tant	.	☆	☆	.	.	.
Mauvès arbres ne puet florir	.	☆	☆	☆	☆	☆
Mi grant deſir & tui mi grief torment	☆	☆	☆	☆	☆	☆
Nus hom ne puet ami reconforter	.	☆	☆	☆	☆	☆
Ne por mau tens ne por gelée	.	☆	☆	(a)	☆	☆
Par Dieu, ſire de Champagne & de Brie	.	☆	☆	☆	☆	☆
Phelipe, je vous demant	.	☆	☆	☆	☆	☆
Phelipe, je vous demant k'eſt devenu	.	☆	☆	☆	☆	☆
Pour couſe d'amer me due	☆	☆	☆	☆	☆	☆
Pour conforter ma péſance	.	☆	☆	☆	☆	☆
Pour froidure ne pour yver felon	.	☆	☆	☆	☆	☆
[2] Puiſqu'il m'eſtuet de ma dolor	☆	☆	.	.	.	.

[1] Attribuée au Comte de Braine, ainſi qu'au Roi de Navarre, dans le manuſcrit de Noailles & dans celui du Roi.

[2] Dans la Table ancienne du manuſcrit du Roi, cette chanſon eſt attribuée au Roi de Navarre. Cependant à la tête de la chanſon, on voit écrit en lettres vertes, *Maître Richart*, ſans doute de *Fournival*; car le manuſcrit de Noailles la lui donne deux fois. Celui de Clairambaut la donne à Gautiers d'Eſpinais.

Quant

	V.	R.	P.	S.	C.	N.
. Quant fine amors me prie que je chant	.	.	*	.	.	.
. Qui plus aime plus endure	.	*	*	*	*	*
. Robert, veez de perron	.	*	*	.	.	.
. Rois Thiebaut, sire, en chantant	.	*	*	*	*	*
. Savés, pourquoi amors a non amours	*	.	.	.	.	.
. Signor, saciès ki or ne s'en ira	.	.	*	.	.	.
. Si j'ai lonc tens été en Romanie	.	.	.	.	.	.
. Sire, loez moi à choisir	.	*	*	*	*	.
. Sire, ne me celés mie	.	*	*	*	*	*
. Tant ai amors servies longuement	.	*	*	*	*	*
. Tout autre si com fraint nois & yver	.	*	*	*	*	*
. Tout autre si com l'ente fet venir	.	*	*	*	*	*
[1] . Très-haute amors, ki tant s'est abaissée	*	*	.	.	.	.
. Une chançon encor voil	.	*	*	*	*	*
. Une chose, Bauduin, vous demande	.	*	.	.	.	*
. Une dolors enossée	.	*	.	.	.	.
Trie. (Jean de)	—	—	—	—	—	—
Bone dame me proie	.	*	.	.	.	.
Li lons consirs	.	*	.	*	.	*
V.						
Veau Guillaume.	—	—	—	—	—	—
J'ai amé trestout mon vivant	.	.	*	*	*	.
Vieuxmaisons. (Messire Pierre Gillet de)	—	—	—	—	—	—
[2] A l'entrant del tans sauvage	.	*	.	.	.	.
[3] Chanter m'estuet, quar pris	.	*	.	.	.	.
Encore m'estuet-il chanter	.	*	.	.	.	.
[4] J'ai oublié peine & travaux		*	.	.	.	.
Mi sui dèl tout à fine		*	.	.	.	.
Pluie, ne vens, gelée	.	*	.	.	.	.

[1] Attribuée à Perrin d'Angecort, dans Paulmy & dans Clairambaut; & à Pierre Contredit dans celui du Roi, & celui de Noailles.

[2] Attribuée dans le même manuscrit au Chanoine de S. Quentin, & dans celui de Noailles.

[3] A Robert de Marberolles, dans Paulmy & Clairambaut.

[4] A Gaffe Brulé, dans Paulmy.

	V.	R.	P.	S.	C.	N.
[1] Quant je voi les vergers	.	☆	.	.	.	.
[2] Quant iver à tel	.	☆	.	.	.	.
Quant il ne pert	.	☆	.	.	.	.
Quant li lousseignols	.	☆	.	(a)	.	.
Se j'ai chanté ce poisse	.	☆	.	.	.	.
Se par chanter me	.	☆	.	.	.	.
Vilain, d'Arras.						
Beau m'est del	.	.	.	.	.	☆
Joious talent est de moi departis	.	.	.	.	.	☆
Se de chanter ne poisse tenir	.	.	☆	☆	☆	.
Viniers (*Gile le*) ou *Vigneres.*						
A ce m'acort que mon chant	.	☆	.	.	.	☆
[3] Aler m'estuet là où je trevai	.	.	☆	☆	☆	.
Au partir de la froidure dure	.	.	.	.	.	☆
Amors qui me le comande	.	.	.	.	.	☆
Beau m'est printens au partir	.	.	.	.	.	☆
Viniers. (*Jaques le*)						
[4] De loyal amor jolie	☆	☆	.	.	.	☆
Je suis chil qui tojors foloie	.	.	.	.	.	☆
Loiaux amors qui en moi	.	☆	.	.	.	☆
Viniers. (*Guillaume le*)						
A flors ne glais ne voit	☆	☆	.	☆	.	☆
Amours grassi	☆	☆	.	☆	.	☆
Amours vostre sers	☆	☆	.	☆	.	☆
Bien doit chanter	.	☆	.	☆	.	☆
Bone amour cruel	☆	☆	.	☆	.	☆
Chançon renvoisié ne puet	.	☆	.	☆	.	☆
Dame des ciels mout	.	☆	.	☆	.	☆
De bien amer croit	☆	☆	.	.	.	☆
[5] Encor n'est raison que ma joie	☆	☆	.	☆	.	☆
En mi-mai quant c'est	.	☆	.	☆	.	☆
En tout tans se doit	☆	☆	.	☆	.	☆

[1] A Raoul de Ferrieres, dans le même.

[2] Idem.

[3] A Hugues Chatelain, d'Arras, dans Noailles.

[4] Attribuée à Jean Fremiaux de Lille, dans Noailles, & dans le manuscrit du Roi & celui du Vatican.

[5] A Thierry de Soissons, dans Paulmy.

	V.	R.	P.	S.	C.	N.
Eſpris d'ire & d'amor	•	✡	•	✡	•	✡
Flors ne glai	•	•	•	✡	•	✡
Frere, qui fet mieux	•	✡	•	✡	•	✡
Glorieuſe Vierge pucelle	•	•	•	✡	•	✡
Je me chevauchai penſis	•	✡	•	✡	•	•
Ire d'amors & doutance	✡	✡	•	✡	•	✡
La flor d'yver	•	✡	•	✡	•	✡
Le bien amer croiſt ſens & cortoiſie	•	•	•	✡	•	✡
Le premier jour de May	•	✡	•	✡	•	✡
Li louſeignols avrillous	•	✡	•	✡	•	✡
Moines ne vous	•	✡	•	✡	•	•
Mout à mon cuer	•	✡	•	✡	•	✡
Qui merci crie merci doit avoir	✡	✡	•	✡	•	✡
Quant ces moiſſons	•	•	✡	✡	✡	•
Qui que voié en amor	•	✡	•	✡	•	✡
Ramanbrance d'amors	✡	✡	•	✡	•	✡
Se chans ne deſcars	•	✡	•	✡	•	✡
Sire frere, faites mon jugement	•	✡	•	✡	•	✡
S'onques chanteurs	✡	✡	•	✡	•	✡
Tel fois chante la jonglere	•	✡	•	✡	•	✡
Thomas, je vous vueil	•	✡	•	✡	•	•
Virgene pucele royaux	✡	✡	•	✡	•	•
Voloirs de faire chançons	✡	✡	•	✡	•	✡

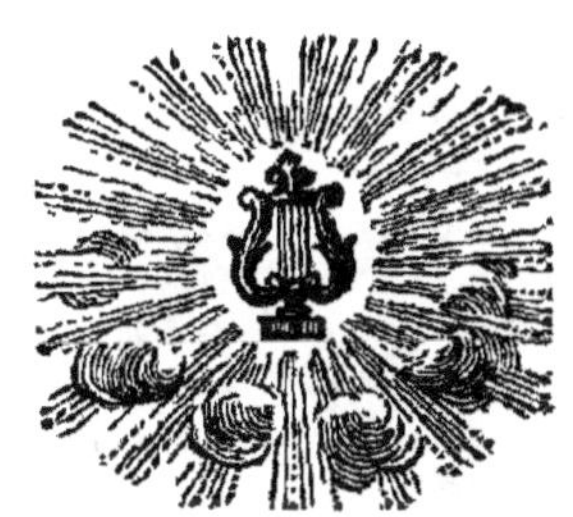

TABLE des Chansons anonimes, qui se trouvent dans les Manuscrits du Vatican, de M. le Marquis de Paulmy, de M. de Clairambaut, de M. de Sainte-Palaye, & de MM. de Noailles.

A

	V.	P.	C.	S.	N.
A LA DOUÇOR dont li oisiaux	.	☆	☆	☆	.
A la fontanele	.	☆	☆	☆	.
A la saison dou tems	.	.	.	☆	.
A l'entrant de May	.	☆	.	.	.
A l'entrant, dou tems novel	.	.	.	☆	.
A l'entrée de Pastor	.	.	.	☆	.
Amis, quel est li mieus vaillant	.	.	.	☆	.
Amors de chanter m'avoie	.	☆	.	.	.
Amors me semont & proie de chanter	.	☆	☆	☆	.
Amors me semont & prie de canter, mais	.	☆	.	.	.
Amors me tient en espérance	.	☆	☆	☆	.
Amors ne se puet céler	.	☆	.	.	.
Amors qui m'a en sa baillie reçu	.	☆	☆	☆	.
Amors qui sorprent	.	.	☆	☆	.
Amors dont je me cuidoie	☆	.	.	.	.
Amours est une merveille	.	.	.	☆	.
Amours m'a pris & mis en sa prison	.	.	.	☆	.
Amours me donne achoison de chanter	.	.	.	☆	.
Amours m'est el cuér entrée	☆	.	.	.	.
Amours, que porrai devenir	☆	.	.	.	.
Amours qui a son oes	.	.	.	☆	.
Amours qui m'a doné je l'en merci	.	.	.	☆	.
Apris ai qu'en chantant plorer	.	.	☆	☆	.
Avant hier en un vert pré	.	☆	☆	☆	.
Au comencier de l'amor qui m'agrée	.	☆	☆	☆	.
Au comencier de totes mes chansons	.	.	.	☆	.
Aucune gent ont dit par félonie	.	.	.	☆	.
Aucun vuelent demander	.	.	.	☆	.
A une fontaine lès un bois ramé	.	☆	☆	☆	.

	V.	P.	C.	S.	N.
Au nouviau tems toute riens s'éjoïſt	.	☆	.	.	.
Au par iſſir de la campaigne	☆	.	.	.	.
Au partir d'eſté & de flor	.	☆	☆	☆	.
Au renouvel du tems	.	☆	☆	☆	.
* Attribuée à Gaſſe dans le manuſcrit du Roi, & au Chatelain de Coucy, dans le Roman	.	.	.	.	.
Au reparier que je fis de Prouvence	.	.	☆	☆	.
Au tems d'Aouſt que feuille de boſchet	.	.	.	☆	.
B.	—	—	—	—	—
Bel avantaige a de chanter	.	.	.	☆	.
Bele & blonde à qui je ſuis tout	.	.	.	.	.
* Chaque couplet finit par le mot qui commence le ſuivant	.	☆	☆	.	.
Biau m'eſt quant voi verdir	.	☆	☆	☆	.
Bien ai perdu le grant	☆	.	.	.	.
Bien cuidai garir amors	.	☆	☆	☆	.
Bien cuit dou frais ne goutera	.	.	.	☆	.
Bien doit amors guerredonner	.	☆	.	☆	.
Bien doit chanter quant dire	.	.	.	☆	.
Bien me deuſſe targier	.	☆	☆	☆	.
Bien font amours leur talent	☆	.	.	.	.
Bien m'ont amors entrepris	.	.	.	☆	.
Boine amours ki m'agrée	☆	.	.	.	.
Bois ne lis ne roſe en Mai	.	☆	.	.	.
C.	—	—	—	—	—
Car me conſeilliés, Jehan	.	☆	☆	☆	.
C'eſt en Mai quant reverdoie	.	.	☆	☆	.
Chançon de pleur & de ſopirs	.	.	.	☆	.
Chaſcun un voi le tens	.	.	.	☆	.
Chanterai par grant envie	.	☆	☆	☆	.
Chanter me convient plain d'ire	.	.	☆	☆	.
Chanter me font amors & resjoir	.	☆	.	.	.
Chanter m'eſtuet plain d'ire & de peſance	.	☆	☆	☆	.
Chanter vueil d'amors	.	☆	☆	☆	.
Chanter vueil en nouviau ſon	.	.	☆	☆	.
Coment qu'amors me deſtreigne	.	.	☆	☆	.
Com irè d'amours	.	☆	.	.	.
Confors me prie & ſemont	.	.	.	☆	.
Conſeillés moi, Jean de Grieviler	☆	.	.	.	.

	V.	P.	C.	S.	N.
Contre le frois tans d'yver	.	.	.	☆	.
Contre le tems d'esté qui	.	☆	.	.	.
Contre le tems que je voi qui repaire	.	☆	☆	☆	.
Cuvelier, & vous, Ferris	☆	.	.	.	.
Cuvelier, s'il est ensi	☆	.	.	.	.
Cuvelier, vous amerés	☆	.	.	.	.
D.	—	—	—	—	—
Dame qui cors honorés	.	.	.	.	☆
D'amours me plaing plus	.	.	☆	.	.
Dame merchi, une riens	☆	.	.	.	.
De cuer dolent & plein d'ire	.	.	.	☆	.
Dedans mon cuer naist une	.	.	.	☆	.
De la joie que des estant	.	.	.	☆	.
De la procession au bon abbé	.	.	.	☆	.
Desormés ne me puis taire	.	.	☆	☆	.
Destroiz d'amours & pensis	.	☆	.	.	.
Destroiz de cuer & de mal	.	☆	☆	☆	.
Devers chastel vilain me vient	.	.	.	☆	.
De vous, amors, me complaing	.	☆	☆	☆	.
Dex ! con m'ont mort norrices	.	.	.	☆	.
Dex ! Je n'ose nommer amie	.	☆	☆	☆	.
Dex saut madame & douce	.	.	.	☆	.
Dites, seignor, que devroit	.	.	.	☆	.
Donc ère d'amors enseigné	.	.	.	☆	.
Douce dame mi grant desir	.	.	.	☆	.
Douce dame, mult sui liez	.	☆	.	.	.
Dous rousseignols jolis	☆	.	.	.	.
Dous est li maux qui met *	.	.	.	.	.
* Donnée à Adam le Bossu, dans le manuscrit de Noialles	.	.	.	☆	.
E	—	—	—	—	—
En Avril au tems pascour	.	☆	.	.	.
En ceste note dirai	.	☆	☆	☆	.
En chantant m'estuet	.	☆	☆	☆	.
En chantant me vueil complaindre	.	.	.	☆	.
En chantant plaing & sopir	.	.	.	☆	.
Encontre esté qui nous argue	.	☆	☆	☆	.
En douce dolor aurai longuement	.	.	.	☆	.
En esmai & en confort ne sçai	.	.	.	☆	.

	V.	P.	C.	S.	N.
En espoir d'avoir	✲	.	.	.	.
En la douce saison d'estey	.	.	.	✲	.
En ma forest entrai l'autrier	.	✲	.	.	.
En mai au douz tems nouvel	.	✲	✲	✲	.
En mai la rousée	.	✲	.	.	.
En mars quant la violette	.	✲	.	.	.
Ennui & désespérance	.	.	.	✲	.
En pascor un jour estoie	.	.	✲	✲	.
Ens ou cuer m'est entrée	.	.	.	✲	.
En une praele lez un vergier	.	✲	✲	✲	.
En une praielle trouvai l'autrier	.	.	.	.	✲
E serventois t'en iras droit	.	✲	✲	✲	.
Ensi con cil qui cuevre	.	.	.	✲	.
F.	—	—	—	—	—
Fine amors me fait chanter	.	.	.	✲	.
Flor ne verdure de pré	.	✲	✲	✲	.
Flor ne verdour ne m'a plu	.	.	✲	✲	.
Force d'amors me fet dire	.	✲	✲	✲	.
Force d'amors qui m'a en son	.	✲	.	.	.
G.	—	—	—	—	—
Gent de France mult estre	.	✲	.	.	.
Grand pieça que ne chantai	.	.	.	✲	.
H.	—	—	—	—	—
Hui main par un ajournant	✲	✲	✲	✲	.
J.	—	—	—	—	—
J'ai bon espoir d'avoir joie	.	✲	✲	.	.
J'ai chanté mult liement	✲	.	.	.	.
J'ai cuer & gent doit avoir	.	✲	.	.	.
J'ai maintes foiz d'amours	.	✲	✲	✲	.
J'ai novel comandement	.	.	.	✲	.
J'ai oublié paine & travaus	✲	.	.	.	.
Ja nus hons pris ne dira sa réson	.	✲	✲	✲	.
Jean Bretel, par raison	✲	.	.	.	.
Je chant par droite raison	.	✲	✲	✲	.
Je n'aurois jamais voloir de nule	.	.	.	✲	.

	V.	P.	C.	S.	N.
Je ne chant mais dou tems qui reverdit	.	.	.	☆	.
Je ne mi vueil de bone amor retraire	.	.	☆	☆	.
Je ne puis entr'oublier mon grant domage	.	.	.	.	☆
Je ne tieng mie à sage aussi ne fait	.	.	.	☆	.
Je n'oi pieça nul talent de chanter	.	.	.	☆	.
Je soloie entrenvoisiés	.	.	.	☆	.
Je suis espris doucement	.	.	.	☆	.
Je suis votre ligement	.	☆	.	.	.
Je vous proie, dame, marvie	☆	.	.	.	.
Il covient qu'en la chaudoire	.	.	.	☆	.
Il me covient renvoisier	.	.	.	☆	.
Il m'est avis que nus ne puet chanter	.	☆	.	.	.
Joie d'amors que j'ai tant desirée	.	.	.	☆	.
Jolis plain de mon amor	.	☆	☆	.	.
J'osasse bien jurer n'a plus lon tems	.	.	.	☆	.
K.	—	—	—	—	—
Ki bien veut amours descrivere	☆	.	.	.	.
L.	—	—	—	—	—
L'amours dont sui espris me semont	.	.	.	☆	.
Là où la foible & la flor	.	.	.	☆	.
Las ! pourquoi m'entremis d'amer	.	☆	☆	☆	.
Lasse ! pourquoi refusai	.	☆	☆	☆	.
L'autrier en une praiele	.	☆	.	.	.
L'autrier estoie en un vergier	.	☆	☆	☆	.
L'autrier m'en aloie	.	☆	☆	☆	.
L'autrier par une matinée	.	☆	☆	☆	.
L'autrier quant je chevauchoie	.	☆	.	.	.
L'autrier quant je chevauchoie tout droit	.	☆	☆	☆	.
L'autrier tout seul chevauchoie	.	☆	☆	☆	.
Léaux amors puisqu'enfin	.	.	.	☆	.
Le Brun tems voi resclarcir	.	.	.	☆	.
Les gens me dient que g'enpir	.	.	.	.	.
Li Chatelain de Coucy ama tant	.	☆	☆	☆	.
Li douz chant de l'oiseillon que	.	.	.	☆	.
Li joli tems d'estey que je voie	.	.	.	☆	.
Li maus d'amours me plaît	☆	.	.	.	.
Li rossignox que j'oi chanter	.	.	.	.	.
* Le mot qui finit un couplet est le même qui commence le suivant...	.	.	☆	☆	.

Li

	V.	P.	C.	S.	N.
Li tens d'esté renvoisiez & jolis.	.	✶	✶	.	.
Li trez dous maus que j'endure.	.	.	.	✶	.
Loial amour qui m'est el cuer.	.	✶	✶	✶	.
Loiaus desirs & pensée jolie.	.	.	.	✶	.
Lons desirs & longue atente.	.	.	.	✶	.
Lorsque rose ne fueille ne flor	.	.	.	✶	.
Lorsque vois le boisson en verdure.	.	.	.	✶	.
M.	—	—	—	—	—
Ma chançon n'est pas jolie.	.	✶	✶	✶	.
Madame me fait chanter.	.	.	.	✶	.
Ma douce dame, on ne crois.	.	.	.	.	.
Ma douce dame, que j'ai encor	.	✶	✶	✶	.
Marvis reson qui convoise	.	✶	✶	✶	.
Mere à dous Roi	✶	.	.	.	.
Mere au Roi Poissant	✶	.	.	.	.
Merveilles est que toujours.	.	✶	✶	.	.
Moines ne nous ennui pas	✶	.	.	.	.
Mult m'a demoré.	.	✶	✶	.	.
N.	—	—	—	—	—
Ne lairai que je ne die de mes maus.	.	.	.	✶	.
Ne rose ne flor de lis.	.	✶	✶	✶	.
N'est pas saige ki me torne à folie	.	.	.	.	✶
Ne sui pas si esbahi por yver.	.	.	.	✶	.
O.	—	—	—	—	—
Oi mi amors si dure départie.	.	.	.	✶	.
On me deffent que mon coer.	✶	.	.	.	.
Onques mais jor de ma vie.	.	.	.	✶	.
Onques ne mes poi parcevoir	.	.	.	✶	.
Or ne puis-je plus celer le mal d'amour	.	.	.	✶	.
Or serois merci de saison	.	.	.	✶	.
P.	—	—	—	—	—
Panser mi font & voillir granz.	.	.	.	✶	.
Par force quant m'esbahiz.	✶	.	.	.	.
Par le tems bele.	✶	✶	✶	✶	.

	V.	P.	C.	S.	N.
Par mainte foiz ai chanté	·	☆	☆	☆	·
Par mon cuer à ma joie	·	☆	·	·	·
Pensif contre une bruyere	☆	·	·	·	·
Pensif d'amours, joieus & corrociez	·	☆	☆	·	·
Plain de tristece & de désespérance	·	☆	☆	·	·
Pluie ne vens, gelée ne froidure	·	☆	☆	·	·
Poine d'amors & li mal que j'en trei	·	·	·	☆	·
Por cele où m'entente ai mise	·	☆	☆	☆	·
Por mon cuer à joie atraire	·	·	☆	☆	·
Pour demorer en amour sans retraire	·	·	·	☆	·
Povre vieillesse m'asaut	·	·	·	☆	·
Pour faire l'autrei volunté	·	·	·	☆	·
Pour moi renvoisier	·	☆	☆	·	·
Puisque li maux qu'amours me fait	·	·	·	☆	·
Puisqu'en chantant covient que me déport	·	·	·	☆	·
Q.					
Quant oi sentir & bas & haut	·	☆	·	·	·
Quant fine yvers que cil arbres	·	☆	☆	☆	·
Quant florisent la prée	·	☆	☆	☆	·
Quant je chevauchoie	·	☆	☆	☆	·
Quant je voi esté, adonc sui jolis	·	☆	☆	☆	·
Quant je voi fremir la brueille	·	☆	☆	☆	·
Quant je voi la flor novele	·	☆	☆	☆	·
Quant je voi yver retorner	·	·	·	☆	·
Quant je voi le rossignol chanter	·	☆	·	·	·
Quant la flor de l'espinete voi	·	·	·	☆	·
Quant la ronsée au mois de mai	·	·	☆	·	·
Quant la saison desirée est entrée	·	·	·	☆	·
Quant li boscages retentist	·	☆	·	·	·
Quant li nouveau tens define	·	☆	☆	☆	·
Quant li noveax tems d'esté	·	·	·	☆	·
Quant li oisellon	·	☆	☆	☆	·
Quant li tens torne à verdure	·	☆	☆	☆	·
Quant Mars commence & Février	·	☆	☆	☆	·
Quant nest flor blanche & vermeille	·	☆	☆	☆	·
Quant par douçour dou tems novel	·	·	·	☆	·
Quant voi blanchoïer la flor	·	☆	☆	·	·
Quant voi esté & le tems revenir	·	☆	·	·	·
Quant voi fuille & flor d'esté	·	·	·	☆	·
Quant voi la prime florette	·	☆	☆	☆	·

	V.	P.	C.	S.	N.
Quant voi la flor novele	.	☆	.	.	.
Quant voi le tems & froidure	.	.	.	☆	.
Quant voi li doux tems bel & cler	.	☆	.	.	.
Quant voi li douz tems revenir	.	☆	☆	☆	.
Quant voi le novel tens venir	.	.	.	☆	.
Quant voi née	.	☆	.	.	.
Quant voi reverdir l'arbroie	.	.	.	☆	.
Quant voi raverdir vergier	.	☆	☆	☆	.
Quant yver trait à fin	.	☆	☆	☆	.
Quar euſſe-je cent mile marcs	.	.	.	☆	.
Que ſait porquoi amors	.	.	.	☆	.
Qui à chanter veut entendre	.	☆	☆	.	.
Qui perroit un guierredon	.	.	.	☆	.
R.	—	—	—	—	—
Roſe, ne flor, ne verdure	.	☆	.	.	.
S.	—	—	—	—	—
Se j'ai du monde la flor	.	☆	☆	.	.
Se j'ai chanté, ne m'a gaires	.	.	.	☆	.
Se par forez de merci	.	.	.	☆	.
Se valors vient de mener	.	.	.	☆	.
Sire Michiel, reſpondés	.	.	.	☆	.
S'onc ire d'amors enſeigna	.	.	.	☆	.
Sovent m'ont demandé la gent	.	.	.	☆	.
Souvent me vient au cuer	.	☆	☆	.	.
Souvent ſouſpire	.	☆	.	.	.
T.	—	—	—	—	—
Tant ai au cuer ire & cruel	.	.	☆	.	.
Tant ai d'amour apris &	.	.	.	☆	.
Tant ai d'amours qu'en	☆	.	.	.	.
Tant me plaiſt à l'eſtre à mis	.	.	.	☆	.
Telx nuit qui ne peut aidier	.	.	.	☆	.
Tout autreſi con dou ſoleil	.	.	.	☆	.
Trop eſt ciſt mondes cruaux	.	☆	.	☆	.
Trop m'abéliſt quant j'oi	.	.	.	☆	.
Trop ſui d'amors enganés	.	.	.	☆	.

V.

	V.	P.	C.	S.	N.
Vers, & réſon & meſure	.	☆	.	.	.
Un main me chevauchoie	.	.	.	☆	.
Un petit avant le jour	☆	.	.	.	.
Volés-vous que je vous chant	.	☆	.	.	.

On trouve dans ces Manuſcrits pluſieurs autres Chanſons anonymes ; mais ayant reconnu quels en ét.ient les auteurs, nous les avons portées à leur article.

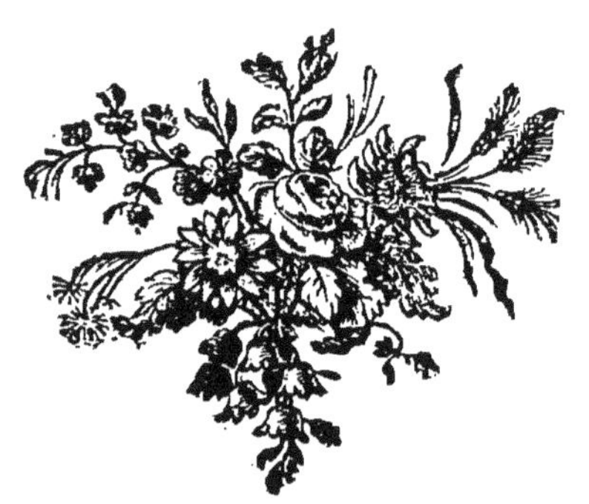

CHAPITRE VIII.

De quelques Poëtes lyriques Français du quatorzieme & du quinzieme siecles.

ALAIN CHARTIER, né en 1386, florissait en 1436, fut Secrétaire des rois Charles V, Charles VI & Charles VII, & eut une si grande réputation, qu'on l'appelait le pere de l'éloquence.

Pasquier prétend que Marguerite d'Écosse, femme de Louis XI, alors Dauphin, passant un jour dans une salle où Alain Chartier dormait, elle alla baiser sa bouche devant ceux qui l'accompagnaient; & voyant qu'on était étonné de ce qu'elle baisait un homme si laid, elle leur dit, ce n'est point l'homme que je baise, c'est la bouche de laquelle sont sortis tant d'excellens mots & tant de discours si sages.

ALBRET (Le Capdet Delebret), celui dont il est question dans les poésies du Duc d'Orléans, était, selon les apparences, frere, cousin ou neveu de Charles d'Albret, Connétable de France, tué à la bataille d'Azincourt, le 25 octobre 1415, où il commandait l'avant-garde.

RONDEL.

Dedens l'abisme de douleur,
Où tant a d'amere saveur
Aussi d'angoisseuse détresse,
Me trouve tourmenté sans cesse.
Madame, par votre douceur,
Secourez ce bon serviteur,
A qui l'on fait tant de rudesse.
Dedens, &c.

Las! ostez-lui tout malheur;
Ou autrement il se tient seur
De jamais n'avoir que tristesse;
Dont fauldra que sa vie cesse,
Piteusement en grant langueur.
Dedens, &c.

Alençon (Le Duc d'). Jean I, Duc d'Alençon, petit-fils de Charles de Valois, qui était frere de Philippe de Valois, Roi de France, naquit le 9 Mai 1385, & embrassa le parti des enfans du Duc d'Orléans, assassiné en 1407, contre le Duc de Bourgogne, auteur de cet assassinat. Ce fut en leur faveur que le Roi érigea le comté d'Alençon en duché-pairie en 1414. Il commandait l'armée à la fameuse bataille d'Azincourt, donnée le 25 Octobre 1415, & y fut tué, après avoir vaillamment combattu. Il était bisaïeul du Duc d'Alençon, beaufrere de François I, qui mourut à Lyon le 4 Avril 1525, de regret de n'avoir pas combattu, comme il devait, à la bataille de Pavie. En lui s'éteignit la branche des Ducs d'Alençon qui avait duré deux cent ans; le duché fut alors réuni à la Couronne, quoique le Duc d'Alençon laissât deux sœurs mariées, l'une au Duc de Vendôme, & l'autre au Marquis de Montferrat.

Jean II, fils de Jean I, né à Argentan le 22 Mars 1409, fut pris à la bataille de Verneuil en 1424, & servit ensuite Charles VII avec la plus grande fidélité. Cependant il fut soupçonné d'être auteur de la mésintelligence de Louis XI, alors Dauphin avec son pere; il fut aussi accusé de diverses intelligences avec les Anglais; on lui fit son procès, & il fut condamné à avoir la tête tranchée le 10 Octobre 1456 (*a*). Cette sentence ne fut pas exécutée, & le Duc d'Alençon fut remis en liberté par Louis XI. Mais étant retombé dans le même crime, il fut une seconde fois arrêté, son procès fait de nouveau, & condamné à mort le 14 Juillet 1474. Deux ans après, il sortit du château de Tours & mourut immédiatement ensuite. On l'enterra aux Jacobins. Il avait épousé Jeanne d'Orléans, fille de Charles, Duc d'Orléans, & de Jeanne de France, fille de Charles VI & d'Isabeau de Baviere.

On ne sait lequel de ces deux Princes a composé des poésies.

Angoulême (Comte d') Monsieur. Jean d'Orléans, surnommé le Bon, fils cadet du Duc d'Orléans & de Valentine de Milan, & petit-fils de Charles V, Roi de France, eut du goût pour la poésie, ainsi que son frere Charles d'Orléans. Il demeura en ôtage en Angleterre, depuis 1412 jusqu'en 1444, pour les cent mille écus prêtés par les Anglais à la

(*a*) On peut voir, dans le manuscrit des poésies de M. le Duc d'Orléans, le discours que ce Prince prononça en faveur du Duc d'Alençon.

Maison d'Orléans, pour faire la guerre à celle de Bourgogne. Il mourut à Cognac le 30 Avril 1467, & laissa de Marguerite de Rohan, Charles, Comte d'Angoulême, marié à la fameuse Louise de Savoie, & de ce mariage vint :

1°. François I, Roi de France. 2°. Marguerite de Valois, Reine de Navarre, si célebre par sa beauté & par son esprit.

RONDEL.

Crié soit à la clochette,
Par les rues sus & jus, (haut & bas)
Fredet, on ne le voit plus;
Est-il mis en oubliette?

Jadis il tenoit bien compte
De visiter ses amis;
Est-il Roi, ou Duc ou Comte,
Quant en oubli les a mis?

Banni à son de trompette,
Comme marié confus;
Entre Chartreux ou Reclus,
A-t-il point fait sa retraite?
Crié soit, &c.

Auriol (Blaise d'), de Castelnaudari, où il était Chanoine, né vers 1480, a fait plusieurs poëmes & des chansons, pillées entiérement des ouvrages de *Charles*, *Duc d'Orléans*. Les Auteurs des annales poétiques ont dit qu'en 1533, d'Auriol harangua François I à son passage à Toulouse, au nom de l'Université; & que sur ses représentations, le Roi accorda à cette Université la qualité de noble, & aux Professeurs le privilege de faire des Chevaliers. D'Auriol fut le premier décoré de ce titre. Ils rapportent aussi, d'après *Bodin*, que d'Auriol avait tant de foi dans l'astrologie, que plusieurs Astrologues ayant annoncé un nouveau déluge pour l'an 1524, il se fit faire un bateau pour tâcher de se sauver.

Belle-Perche (Gautier de), Auteur du Roman de *Judas Machabée*, n'eut pas le tems de l'achever avant de mourir (*a*).

(*a*) Il y avait un Pierre de Belleperche, Evêque d'Auxerre, Chancelier sous Philippe-le-Bel, mort en 1308.

Blosseville, Poëte du quinzieme siecle, dont on a conservé quelques rondeaux dans le manuscrit de Charles, Duc d'Orléans.

Boucicault (Le Meingre de). Dans le manuscrit des poésies de Charles de Valois, Duc d'Orléans, on en trouve quelques-unes de Boucicault. Il n'y avait alors que deux Seigneurs de cette Maison; 1°. Jean de Boucicault, second Maréchal de France de ce nom, son pere l'ayant été sous le Roi Jean, après la bataille de Poitiers. 2°. Jean son fils, qui mourut avant l'âge de vingt ans. Nous croyons que les poésies doivent être attribuées à son pere, qui ayant été fait prisonnier, ainsi que le Duc d'Orléans, à la bataille d'Azincourt, fut conduit avec lui en Angleterre, & put, ainsi que lui, charmer sa captivité, en faisant des vers. Il ne supporta sa prison que six ans, & y mourut en 1421, après s'être démis de sa dignité de Maréchal de France en 1418. Son fils avait été tué à la bataille d'Azincourt en 1415; & Antoinette de Beaufort, sa femme, était morte en 1416, de regret de la mort de son fils, & de chagrin de la captivité de son mari.

RONDEL.

Monstrer on doit (a) qu'il en desplaize
Du meffait, à qui n'a povoir
De servir; car si cru pourvoir
En parler, il semble qu'il plaize.
Qui ne peut, pour le moins se taize,
Et face en ducil lermes plouvoir.
Monstrer on doit, &c.
Du meffait, &c.

Mais dire qu'on n'a temps, ne aise,
Pour aage, d'y faire devoir,
Chascun seet bien apparcevoir
Que peu courée tost se rapaise.
Monstrer on doit, &c.

Boulainvilliers (Philippe de). *Robert de Boulainvilliers* avait épousé en 1430, *Marguerite d'Harcourt*, qui épousa en secondes noces Raoul d'Estouteville, Seigneur de Rames.

(a) (Quand on n'a pas le pouvoir d'empêcher une mauvaise action, on doit aumoins témoigner qu'elle déplaît: car en parler sans courroux c'est montrer qu'on l'approuve).

Jean

Jean de Boulainvilliers, Seigneur d'Offignier, avait épousé vers 1370 *Béatrix de Châtillon*, qui épousa depuis *Collard de Tanques*, lequel fut fait premier Ecuyer du Roi le 10 Janvier 1376.

Philippe, dont nous faisons mention, était probablement le petit-fils de l'un des deux. On trouve des chansons de lui dans le manuscrit des poésies de Charles, Duc d'Orléans.

CHANSON.

Hola, Hola, souspir, on vous hoit (*a*) bien;
Vous vous cuidez embler (*b*) trop croyement,
Contrefaisant un peu le (*c*) cayement;
Grant fain avez que on vous die, tien
Vous ne querez que d'un cueur le soustien;
C'est de telz gens tousjours l'esbatement,
Hola, hola, &c.
Vous vous, &c.

Trop vous hastez de vray, comme je tien;
Car l'on congnoist vostre fait clerement.
Une autrefoiz, faites plus saigement,
Car maintenent vous n'y gagnerez rien.
Hola, hola, &c.

Bourgogne (Le Duc d'). Ce Prince était Philippe III, surnommé le Bon, né le 30 Juin 1396, qui institua l'ordre de la toison d'or le 10 Janvier 1430, & mourut le 15 Juin 1467. Il était pere de Charles-le-Téméraire, dernier Duc de Bourgogne.

Balade en réponse au Duc d'Orléans, prisonnier en Angleterre.

S'il en estoit à mon vouloir,
Mon maistre & ami sans changier,
Je vous asseure, pour tout voir,
Qu'en vo fait n'auroit nul dangier;
Mais par deça, sans attargier (*d*),

(*a*) Entend.
(*b*) Echapper trop secrétement.
(*c*) Le crocodile.
(*d*) Sans tarder.

Vous verroye hors de prison,
Quitte du tout, pour abregier,
En ceste présente saison.

Se cel don povez recevoir,
Par la grace Dieu, de légier,
Pourrez tel à paix esmouvoir
Qui la desire esloigner :
Nul contre n'osera songier.
Par confort aurez bel & bon,
Se Dieu nous veut assoulagier
En ceste présente saison.

Mettons-nous en nostre devoir,
Qu'en paix nous puissions herbergier;
Il n'est au monde tel manoir,
Qui desir a de s'y logier :
Abregeons sans plus prolongier;
Il en est temps, ou jamais non,
Pour nous de guerre s'éloigner
En ceste présente saison.

ENVOI.

Or pensons de vous allégier
De prison pour tout engaigier,
Se n'avons paix & union;
Et du tout m'y vueil obligier
En ceste présente saison.

CADIER, Poëte du quinzieme siecle, dont on trouve un rondeau dans le manuscrit des poésies de Charles, Duc d'Orléans.

CAILLAU (Maître Jean). On trouve quelques petites pieces de lui, ainsi que de *Simon Caillau*, dans le manuscrit des poésies de Charles, Duc d'Orléans. Ils vivaient en 1420.

CHATELAIN (Georges), Gentilhomme Flamand, élevé dans la Maison des Ducs de Bourgogne, composa un recueil des choses merveilleuses de son tems.

Jean Moulinet était son disciple. Il mourut en 1475.

CHEVALIER (Maître Pierre), Poëte du quinzieme siecle, dont on trouve quelques pieces dans le manuscrit de Charles, Duc d'Orléans.

CLERMONT (Comte de). Charles I, nommé Comte de Clermont du vivant de Jean I, son pere, Duc de Bourbon, à sa mort embrassa le parti de Charles VII, alors Dauphin, & lui fut toujours fidélement attaché. Il mourut en son château de Moulins, le 4 Décembre 1456. On trouve plusieurs pieces de lui dans le manuscrit du Duc d'Orléans.

BALLADE.

J'amasse ung trésor de regrez
Que ma tant amée m'envoye;
Mais jusqu'à ce que je la voye,
Ne partiront de mes secretz.

La cause pourquoy je la cele,
Ses griefs maulx qui me font mourir,
C'est pour garder l'onneur de celle
Qui ne me daigne secourir.

Plus l'eslogne (a), plus d'elle est près
Mon cueur, dont mon povre œil lermoye (b);
Il n'est doleur que la moye (c);
Car quant j'ay assez plaint après,
J'amasse, &c.

COQUILLART était en 1478 Official de Rheims; & fit des vers fort libres, sur-tout pour un homme de son état. Il mourut de regret d'avoir fait une perte considérable au jeu de la moire.

Marot s'est ainsi égayé sur sa mort :

« La mort est jeu pire qu'aux quilles
» Ni qu'aux échecs, ni qu'au quillart.
» A ce méchant jeu, Coquillart
» Perdit sa vie & ses coquilles.

(a) Plus je m'éloigne.
(b) Pleure.
(c) Que la mienne.

Allusion aux coquilles d'or que portait Coquillart dans ses armes.

Un galant mignon certain soir,
Se présentant à l'huis derriere,
Pour sa douce amie aller voir,
Ne trouva que la chambriere.
La chambriere qui fut belle,
Bien usa de l'occasion;
Elle prit ce bien-là pour elle,
Et eut cette provision:
Assavoir si punition
Doit souffrir, comme laronnesse,
Et quelle restitution
Elle doit faire à sa maîtresse?

Cuise (Antoine de), Poëte du quinzieme siecle, dont on trouve quelques rondeaux dans le manuscrit des poésies de Charles d'Orléans.

Damien (Benoit), Poëte du quinzieme siecle, dont on trouve quelques vers dans le manuscrit de Charles, Duc d'Orléans.

Escurel (Jehannot de l') a fait paraître vers le commencement du quatorzieme siecle des chansons sur l'amour & la galanterie.

Chanson de l'Escurel.

Vieux langage.	*Traduction.*
Amours aux vrais cueurs commune M'a à amer adonné Noble Dame en qui fortune, Nature & grace ont ouvré. Si qu'en bonté, n'en biauté, Je crois, n'a point de pareille. Qui la voit s'en esmerveille.	« Amour, qu'éprouvent ordinairement les » cœurs vrais, m'a forcé d'aimer une noble » Dame, que fortune, graces & nature se » plurent tellement à orner, qu'en bonté » ainsi qu'en beauté elle n'a point d'égale, » & que qui la voit en est étonné.
Franc cuer ha, dous sans rancune; S'a le cors si bien fourmé Quer je n'en sai au monde une Tant belle à ma voulenté. J'a regard enamouré, Face à point blanche & vermeille. Qui la voit s'en esmerveille.	» Elle a le cœur franc & doux sans ran- » cune, & le corps si parfait, que selon » moi il n'est point au monde une femme » aussi belle. Elle a les regards amoureux, » les joues blanches & vermeilles. Qui la » voit en est étonné.

Pour ce qu'aim si haut, aucune
Gent m'ont nice clamé.
Mal sent, car Amour chacune
Personne esprent à son gré;
Ce m'a fait ainsi osé.
Par quoi s'en m'en desconseille,
Qui la voit s'en esmerveille.

» Certaines gens en me voyant aimer
» si haut, m'ont traité d'insensé; ils ont
» tort, car amour enflamme chaque homme
» à son gré: c'est lui qui m'a rendu si hardi.
» Par quoi si l'on me désaprouve, qui la
» verra en sera étonné.

Vo vair euil m'i font atraire,
A vous, Dame débonnaire.
Ne ja ne m'en quier retraire,
Ains vous servirė
Tant com vivré.

» Vos yeux bleus m'attirent vers vous,
» douce Dame, & je ne desire pas m'en
» retirer; mais je veux vous servir tant que
» je vivrai.

Eustache Deschamps, dit Morel, vivait sous Charles VI. On voit par le manuscrit de ses poésies, qui est à la bibliotheque du Roi, qu'il était châtelain de Fîmes, Ecuyer Huissier d'armes de Charles, & son Bailli de Senlis. Il a composé un grand nombre de ballades, chansons royaux, chansons balladées, rondeaux, virelais, lais, traitiés, farces, moralités, dits, lettres missibles, commissions, supplications, & autres pieces. On trouverait dans ce recueil beaucoup de morceaux intéressans pour l'histoire de France, depuis 1350 jusqu'en 1420. Cette derniere époque ferait croire que Deschamps survécut fort peu au Roi Charles. Il fait mention dans ses poésies, de Machaut, de Sohier & de plusieurs autres Poëtes de son tems. On trouve aussi de lui dans le manuscrit une complainte de l'Eglise, en prose latine, sur le schisme de Pierre de Lune, datée du 13 Avril 1393. Sa piece principale, & l'une des plus curieuses, est celle dans laquelle il dépeint d'une maniere très ingénieuse tous les embarras, les suites fâcheuses, & les maux tant moraux que physiques du mariage. Elle est intitulée, *Mirouer du Mariage*, & n'est point achevée; la mort n'ayant pas permis à l'auteur de la finir.

Le *Songe du vieux Pélerin*, ouvrage du même siecle, dont l'Abbé le Beuf a donné une notice très curieuse dans les mémoires de l'Académie des Belles-Lettres, parle avec éloge de Deschamps. L'Auteur s'adressant au Roi Charles VI, & lui conseillant de s'abstenir des lectures dangereuses ou frivoles, & de se livrer à celles qui sont utiles, dit: *Tu peux bien lire & ouïr aussi les dictiez vertueux de ton serviteur & officier Eustache Morel.*

Eustache Deschamps parle plusieurs fois de quelques instrumens, dont il ne nous reste aucune connaissance.

Plus ne fera chançon, livre, ne champs,
Ainçois joura de la *turlurette*,
Et s'en ira dire comme un truans
A Montagu qui l'y paye sa debte.

Page 208.

Il parle aussi du *contrepoint*.

Je vous montrerai la figure
Du contrepoint, & la mesure
Des semi breves accorder,
De faindre la voix, de monter
Et de deschanter à rebours....
Allés, qu'on puist vous étrangler,
Doit-on ainsi parler d'amours?

Page 311.

Le mot *solfier* était déja en usage.

Marion qui s'entendi
A *solfier* mist cueur & cure,
Quant la douçour de l'art senti,
Qui du livre fist l'ouverture.

Idem.

Le manuscrit du Vatican lui donne cette chanson.

Souffrez, mari,
Et si ne vous anuit.
Demain m'avés & mes amis anuit.
Je vous deffenc k'un seul mot n'en parlés.
Souffrés, maris, & si ne vous mouvés.
La nuit est courte, a par mains me raurés,
Quant mes amis ara fait son déduit.
Souffrez, maris, &c.

« Souffrez, mon mari, & qu'il ne vous » ennuie pas. Vous m'aurez demain, & » mon ami aujourd'hui. Souffrez, mon » mari, & ne murmurez pas. La nuit » est courte, vous m'aurez à votre tour, » quand mon ami aura pris son plaisir. » Souffrez....

Ballade pour Machaut, par Eustache Deschamps.

Armes, Amours, Dames, Chevalerie,
Clercs Musicans, fai-titres en François,

Tous sophistes, toute poëterie,
Tous ceuls qui ont mélodieuse voix,
Ceulx qui chantent en orgue aucune fois,
Et qui ont cher le doulz art de Musique,
Demenés dueil, plourés (car c'est bien drois)
La mort Machau, le noble réthorique.

Onques d'amours ne parla en folie,
Ains a esté en tous ses dits courtois:
Aussi a moult pléu sa chanterie
Aux grands Seigneurs, à Dames & à Bourgeois.
Le Orpheus assez lamenter dois
Et regretter d'un regard autentique,
Arethuse & Alpheus, tous trois,
La mort Machau, le noble réthorique.

Priés pour lui, si que nul ne l'oublie.
Ce vous requiert le bailli de Valoys:
Car il n'en est aujourd'hui nul en vie
Tel comme il fut, ne ne sera desmois.
Complaint sera de Princes & de Roys,
Jusqu'à long-tems pour sa bonne pratique,
Vestés vous noir; plourés tous, Champenois,
La mort Machau, le noble réthorique.

Rubebes, *leuths*, *vielles*, *syphonie*,
Psalterions, *trestous instrumens coys*,
Rothes, *guiterne*, *flaustres*, *chalemie*,
Traversaines, & vous nymphes de boys,
Tympanne aussi, mettés en œuvre dois
Et le *choro* : n'y ait nul qui replique.
Faictes devoir, plourés, gentils Galois,
La mort Machau, le noble réthorique.

Faret, Poëte du quinzieme siecle, dont on trouve des poésies dans le manuscrit de Charles, Duc d'Orléans.

RONDEL.

Au milieu d'espoir & de doubte,
Une foiz mal, autre foiz bien,
Je m'y trouve; mais je voy bien,
Que c'est fortune qui m'y boute.

Et pour vous dire somme toute,
C'est une chose où n'entens rien.
Au millieu, &c.
Une foiz, &c.
Mais quelque chose qui me coute,
Si est-ce bien le vouloir mien
De m'ouster (a) hors de ce lien,
Aucuneffoiz, tant me reboute.
Au millieu, &c.

FRAIGNE, Poëte du quatorzieme siecle. On trouve de lui quelques chansons dans le manuscrit du Duc d'Orléans.

CHANSON (b).

Et où vas-tu, petit soupir
Que j'ai ouï si doulcement?
T'en vas-tu mettre à saquement (c)
Quelque povre amoureux martir?
Vien-ça, dy-moy tost, sans mentir,
Ce que tu as en pensement.
Et où vas-tu, &c.

Dieu te conduye (d) à ton desir,
Et te ramene à sauvement;
Mais je te requiers humblement,
Que ne faces ame mourir:
Et où vas-tu, &c.

FREDET, Officier de Charles, Duc d'Orléans, est un des Poëtes du quinzieme siecle.

Lettre en complainte au Duc d'Orléans.

Monseigneur, pour ce que sçay bien
Que vous avez de vostre bien (e),

(a) M'ôter.
(b) L'Auteur suppose qu'il rencontre un soupir.
(c) Au désespoir.
(d) Conduise.
(e) Par bonté.

Autrefois

Autreffoiz pris plaisir à lire
De mes faiz qui ne valent rien,
Dont trop à vous tenu me tien (*a*),
Vouloir m'eſt pris de vous eſcrire,
Et mon aventure vous dire,
Laquelle conter vous deſire;
Car c'eſt raiſon que je le face,
Eſpérant que de mon martyre,
Tel conſeil qui devra ſuffire,
Me donnerez de votre grace.

Il eſt vrai que de par amours,
Ung jour Saint Valentin, à Tours,
Fut une grande feſte ordonnée,
Et fiſt aſſavoir par les cours,
Comme de couſtume a toujours,
Que chaſcun vint à la journée;
Là eut grant joie demenée,
Et mainte haulte loy donnée,
Qui fut ſans par (*b*). Choiſit à doncques,
Mi euz (*c*), comme par deſtinée,
A mon gré la meilleure née
Qui en France ſe trouva onques.

Comme Madame ma maîtreſſe,
Eſt ma terrienne Déeſſe,
Tousjours la ſers, & l'ay ſervie;
Car il m'a, par deffenſe expreſſe,
Commandé lui faire promeſſe
D'eſtre ſien pour toute ma vie;
Car tant ma penſée a ravie,
Et à la chérir aſſervie,
Que ne pourroye, ſur m'ame (*d*)
D'autre jamais avoir envie,
Tant feuſt-elle bien aſſouvie;
Si fort lui a pleu que je l'ame (*e*).

(*a*) Je me tiens attaché à vous.
(*b*) Sans égale.
(*c*) Mes yeux choiſirent donc.
(*d*) Sur mon ame.
(*e*) Je l'aime.

Mais ainsi m'est vaques, depuis
Qu'à elle donné je me suis,
Je ne peuz avoir bien ne joye;
Fors que tous maulx & tous ennuys,
Qui à toute heure, jours & nuys,
Me tourmentent où que je soye,
Tant que je ne sçay que faire doye (a);
Et semble, se dire l'osoye (b),
Qu'ils ayent tous ma mort jurée.
Se vostre bonté n'y pourvoye,
Force sera que par eulx voye
Finer ma vie maleurée (c).

Pour ce que souvent ne la voy,
Le plus que je puis, sur ma foy,
Je ne fais qu'en elle penser;
Savés-vous la cause pourquoi?
En espérant que mon ennoy (d)
Se deust aucunement cesser;
Mais il ne me veult délaisser:
Car plus de douleur me court seure,
Qui m'est si très dure à passer,
Que je desire trespasser
Plus de mille foiz en une heure.

Que je sçeusse prendre plaisir
En rien qui soit, fors desplaisir,
Las! je ne pourroye loing d'elle;
Car c'est celle que mon desir
M'a fait pour maîtresse choisir,
Comme si n'en feust point de telle:
Tout mon bien & mal vient de celle,
Ainsi comme il plaîst à la belle.
Il n'en est qu'à sa voulenté;
Et ne cuidez pas que vous céle (e)
Que ce ne soit celle qu'appelle,
Devant chacun ma leauté.

(a) Ce que je dois faire.
(b) Si je l'osois dire.
(c) Malheureuse.
(d) Ennui.
(e) Ne croyez pas que je vous cache.

Puisque je l'ame si très fort,
N'a pas amours doncques grant tort,
De moy faire tant endurer;
Ou dire fault qu'il soit d'accort,
Que pour trop amer pregne mort,
Ou moi faire désespérer.
Quand plaindre pour souspirer,
Pour mal qu'il me voye tirer,
Il ne m'en a que pis donné;
En ce point me fault demourer,
Car mieulx vault ainsi qu'empirer:
Veez-là (*a*) comment suis gouverné.

Hélas! ce qui plus me tourmente,
Et dont fault que plus de deuil sente,
C'est la grant doubte que je fais,
Que je effaille à mon entente (*b*),
Et que du tout perde l'attente
De mes tant desirez souhaiz.
Car je suis seur (*c*) plus qu'oncques mais,
Que si par vous ne sont parfais,
Voer (*d*) ma vie me fauldra,
En languissant, désoresmais,
Comme cil à qui pour jamais
Toute plaisance deffauldra (*e*).

Et quant devers amours je viens
Lui compter les maulx que soustiens,
En lui requérant allégance:
Il me respond, je n'y puis rien;
Mais va-t-en au Duc d'Orléans,
Que, fors lui (*f*), n'en a la puissance:
Faye donc qu'ayes (*g*) son accointance,
Et te metz en sa bienveillance:

(*a*) Voyez comment on me gouverne.
(*b*) C'est la crainte que j'ai de ne point obtenir ce que je desire.
(*c*) Assuré.
(*d*) Passer.
(*e*) Manquera.
(*f*) Personne que lui.
(*g*) Taches donc d'avoir.

Car se tu le peux faire ainsi,
Tu ne dojs point faire doubtance
Que de ta dure desplaisance,
Il n'en ait voulentiers merci.

A vous doncques me fault venir,
Et vostre du tout (a) devenir,
Puisque vos avez ce povoir
Que de moy faire parvenir
Au plus hault bien, qui avenir
Me peut jamais, à dire voir.
Pourquoi il vous plaise savoir,
Que se vous y faittes devoir,
Et voulez à mon fait entendre
Tellement que je puisse avoir
Celle qui tant me plaist avoir,
Vostre à tousjours je m'irai rendre.

Or n'obliés pas, Monseigneur,
Vostre très humble serviteur;
Mais escoutez mes dolans plains,
Desquelz je vous fais clameur;
Et veuillez, par vostre doulceur,
Que par vous ils soient estains (b);
Car croyez qu'ils ne sont pas sains (c);
Ains pires avant plus que mains (d):
Puis me donnez de vostre grace,
Je vous en pry à jointes mains,
Tel responce que soirs & mains (e),
Tout mon vivant joyeulx me face.

Froissard (Jean), Prêtre, Chanoine & Trésorier de l'Eglise collégiale de Chimay, Historien & Poëte, naquit à Valenciennes vers 1337. On croit que son pere s'appellait Thomas, & était peintre d'armoiries; cependant il est qualifié de Chevalier, à la tête d'un manuscrit de l'Abbaye de Saint Germain-des-Prés.

(a) Entiérement.
(b) Eteints, terminés.
(c) Feints.
(d) Moins.
(e) Soir & matin.

Le jeune Froissart aimait la chasse, la Musique, les fêtes, la danse, la parure, la bonne-chere, le vin, les femmes, &c. & tous ces goûts, qui se dévelopérent chez lui dès l'âge de douze ans, s'étant fortifiés par l'habitude, se conserverent dans sa vieillesse, & ne le quitterent jamais. Cependant deux goûts plus forts l'empêcherent de se livrer aux excès que sans doute les autres lui eussent inspirés; ceux de l'histoire & de la poésie. Ils furent toujours les dominans, & ce fut à eux qu'il dut ses plus grands plaisirs.

Il n'avait que vingt ans, lorsqu'à la priere de son Seigneur & *Maître Messire Robert de Namur, Chevalier, Seigneur de Beaufort*, il entreprit d'écrire l'histoire des guerres de son tems, particuliérement de celles qui suivirent la bataille de Poitiers; & quatre ans après, il alla en Angleterre la présenter à la Reine Philippe de Hainaut, femme d'Edouard III, & devint *Clerc de sa chambre*, c'est-à-dire, secrétaire ou écrivain de cette Princesse.

Plusieurs fois l'amour troubla sa raison & enflamma son sang d'une ardeur brûlante. Dans ce tems-là, on était persuadé que l'amour était le motif des plus grandes actions de courage & de vertu. La Reine d'Angleterre prenait souvent plaisir à lire les poésies amoureuses de Froissard. Si on croit ce qu'il y dit sur une de ses *Dames* (*a*), *elle était de plus haut rang*, & les Rois, ainsi que les Empereurs *l'avaient recherchée*; c'est ce qui n'est aisé ni à croire ni à vérifier.

Il était à Rome en 1369, lorsqu'il apprit la mort de son illustre protectrice la Reine d'Angleterre; le chagrin qu'il en eut, lui ôta l'envie d'y retourner. Il se retira dans son pays, où il fut nommé à la cure de Lestine; mais il ne garda pas long-tems son nouvel état, & tout ce qu'il nous apprend de sa vie pendant qu'il fut curé, c'est que les taverniers eurent cinq cent francs de son argent.

Dès qu'il fut redevenu libre, il s'attacha à Vinceslas *de Luxembourg, Duc de Brabant*, selon les apparences, en qualité de secrétaire; mais ce Prince mourut peu de tems après, & Froissard devint Clerc de la chapelle de Guy, Comte de Blois, qui le fit voyager en Gascogne pour achever la chronique qu'il avait commencée.

On sait sûrement qu'il était à Paris en 1392, lorsque le Connétable de Clisson fut assassiné par Pierre de Craon.

(*a*) C'est-à-dire, une de ses maîtresses.

Il y avait ving-sept ans que Froissard avait quitté l'Angleterre, lorsqu'il y retourna en 1395, & fut fort accueilli du jeune Roi Richard II, en faveur de l'amitié que la Reine Philippe de Hainaut, son aïeule, avait eue pour lui.

Trois mois après, il revint en France, & vécut encore quelques années, puisque dans sa chronique, il raconte quelques événemens de l'an 1400. On ignore l'année de sa mort, on sait seulement qu'elle arriva en Octobre, qu'il mourut à Chimay, & fut enterré dans l'église de Sainte-Monegunde de cette ville. Il avait alors soixante-cinq ou soixante-six ans environ. Bodin & la Popeliniere le font vivre jusqu'en 1420; mais ils se sont évidemment trompés.

L'histoire que Froissard nous a laissée, s'étend depuis l'an 1326 jusqu'en 1400, commence par conséquent au regne de Charles-le-Bel, & finit à la moitié du regne de Charles VI. Elle parle non-seulement des événemens arrivés en France, mais en Angleterre, en Ecosse, en Irlande, en Flandres, en Italie, en Espagne, en Allemagne, en Hongrie, en Turquie, en Afrique, &c.

Division de ses Poésies.

La premiere partie contient beaucoup de virelais, de lais, de rondeaux; mais ils se trouvent dans des fictions poétiques, dont ils font partie, & qui sont des morceaux très longs.

Ensuite viennent des lais détachés; mais il faut remarquer que ce mot, qui d'abord, dans la langue, signifia chanson, & ensuite romance, n'est plus dans Froissard qu'une longue piece, très difficile par la mesure des vers, & qui n'était point chantée.

Les *pastourelles* de Froissard ne sont que des contes, & point des chansons. Il s'en trouve environ vingt.

Les *chansons royaux, amoureuses*, sont au nombre de quatre, dont la deuxieme, la troisieme & la quatrieme ont été couronnées. Trente-huit *ballades amoureuses*, treize *Virelais amoureux* & quarante-trois *rondeaux amoureux* terminent le recueil de ses poésies.

Garencieres, Poëte du quinzieme siecle, était aimé de Charles, Duc d'Orléans, qui lui adresse plusieurs pieces dans le manuscrit qui nous reste des poésies de ce Prince.

Balade au Duc d'Orléans.

Cupido, Dieu des amoureux,
Prince de joyeuse plaisance,
Moi Garenciéres, très soingneux
De vous servir de ma puissance,
Vien devers vous en obéissance,
Pour vous humblement requérir,
Que vous veuilliez faire punir
Ung homme de mauvaise vie
Qui contre raison veult tenir
Le droit de vostre seigneurie.

C'est ung enfant malicieux,
Où nul ne doit avoir fiance :
Car il en a ja plus de deux
Décevés ou (a) pais de France,
Dont vous deussiez prendre vengeance,
Pour faire les autres cremir (b);
C'est le Prince de bien mentir,
Ainsné frere de Janglerie,
Qui contre raison veult tenir
Le droit de vostre seigneurie.

Onques Lucifer l'orgueilleux
Ne fist si grant oultrecuidance,
Quant il emprist d'estre envieux
Sur le Dieu de toute puissance.
Il me semble que par sentence
Vous le deussiez faire bannir
De vostre court, sans revenir,
Lui & sa faulse compaignie,
Qui contre raison veult tenir
Le droit de vostre seigneurie.

ENVOI.

Prince, s'on (c) doit avoir vaillance
Pour maintenir à grant habondance,

(a) Trompés au.
(b) Trembler.
(c) Si l'on.

Et pour faulseté maintenir,
Vous verrez icellui venir
A grant honneur, n'en doubtez mie,
Qui contre raison veult tenir
Le droit de vostre seigneurie.

Gelais (Octavien de), né à Cognac en 1465, était d'une illustre maison. Il entra peut-être malgré lui dans l'état ecclésiastique; mais il fut meilleur Poëte que Théologien. Cependant Charles VIII le fit Evêque d'Angoulême, & il fut sacré à Lyon en 1495, en présence du Roi. Il abandonna alors la poésie, & ne songea plus qu'à remplir dignement les devoirs de son état. Il mourut en Décembre 1502, âgé d'environ trente-six ans. On voit son tombeau à Angoulême, dans une belle chapelle bâtie par l'ordre de son frere, Evêque d'Uzès.

CHANSON.

On m'a donné le bruit & renommée
D'avoir esté grandement amoureux
Le tems passé qu'on m'a nommé.
On n'en sait rien, ils jugent tout par eux:
Qu'ils sachent donc que point ne suis de ceux
Lesquels aimant ne sont aimés des Dames,
S'il ne me veut, aussi je ne la veux;
Ce m'est tout un; Monsieur vaut bien Madame.

Je ne veux pas que de moi soit blasmée,
Mais la veux bien honorer en tous lieux.
Gracieuse est, & en beauté famée,
Et le maintien très frisque (*a*) & très joyeux:
Mais elle croit que sois si glorieux
Que tant je l'aime. Nenny, j'en aurois blasme;
Car qui ne m'aime, comme je fais, ou mieux,
Ce m'est tout un, Monsieur vaut bien Madame.

Si autrefois devant moi s'est pasmée,
En me riant de ses attrayans yeux;
Et si d'un autre elle estait embasmée (*b*);

(*a*) Leste.
(*b*) Eprise.

Comme

Comme on m'a dit, dont j'en ſuis ennuyeux,
Puiſqu'elle dit qu'elle trouverait mieux
Ailleurs que moi, or le prenne ; par m'ame
J'en ſuis content, ſans en eſtre envieux ;
Ce m'eſt tout un : Monſieur vaut bien Madame.

GELAIS (Melin de Saint-), né à Angoulême en 1495, floriſſait dans le ſeizieme ſiecle, & était fils naturel d'Octavien de Saint-Gelais, Evêque d'Angoulême.

On dit qu'il fit le premier des ſonnets français.

Il fut Aumônier & Bibliothécaire du Roi, & mourut en 1559, ſous le regne de Henri II. On l'enterra à Saint Thomas du Louvre.

CHANSON.

Je ne ſaurois tant de fois la revoir
Que ne lui treuve une beauté nouvelle ;
Je ne ſaurois tant d'aiſe recevoir
De la douceur de ſa voix non mortelle,
Que mon deſir n'en croiſſe & renouvelle.
Pour mieux la voir, je ſouhaite autant d'yeux
Qu'en a le ciel, & pour l'eſcouter mieux,
Servir voudrois d'oreilles tous mes ſens ;
Bien qu'à tant d'heur trop foibles je les ſens :
Mais pour penſer à lui faire ſervice,
Point n'ay beſoin des autres cœurs abſens ;
Le mien tout ſeul fait aſſez cette office.

AUTRE.

Amour me fit, auquel je ſuis tenu ;
Offre de trois, & me donna loiſir
De les connaître avant de les choiſir.
Puis, quant je ſuis au jugement venu ;
Toutes les trois ai pris & retenu
Secretement en égale fortune ;
Comme Pâris, je n'en euſſe aimé qu'une ;
Mais trop de mal lui en eſt advenu.

GOUT (Maiſtre Etienne), Poëte du quinzieme ſiecle, était de la cour de Charles, Duc d'Orléans, & l'on trouve quelques pieces de lui dans le manuscrit des poésies de ce Prince.

Jean de Lorraine (Monseigneur). Voyez Sicile.

Jean I, Duc de Bourbon, né en Mars 1380, suivit, comme son pere, le parti de la maison d'Orléans contre le Duc de Bourgogne, dont il défit l'arriere-garde en 1414. Il commandait l'arriere-garde à la bataille d'Azincourt en 1415, & y fut pris. Il mourut en Angleterre en 1433, après dix-huit ans de prison. Son corps fut apporté au prieuré de Souvigny.

RONDEAU.

Je sens le mal qu'il me convient porter
Non advenu; mais je crains qu'il aviengne;
Et qu'en la fin, malheureux je deviengne,
Sans m'asservir d'ailleurs, ne transporter.

S'ainsi advient qu'à tort on m'abandonne,
Que Dieu ne vueille! que ferai-je sans per?
Las! je ne say: si ce mal on me donne,
Des malheureux je serai le non per.

Pour le meilleur il me faut déporter,
Jusques à tant que ce malheur me viengne;
Mais à ma Dame hardiment en souviengne,
Car pour toujours sa rigueur supporter.
Je sens le mal, &c.

Lussay (Antoine de), Poëte du quinzieme siecle. On trouve quelques vers de lui dans le manuscrit des poésies de Charles, Duc d'Orléans.

Machau (Guillaume), né vers l'an 1282, fut d'abord au service de la femme de Philippe-le-Bel, devint en 1307, valet-de-chambre du Roi, exerça cet emploi jusqu'à la fin du regne de ce Prince qui mourut en 1314.

Nous renvoyons nos Lecteurs, sur ce qui regarde ce Poëte, à une savante dissertation (a) que nous devons à M. l'Abbé Rive. Ce savant, aussi aimable

(a) On la trouvera à la fin de ce volume.

qu'estimable, & qui ne fait cas de ses richesses que pour les partager, a bien voulu nous communiquer son intéressante dissertation ; & nous saisissons avec empressement cette occasion de déclarer toutes les obligations que nous lui avons, & combien nous faisons cas de ses lumieres & de son amitié.

MARGUERITE D'AUTRICHE, fille de l'Empereur Maximilien, née en 1480, cultiva les lettres & protégea les savans, qu'elle attirait près d'elle, à Bruxelles, dans les Pays-Bas, qu'elle gouverna avec grande sagesse. Elle dut épouser Charles VIII, alors Dauphin, & lui fut même fiancée. Mais ce Prince la renvoya pour épouser Anne de Bretagne, dont le mariage était plus utile à la France, puisqu'il réunissait la Bretagne à la Couronne.

En 1494, elle s'embarqua pour aller épouser en Espagne l'Infant Jean. Mais ce Prince mourut avant la célébration. Enfin en 1501, elle épousa Philibert-le-Beau, Duc de Savoie, qui mourut en 1504. Marguerite vécut jusqu'en 1530.

Ce fut dans sa traversée d'Ostende en Espagne que, prête à périr par une furieuse tempête, elle conserva assez de gaité pour faire son épitaphe :

« Ci gît Margot, la gente Damoiselle
» Qu'eut deux maris, & si mourut Pucelle.

Elle a laissé plusieurs ouvrages en vers & en prose, parmi lesquels on trouve le *discours de ses infortunes & de sa vie.*

MARTIAL DE PARIS, né à Paris, fut cinquante ans Procureur. Il mourut vieux & estimé, le 13 Mai 1508. Il fit les arrêts de la *Cour d'Amour*, à l'imitation de ceux des tribunaux établis autrefois pour juger les querelles des amans. Ce tribunal était composé de plusieurs Seigneurs & présidé par des Dames.

Il fit aussi un poëme estimé, intitulé *les Vigiles de la mort du Roi Charles VII*, & le petit poëme de *l'Amant rendu Cordelier.*

CHANSON.

Le bon tems !
Chacun vivoit joyeusement
Selon son état & ménage.
L'on pouvoit partout seurement
Labourer en son héritage

Si hardiment, que nul outrage
N'eust été fait en place ou voye
Sur peine d'encourir dommage :
Hélas ! le bon tems que j'avoye !

Lors estoye en la sauvegarde
De paix & de tranquillité ;
De mal ou danger n'avois garde ;
Justice avec autorité ;
Le pauvre estoit autant porté
Que le riche plain de monnoye ;
Blez & vins croissoient à planté (a)
Hélas ! le bon tems que j'avoye !

Il n'estoit, en ceste saison,
De logier par fourrier nouvelles,
N'ez hostels mettre garnison ;
Mais de faire chere à merveilles,
Boire à deux mains, à grans bouteilles ;
Le gras fromage par la voye
Qu'on mangeoit à grosses rouelles,
Hélas ! le bon tems que j'avoye !

Hé ! quidez vous qu'il faisait bon
En ces beaux prés, à table ronde,
Et avoir le beau gras jambon,
L'escuelle de porreaux profonde,
Deviser de Margot la blonde,
Et puis danser sous la saussoye,
Il n'estoit d'autre joye au monde.
Hélas ! le bon tems que j'avoye !

Du tems du feu Roi trépassé
Ne doutois (a) brigans d'un festu ;
Je fusse passé, rapassé,
Mal habillé, ou bien vestu,
Qu'on ne m'eust pas dit, d'où viens-tu ?
Ni demandé que je portoye ;
Chemin estait de gens bastu.
Hélas ! le bon tems que j'avoye !

(a) En abondance.

(b) Craignois.

Meun (Jean de), dit Clopinel, parcequ'il était boîteux, vivait sous Philippe-le-Bel. Il fut le premier Français connu qui traduisit du latin en notre langue. L'ouvrage qu'il traduisit, est la consolation de la Philosophie, par Boëce; & depuis lui jusqu'à Nicole Oresme, précepteur de Charles V, on ne connut point, dit-on, d'autre traducteur; mais M. Falconnet a prouvé, en 1727, que le poëme *de Gemmis*, de Marbodus, Evêque de Rennes, avait été traduit en français par un de ses contemporains; or Marbodus vivait au commencement du douzieme siecle, sous Louis-le-Gros & sous Philippe-Auguste. La chronique de l'Archevêque Turpin fut aussi traduite sous Saint Louis. *Brunetto Latini*, Italien, traduisit en français les morales d'Aristote, & la premiere traduction française de la Bible fut faite sous le même Roi.

Jean de Meun traduisit aussi le traité de Végece & plusieurs autres. Il finit le roman de la Rose, commencé par Guillaume de Lorris.

« Je suis maistre Jehan de Meung,
» Qui par maints vers, sans nulle prose,
» Fis cy le roman de la Rose ».

Michault (Pierre), Secrétaire du Comte de Charolois, fils du Duc de Bourgogne, en 1466, a fait le Doctrinal de la Cour, ou la Danse des Aveugles, dont nous avons tiré plusieurs estampes.

Nevers (Comte de). Philippe de Bourgogne, Comte de Nevers & de Réthel, Chambrier de France, troisieme fils de Philippe-le-Hardi, Duc de Bourgogne, commandait douze cens hommes d'armes à la bataille d'Azincourt, où il fut tué le 25 Octobre 1415, & est enterré à l'abbaye d'Estelan près de Rhétel. Il avait épousé en premieres noces Isabelle de Coucy, Comtesse de Soissons, fille d'Enguerrand VII, sire de Coucy, & d'Isabelle de Lorraine.

De sa seconde femme, Bonne d'Artois, il eut Charles de Bourgogne, Comte de Nevers. Ce fut en sa faveur que le comté de Nevers fut érigé en pairie.

Sa mere épousa en secondes noces Philippe-le-Bon, Duc de Bourgogne, & mourut à Dijon en 1425.

Nous ne savons pas lequel de ces deux Comtes de Nevers, a fait les poésies qui sont dans le manuscrit du Duc d'Orléans. Il y a quelqu'apparence que ce fut le fils.

RONDEL.

Mon très bon hoste & ma très doulce hostesse,
Très humblement & plus vous remercie,
Des biens, honneurs, bonté & courtoisie,
Que m'avez fait tous deux par vostre humblesse

Aussi fais-je de vostre grant largesse
Assidument ma bonne compaignie,
Mon très bon hoste, &c.
Très humblement, &c.

Mon povre cueur, pour payement, vous laisse;
Prenez-en gré, & je vous en suplie;
Et oultre plus, tant que je puis, vous prie
Que m'ottroïez estre maistre & maistresse.
Mon très bon, &c.

Olivier de la Marche, né en Franche-Comté, premier maître d'hôtel de l'Archiduc Philippe d'Autriche, Comte de Flandres, mourut en 1501. Ses mémoires comprennent l'histoire de France, depuis 1435 jusqu'en 1499, & ont été mis au jour par Denis Sauvage en 1561.

Jean Lautens lui reproche d'avoir été peu équitable envers les Flamands. Il a fait aussi un état de la maison de Charles-le-Hardi, Duc de Bourgogne, en 1474. Ses mémoires sont fort curieux.

RONDEL.

Pour amours des Dames de France;
Je suis entré en l'observance
Du très renommé Saint François;
Pour cuider trouver une fois
La doulce voye d'allégance.

Saint (a) suis de corde de souffrance,
Soubz haire d'aigre défirance,
Plus qu'en mon Dieu ne me congnois.

(a) Ceint.

Pour amours, &c.
Suis entré, &c.
D'autres renommé, &c.

Soubrement vis (*a*) de ma plaisance;
Et jusse ce que desir pense (*b*),
Mandiant par tout où je vois (*c*),
Je veille à conter par mes dois,
Les maulx que m'a fait espérance.
Pour amours, &c.

Orléans (Madame la Duchesse d'). Charles, Duc d'Orléans & de Milan, fils de celui qui fut assassiné dans la rue Barbette le 23 Novembre 1407, eut trois femmes.

1°. *Isabelle de France*, fille de Charles VI, qui avait été d'abord mariée à *Richard II, Roi d'Angleterre.* Elle mourut en couches à Blois, le 13 Septembre 1409, & ne laissa qu'une fille, mariée à Jean II, Duc d'Alençon, condamné deux fois à avoir la tête tranchée.

2°. *Bonne d'Armagnac*, fille du Connétable, qui mourut en 1415 de douleur de la perte de la bataille d'Azincourt & de la prise de son mari.

3°. *Marie de Cleves, fille d'Adolphe, Duc de Cleves*, & de Marie de Bourgogne. Il l'épousa à Saint-Omer en 1440, en revenant de sa prison d'Angleterre en France, après y avoir demeuré vingt-cinq ans. Il en eut :

1°. *Louis XII*, Roi de France.

2°. *Marie*, qui épousa Jean de Foix, Comte d'Estampes.

3°. *Anne*, Abbesse de Fontevrault.

Après la mort du Duc d'Orléans, sa veuve, épousa *Jean, Sire de Rabodange*, Capitaine de Gravelines.

Il y a apparence que les vers que l'on trouve sous le nom de la Duchesse d'Orléans, dans le manuscrit des poésies de son mari, sont de cette Princesse.

RONDEL.

En la forest de longue attente
Entrée suis en une sente (*d*),

(*a*) Je vis sobrement.
(*b*) Jusqu'à ce que j'aie ce que je desire.
(*c*) Où je vais.
(*d*) Un sentier.

Dont oster je ne puis mon cueur :
Pourquoy je viz en grant honneur
Par fortune qui me tourmente.

Souvent espoir chascun contente,
Excepté moi, povre dolente,
Qui nuit & jour suis en doleur.
En la forest, &c.
Entrée, &c.
Dont oster, &c.

Ay-je donc tort, se me garmente (*a*)
Plus que nulle qui sois vivente?
Par Dieu, nennil, veu mon maleur :
Car ainsi m'aist mon Créateur,
Qu'il n'est paine que je ne sente.
En la forest, &c.

Orleans (Charles, Duc d'), Comte d'Angoulême du vivant de son pere, ensuite Duc d'Orléans, petit-fils de Charles V, fils de Louis, Duc d'Orléans, & de Valentine de Milan, pere de Louis XII, naquit à Paris à l'hôtel de Saint-Paul, le 26 Mai 1391, & montra dès son enfance les plus heureuses dispositions pour les sciences & les beaux arts.

En 1407, il commença à prendre part aux affaires. L'époque de son entrée dans le monde fut la mort malheureuse de son pere. L'état fâcheux de Charles VI fut cause de l'impunité de ce crime. Le Duc de Bourgogne, qui en était l'auteur, se voyant menacé d'un sévere châtiment ou d'une cruelle vengeance, n'eut d'autre parti à prendre que de se faire craindre & de s'emparer de toute l'autorité.

La Duchesse d'Orléans & ses trois fils se jeterent vainement aux pieds du Roi, pour lui demander justice. Malgré leurs plaintes & leurs cris, le Duc de Bourgogne reçut des lettres d'abolition, qui lui furent expédiées comme s'il avait été innocent, & que ses accusateurs eussent été les coupables.

La Duchesse d'Orléans mourut bientôt de douleur, le quatre Décembre

(*a*) Si je me désole.

1408, & dix mois après, Isabeau de France, femme du jeune Duc d'Orléans, mourut en couches, le 13 Septembre 1409. Charles inconsolable, fut encore obligé de se racommoder avec le Duc de Bourgogne, par un ordre exprès du Roi. Le Duc de Bourgogne lui demanda son amitié, & le conjura de lui *pardonner toutes choses.* Le Duc d'Orléans répondit, en s'adressant au Roi : *Mon très cher Seigneur, par votre commandement, j'accorde, je consens & j'agrée tout ce que vous avez fait, & lui remets entiérement toutes choses.* Ils s'embrasserent ensuite; tels sont les termes de Juvenel des Ursins. Il était aisé de juger que les Princes d'Orléans cédaient à la volonté du Roi, & non à aucun retour d'amitié pour le Duc de Bourgogne.

Leurs querelles se renouvellerent bientôt, ils s'envoyerent mutuellement des cartels, qui cependant n'eurent aucune suite.

En 1413, les Anglais ayant cru pouvoir profiter des divisions du Royaume, firent une descente en Normandie. Les Princes d'Orléans n'hésiterent point à offrir au Roi leur courage & leurs armes. Ils furent mandés à Paris, le Duc Charles y parut vêtu de noir, l'ayant toujours porté depuis l'an 1407. Mais le Dauphin lui donnant publiquement des marques d'amitié, exigea de lui qu'il quittât son deuil.

Après diverses entreprises, tantôt heureuses, tantôt malheureuses, les Anglais donnerent, le 25 Octobre de l'année 1415, la bataille d'Azincourt, si funeste à la France. Le Duc d'Orléans, malgré des prodiges de valeur, fut fait prisonnier & emmené en Angleterre, où il demeura vingt-cinq ans.

Ce Prince sortit de prison en 1440, par l'entreprise de Philippe-le-Bon, Duc de Bourgogne, l'ennemi de sa maison, avec lequel il se réconcilia. Il ne fut pas plutôt de retour en France, qu'il fit tous ses efforts pour conquérir le duché de Milan, qui lui appartenait de droit par sa mere Valentine; mais il ne put y réussir, & laissa ses prétentions à Louis XII, son fils, & à François I, son successeur, funestes prétentions qui causerent alors tous les malheurs de la France.

Charles vécut encore vingt-six ans & mourut à Amboise, le 8 Janvier 1466 (le Pere Anselme dit le 4 Janvier 1465) d'une violente maladie, causée par le mépris que Louis XI fit de ses remontrances. François d'Orléans, Comte de Dunois, Grand-Chambellan de France, fils du fameux bâtard d'Orléans, & par conséquent neveu du Duc Charles, le fit enterrer aux Céleftins de Paris, le 21 Février 1504.

L'amour des belles-lettres, & principalement la poésie adoucit fes maux & l'ennui de fa captivité. Nous pouvons en juger par le manufcrit de fes poéfies, qui était à la bibliothèque du Roi, & que M. de Sainte-Palaye, a fait copier.

Ce manufcrit a appartenu à M. le Comte de Seignelay, petit-fils de M. de Colbert. Le monogramme de Catherine de Médicis, dont la couverture de ce livre eft toute femée, ne permet pas de douter qu'il n'ait auffi appartenu à cette Reine.

Ce volume contient cent cinquante-deux ballades, fept complaintes, cent trente-une chanfons, environ quatre cent rondels, enfin un difcours prononcé devant Charles VII, en faveur de Jean II, Duc d'Alençon, fon gendre, qui fut condamné à la mort.

C'eft à Villon que Boileau attribue la gloire d'avoir fondé le Parnaffe français. Si ce fameux Poëte eut connu les ouvrages du Duc d'Orléans, il aurait avoué que Villon avait profité des poéfies de ce Prince, ainfi que Clément Marot a depuis profité de celles de Villon.

(a) *Chanfons ou Rondeaux.*

Tiengne foy d'amer qui pourra (*b*) ;
Plus ne m'en pourroye tenir :
Amoureux me fault devenir,
Je ne fçay qu'il m'en avendra (*c*).
Combien que j'ay oy (*d*) pieça
Qu'en amours fault maints maulx fouffrir.
        Tiengne foy, &c.
        Plus ne m'en, &c.

Mon cueur devant-hier accointa
Beaulté qui tant le fcet chérir,
Que d'elle ne veult départir.
C'eft fait, il eft fien & fera.
        Tiengne foy, &c.

(*a*) Il y en a deux en Anglais.
(*b*) Se tienne.
(*c*) Ce qui m'en arrivera.
(*d*) Entendu dire.

AUTRE.

N'est-elle de tous biens garnie
Celle que j'aime loyaument?
Il m'est avis, par mon serment,
Que sa pareille n'a en vie (*a*).
Qu'en dites-vous, je vous en prie?
Que vous en semble vrayment?
N'est-elle, &c.
Celle que, &c.

Soit qu'elle danse, chante ou rie,
Ou face quelque esbatement,
Faites-en loyal jugement
Sans faveur & sans flaterie.
N'est-elle, &c.

AUTRE

Je ne prise point tels baisiers,
Qui sont donnez par contenance,
Ou par maniere d'accointance:
Trop de gens en sont parçonniers (*b*).
On en peut avoir par milliers
A bon marchié grant abondance.
Je ne prise, &c.
Qui sont, &c.

Mais savez-vous lesquelz sont chiers (*c*)?
Les privez, venant par plaisance (*d*),
Tous autres ne sont, sans doubtance,
Que pour festoyer étrangiers.
Je ne prise, &c.

AUTRE.

Vostre bouche dit, baisiez moi,
Ce m'est avis, quant la regarde;
Mais dangier de trop près la garde;

(*a*) N'existe pas.
(*b*) Libéraux.
(*c*) Chers.
(*d*) Par amitié.

Dont mainte douleur je reçoy.
Laissez m'avoir (*a*) par vostre foy,
Un doulx baisier, sans que plus tarde.
Vostre, &c.

AUTRE.

S'il vous plaist vendre vos baisiers,
J'en acheterai voulentiers,
Et en aurez mon cueur en gage,
Pour les prendre par héritage,
Par douzaines, cent ou milliers;
Ne me les vendez pas si chiers
Que vous feriez à estrangiers,
En me recevant en hommage,
S'il vous plaist, &c.

Mon vueil (*b*) & mon desir entier
Sont vostres, maugré tous dangiers.
Faites comme loyale & sage,
Que pour mon guerdon (*c*) & partage,
Je soye servi des premiers.
S'il vous plaist, &c.

AUTRE.

Logez-moi entre vos bras,
Et m'envoyez doulx baisier,
Qui me vienne festoyer
D'aucun amoureux solas,
Tandis que dangier (*d*) est las
Et le voyez sommeiller.
Logez-moi, &c.

Pour Dieu, ne l'éveillez pas,
Ce faulx envieux dangier.
Jamais ne puisse s'éveiller!
Faites tost, & parlez bas.
Logez-moi, &c.

(*a*) Laissez moi avoir.
(*b*) Ma volonté.
(*c*) Ma récompense.
(*d*) Nom donné à un mari.

AUTRE.

Dedans l'amoureuſe cuiſine,
Où ſont les bons friands morceaux;
Avaler les convient tous chauds,
Pour réconforter la poitrine.
Saulce ne faut ne cameline (*a*)
Pour jeunes appétits nouveaux.
Dedans, &c.

Il ſuffiſt de tendre geline (*b*),
Qui ſoit ſans os ni vieilles peaulx,
Maincée (*c*) de plaiſans couſteaux;
C'eſt au cueur vraye médecine.
Dedans, &c.

Lettre en complainte, ſervant de réponſe à une de Freder.

Freder, j'ai reçu voſtre lettre,
Dont vous mercie chiérement,
Où dedans avez voulu mettre
Voſtre fait bien entiérement.
Fier vous povez ſeurement
En moy, tout, non pas à demi;
Au beſoing congnoiſt-on l'ami.

S'amour tient votre cueur en ſetre,
Ne vous esbahiſſez en rien;
Il n'eſt nulle ſi forte guerre
Qu'au derrain (*d*) ne s'appaiſe bien.
Amour le fait, comme je tien,
Pour eſprouver mieulx voſtre vueil (*e*);
Grant joye vient après grand dueil.

Se vous dites, las! je ne puis
Une telle doleur porter,

(*a*) Sorte de ſauſſe.
(*b*) Poulette.
(*c*) Découpée avec.
(*d*) Qui à la fin.
(*e*) Volonté.

Je vous respons, beau sire, & puis
Vous en voulez-vous depporter,
Ou au Dieu d'amours rapporter?
L'un des deux fault, se m'aist Dieu voire (*a*);
Puisqu'il est trait (*b*), il le faut boire.

Cuidez-vous (*c*), par dueil & courroux,
Ainsi gaigner vostre vouloir?
Nennil; ce ne sont-que coups roux (*d*),
Qu'Amour met tout en nonchaloir:
De rien ne vous peuvent valoir;
Et se (*e*) les couchez en despense,
Trop remaint de ce que fol pense.

Voulez-vous rompre vostre teste
Contre le mur, ce n'est pas sens (*f*).
Il fault danser quand il est feste;
Certes, autre raison n'y sens;
Et pour cela je me consens
Que souffrez qu'amours vous demaine.
Grant bien ne vient jamais sans paine.

Mais de vos doleurs raconter
Faites bien, ainsi qu'il me semble,
Et les assommer & compter
Devant Amours; car il ressemble
A l'ostellier qui met ensemble
Et tout dedens son papier couche.
Pour parler est faicte la bouche.

De pieça je fus en ce point
Encore pis, loing d'allégence;
Toutessois ne voulu-je point,
De moy-mesme faire vengeance;
Mais chauldement par diligence
Pourchassay & plaiday mon fait:
Peu gaigne cellui qui se tait.

(*a*) Si Dieu m'aide (sorte de serment).
(*b*) Tiré.
(*c*) Croyez-vous.
(*d*) Sans succès.
(*e*) Si.
(*f*) Chose sensée.

Et pour ce que la lettre dit,
Qu'Amours veult que vers moy tirez (*a*),
De moy ne serez esconduit.
S'aucune chose desirez,
A vostre bien, quant l'escrirez,
Paine mettray, d'entente franche,
Que l'ayez de croq ou de hanche.

Combatez d'estoc & de taille
Vostre dure mérencolie,
Et reprenez, commant il aille (*b*),
Espoir, confort & chiere lye.
De ne vous oublier me lie (*c*)
Autant, en ce que puis & doy,
Que se me teniez par le doy.

Or retournons à mon propos,
Et ne parlons plus de cecy,
Vrai est que je suis en repos
D'amours, mais non pas de soussy;
Et pour ce que je vueil aussi (*d*)
De me conseillier travaillier,
L'ami doit pour l'autre veillier.

Soussy maintient que c'est raison,
Qu'il ait sur tous vers moi puissance.
Nonchaloir (*e*) dit qu'en ma maison
Vault mieulx qu'il ait la gouvernance;
Car il ramenera plaisance,
Que soussy a bannye à tort,
Sans réveillier le chat qui dort.

Soussy respond qu'estre ne peut,
Tant qu'on est au monde vivant;
Car fortune par-tout s'esmeut,
Et est à chascun estrivant,
En tous lieux va mal estrivant,

(*a*) Que vous veniez à moi.
(*b*) Quelque chose qui arrive.
(*c*) Je m'engage.
(*d*) Veux.
(*e*) Insouciance.

Et toutes chose met en doubte :
Elle a beaux yeux & ne voit goutte.

Si ne sçay ce que je dois faire,
Ne lequel d'eulx me laissera ;
Car veu que tousjours j'ay affaire,
Soussy jamais ne cessera,
Mais mon plaisir rabessera,
En quelque place que je voyse (*a*) ;
Bien est aise qui est sans noyse.

Quant en nonchaloir je m'esbas,
Et desplaisir veuil débouter,
Jamais ne sçay parler si bas
Que soussy me viengne escouter.
Las ! je le doy tant redoubter ;
Car à tort souvent me travaille ;
Mais sans mascher faut que l'avalle.

Je ne sçay remede quelconques,
Quant ay mis ces choses en poys (*b*) ;
Pour tous deux contenter adoncques,
Fors les faire servir par moys.
Mandez-moi sur ce quelque foys,
Fredet, bon conseil, par vostre ame,
Foy que devez à vostre Dame.

Ourmes (Gilles des), Poëte du quinzieme siecle, & de la cour de Charles, Duc d'Orléans, on trouve quelques vers de lui dans le manuscrit des poésies de ce Prince.

RONDEL.

Jaulier (*c*) des prisons. . . . . :
Qui tenez tant de gens de bien,
Ouvrez leur, ils payeront bien
Le droit de l'yssue & l'entrée.

(*a*) Que j'aille.
(*b*) Balance.
(*c*) Géolier.

Ils m'ont commiſſion baillée
D'appointer; dites-moi combien?
Jaulier, &c.
Qui tenez, &c.
Car j'ai cy finance apportée
Aſſez, que de leur, que du mien,
Tant qu'on ne vous en devra rien,
Juſqu'à la derniere journée.
Jaulier, &c.

Pot (Guy & Philippe). Guy Pot, Comte de Saint-Pol & Seigneur d'Amville, était pere d'Anne Pot, qui épouſa Guillaume de Montmorency; & de ce mariage vint le fameux Anne de Montmorency, Connétable de France, tué en 1565, à la bataille de Saint-Denis, âgé de ſoixante-quinze ans. On trouve des vers de Guy & de Philippe dans le manuſcrit des poéſies de Charles, Duc d'Orléans.

Rondel de Philippe Pot.

En la foreſt de longue attente;
Où mainte perſonne eſt dolente,
Eſpoir me promiſt de donner,
Se bien vouloye cheminer,
Ce qui tous amoureux contente.
J'ai tout mis, cueur, corps & entente,
A traverſer chemin & fente,
Pour cuider ce grant bien trouver.
En la foreſt, &c.
Où mainte, &c.
Eſpoir me, &c.
Mais d'une choſe je me vante;
Que j'ai eu tous les jours de rente;
Pour ma queſte parachever,
Paine & ennuy, ſans conqueſter
Riens, ſinon dueil qui me tourmente.
En la foreſt, &c.

Robertet, Poëte du quinzieme ſiecle, dont on trouve un rondeau dans le manuſcrit des poéſies de Charles, Duc d'Orléans.

Roussillon (Gérard de). Nous n'avons pu nous procurer sur ce Poëte que ce coupler de chanson.

En amor ne doibt-on ne mentir, ne voir dire ;
Et cils qui en jouist, bien se gard de mesdire :
Car nulz n'est si loyal, si ne sçait bien celer,
Qui ne face l'honneur de maintes chanceller,
Et cilz qui n'en joyst, gard soy de vanterie ;
Car pour un seul vanter l'on doibt perdre sa mie.

Traduction.

« En amour on ne doit ni mentir ni dire vrai ;
» Et celui qui a joui doit se garder de médire :
» Car nul n'est si loyal qui ne fasse chanceler
» L'honneur des Dames, s'il ne sait point se cacher ;
» Et celui qui n'en jouit point, doit se garder de vanterie ;
» Car pour une seule fausseté on doit perdre sa mie ».

Seneschal (Le Grand). Nous n'avons pu découvrir quel était celui qui est ainsi nommé dans le manuscrit des poésies du Duc d'Orléans. On sait qu'il n'y avait plus de grand Seneschal depuis le regne de Philippe-Auguste, qui avait aboli cette charge en créant celle de Maréchal de France. On trouve plusieurs rondeaux de lui dans le manuscrit du Duc d'Orléans.

RONDEL.

Qui trop embrasse, peu estraint.
Je le dy pour maintes & maint
Qui scevent (a) servir de telz tours,
Mettant loyauté en décours,
Dont leur bon los peut être estraint :
Qui a choisi & pris party,
Puisque son cueur y a party,
Est-ce bien fait de le laisser ?
Posé qu'on feust trop mieulx party,
Si serait-ce mal départy,
Et son honneur trop fort blessier.

(a) Savent.

Qui varie, sans bien remaint;
Par fermeté souvent on vaint;
Les bons trouvent tousjours secours,
Ceux qui changent l'ont à rebours:
Il est pieça escript, & paint,
Qui trop, &c.

Sicile (Jean d'Anjou, premier du nom, Duc de Calabre, fils de René, dernier Roi de), naquit à Nancy, le 7 Janvier 1426, & succéda à sa mere Isabeau au duché de Lorraine en 1452. Ayant été vaincu près de Troyes dans la Pouille, au combat de Samos en 1460, il se retira dans l'île d'Ischia, & revint ensuite à Marseille en 1463. Il fit ensuite la guerre au Roi d'Arragon, gagna une bataille en Catalogne, obligea le Roi de Navarre à lever le siege de Peralta, & mourut à Barcelonne le 27 Juillet 1471. Moréri dit le 16 Décembre 1470. Il avait épousé Marie de Bourbon, fille de Charles I, Duc de Bourbon, & d'Agnès de Bourgogne. Leurs enfans moururent jeunes & en eux s'éteignit la branche des Rois de Sicile de la maison d'Anjou.

RONDEL.

Après une seule exceptée,
Je vous serviray ceste année,
Ma doulce Valentine gente,
Puisqu'amours veult que m'y contente,
Et que telle est ma destinée.
De moi, pour autre, habandonnée
Ne serez; mais si fort amée,
Qu'en deviez bien estre contente.
Après une seule, &c.
Je vous serviray, &c.
Ma doulce, &c.

Or me soit par vous ordonnée,
S'il vous plaist à ceste journée,
Vo voulenté doulce & plaisante;
Car à la faire me présente
Plus que pour Dame qui soit née.
Après une, &c.

AUTRE.

Bien deffendu, bien assailly;
Chascun dit qu'il a grand doulours;
Mais, au fort, je veuil croire amours
Par qui le débat est sailly (*a*),
Afin que qui aura failly,
N'aye jamais de lui secours.
Bien deffendu, &c.
Chascun dit, &c.

Car se j'ay en riens deffailly
De compter mon mal puis deux jours,
Banny vueil estre de ses cours
Com un homme lasche & failly.
Bien deffendu, &c.

Tignoville, Poëte du quinzieme siecle, dont on trouve des vers dans le manuscrit des poésies de Charles, Duc d'Orléans.

C'est peut-être le même que Tignonville, Garde de la prévôté de Paris, qui fit en 1496 une ordonnance pour la police.

RONDEL.

Pour la coustume maintenir,
Ceste saint Valentin nouvelle,
Mon cueur a choisy Damoiselle,
Moyennant l'amoureux desir;
Par un regart fait à loisir,
Se veult logier ès mains de celle
Pour la, &c.
Ceste, &c.

S'on lui fait trop de mal souffrir,
Je m'accorde qu'il se rappelle (*b*),
Et puis se tiengne à la plus belle
Que ses yeulx lui pourront choisir.
Pour la, &c.

(*a*) A commencé.

(*b*) Consent qu'il se retire.

TORSY (Le Sieur de). Il y a quelques vers de lui dans le manuſcrit des poéſies de Charles, Duc d'Orléans. Il vivait en 1440.

RONDEL.

Mais qu'à (*a*) mon mal ſi ne m'empire,
Je ſuis en bon point, Dieu mercy;
Ne n'ay ne douleur, ne ſoucy
De choſe qu'on me puiſſe dire.
Plus ne me plains, plus ne ſouſpire;
Je m'engue (*b*) & dors bien auſſi.
Mais qu'à, &c.
Je ſuis en bon, &c.

Quant j'oy ung amant qui ſouſpire,
Aha! dis-je, vela des tours
Dont uſay en mes jeunes jours:
Plus n'en vueil (*c*); bien me doit ſuffire.
Mais que, &c.

TRÉMOUILLE (Jean-Jacques bâtard de la), fils de Louis I, Seigneur de la Trémouille, né en 1431 & mort en 1471, & de Jeanne de la Rue, fut légitimé par lettres du Roi Charles VIII, données à Melun au mois de Janvier 1485. Il était fort jeune, lorſque Charles d'Orléans, vivait encore. On trouve quelques vers de lui dans le manuſcrit des poéſies de ce Prince.

VAILLANT, Poëte du quinzieme ſiecle, dont on trouve des vers dans le manuſcrit des poéſies de Charles, Duc d'Orléans. Il s'en faut bien qu'ils vaillent ceux de ce Prince. Ils paraiſſent faits vers 1430.

RONDEL.

Des amoureux de l'obſervance,
Je ſuis le plus ſubjiet de France,

(*a*) A moins que.
(*b*) Mange.
(*c*) Je n'en veux plus.

Car je sers d'estre mendien (*a*),
Et cherche le coidien ;
Mais nul en mon sac rien ne lance.
Aux freres l'aumosne pour Dieu,
Toujours vois (*b*) crlant d'uys en huis :
Las ! charité ne trouve en lieu,
Ne pitié ne scet qui je suis.
Retourner m'en fault sans pitance ;
Desir le pourvéeur me tance,
Puis le beau pere gardien ;
Pis suis que Boesme n'Yndien.
L'Ordre vueil laisser sans doubstance.
Des amoureux, &c.

VILLEBRESME (Maître Bertault), Poëte du quinzieme siecle, dont on trouve une balade dans le manuscrit des poésies de Charles, Duc d'Orléans.

BALLADE.

Tost fut Priam puissant Roy couronné,
Tost fut détruit & toute sa lignée ;
Tost fut Saturne à mal habandonné ;
Tost fut Echo en amours refusée ;
Tôt Léander périt en mer salée ;
Tost dévia la noble Rosemonde ;
Tost fut Dido d'amours déshéritée ;
Tost se passe la joye de ce monde.

Tost délaissa Paris Anone (*c*) ;
Tost fut Biblis en fontaine muée ;
Tost desflora Bachus Erigone,
Tost fut Jason ennuyé de Médée ;
Tost fut Philis pendue & étranglée ;
Tost finerent Guischart & Sigismonde ;
Tost print jadis Atropos Dyopée :
Tost se passe la joye de ce monde.

Tost fut Saül, Roi des Juifs ordonné ;
Tost se navra à mort de son épée ;

(*a*) Mendiant.
(*b*) Je vais.
(*c*) Œnone.

Tost fut Phaéton (a) de fouldre environné;
Tost fut ravie Hélene & Githarée;
Tost en mourut Noblesse inestimée;
Tost fut Hero noyée en mer profonde;
Tost fut l'amour Piramus expirée;
Tost se passe la joye de ce monde.

ENVOI.

Tost envahit fortune Hermioné;
Tost fut Progné convertie en Haronde (b);
Tost fut Ithis en pieces tronsonné;
Tost se passe la joie de ce monde.

Villon, né à Paris en 1431, fut condamné pour des friponneries, à être pendu. Sa gaieté ne l'abondonna pas dans cette triste situation; car il fit cette épitaphe.

« Je suis François (dont ce me poise),
» Nommé Corbueil en mon surnom,
» Né de Paris emprès Pontoise,
» Et du commun nommé Villon.
» Or d'une corde d'une toise
» Sauroit mon col que mon cul poise;
» Si ne fust un joly appel :
» Ce jeu ne me semblait point bel ».

On prétend que Louis XI lui sauva la vie, ou que le Parlement changea la peine de mort en un bannissement. Il se retira à Saint-Maixent en Poitou, & devint le favori d'Edouard V, Roi d'Angleterre.

Despréaux a dit de lui :

« Villon sçut le premier, dans ces siecles grossiers,
» Débrouiller l'art confus de nos vieux Romanciers.

CHANSON.

Suivés, beautés; courez aux fêtes;
Aimés, aimés tant que voudrés,

(a) Phaéton.
(b) Hirondelle.

Et si n'y perdrés que vos têtes :
En la fin ja mieux n'en vaudrés.
Folles amours font les gens bêtes.
Salmon (a) en idolatria.
Samson en perdit ses lunettes ;
Bienheureux est qui rien n'y a.

Il mourut au commencement du seizieme siecle.

VOYS (Hugues le), Poëte du quinzieme siecle, a laissé quelques rondeaux & chansons dans le manuscrit des poésies de Charles, Duc d'Orléans

(a) Salomon.

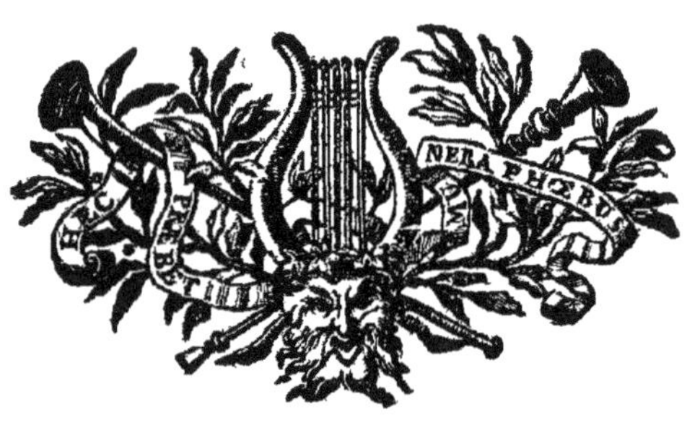

CHAPITRE

CHAPITRE IX.

Chanſons du Dannemark, de la Norvege & de l'Iſlande.

Nous devons à l'amitié que M. *Jacobi*, Secrétaire de la Société Royale des Sciences de Copenhague, a pour M. de *Schutze*, les détails que nous allons donner ſur les chanſons Danoiſes, Norvégiennes, Iſlandaiſes, Scandinaves, &c. Il n'y en a point de modernes dans ce petit recueil; car celles que l'on fait maintenant, reſſemblent aux barcarolles de Veniſe, & ſe chantent de même.

Celles que M. *Jacobi* a choiſies, méritent l'attention des curieux, ſur-tout les cinq premieres. Elles ſont faites par les anciens Poëtes Scandinaves, appellés *Scaldes*; il reſte un grand nombre de cette ſorte de poëmes dans les vieilles chroniques du pays.

Elles ſont écrites dans l'ancienne langue Danoiſe, qui était celle de tout le Nord, y compris l'Angleterre, & qu'on parle encore en Iſlande. Mais malgré cet avantage, un Iſlandais a pourtant de la peine à les comprendre, car les Poëtes s'étaient formé un langage à part; & outre cela les inverſions hardies qu'on trouve dans ces poéſies, en rendent l'intelligence très difficile.

Ces Scaldes, qui étaient des perſonnages illuſtres, chantaient leurs chanſons dans les Cours des Princes de ce tems-là, à la louange des guerriers les plus diſtingués, & les accompagnaient du ſon de divers inſtrumens; auſſi étaient-ils appellés *Harpax*, c'eſt-à-dire, Joueurs de harpe.

M. Jacobi a bien voulu engager M. *Hartmann*, ſavant Muſicien du Roi de Dannemarck, à noter les airs que nous joindrons ici, & qui ſont précieux par leur haute antiquité, autant que par leur ſingularité.

Nous commencerons par tranſcrire une chanſon dont nous n'avons point la muſique, & qui eſt traduite en français par M. Jacobi.

Cette chanſon contient une vérité hiſtorique ſur laquelle on peut conſulter *Danck Werth Beshreybung des Herzogthums Sleſvig*, pag. 112, & *M. Mallet*, hiſtoire de Dannemarck, in-4°, tome 1, pag. 24.

M. Jacobi n'a pu parvenir à engager aucun payſan à chanter l'air de cette chanſon, pour qu'on la pût copier. « Ils croient, dit-il, qu'on veut » ſe moquer d'eux, quand on les en prie, ſur-tout ſi c'eſt un homme » de la Cour qui leur fait une pareille propoſition ».

Danmarck deyligſt vang og vænge
Lukt med Bolgen blaa
Hvor de vakre voxne drenge,
Kan i leding gaa
Mod de Tydske, Slaver, Vender
Hvor man dempaa tog henſénder,
En ting mangler ved den have
Ledet er af lave.

« O Dannemarck, pays agréable de » champs & de prairies, entouré par les » flots azurés, pays dont la jeuneſſe ro- » buſte eſt toujours prête aux combats » contre les Germains, les Slavons, les » Vandales, & par-tout où la gloire les » appelle! Jardin délicieux! un ſeul point » manque à ta perfection, ta porte eſt » dérangée.

Belt af guds forſyn her hegner
Værger fleſte land
Hvad man under Danmarck regner
Nyder værn af vand
Ingen Nabo ſom vil vinde
Tor paa Danmarck gaa i Blinde,
Fik vi ledet hængt til rette
Landet skulde vi tætte.

» Ici la Providence a placé le Belt (*a*) » pour te couvrir & pour garder la plupart » de tes provinces : là la mer ſert de rem- » part à tes côtes; aucun voiſin ne peut » eſpérer de te ſurprendre avec ſuccès à » l'improviſte. Oh! ſi la ſeule entrée pra- » ticable pouvait être cloſe! rien ne man- » querait à ta parfaite ſûreté.

Melfar ſund os Fyn beskytter
Sarnt hin hoye klint
Antil Getzor ingen Rytter
Ride skal for svindt
Guldborg Sund for Laalland gienner
Oreſund vort Sielland tienner
Hvert land har ſit eget lukke
Alt maa Fylland bukke.

» Le détroit de Medelfart (*b*) défend la » Fionie, auſſi bien que ſon promontoire » eſcarpé; il n'y a point de cavalerie qui » puiſſe pénétrer juſqu'à Getzor (*c*), le » Sund de Guldborg (*d*) couvre la La- » land, comme l'Oreſund (*e*), la Sélande: » chaque province a ſon rempart à elle, » le ſeul Jutland eſt toujours expoſé.

(*a*) Il y a deux bras de mer entre la Sélande & la Fionie, & entre la Fionie & le Jutland, nommés le grand & le petit *Belt*. Ce mot ſignifie ceinture.

(*b*) Entre la Fionie & la Sélande.

(*c*) Ou Geddeſore, eſt la côte la plus méridionale de Falſter, qui eſt inabordable.

(*d*) Guedborg Sund, eſt le détroit entre Lalland & Falſter.

(*e*) C'eſt le fameux paſſage entre la Sélande & la Scanie, qui eſt gardé par Cronbourg.

Holster, Vagrer, Lyneborger,
Som en skadlig flod
Gior os Fylland mange sorger
Styrter meget Blod.
Hvo kan venne sig en vane
Det er skam at lade rane
Saa vort Fæ, vort gods, formue
Piil vi har og Bue.

» Les Holstinois, les Vagriens, les Lunebourgeois, semblables à un torrent » impétueux, nous causent bien des soucis » en Jutland, & répandent beaucoup de » sang. Qui pourra les détourner d'une si » malheureuse habitude? Il nous est honteux de laisser piller nos bestiaux, nos effets » & nos biens. Nous avons des arcs & » des flèches.

Saa begyndte Dronning Tyre,
Ret kaldt Dannebod
Tale til de Danske styre
Foresat med Mod
Gabed kan vi vel Tillukke
Saa vi os ey lader pukke
Af hver fremmed lobeskytte
Os giester for Bytte.

» Ainsi s'exprimait la Reine Tyre, » nommée Danebod (*a*) à juste titre; c'est » ainsi qu'elle haranguait les grands de » Dannemarck, parmi lesquels elle présidait avec dignité. Il ne tient qu'à nous, » conclut-elle, de fermer l'entrée de notre » pays, & d'empêcher les incursions des » vagabonds étrangers qui ne visent qu'au » butin.

Fra moradset vest ved strande
Til hosund i sli
Vil vi os en vold bemande
Gior'en snever sti
Alt skal den os orlof bede
Som vi giennem skulle stede
Ey skal hver dergiennem fare
Med vor stiaalne vare.

» Depuis le marais qui est à l'ouest vers » la mer jusqu'à Mosund près du Sly (*b*), » nous formerons un rempart bien gardé, » en n'y laissant qu'un étroit défilé; alors » il faudra que ceux qu'il nous conviendra » d'y laisser passer, nous en demandent » la permission, & personne ne pourra » s'en retourner impunément chargé de » nos dépouilles.

Det som faldt i hvermands ore
Og enhver befaldt
Lod sig af Kong Haraldhore
Tuktes over alt
Bud man over Riget sende!

» Ce discours agréable à tous les auditeurs fut approuvé par le Roi Harald, » & chacun en témoigna sa reconnaissance. » L'on envoya des exprès dans tout le » Royaume, afin que chaque bon patriote

(*a*) *Danebod* signifie *restaurator Danorum.* On donnait anciennement des surnoms aux Princes. Ainsi *Regner* fut appellé *Lodbrog*, c'est-à-dire, aux chausses velues. *Eric Eyegod*, c'est-à-dire, le très-bon.

(*b*) *Sly* est la riviere qui a donné le nom à Slefwig.

Hvo sig for en dansk vil kiende
Maatte der med vogn og heste
Volden at befæste.

» pût se rendre incessamment avec des che-
» vaux & des chariots dans les lieux où
» le rempart devait être fortifié.

Fra den ostre Danmarks side
Kom de skaanske skrap
Siellands faren her vil slide
Ingen var saa knap
Fynboe, Lollikken og Fyden
Samt hvo sadde nest ved Gryden
Ingen sig da glemte hiemme.
Som det verk kund fremme.

» L'on vit arriver du côté oriental du
» Dannemarck une multitude des habitans
» de la Scanie; le Sélandais prend l'ou-
» vrage à cœur. Chacun se montre plein
» de zèle & de bonne volonté, ceux de
» Fionie, de Laland & de Jutland, &
» tous les voisins du travail s'empressent
» pour hâter l'ouvrage.

Danebod Sig hiert lig gledde
Der hun skaren saae
Sagde: vi nu hoit tor vodde
Verket fort skal gaae
Henter, Tyder ost og kage
Shens de andre shuld mon age
Ter kost kand jer umar spare.
Skal den Gierning vare.

» La Reine Danebod fut pénétrée de
» joie en voyant arriver en foule ces trou-
» pes nombreuses; je parie, dit-elle, que
» l'entreprise finira avec honneur: vous,
» Jutlandais, apportez des vivres & des
» provisions, les autres travailleront, &
» vous serez toujours exempts de la main-
» d'œuvre.

Skaaningen begyndto at grave
Tvorst fra Kahlegat
Frem til Hallingsted og lave
Volclen hoi og brat
Fem gang sex fod blev den lavest
Lex gang otte fod var ragest
Sommesteds kun Tyrretyve
Som clen best kand blive.

» Ceux de Scanie commencerent à
» creuser depuis Kalegat (*a*) jusqu'à Hol-
» lingsted (*b*), pour former un rempart
» élevé & escarpé. La partie la plus basse
» était de trente pieds, la plus haute de
» quarante-huit, quelques endroits de qua-
» rante, selon la convenance.

Siellands far og Fynbo resten
Giorele fordig snart
Jyden skaffed mad for giesten
Inter her blev spårt
En port paa hver hundred farne

» Ceux de Sélande & de Fionie eurent
» bientôt achevé le reste. Le Jutlandais
» fournit les vivres avec soin. Rien ne fut
» épargné. L'on fit une porte à chaque
» cent toises de distance, l'on n'oublia point

(*a*) C'est ainsi que l'on nomme encore aujourd'hui l'endroit le plus occidental de Dannevircke, ou *Opus Danorum*.

(*b*) C'est le nom d'un endroit au bout oriental de l'*Opus Danorum*.

Reyfte de lod Taarn ey farne
Hvoraf Fienden ramte skade
Naar han tog til ftade.

» les tours, par le moyen defquelles on » incommoda beaucoup l'ennemi, lorf- » qu'il voulut en approcher fon camp.

At des fnarer fordes kunde
Det verk met behot
Dronning Tyre lod af grunde
Reyfe, fom man kior.
Giennem volden fig en Bnre
Paa det verk at have kure
Rart fig noget ret vil foye
Under fremmed oye.

» Pour achever ce projet, & tout ce » qui y avait rapport, la Reine Tyre fe » fit élever une tourelle fur le chemin qui » traverfe le rempart, afin de veiller elle- » même fur les travailleurs: car il eft rare » de voir réuffir ce que dirigent des étran- » gers; l'œil du maître fait tout.

Efter onske voxte volden
Dannevirke kaldt
Som har mangen Tornnigholden
For den flet forfaldt
Ledet, fagde Dronning Tyre
Har vi hongt, gud vangen hyre
At den ingen fremmed bryder
Eller Hof bud byder.

» Enfin on vit fe former à fouhait ce » fameux rempart qu'on nomme Dane- » virke, lequel a foutenu maints affauts » avant qu'il ait pu être détruit. Mainte- » nant, s'écria la Reine Tyre, la porte » eft affife en fa place, Dieu veuille pro- » téger l'enclos, enforte qu'un étranger ne » puiffe la rompre pour nous impofer un » joug odieux.

Dannemarck oi nu kand ligne
Ved en frugt bar vang
Hegned rundt omkning gudfigne
Den i Nod og Frang
Lad, fom korn opvoxe knegte
Der kand frisk mod Fienden fœgte
Og om Danebod end tale
Naar hun eri Dvale.

» A cette heure nous pourrons com- » parer le Dannemarck à un champ fertile » bien enfermé de toutes parts. Que le » maître du monde daigne le foutenir en » tout péril, & toute détreffe, qu'il y pro- » duife, comme des épics fans nombre, » une multitude de braves guerriers qui » combattent avec intrépidité contre tous » fes ennemis, & qu'ils puiffent exalter » Danebod, lorfqu'elle repofera dans la » tombe ».

Pour que le Lecteur ait quelque connaiffance des poéfies Danoifes, il faut qu'il commence par lire ce que M. *Mallet* en dit dans fon introduction à l'hiftoire de Dannemarck, in-4°, pages 236 — 250. Nous ajouterons d'après M. *Jacobi* quelques éclairciffemens fur le méchanifme des vers. Ceux qui defireront en avoir de plus détaillés, pourront recourir à la Préface que le Jéfuite *Denis* a mife en la tête de fes poéfies

Allemandes, *Lieder des Barden Sineds*, imprimée à Vienne, in-8°, 1772.

Chansons anciennes Scandinaves, comme on les chante encore en Islande.

Ire.

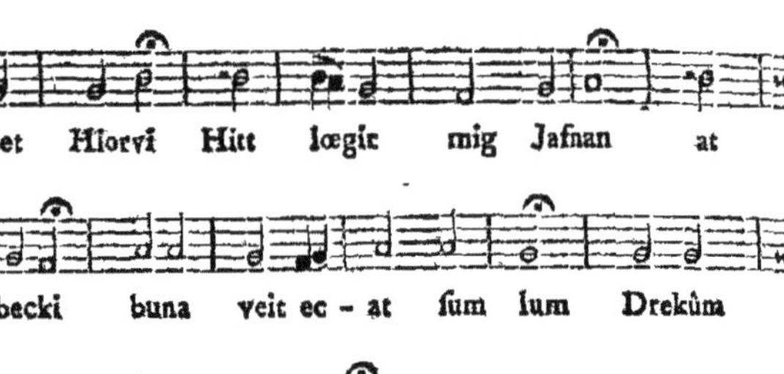

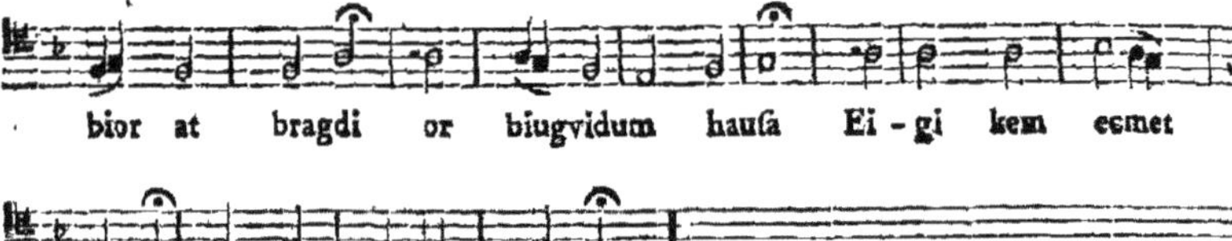

TRADUCTION.

« Nous les avons coupées (les têtes) avec nos épées; mais ce qui » cause ma joie, c'est que je sais qu'Odin me tient un siege tout prêt » pour son festin. Bientôt j'y boirai de la cervoise (bierre) dans des » cornes recourbées; & ce n'est point en tremblant que je me présente » à son palais ».

C'est ici la vingt-cinquieme strophe de la chanson attribuée au Roi *Regner Lodbrog*. Cette chanson qui est imprimée toute entiere, mais peu correctement, dans *Wormii Litteratura Runica*, & dans le recueil de *Biorner*, intitulé *Nordisea Kœmpedater*, a été traduite en Français par *M. Mallet*, dans ses *Monumens de la Mythologie & de la Poésie des Celtes*, page 150 — 156. Elle contient vingt-neuf strophes en tout, qui commencent toutes, excepté la derniere, par le premiers vers *Hiuggo ver met Hiorvi*, qui sert comme de refrein.

Chaque strophe est composée de huit vers; la même consonne, ou une des voyelles se répete trois fois dans deux vers, savoir : deux fois dans le premier & une fois dans le second. Bisarre entrave qui ne peut que nuire au génie.

Nous allons ajouter la derniere strophe de la même chanson, parce qu'elles nous apprend comment les anciens envisageaient la mort. *Regner* allait périr par la morsure des serpens, dont on avait rempli sa prison.

Fyoumz Hins at Hætta
Heim bioda mer disir
(*a*) Þer er or Herians Hollo
Heir odin mer sendar
Gladr man ec Olmet Asum
J Ondvegi drecka
Lifs ero Lidnar stundir
Læjande skal ec deya.

« Mon courage me dit qu'il faut mourir. » Déja les Divinités qu'Odin a envoyées » au-devant de moi, m'invitent à entrer » chez lui. Assis au haut de sa table, je » vais donc dans mon bonheur boire de » la cervoise qu'il m'offrira. Les heures » de ma vie sont terminées, je mourrai » en riant ».

Cette chanson est un *drottqued*, du genre appellé *hattleyse*, c'est-à-dire, sans rire.

Nous donnerons à la fin de ce chapitre toute la traduction de M. Mallet.

II.

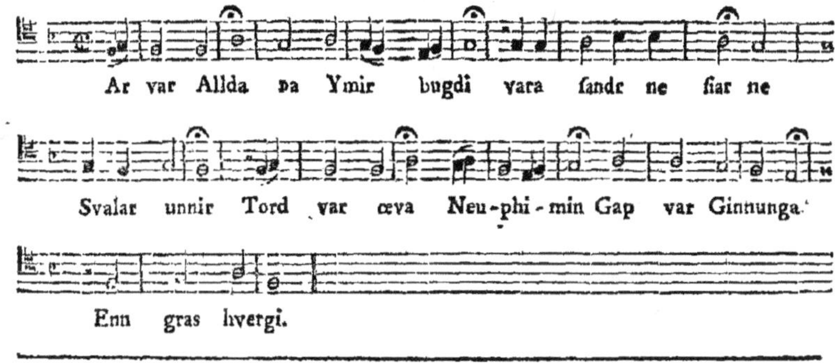

(*a*) Cette lettre répond au *th* des Anglais, & se prononce de même.

TRADUCTION.

« Les ſiecles ne faiſaient que commencer, lorſque vivait *Imir.* La » mer avec ſes ſables innombrables & ſes flots glacés n'exiſtait point » encore. Il n'y avait point de terre; il n'y avait point de ciel, on ne » voyait qu'un vaſte abîme ſans aucune verdure ».

Cette chanſon eſt une ſtrophe de la *Voluſpa.* On peut en voir l'explication dans M. *Mallet, Monumens celtiques*, pag. 133 — 136.

Elle eſt compoſée de plus de deux cent ſtrophes : la même conſonne, ou bien une des voyelles, ſe répete trois fois de deux en deux vers. Ce genre s'appelle *togmalt*, c'eſt-à-dire, *chant lent.*

III.

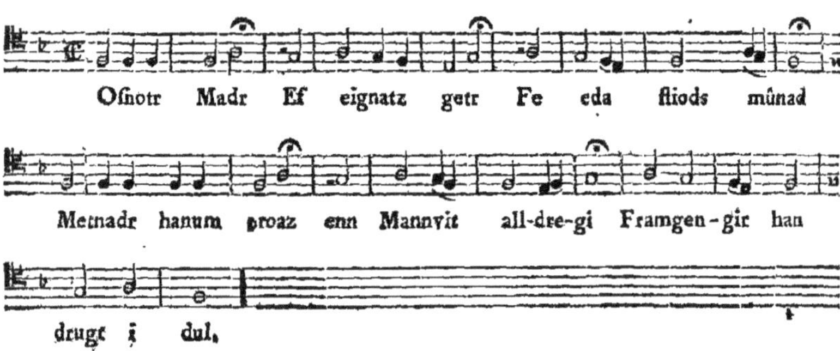

TRADUCTION.

« Si l'homme ſans eſprit acquiert des richeſſes, s'il obtient une femme » aimable, il s'enfle, il devient orgueilleux; mais jamais le ſage ne » s'égare dans ces ſentiers aveugles ».

Cette chanſon eſt une ſtrophe du *Haramal*, morceau ſublime attribué à *Odin* lui-même. M. *Mallet*, dans ſes *Monumens celtiques*, pag. 136 — 144, l'a traduit preſque tout entier.

Les ſtrophes ſont de ſix vers; une même conſonne ou une voyelle au commencement d'un mot ſe répete une fois dans les deux premiers vers,

&c

& deux fois dans le troisieme. Cette ode est du genre appellé *togmolt*, dont nous venons de parler.

I V.

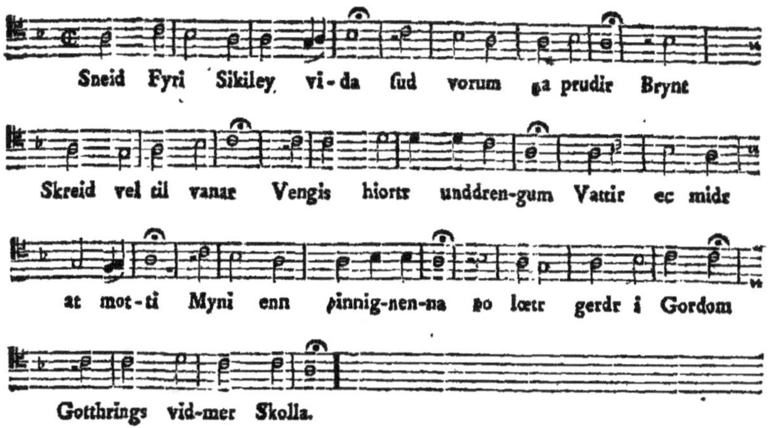

TRADUCTION.

« Notre vaisseau fendait les flots le long de la Sicile. Commandé par » des hommes braves, il eut un voyage heureux. Je ne crois pas que » l'homme le plus hardi ose désormais passer sur nos traces; & cependant » une fille de Russie me méprise » !

Cette chanson est celle de *Harald* le vaillant, Prince de *Norvege*. M. *Mallet* l'a traduite dans le même ouvrage, page 156 — 158.

Outre la répétition de la même consonne, qui est essentielle dans la Poésie scandinave ancienne, chaque vers de cette strophe contient une demi-rime & une rime entiere. M. *Jacobi* appelle demi-rime celle qui est formée par les mêmes consonnes, mais avec différentes voyelles; lorsque les voyelles, aussi bien que les consonnes, sont les mêmes, c'est la rime entiere. Cette ode est un *drotqued* rimé, & de ce genre sont presque toutes les anciennes chansons qui nous restent.

Le même refrein termine chaque strophe.

Nous la donnerons toute entiere à la fin de ce chapitre.

V.

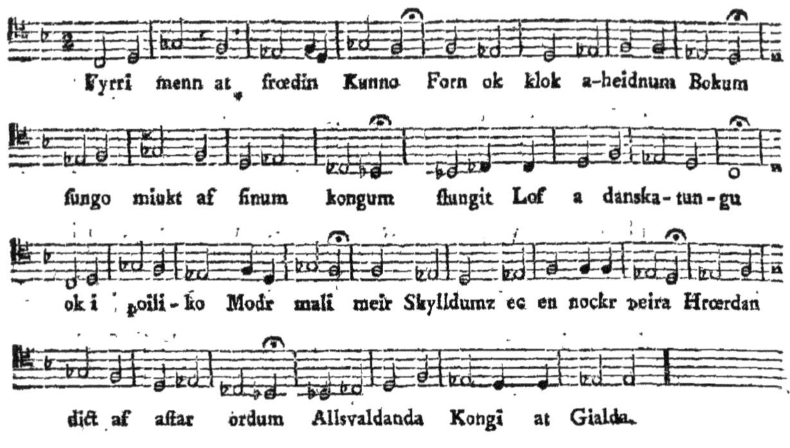

TRADUCTION.

« Ils posséderent les hautes sciences, écrites avec élégance dès les tems » les plus reculés dans des livres profanes. Ils chanterent dans leurs » vers danois les louanges de leurs Princes; & moi qui possede cette » langue, je me crois obligé plus qu'aucun d'eux à représenter au Roi » tout-puissant mes vers doux & agréables ».

Cette chanson est une strophe prise d'une hymne appellée *Lilia.* On trouve des exemples de ce mêtre dans le *Clavis metrica* de *Sturleson*: il y est appellé *Hryn hendr hattr*, c'est-à-dire, *chant cadencé*; c'est une preuve qu'on le connaissait déja dans le treizieme siecle en Islande.

Dans la suite des tems le langage s'étant altéré, & les Moines ayant chassé les Scaldes des cours des Princes, l'ancienne Poésie se perdit; & au lieu de ces Poésies qui contenaient la religion celtique & qui faisaient toujours allusion à la mythologie, on se contentait des rimes. M. Jacobi a une collection de deux cent chansons pareilles rimées, dont la premiere centaine a été recueillie par Anders Wedel, 1591, réimprimée ensuite, & augmentée d'une autre centaine par Peder Sys 1695. Le sujet de ces chanſons eſt tantôt un fait hiſtorique, un combat, un rapt ou une aventure amoureuſe, tantôt un conte de Fées, une fable, une métamorphoſe : il n'y a gueres que les Payſans qui les ſavent chanter aujourd'hui.

CHANSONS NORVÉGIENNES.

Ire.

Voyage pour le Sœter (a).

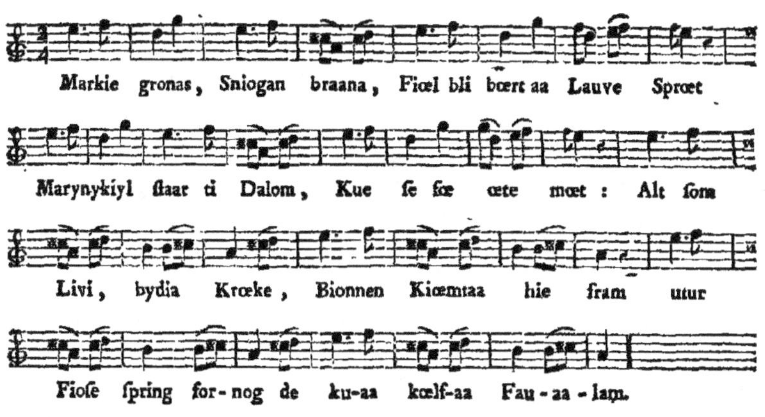

TRADUCTION.

« La campagne reverdit déja, la neige ſe ſond, le ſommet des mon- » tagnes ſe découvre, & les feuilles ſe développent. La primevere fleurit » dans les vallons, le bétail peut trouver ſa pâture : tout ce qui vit, » commence à ſe mouvoir : l'ours quitte ſon fort : les vaches & leurs » veaux, les brebis & les moutons courent avec joie hors de leurs » étables ».

(a) C'eſt une cabane que les bergers en Norvege élevent dans les vallées, loin des habitations principales, pour y paſſer l'été & garder leurs vaches qu'ils y menent paître. M. Jacobi la croit ancienne.

Cette chanson se chante par les bergeres lorsqu'elles se rendent aux cabanes d'été.

I I.

Retour à la maison d'hiver.

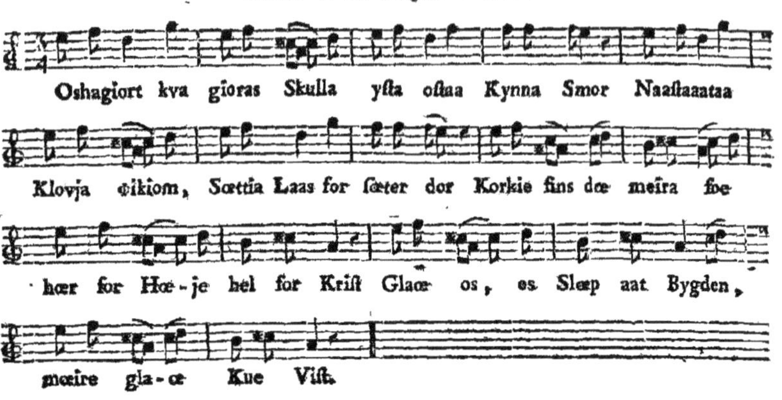

TRADUCTION.

« Nous avons fini tous nos travaux, battu le beurre & fait le fromage : » il ne nous reste plus qu'à charger les chevaux de notre bagage & à » clore nos cabanes d'été. Il n'y a plus ici de nourriture pour les troupeaux » ni pour les hommes. Nous nous réjouissons d'être libres, de retourner » à nos habitations ; mais notre bétail s'en réjouit encore davantage ».

I I I.

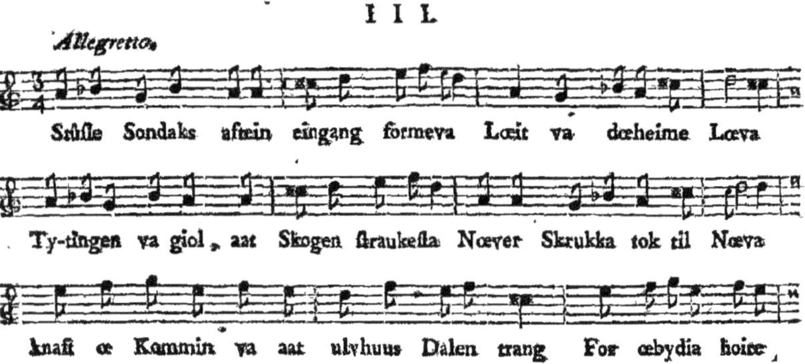

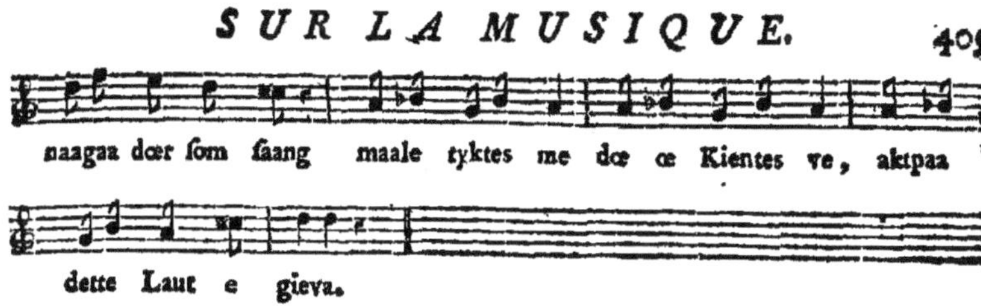

TRADUCTION.

« Un Dimanche après midi, le tems me paraiffait d'une longueur » exceffive, je m'ennuyais d'être dans la maifon; les grains de Myrtil » étaient déja mûrs : je courus au bois pour en cueillir dans ma corbeille » faite d'écorce; à peine fus-je arrivé dans le vallon étroit, que j'entendis » quelqu'un chanter : il me femblait que fa voix m'était connue; c'eft » pourquoi je redoublai d'attention ».

I V.

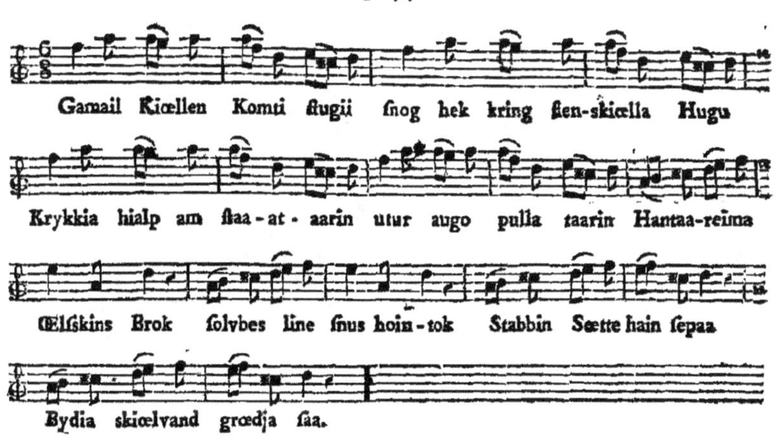

TRADUCTION.

« Un vénérable vieillard entra dans la chambre, les flocons de neige » pendaient autour de fa tête chauve; fa béquille l'aida à s'approcher » du feu; les larmes tombaient de fes yeux : alors il tira de fa culotte,

» faite de peaux d'élan & attachée par des courroies, sa boëte à tabac » en poudre, garnie d'argent; il s'assit sur le bloc à couper le bois » (place d'honneur); & commençant à chanter d'une voix chévrotante, » il dit, &c. »

V.

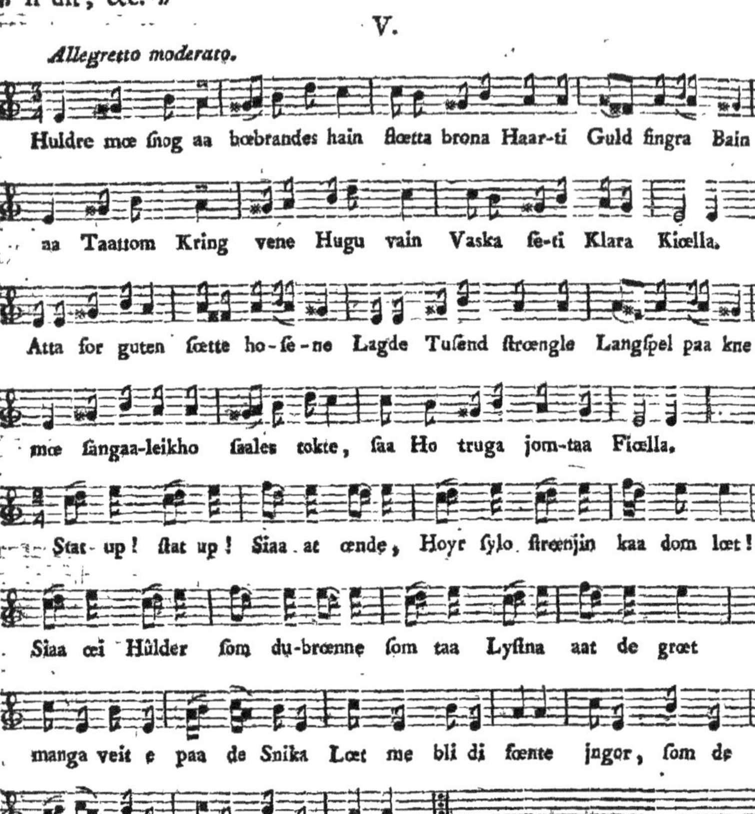

TRADUCTION.

« La Nymphe d'une main active & tremblante tressait ses cheveux » bruns avec un ruban tissu d'or, & en attachait les boucles autour de

» fa tête charmante : elle fe lava dans une fource limpide, & s'affit » derriere le jeune homme. Elle pofa fur fon genou fon tympanon à » mille cordes, & commença à chanter en s'accompagnant de fon inf- » trument, de façon qu'elle forçait les rochers à répéter cette harmonie... » Leve-toi! leve-toi! regarde derriere toi! écoute comment réfonent les » cordes d'argent. Vois une Nymphe que tu enflâmes, qui verfe pour toi » des larmes de defir & d'amour. Je fais que plufieurs fillettes cherchent à » t'attirer; mais choifis-moi pour ton amante, jamais tu n'en trouveras qui » te chériffe avec tant d'ardeur ».

V I.

Duo entre un Payfan des montagnes & un Payfan des bords de la mer, au fujet du jour de la naiffance du Roi.

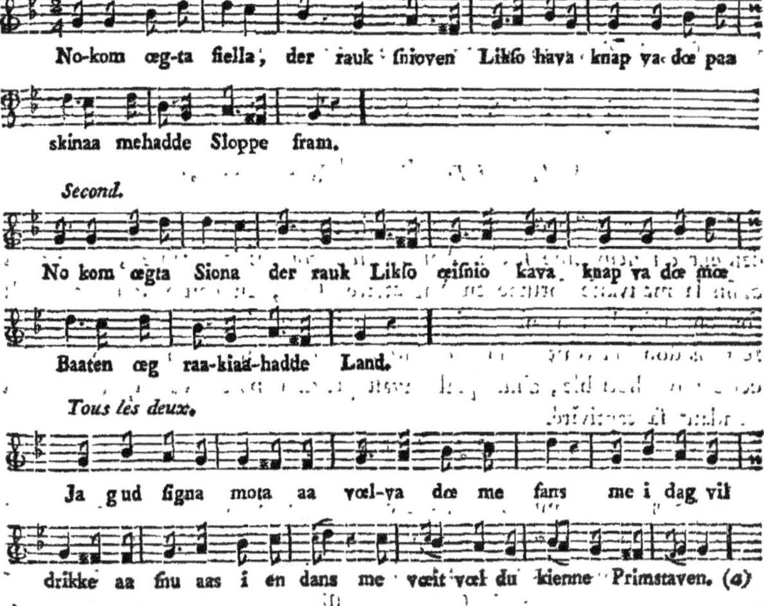

(a) C'eft un calendrier runique tracé fur des bâtons aplanis. Voyez M. Mallet, introduction à l'Hiftoire de Dannemarck, pag. 224.

TRADUCTION.

Premier Paysan.

« Je descends de la montagne, la neige y tombait avec l'impétuosité » des flots; c'est à peine que j'ai pu m'en tirer sur mes patins ».

Second Paysan.

« J'arrive de la mer, elle fumait comme un brouillard de neige, à » grande peine mon bateau a pu atteindre le rivage ».

Tous les deux.

« Oui, le ciel soit béni de cette rencontre; c'est un bonheur de nous » trouver ensemble. Nous allons consacrer cette journée à boire & à » danser, je sais que tu connais le bâton runique ».

CHANSONS DANOISES,

Composées par le roi Regner Lodbrog.

Ce fameux Poëte & Guerrier régnait en Dannemarck vers le commencement du neuvieme siecle. Après mille courses maritimes, il éprouva enfin la mauvaise fortune en Angleterre. Pris, en combattant, par *Ella* son ennemi, Roi d'une partie de cette île, il périt par les morsures des serpens dont on avait rempli sa prison. Il laissa plusieurs fils qui vangerent cette mort horrible, ainsi qu'il l'avait prévu dans ces vers qu'il composa pendant sa captivité.

CHANSON.

« Nous nous sommes battus à coups d'épées, dans le tems où jeune » encore, j'allai vers l'Orient préparer une proie sanglante aux loups » dévorans. Toute la mer ne semblait qu'une seule plaie, & les cor» beaux nageaient dans le sang des blessés.

» Nous nous sommes battus à coups d'épées, le jour de ce grand

» combat

» combat, où j'envoyai les peuples de Helsingie dans le palais d'Odin. » De-là nos vaisseaux nous porterent à *Isa*, où les fers de nos lames, » fumans de sang, entamaient à grand bruit les cuirasses, & où les épées » mettaient les boucliers en pieces.

» Nous nous sommes battus à coups d'épée, ce jour où j'ai vu dix » mille de mes ennemis couchés sur la poussiere près d'un cap d'An- » gleterre. Une rosée de sang dégouttait de nos épées, les fléches » mugissaient dans les airs en allant chercher les casques : c'était pour » moi un plaisir aussi grand que de tenir une belle fille dans mes bras.

» Nous nous sommes battus à coups d'épée, le jour où mon bras fit tou- » cher à son dernier crépuscule ce jeune homme si fier de sa belle chevelure, » qui recherchait les jeunes filles dès le matin, & qui se plaisait tant » à entretenir les veuves. Quelle est la destinée d'un homme vaillant, » si ce n'est de tomber des premiers au milieu d'une grêle de traits? » Celui qui n'est jamais blessé, passe une vie ennuyeuse, & le lâche ne » fait jamais usage de son cœur.

» Nous nous sommes battus à coups d'épée. Il faut qu'un jeune homme » se montre de bonne heure dans les combats, qu'un homme en attaque » un autre, ou lui résiste. Ç'a été là toujours la noblesse d'un héros; & » celui qui aspire à se faire aimer de sa maîtresse, doit être prompt & » hardi dans le fracas des épées.

» Nous nous sommes battus à coups d'épée; mais j'éprouve aujourd'hui » que les hommes sont entraînés par le destin; il en est peu qui puissent » résister aux décrets des Fées, eussai-je cru que la fin de ma vie serait » réservée à *Ella*, lorsqu'à demi-mort je répandais encore des torrens » de sang, lorsque je précipitais les vaisseaux dans les golfes de l'Ecosse, » & que je fournissais une proie si abondante aux bêtes sauvages?

» Nous nous sommes battus à coups d'épée; mais je suis plein de » joie, en apprenant qu'un festin se prépare pour moi dans le palais » d'Odin. Bientôt assis dans la brillante demeure d'Odin, nous boirons

» de la bierre dans les crânes de nos ennemis. Un homme brave ne » redoute point la mort. Je ne prononcerai point des paroles d'effroi en » entrant dans la salle d'Odin.

» Nous nous sommes battus à coups d'épée. Ah! si mes fils savaient » les tourmens que j'endure, s'ils savaient que des viperes empoisonnées » me déchirent le sein, qu'ils souhaiteraient avec ardeur de livrer de » cruels combats! La mere que je leur ai donnée, leur a laissé un » cœur vaillant.

» Nous nous sommes battus à coups d'épée; mais à présent je touche » à mon dernier moment. Un serpent me ronge déja le cœur : bientôt » le fer que portent mes fils sera noirci dans le sang d'*Ella*; leur colere » s'enflamera, & cette jeunesse vaillante ne pourra plus souffrir le repos.

» Nous nous sommes battus à coups d'épée dans cinquante & un » combats où les drapeaux flottaient. J'ai, dès ma jeunesse, appris à » rougir de sang le fer d'une lance, & je n'eusse jamais cru trouver un » Roi plus vaillant que moi : mais il est tems de finir, Odin m'envoie » ses Déesses pour me conduire dans son palais : je vais, assis aux » premieres places, boire de la bierre avec les Dieux. Les heures de » ma vie se sont écoulées, je mourrai en riant ».

Chanson d'HARALD le vaillant, prince de Norvege.

Ce Prince vivait au milieu du onzieme siecle. Il fut un des plus illustres avanturiers de son tems, & parcourut les mers du nord, l'Océan sur les côtes d'Afrique, & la Méditerranée. Il y fut pris, & conduit à Constantinople, où il resta quelque tems en captivité. Il se plaint dans cette chanson des rigueurs d'*Elissit*, fille de *Jarislas*, Roi de Russie.

« Mes navires ont fait le tour de la Sicile. C'est alors que nous étions » brillans & magnifiques, mon vaisseau brun, chargé d'hommes, voguait » rapidement au gré de mes desirs; occupé des combats, je croyais » naviger toujours ainsi : cependant une fille de Russie me méprise.

» Je me suis battu dans ma jeunesse avec les peuples de Drontheim. » Ils avaient des troupes supérieures en nombre : ce fut un terrible » combat ; je laissai leur jeune Roi mort sur le champ de bataille : » cependant une fille de Russie me méprise.

» Un jour nous n'étions que seize dans un vaisseau ; une tempête » s'éleve & enfle la mer, elle remplit le vaisseau chargé ; mais nous le » vuidâmes en diligence. J'espérais de-là une heureux succès : cependant » une fille de Russie me méprise.

» Je sais faire huit exercices ; je combats vaillamment ; je me tiens » fermement à cheval ; je suis accoutumé à nâger ; je sais courir en » patins ; je lance le javelot ; je m'entends à ramer : cependant une fille » de Russie me méprise.

» Peut-elle nier cette jeune & belle fille, que ce jour, où posté près » de la ville dans le pays du midi, je livrai un combat, je ne me » sois servis courageusement de mes armes, & que je n'aie laissé après » moi des monumens durables de mes exploits : cependant une fille de » Russie me méprise.

» Je suis né dans le haut pays de Norvege, là où les habitans » manient si bien les arcs ; mais j'ai préféré de conduire mes vaisseaux, » l'effroi des paysans, parmi les écueils de la mer, & loin du séjour » des hommes, j'ai parcouru les mers avec ces vaisseaux : cependant » une fille de Russie me méprise ».

Danse des Paysans dans le Diocèse de Bergen en Norvege.

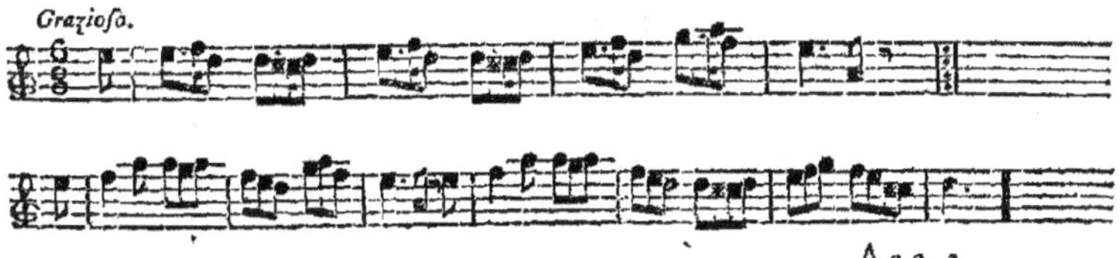

Autre.

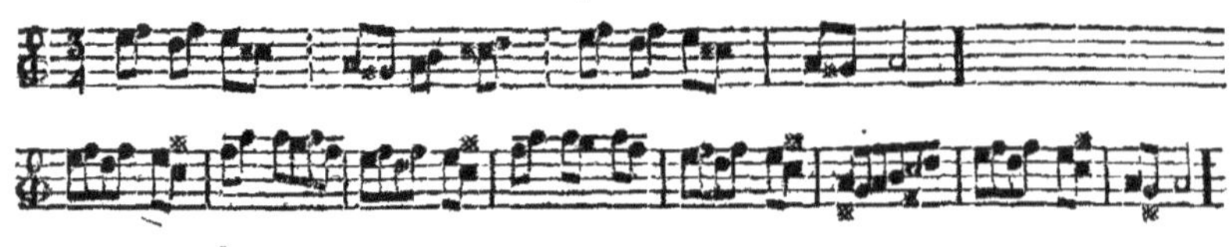

Autre.

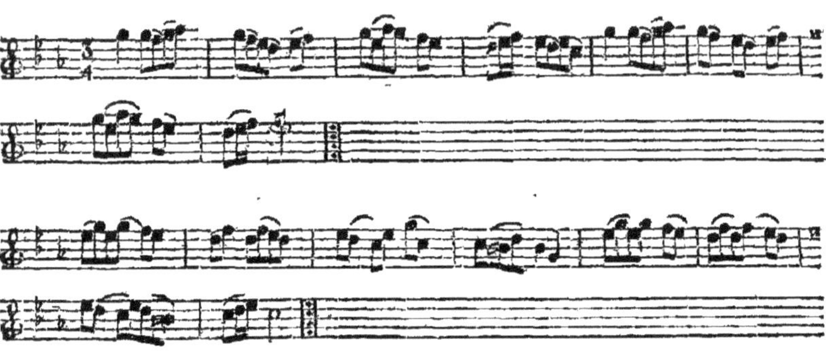

Autre.

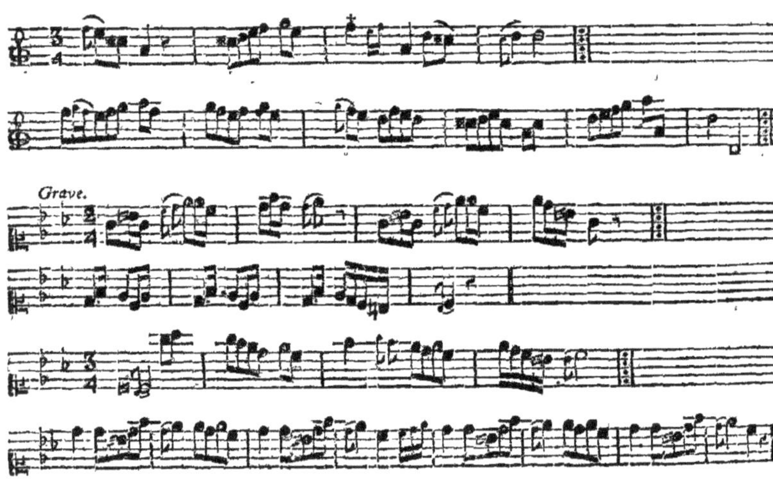

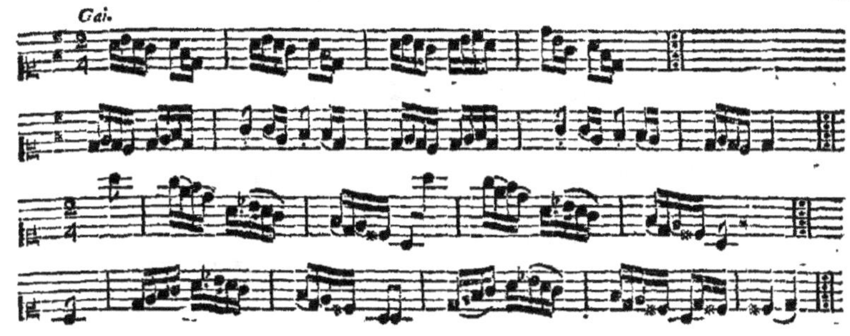

Autre.

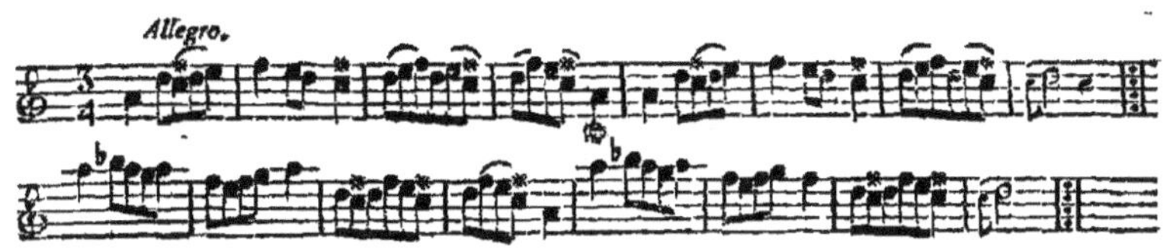

AIRS NORVÉGIENS.

Air de Danse.

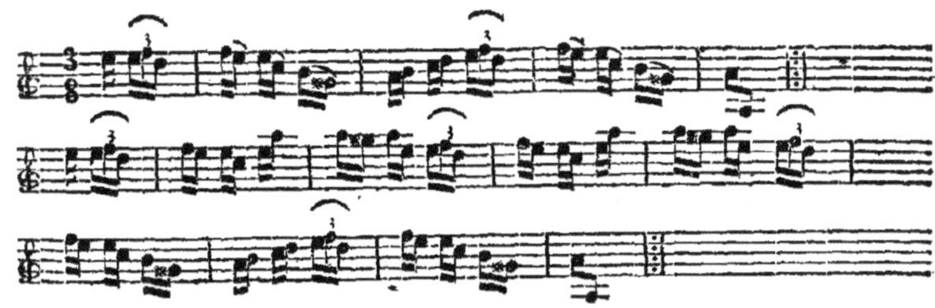

Chanson.

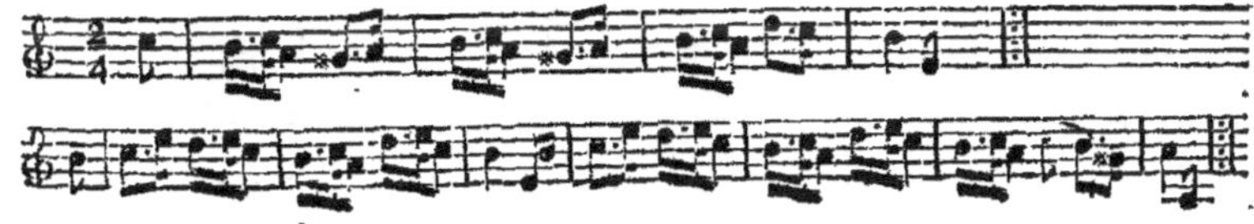

Danse.

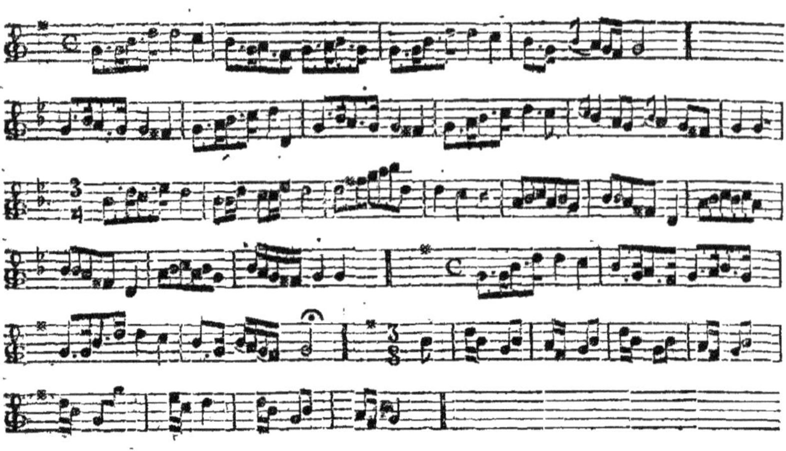

Autre.

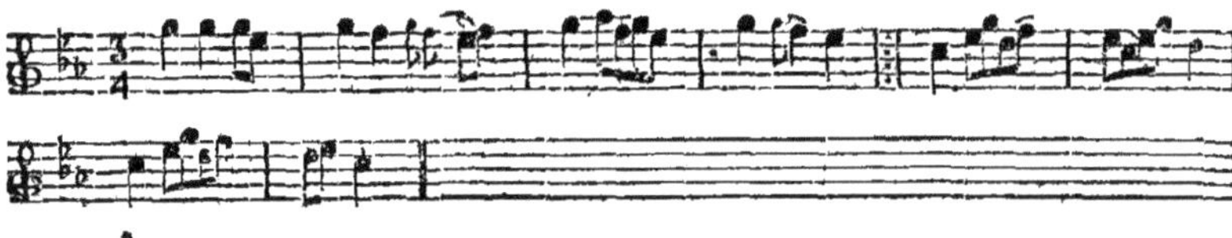

Autre.

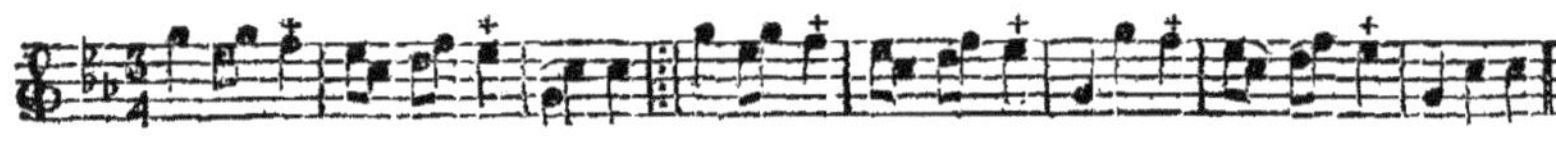

Musique pour le Lour (a).

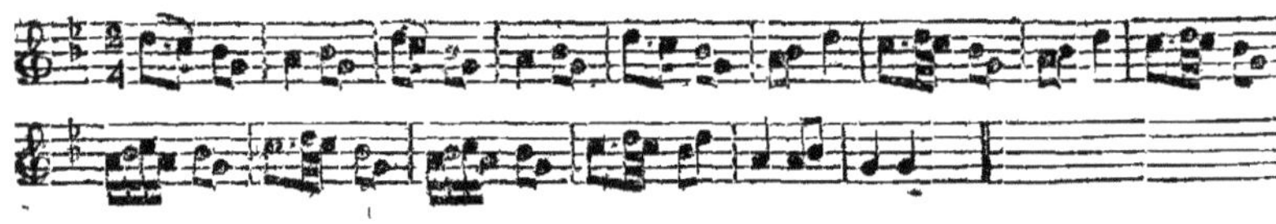

(*a*) Le *Lour* est une espece de Cor qui produit un son aigu, les Bergers en savent tirer plusieurs sons; cet instrument à vent est fort ancien, on s'en servait autrefois dans les guerres

CHAPITRE X.

Des Chansons & Poésies Herses (a).

Nous n'avons pu nous refuser le plaisir de parler ici de la Poésie Gallique ou Herse, de ce genre singulier de Poésie, que nous regardons comme celui qui parle le plus à l'ame. Ceux de nos Lecteurs qui voudront avoir plus de détails sur ce genre de poésie, peuvent lire la savante Dissertation de M. Blair, Ministre Ecossais, que l'on trouve dans le Journal étranger; & le Discours préliminaire de M. le Tourneur, qui est à la tête de son agréable Traduction des Poésies d'Ossian.

Les anciens Ecossais étaient une colonie des Celtes. Les Druides & les Bardes s'établirent chez eux, après avoir quitté les Gaules, & furent chargés de conserver & de chanter leurs actions héroïques. Les Druides furent bientôt détruits; mais les Bardes plus heureux, subsisterent presque jusqu'à nos jours, sous le même nom, & exerçant les mêmes fonctions dans le Nord de l'Ecosse & dans l'Irlande. L'histoire nous apprend que, lorsqu'Edouard I conquit le Pays de Galles, il fit mettre à mort tous les Bardes qui s'y trouverent, parceque par leurs chants, ils avaient trop de pouvoir sur l'esprit du peuple. Ce n'est pas assurément la plus belle action de son régne.

Les Poëmes d'Ossian & des anciens Bardes sont en prose mesurée; ils gardaient la rime pour les morceaux lyriques dont ils semaient leurs ouvrages, & qu'ils chantaient en s'accompagnant de la harpe.

Ossian vivait avant l'établissement de la Religion Chrétienne en Ecosse, vers la fin du troisieme siecle, ou au commencement du quatrieme. Ce fut l'an de J. C. 303, que la persécution de Dioclétien fit passer quelques Chrétiens en Bretagne. Ces premiers Missionnaires vécurent dans des

(a) Par *Poésies Herses*, on entend les Poésies Ecossaises & Irlandaises; on n'a conservé ici le mot de *Herses*, que parceque c'est sous ce nom que dans les journaux on a fait connaître les Poésies Ecossaises.

cavernes ; & ce fut avec eux qu'Ossian, dans les dernieres années de sa vie, disputa sur la Religion Chrétienne. La tradition a conservé cette dispute célèbre, & Ossian y montre une telle ignorance des dogmes du Christianisme, qu'on ne peut pas supposer qu'il fût déja introduit en Ecosse.

Fingal, si célebre dans l'histoire antique de l'Ecosse, & pere d'*Ossian* fameux par ses poésies, était un descendant de *Trenmor* qui détruisit l'ordre des Druides, & qui fut proclamé Roi par toutes les tribus. Le rétablissement de *Ferard-Arto* sur le trône de l'Irlande, fut le dernier exploit de *Fingal ;* alors il remit solemnellement sa lance à *Ossian*, qui en fit un digne usage pour la défense du faible & de l'opprimé, jusqu'à ce que la vieillesse l'eut fait tomber de ses mains. Alors privé de son pere & de son fils *Oscar*, tué en trahison, aveugle & infirme, il charma sa douleur & ses maux, en chantant les exploits de ses amis. Il se traînait souvent à la tombe de son pere, & se consolait en la touchant de ses mains tremblantes. *Ossian* chantait pour un peuple que le spectacle de la nature ne lassait jamais. C'est de ce spectacle qu'il emprunte sans cesse ses images & ses comparaisons. Cet homme singulier, doué par la nature d'une sensibilité exquise, était porté à cette tendre mélancolie qui accompagne ordinairement le génie (*a*), & son ame était également susceptible de force & de douces émotions.

On distingue quatre périodes dans l'histoire des Sociétés humaines.

1°. Les hommes ont commencé à vivre de la chasse.

2°. De leurs troupeaux.

3°. De l'agriculture.

4°. De leur commerce.

Les Poésies d'Ossian nous présentent le tableau de la premiere période & un peu de la seconde, mais rien des deux autres ; ce qui prouve leur haute antiquité.

On y voit des femmes enlevées de force, & toute la tribu se liguer comme dans le tems d'Homere, pour venger l'injure.

Par le récit de leurs batailles, on voit qu'ils ne connaissaient poi

(*a*) Aristote dit que la mélancolie est le partage des *grands génies : Omnes ingeniosos melancholicos esse.*

les trompettes, les tambours ni aucun instrument militaire. Le cri du Général était le signal du combat; aussi la voix du terrible *Fingal* est-elle souvent citée.

Les deux caracteres distinctifs des poésies d'Ossian sont la tendresse & le sublime. C'est la poésie du cœur, & on s'apperçoit que le Poëte cherchait moins à plaire aux autres qu'à exprimer ce dont il était profondément pénétré. Son plaisir était de penser aux héros avec lesquels il avait vaincu, de se rappeller la maîtresse qu'il avait adorée, & les amis qu'il avait perdus.

Il ne composait que lorsque sa muse l'inspirait : alors s'écrie-t-il : » Quelle est cette voix qui frappe les oreilles d'Ossian, & éleve son » ame? C'est la voix des tems qui sont écoulés, ils roulent devant moi » avec les actions des hommes ».

Alors il chante ce qu'il voit, ce qu'il entend, & son ame verse dans ses chants tous les sentimens dont elle est pleine.

Homere n'a de supériorité sur Ossian que celle que les Grecs avaient sur les Celtes; & si la balance du sublime devait pencher d'un côté, peut-être ne serait-ce pas en faveur d'Homere, bien supérieur cependant à Ossian en variété, en idées, en peintures de caracteres, en agrémens, en gaité, &c. Ossian pouvait-il être gai, il avait survécu à tous ses amis, & avait été préparé à la mélancolie par tous les événemens de sa vie.

Nous ne citerons qu'un de ses Poëmes.

OÏNA MORUL.

« Comme on voit la lumiere du soleil fuir devant l'ombre sur la vaste » coline de *Larmon*, ainsi, au milieu des ténèbres, les images des siecles » passés se succèdent devant ma pensée. Quand les Bardes se sont retirés, » quand les harpes sont suspendues aux voûtes de *Selma*, alors une voix » se fait entendre à l'oreille d'Ossian, & réveille son ame. C'est la voix » des siecles passés; ils roulent devant moi chargés d'événemens. Je saisis » les faits éclatans à mesure qu'ils passent dans ma mémoire, & je les » reproduis dans mes chants. Les chants d'Ossian ne sont point un torrent

» rapide & fangeux, ils s'élevent dans les airs comme les doux concerts » de *Lutha*. O terre heureufe de *Lutha!* quand la main légère de *Malvina* » vole & brille fur la harpe, tes rochers répétent fes accords harmonieux. » Fille de *Tofcar*, toi qui diffipes les fombres penfées qui affiégent mon » ame, ne veux-tu point entendre ma voix? viens, fille charmante, » nous ferons revivre le paffé dans nos chants.

» Sous le régne de *Fingal*, avant que l'âge eût blanchi mes cheveux, » je m'embarquai dans la nuit pour l'île de *Fuarfed*. L'étoile de *Concathlin* » dirigeait ma courfe. Fingal m'envoyait au fecours de *Malor*, Roi de » Fuarfed, que la guerre environnait de toutes parts. Nos aïeux s'étaient » affis enfemble aux fêtes de l'amitié.

» J'entrai dans la baie de *Colco*, & j'envoyai mon épée à Malor. Il » reconnut le fignal d'Albion & treffaillit de joie. Il fortit de fon palais, » il vint à moi, & me prenant la main d'un air trifte: pourquoi, » me dit-il, la race des héros vient-elle au fecours d'un Roi près de fa » chûte? *Thormod* eft chef de l'île de *Sardronlo*: il a vu, il a aimé ma » fille Oïna. Je l'ai refufée à fon amour: nos ancêtres étaient ennemis, » il eft revenu à la tête d'une armée nombreufe: mes guerriers ont fui » devant lui, quel motif porte la race des héros à me fecourir. Je ne » viens point, lui répondis-je, pour être comme un enfant, fpectateur » inutile des combats. *Fingal* fe fouvient de *Malor* & de fa générofité » pour les étrangers. La mer le jetta autrefois fur ces bords, tu le reçus » avec joie, tu lui prodiguas les fêtes & les concerts. Voilà le motif » qui m'arme de cette épée, & peut-être fera-t-elle fuir tes ennemis. » Quelle que foit la diftance qui nous fépare de nos amis, jamais nous » ne les oublions dans l'infortune. Digne fils du vaillant *Trennor*, tes » paroles font comme la voix de *Crùthloda*, quand ce puiffant habitant » du firmament ouvre fon nuage & daigne nous parler. Mille autres » guerriers font venus fe réjouir à mes fêtes, mais tous ont oublié l'in- » fortuné *Malor*. J'ai promené de tous côtés mes regards fur la mer, & » je n'ai apperçu aucun vaiffeau qui vînt à mon fecours; le bruit de » mes fêtes ne les appelle plus dans le palais de *Malor*, on n'y entend » plus que le choc des armes. Mais la nuit approche, viens dans ma » demeure, enfant des héros, viens entendre les chants de ma fille.

» Nous entrâmes dans son palais : Oïna prend sa harpe, chaque corde » frémit tour-à-tour sous ses doigts, & accompagne ses tristes accens. » J'écoutais en silence & contemplais la beauté de la fille de *Malor*. Ses » yeux humides de pleurs, brillaient comme deux étoiles au travers d'un » nuage qui verse la pluie. Au point du jour nous combattîmes sur la » rive du *Tormul*. Le son du bouclier de Thormod réglait les mou» vemens de son armée. Le carnage s'étend d'une aîle à l'autre, j'attaque » le chef de *Sardronlo*. Son bouclier vole en éclats. Je le saisis, l'en» chaîne, & le livre à Malor. La défaite de l'ennemi ramena la joie » dans Fuarmed. *Thormod* humilié craignait de rencontrer les regards » d'*Oïna*.

» Fils de Fingal, me dit Malor, tu ne partiras point sans emporter » une marque de ma reconnaissance : Oïna va s'embarquer avec toi. Elle » allumera dans ta grande ame la douce flame de l'amour. Elle est digne » d'habiter dans Selma, & sa beauté la fera remarquer dans la demeure » des Rois.

» Je passai la nuit dans le palais. Mes yeux étaient à demi-fermés » par le sommeil, j'entendis une voix douce & plaintive, semblable au » Zéphir qui vole & fait frémir le gazon des prairies. C'était la voix » de la fille de Malor, qui chantait dans la nuit ; elle savait combien » les sons d'une douce Musique attendrissaient mon ame.

» Quel est ce jeune guerrier qui du haut du rocher promene ses regards » sur les vapeurs de l'Océan? Ses longs cheveux, noirs comme l'aîle du » corbeau, flottent au gré des vents, sa démarche annonce la douleur, » les larmes roulent dans ses yeux, sa poitrine est gonflée de soupirs... » Retire-toi, malheureux, j'erre dans un pays inconnu. La race des » héros m'environne, mais leur présence n'adoucit point mes ennuis. Ah! » Thormod, objet de l'amour des Belles, pourquoi nos peres furent-ils » ennemis !

» Aimable Oïna, lui dis-je, pourquoi fais-tu retentir la nuit de tes gé» missemens ? Les descendans du vaillant Trennor n'ont point une ame » cruelle. Non, tu ne viendras point errer sur une terre étrangere : une » voix impérieuse retentit dans le cœur d'Ossian ; nul autre que lui ne » peut l'entendre ; elle lui ordonne d'écouter les malheureux au jour de

» l'infortune. Retire-toi, belle Oïna, ton amant ne te pleurera point sur » son Rocher.

» Dès l'aurore je détachai les liens de Thormod & le rendis à son » amante. Pourquoi, dis-je à Malor, Thormod passerait-il ses jours dans » la douleur ? Il est de la race des héros. Il brille dans les combats. Vos » ancêtres, il est vrai, furent ennemis ; mais aujourd'hui leurs ombres » réunies se réjouissent ensemble, & boivent à la même coupe dans le » palais de Loda. Guerriers, oubliez leur ancienne haine, qu'elle reste » ensévelie dans le passé.

» Telle fut la conduite d'Ossian dans sa jeunesse, ce fut ainsi qu'il » rendit à son amant la tendre Oïna, malgré tout l'éclat de sa beauté ».

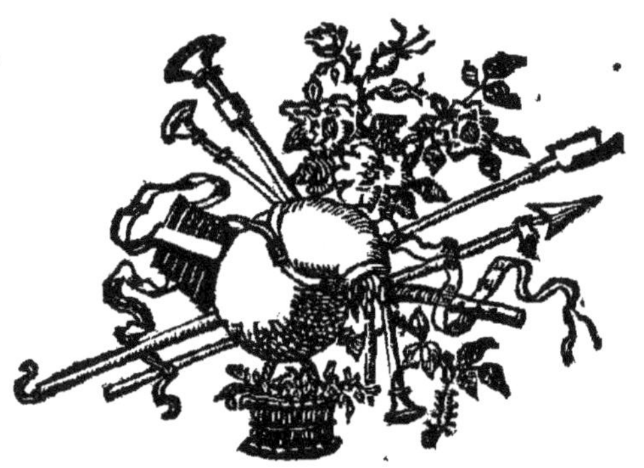

CHAPITRE XI.

Chanſons Périgourdines, Strasbourgeoiſes & Auvergnates.

CHANSON PÉRIGOURDINE.

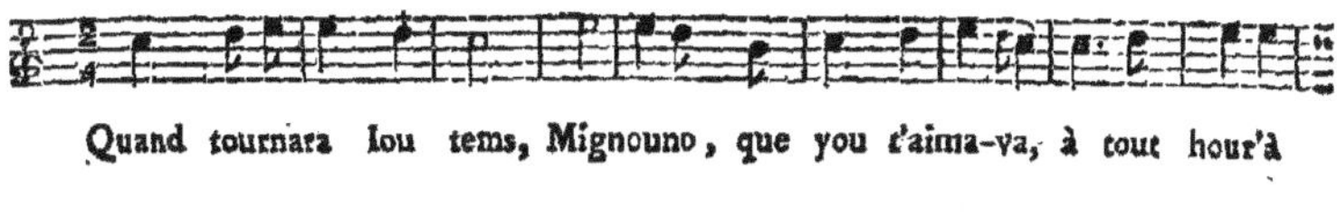

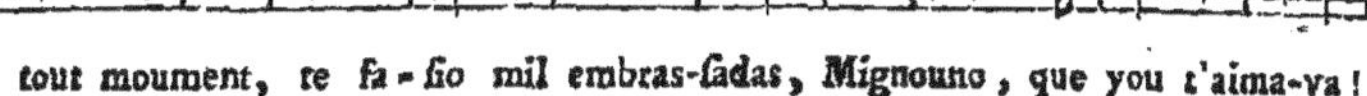

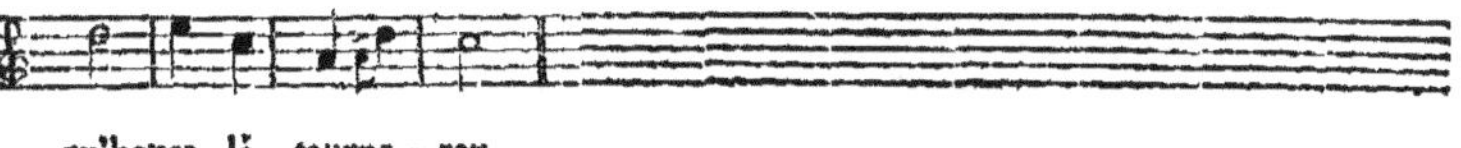

AUTRE.

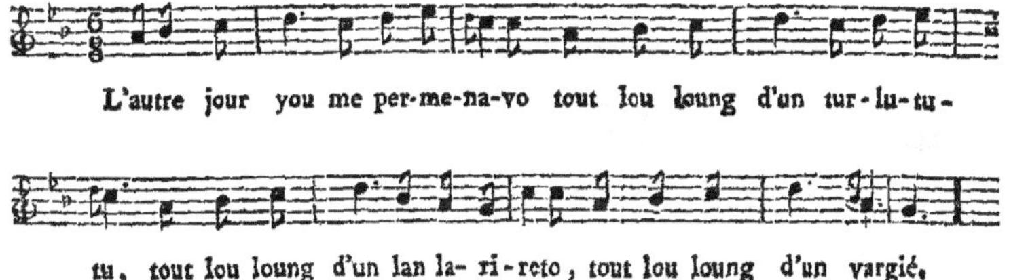

You rencountri gayo bargiero
Gardava ſoun turlututu,
Gardava ſoun lanlaliré,
Gardava ſoun troupé.

You m'aprouchi de la bargiero
Per la voulei turlututu,
Per la voulei lanlaliré,
Per la voulei beser.

Elle déviraiya sa counouillo
Per me voulei turlututu,
Per me voulei lanlarité,
Per me voulei frapé.

Tout beau, tout beau, gayo Bargiero,
Car you sei toun turlututu,
Car you sei toun lanlaliré,
Car you sei toun Bargier.

Si sei be ta feure quartana,
Que tu sia moun turlututu,
Que tu sia moun lanlaliré,
Que tu sia moun Bargier.

Moun Bargier porta point d'espasa,
Ni mai d'aqui, turlututu,
Ni mai d'aqui lanlaliré,
Ni mai d'aqui Baudriet.

Moun Bargier porta sa musetta
Per me faire turlututu,
Per me faire lanlaliré,
Per me faire danser.

AUTRE.

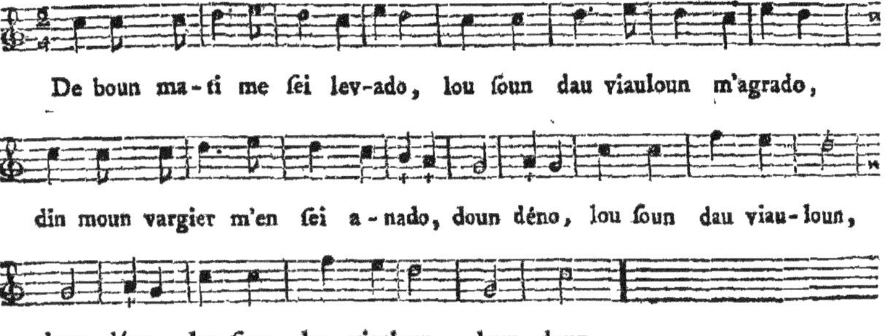

Din moun vargier m'en ſei anada
Lou ſoun dau viauloun m'agrada
Moun bel ami my attrapada,
Dounděno,
Lou ſoun dau viauloun, &c.

Moun bel ami my attrapada
Lou ſoun dau viauloun magrada,
Sur l'herbetta eu ma rounſſada
Doundena,
Lou ſoun, &c.

Sur l'herbetta eu ma rounſſada,
Lou ſoun dau viauloun magrada
Cinq ou ſiei cops eu m'a bicada,
Doundena,
Lou ſoun, &c.

Cinq ou ſiei cops eu ma bicada,
Terra de Dieu qu'ala journadeo,
Dures à quo routta l'annadeo,
Doundena,
Lou ſoun, &c.

Dures à quo routta l'annada,
Lou ſoun dau vialoun magrada,
Sirio pus d'aiſe que Madama,
Doundena,
Lou ſoun, &c.

Sirio pus d'aiſe que Madama,
Lou ſoun dau viauloun magrada,
Ella po eſſe miei couéſada,
Doundena,
Lou, ſoun, &c.

Ella po eſſe miei couiſada,
Lou ſoun dau viauloun magrada,
Ma ne ſerio pas miei bicada
Doundena,
Lou ſoun dau viauloun magrada,
Lac ſoun dau viauloun,
Doundoun,

SARLADOISE.

Chanson à danser de Sarlat en Périgord.

La Confession.

Allegro

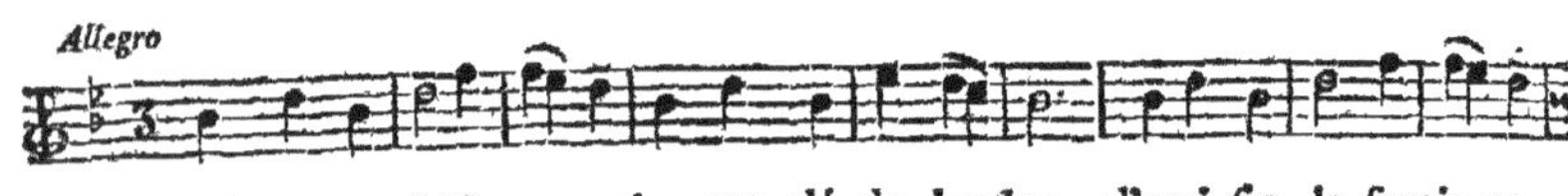

You me con-fessi pero, lou cor plé de dou-lou d'avei sur la faugie-ro

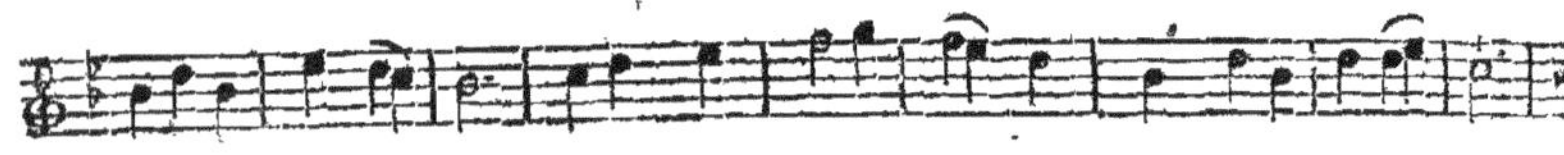

foulatra en Pia-rou, d'abord me fachi-gue-ri, me l'esca-peri you:

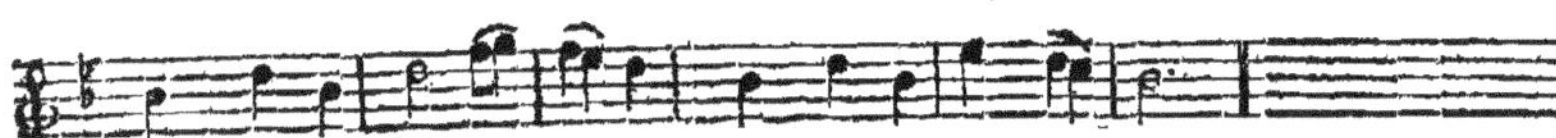

oh! que po la cou-lero contre un tendre pas-tou.

Avez péca fillote,
Countre lou Salvadou,
Respenti té paürotte,
Et laisse ton Piarrou,
Diou eis un tal boun payré
Qu'aimé la counversion,
Mas né perdoune gayré
Qu'après la countrission.

You vési bé moun Payré,
Qué vous avez rasou,
Si n'en coustave gayré
D'abandonnas Piarou,
Yo vio jur'en couniensо,
Hélas, moun Diou dé you;
Doublas lo pénitenso
Et laissas mé Piarou.

AUTRE

AUTRE.

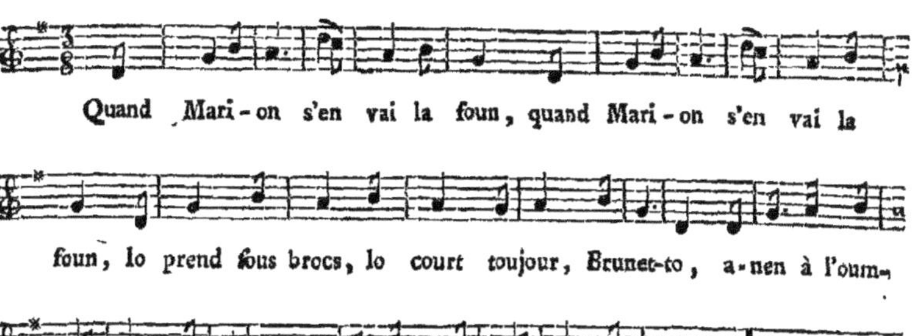

bret-to, Brunet-to, a-nen à l'oumbret-to dau bos.

Lo prend ſous brocs, lo cour toujour (*bis.*)
En ſon chami rencountro Amour, Bruneto,
Anen à l'ombretto, &c.

En ſon chami rencountro Amour, (*bis.*)
Amour, Amour, embraſſen-nous, Bruneto,
Anen, &c.

Amour, Amour, embraſſen-nous, (*bis.*)
Faſen vite, deſpeichen-nous, Bruneto,
Anen, &c.

Faſen vite deſpeichen-nous, (*bis.*)
You ai lo pato dedin lou four, Bruneto,
Anen, &c.

You ai lo pato dedin lou four, (*bis.*)
Lous meignajous au berſadou, Bruneto,
Anen, &c.

Lous meignajous au berſadou, (*bis.*)
You ai moun homé quei tan jaloux, Bruneto,
Anen, &c.

You ai moun homé quei tant jaloux, (*bis.*)
Plet à Diou que tous lous jalous, bruneto,
Anen, &c.

Plet à Diou que tous lous jalous (*bis.*)
Tous lous jalous fussian moutous, Bruneto,
Anen, &c.

Tous lous jalous fussian moutous (*bis.*)
Y pourtarian lous courrichous, Bruneto,
Anen à l'oumbreto, Bruneto,
Anen à l'oumbreto dau bos.

AUTRE.

Lou Pastour.

Louen de té Pastouroulette,
De larmas n'ay fat un rieu,
Sey pus feic q'un Eycolette,
Une alumetta,
N'ey pas pus fecco que yeu.

Lo Pastourello.

Te trobi bel coum un Ange,
Nou besi res de pareil,
Boli que lou loup me mange,
Lo meyta del meux troupel
Si jomay cangé d'amour, pastourel.

AUTRE.

Adiou ma tant emado,
Yo ne te veraï pu
Tu te fé maridado
Malhurouzo journado,
Yo ne te veraï pu. (*bis.*)

Labas din qu'e village
Tu s'é qui per toujour,
Ne fai pas de doumagé,
Qu'un si genté visagé,
Finiço en tai sous jours. (*bis.*)

A qui m'an vi riré,
Me demanden qu'à tu,
Ne podé lour rediré
Neit & jour yo soupiré
Après quo que yo aï perdu. (*bis.*)

Adiou, &c.

CHANSON STRASBOURGEOISE.

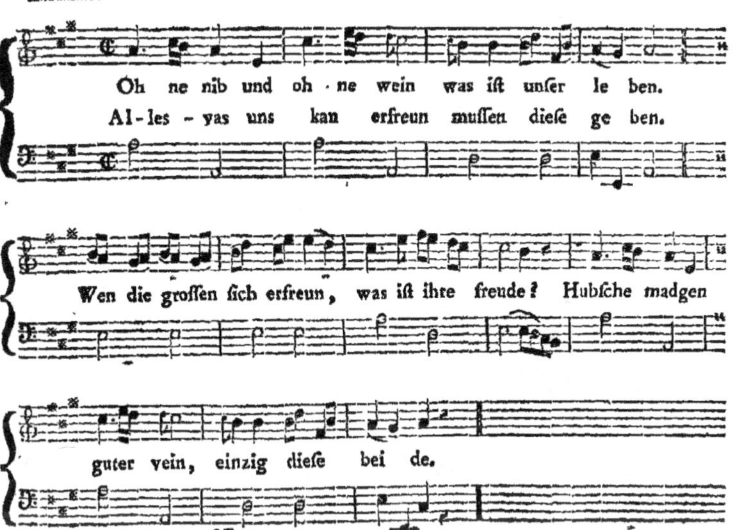

Traduction littérale.

Ohne lieb und ohne wein,
Was iſt unſer leben?
Alles vas uns kan erfreun
Muſſen dieſe geben.
Wen die groſſen ſich erfreun
Was iſt ihre freude?
Hubſche madgen, guter wein
Einzig dieſe beide.

Sans amour & ſans vin,
Qu'eſt-ce que la vie?
Tout ce qui peut nous réjouir
Nous eſt accordé par-là.
Si les grands ſe réjouiſſent,
Quels ſont leurs plaiſirs?
Les jolies femmes, le bon vin,
Ils n'ont que cela.

Sieger du dis Siegs ſich freun
Fragen nichts nach cranzen.
Sie reholen ſich beim wein
Und bei ſchlauen tanzen
Uns druckt oft des lebens pein
Doch nur wenn wir duſten,
Aber gebt uns lieb und wein.
O ſo ſind wir furſten.

Le guerrier victorieux
Se ſoucie peu des lauriers,
Il ſe dédommage par le vin
Et le plaiſir de la danſe,
Souvent les tourmens de la vie nous accablent
Quand nous avons ſoif;
Mais que l'on nous donne de l'amour & du vin,
Et nous ſommes des Rois!

AUTRE.

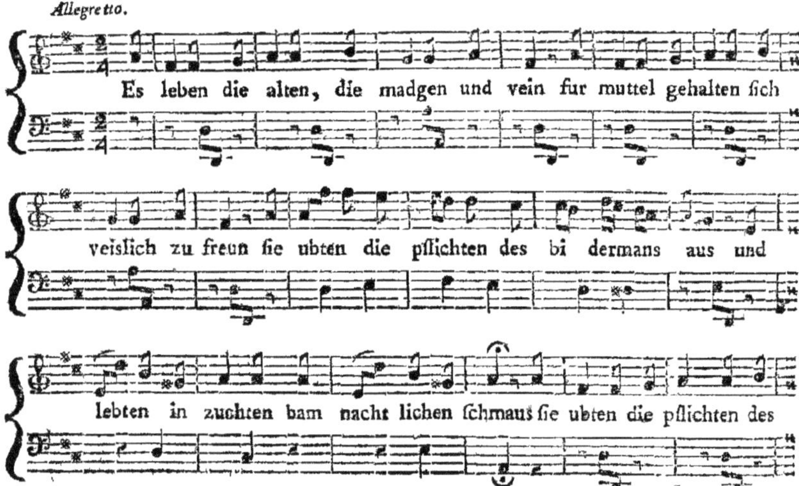

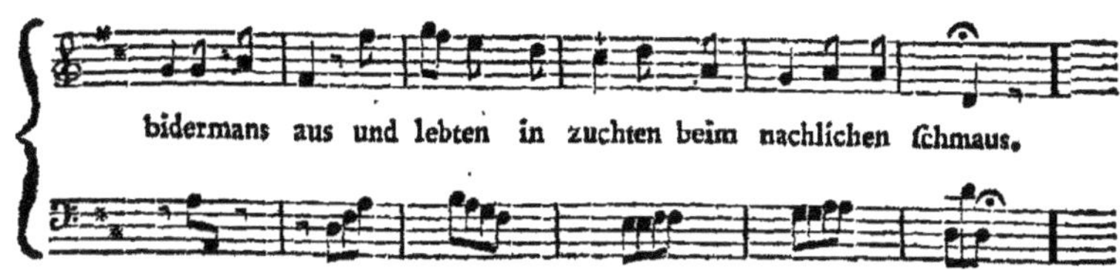

Lob der Alten.	*Eloge de nos Anciens.*
Es leben die alten	Vivent nos ancêtres,
Die madchen und vein	Qui jugeoient les femmes & le vin,
Fur muttel gehalten	Pour ſeuls moyens,
Sich veiſlich zu freun	De ſe réjouir ſagement.
Sie ubten die pflichten	Ils exerçoient les devoirs
Des Bidermans aus	De l'honnête homme,
Und lebten in zuchten	Et vivaient ſobrement
Beim nacht lichen ſchmaus.	A un repas nocturne.
Da ludman die jugend	L'on invitait la jeuneſſe
Zum mahle mit ein,	A ces feſtins;
Und predigte tugend	L'on ne prêchait la vertu
Durch thaten allem	Que par des faits,
Man ruhmte die groſſen	On vantait les héròs,
Die tapſa und gert	Qui vaillans & preux
Kem anderes vergoſſen	Ne répandaient
Als feindliches blut.	Que du ſang ennemi.
Dem lande zu chren	En honneur de la patrie
Nahm jeder ſem glas	Chacun prenait ſon verre,
Vergnügen halfs leeren	Le plaiſir le vuidait,
Doch hielten ſich maas	Mais ils ſavaient ſe borner,
Und-lachten ſich nüchtern	Et ſe dégriſaient en riant,
und ſangen in ruh	Et chantant en paix
Von frolichen dichtern	Des Poëtes gais
Ein liedchen dazu.	Les chanſonnettes.

Um mitternacht ſchieden
Sic küſſend vom ſchmaus
Und kehrten in friedin
Zum veibgen nach haus
Es leben die alten!
Ver folgèn dem brauch
Aufden ſie gehalten
Und freuen uns auch.

A minuit ils ſe ſéparaient
En s'embraſſant,
Et retournaient paiſiblement
Chez leurs femmes.
Vivent nos ancêtres!
Suivons la méthode
Qu'ils ont établie,
Et réjouiſſons-nous comme eux.

AUTRE.

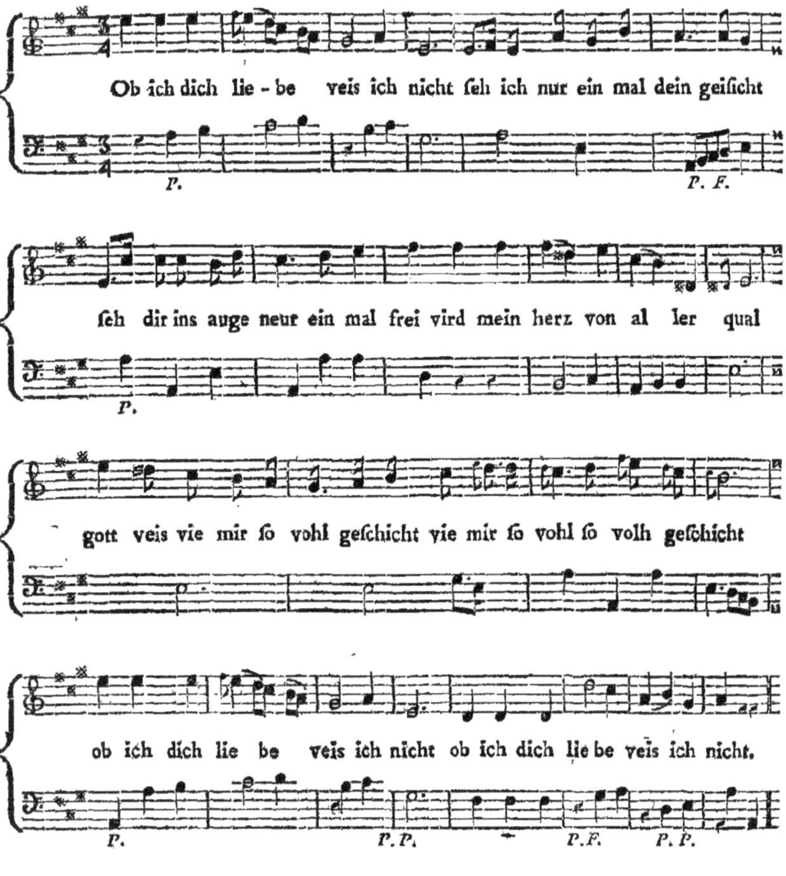

Ob ich dich liebe weis ich nicht:
Seh ich nur einmahl dein gesicht,
Seh dir ins auge nur emmahl,
Frei vird mein herz von aller qual;

Gott veis, vie mir so wohl geschicht!

Ob ich dich liebe, weis ich nicht.

J'ignore ... si je t'aime ...
Mais à peine je vois ton joli minois,
A peine je fixe tes beaux yeux,
Que mon cœur se sent débarrassé de tout chagrin.

Dieux! que j'éprouve alors un sentiment délicieux!

J'ignore .... si je t'aime.

AUTRE.

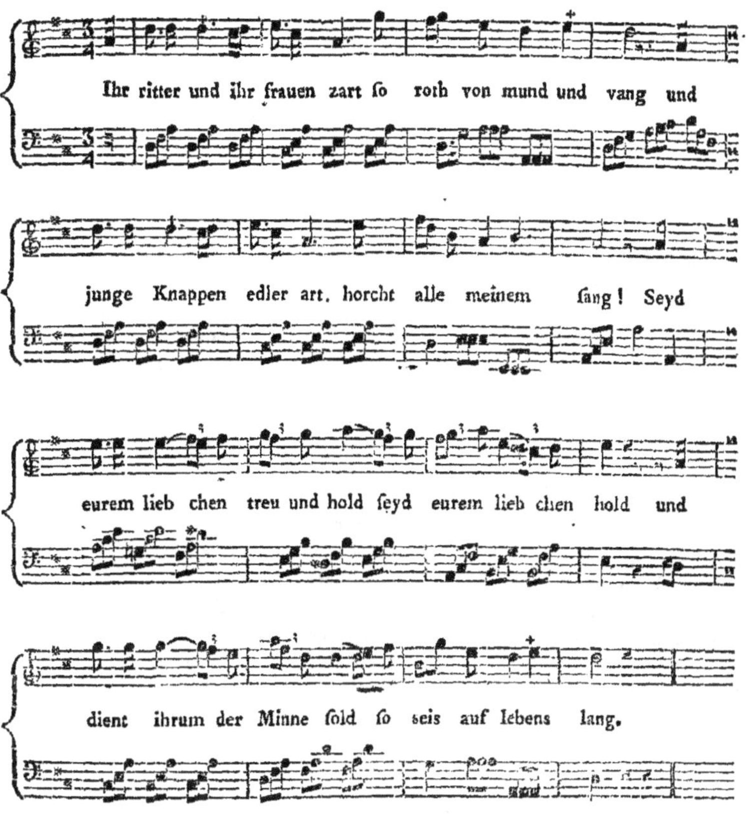

Air de Chevalerie.

Ihr ritter und ihr frauen zart
So rothvon mund als wang
Und junge knappen edler art
Horcht alle meinem sang!
Seid eurem liebchen treu und hold
Und dient ihrum der minne sold.
So seis auf lebenslang.

Dem mein der ohne liebe bleibt
Und doch vor innerm drang
Sich rast los hin and vinder treibt
Ists in der haut sobang!
Ist alles ihm : sokalt sotod
Er ist wit wangen ohne roch
Und geigen ohne klang.

Doch liebe souder ehrewar
Ein feuer ohne glanz:
Sic ist, ich singeslaut umher
Die roz im tugend cranz;
Ist etwas edel bravund gut
Stracksgeht dahin iho lauf,
Dasherz wird rem in ihrer glut
Und lodert himmel auf

Wasgiebt dem menschen gotter rang?
Die liebe giebts ihm traun!
Drum horchet alle memem sang
Ihr ritter und ihre fraun
Wünscht ihr den achten minnesold
Der freuden aberscrshwang
Bleibt eurem liebchen treu und hold.
Und liebt auf teb inslang.

Chevaliers & belles Dames,
Aux joues & lèvres vermeilles!
Jeunes & nobles Écuyers,
Ecoutez tous mes chants!
Soyez fideles à vos Belles,
Et si vous les servez en Chevaliers;
Que ce soit pour la vie.

L'homme qui ferme son cœur à l'amour
Est poussé par un mouvement intérieur.
De côté & d'autre, sans gouter le repos,
Son cœur est isolé & triste;
Toute la nature semble être refroidie & morte pour lui.
Il ressemble à des joues sans vermeil,
Et à un luth sans son.

Mais l'amour sans l'honneur
Serait un feu sans clarté;
Il est (nos chants l'annoncent tout haut)
La rose dans la couronne de la vertu.
Y a-t il quelque chose de digne & de noble?
Il y dirige son cours;
Le cœur s'épure par sa flâme,
Et elle étincelle jusqu'aux cieux,

Qui élève l'homme au rang des Dieux?
C'est l'amour sûrement!
Or écoutez tous mes chants,
Chevaliers & Dames:
Souhaitez-vous la vraie récompense de l'amour,
L'excès des plaisirs?
Soyez fideles à vos amours,
Et aimez pour la vie.

AIR AUVERGNAT.

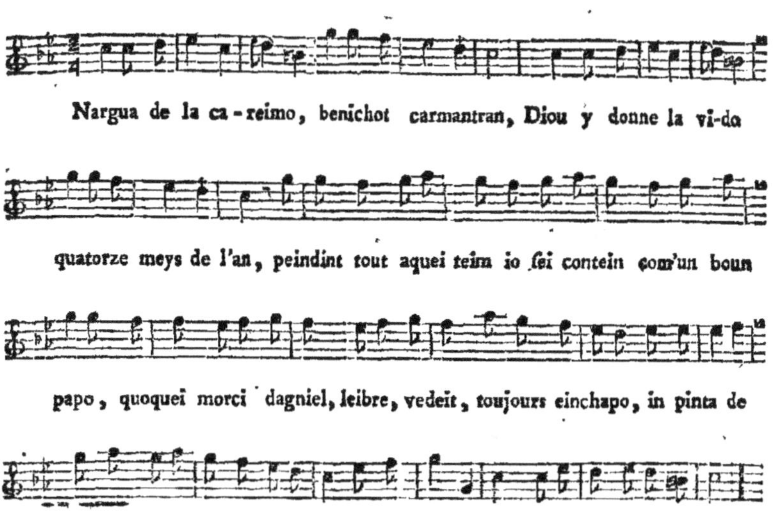

AUTRE.

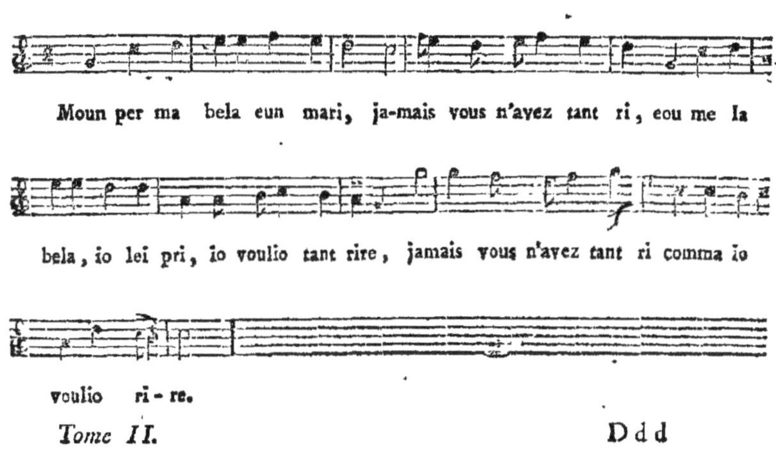

Eou me la bela io lei pri,
Jiamais vous n'avés tant ri,
Quand vinguait la proumera neuit,
Io voulio tant rire,
Jamais vous n'avés tant ri
Comma io voulia rire.

Quand vinguait la proumeira neuit,
Jamais vous n'avés tant ri,
Ne faguait re ma que dourmi,
Io voulio tant rire, &c.

Ne faguait re ma que dourmi,
Jamais vous n'avés tant ri,
Pringuai oun épione le piquei,
Io voulio tant rire, &c.

Pringuai oun épione le piquei,
Jamais vous n'avés tant ri,
Pringuait ſas brayas s'infugi,
Io voulio tant rire, &c.

Pringuait ſas brayas s'infugit,
Jamais vous n'avés tant ri,
Et io mos gounios le ſegui,
Io voulio tant rire, &c.

Et io mos gounios le ſeguei,
Jamais vous n'avés tant ri,
De dien le jardin l'attrapei,
Io voulio tant rire, &c.

De dien le jardin l'attrapei,
Jamais vous n'aves tant ri,
De dien ſon leit le ramenei,
Io voulio tant rire, &c.

De dien ſon leit le ramenei,
Jamais vous n'avés tant ri,
Devina ce quo me fagueit,
Io voulio tant rire, &c.

Devina ce quo me fagueit,
Jamais vous n'aves tant ri,
O par ma fe nein saubrei gi,
Io voulio tant rire,
Jamais vous n'avés tant ri;
Commo io voulio rire.

AUTRE.

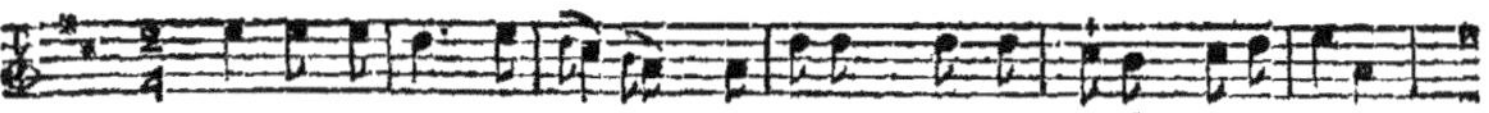

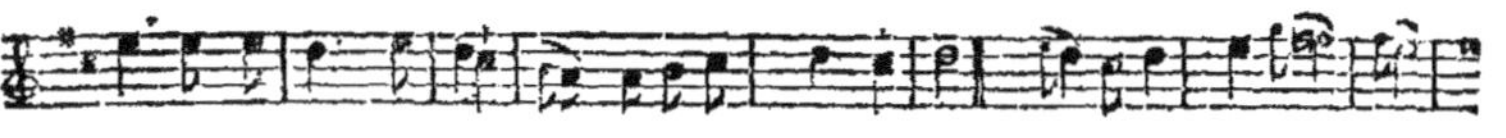

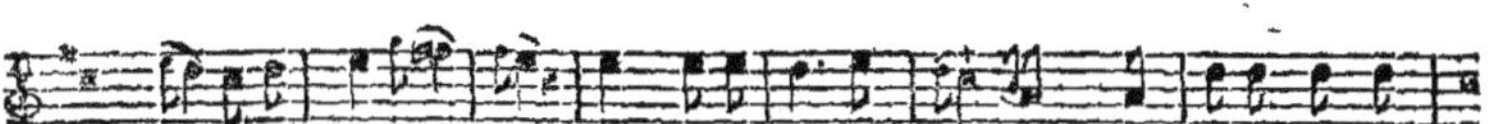

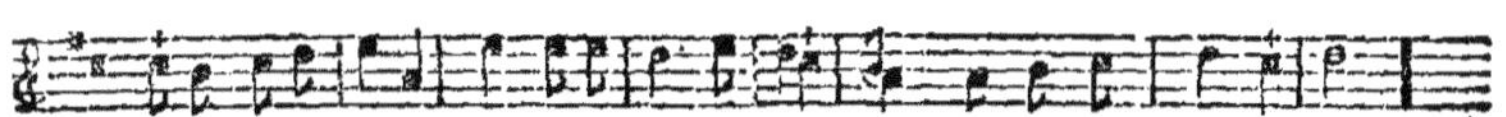

Petita Marguetou,
Petita Marguetou,
Io gardava las oueilla,
Mignouna, la boureya, violeta,
Io gardava las oueilla,
Las oueilla, los mautous.

Las oueilla los mautous, (*bis.*)
Nin gardava pas guero,

Mignona la bourreya viouletta;
Nin gardava pas guero,
Nin gardava ma dous.

Nin gardava ma dous (*bis.*)
Ny aia un qu'zera borgna;
Mignonna la bourreya, viouleta;
Ny aya un qu'zera borgna,
L'autra zera boueitous.

L'autra zera boueitous, (*bis.*)
Per le chami vein passo,
Mignonna la bourreya, viouleta,
Per le chami vein passo,
Moucheu de Chazerou.

Moucheu de Chazerou; (*bis.*)
Chio vous zera pus granda,
Mignonna la bourreia, viouleta,
Chio vous zera pus granda,
Vous menneiria bei nous.

Vous menneiria bei nous; (*bis.*)
Moucheu per ma jonessa,
Mignona la bourreya, viouleta;
Moucheu per ma jonessa
Me refusaria vous?

Me refusaria vous? (*bis.*)
L'herba qu'ei Dieu la prada,
Mignona la bourreya, viouleta,
L'herba qu'ei Dieu la prada
Crait la neut mais le jou.

Crait la neut mais le jou; (*bis.*)
Tau fant la jouna filla:
Mignona la bourreya, viouleta,
Tau fant la jouna figlia,
Quand cias sont preisa d'amour.

AUTRE.

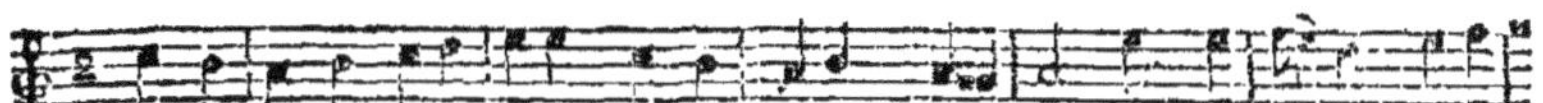

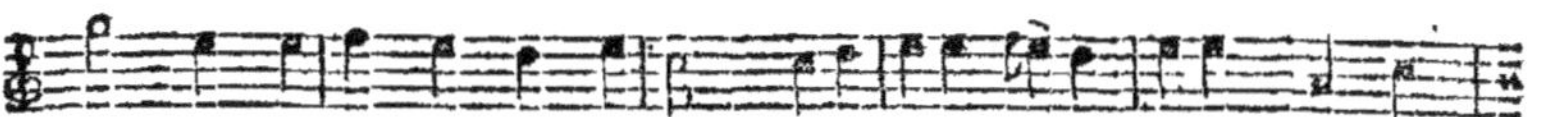

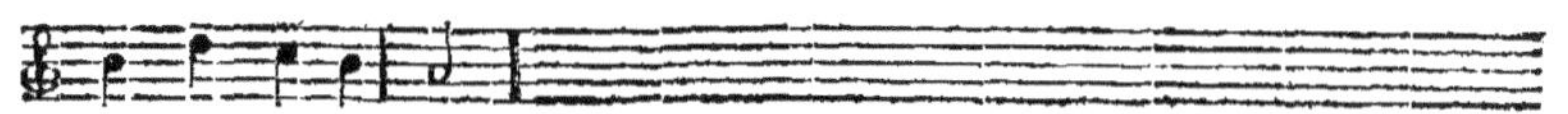

Queu ſe vouliont marida,
Ma n'avion ren par mangea,
An delai veinguait le lau,
Imbei un mautou à ſon cau,
Fringouneto, &c.

An delai veinguait le lau
Imbei un mautou à ſon cau,
Par de char noun aveins prou,
Ma de vi noun n'aveins pas
Fringouneto, &c.

Par de char noun aveins prou,
Ma de vi noun aveins pas,
De-là veinguait le rena,
Imbei un barele à ſon bras
Fringouneto, &c.

De-là veinguait le rena,
Imbei un barele à ſon bras,
Par devi noun aviens prou,
Ma de menetrei nous n'aveins pas,
Fringouneto, &c.

Par de vi noun aviens prou,
Ma de menetrei noun aviens pas,
Dau planchei sortei un ra,
Imbei un vioulou à son bras,
Fringouneto, &c.

Dau planchei sortei un ra
Imbei un vioulou à son bras,
Ma cou me para dau minau,
Vous farei sauta jusqu'au trau,
Fringouneto, &c.

Ma cou me para dau minau,
Vous farei sauta jusqu'au trau,
Le mino son dos ceindrei,
Qu'importo le meneitrei;
Fringouneto, &c.

Le mino son dos ceindrei,
Qu'importo le meneitrei,
Para de lei, para de lei
Notre meneitrei sin veit,
Fringouneto, mariouneto,
Mon oiseau qui n'est si beau.

DANSES DE LA BASSE BRETAGNE

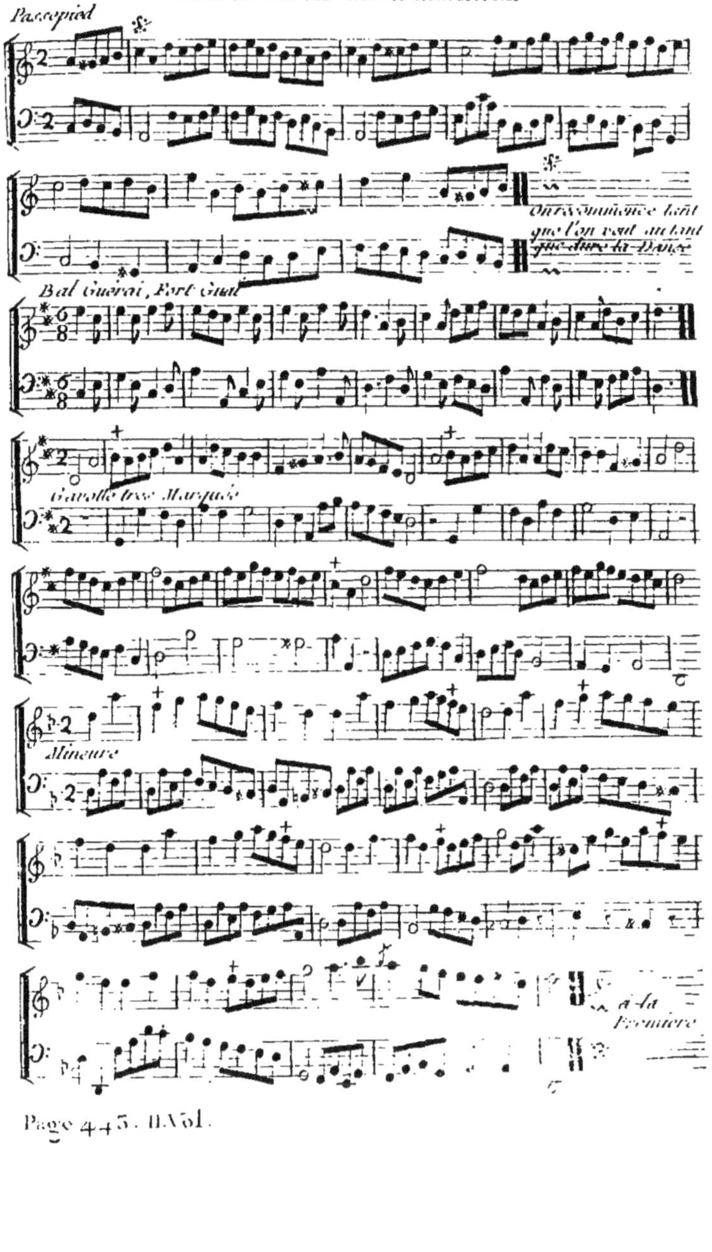

Passepied

On recommence tant que l'on veut autant que dure la Danse

Bal Guérai, Fort Guai

Gavotte très Marquée

Mineure

à la Premiere

Nous avons rassemblé quelques airs anciens du temps de *Henri IV*, de *Louis XIII*, de *Louis XIV* & de *Louis XV*; quelques-uns même, à ce qu'on dit, sont du temps de *Philippe-Auguste* & de *Saint-Louis*, mais nous ne les garantissons pas.

Nous avons préféré de les arranger à quatre parties, plutôt que de les donner simplement avec une basse, parce que cette maniere d'exécuter des airs chantans nous a paru délicieuse, lorsque les quatre voix sont parfaitement justes & intelligentes, & ne chantent qu'à demi-voix. Nous y ajoutons trois parties séparées pour la plus grande commodité des exécutans; la partie du dessus se chantera dans le livre.

On trouvera aussi des chansons *Gascones*, *Béarnoises*, *Languedociennes* & *Provençales*; nous aurions desiré pouvoir en donner de toutes les Provinces du Royaume & de tous les pays de l'Europe, mais les secours que nous avions demandés ne nous ont pas été accordés. Nous espérons être plus heureux, si dans quelques années on juge notre ouvrage digne d'une nouvelle édition.

Fin du quatrième Livre & du Tome second.

CHAPITRE XII.

CHOIX

DE CHANSONS

MISES

A Quatre Parties

Gravées par M.de Moria

CHANSON DE RAOUL COMTE DE SOISSON DU TEMS DE S.T LOUIS

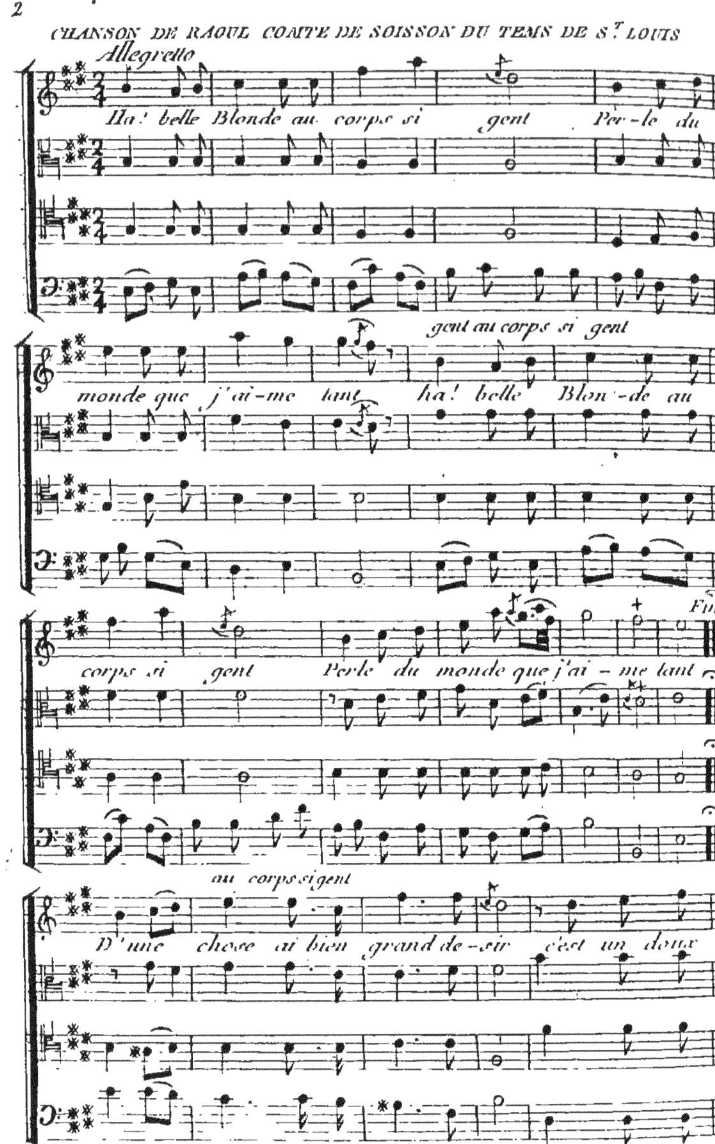

En comparant cette chanson avec une que l'on trouvera dans le 6.e Livre, on n'aura pas de peine à voir qu'elle ne peut être de Raoul de Soissons, probablement elle est de M.r de Moncrif qui aura voulu imiter l'ancien langage.

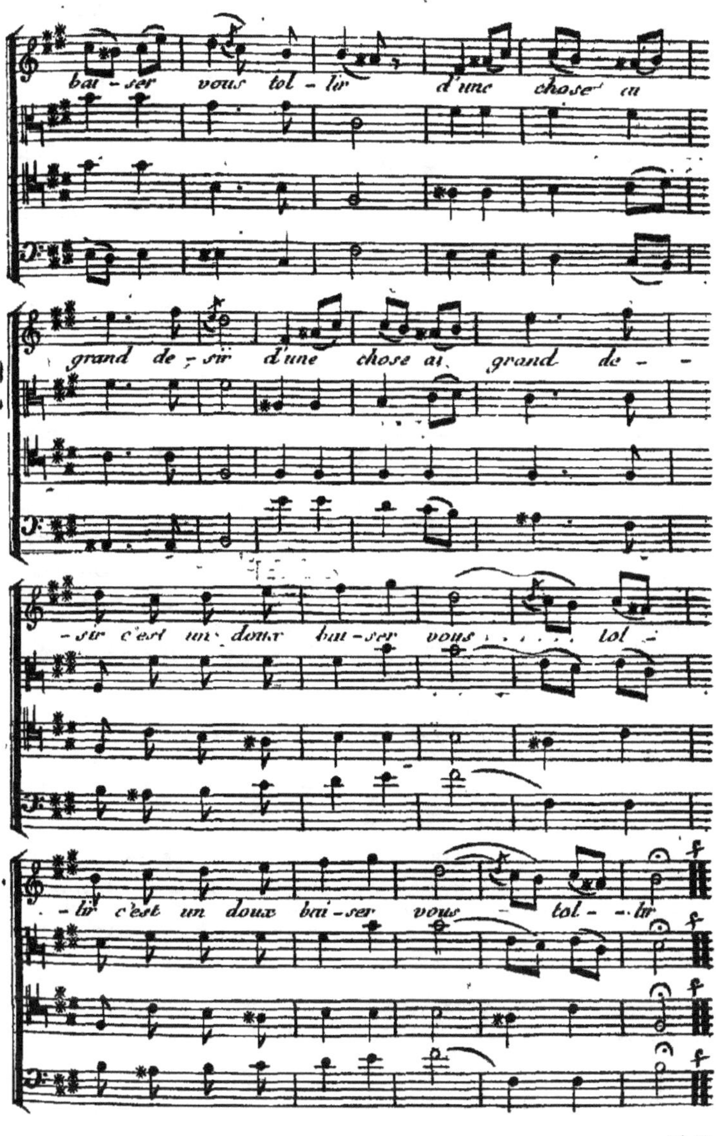
bai - ser vous tol - lir d'une chose ai
grand de - sir d'une chose ai grand de -
- sir c'est un doux bai - ser vous tol -
- lir c'est un doux bai - ser vous tol - lir

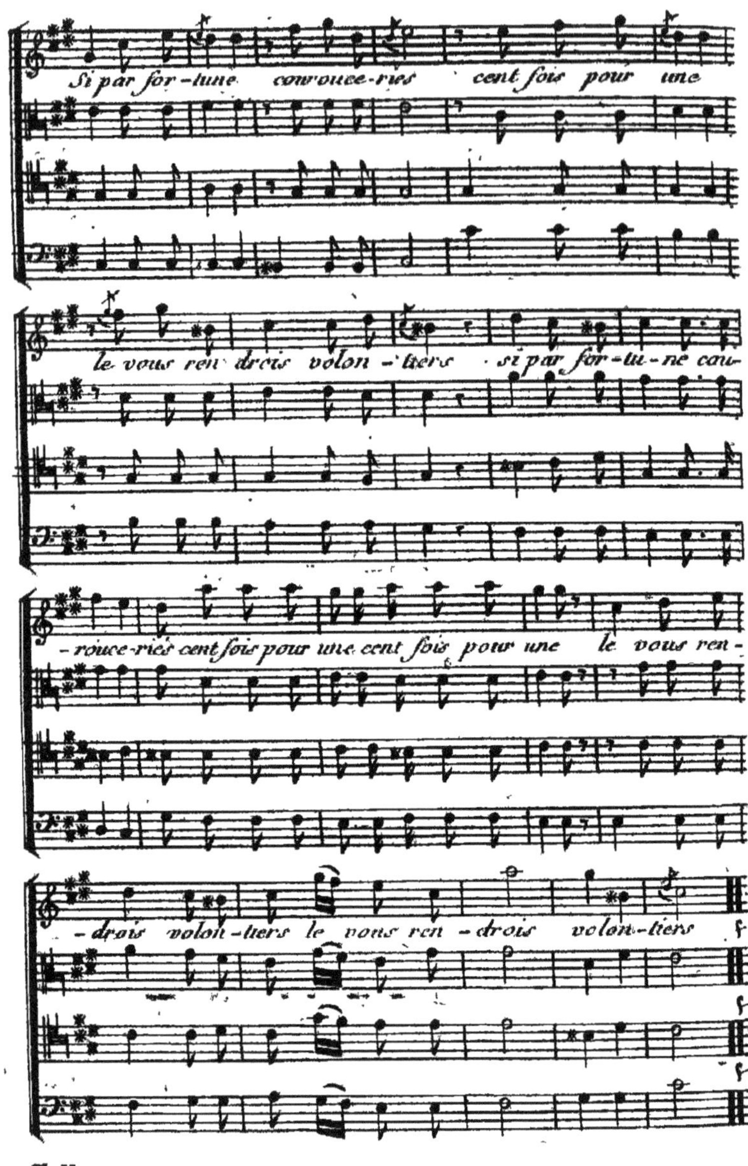
Si par for-tune courouce-ries cent fois pour une
le vous ren-drois volon-tiers si par for-tu-ne cou-
-rouce-riés cent fois pour une cent fois pour une le vous ren-
-drois volon-tiers le vous ren-drois volon-tiers

AIR DE CLEMENT MAROT.

Andante

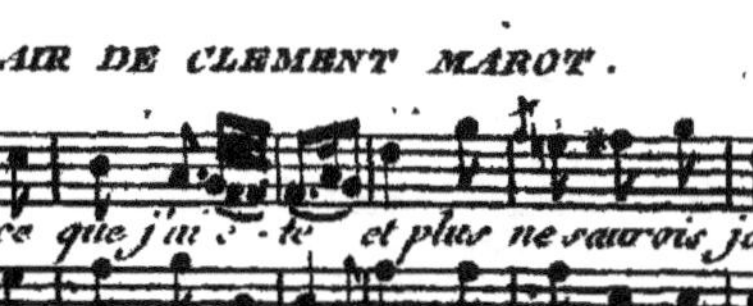

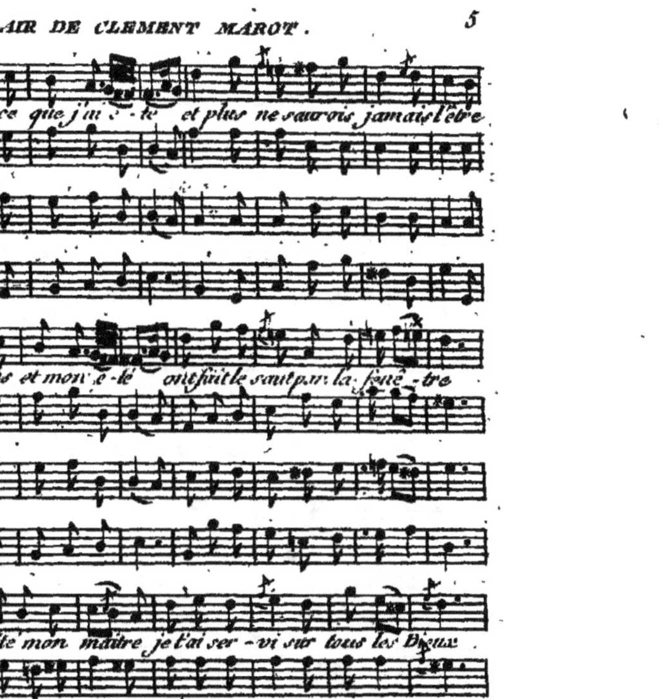

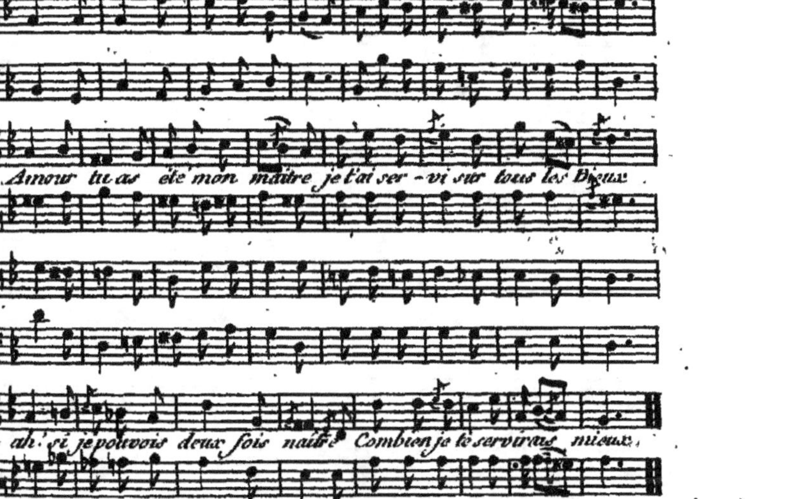

CHANSON COMPOSÉE PAR RICHARD CŒUR DE LYON ET TIRÉE D'UN ROM.^T DE CE PRINCE FAIT EN 1193. LES PAROLES ONT ÉTÉ MISES EN FRANÇOIS SUR LES MÊMES MESURES PAR MLLE L'HERITIER

Allegretto

Si jeune et ten-dre te-melle n'aimant qu'enfan-tins

avoit mis dans sa cervelle que Ricdin Ricdon Ricdin Ricdon

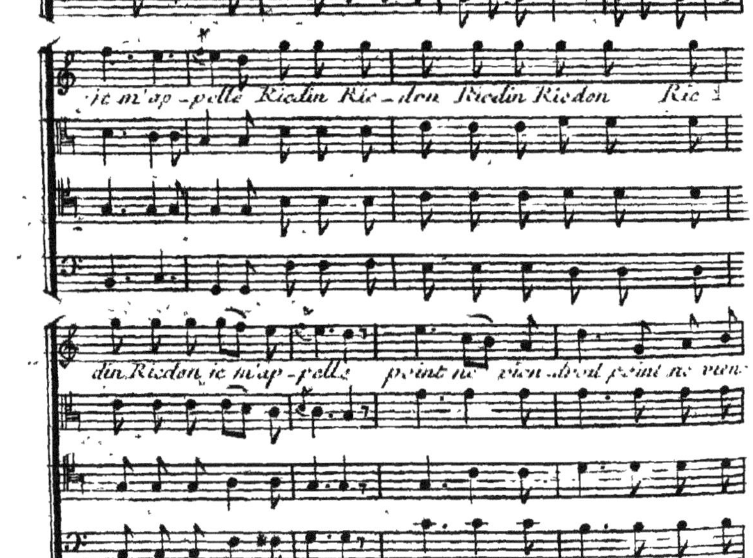

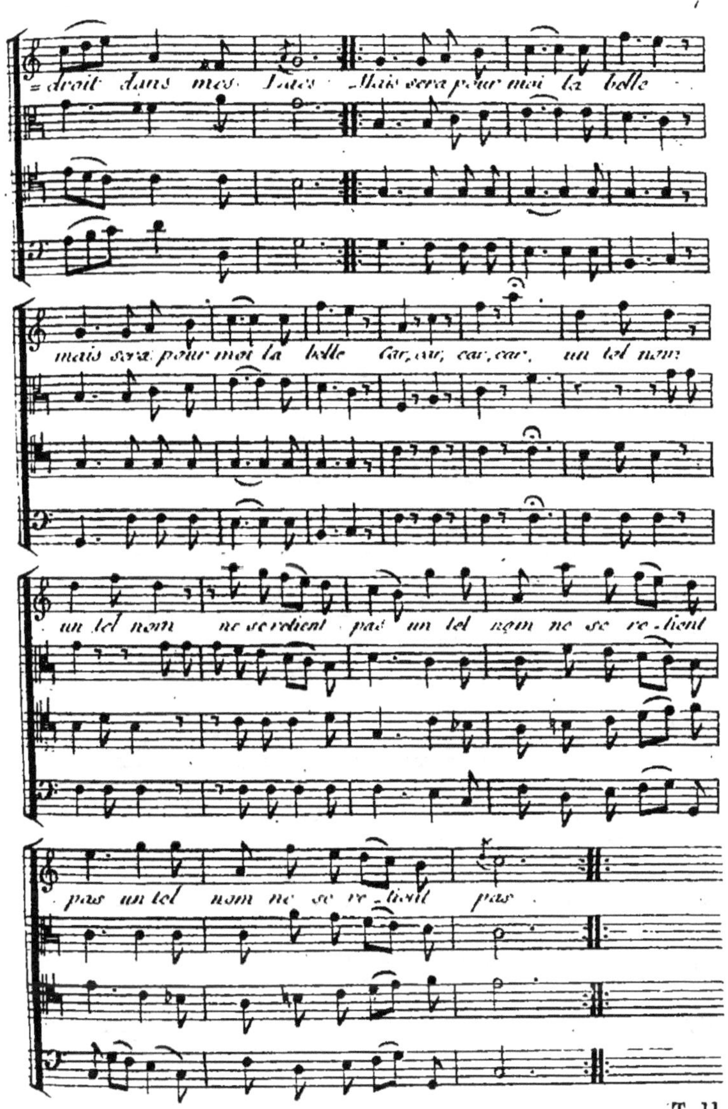
= droit dans mes Lacs Mais sera pour moi la belle
mais sera pour moi la belle Car, car, car, car, un tel nom
un tel nom ne se retient pas un tel nom ne se re_tient
pas un tel nom ne se re_tient pas.

CHANSON DE BLONDEL M.tre DE MUSI.E DE RICHARD 3 ROY D'ANGLET.RE ET TRADUITE DE LA LANGUE ROMANCE PAR M.lle L'HÉRITIER. *

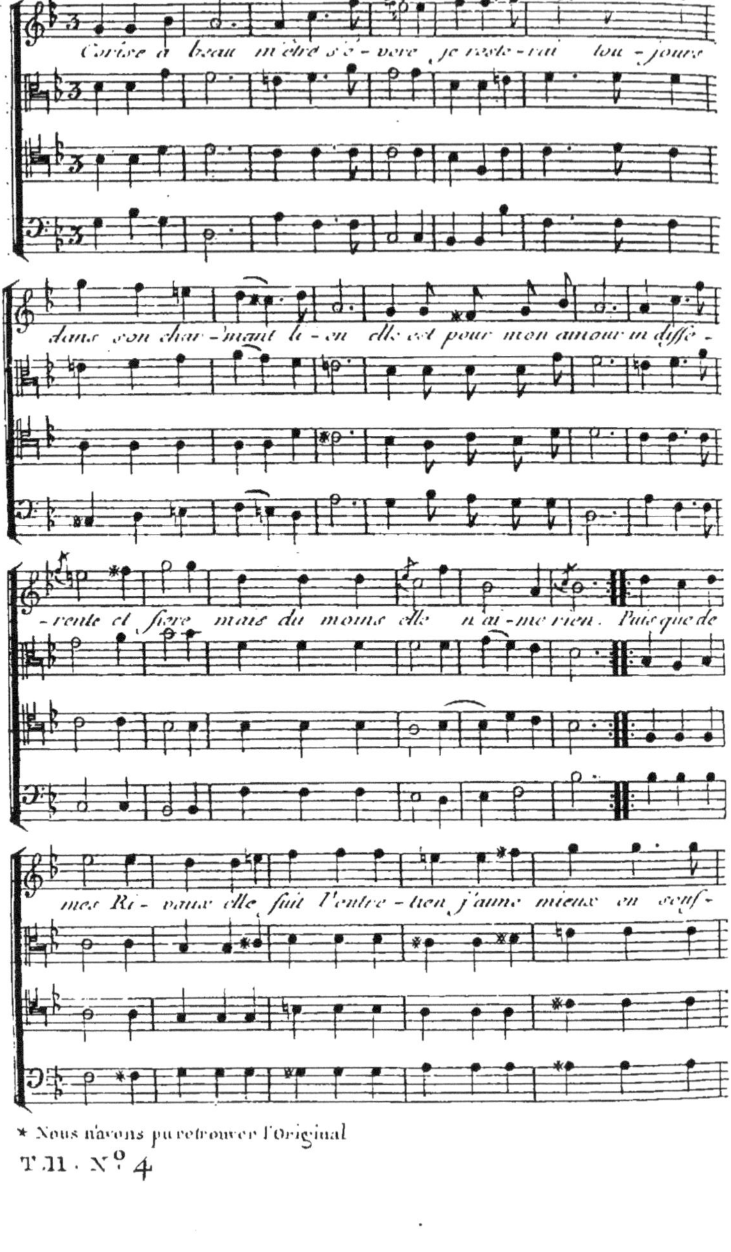

Corise a beau m'être sé-vère, je reste-rai tou-jours dans son char-mant li-eu elle est pour mon amour in diffé-rente et fiere mais du moins elle n'ai-me rien. Puis que de mes Ri-vaux elle fuit l'entre-tien j'aime mieux en souf-

* Nous n'avons pu retrouver l'Original

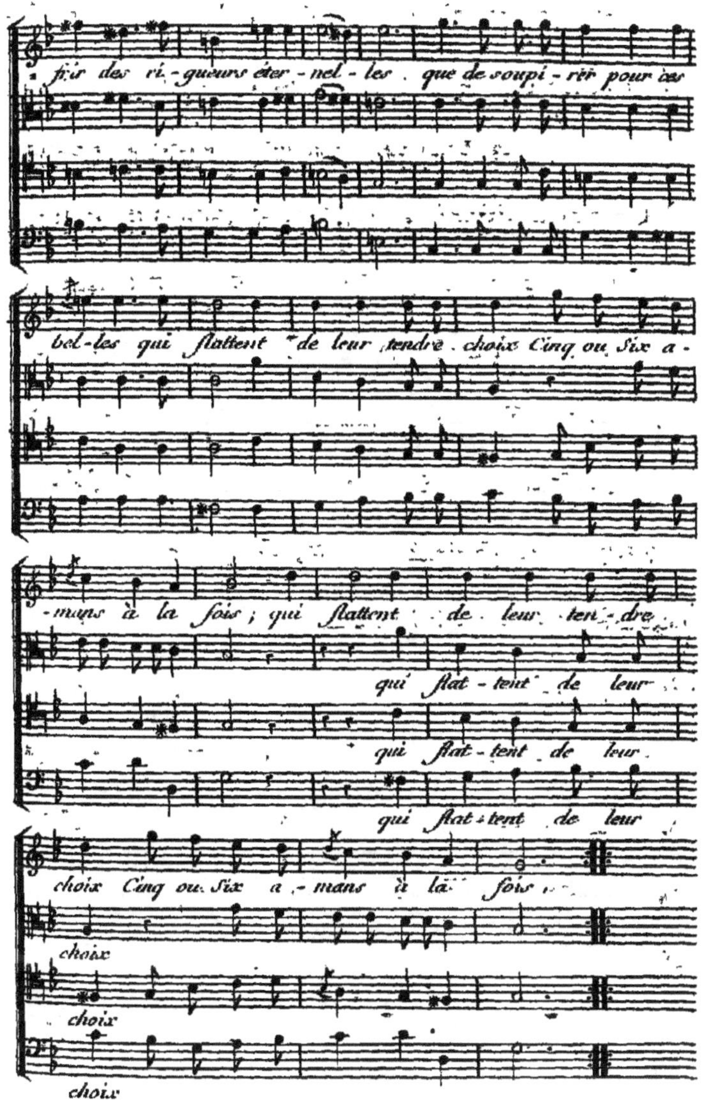
sir des ri-gueurs éter-nel-les que de soupi-rer pour ces
bel-les qui flattent de leur tendre choix Cinq ou Six a-
-mans à la fois ; qui flattent de leur ten-dre
qui flat-tent de leur
qui flat-tent de leur
qui flat-tent de leur
choix Cinq ou Six a-mans à la fois
choix
choix
choix

CHANSON DE BLONDEL M.^{tre} DE MUSIQUE DE RICHARD CŒUR DE LYON.

Adagio LES PAROLES ONT ÉTÉ REMISES EN FRANCOIS

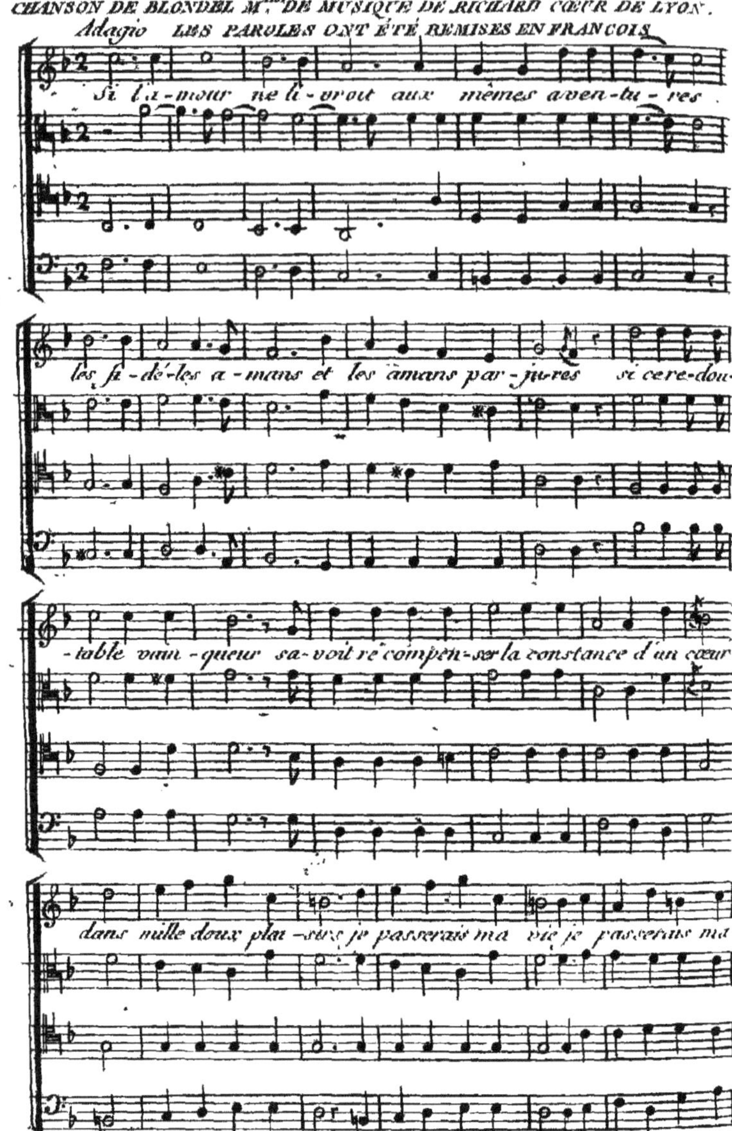

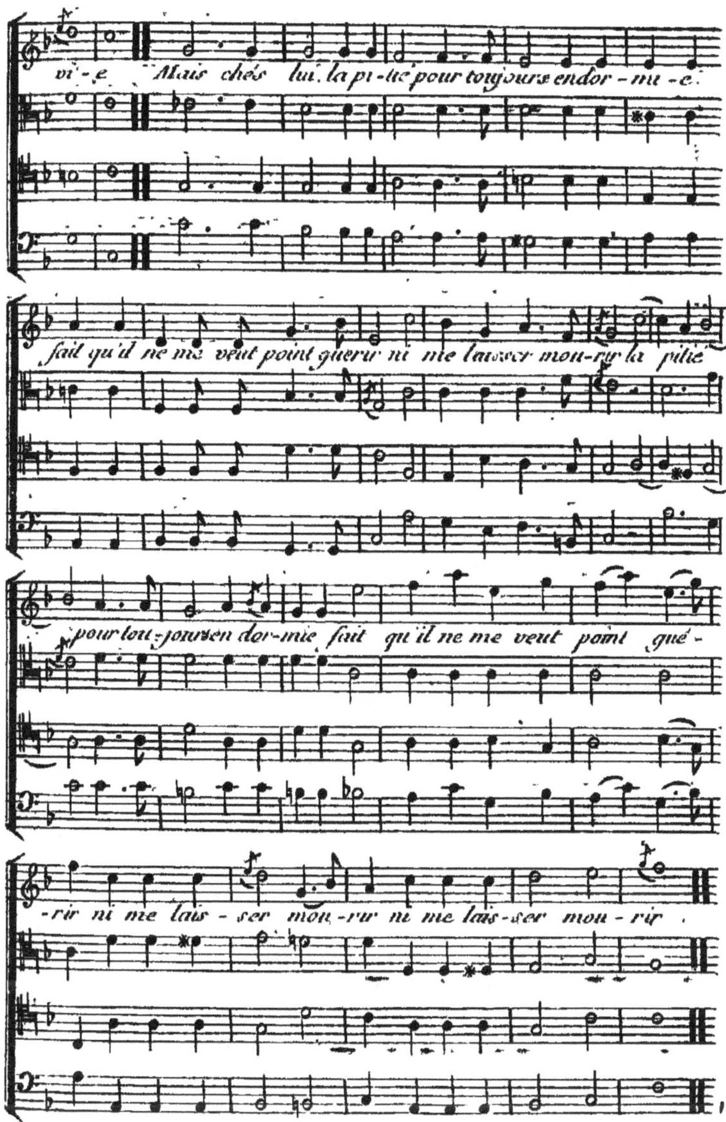
vi - e Mais chés lui, la pi - tie pour toujours endor - mi - e.
sait qu'il ne me veut point guérir ni me laisser mou-rir la pitié
pour tou-jours en dor-mie sait qu'il ne me veut point gué -
-rir ni me lais - ser mou - rir ni me lais-ser mou - rir.

CHANSON DE CLEMENT MAROT.

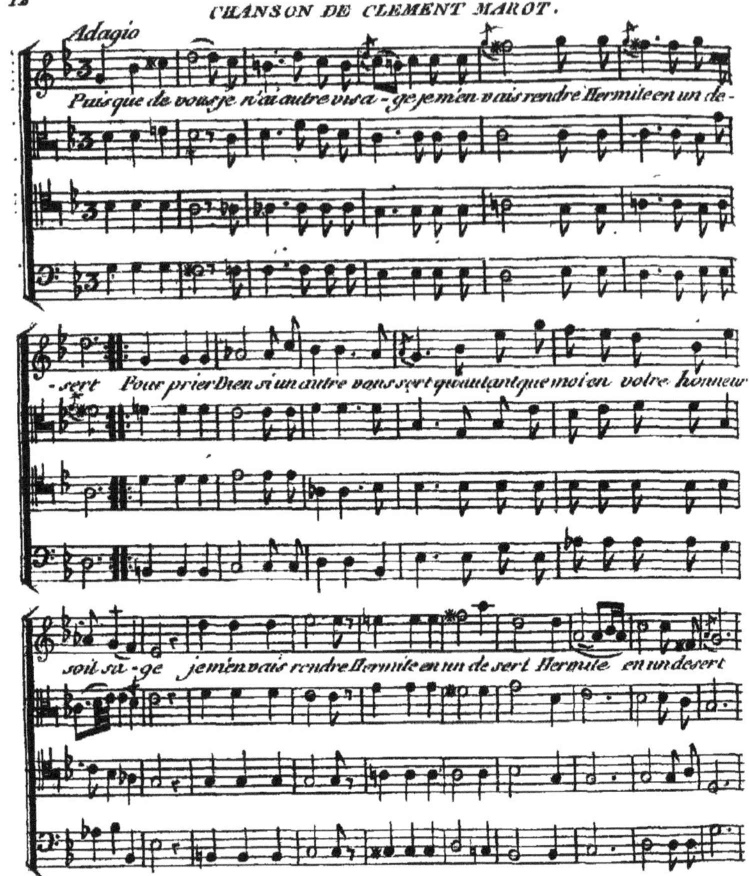

Adieu amour, adieu gentil Corsage
Adieu cés si beaux yeux.
Je n'ai pas eu de vous grand avantage,
Un moins aimant aura peut être mieux (*bis*)

CHANSON DE BERTHAUD ÉVÊQUE DE SÉES.

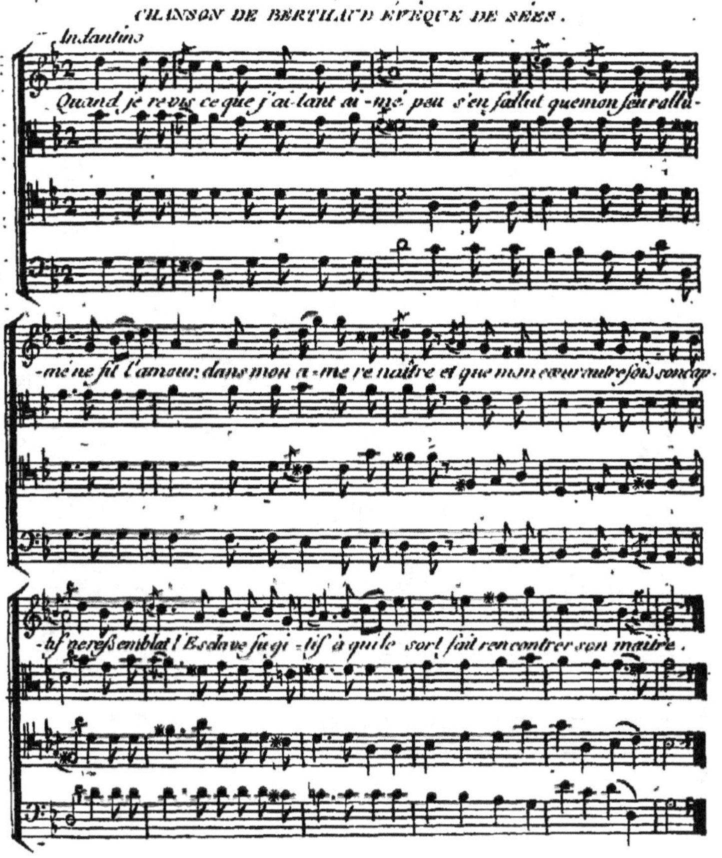

Que de discours mon ame séduisans!
Que de pensers l'un l'autre détruisans,
Sentis-je alors agiter mon courage!
Que mon esprit de ses lacs échappé,
Se repentit de s'être détrompé!
Qu'il me déplut d'être devenu Sage!

CHANSON DE BERTHAUD EVÊQUE DE SÉES.

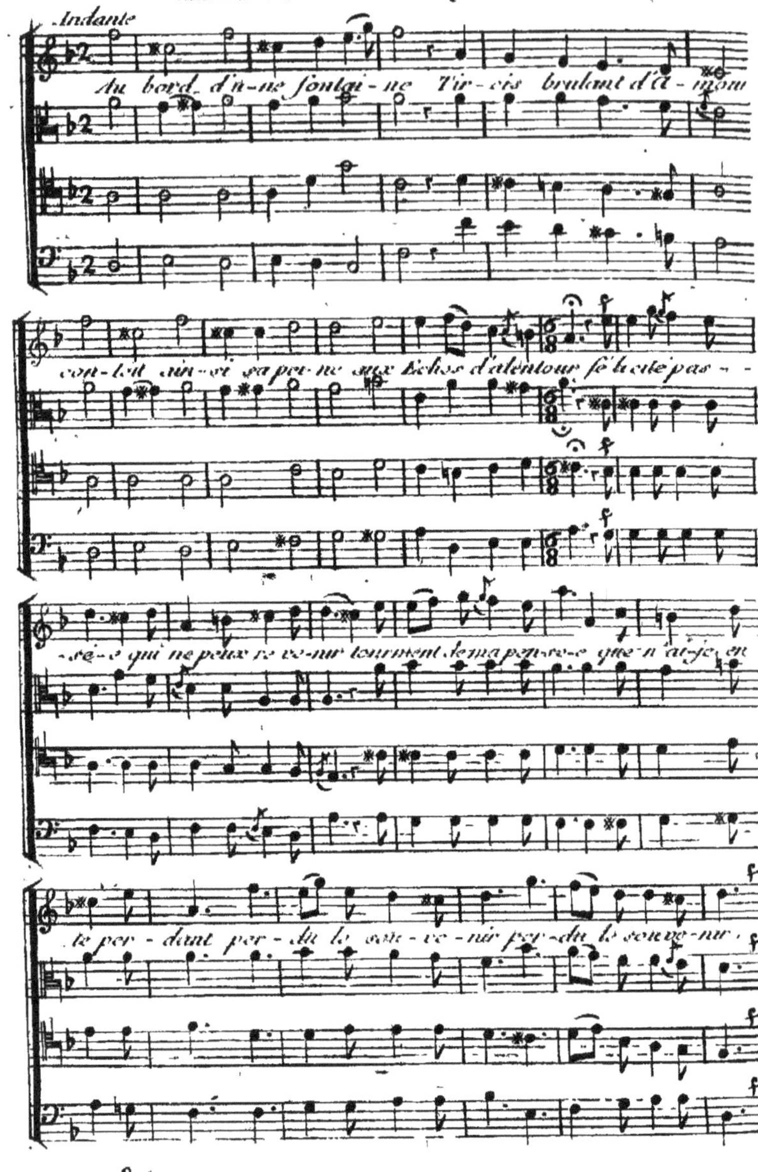

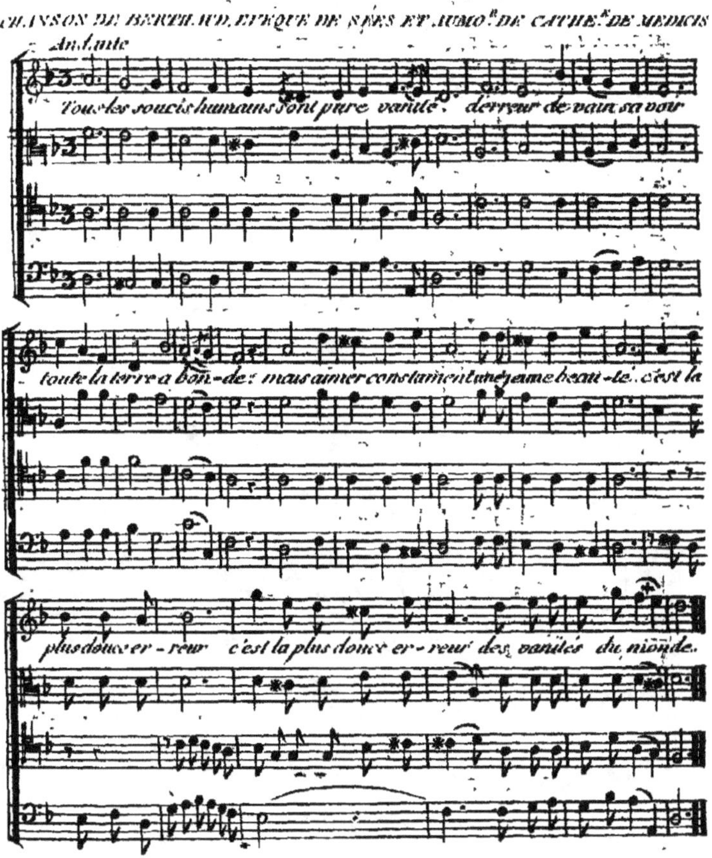

Non, non, n'écartons point un si plaisant souci ;
Rien n'est doux sans amour dans cette vie humaine ;
Ceux qui cessent d'aimer cessent de vivre aussi,
Ou vivent sans plaisir comme ils vivent sans peine.

AIR DU S. BATAILLE JOUEUR DE LUTH, IMPRIMÉ EN 1612

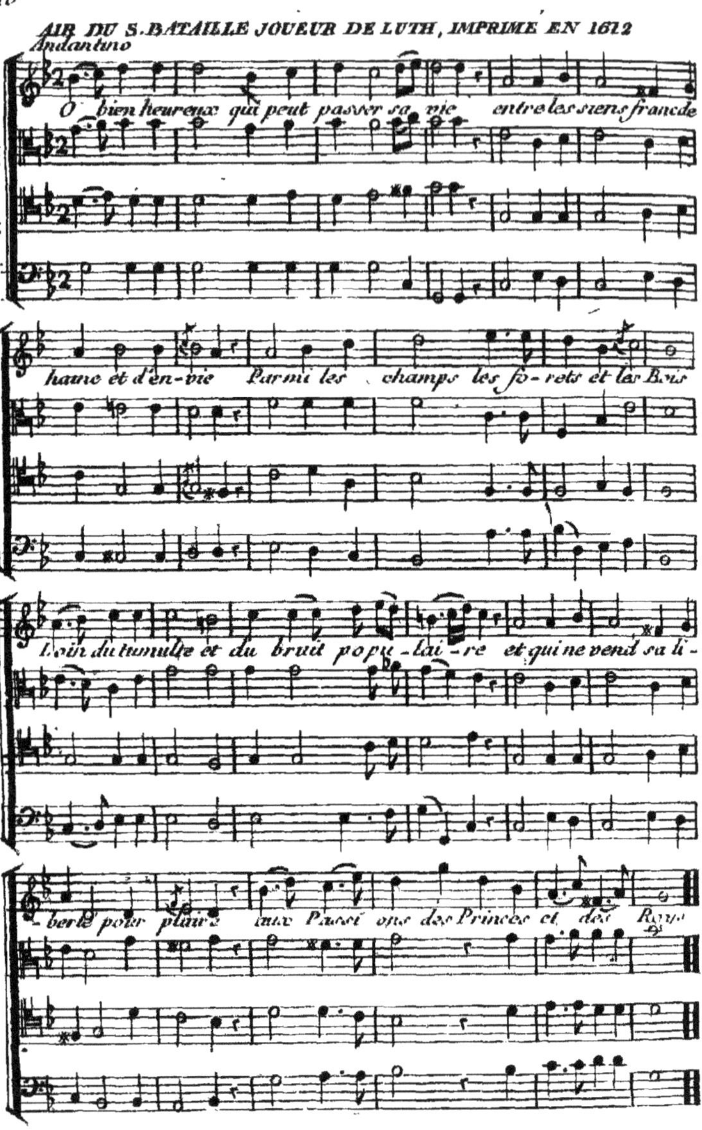

2e

Il n'a souci d'une chose incertaine,
Il ne se pait d'une esperance vaine ;
Nulle faveur ne va le decevant ;
De cent fureurs il n'a l'ame embrasée,
Et ne maudit sa jeunesse abusée,
Quand il ne trouve à la fin que du vent

3e

L'ambition son courage n'attise
D'un fard trompeur son amil ne déguise ;
Il ne se plait à violer sa foi,
Des grands Seigneurs l'oreille il n'importune ;
Mais en vivant content de sa fortune,
Il est sa Cour, sa faveur, et son Roy.

4e

Si je ne loge en ces maison dorées,
Au front superbe aux voutes peinturées,
D'azur, d'émail et de mille Couleurs,
Mon œil se plait des trésors de la plaine :
Riche d'oeillet, de lys, de Marjolaine,
Et du beau Thym des Printanieres fleurs.

5e

Ainsi vivant rien n'est qui ne m'agrée,
J'ai des Oiseaux la Musique sacrée
Quand au matin ils bénissent les Cieux :
Et le doux son des bruyantes fontaines ;
Qui vont coulant de ces roches hautaines,
Pour arroser nos Près délicieux.

6e

Douces Brebis mes fidèles Compagnes ;
Vergers, Buissons, Forets, Près et Montagnes,
Soyés temoin de mon contentement ;
Et vous ô Dieux, faites, je vous suplie,
Que cependant que durera ma vie,
Je ne connoisse un autre changement.

CHANSON DE RONSARD

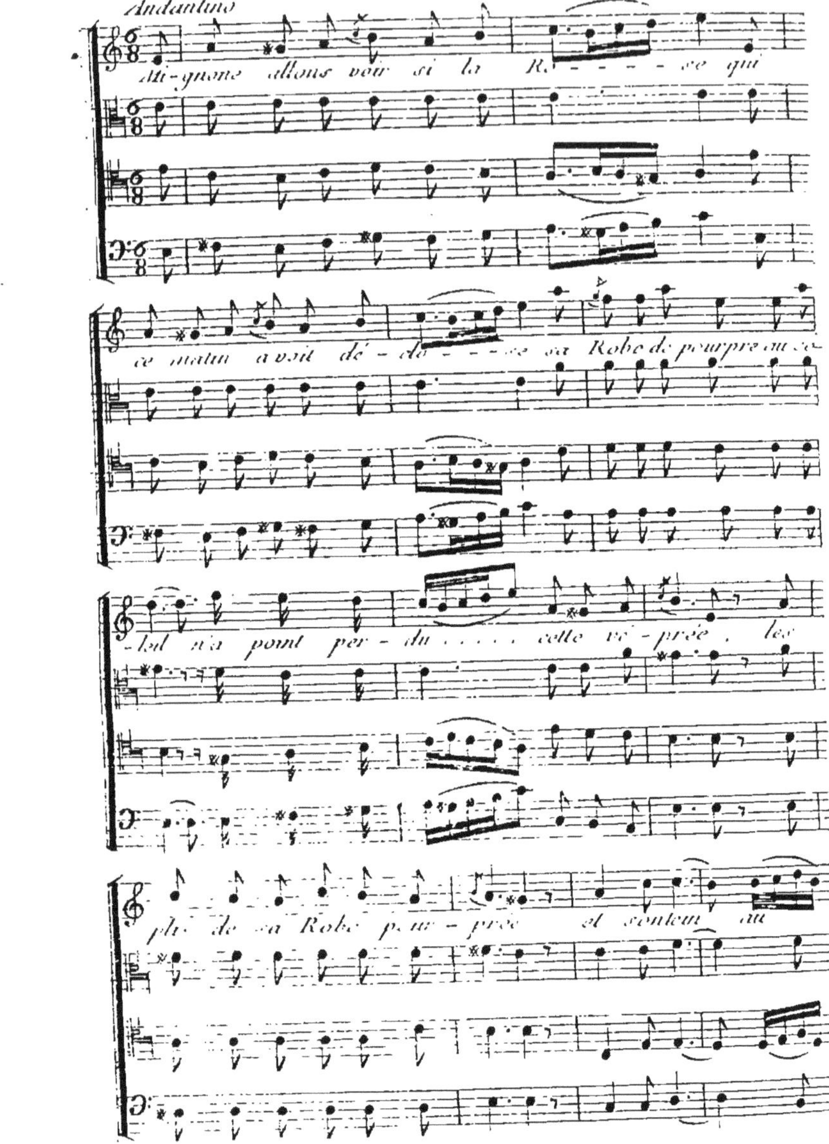

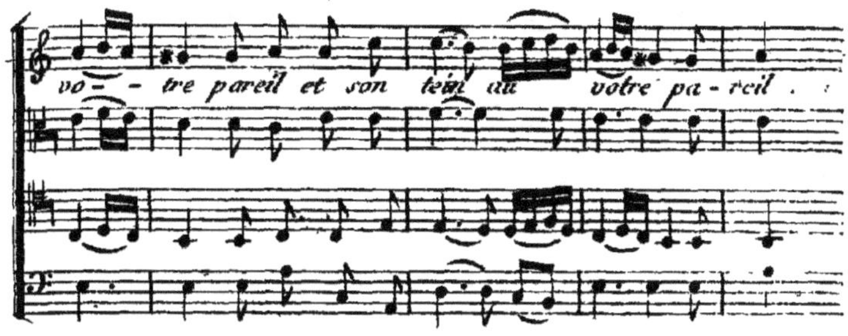

2e

Las ! voyés comme un peu d'espace
Mignone, elle a dessus la place
Ses douces beautés laisse choir,
O vraiment Marotte Nature
Puis qu'une telle fleur ne dure
Que du matin jusques au soir.

3e

Donc si vous m'en croyés, Mignone,
Tandis que votre âge fleurone
En sa plus verte nouveauté,
Cueillés, Cueillés votre jeunesse
Comme cette fleur, la vieillesse
Fera ternir votre beauté.

CHANSON DE BAIF SOUS HENRY III.

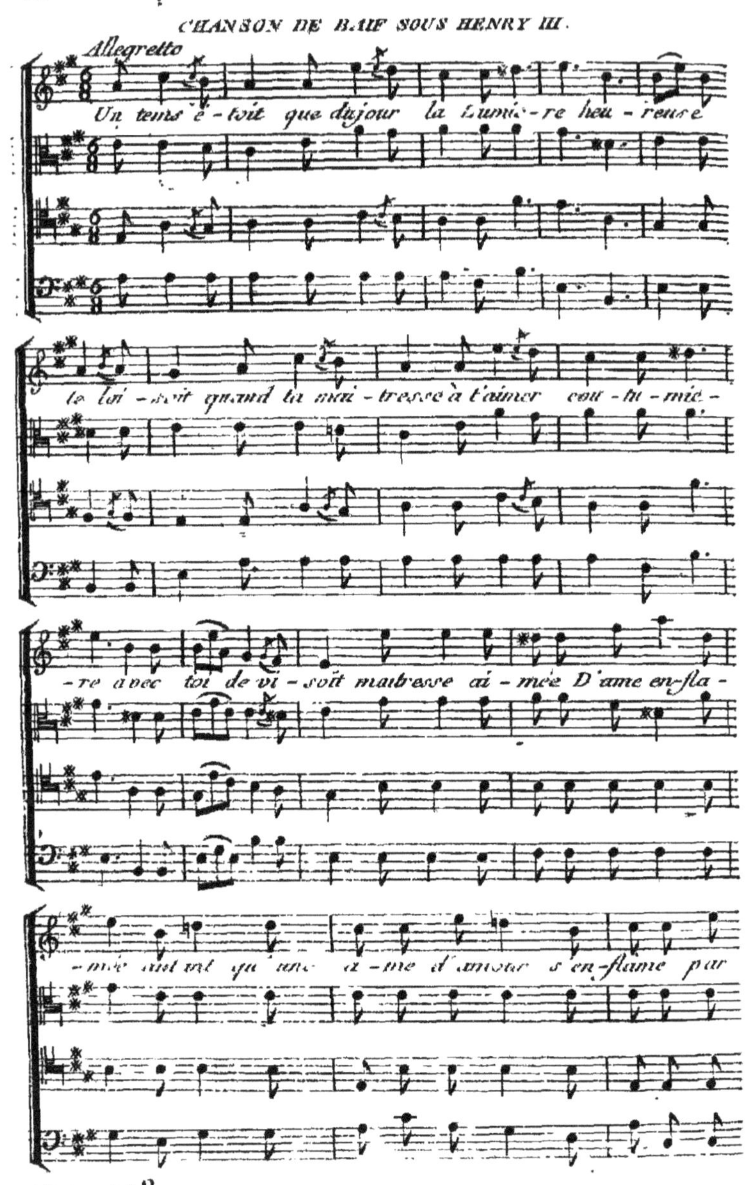

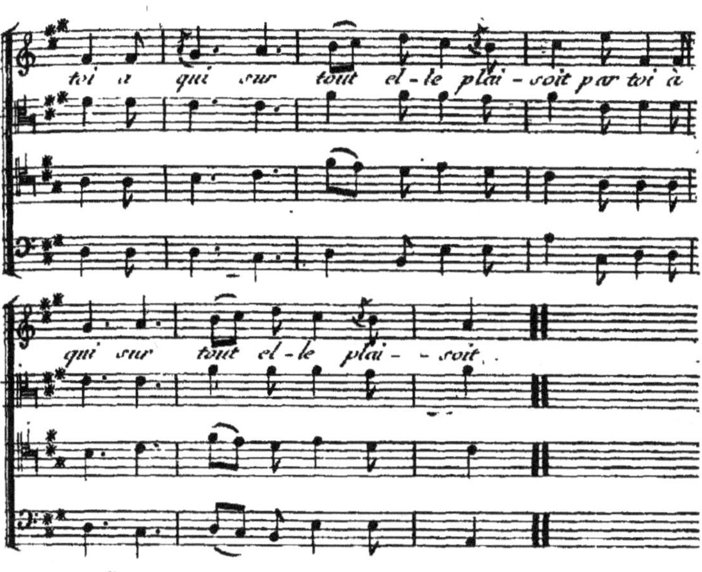

Lors ç'faisoient dix mille gentillesses
En tout heur et tout bien ;
Si tu voulois des jeux de mille especes,
Elle les vouloit bien :
Lors la lumiere,
Te fut bien chere,
Alors la vie
Te fut amie,
Quand vous viviés en un si doux lien. (bis.)

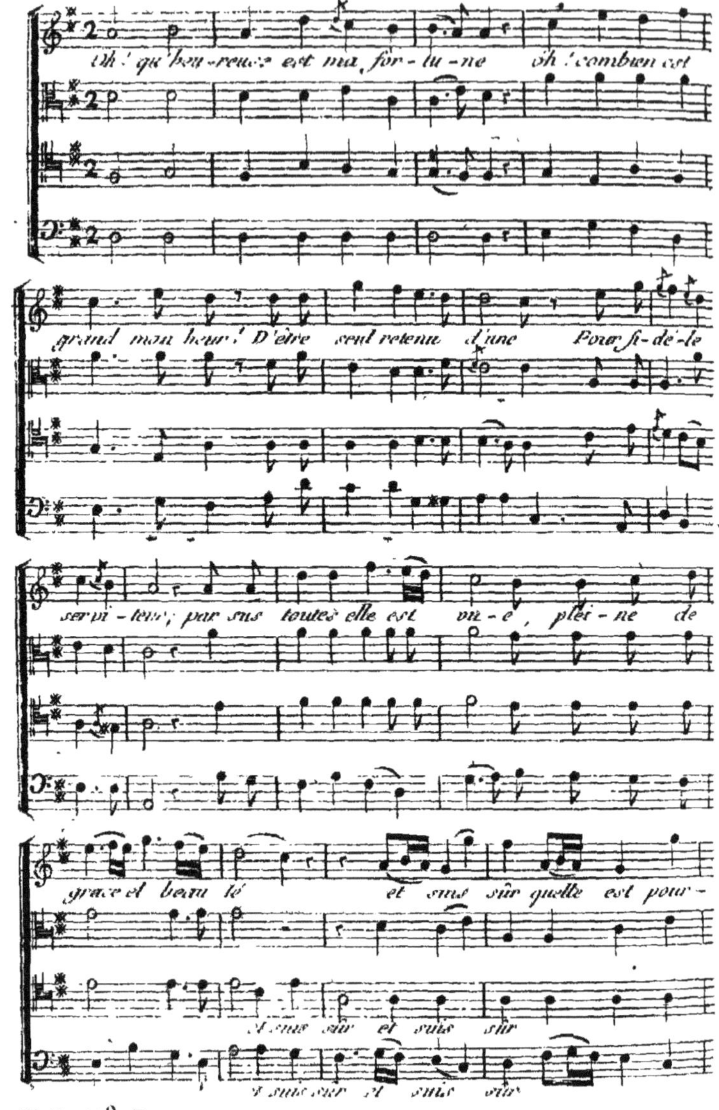
Oh! qu'heu-reuse est ma for-tu-ne oh! combien est
grand mon heur! D'être seul retenu d'une Pour fi-dè-le
ser-vi-teur; par sus toutes elle est ou-e, plei-ne de
grace et beau-té et suis sûr quelle est pour-
et suis sûr et suis sûr
et suis sûr et suis sûr

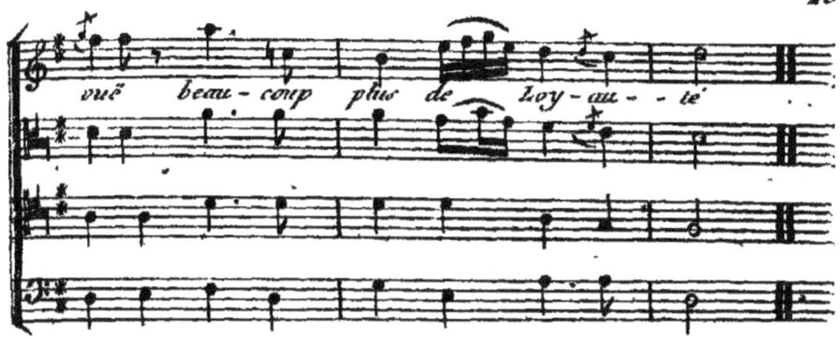

2.e

Comparer est impossible
Sa grande perfection,
Fors qu'à mon heur indicible
Et à mon affection,
Mais tous deux procèdent d'elle;
Et de moi seul je n'ai rien
Qu'un cœur loyal et fidelle
Encore n'est-il pas mien.

3.e

O vous qui ne l'avés vuë,
Voyés-la pour votre bien;
Puis jugés, l'ayant connuë
L'heur que ce m'est d'être sien.
Mais la voyant si parfaite,
Gardés-vous bien un chacun;
Car pour blesser elle est faitte
Et de tous n'en guérir qu'un.

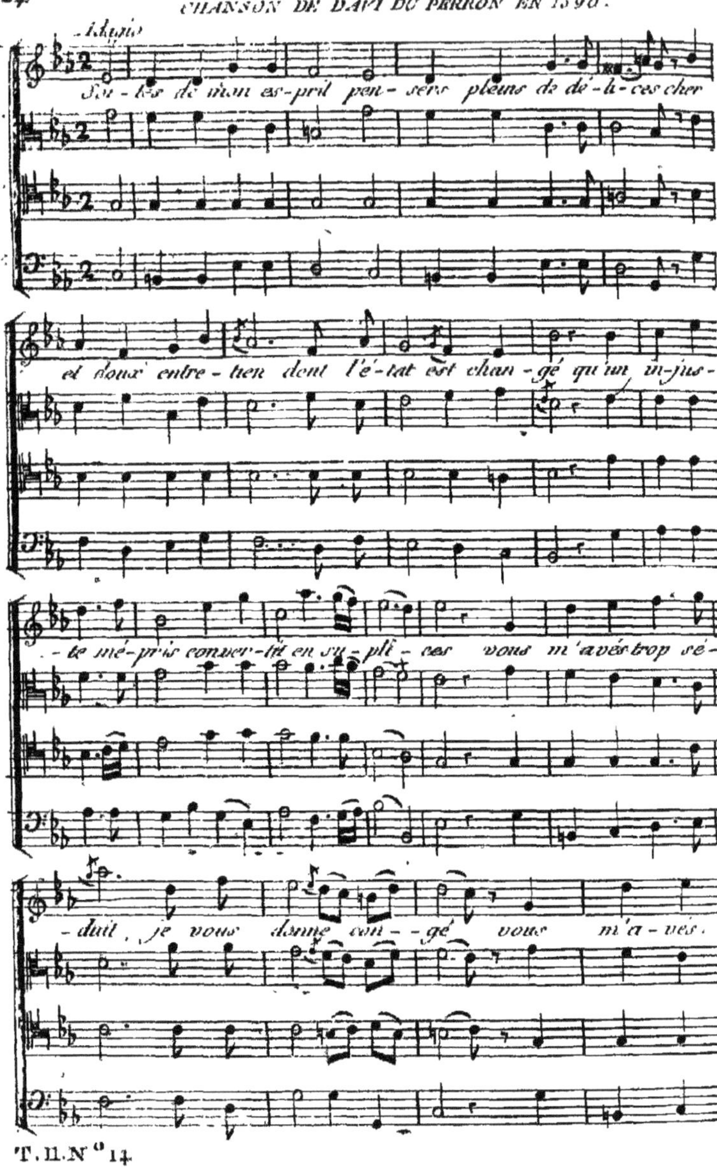
Adagio
Sor-tés de mon es-prit pen-sers pleins de dé-li-ces cher
et doux entre-tien dont l'é-tat est chan-gé qu'un in-jus-
-te mé-pris conver-ti en su-pli-ces vous m'avés trop sé-
-duit, je vous donne con--gé vous m'a-vés.

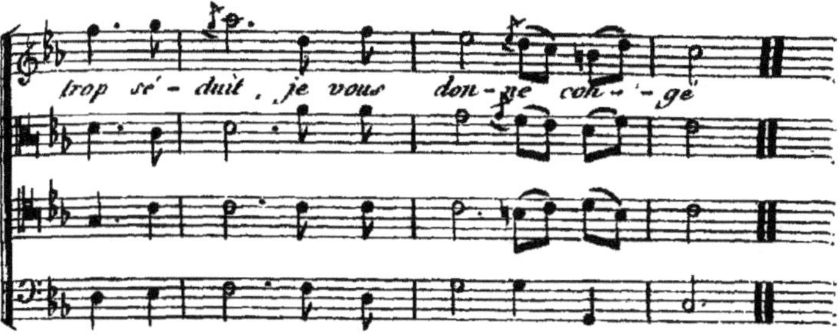

2.e

Avec vos mots flateurs et vos feintes idoles
De constance et de foi, deités sans pouvoir
Dont le son déguisoit si souvent les paroles,
Quel amant n'eut été facile à décevoir !

3.e

Me jurer, que son cœur dont les flâmes sont mortes,
Embrasé d'un beau feu soupiroit nuit et jour,
Et de Myrte enchaîné de mille et mille sortes,
Brûloit avec le mien sur l'autel de l'amour.

4.e

A moi qui ne vivois que pour lui rendre homage,
Et n'aimois mon esprit enclin à l'adorer,
Que pour le seul respect des traits de son visage
Que l'amour de sa main y sut si bien tirer.

5.e

Adieu mais qu'ai-je dit ! quelle erreur me transporte !
Qui, moi, de tes beaux yeux vouloir rompre la loy :
Et briser tant de nœuds dont la Chaîne est si forte !
Comme si mon vouloir étoit encore à moi !

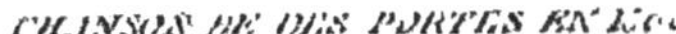

Amoroso

O bienheureux qui peut passer sa vie entre les siens franc de

O bien heu-reux qui peut passer sa vie

haine et d'en-vi- - e parmi les champs les fo-rets et les bois

loin du tu-multe et du bruit popu-lai-re et qui ne vend sa li-ber-

-té pour plai- - re aux passions des Princes et des Roys.

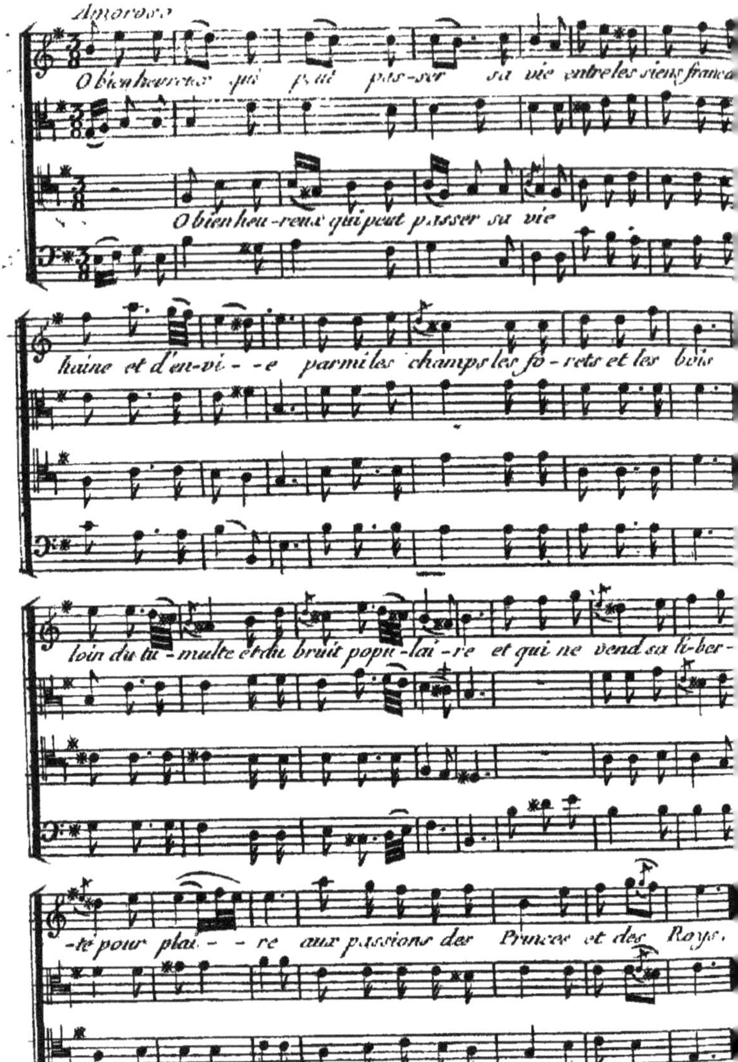

CHANSON FAITE PAR ANTOINE BOISSET, INTEN.r DE LA MUSIQUE DE LA CHAMBRE DU ROY ET DE LA REINE EN 1615.

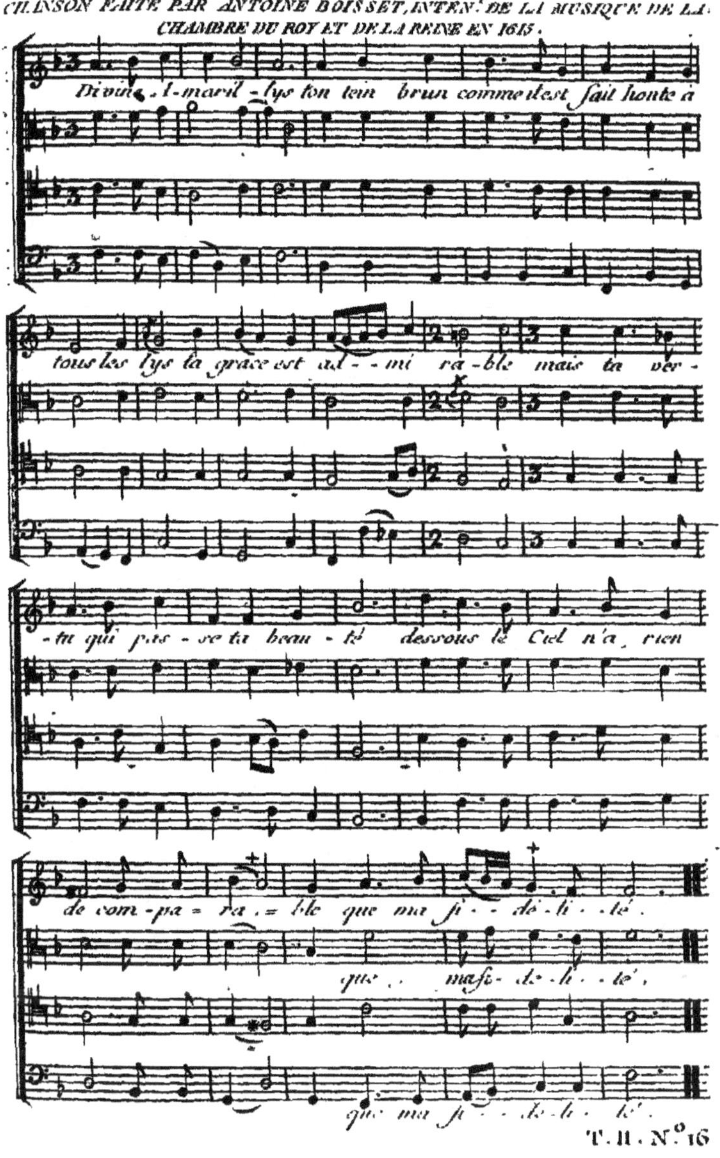

CHANSON DE JACQUES LE FEVRE COMPOSITEUR DE LA CHAMBRE DE LOUIS 13 EN 1613.

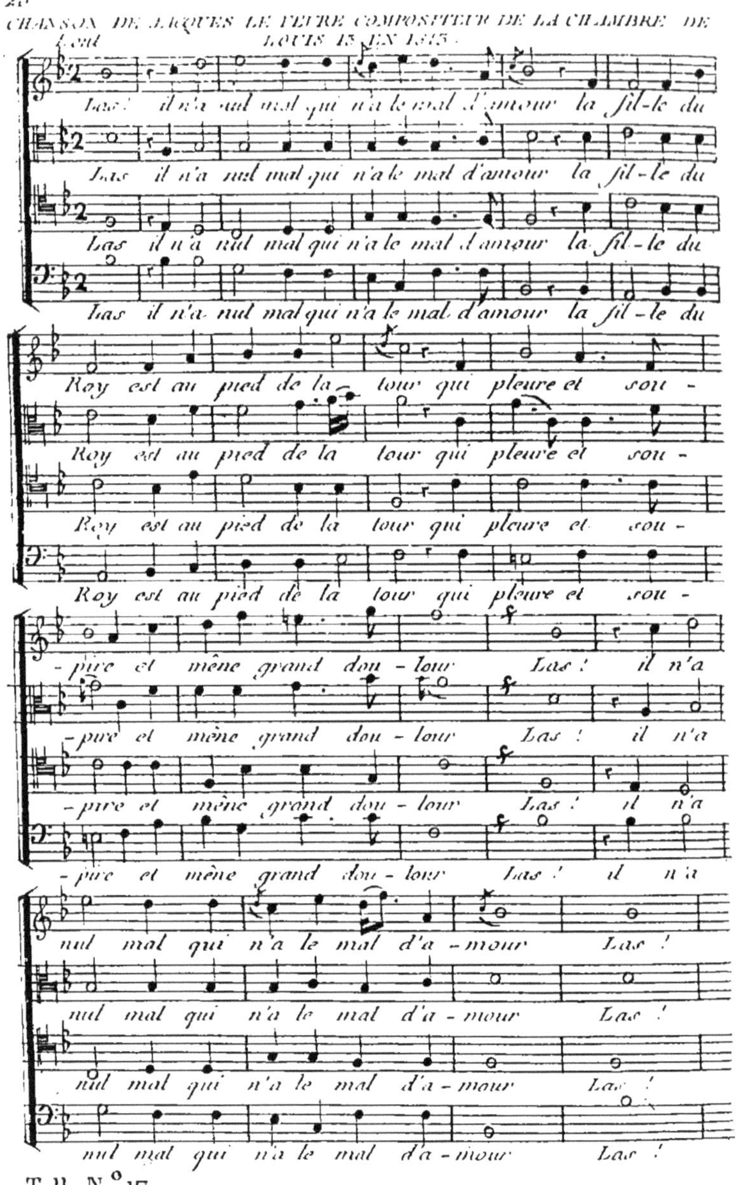

T. II. N° 17

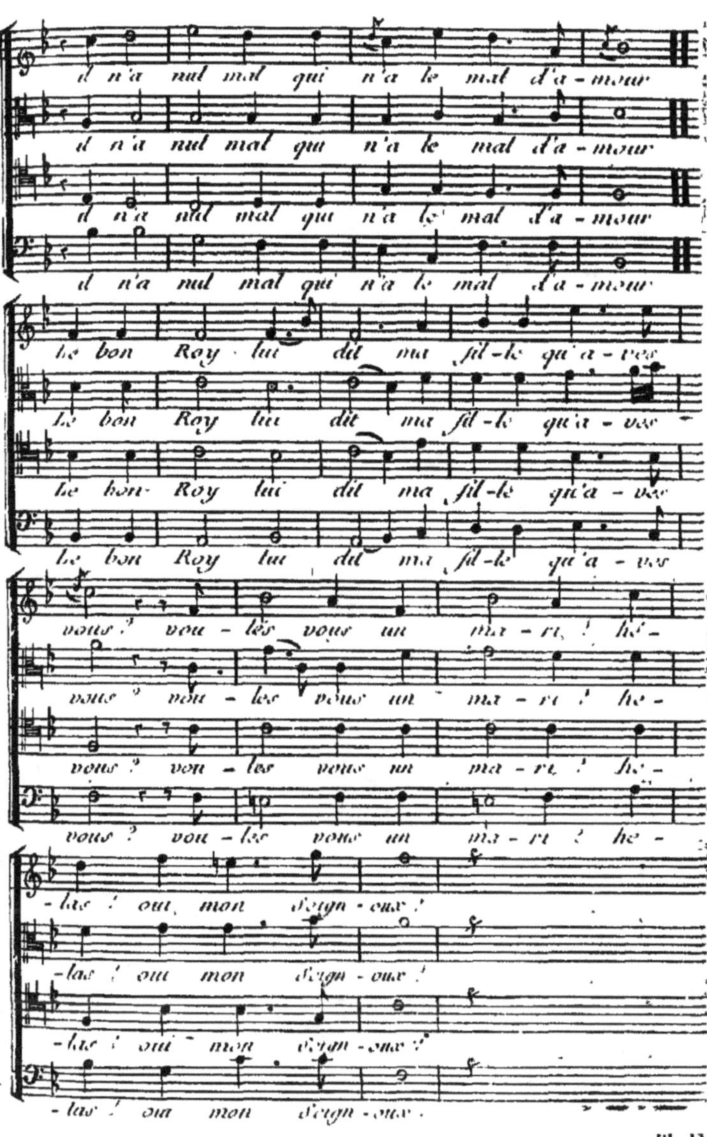
il n'a nul mal qui n'a le mal d'a-mour
il n'a nul mal qui n'a le mal d'a-mour
il n'a nul mal qui n'a le mal d'a-mour
il n'a nul mal qui n'a le mal d'a-mour
Le bon Roy lui dit ma fil-le qu'a-vés
Le bon Roy lui dit ma fil-le qu'a-vés
Le bon Roy lui dit ma fil-le qu'a-vés
Le bon Roy lui dit ma fil-le qu'a-vés
vous? vou-lés vous un ma-ri! he-
vous? vou-lés vous un ma-ri! he-
vous? vou-lés vous un ma-ri! he-
vous? vou-lés vous un ma-ri? he-
-las! oui mon seign-eux!
-las! oui mon seign-eux!
-las! oui mon seign-eux!
-las! oui mon seign-eux.

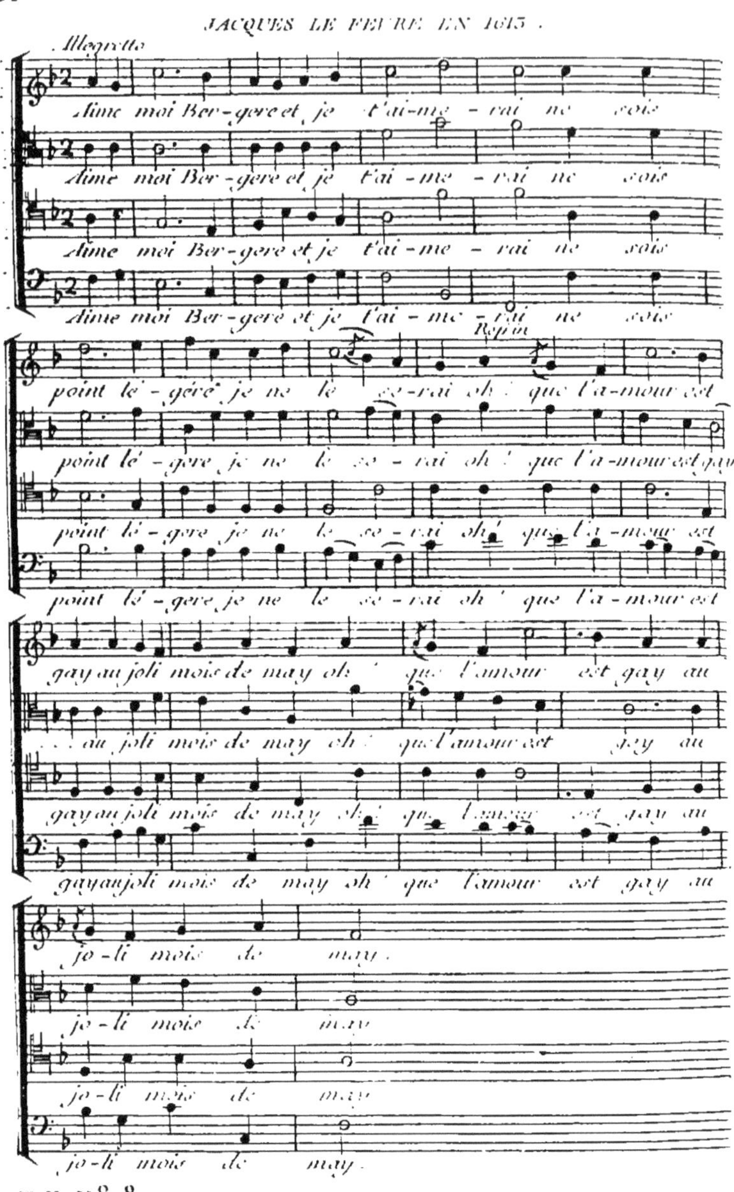
JACQUES LE FEVRE EN 1613.
Allegretto
Aime moi Ber-gere et je t'ai-me - rai ne sois
Aime moi Ber-gere et je t'ai - me - rai ne sois
Aime moi Ber-gere et je t'ai - me - rai ne sois
Aime moi Ber-gere et je t'ai - me - rai ne sois
Refrain
point lé - gére je ne le se-rai oh! que l'a-mour est
point lé - gere je ne le se - rai oh! que l'a-mour est gay
point lé - gere je ne le se - rai oh! que l'a-mour est
point lé - gere je ne le se - rai oh! que l'a-mour est
gay au joli mois de may oh! que l'amour est gay au
au joli mois de may oh! que l'amour est gay au
gay au joli mois de may oh! que l'amour est gay au
gay au joli mois de may oh! que l'amour est gay au
jo - li mois de may.
jo - li mois de may
jo - li mois de may
jo - li mois de may.

2

Mon cœur et ma vie
Je te donnerai :
Jamais d'autre amie
Je ne servirai .
Oh ! que l'amour est gay
Au joli mois de May !

3

Dans ce verd Boccage
Je te menerai ;
Cens fois à l'ombrage
Je te baiserai .
Oh ! que l'amour est gay
Au joli mois de May ;

4

De nos amourettes
Je te parlerai :
Et sur les fleurettes
Je te jetterai ;
Oh ! que l'amour est gay
Au joli mois de May !

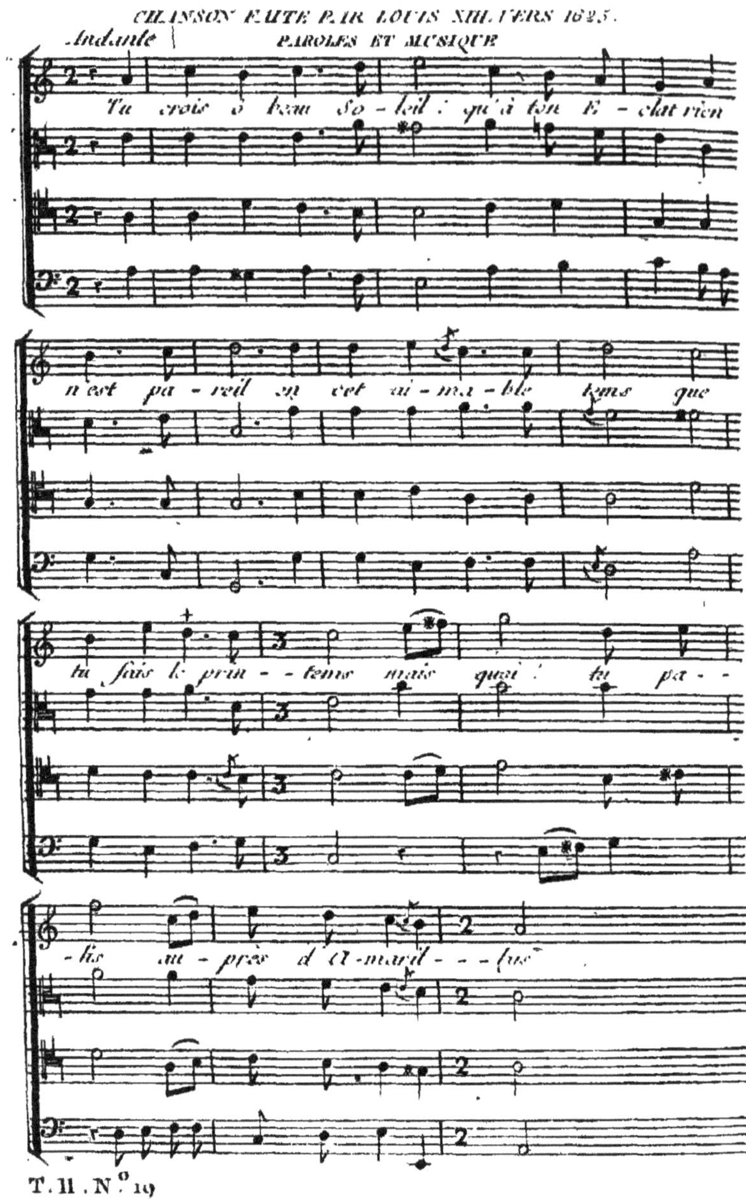
CHANSON FAITE PAR LOUIS XIII. VERS 1625.
Andante
PAROLES ET MUSIQUE
Tu crois ô beau So-leil ! qu'à ton E-clat rien
n'est pa-reil en cet ai-ma-ble tems que
tu fais le prin--tems mais quoi ! tu pa--
-lis au-près d'A-maril---lis

CHANSON FAITTE VERS 1630.

Mise en musique en 1755.

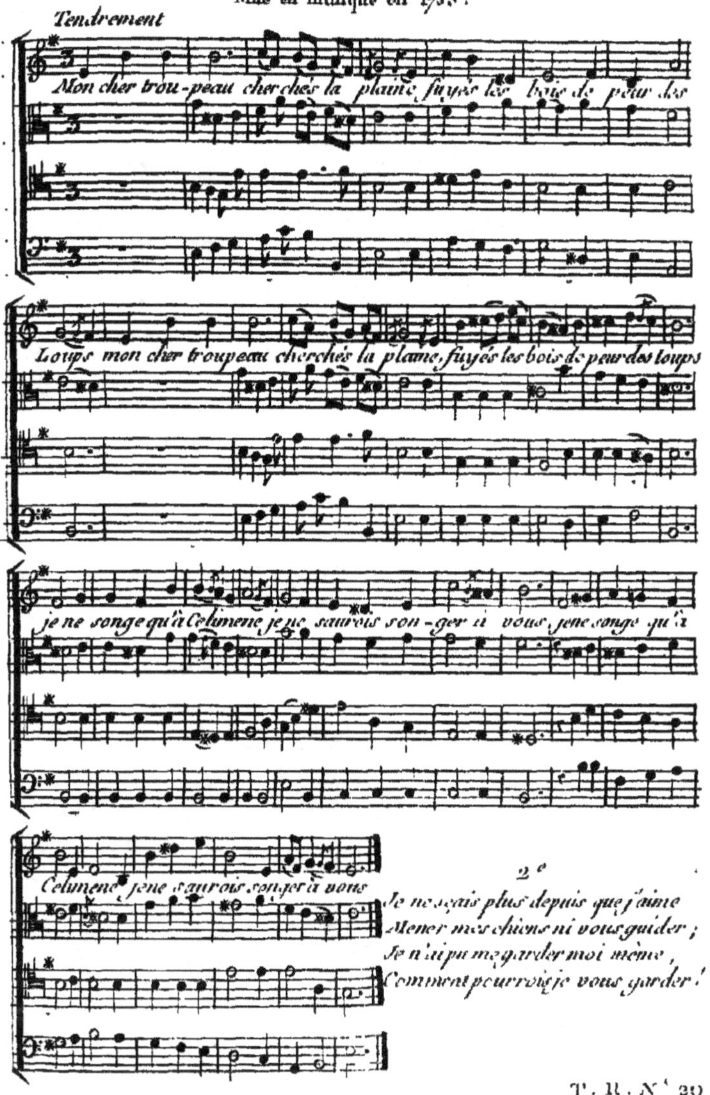

2.e

Je ne sçais plus depuis que j'aime
Mener mes chiens ni vous guider ;
Je n'ai pu me garder moi même,
Comment pourrois-je vous garder !

CHANSON DE PETIT

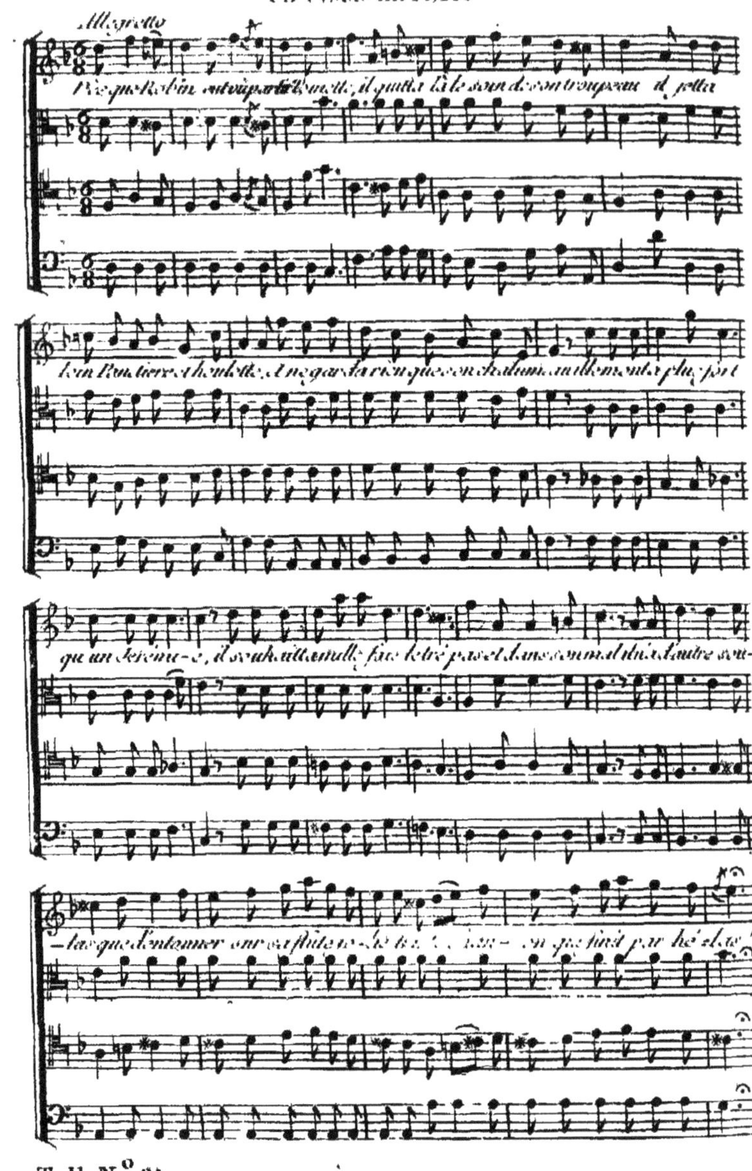

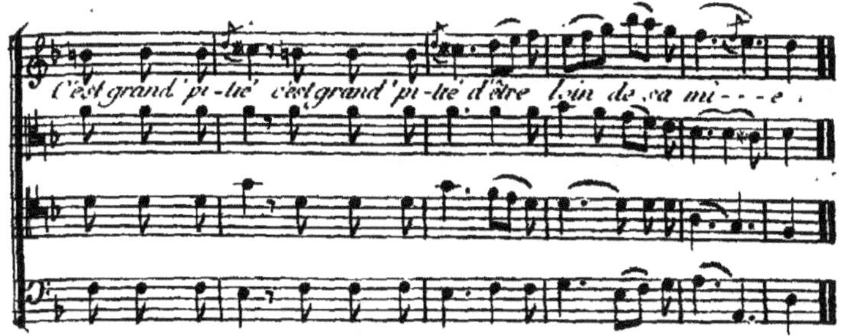

2e

Ces derniers mots, sans cesse il repette,
Tantôt assis sur le bord d'un Ruisseau,
Tantôt couché dessus la tendre herbette,
Tantôt le dos appuyé d'un Ormeau ;
Que ne mene Berger si triste vie :
Du doux sommeil il ne fait plus de cas,
Plus qu'un hermite il fait maigre repas ;
Danses et jeux ja ne lui plaisent mie,
Et dans sa bouche il n'a rien qu'un hélas !
C'est grand pitié d'être loin de sa mie.

3e

Il n'est Berger qui son mal ne regrette,
Et près de lui Bergers du hameau
Viennent chanter, filant leur Quenouilles,
Pour consoler ce triste Pastoureau :
Mais leur doux chant point ne le solace [2]
Tant la douleur le tient dedans ses lacs
Pour ne rien voir, les yeux tient toujours bas
Et si leur dit laissés moi, je vous prie ;
Puis aussi-tôt revient à son hélas !
C'est grand pitié d'être loin de sa mie.

1. Point 2 Consôle.

CHANSON DE GILLES DURAND, VERS 1650.

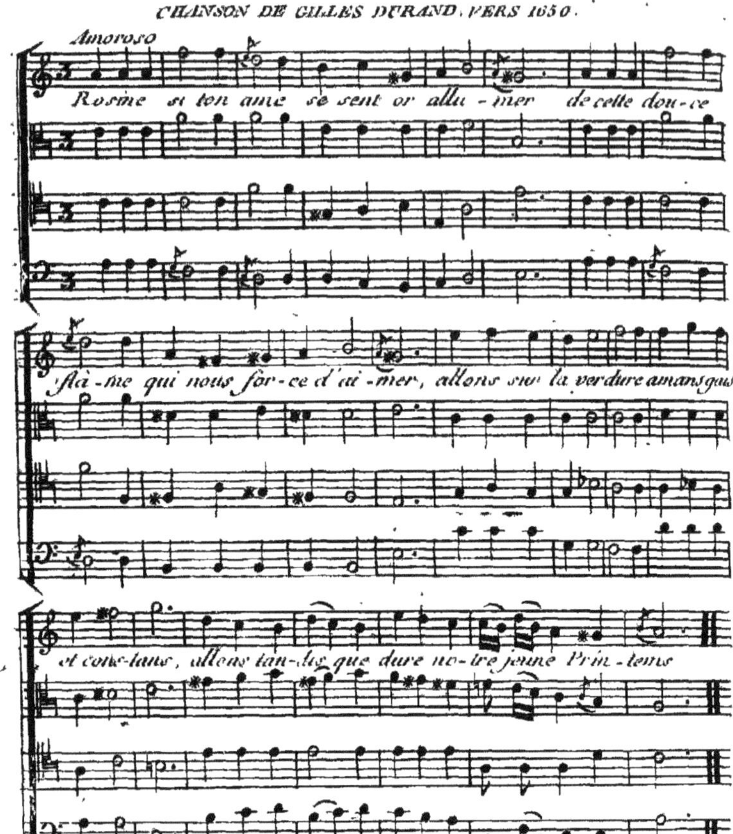

2e

Avant que la journée
De notre age qui fuit,
Se trouve environnée
Des ombres de la Nuit:
De vivre notre vie
Prenons le doux loisir,
Et malheur à l'envie
Qu'offense le plaisir.

3e

Venés ma tant aimée
Ça trompons le destin;
Qui Clôt notre journée
Souvent dès le matin;
Allons sur la verdure
Amans gais et constans,
Allons, tandis que dure
Notre jeune Printems.

CHANSON FAITE EN 1650

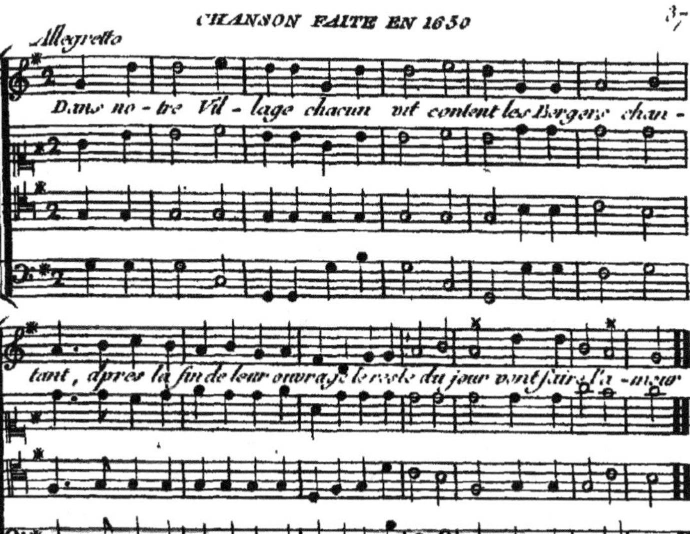

2

Il sont à leurs belles
Si fort attachés,
Qu'ils seroient touchés
D'une inquétude mortelle,
S'ils passoient un jour,
Sans faire l'Amour.

3

Jamais la tristesse
Ne regne en ces lieux :
Les Ris, et les jeux
Y font leur demeure sans cesse,
Ah ! le beau séjour
Pour faire l'Amour !

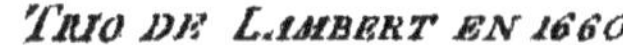

Trio de Lambert en 1660

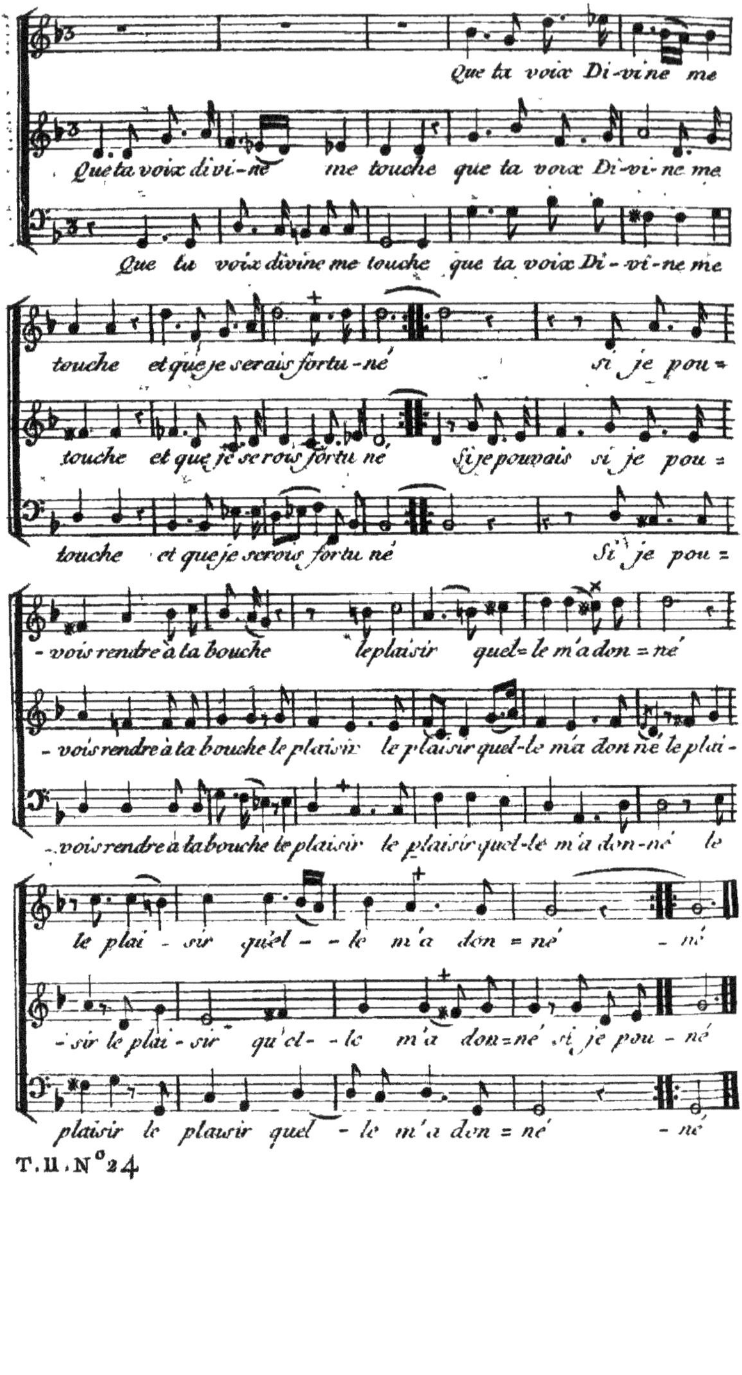

Que ta voix Di-vi-ne me

Que ta voix di-vi-ne me touche que ta voix Di-vi-ne me

Que ta voix divine me touche que ta voix Di-vi-ne me

touche et que je serais fortu-né si je pou-

touche et que je serois fortu-né Si je pouvais si je pou-

touche et que je serois fortu-né Si je pou-

-vois rendre à ta bouche le plaisir quel-le m'a don-né

-vois rendre à ta bouche le plaisir le plaisir quel-le m'a don-né le plai-

-vois rendre à ta bouche le plaisir le plaisir quel-le m'a don-né le

le plai-sir quel--le m'a don-né -né

-sir le plai-sir qu'el--le m'a don-né si je pou- -né

plaisir le plaisir quel-le m'a don-né -né

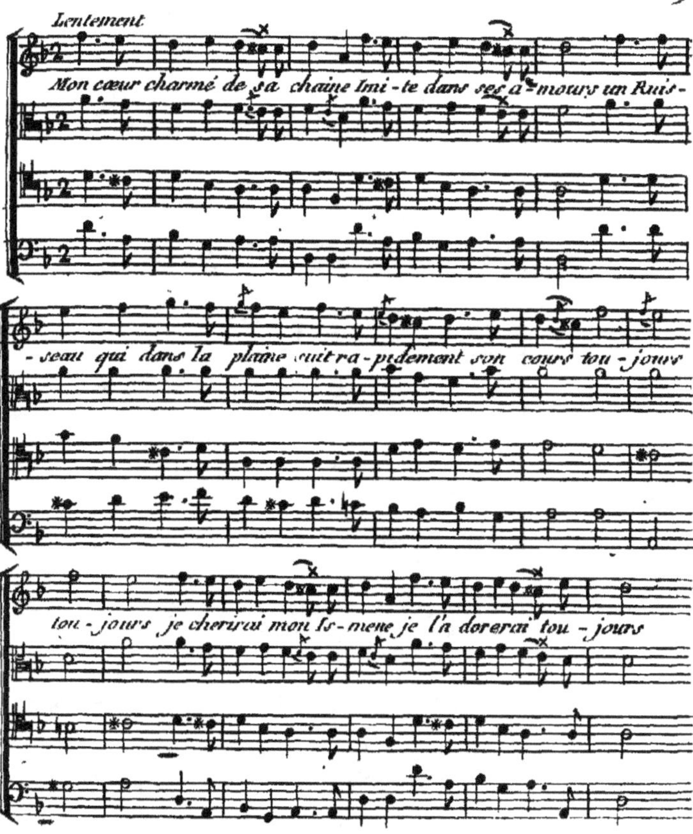

Quand le sort qui tout entraine
Au tombeau nous conduira,
On gravera sur un Chêne
Que le tems respectera :
Hélas !
Hélas !
Rien ne fut si beau qu'Ismene,
Rien de plus tendre qu'Hylas.

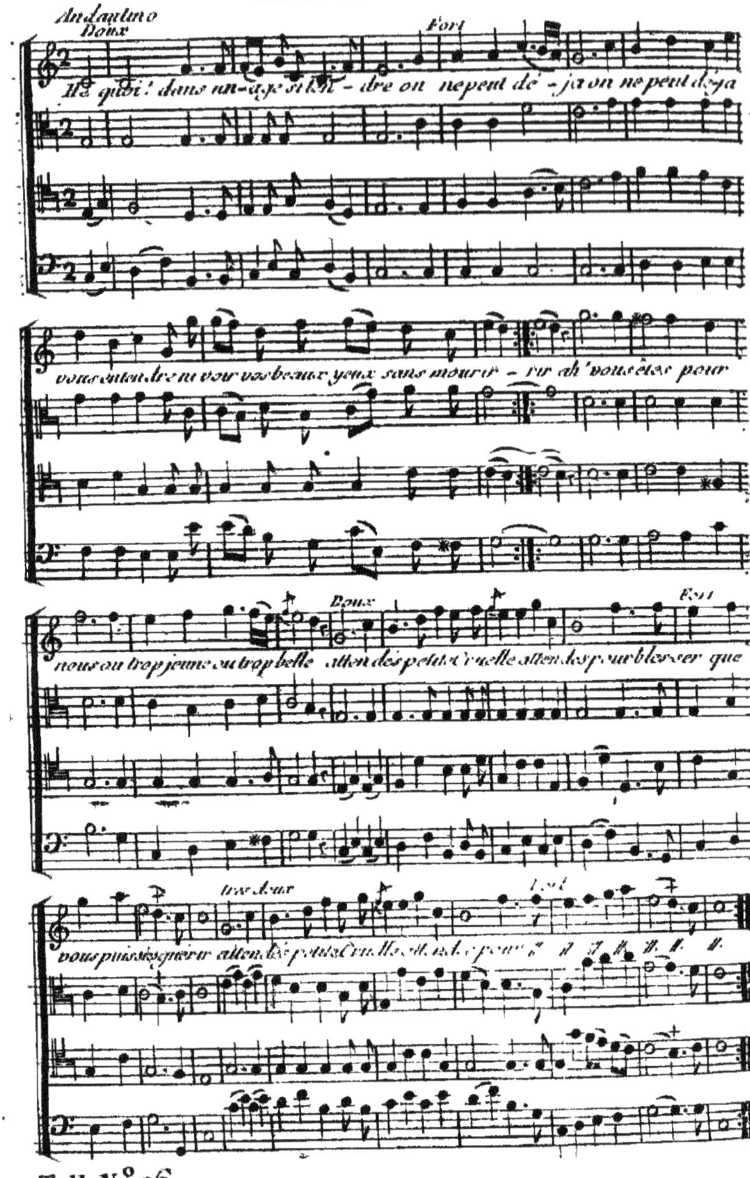
Andantino
Doux
Fort
Hé quoi! dans un-age si ten-dre on ne peut dé-ja on ne peut déja
vous entendre ni voir vos beaux yeux sans mouri-rir ah! vous êtes pour
Doux
Fort
nous ou trop jeune ou trop belle atten dés petite cruelle atten dés pour blesser que
très doux
vous puissiés guérir atten dés petite cruelle atten dés pour

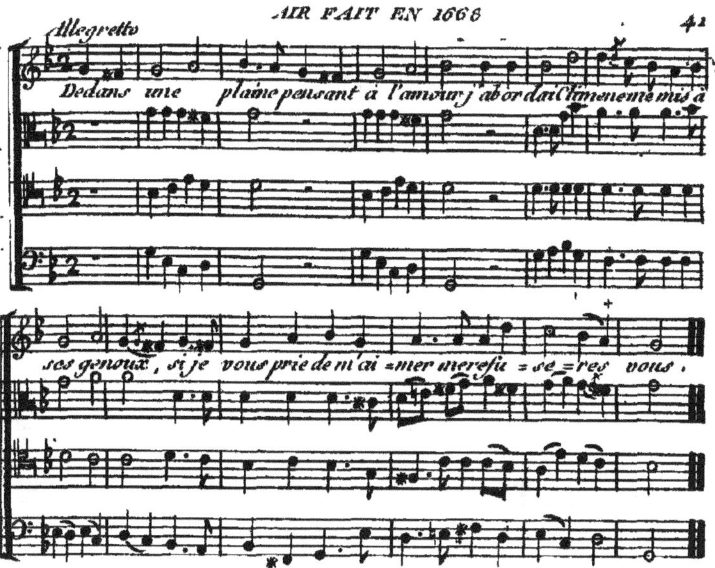

J'abordai Climene
Me mis à genoux,
Lui disant ma belle,
Donnés moi secours
Si &c

Lui disant ma belle
Donnés moi secours:
Ceux que vos yeux blessent
Les guerissés vous ?
Si &c.

Ceux que vos yeux blessent
Les guérissés vous ?
J'aurois trop à faire,
Berger taisés vous.
Si &c.

J'apperçois ma mere
Je crains son courroux:
Vite nous courumes
Pour nous bien cacher,
La peur l'empêcha d'penser
A me rien refuser.

1668.

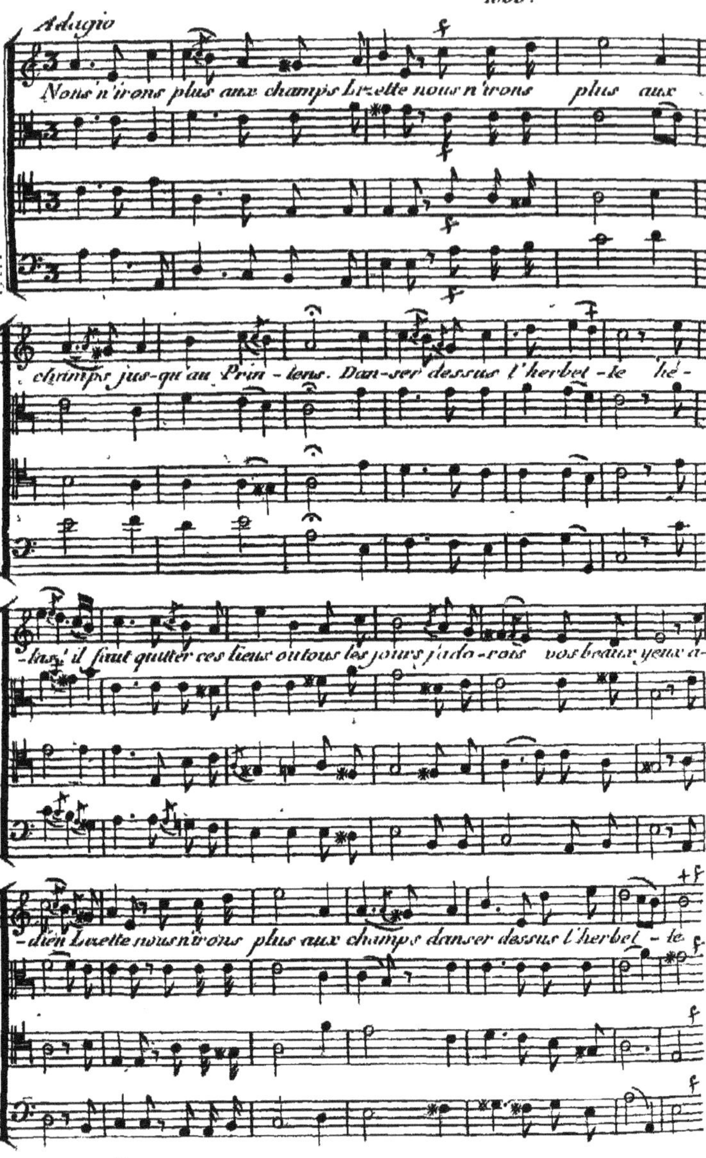
Adagio
Nous n'irons plus aux champs Lizette nous n'irons plus aux
champs jus-qu'au Prin-tems. Dan-ser dessus l'herbet-te hé-
-las! il faut quitter ces lieux ou tous les jours j'ado-rois vos beaux yeux a-
-dieu Lizette nous n'irons plus aux champs danser dessus l'herbet-te

CHANSON FAITE EN 1670.

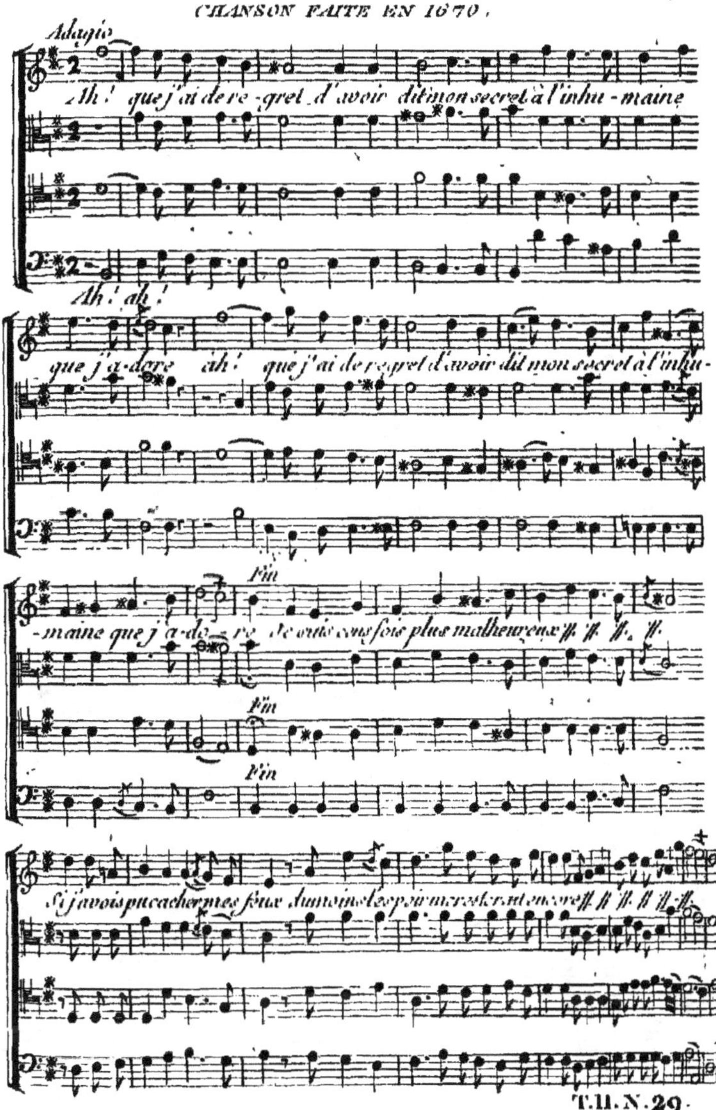

DE M.R LAMBERT MAITRE DE MUSIQUE DE LA CHAMBRE DU ROI. EN 1680

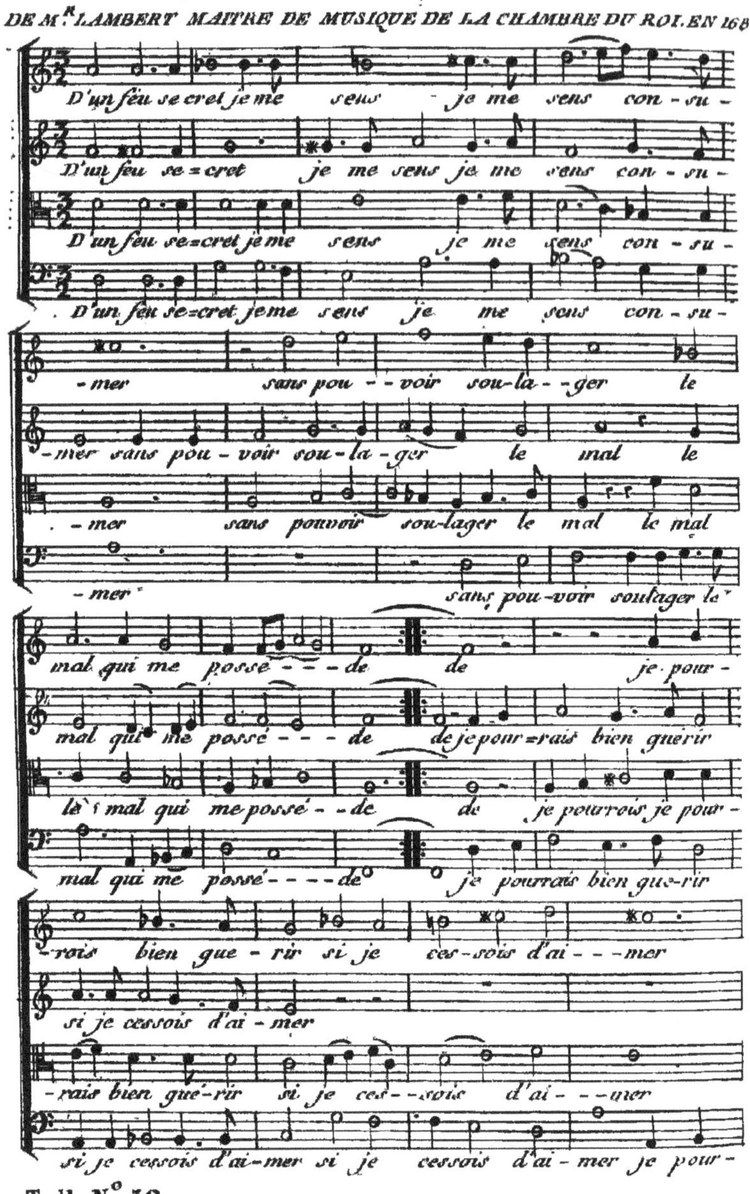

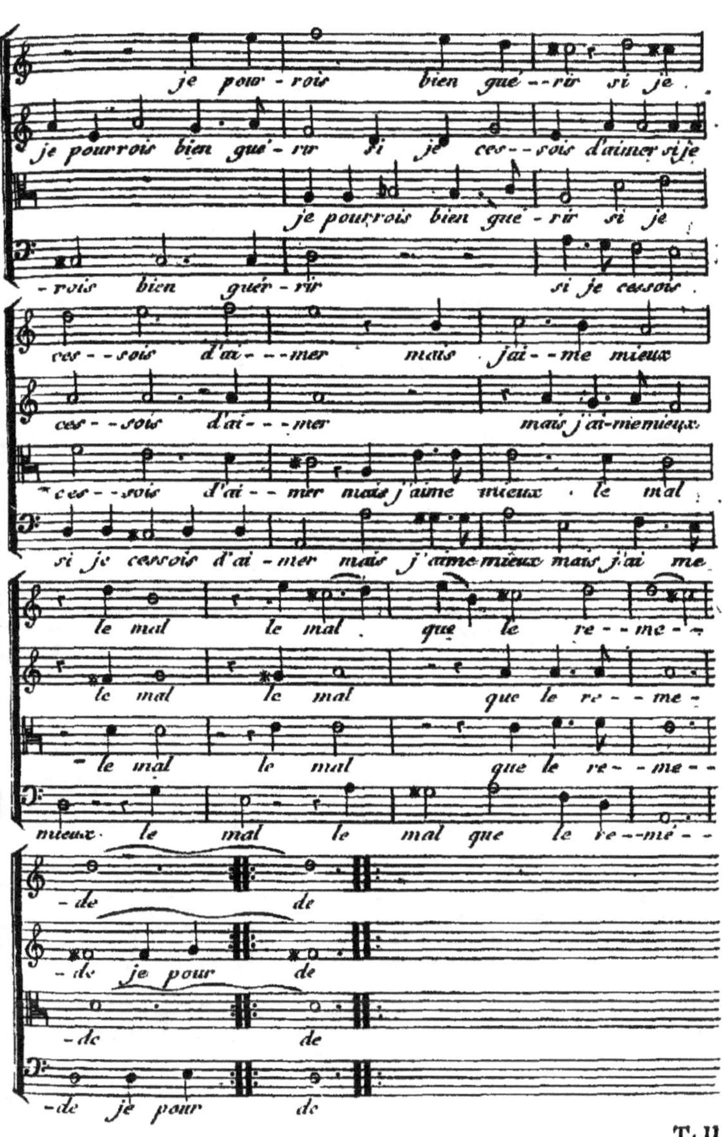
je pour - rois bien gué - - rir si je
je pourrois bien gué - rir si je ces - - sois d'aimer si je
je pourrois bien gué - rir si je
- rois bien guér - rir si je cessois
ces - - sois d'ai - - - mer mais j'ai - - me mieux
ces - - sois d'ai - - - mer mais j'ai-memieux
ces - - sois d'ai - - mer mais j'aime mieux le mal
si je cessois d'ai - mer mais j'aime mieux mais j'ai me
le mal le mal que le re - - me -
le mal le mal que le re - - - me -
- le mal le mal que le re - - me - -
mieux le mal le mal que le re - - mè - -
- de de
- de je pour de
- de de
- de je pour de

CHANSON DONT LA MUSIQUE EST DE DU PARC EN 1702.

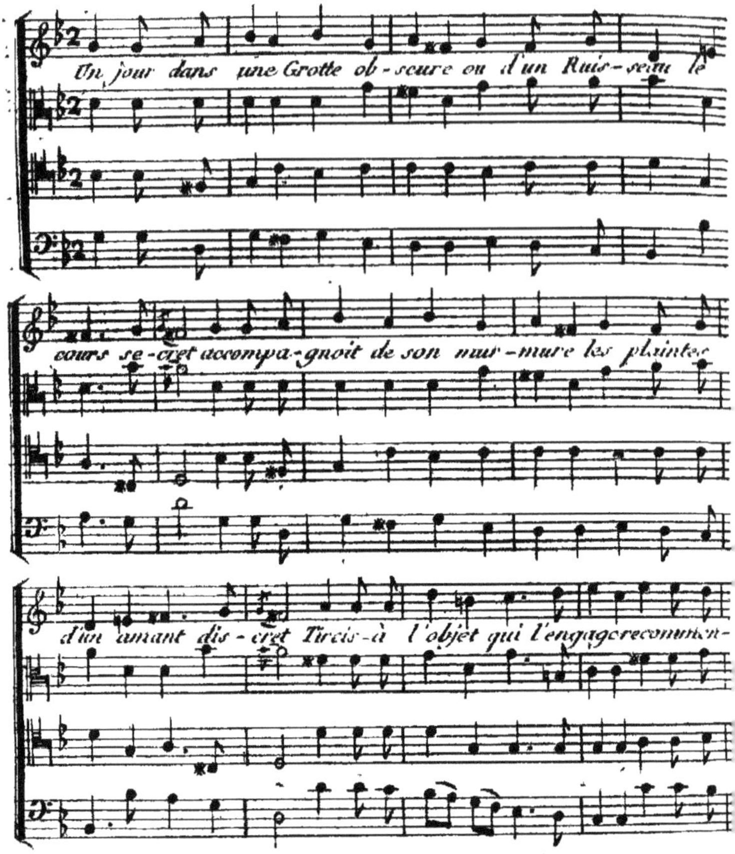

Un jour dans une Grotte ob-scure ou d'un Ruis-seau le

cours se-cret accompa-gnoit de son mur-mure les plaintes

d'un amant dis-cret Tircis à l'objet qui l'engage recommen-

-çoit cet-te Chan-son ; c'en est trop si c'est ba-di-na-ge

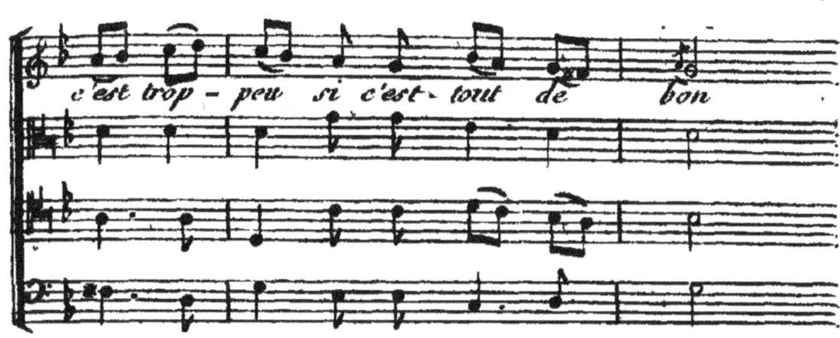

2e.

Quand sur ma Musette plaintive
Je chante quel qu'air langoureux
Je vois ton Oreille attentive
A mes préceptes amoureux ;
Si je veux les mettre en usage
Tu deviens sourde à ma leçon
C'en est trop &c.

3e.

Piqué de quelque jalousie
Si je te découvre mes maux
Tu te ris de ma Phrénésie ,
Tu plaisantes de mes Rivaux :
Avec eux sous l'Epais ombrage
Tu danses pourtant sans façon
C'en est trop &c.

4e.

Quelque fois par un trait de flâme
Tes yeux aux miens font entrevoir
Qu'amour qui captive mon ame
Te tient aussi sous son pouvoir :
Si j'en veux un baiser pour gage
Je n'en puis obtenir le pardon ,
C'en est trop &c.

5e.

Ingrat, interrompt la Bergére
Avant qu'il fut prèt d'achever ,
Est-ce véritable colere ?
Ou la feins-tu pour m'éprouver !
Je t'aime, et tu le scais, sois sage ,
Chasse ton Injurieux soupçon ;
C'en est trop &c.

CHANSON DE MONTREUIL EN 1705

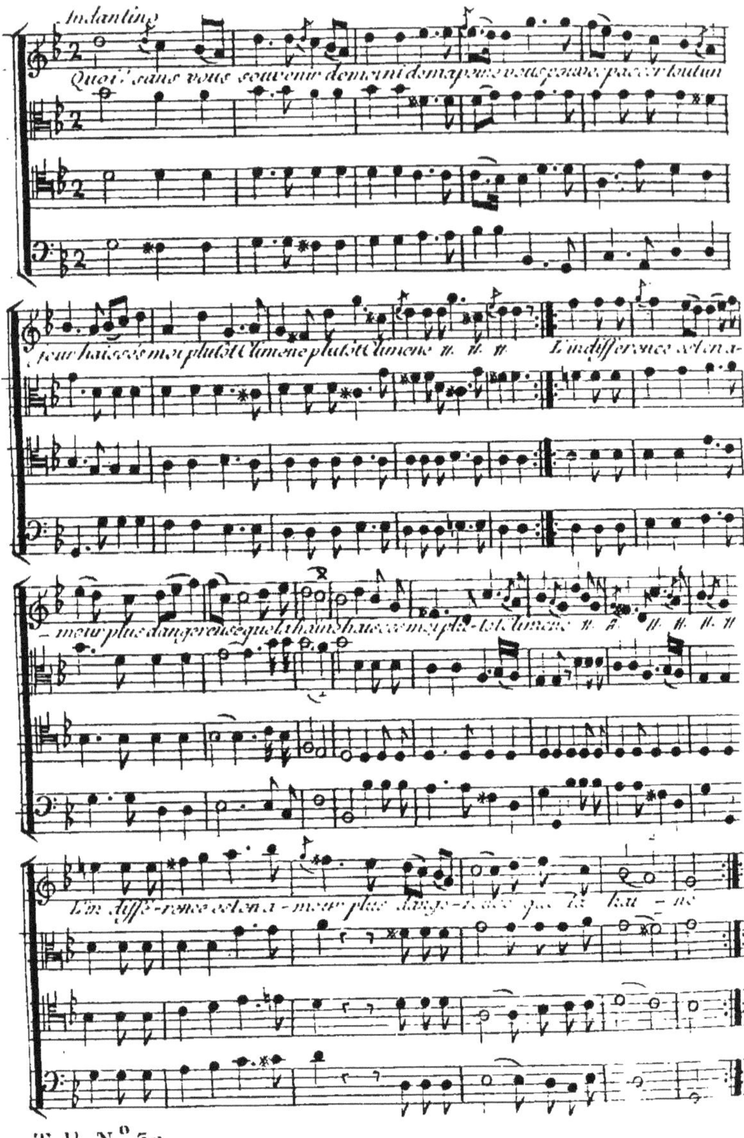

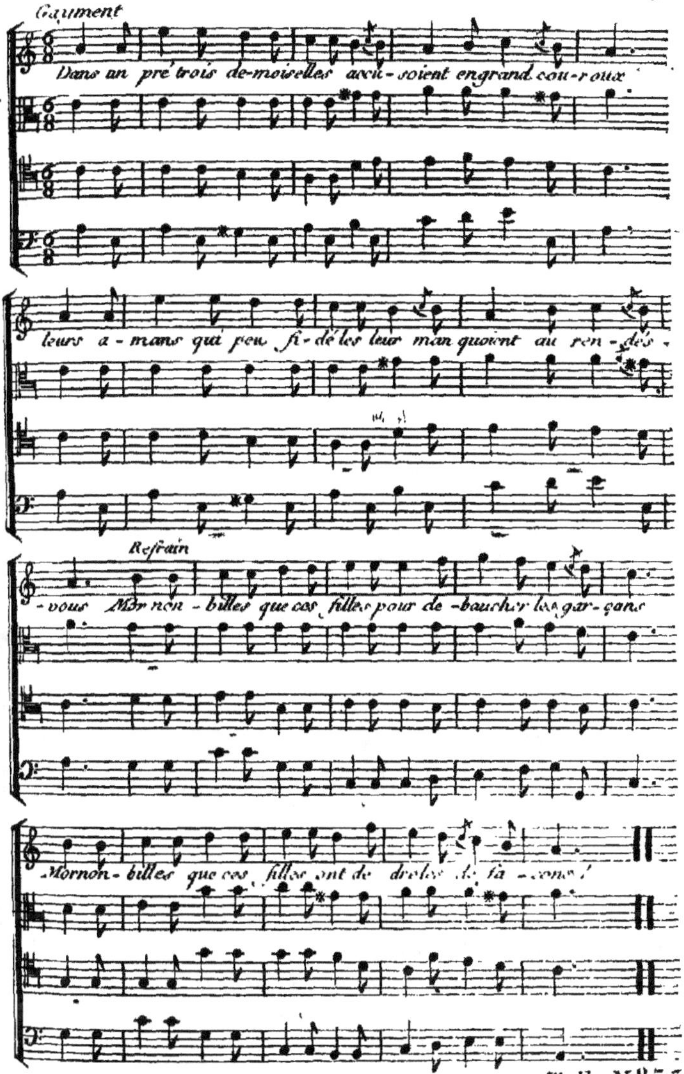

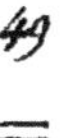

Gaiment
Dans un pré trois de-moiselles accu-soient en grand cou-roux
leurs a-mans qui peu fi-dè-les leur man-quoient au ren-dés-
Refrain
-vous Mir-non-billes que ces filles pour dé-baucher les gar-çons
Mornon-billes que ces filles ont de drôles de fa-çons!

2

Près de là par aventure
Passe un Manant jeune et frais,
D'une assés bonne encolure,
D'un maintien sot et niais,
Mornonbilles &c

3

Oh! vraiment dit la plus fine
Nous ne perdrons pas nos droits;
Ce drôle a toute la mine
De pouvoir payer pour trois.
Mornonbilles &c.

4

On l'appelle, il se presente;
En voyant, sur le Gazon
Un déjeuné qui le tente
Il prend place sans façon;
Mornonbilles &c

5.

Ne faudra-t'il pas te battre.
Pour te faire boire un Coup?
Non, j'en boirai plus de quatre,
Si le vin est de mon gout,
Mornonbilles &c

6.

Ayant repu sans mot dire,
S'en alloit sans dire mot,
Tout doux, lui dit on, beausire,
Il faut payer votre Ecot;
Mornonbilles

7.

Moi payer! qu'elle misere!
Je n'ai pas vaillant cinq sols;
Et bien pour sortir d'affaire,
Tu danseras avec nous.
Mornonbilles &c.

8.

Ah! dit-il, pour danser, passe,
Je ferai bien cet effort;
Si je n'ai pas bonne grace
J'ai du moins le jarret fort.
Mornonbilles &c.

9.

La premiere entrant en danse,
Fit avec lui du chemin;
Bien qu'il chargeat la Cadence
Il la fit aller bon train;
Mornonbilles &c.

10.

Du garçon l'autre danseuse
Au moins ne se plaignit pas,
La troisieme moins chanceuse
S'apperçut qu'il etoit las.
Mornonbilles &c.

11.

Vous plait-il que je revienne?
Oui, reviens demain au soir.
Eh bien! qu'à cela ne tienne,
Serviteur, jusqu'au revoir.
Mornonbilles &c.

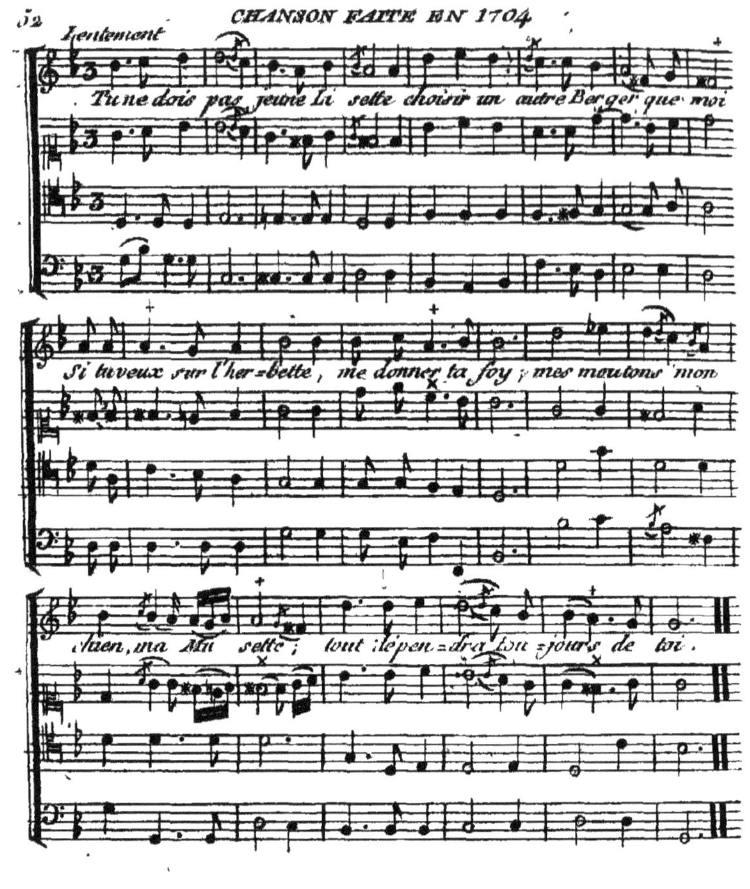

2e

D'autres amans, pour te surprendre
Viendront t'offrir des soins et des voeux,
Avant que de te rendre,
Eprouve leurs feux :
Si ton cœur est pour le plus tendre
Ah ! je serai le plus heureux !

3e

Je veux toujours être Lisette,
Rire et chanter sera tout pour moi.
Si j'allois sur l'herbette
Te donner ma f
Aujourd'hui j'aurois la Musette,
Je dependrois demain de toi.

T. II, N.° 34

PETITE CHANSON DE DUFRENY EN 1705.

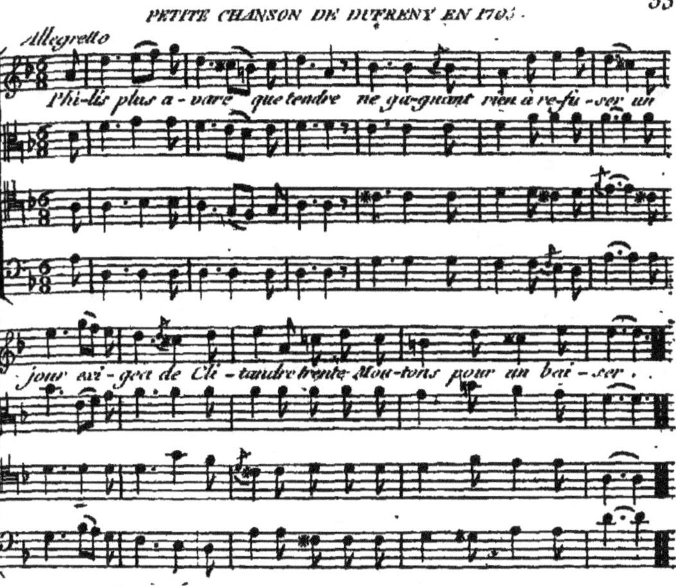

2°.

Le lendemain nouvelle affaire,
Pour le Berger le Troc fut bon,
Car il obtint de la Bergère,
Trente baisers pour un Mouton.

3°.

Le lendemain Philis plus tendre;
Craignant de moins plaire au Berger;
Dans un moment voulut lui rendre,
Trente Moutons pour un baiser.

4°.

Le lendemain Philis peu sage,
Auroit donné Moutons et Chien,
Pour un baiser que le volage,
A Lisette donnoit pour rien.

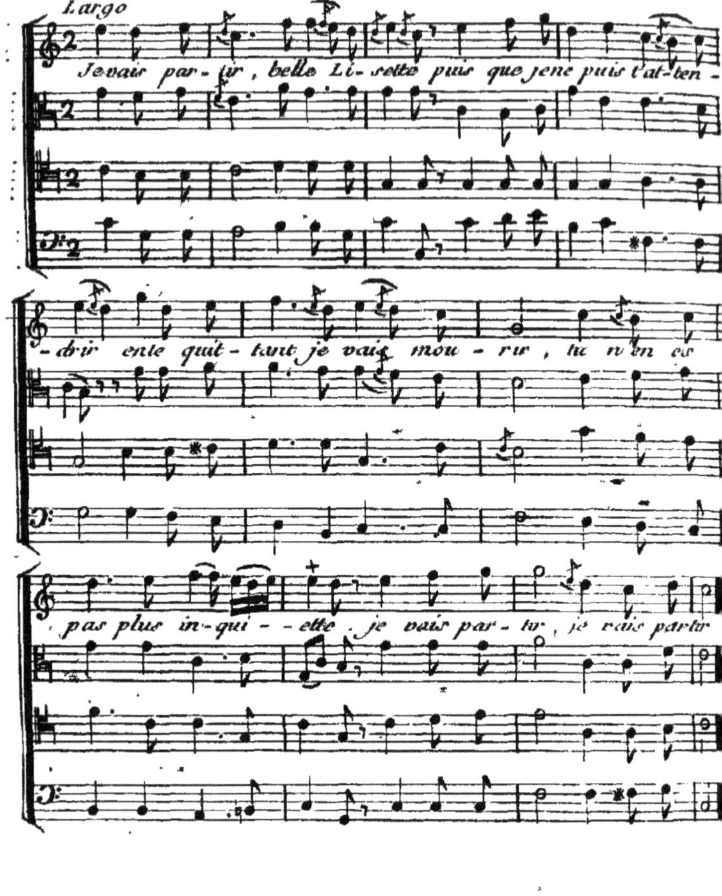

Veux tu toujours être muette ?
Parle du moins par un Soupir !
Quoi ! je ne puis rien obtenir ?
Adieu, trop aimable Brunette,
Je vais partir, je vais mourir.

J'allois quitter ses tendres charm[es]
Quand je vis la belle frémir.
Quel attrait sçut me retenir,
Ah ! dit, elle, en versant des larmes
Tu vas partir, je vais mourir.

CHANSON DE MONTECLAIR EN 1710.

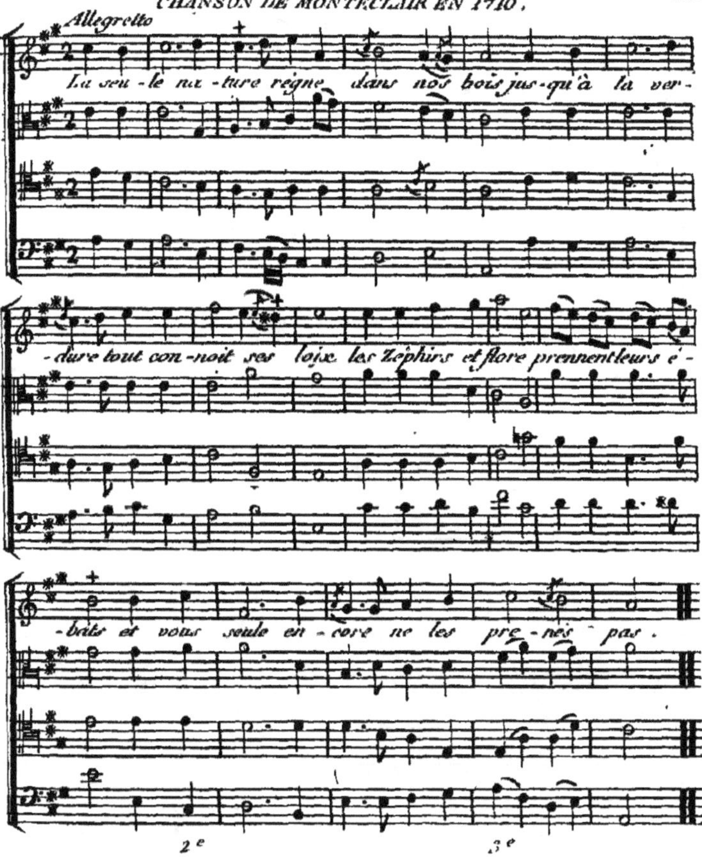

2^e^

Les troupeaux des Plaines
S'aiment sans tourment,
L'amour à des peines
Pour vous seulement:
Les Poissons dans L'onde
Ressentent ses feux;
Et vous seule au monde
Les sentés moins qu'eux.

3^e^

De votre jeune âge
Suivés les desirs,
C'est n'être pas sage
De fuir les plaisirs:
Dès que la vieillesse
Chasse nos beaux jours,
Adieu la tendresse
Les jeux, les amours.

T. II. N.° 37

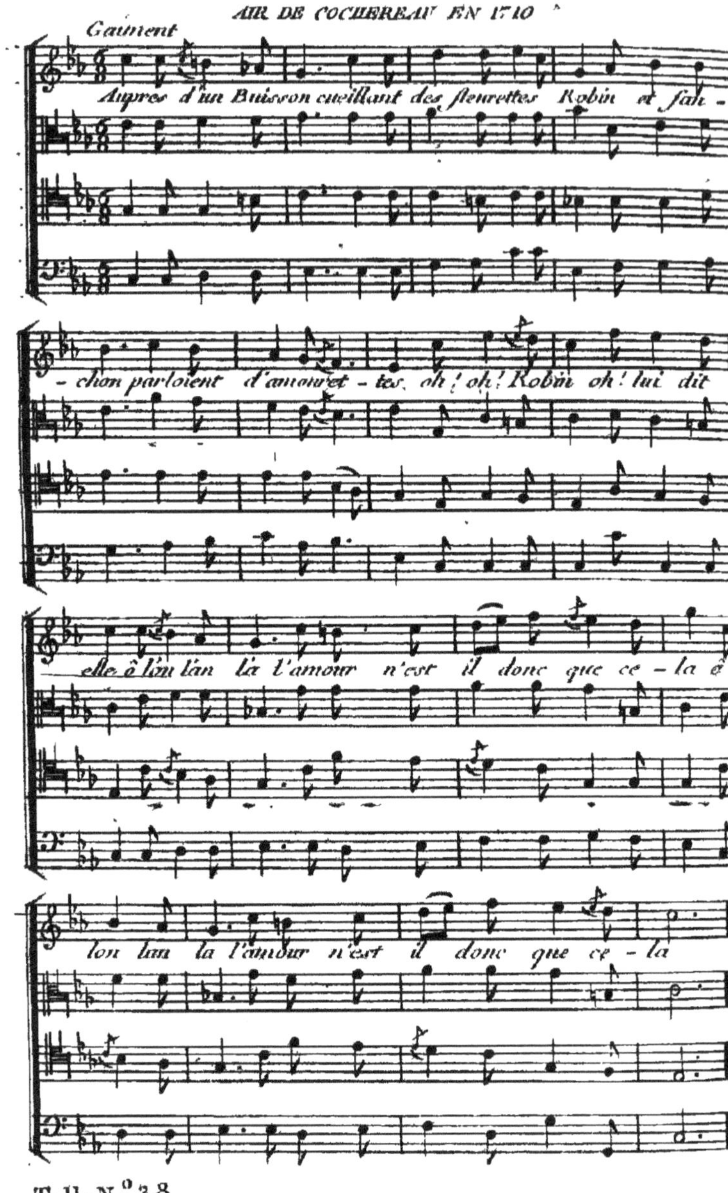
AIR DE COCHEREAU EN 1710
Gaiment
Aupres d'un Buisson cueillant des fleurettes Robin et fan-
-chon parloient d'amourettes, oh ! oh ! Robin oh ! lui dit
elle ô lon lan la l'amour n'est il donc que ce-la ô
lon lan la l'amour n'est il donc que ce-la

T. II. N° 38

2.e

Oui dit le Berger,
Un amour extrême
Fait tout négliger
Pour ce que l'on aime
Ho ho &c.

3.e

Il nous fait lever
Bien avant l'aurore,
Pour toujours rever
A ce qu'on adore
Ho ho &c.

4.e

On se plaint tout bas
Sans cesse on soupire,
Quand le cœur n'a pas
Tout ce quil desire
Ho ho &c.

5.e

Robin comprenant
Ce qu'on vouloit taire,
Tout en badinant
Dit à la Bergere
Ho ho Fanchon allons ma belle
O lon lanla
Que ne me disois tu cela!

6.e

S'ils furent heureux
Je n'ose le dire,
Ils s'aimoient tous deux
Cela doit suffire:
Ho ho! Robin! ah lui dit elle,
O lon lanla
Il n'est point d'amour sans cela.

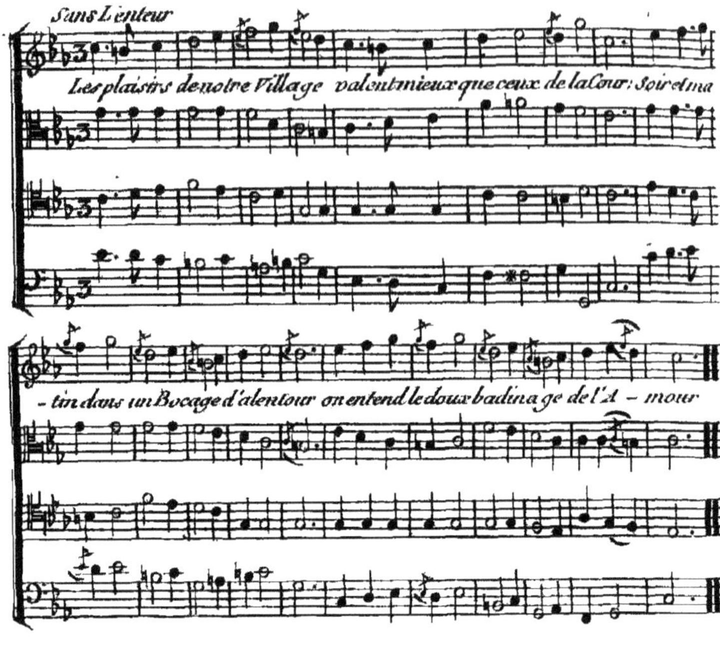

2

Avec plaisir et sans contrainte
On s'y divertit galamment,
Chacun y parle à son Aminte
Librement,
Et l'on n'entend jamais la plainte
D'un amant.

3

Les Bergers n'y sont point Volages,
Chez eux il n'est point de détour :
Ils n'offrent jamais leur hommage
Sans amour ;
Aussi goutent ils l'avantage
Du retour.

4

S'il en est quelqu'un peu sincère,
Il est banni de ce séjour :
Et la peine la plus sévère
Est qu'à son tour,
Il doit aimer une Bergère
Sans retour.

5

L'amour las de mon inconstance
Fit serment de fixer mes vœux,
Mais il n'en trouve l'assurance
Qu'en vos yeux :
Jugés, Iris, de leur puissance
Par mes feux.

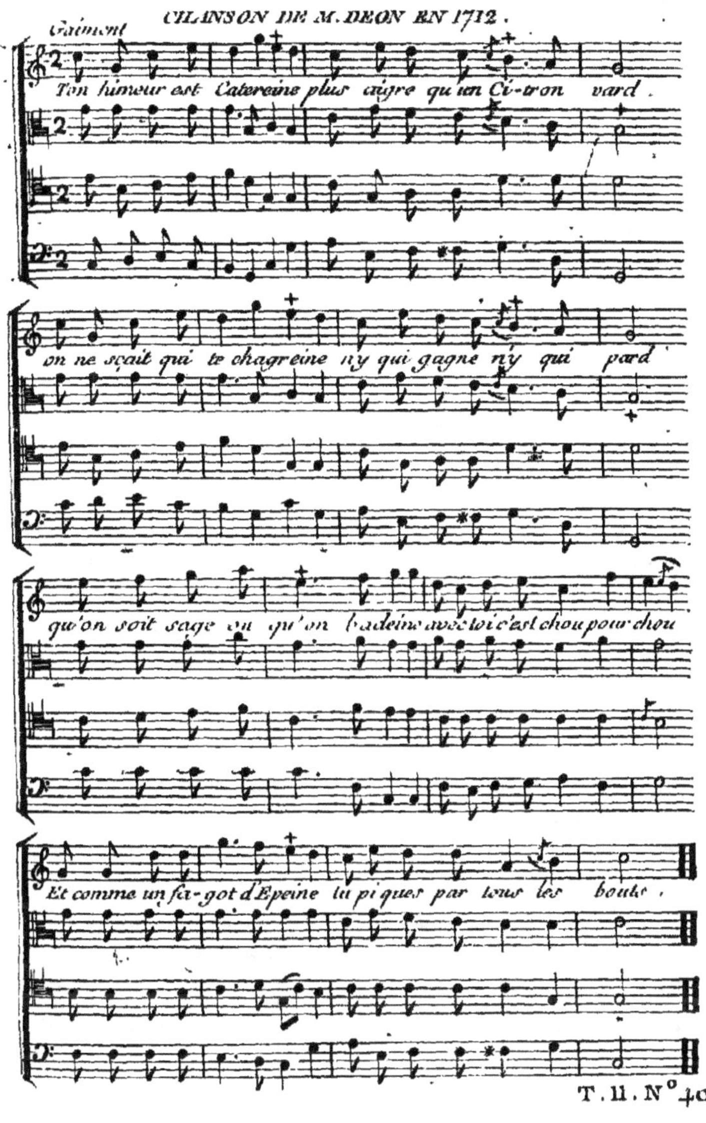
CHANSON DE M. DEON EN 1712.
Gaiment
Ton humeur est Catereine plus aigre qu'un Ci-tron vard.
on ne sçait qui te chagreine n'y qui gagne n'y qui pard
qu'on soit sage ou qu'on badeine avec toi c'est chou pour chou
Et comme un fa-got d'Epeine tu pi ques par tous les bouts.

2

Si je parle tu t'offenses,
Tu grognes si je me tais;
Lors que je me plains, tu danses,
Quand je ris je te déplais:
A ton oreille mal faite
Mes chansons ne valent rien,
Et ma tant douce Musete
N'est qu'un instrument de Chien.

3

D'un pot plein de Marjolaine
Quand je te fis un present,
Aussitôt pour son étréne
Tu le cassis moi présent:
Si j'en eûs cru mon courage
Après ce beau grand-merci,
Ma main qui bouilloit de rage
T'eut cassé la queule aussi.

4

L'autre jour d'un air honnête
Quand je t'otis mon chapiau,
Plus vite qu'une Arbalête
Tu le fis Sauter dans l'iau:
Et puis d'un ton d'arrogance
Sans dire ni qui, ni quoi,
Tu me baillis l'ordonnance
De m'aprocher loin de toi.

5

Stan pendant quoi que tu dises
Je ne puis quitter ce lieu,
Et quoi que tu me méprises
Par tout je suivrai tes yeux:
Je m'en veux mal à moi même
Mais quand on est amoureux,
Un cheveu de ce qu'on aime
Tire plus que quatre Bœufs.

6

Pour te mettre en oubliance
A d'autres je fis la cour,
Mais par cette manigance
Tu m'as baillé plus d'amour:
Je crois que tu m'ensorcelles,
Car à mes yeux éblouis
Auprès de toi les plus belles
Ne sont plus que du pain bis.

7

Chacune de tes deux joues
Semble une pomme d'apis:
Comme deux centres de roues
Sont tout à point tes sourcils,
Tes yeux plus noirs que deux marles
Sembl'un mouche dans du lait,
Et tes dents un rang de parles
Ben egal, et ben complet.

8

Parla morgué quel domage
Que tant de belles biautés ,
Ne soyont pour tout partage ;
Qu'un sac plein de duretés ,
Quand sur ton himeur reveche
Je rumine en mon cerviau ,
Tu me sembl'être une pêche
Dont ton cœur est le noyau .

9

Le Soleil qui fond la glace
N'est pas plus ardent que moi ,
Comme un gueux de sa besace
Je me sens jaloux de toi :
Au grand Colas qui te lorgne
Je veux pôcher les deux yeux ;
Ou du moins en faire un borgne ,
Si je ne puis faire mieux .

10

Avec lui dans nos prairiés
Tu t'en vas batifoler ;
Vous japés comme deux pies ,
Et moi, je n'ose parler :
Il t'agasse, il te chatouille ,
Il te torche le grouin ;
Et moi d'abord que je grouille
Tu me flanqu'un coup de poing .

11

Sanguay vois-tu Caterine
Je n'y saurois plus tenir ;
Je crêve dans ma poitrine ,
Il faut changer ou finir .
Tu me prens pour une buche
Parce que j'ai l'air benin ,
Mais tant à l'iau va la Cruche
Qu'elle se brise à la fin .

12

Quand j'aime une Criature
Jarnigué c'est tout de bon ;
Je suis doux de ma nature
Autant et plus qu'un mouton :
Mais quand mon Amour sincère
N'est payé que de refus ,
Dam'alors dans ma Colere
Je suis pir qu'un Cerf en rut .

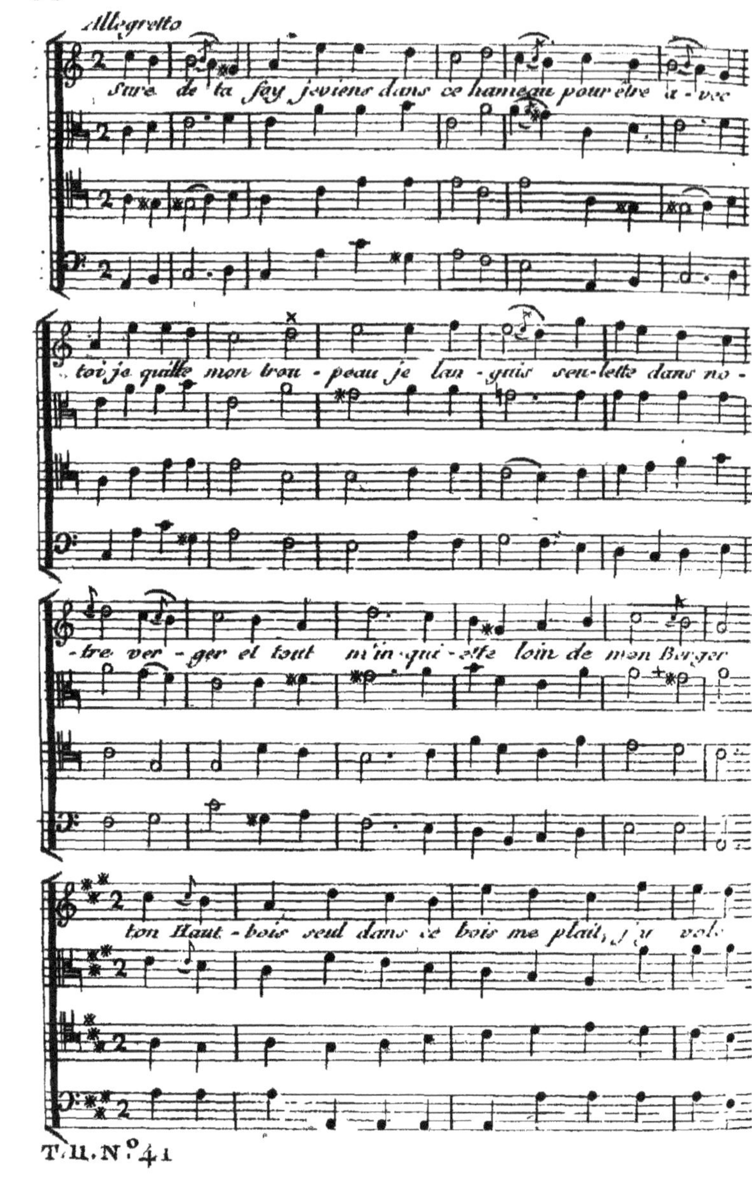
Allegretto
Sure de ta foy je viens dans ce hameau pour être a-vec
toi je quitte mon trou-peau je lan-guis seu-lette dans no-
-tre ver-ger et tout m'in-qui-ette loin de mon Berger
ton Haut-bois seul dans ce bois me plait, j'y vole

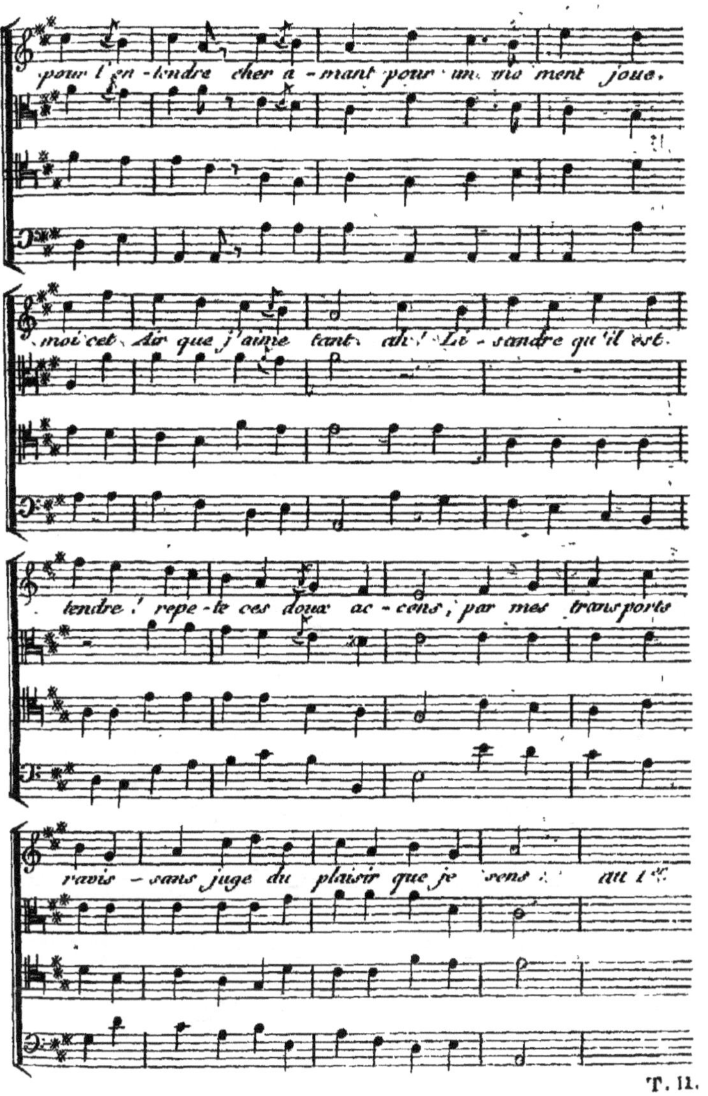
pour l'en-tendre cher a-mant pour un mo-ment joue.
moi cet Air que j'aime tant. ah! Li-sandre qu'il est
tendre! repe-te ces doux ac-cens, par mes transports
ravis-sans juge du plaisir que je sens: au 1er.

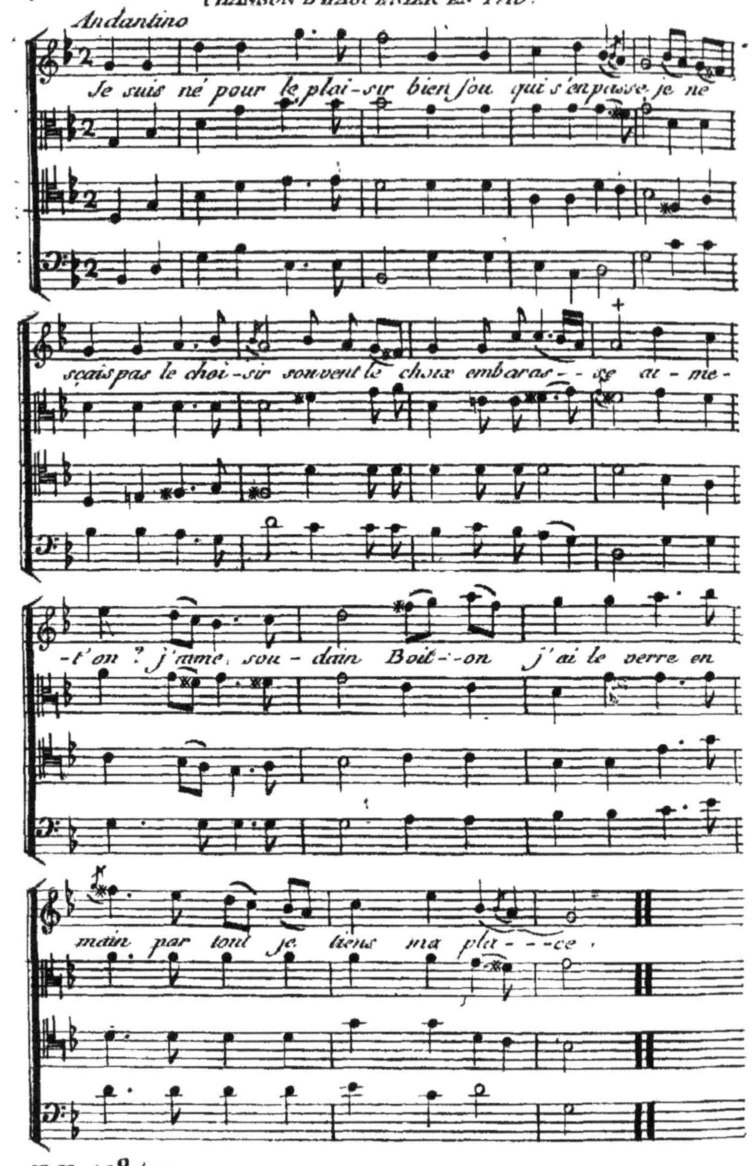
Andantino
Je suis né pour le plai-sir bien fou qui s'en passe je ne
sçais pas le choi-sir souvent le choix embaras- - se ai-me-
-t'on ? j'aime, sou-dain Boit- -on j'ai le verre en
main par tout je tiens ma pla- - -ce.

2.e

Dormir est un tems perdu
Faut il qu'on s'y livre ?
Sommeil prend ce qui t'est du
Mais attend que je sois yvre
Saisis moi dans ce moment
Fais moi dormir promtement
Je suis pressé de vivre.

3.e

Mais si quelqu'objet charmant
Dans un songe aimable
Vient d'un plaisir séduisant
M'offrir l'image agréable,
Sõmeil attens doucement
L'erreur est dans ce moment
Un bonheur veritable.

4.e

Bacchus veut que ses Sujets
Soyent d'intelligence,
Il necraint dans ses projets
Ny reglement ni prudence
Survient-il un different
Du vin versé promtement
L'étouffe en sa naissance.

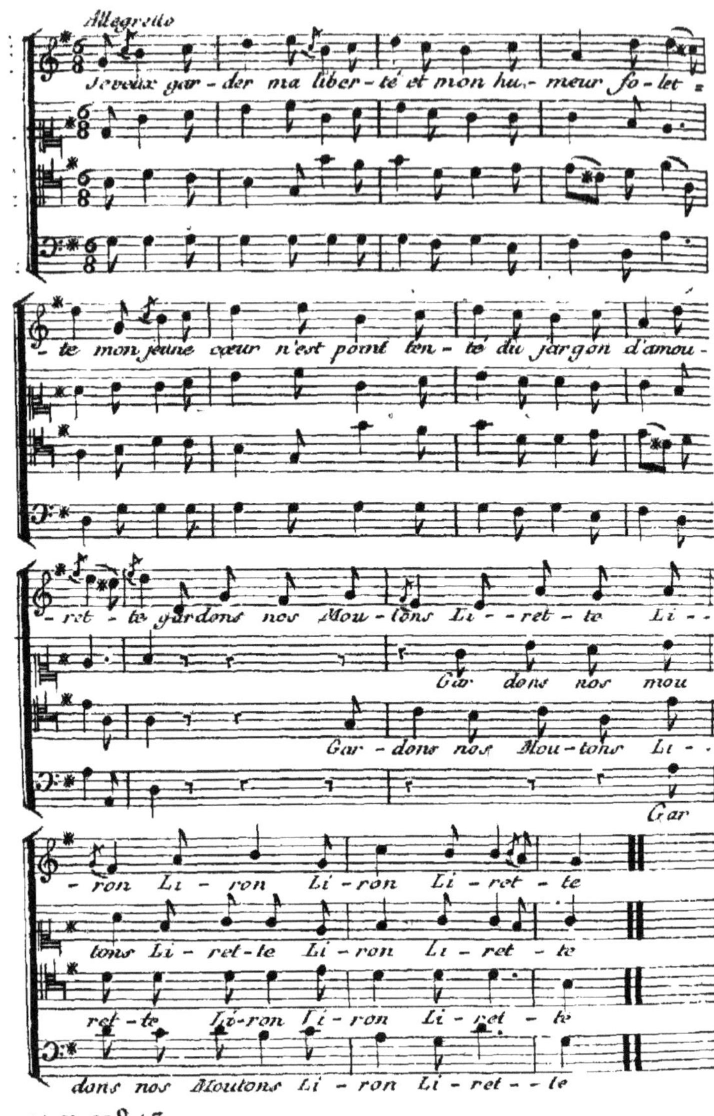
Allegretto
Je veux gar - der ma liber - té et mon hu - meur fo - let -
- te mon jeune cœur n'est point ten - té du jargon d'amou -
- ret - te gardons nos Mou - tons Li - - ret - te Li -
Gar dons nos mou
Gar - dons nos Mou - tons Li -
Gar
- ron Li - ron Li - ron Li - ret - te
tons Li - ret - te Li - ron Li - ret - te
ret - te Li - ron Li - ron Li - ret - te
dons nos Moutons Li - ron Li - ret - - te

Pour me deffendre des amans
J'ai mon chien, ma houlette
Je ne crains pas leurs complimens
S'ils me trouvoient seulette, gardons &c.

Maman dit qu'ils sont tous trompeurs
D'une humeur indiscrette
Qu'il ne faut aimer que les fleurs
Et jamais la fleurette, gardons &c.

Quand on laisse engager son cœur
On est trop inquiette ;
L'on perd toute sa belle humeur
Et l'on est contrefaite : gardons &c.

Si l'amour venoit quelque jour
Me voir dans ma chambrette
Je lacherois après l'amour
Ma fidelle Lisette. gardons &c.

Je ne veux point changer de ton
Je veux rester fillette ,
Il n'est point de plus joli nom
Que celui de Nanette : gardons &c.

J'aime à rire , j'aime à sauter
Au son de ma Musette
J'aime à danser , j'aime à chanter
Voila mon amusette : gardons &c.

C'est ainsi que presentement
Parle la jeune Annette
Elle dira tout autrement
Un peu plus grandelette
A dieu les Moutons
Lisette Liron
A dieu Chien et Houlette .

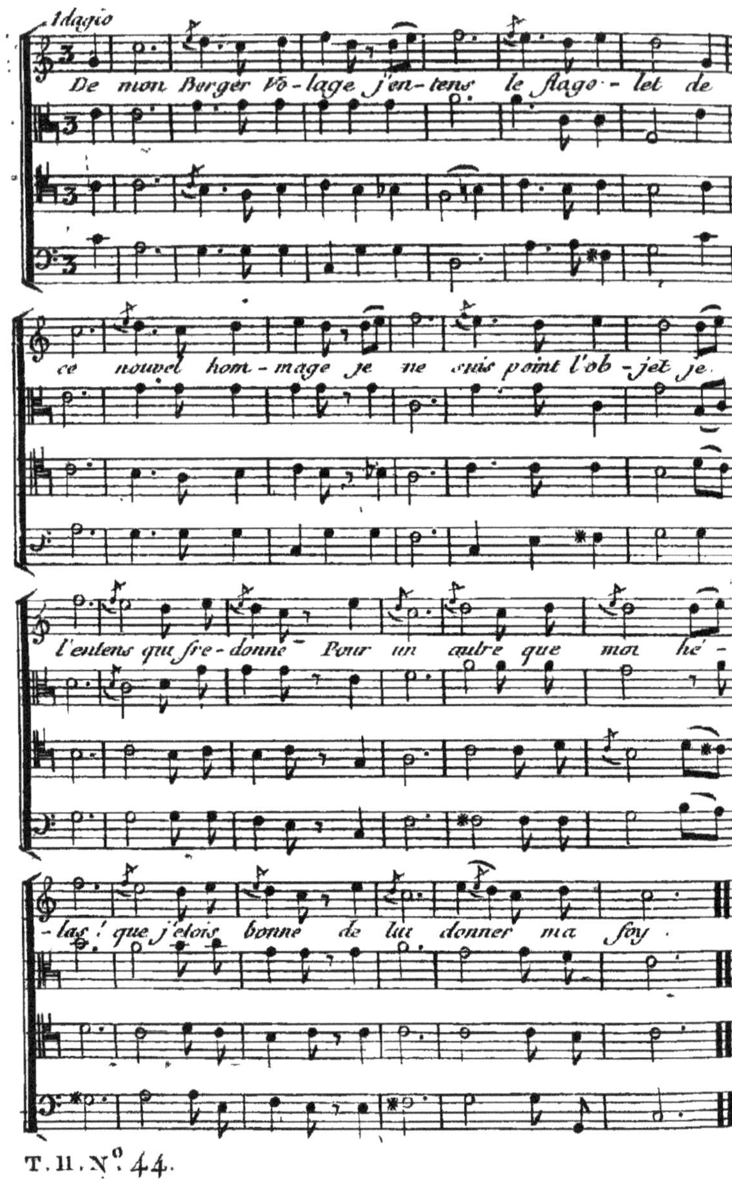
Adagio
De mon Berger Vo-lage j'en-tens le flago-let de
ce nouvel hom-mage je ne suis point l'ob-jet je
l'entens qui fre-donne Pour un autre que moi hé-
-las! que j'étois bonne de lui donner ma foy.

2.

Autre fois l'infidelle
Faisoit dire à l'Echo,
Que j'étois la plus belle
Qui fut dans le Hameau;
Que j'etois sa Bergere,
Qu'il etoit mon Berger;
Que je serois légère
Sans qu'il devint léger.

3.

Le Printems qui vit naître
De si belles ardeurs,
Les a vu disparoître
Aussi-tôt que les fleurs;
Mais s'il raméne à Flore
Les inconstans Zéphirs,
Ne pourroient-ils encore
Ranimer ses desirs?

4.

Dans ma douleur extrême
Je voudrois me vanger,
Que ne puis-je de même
Prendre un autre Berger!
Mais non, pour l'amour même
Je ne voudrois changer,
Hélas! lors que l'on aime
Peut-on se dégager!

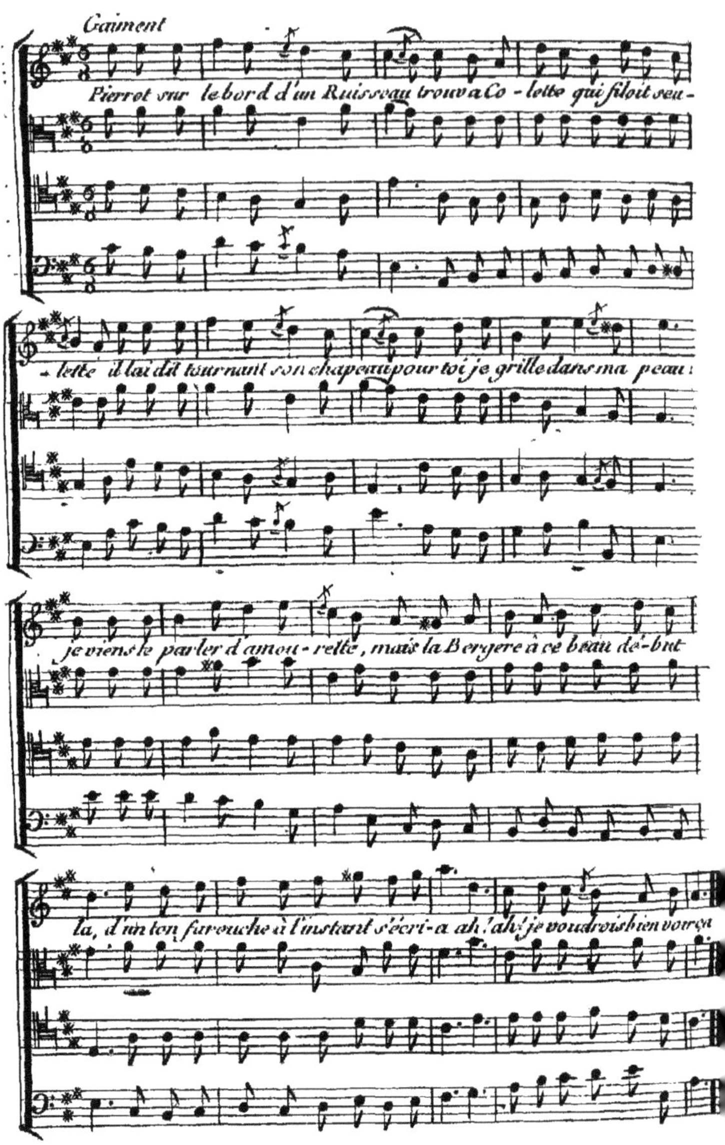
Gaiment
Pierrot sur le bord d'un Ruisseau trouva Co - lette qui filoit seu-
-lette il lui dit tournant son chapeau pour toi je grille dans ma peau :
je viens te parler d'amou - rette, mais la Bergere à ce beau dé-but
là, d'un ton farouche à l'instant s'écri-a ah ! ah ! je voudrois bien voir ça

Pierrot prés d'elle se placa
Et cette belle
Craintive et cruelle
Contre Pierrot se courrouce,
Et d'une main le repoussa.
Pierrot saisit la main rebelle,
Marqué, dit il, baisons cebijou la?
Et la Bergere en grondant s'écria,
Ah! ah! je voudrois bien voir ça!

Par un baiser l'ardent Pierrot
La déconcerte
La Bergere alerte
Lui baille un soufflet aussitôt,
Mais pas plus fort qu'il ne le faut:
Tu vas avoir la collé Verte
Lui dit Pierrot pour ce beau soufflet la,
Mais la Bergere en riant s'écria:
Ah! ah! je voudrois bien voir ça!

Pierrot qui devient hazardeux,
A l'instant baise
La main à son aise;
Pourquoi, dit il, cet air boudeux?
Sur ce gazon tous deux
Je vais, morgué, ne l'en déplaise,
Dans ton corcet mettre ce bouquet la,
Et la Bergere en grondant s'écria,
Ah! ah! je voudrois bien voir ça!

Colette qui craint ce badin
Lui donne tape,
Et brusquement s'échappe:
Elle gagne un bosquet voisin
De cela rit l'amour malin.
Pierrot la suit et la ratrape,
Tu me pairas, dit il, pour cette fois là;
En soupirant colette s'écria
Ah! ah! je voudrais bien voir ça!

Aussitôt dit, aussitôt fait,
Pierrot l'attache
Colette l'arrache,
Et le lui flanque au née tout net,
Pierrot en est tout stupéfait
La résistance enfin me fâche,
Un doux baiser, dit il, me Vengera,
En se troublant Colette s'écria:
Ah! ah! je voudrois bien voir ça

Je ne sçais comme il la punit,
Mais la folette
Quitta la retraite,
Avec certain air interdit
Qui ne marquoit aucun dépit
Ma vengeance n'est pas complette,
Mais dit Pierrot, rien n'y manquera;
En souriant Colette s'écria:
Ah! ah! je voudrois bien voir ça!

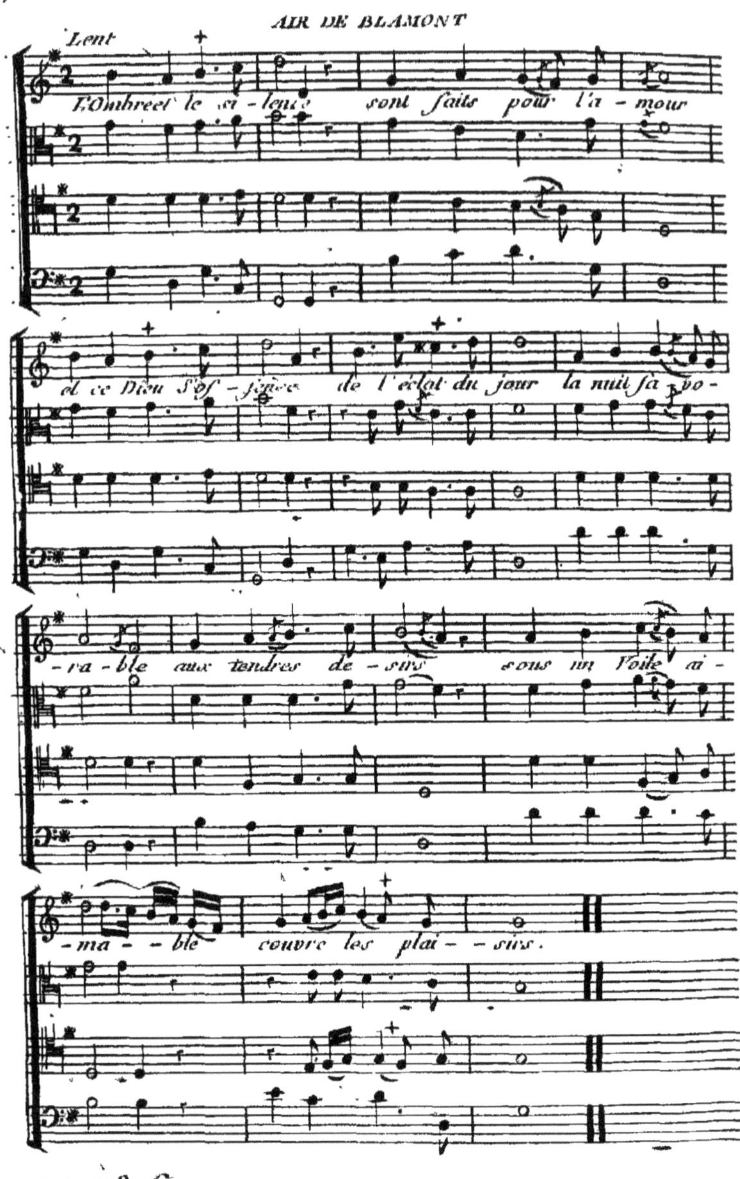
AIR DE BLAMONT
Lent
L'Ombre et le si-lence sont faits pour l'a-mour
et ce Dieu s'of-fense de l'éclat du jour la nuit fa-vo-
-ra-ble aux tendres de-sirs sous un Voile ai-
-ma--ble couvre les plai--sirs.

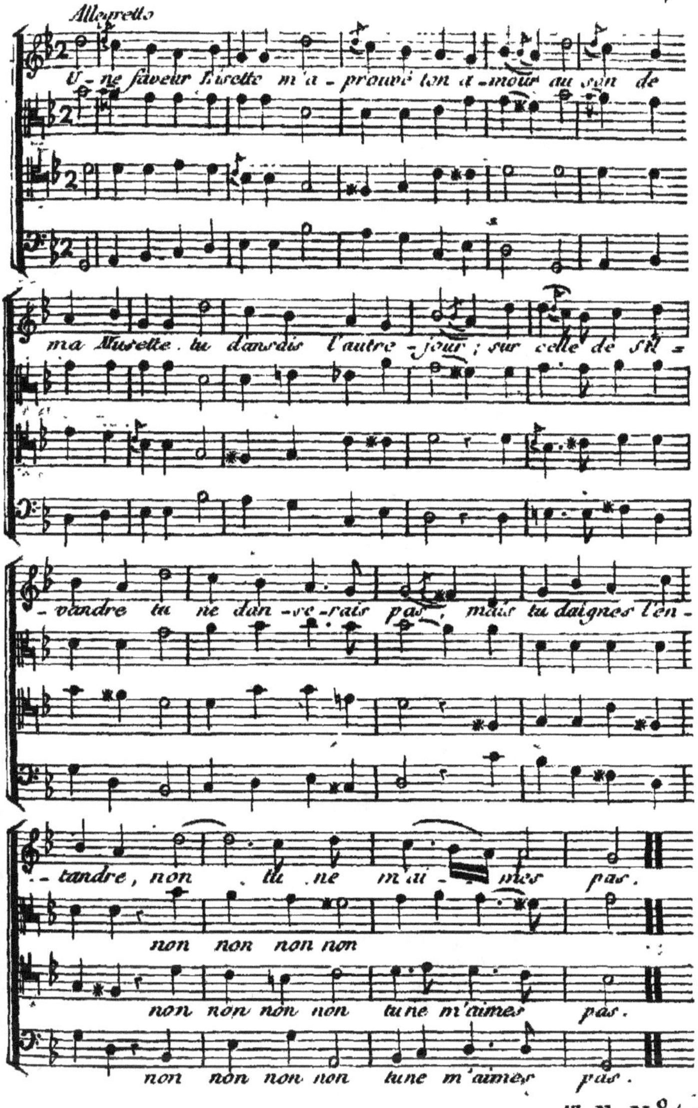

Allegretto

U-ne faveur Lisette m'a-prouvé ton a-mour au son de ma Musette tu dansais l'autre-jour; sur celle de Sil-vandre tu ne dan-se-rais pas, mais tu daignes l'en-tandre, non tu ne m'ai-mes pas.

non non non non

non non non non tu ne m'aimes pas.

non non non non tu ne m'aimes pas.

Pour toi dans ta Prairie
Je faisois un bouquet
Je l'offrois à Silvie
D'un air asses Coquet ;
Je feins de rendre hommage
A de nouveaux appas
Tu n'en prens point d'ombrage, non &c.

Quand te trouvant seulette
Je conte ma langueur ;
Tu parois inquiette
Ton esprit est rêveur .
L'absence de Silvandre
Cause ton embarras
Ton cœur souffre à m'entendre ; non &c.

Lors que dessus L'herbette
Mon chien vient te flatter ,
D'un coup de la Houlette
On te voit L'ecarter
Et quand le sien, Cruelle !
Par hazard suit tes pas
Par son nom tu l'appelle (A)
Non ! tu ne m'aimes pas .

L'autre jour dans la danse
Avec moi sous l'ormeau ;
Tu suivois la Cadence
De mon doux chalumeau ;
De loin tu vis silvandre ,
Et tu fis un faux pas ;
Je scus bien le comprendre ,
Non ! tu ne m'aimes pas .

Son ame fut ravie
Mon pipeau s'en rompit ,
Et la danse finie
(j'en rougis de dépit)
Ce Berger , d'un air tendre ,
Te dit un mot tout bas ,
Et tu daignas l'entendre ,
Ah ! tu ne m'aimes pas .

(A) il faudroit tu l'appelles

CHANSON SUR LE MÊME AIR.

C'est la fille à ma tante
Pour qui j'ai de l'Amour,
Cette fille charmante
A pour moi du retour :
Mais c'est la vertu même,
Je n'y puis reussir ;
Cependant elle m'aime ......
Ça fait toujours plaisir.

L'hymen qui m'épouvante
Pour elle a des appas ;
Le sacrement la tente,
Mais je n'en tâte pas
Quand on est en ménage ;
L'on se voit sans desir,
Mais hors du mariage
Ça fait toujours plaisir.

Badinant avec elle,
Je lui pris son bouquet ;
Mais à l'instant la belle
Me Campe un bon soufflet ;
J'en suis faché, dit elle,
D'un ton de repentir ;
Quoique d'une Cruelle,
Ça fait toujours plaisir.

Quelque fois je l'embrasse,
Car je suis son Cousin,
Et même elle me passe.
Un baiser sur son Sein,
Mais sitôt que j'apprache
Du but de mon désir,
J'attrape une taloche,
Ça fait toujours plaisir.

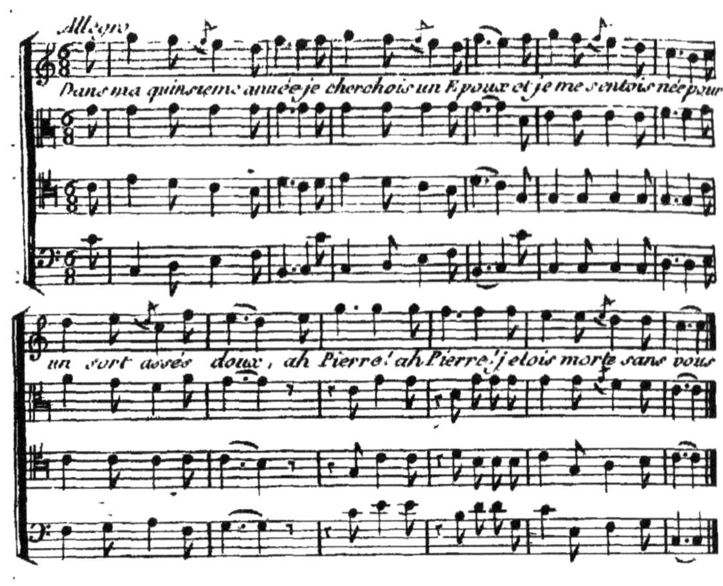

Quand de la destinée
Je ressentis les Coups,
Ma Mere m'a donné
Au Vieux le plus jaloux
Ah! Pierre &.

Sa mine surannée
Excite mon courroux,
Il entend l'Hymenée
Comme à ramer des choux
Ah! Pierre &.

Sa tendresse est bornée
A Serrer mes genoux,
Jamais au lit couchée
N'ai oui que sa toux
Ah! Pierre &.

Jamais dans la journée
N'a fermé les verroux,
Au fond de ma pensée
Je vois un bien si doux
Ah! Piere &.

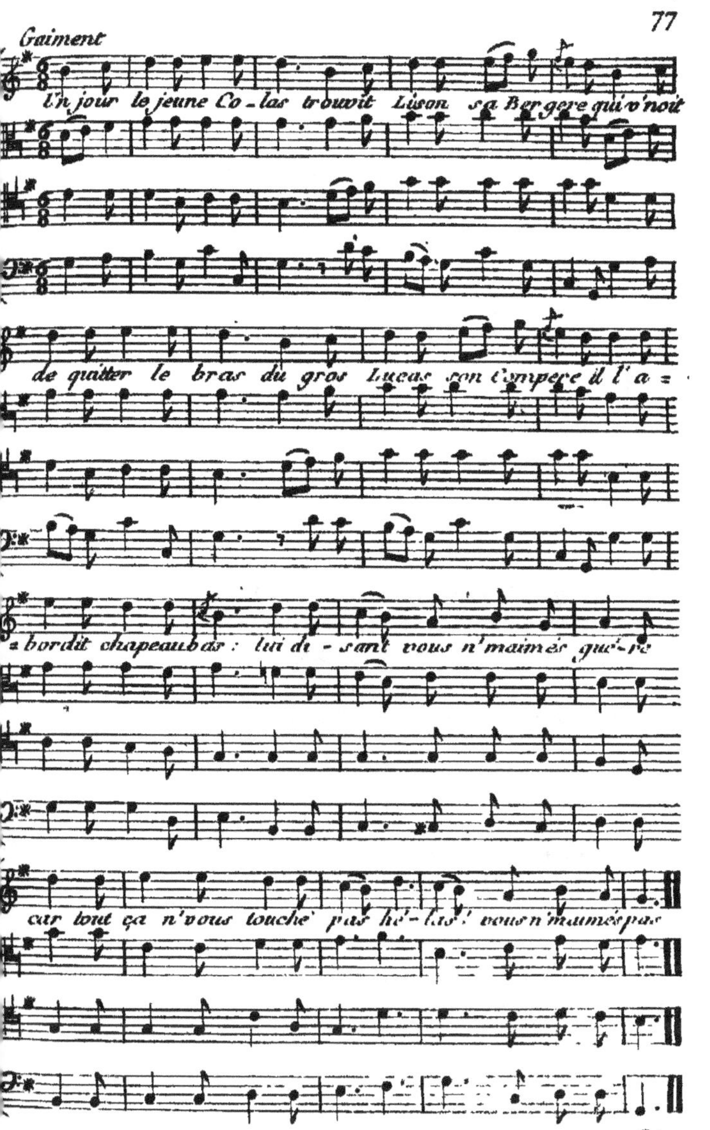
Gaiment
Un jour le jeune Co-las trouvit Lison sa Bergere qui v'noit
de quitter le bras du gros Lucas son Compere il l'a-
bordit chapeau bas: lui di-sant vous n'maimés qu'-re
car tout ça n'vous touche pas hé-las! vous n'maimés pas

T. II. N°49

Vous n'fait's plus du tout de Cas
D'un Berger qui persevere,
Vous desirés mon trépas
Mais las ! pour vous satisfaire
Y m' faudroit un Coutelas,
Mon ptit cœur &c.

Tout chacun dit qu'j'ai des rats
Je n'puis fermer la paupiere
Je m'chéme pour vos appas
D'une terrible magniere,
Autrefois j'étois si gras !
Mon ptit cœur &c.

Vous disiais queu qu'fois, Colas,
Passe devant notre chaumiere,
Je m'tiendrai dessus le pas ;
Ce Souv'nir me desespere
Car je ne vous y vois pas,
Mon ptit cœur &c.

Souvent j'allions tout là bas
Dans ce bosquet solitaire,
Nous promener pas à pas
En dépit de votre mere,
Qui n'sçavoit rien du tracas ;
Mon ptit cœur &c.

Quand on lui Contit le Cas
Ca la mit toute en Colere ,
Pourtant malgré son fracas ,
Ma mine vous etoit chére ,
Cn'est pas d'même à s'theure , hélas !
Je l'vois bien &.

Vous souvient-il ces jours gras
Quand j'fis une Bandoullere
D'un beau ruban de taf'las ,
Qui vous servoit de jarquiere !
Ni l'chagrin . ni L'embarras
Dans c'tems là n'me troubloient guere ,
Mais tout ça &.

Si je marmotois tout bas ,
Queuque chanson pour vous plaire ;
Vous m'disiois en riant Colas !
La sçais tu bien toute enquiere
J'la chantois à tour de bras
Mon p'tit cœur &.

Faut il qu'avec tant d'appas
Vous soyés parfaite et fiere ,
Et que j'parde tous mes pas ,
Pour vous avoir cru sincere ?
Vous m'plantés là pour Lucas
Hé fi donc ! vous n'maimes guerre
Car &.

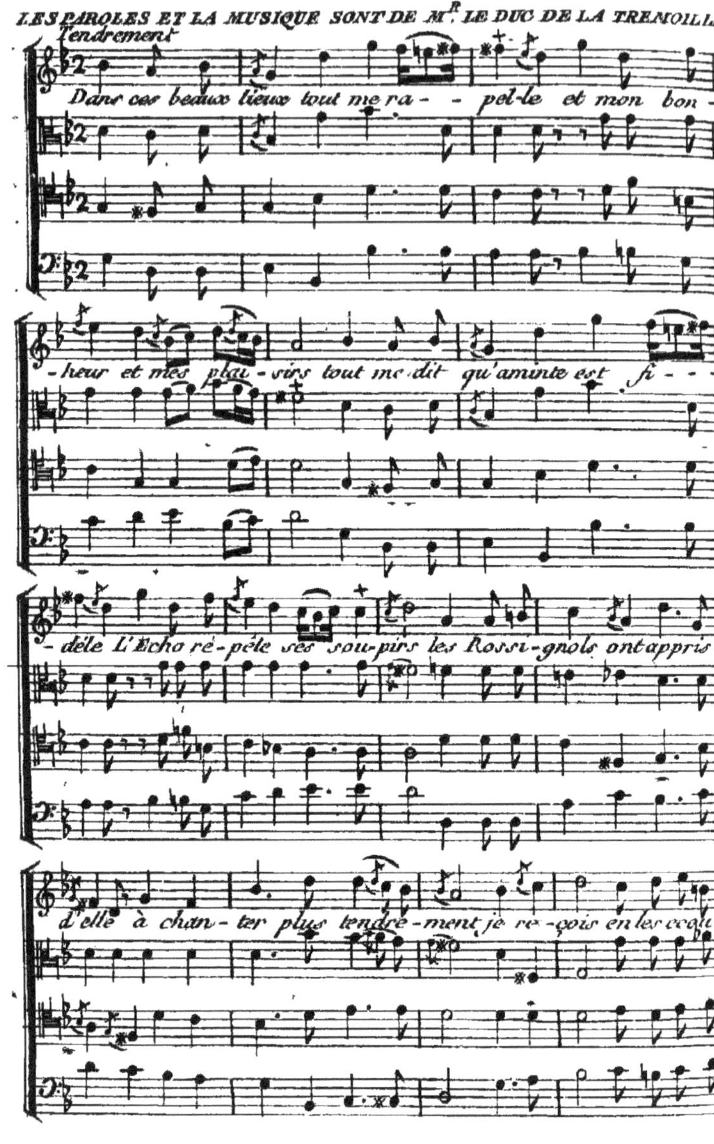
LES PAROLES ET LA MUSIQUE SONT DE Mr. LE DUC DE LA TREMOILLE
Tendrement
Dans ces beaux lieux tout me ra - - pel-le et mon bon-
-heur et mes plai-sirs tout me dit qu'aminte est fi- - -
-dèle L'Echo ré-pète ses sou-pirs les Rossi-gnols ont appris
d'elle à chan-ter plus tendre-ment je re-çois en les écou-

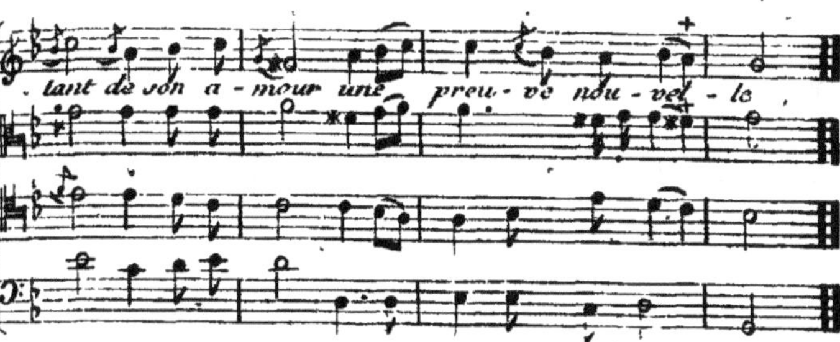

Sur ce gazon L'herbe foulée
Semble n'oser se relever,
Elle attend qu'Aminte troublée
Vienne avec moy la refouler.
On diroit que sur ce rivage
Tout s'unit pour mon bonheur;
L'onde nous prête sa fraicheur
L'obscurité régne dans ce Boccage.

Que tardés vous? venés Aminte
Tout favorise nos Desirs,
Nous pouvons ici sans contrainte
Gouter les plus tendres plaisirs:
Mais je la vois... que sa presense
Met de trouble dans mes sens!
Ah! Dieux! quels transports je ressens!
Et que d'Amour, et que d'impatience!

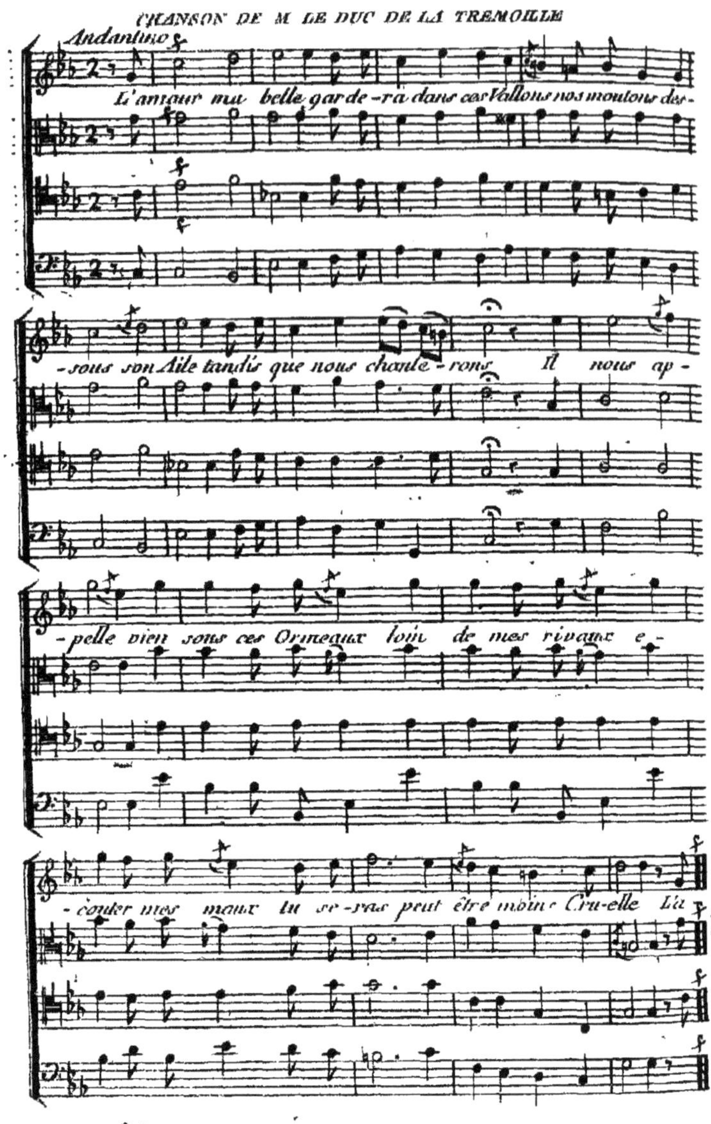
CHANSON DE M. LE DUC DE LA TREMOILLE
Andantino
L'amour ma belle gar de -ra dans ces Vallons nos moutons des-
-sous son Aile tandis que nous chante -rons Il nous ap-
-pelle vien sous ces Ormeaux loin de mes rivaux e-
-couter mes maux tu se -ras peut être moins Cru-elle La

T. II. N° 51

2

Tircis je n'ose
Ecouter ton chalumeau
Sous l'Ormeau,
Et l'on en cause
Déja dans notre Hameau.
Un cœur s'expose
Souvent au danger
De trop s'engager
Avec un Berger,
Et toujours l'Épine est sous la Rose.
Tircis &c

3

Que sert de craindre
Un discret et tendre amour
Sans détour?
Que sert de feindre
Pour mes feux un doux retour?
C'est trop contraindre
Ton ardeur pour moi
Mon amour pour toi
Donnons nous la foi
Ce beau feu pouroit enfin s'éteindre
Que sert &c.

4

Il faut se rendre
Mon Berger a des accens
Si touchans,
Vien donc apprendre
Ce que pour toi je ressens.
J'ai le cœur tendre
Fidéle et constant,
Si tu l'es autant
Tu seras content,
Tu n'auras rien perdu pour attendre.
Il faut &c.

CHANSON DE Mr. LORIMIER EN 1744

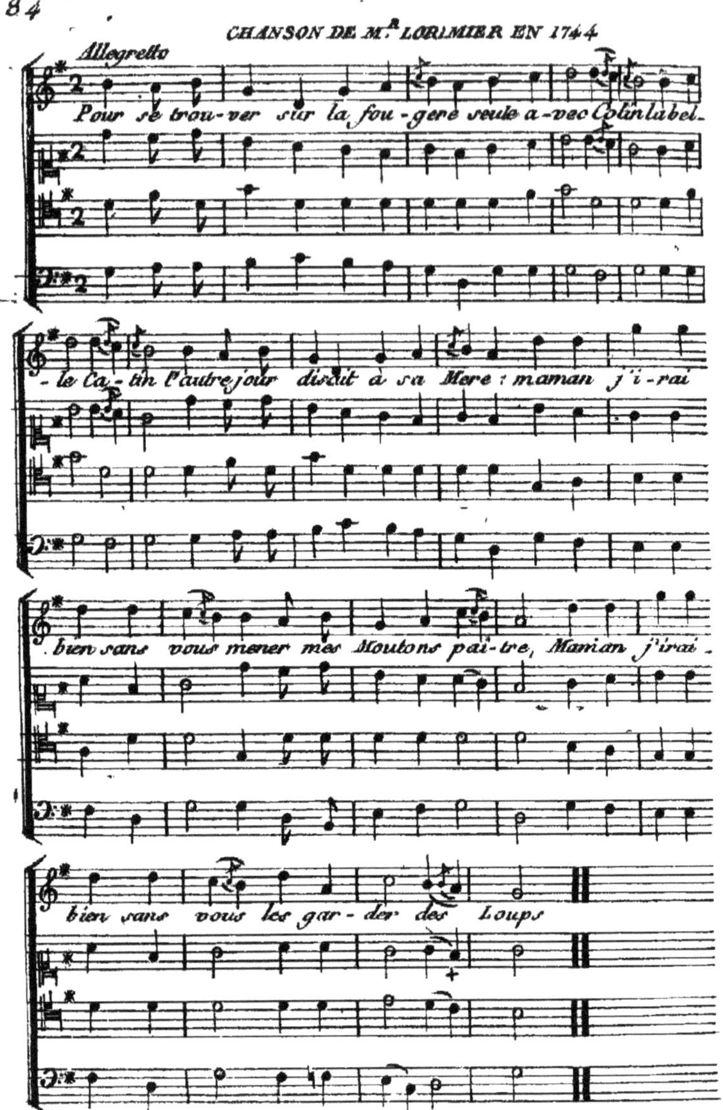

Ma fille repondit la Mere,
Je prévois des maux
Non pour nos troupeaux
Mais pour une Brebis plus chére,
Et je crains bien plus pour vous
Quand vous les menés paître,
Et je crains bien plus pour vous
Les Bergers que les Loups.

Malgré cette leçon si sage
Catin l'emporta,
Au bois s'en alla,
En chantant le long du Village
Colin je ne puis sans vous
Mener mes Moutons paître,
Colin je ne puis sans vous
Les garder des Loups.

Le Berger, que son amour presse
Accourt à sa voix;
Dans le fond des bois
Ces amans se disoient sans cesse
Comment pourrais je sans vous
Mener mes Moutons paître,
Comment pourrais je sans vous
Les garder des Loups;

L'amour charmé d'un jeu si tendre
Leur chanta ces mots;
Soyés en repôs:
Je me tiens prêt pour vous deffendre;
L'amour qui veille sur vous,
Méne vos Moutons paître;
L'amour qui veille sur vous
Les garde des Loups.

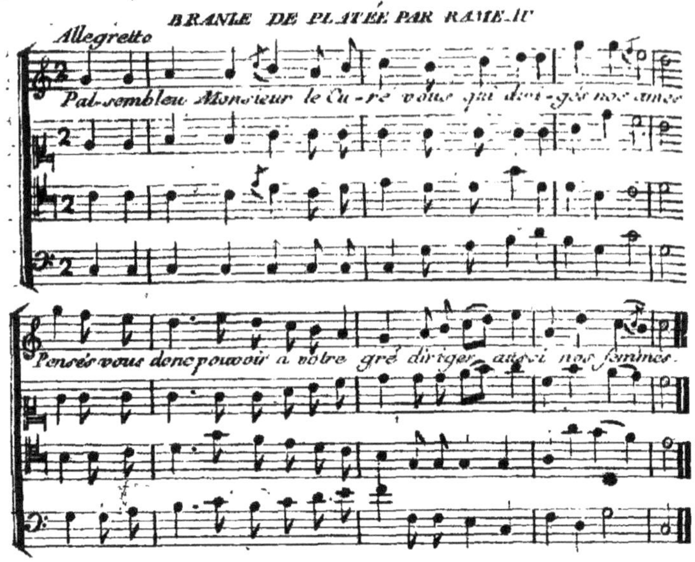

De ce soin débarrassés vous,
Nous ne voulons pas qu'on dise
Que les Enfans qui naissent parmi nous
Soient des enfans de L'Eglise.

Passe encor pour être Cocu
Moyennant grosse finance ;
Mais porter cornes pour des Oremus
C'est un cas de consience

Sans être Docteurs nous tenons
Pour une regle constante
Qu'un bon Pasteur doit, suivant les Canons
S'en tenir à sa Servante

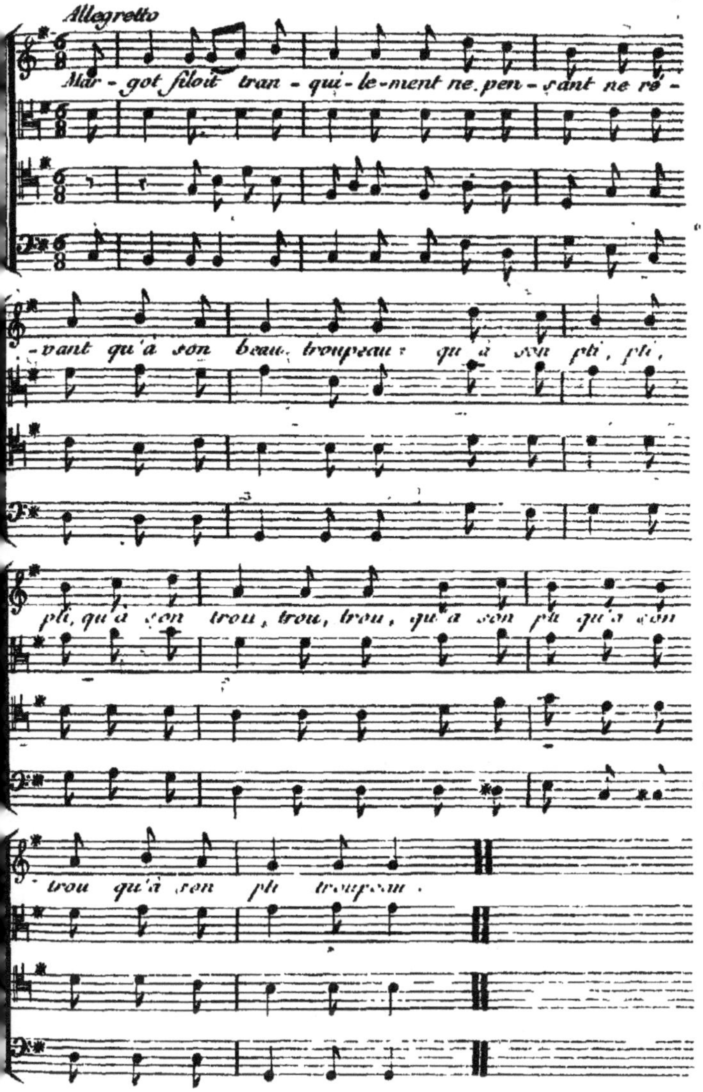

Allegretto

Mar - got filoit tran - qui - le - ment ne pen - sant ne rê -

- vant qu'à son beau troupeau : qu'à son pli, pli,

pli, qu'à son trou, trou, trou, qu'à son pli qu'à son

trou qu'à son pli troupeau.

Tout près de là Colin étoit
Qui voyoit, qui Lorgnoit
Assis sous l'Ormeau.
Son genti pti, pti &c.

Si beau le trouva le Berger
Qu'il ne put s'empecher
De Crier tout haut :
Le charmant pti pti
Le charmant trou, trou,
Que ce pti
Que ce trou,
Que ce p'tit troupeau

Puis il aborda doucement
Et fort civilement
Ota son chapeau
Devant son pti, pti,
Devant son trou trou
Son pti, pti,
Son trou trou
Devant son troupeau

Et puis sans se faire prier
Il se mit à jouer
De son chalumeau
Auprès du pti, pti,
Auprès du trou trou
Près du pti
Près du trou
Auprès du troupeau

Que ton instrument est charmant
Dit Margot, justement
C'est celui qu'il faut
Pour mon pti, pti, pti.
Pour mon trou trou, trou,
Pour mon pti
Pour mon trou
Pour mon pti troupeau

Si je l'avois j'en userais
Toujours j'en jouirois
Quand je mene à l'eau
Mon joli pti, pti,
Mon joli trou trou,
Mon pti, pti,
Mon trou, trou,
Mon joli troupeau.

S'il te plait tant, dit le Berger
Nous n'avons qu'à changer,
Prens mon chalumeau;
Et moi ton pti, pti,
Et moi ton trou, trou,
Moi ton pti,
Moi ton trou
Et moi ton troupeau.

Et pour te faire un marché d'or
J'y veux bien joindre encor
Un autre joyau,
Pour ton pti, pti pti
Pour ton trou, trou, trou,
Pour ton pti
Pour ton trou,
Pour ton pti troupeau.

Tant et tant Colin marchanda
Qu'à la fin se trouva
Maitre, ou peu s'en faut
De son pti, pti, pti,
De son trou, trou, trou,
De son pti
De son trou
De son pti, troupeau.

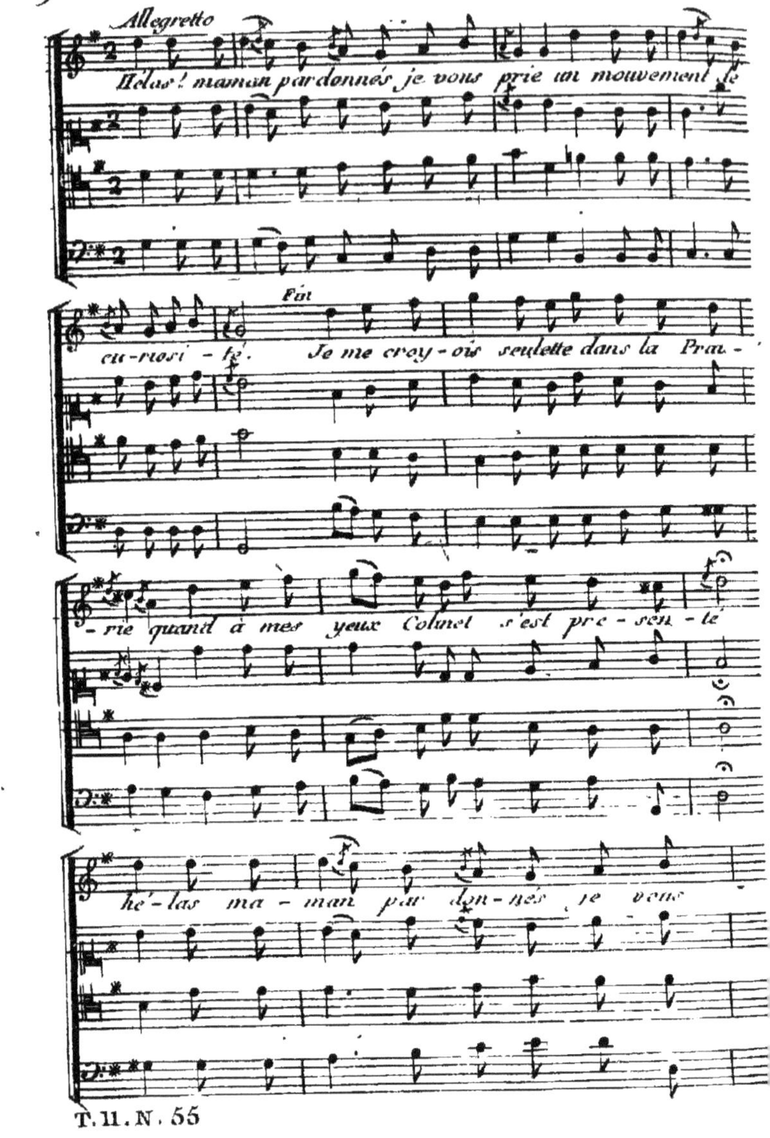
Allegretto
Hélas! maman pardonnés je vous prie un mouvement de
cu-riosi - té.
Fin
Je me croy - ois seulette dans la Prai -
- rie quand à mes yeux Colinet s'est pre - sen - té
hé-las ma - man par don - nés je vous

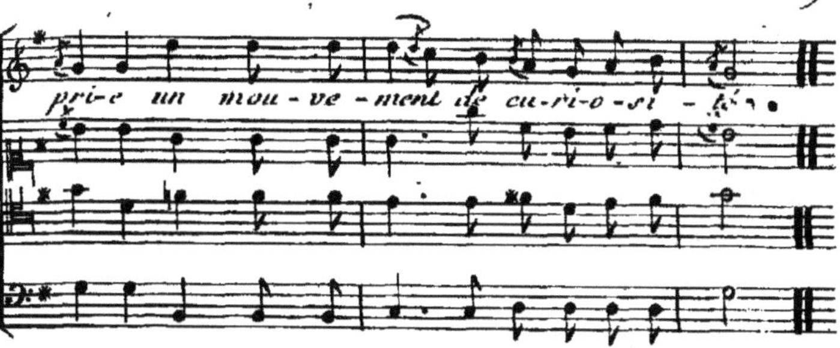

2

Vous le savés dans le Village on publie
Que ce Berger n'a point d'égal en beauté hélas ! &c.

3

En m'abordant sur l'herbette fleurie,
A mes genoux à l'instant il s'est jetté. hélas &c.

4

Au même instant sa bouche à la mienne unie
Fit naitre en moi le gout de la volupté: helas &c.

5

Il me vantoit les nœuds dont l'amour nous lie.
J'ai voulu voir s'il disoit la verité: helas &c.

6

Si ce plaisir est le charme de la vie
Est ce un grand mal à moi d'en avoir gouté: helas &c.

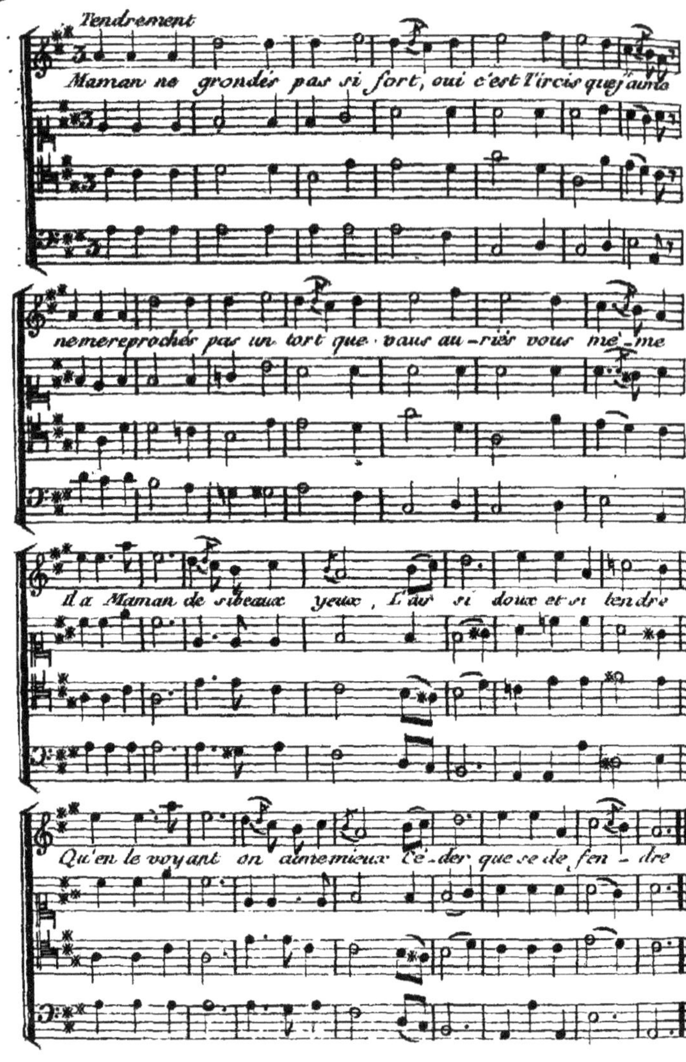
Tendrement
Maman ne grondés pas si fort, oui c'est Tircis que j'aime
ne me reprochés pas un tort que vous au-riés vous mê-me
Il a Maman de si beaux yeux, L'air si doux et si tendre
Qu'en le voyant on aime mieux Cé-der que se de-fen-dre

Je ne voulois pas m'engager
Ma froideur m'étoit chère,
Tircis s'offrit pour mon Berger
Je devins sa Bergere;
Je levai les yeux sur les siens
Et je me crus aimée
En tournant ses yeux sur les miens
Il me vit enflammée.

Il prit ma main et la baisa
Mon trouble fut extrême,
Le fripon d'abord m'appaisa
En disant: je vous aime:
Ce joli mot fait excuser
Un amant téméraire;
Je ne pus rien lui refuser,
Et je le laissai faire.

De quoi, disoit il as tu peur?
C'est moi qui te Caresse:
Pour être plus près de ton cœur
Dans mes bras je te presse:
Eh! quoi! L'image des plaisirs
Te trouble et t'effarouche?
C'est pour confondre nos Soupirs
Que je meurs sur ta bouche.

Ainsi Tircis me rassuroit;
Quelle etoit ma foiblesse!
Le tendre Dieu qui m'inspiroit
Me cachoit mon yvresse.
Je donnai tout à mon vainqueur,
Mon seul amour me reste;
Quand on laisse prendre son cœur
Peut on garder le reste!

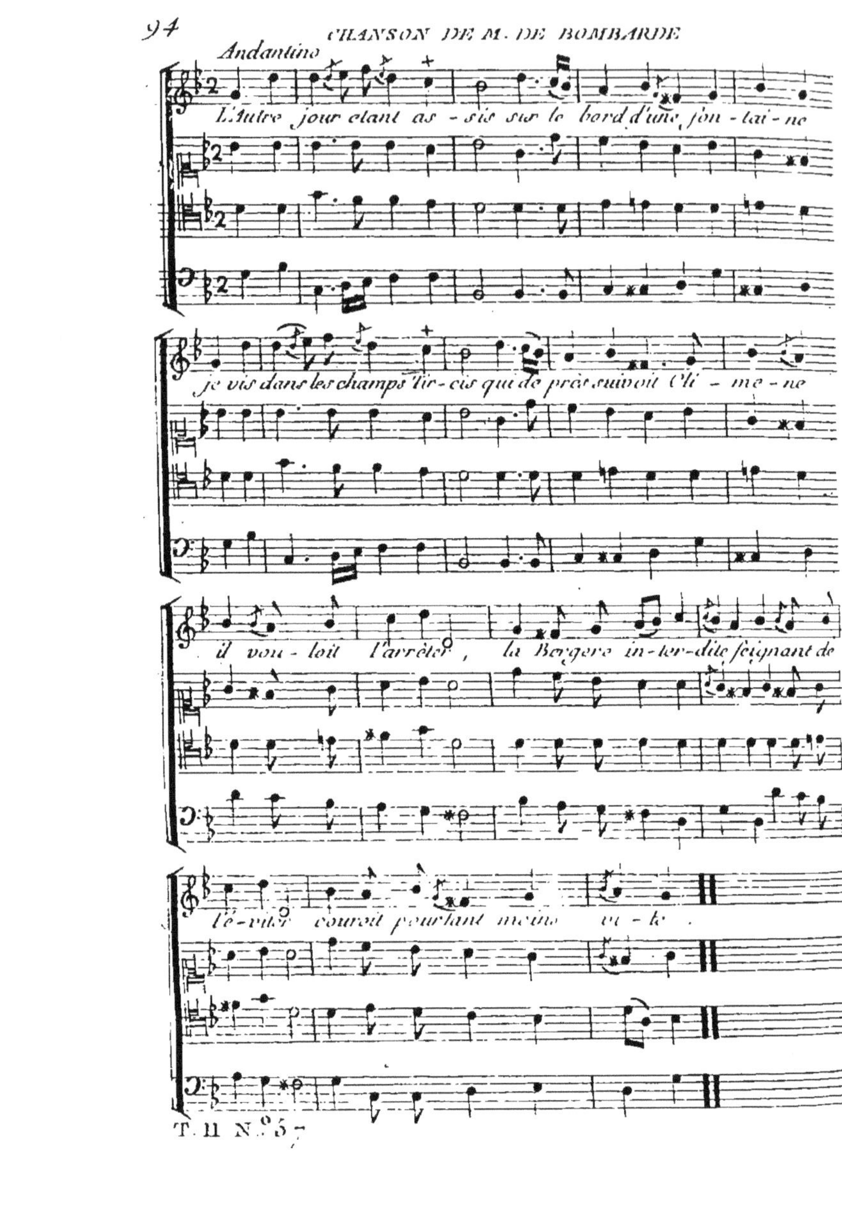
Andantino
L'Autre jour étant as-sis sur le bord d'une fon-tai-ne
je vis dans les champs Tir-cis qui de près suivoit Cli-me-ne
il vou-loit l'arrêter, la Bergere in-ter-dite feignant de
l'é-viter couroit pourtant moins vi-te.

Tircis qui s'en aperçoit,
En devient plus téméraire,
Il la suit près de l'endroit
Où je révais Solitaire ;
J'aprochai doucement
Afin de les entendre :
Rien n'est indifférent
Quand on à le cœur tendre.

J'entendis que le Berger
Dit à la jeune Bergere,
Quoi! tu Crains de t'engager !
Que faut il donc que j'espere ?
Quand on sçait tout charmer
On ne hazarde guere ;
Ce n'est un mal d'aimer
Que quand on ne peut plaire.

Le Berger ne dit plus rien,
La Bergere etoit muette ;
Mais l'amour la servoit bien,
Il preparoït sa défaite :
La pudeur resistoit ;
Mais un soupir la chasse ;
Le seul desir restoit,
Le plaisir prit sa place.

CHANSON DE M.r WATELET

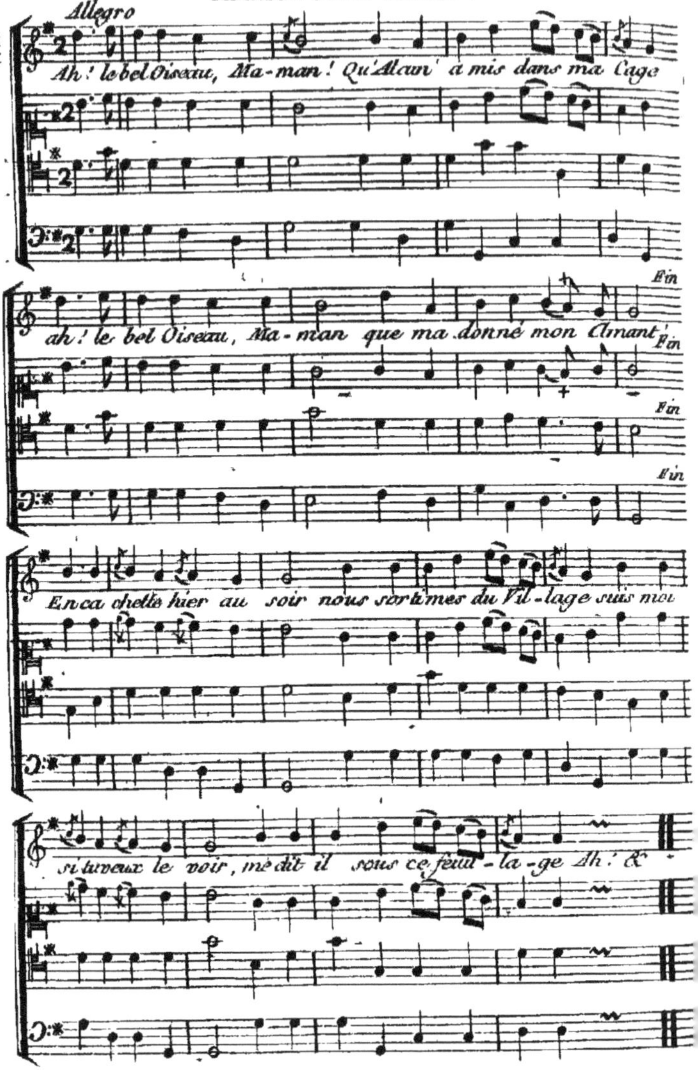

Allegro

Ah! le bel Oiseau, Ma-man! Qu'Alain a mis dans ma Cage

ah! le bel Oiseau, Ma-man que m'a donné mon Amant

Fin

Fin

Fin

Fin

En ca chette hier au soir nous sortîmes du Vil-lage suis moi

si tu veux le voir, me dit il sous ce feuil-la-ge Ah! &

Pressons nous, mon cher Alain,
S'il s'échapoit, quel dommage !
Mon cœur bat, mets y ta main
Le sien battoit davantage.
Ah ! &c.

Il me prit un doux baiser
Alain, Alain, sois donc sage ;
C'est, dit il, pour préparer
Du bel Oiseau le langage ;
Ah ! &c.

Il me presse de Nouveau,
Je le tiens, dit il, courage
Le voici sous mon chapeau
C'est le plus beau du Village.
Ah ! &c.

Il est à moi pour toujours
Il cherit son Esclavage,
C'est l'objet de mes amours
J'en veux jouir sans partage.
Ah ! &c.

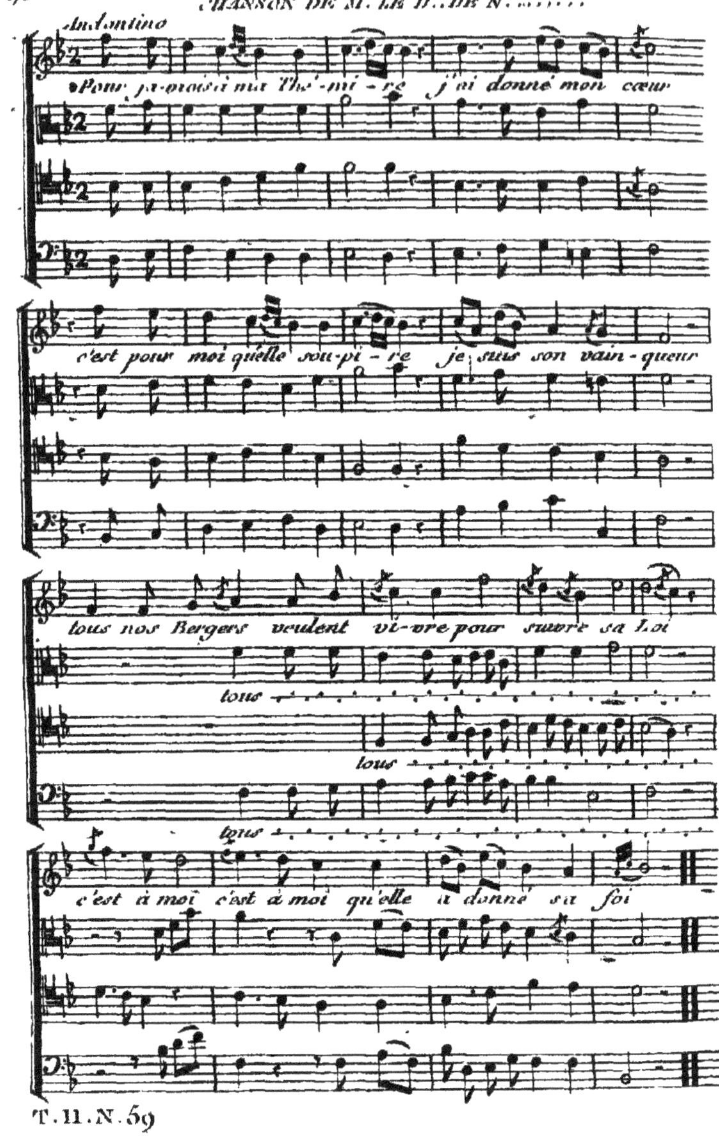
Andantino
Pour pr-ouv-er à ma Thé-mi-re j'ai donné mon cœur
c'est pour moi qu'elle sou-pi-re je suis son vain-queur
tous nos Bergers veulent vi-vre pour suivre sa Loi
tous
tous
tous
c'est à moi c'est à moi qu'elle a donné sa foi

2

L'autre jour sur la fougére
Le beau Licidas
Vint parler à ma Bergére,
Qui n'écouta pas,
Elle méprise en son âme,
La flame
D'un Roi;
C'est à moi,
C'est à moi,
Qu'elle a donné sa foi.

3

S'il étoit une Déesse
Brillante d'appas
Qui vint m'offrir sa tendresse,
Je n'en voudrois pas;
C'est ton coeur seul ou j'aspire,
Thémire,
Crois moi:
C'est à toi,
C'est à toi,
Que j'ai donné ma foi.

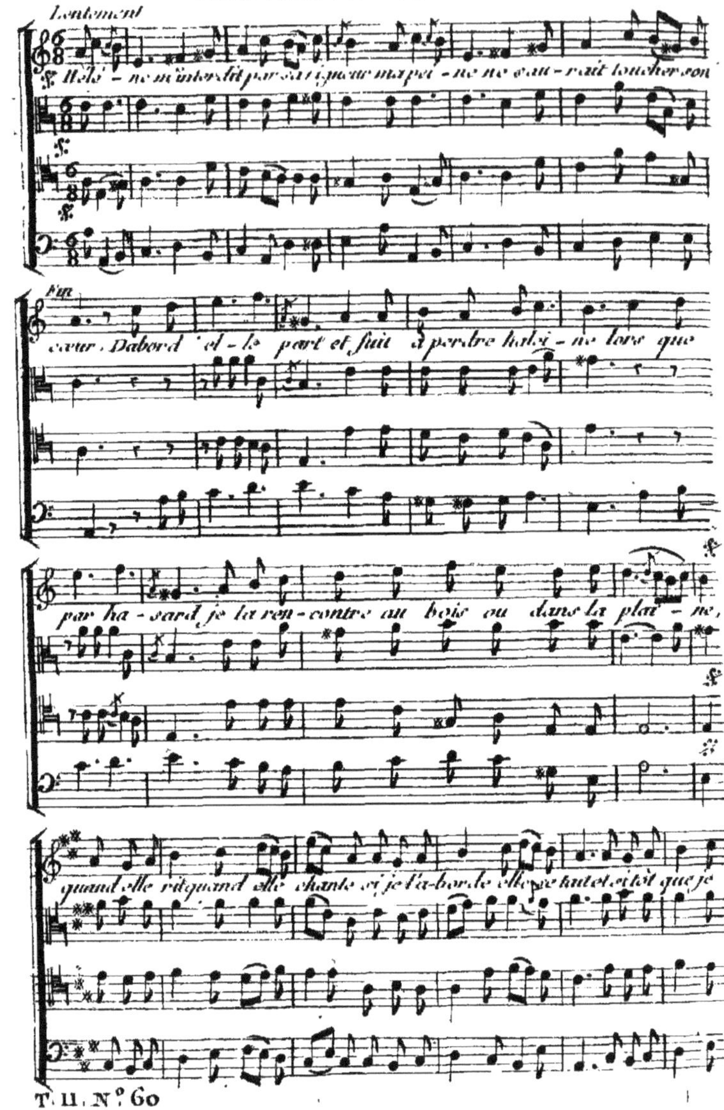
Lentement
Hélè - ne m'interdit par sa rigueur ma pei - ne ne sau - rait toucher son
Fin
cœur. D'abord el - le part et fuit à perdre halei - ne lors que
par ha - sard je la ren - contre au bois ou dans la plai - ne,
quand elle rit quand elle chante si je l'a-borde elle se tait et sitôt que je

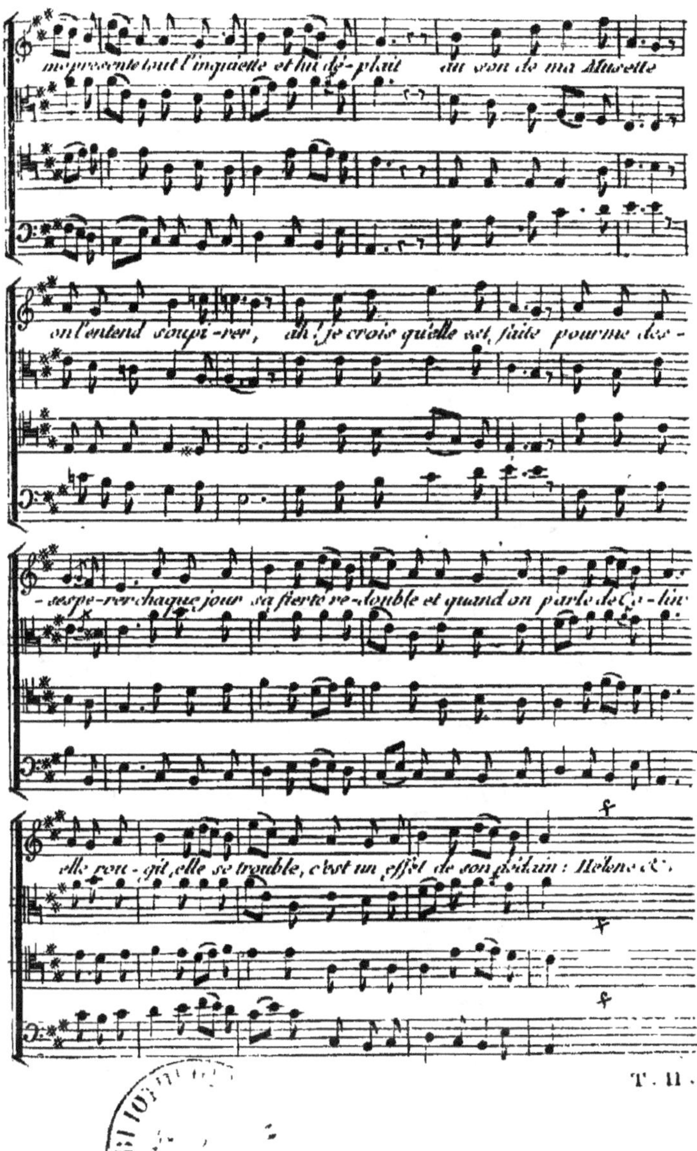
me présente tout l'inquiette et lui dé-plait au son de ma Musette
on l'entend soupi-rer, ah! je crois qu'elle est faite pour me dés-
-espe-rer chaque jour sa fierté re-double et quand on parle de Co-lin
elle rou-git, elle se trouble, c'est un effet de son dédain: Helene &c.

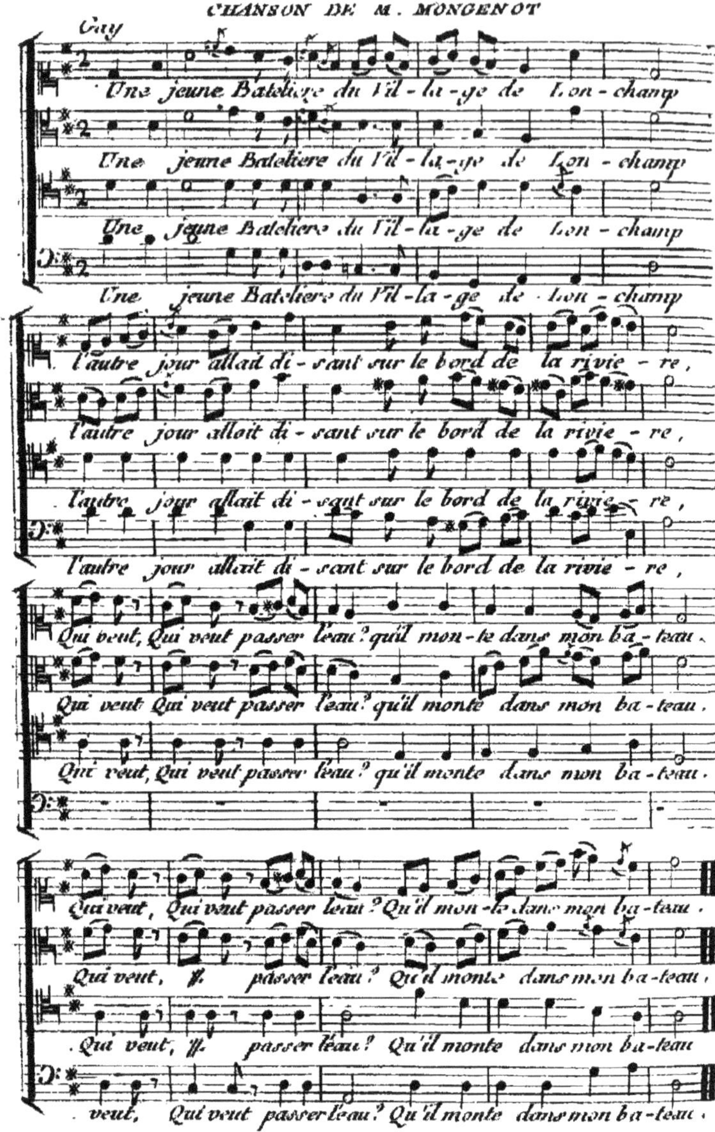
CHANSON DE M. MONGENOT
Gay
Une jeune Batelière du Vil-la-ge de Lon-champ
l'autre jour allait di-sant sur le bord de la rivie-re,
Qui veut, Qui veut passer l'eau? qu'il mon-te dans mon ba-teau.
Qui veut, Qui veut passer l'eau? Qu'il mon-te dans mon ba-teau.

2e.

Ma Nacelle est bien entiere,
Embarquez vous hardiment;
Je lui criai sur le champ
Oh! la belle Bateliere!
Je veux, je veux passer l'eau,
Reçois moi dans ton bateau.

3e.

Dans sa Barque l'ouvriere
Me fit entrer lestement:
Si bien vogua qu'à l'instant
J'eus traversé la riviere.
Qui veut, Qui veut passer l'eau,
Qu'il monte dans son Bateau.

4e.

J'aime à passer la riviere
Je la passe fréquemment:
Jamais tel contentement
Je n'eus d'une Bateliere:
Qui veut, Qui veut passer l'eau,
Qu'il choisisse son Bateau.

PAR M. CHODERLAUS DE LA CLOS EN 1776.

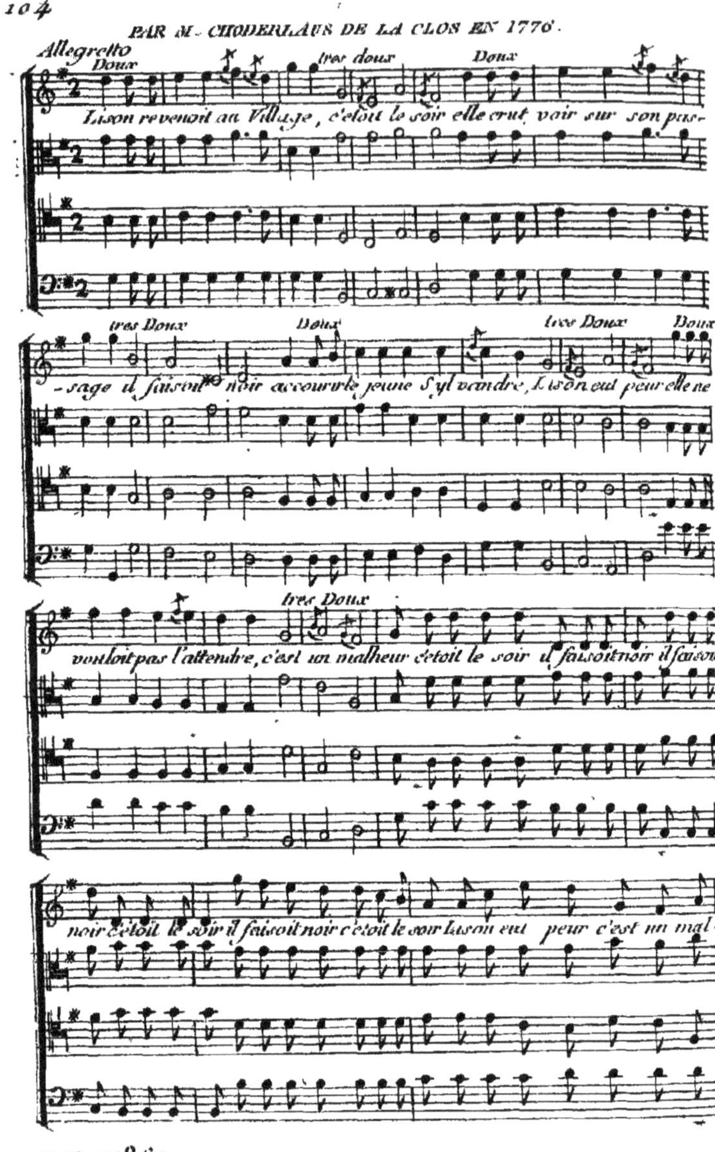

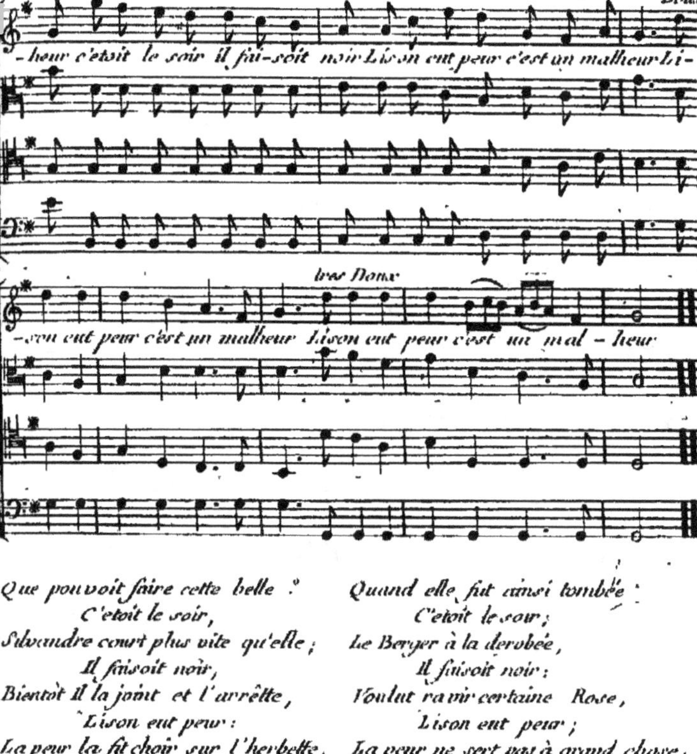

Que pouvoit faire cette belle ?
C'etoit le soir,
Silvandre court plus vite qu'elle ;
Il faisoit noir,
Bientôt il la joint et l'arrête,
Lison eut peur :
La peur la fit choir sur l'herbette,
C'est un malheur.
Il faisoit noir &c.

Quand elle fut ainsi tombée :
C'etoit le soir ;
Le Berger à la derobée,
Il faisoit noir :
Voulut ravir certaine Rose,
Lison eut peur ;
La peur ne sert pas à grand chose,
C'est un malheur.
Il faisoit noir &c.

Personne n'etoit sur la route,
C'etoit le soir ;
Bientôt Lison n'y vit plus goute,
Il faisoit noir ;
Sa taille devint moins légere,
Lison eut peur ;
Neuf mois apres elle fut mere,
C'est un malheur.
Il faisoit noir &c.

LE FAMEUX AIR SUISSE APPELLÉ LE RANS DES VACHES. On prétend qu'autre-fois les larmes venoient aux yeux des Suisses quand ils l'entendoient hors de leur Pays; et que même plusieurs en sont morts. On a essayé d'y mettre des paroles dans le genre de l'Air à peu-près.

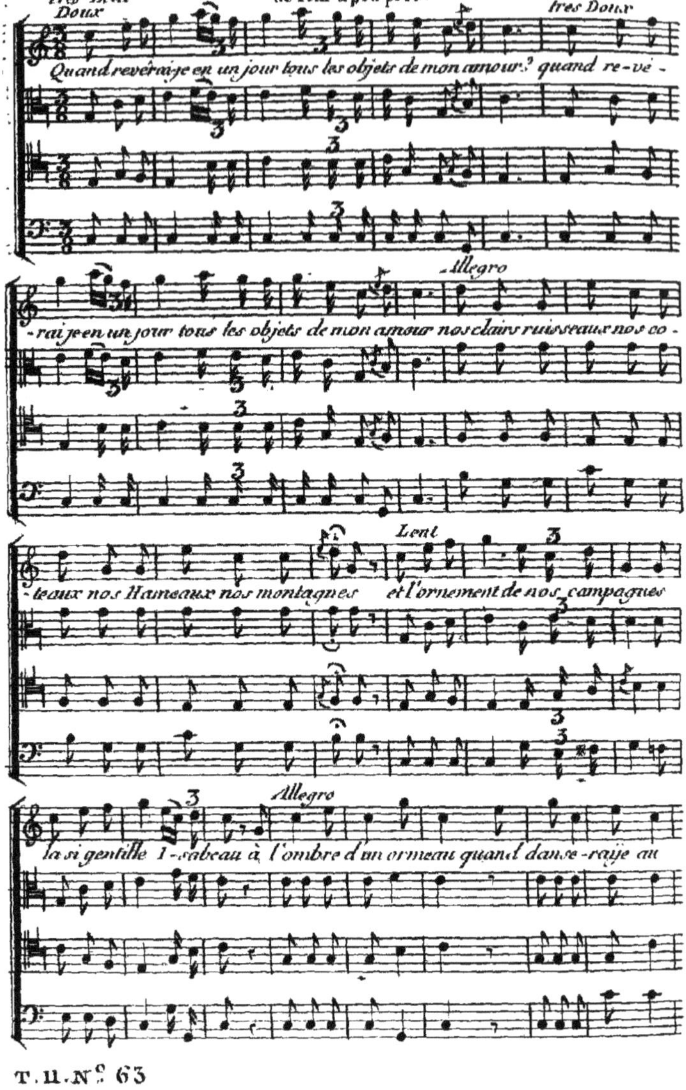

Tres Lent — Doux — Tres Doux

Quand reverrai-je en un jour tous les objets de mon amour? quand re-ve-rai-je en un jour tous les objets de mon amour

Allegro

nos clairs ruisseaux nos co-teaux nos Hameaux nos montagnes

Lent

et l'ornement de nos campagnes la si gentille I-sabeau à l'ombre d'un ormeau

Allegro

quand danse-rai-je au

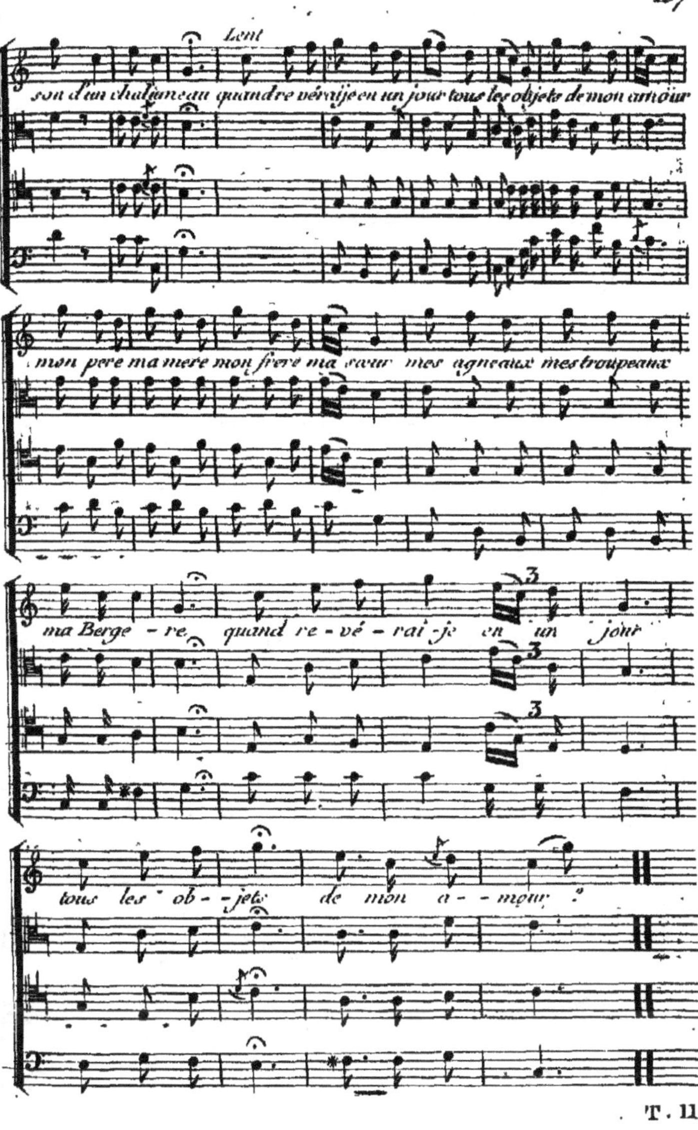
Lent
son d'un chalumeau quand re vérai je en un jour tous les objets de mon amour
mon pere ma mere mon frere ma sœur mes agneaux mes troupeaux
ma Berge - re quand re - vé - rai - je en un jour
tous les ob - - jets de mon a - - mour ?

CHANSON TIRÉE DU ROMAN D'ISAÏE LE TRISTE
REMISE EN FRANCOIS PAR M. LE Mis. DE P.

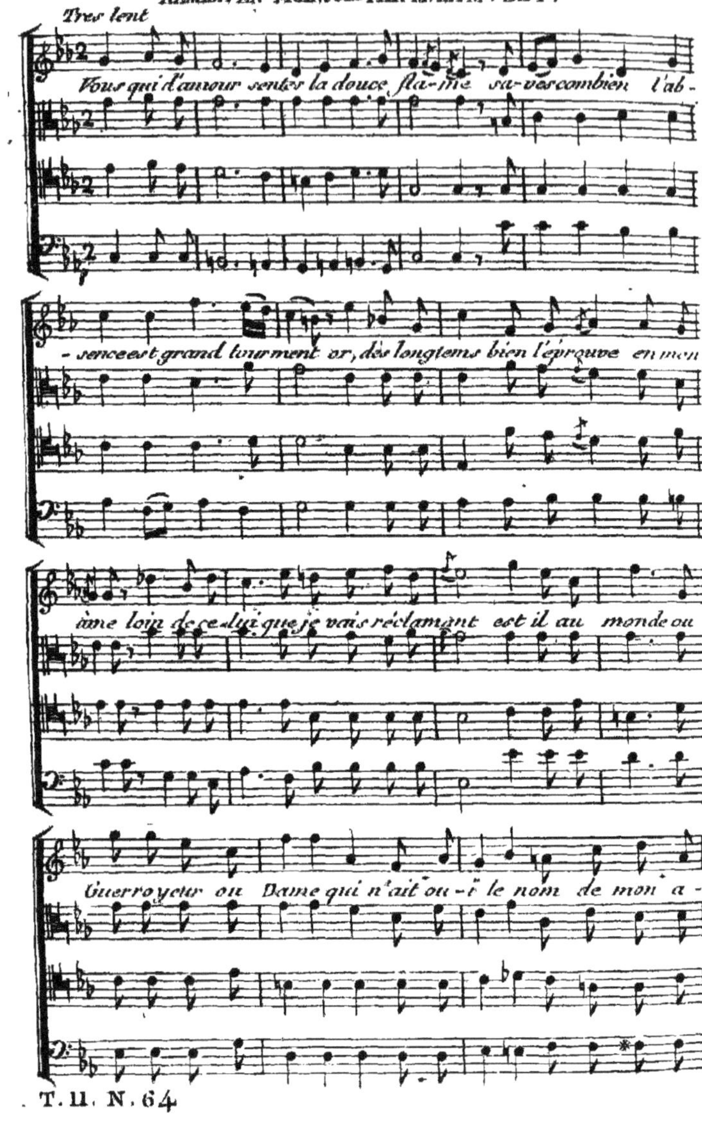

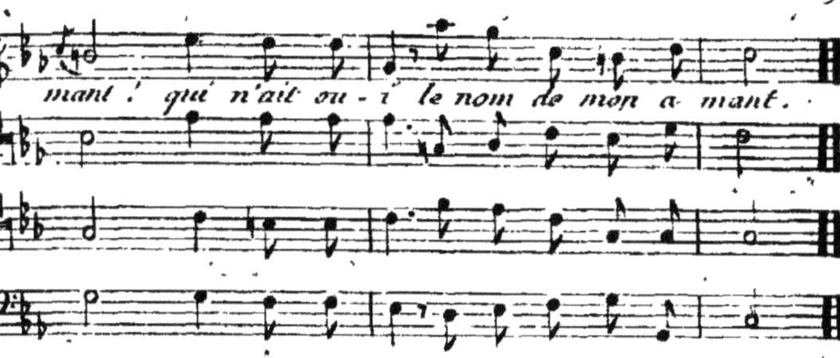

Lors qu'on aprend qu'une ville est réduite,
Qu'un fier géant en deux est pourfendu
Qu'un seul a mis toute une armée en fuite,
Qu'un grand Lion gît sur terre étendu,
C'est mon amant qu'on nomme tout de suite ;
A telle gloire, autre eût-il prétendu ?

Qui mieux que lui sait signaler son Zéle,
Et les payens tuer, ou convertir ?
Qui pourroit mieux obtenir d'une belle,
Palme d'amour, ou rose de plaisir ?
Qui défend mieux l'honneur d'une pucelle,
Et, s'il le veut, qui peut mieux le ravir ?

A le chercher si je passe ma vie,
Si le chanter est mon plus doux labeur,
Peut-on avoir plus noble fantaisie ?
Peut on choisir plus aimable Vainqueur ?
Si, parmi vous, est mon cher Isaïe,
Ah ! rendez-moi le maitre de mon cœur.

AIR AJOUTÉ AU BARBIER DE SEVILLE. LES PAROLES SONT DE MONS.R DE BEAUMARCHAIS.

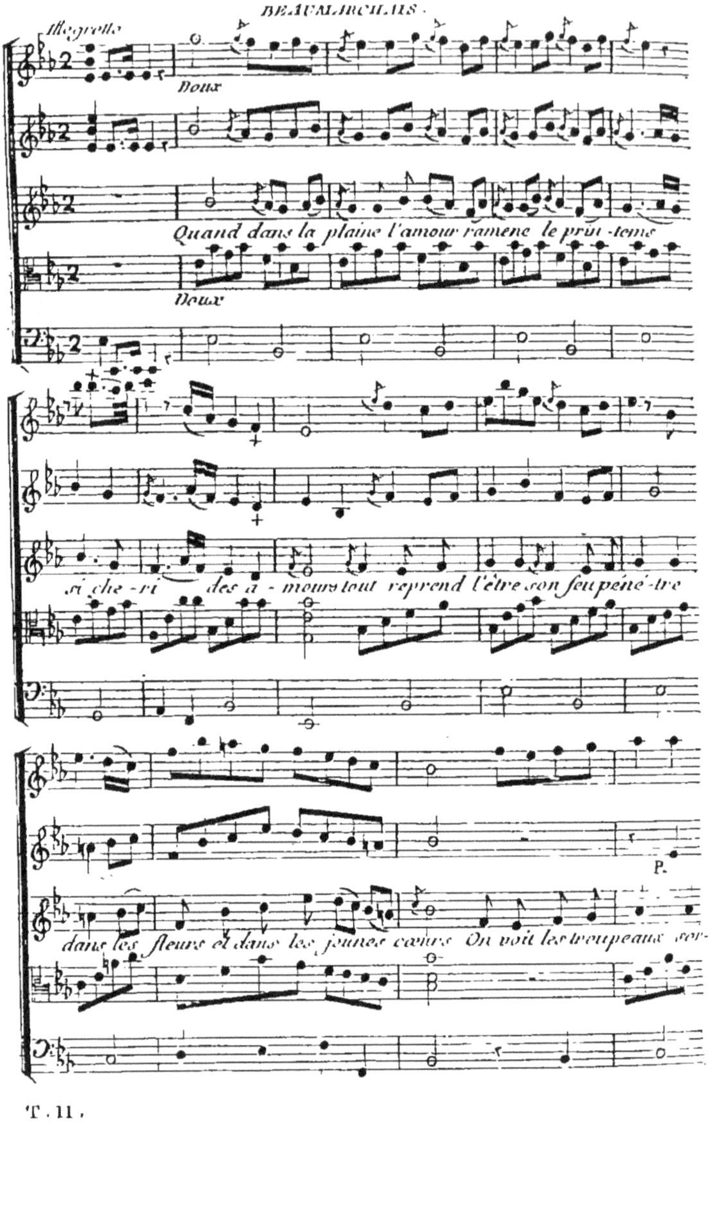

Allegretto

Doux

Quand dans la plaine l'amour ramene le prin-tems si che-ri des a-mours tout reprend l'être son feu péné-tre dans les fleurs et dans les jeunes cœurs On voit les troupeaux sor-

Doux

P.

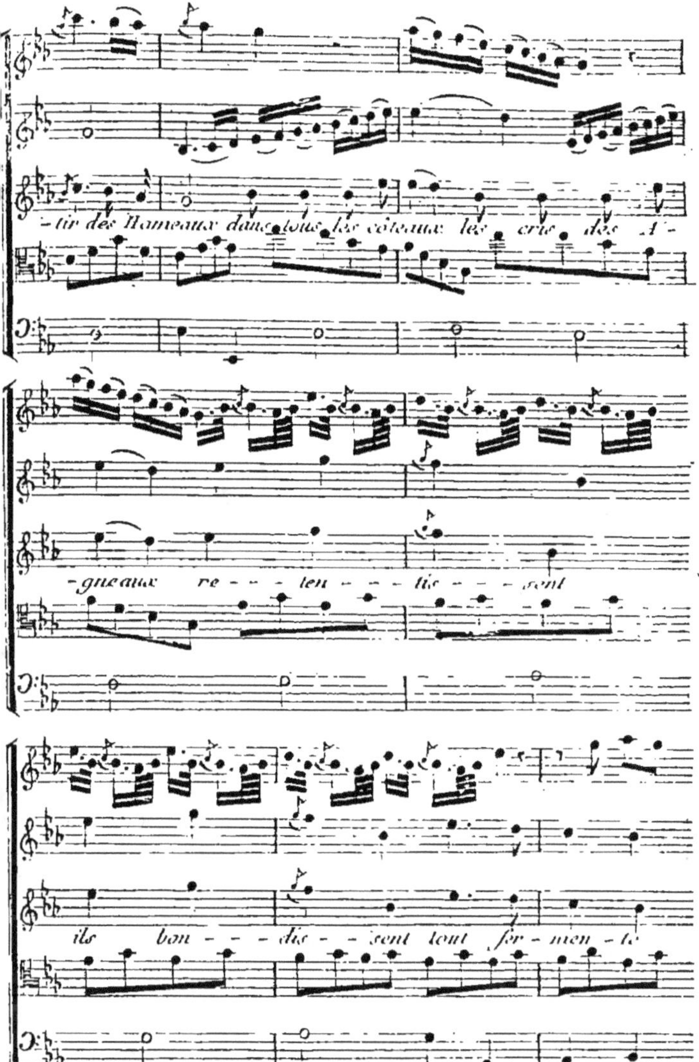
-tir des Hameaux dans tous les côteaux les cris des A-
-gneaux re - - - ten - - - tis - - - sent
ils bon - - - dis - - sent tout for - men - te

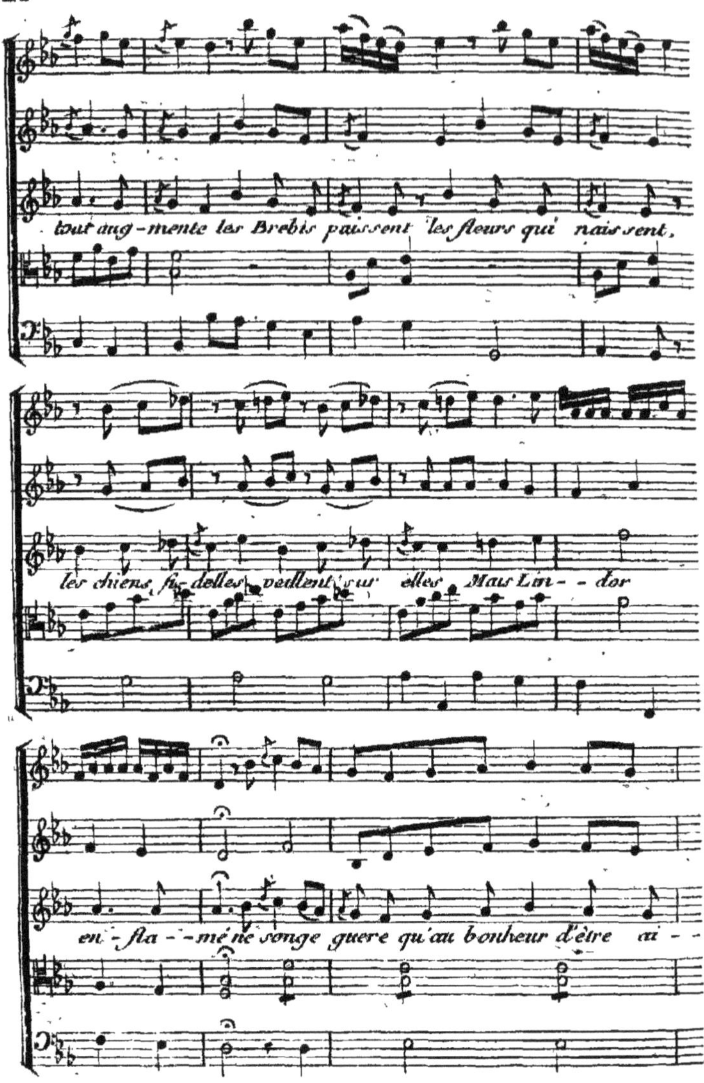
tout aug-mente les Brebis paissent les fleurs qui naissent,
les chiens fi-delles veillent sur elles Mais Lin--dor
en-fla--mé ne songe guere qu'au bonheur d'être ai--

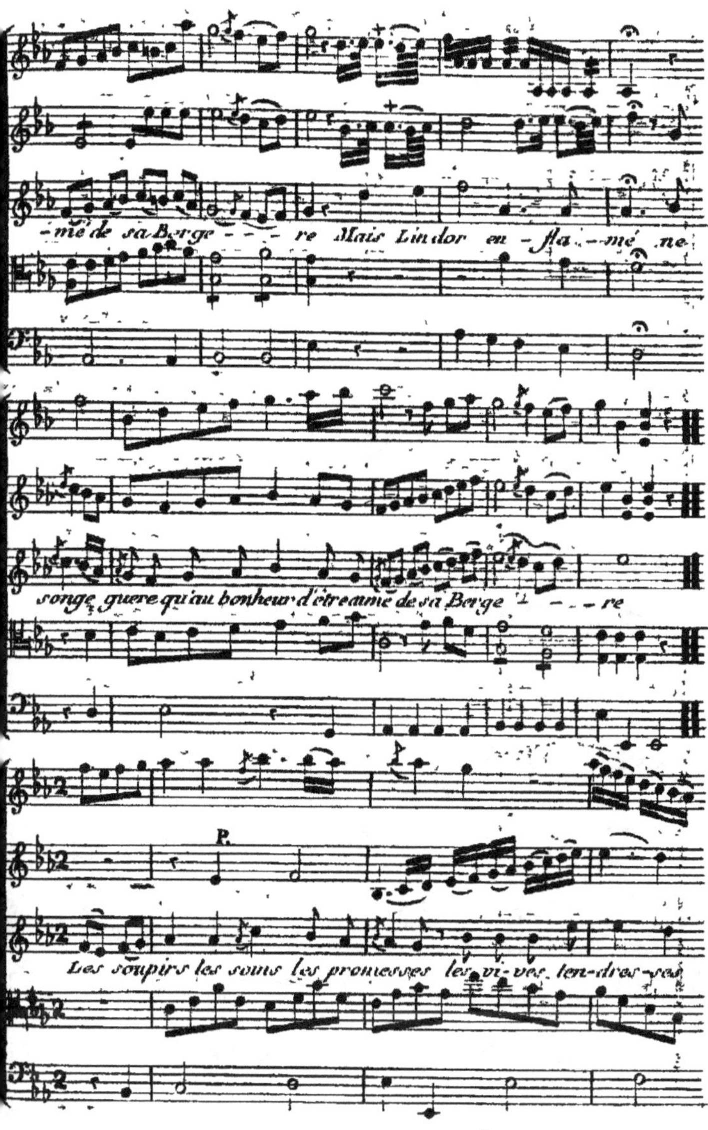
-mé de sa Berge - - - re Mais Lindor en - fla - mé ne
songe guere qu'au bonheur d'étre aimé de sa Berge - - - re
Les soupirs les soins les promesses les vi-ves ten-dres-ses

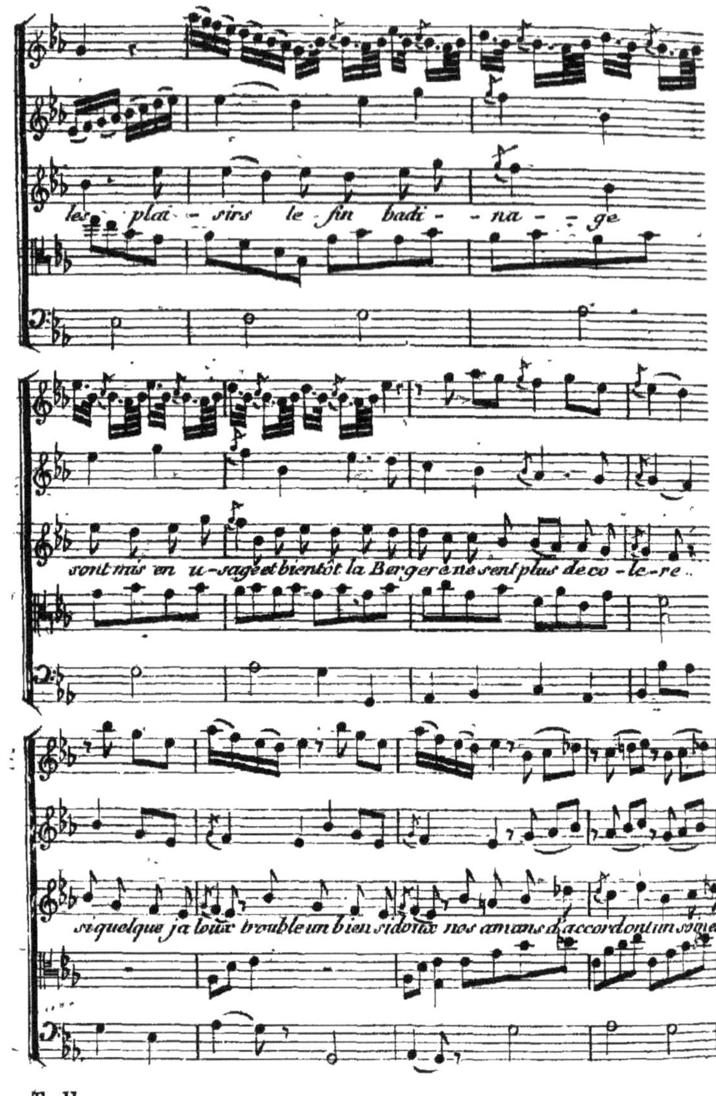
les plai - sirs le fin badi - - na - - ge
sont mis en u-sage et bientôt la Bergere ne sent plus de co - le - re .
si quelque ja loux trouble un bien si doux nos amans d'accord ont un soin

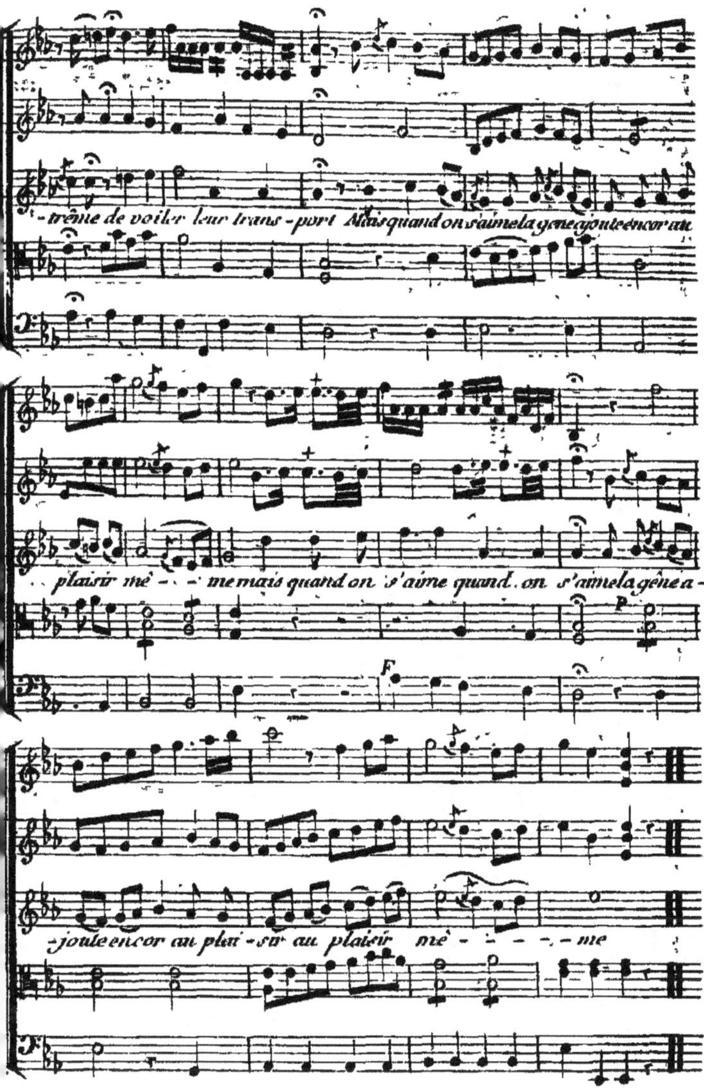
-trême de voiler leur trans-port Mais quand on s'aime la gêne ajoute encor au
plaisir mê- - - me mais quand on s'aime quand on s'aime la gêne a-
-joute encor au plai-sir au plaisir mê- - - - me

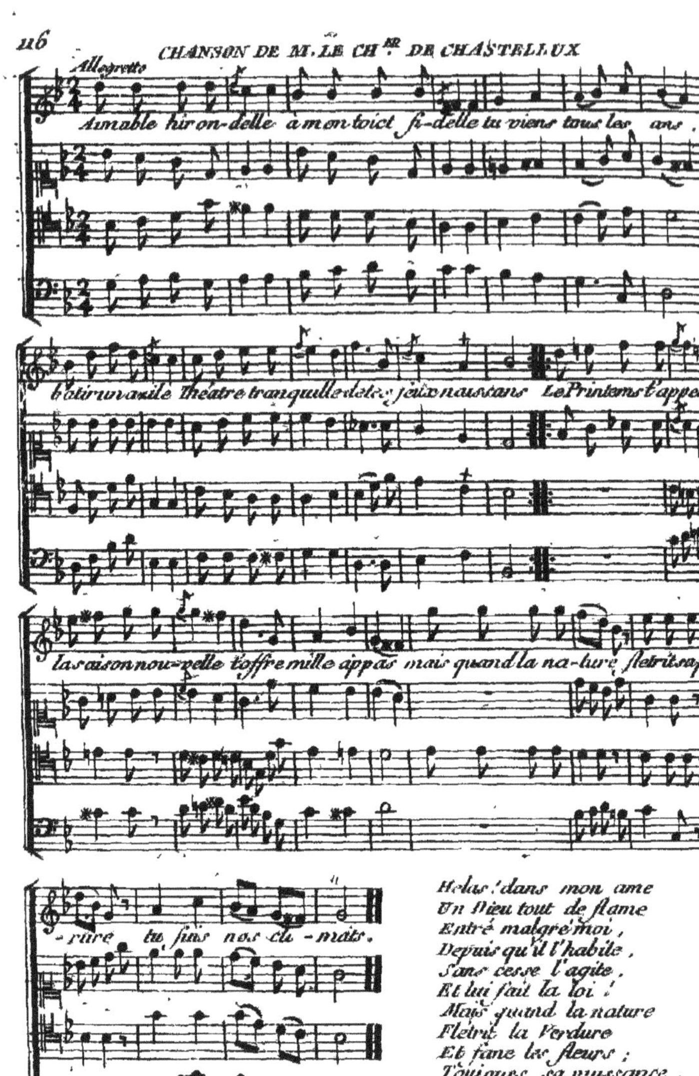

Helas! dans mon ame
Un Dieu tout de flame
Entré malgré moi,
Depuis qu'il l'habite,
Sans cesse l'agite,
Et lui fait la loi!
Mais quand la nature
Flétrit la Verdure
Et fane les fleurs;
Toujours sa puissance,
Sait donner naissance,
Aux tendres ardeurs.

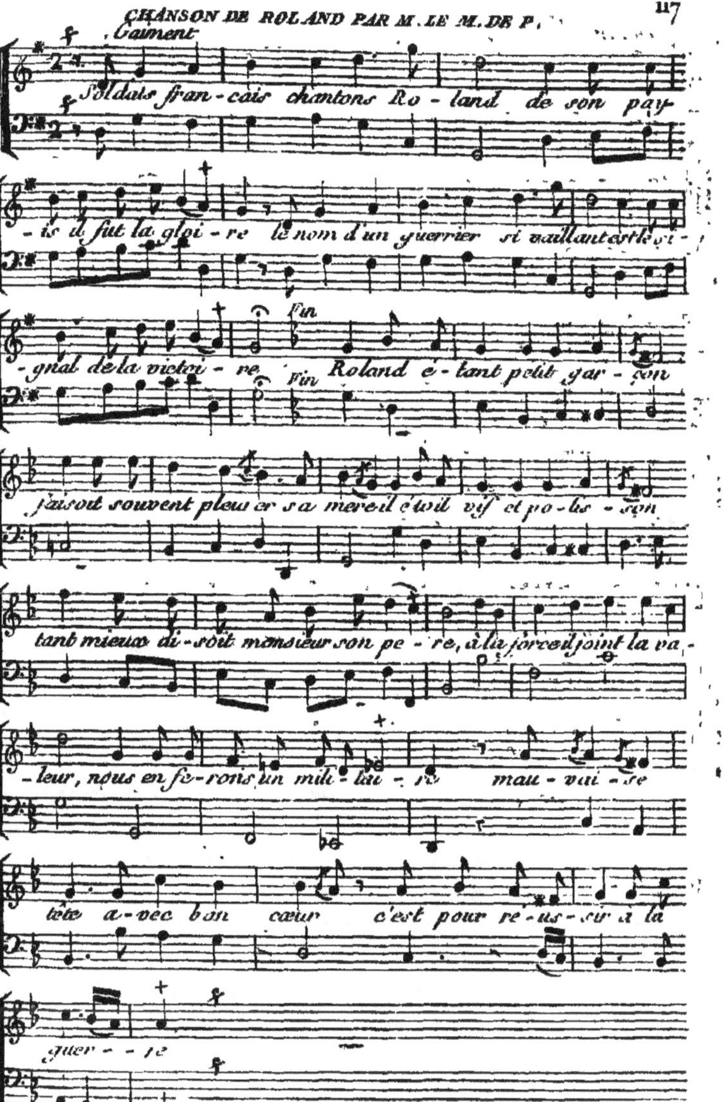
CHANSON DE ROLAND PAR M. LE M. DE P.
Gaiment
Soldats fran-çais chantons Ro-land de son pay
-is il fut la gloi-re le nom d'un guerrier si vaillant est le si-
-gnal de la victoi-re. Fin Fin Roland é-tant petit gar-çon
faisoit souvent pleurer sa mere il étoit vif et po-lis-son
tant mieux di-soit monsieur son pe-re, à la force il joint la va-
-leur, nous en fe-rons un mili-tai-re mau-vai-se
tête a-vec bon cœur c'est pour re-us-sir à la
guer-re

2

Le pere pensoit justement,
Car dès que Roland fut en age,
On vit avec étonnement,
Briller sa force et son courage,
Perçant escadron, bataillons,
Renversant tout dans la mêlée
Il faisoit tourner les talons
Lui tout seul à toute une armée;
Soldats &c.

3

Dans le combat particulier
Il n'étoit pas moins redoutable,
Qu'on fut geant, qu'on fut sorcier,
Que l'on fut monstre, ou qu'on fut diable;
Rien jamais n'arrêtoit son bras,
Il se battoit toujours sans crainte;
Et s'il ne donnoit le trépas,
Il portoit quelque rude atteinte;
Soldats, &c.

4

Quand il falloit donner l'assaut,
Lui même il appliquoit l'echelle;
Il étoit le premier en haut
Amis prenez-le pour modèle;
Il passoit la nuit au bivac,
L'esprit gaillard, l'ame contente;
On dormait sur un avresac,
Mieux qu'un général sous sa tente:
Soldats &c.

5

Pour l'ennemi qui résistoit,
Réservant toute son audace,
A celui qui se soumettoit,
Il accordoit toujours sa grace:
L'humanité dans son grand cœur,
Renaissoit, après la Victoire,
Et le soir même le Vainqueur
Au Vaincu proposoit à boire:
Soldats. &c.

6

Quand on lui demandoit pour quoi
Les Français etoient en campagne,
Il repondoit de bonne foi;
C'est par l'ordre de Charlemagne:
Ses Ministres, ses favoris
Ont raisonné sur cette affaire;
Pour nous, battons ses ennemis,
C'est ce que nous avons à faire:
Soldats &c

7

Roland vivoit en bon Chrétien,
Il entendoit souvent la Messe,
Donnoit aux pauvres de son bien,
Et même il alloit à confesse;
Mais de son Confesseur Turpin
Il tenoit que c'est Œuvre pie
De battre, et de mener grand train
Les ennemis de sa patrie:
Soldats &c.

8

Roland à table etoit charmant,
Buvoit du vin avec délice;
Mais il en usoit sobrement
Les jours de garde, et d'exercice;
Pour le service il observoit
De conserver sa tête entiere
Ne buvant que quand il n'avoit
Ce jour-la rien de mieux à faire:
Soldats &c

9

Il corrigeoit avec rigueur
Tous ceux qui lui cherchoient querelle
Mais il n'etoit point querelleur,
Bon camarade, ami fidele:
L'ennemi seul, dans les combats
Tremblait, voyant briller sa lame;
Et pour le dernier des soldats
Il se seroit mis dans la flamme:
Soldats &c.

10.

Roland aimait le cotillon,
(On ne peut gueres s'en défendre)
Et pour une Reine, dit on,
Il eut le cœur un peu trop tendre:
Elle l'abandonne un beau jour
Et lui fait tourner la Cervelle,
Aux combats, mais non en amour
Que Roland soit notre modele;
Soldats &c.

11.

Roland fut d'abord Officier,
Car il etoit bon Gentil-homme;
Il eut un Régiment entier
De son Oncle Empereur de Rome;
Il fut Comte, il fut général;
Mais vivant comme à la chambrée,
Il traitoit de frere, et d'égal
Chaque brave homme de l'armée:
Soldats &c.

COMPLAINTE DE LA PRINCESSE CHIRIN DANS LE ROMAN DE COSROES

Traduit par M. Cardonne, mise en vers par M. le M. de P...

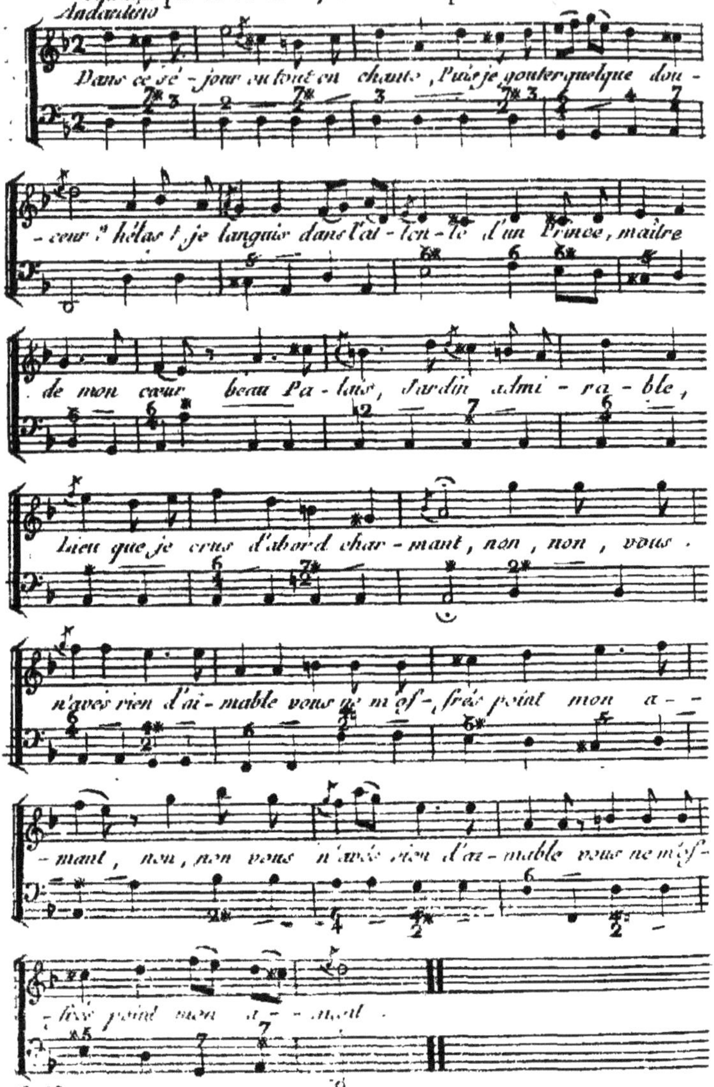

Andantino

Dans ce sé - jour où tout en chante, Puis-je gouter quelque dou -
- ceur ? hélas ! je languis dans l'at - ten - te d'un Prince, maître
de mon cœur, beau Pa - lais, Jardin admi - ra - ble,
Lieu que je crus d'abord char - mant, non, non, vous
n'avés rien d'ai - mable vous ne m'of - frés point mon a -
- mant, non, non vous n'avés rien d'ai - mable vous ne m'of -
- frés point mon a - - mant.

2

Une superbe Architecture
Orne vos vastes batimens ;
Une délicate Sculpture
En enrichit les ornemens :
Beaux arts, rivaux de la Nature
Vous vous épuisés vainement ;
Je n'admire qu'une peinture,
C'est le portrait de mon amant.

3

Chaque jour, esclaves fidelles,
Vous voulés offrir à mes yeux
Spectacles, ou fêtes nouvelles
Parures, bijoux précieux :
Ah! de vos soins mon cœur s'offense ;
Ces lieux à mon amant soumis
Autrement que par sa présence,
Pourroient ils donc être embellis?

4

Loin de l'objet qui nous engage
Les parfums perdent leur odeur ;
Les oiseaux perdent leur ramage ;
Et les fruits perdent leur Saveur :
La Nuit on s'agite, on soupire ;
L'astre du jour perd son effet ;
Si le cœur n'a ce qu'il desire,
Aucun des sens n'est satisfait.

COMPLAINTE DE DIANE DANS LA DIANE DE MONTE MAJOR. MISE EN VERS PAR M. LE M. DE P....

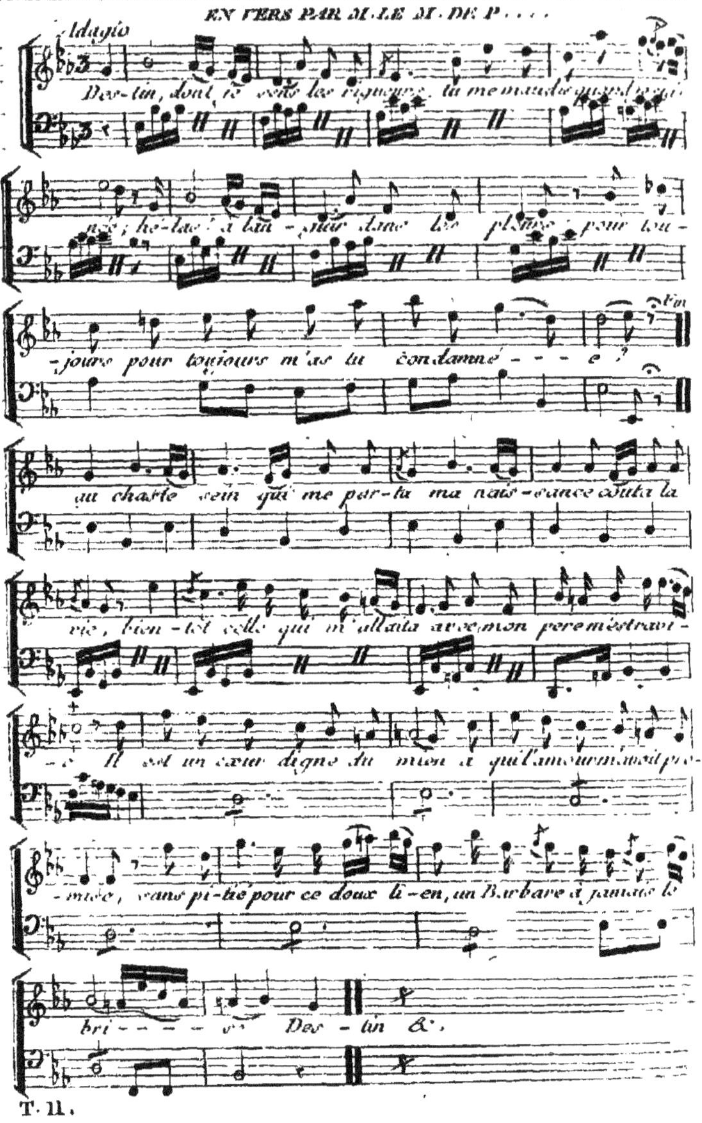

2

Ces lieux jadis etoient charmans,
Des fleurs égayaient la verdure;
L'air était pur, les Cieux rians:
Tout s'animoit dans la Nature;
A Diane, à son tendre amant,
On eut dit que tout voulait plaire....
O vains regrets! penser cuisant!
Il est passé, ce tems prospère.
Destin, &c

L'horreur qui règne dans mon cœur
Autour de moi me semble peinte,
Du Printems la verte fraicheur
Avec mon bonheur est éteinte.
D'épais brouillards voilent les Cieux;
Tout est sombre comme ma flame:
La Nature est morte à mes yeux,
Et l'espérance dans mon ame:
Destin, &c.

Mais quel délire m'égaroit!
Ah! rien n'a changé que moi-même!
Avec l'amour tout me rioit;
Je perds tout dans celui que j'aime,
Vers moi la mort vient à pas lents.
Ma tombe à chaque instant se creuse
Plus d'Amours!..... ah! plus de Printems!
Rien ne charme une malheureuse.
Destin, &c.

ROMANCE TIRÉE DE L'HISTOIRE DES GUERRES DE GRENADE

MISE EN VERS PAR M. LE M.is DE P....

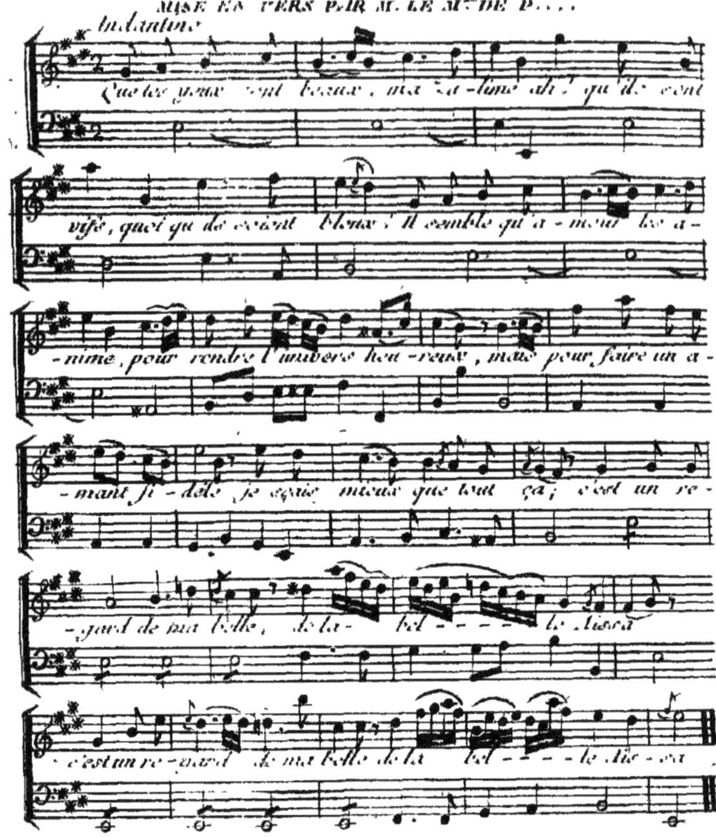

Admirons dans Almanzerine
L'éclat brillant du plus beau tein ;
Nez fait au tour, bouche pourprine ,
Peau plus douce que le satin ,
Mais celle à qui je rends hommage
A bien mieux que tout ça ;
Tout doit céder l'avantage
A la belle Alséa .

Zaïde, ta voix est charmante ;
Tu touches de vingt instrumens ;
Que ta danse est vive et brillante !
Que tu possédes d'agrémens !
Mais de ma belle, une parole
Vaut bien mieux que tout ça ;
L'art des Talens est frivole
Pour la belle Aïssa

Fatime, de ta chevelure
La Nuance est d'un blond parfait ;
Et le bon goût de ta parure,
Sait même en augmenter l'effet ;
Mais je jure que je préfère
Dans mon cœur à tout ça,
Un seul cheveu de ma chere
De ma chère Aïssa .

Galiane est jeune, elle est belle,
Elle sait l'art de tout charmer ;
J'ai long-tems soupiré pour elle,
Un autre objet vient m'enflammer .
Beauté naïve et cœur sincere,
Valent mieux que tout çà ;
Désormais je ne veux plaire
Qu'à ma chère Aïssa .

LAY DE MORT DE TRISTAN DE LEONNOIS

PAR M. LE M. DE P...

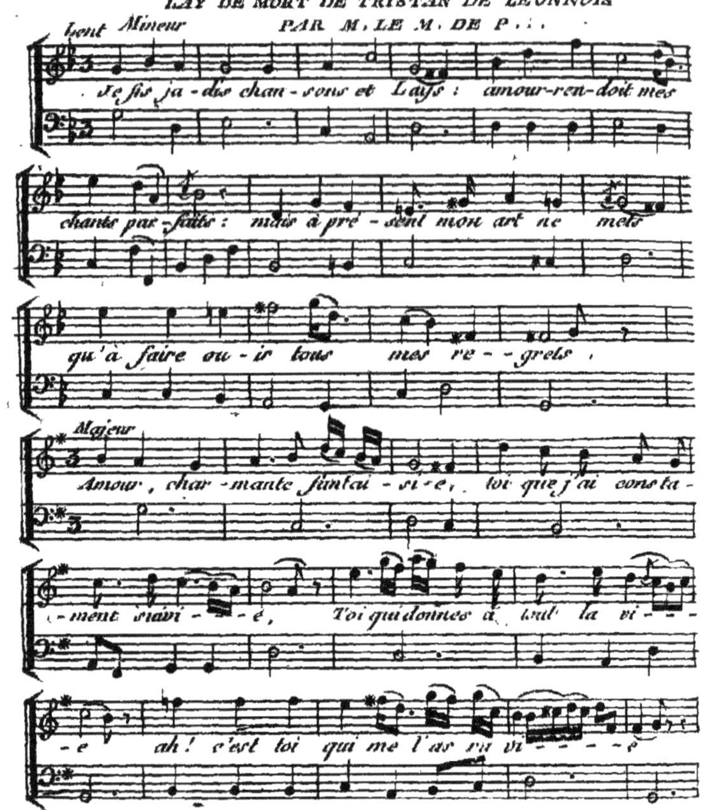

Mineur

D'Amour ainsi m'est advenu
Comme à celui qui a tenu,
En son sein le serpent tout nu,
Et puis en est à mort venu.

Majeur

En ma derniere heure te prie
Yseult, *O ma douce ennemie*,
Toi qui jadis me fus amie,
Après ma mort, las, ne m'oublie.

Mineur.

Lors qu'en terre serai gissant
Sur ma tombe on ira Lisant :
„ *Oncques personne n'aima tant*
„ *Comme Tristan ; Si meurt pourtant*. „

Majeur.

Fleur de Noble Chevalerie,
Lancelot, *dont la courtoisie*
A tant de valeur est unie,
Satisfais ma derniére envie.

Mineur.

Je te légue Lance et harnois,
Mais en Combats comme en Tournois,
Noble ami, dans tous tes exploits,
D'Yseult *fais respecter les Loix* ;

Majeur.

Toi, Dieu puissant que je réclame
Sauve moi de toute autre flame
Que celle dont (A) *j'ards pour ma Dame*.
Donne sauvement à mon ame.

(A) *je brule*

CHANSON DU DUC DE BRABANT MISE EN FRANÇOIS PAR M. LE Mis DE P.

Gai

En revenant de Ni-velle monté sur mon Pale-froy Rêvant à je ne sais quoi, rencontre une Pastourel-le je l'a-borde joliment, descendant de ma montu-re et lui fais un compli-ment convenable à l'aventu-re; mais el-le, d'un air mu-tin me répond, que veut-il dire que veut-il di-re?

Passés, vot che-min, passés vot che-min beau Si-re,

For

Doux

pas-sés vot che-min,

plus doux

pas-sés vot che-min.

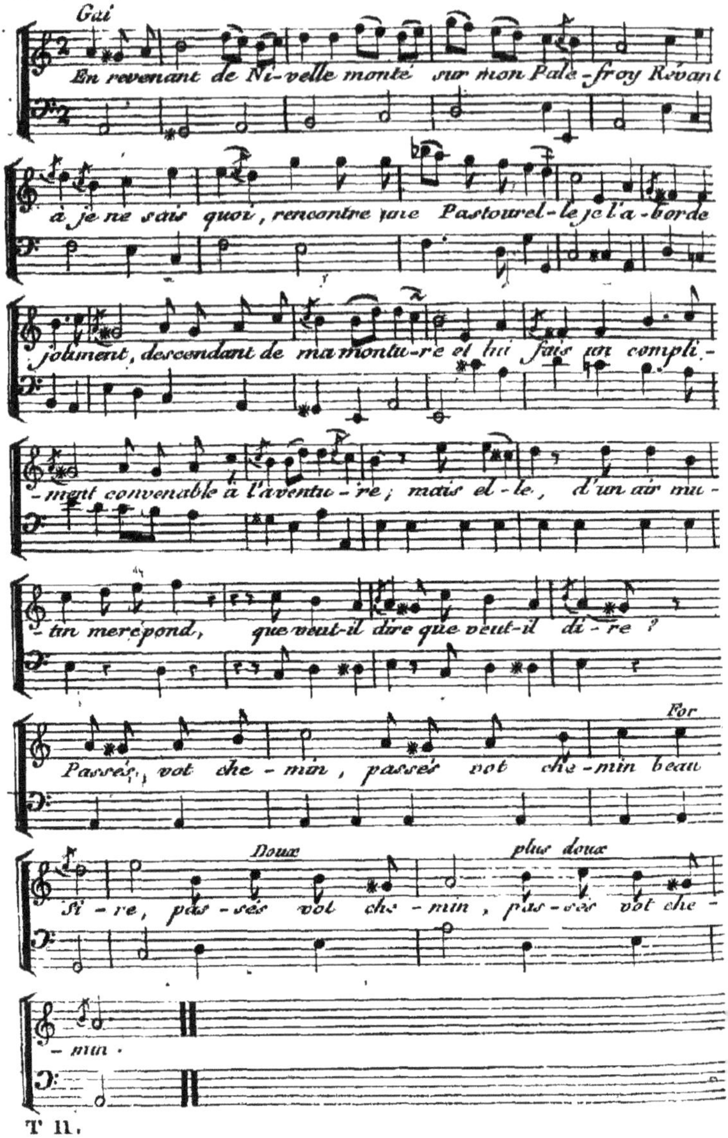

2

Je suis la fille au grand Jacques
L'accordée à Mathurin,
J'nous somm' promis ce matin
D'nous marier après Paques
Quand je pense à cet instant,
Déjà je n'me sens pas d'aise,
J'nous aimons en attendant
Il n'ia plus que lui que j'baise;
Ainsi tenés pour certain
Que pour vous n'ia rien à frire.
Passés vot chemin, beau Sire,
Passés vot chemin.

3

Que je suis charmé d'apprendre
Un arrangement si beau;
Mais aves-vous un trousseau?
Non, je ne sais où le prendre.
Eh bien! j'en ferai les frais,
Corset rouge avec ses manches,
Ceinture, et ses affiquets,
Bavolets, et Coltes blanches,
Chemisettes de fin lin.
Et si donc, vous voulés rire,
Passés vot chemin, beau Sire,
Passés vot chemin:

4

Lors ouvrant mon aumoniere,
Et tirant maint beau denier,
J'en emplis son tablier;
Et je dis à la Bergére,
Voici pour l'habillement,
Pour la chaussure propette,
Pour un riche ajustement,
Et même pour la Couchette;
Vraiement n'êtes pas vilain
Et je n'ai plus rien à dire,
Sortons du chemin, beau Sire,
Sortons du chemin.

5

Nous étions sous le feuillage
Tous les deux fort bien d'accord;
Quand du bois Mathurin sort
Pour regagner le Village;
Ah! jarni, que fais tu la,
Dit-il à son accordée?...:
Le bon Seigneur que voila,
Répond la fille rusée,
A mon trousseau met la main;
De ces frais tu seras quitte;
Passe ton chemin bien vite,
Passe ton chemin.

CHANSON ATTRIBUÉE À BLONDEL EN 1192
et imitée par M. le Mis de P.

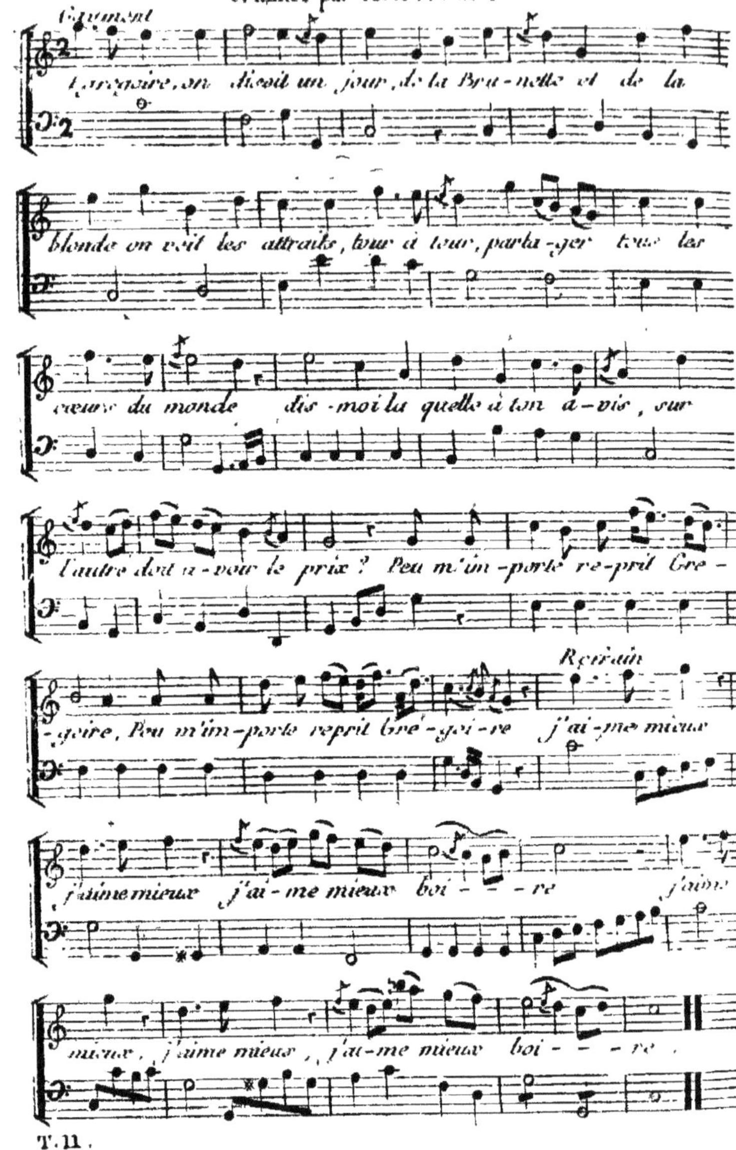

2

Le Sarrasin et le Croisé
Se font une guerre Cruelle ;
Entre eux l'Univers divisé,
A pris parti dans leur querelle :
Ami dis moi lequel des deux
Doit être le Victorieux ?
Peu m'importe, reprit Grégoire
J'aime mieux boire.

3

L'un soutient qu'il faut en amours
Etre constant, discret, et sage ;
L'autre, qu'il n'est point d'heureux jours,
Si l'on n'est pressant et volage.
Ami, dis moi, pour mieux jouir,
De ces moyens le quel choisir ?
Peu m'importe, reprit grégoire,
J'aime mieux boire.

4

Nos Demoiselles autrefois,
Laissoient floter leur chevelure ;
Aujourd'hui de plus de vingt doigts
On voit s'élever leur Coëffure.
Leurs appas en sont ils accrus,
Ou la plume est elle un abus ?
Peu m'importe, reprit Gregoire,
J'aime mieux boire.

Mode, que ton pouvoir est grand !
Tout se soumet à ton empire,
Les vers, L'éloquence, le chant,
L'art de faire pleurer et rire.
La Philosophie, à tes loix
Soumet même ses justes droits :
Que m'importe, reprit Gregoire,
J'aime mieux boire.

CHANSON DU MENESTREL COLIN MUSET VERS 1240 Elle a été remise en françois par M. le Mis de P.

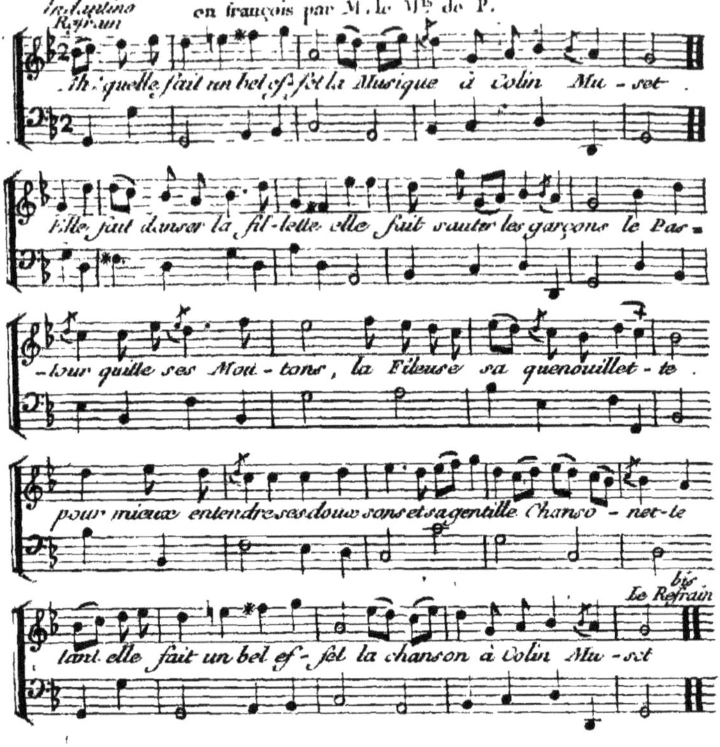

Andantino

Refrain

Ah! quelle fait un bel ef-fet la Musique à Colin Mu-set.

Elle fait danser la fil-lette elle fait sauter les garçons le Pas-tour quitte ses Mou-tons, la Fileuse sa quenouillet-te. pour mieux entendre ses doux sons et sa gentille Chanso-net-te tant elle fait un bel ef-fet la chanson à Colin Mu-set

bis Le Refrain

Des qu'en un Château d'importance
Apparoît le bon Menestrel,
Aussitôt le Maître d'hotel
S'apprête à doubler la bombance;
Le Seigneur met son beau Mantel,
La Dame sa belle attornance; A)
Par tout il fait un grand effêt } *bis*
Le Menestrel Colin Muset. }

A) *Parure*

Le Baron veut que l'on lui chante
Les exploits du brave Roland ;
La Baronne du beau Tristan
Veut ouir L'histoire touchante.
Tout le monde sera content ;
Dit Muset ; mais qu'on me contente,
Saurés jusqu'au dernier rollet
Les chansons à Colin Muset.. } bis

Pendant un mois on le regale ;
Tous les jours un nouveau présent ;
Peut on payer trop son talent :
Est il un Jongleur qui l'égale ?
Il chante maint air different,
Et maint instrument il étale.
Qu'elle à de ton, qu'elle a d'effet,
La Musique à Colin Muset ! } bis

Il chante avec Flute ou Trompette,
Guitarre, Harpe, Flageolet,
Grande Corne, petit Cornet
Tambourin, Violon, Clochette ;
Il fait la Basse et le Fausset,
Il inventa Vielle et Musette ;
Pour la Manivelle ou l'Archet,
Nul n'égale Colin Muset. } bis

Quand Muset a fait bonne ronde,
Et reçu Nipes à foison,
Il retourne dans sa Maison,
Et rend satisfait tout son monde,
Angele, Perrete, Alison,
Pour bien baffrer, tout le seconde :
Et vive le talent parfait
Du Menestrel Colin Muset. } bis

RONDE A DANSER IMITÉE DE COLIN MUSET PAR M. LE M.is DE P...

C'est la plus ancienne Chanson à danser que l'on Connoisse.

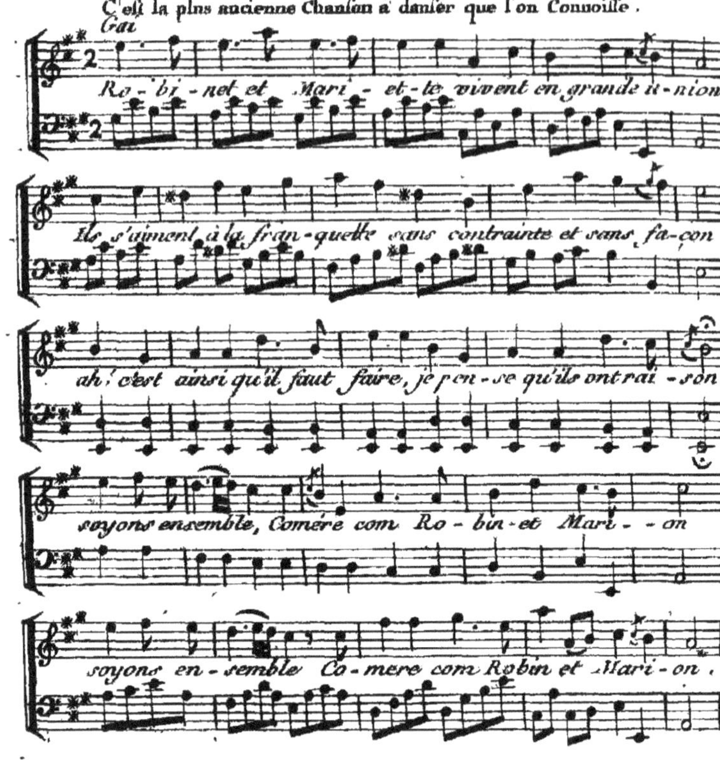

2

Quand ils firent connaissance
Ce fut au pied de l'Ormeau;
Pour la mener à la danse
Robin ôta son chapeau:
N'en fallut pas davantage
La fille aima le garçon:
On diroit qu'c'est un ménage
Que Robin et Marion.

3

A Voir avec quel courage
Tout les deux ils s'embrassont,
On croit dans tout le Village
Que Mari et femme ils sont;
Et cependant le A) Prouvère,
Le Bailli, le Tabellion,
Ne sont pour rien dans l'affaire
De Robin et Marion.

4

Bien avant dans la Nuitée,
Ensemble s'en vont au bois,
La bonne Tante Macée
Les y trouvit une fois.
Elle gronda la fillette
Qui repond à sa leçon:
On dort bien dans sa Couchette,
On est mieux sur le gazon.

5

Garçon est fait pour fillette,
Et fillette pour garçon:
Sur tout quand l'une est bienfaite,
Et l'autre a bonne façon.
La Nature, ce me semble,
Nous dit: enfans, c'est raison
Que vous vivies tous ensemble
Com Robin et Marion.

(A) Le Curé.

ROMANCE CHANTÉE PAR LA BELLE YSEULT DANS LE ROMAN DE TRISTAN DE LEONNOIS PAR M. LE Mis DE P. . .

Lent

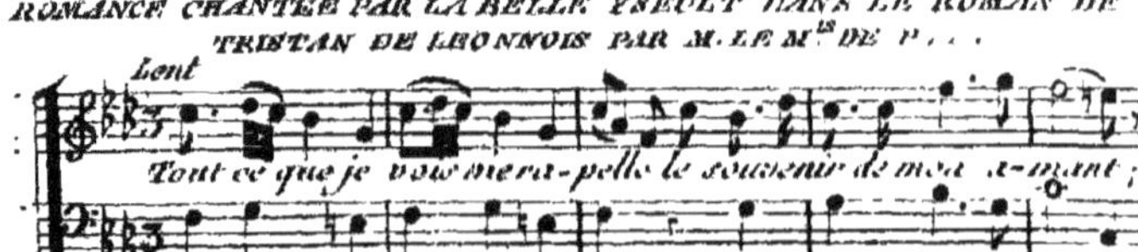

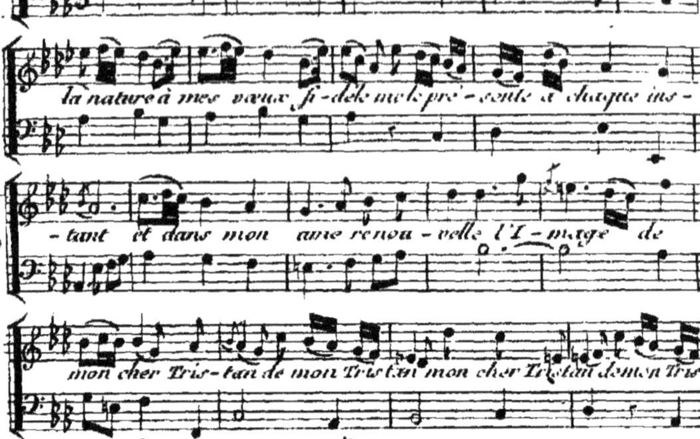

-tan mon cher Tris- -tan .

2.

Près de moi c'est un chien fidele,
Un mouton soumis, carêssant ;
Quand l'honneur au Combat l'appelle,
C'est un fier Lion rugissant .
Quel chevalier, ou quelle Belle
Pourroit résister à Tristan ,
Mon beau Tristan , } bis
Mon cher Tristan .

3.

Tantôt c'est un oiseau timide ,
Dans mes filets doux Prisonnier ;
Soudain c'est un Aigle intrépide
Qui vole arracher un laurier .
Que la gloire ou l'amour le guide
Tu triomphes toujours, Tristan ;
Mon cher Tristan , } bis
Mon beau Tristan .

4

Comme le Printems fait éclore
Les Fleurs qui tapissent nos champs,
Dans mon ame timide encore,
Il fit naître des feux charmans.
Du bonheur j'entrevis l'Aurore,
Aux premiers regards de Tristan,
De mon Tristan
Mon cher Tristan } bis

5

De l'été, la chaleur
Pour les combats peint son ardeur;
Un seul regard de son amante,
Est un doux Zéphir pour son cœur;
Que ton amour sans cesse augmente!
Sois heureux, Guerrier comme Amant,
Brave Tristan
Mon cher Tristan. } bis

6

Tous les ans la fertile Automne
Offre des fruits délicieux;
Les plaisirs que l'amour nous donne,
Nous sont encor plus précieux:
Myrthe et Laurier sont ta Couronne,
Et ta gloire est mon ornement,
Mon cher Tristan
Mon beau Tristan. } bis

7

L'hyver nous peint l'indiférence;
Pour nos cœurs il n'existe pas:
Les seules peines de l'absence
Sont nos glaces et nos frimats;
Viens les fondre par ta présence
Et par l'ardeur du sentiment,
Mon beau Tristan,
Mon cher Tristan. } bis

COMPLAINTE D'AMADIS SUR LA ROCHE PAUVRE
PAR M. LE M. DE TRES. ***

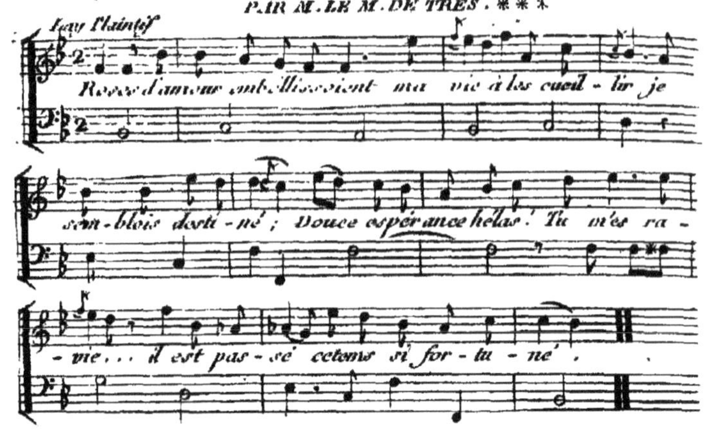

Il est passé . . . Dieux ! quelle Calomnie
A pu noircir le plus loyal amant ?
Aurois-je pu manquer à mon serment ?
Roses d'amour embellissoient ma vie .

Ton tendre cœur tu me l'avois donné !
Ta foi . . . ta foi . . . tu me l'avois jurée .
Toutes ces fleurs que répand Cytherée ,
A les Cueillir je semblois destiné .

Mais ton courroux , ta noire jalousie ,
Brisent un cœur qui n'adore que toi ,
Puisque tu crois qu'il t'a manqué de foi ,
Douce esperance . . . hélas ! . . . tu m'es ravie .

Sur cette roche , errant , abandonné
Cherchant la mort , la desirant sans cesse ,
Baigné de pleurs , je dis . . . j'eus sa tendresse !
Il est passé ce tems si fortuné !

Roses d'amour embelissoient ma vie
A les Cueillir je semblois destiné ;
Douce esperance !... hélas ! tu m'es ravie ...
Il est passé ce tems si fortuné !...

Rapelles-toi les jeux de notre enfance !
Mon cœur ému, pour la premiere fois,
Ne palpitoit qu'aux accens de ta voix,
Et ne craignoit que ton indifférence.

A peine alors le connus-je ce cœur,
Que je sentis qu'amour etoit son maitre ;
Je n'ai cherché ceux qui m'ont donné l'être
Que pour en faire hommage à mon Vainqueur.

Oublîeras-tu qu'en ton doux Vasselage
Ton seul desir fut ma suprême Loi,
D'un Los nouveau, refuse-tu l'hommage ?
L'arc redoutable a couronné ma foi.

Ah ! souvien-toi, qu'en une douce yvresse,
Quand je lisois mon bonheur dans tes yeux,
A tes genoux je répétois sans cesse,
Qui l'aime bien... doit l'en aimer bien mieux !

Roses d'amour embelissoient ma vie
A les Cueillir je semblois destiné
Douce espérance !... hélas ! tu m'es ravie ....
Il est passé ce tems si fortuné !

Mourons, mourons, puis qu'il ne peut renaître :
Dieux ! qui m'arrête ?... ô transports superflus !
Amour medit... tu ne la verrois plus,
Souffre pour elle ... obéis à ton Maître ..

CHANSON TIRÉE DE LA DIANE DE MONTE MAJOR MISE EN VERS PAR M. LE M. DE P...

Allegretto

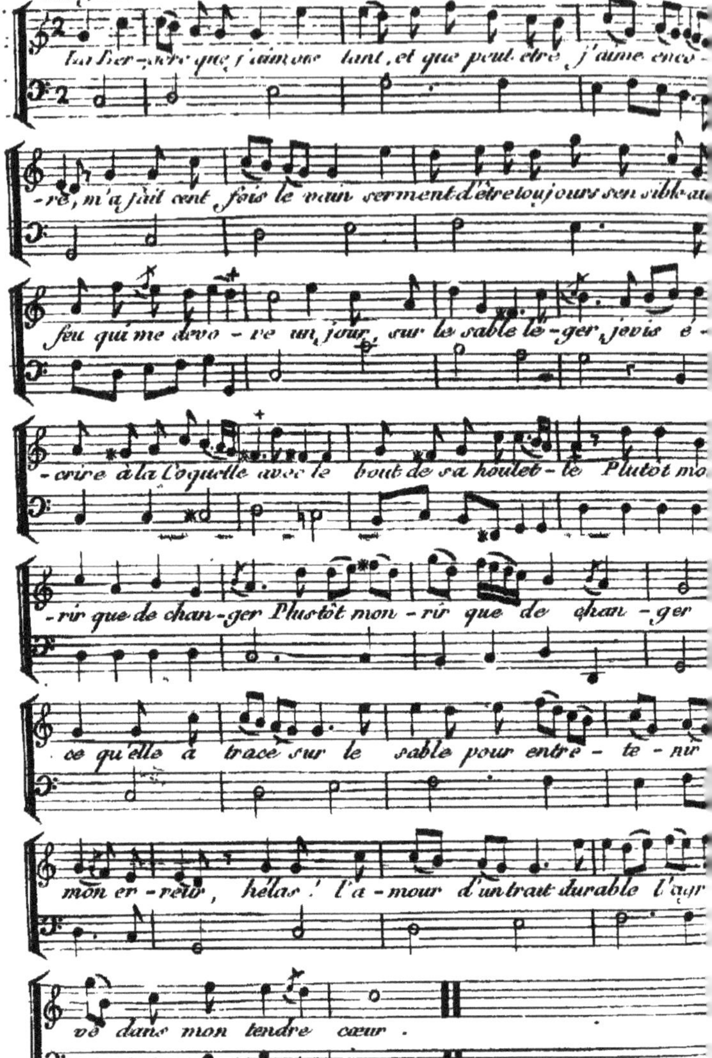

La Ber-gère que j'aimois tant, et que peut-être j'aime enco-
-re, m'a fait cent fois le vain serment d'être toujours sensible au
feu qui me dévo-re un jour, sur le sable lé-ger, je vis é-
-crire à la Coquette avec le bout de sa houlet-te Plutôt mou-
-rir que de chan-ger Plustôt mou-rir que de chan-ger
ce qu'elle a tracé sur le sable pour entre-te-nir
mon er-reur, hélas! l'a-mour d'un trait durable l'agr
vé dans mon tendre cœur.

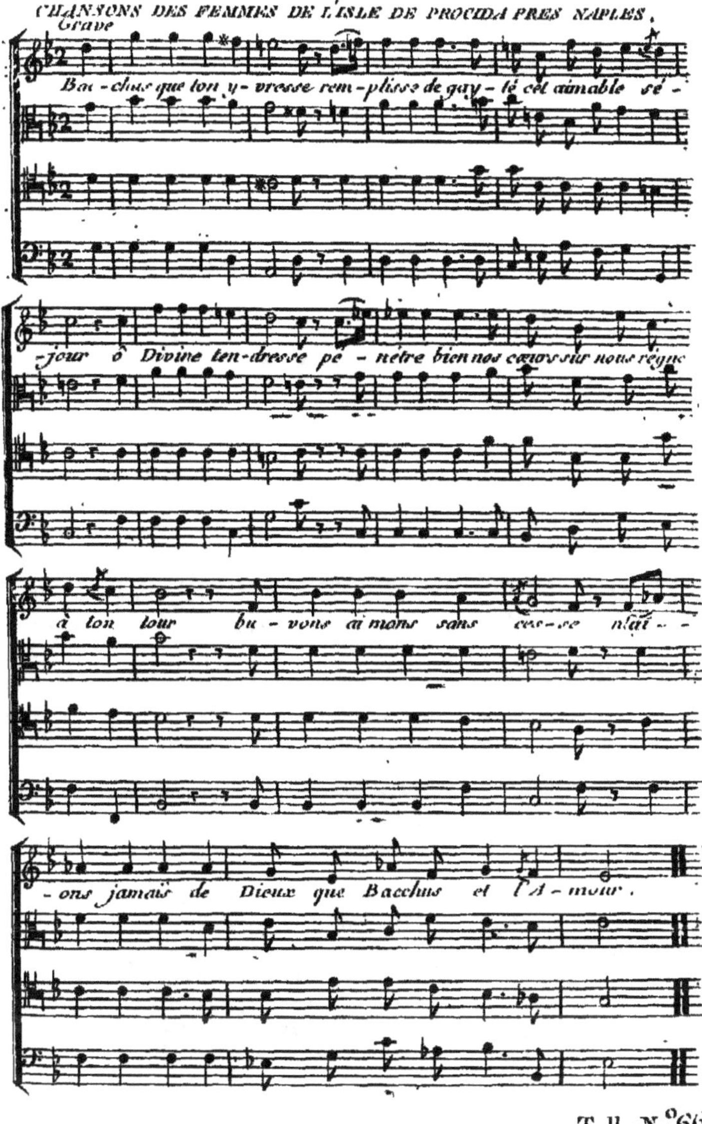
CHANSONS DES FEMMES DE L'ISLE DE PROCIDA PRES NAPLES.
Grave
Bac-chus que ton y-vresse rem-plisse de gay-té cet aimable sé-
-jour ô Divine ten-dresse pé-nètre bien nos cœurs sur nous règne
à ton tour bu-vons aimons sans ces-se n'ai-
-ons jamais de Dieux que Bacchus et l'A-mour.

CHANSON TIRÉE DE L'ORCHÉSOGRAPHIE EN 1588.

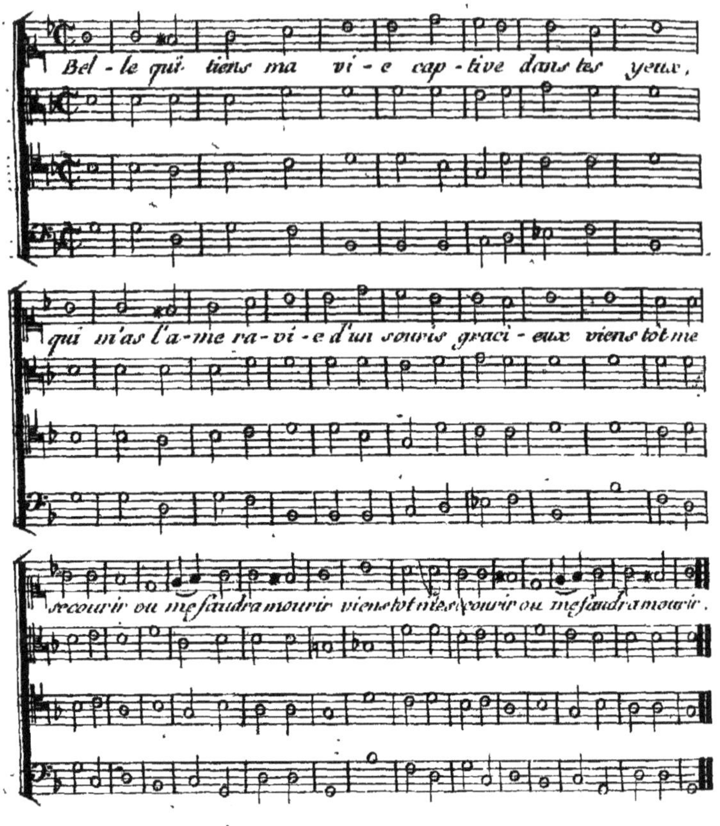

2.e
Mon ame souloit être
Libre de passions
Mais amour s'est fait maitre
De mes affections
Et a mis sous sa loy
Et mon cœur et ma foy.

3.e
Plutot on verra l'onde
Contre mont reculer
Et plutot l'œil du monde
Sessera de bruler
Que l'amour qui m'époint
Décroisse d'un seul point.

T. II. N.° 67.

CHANSON GASCONNE

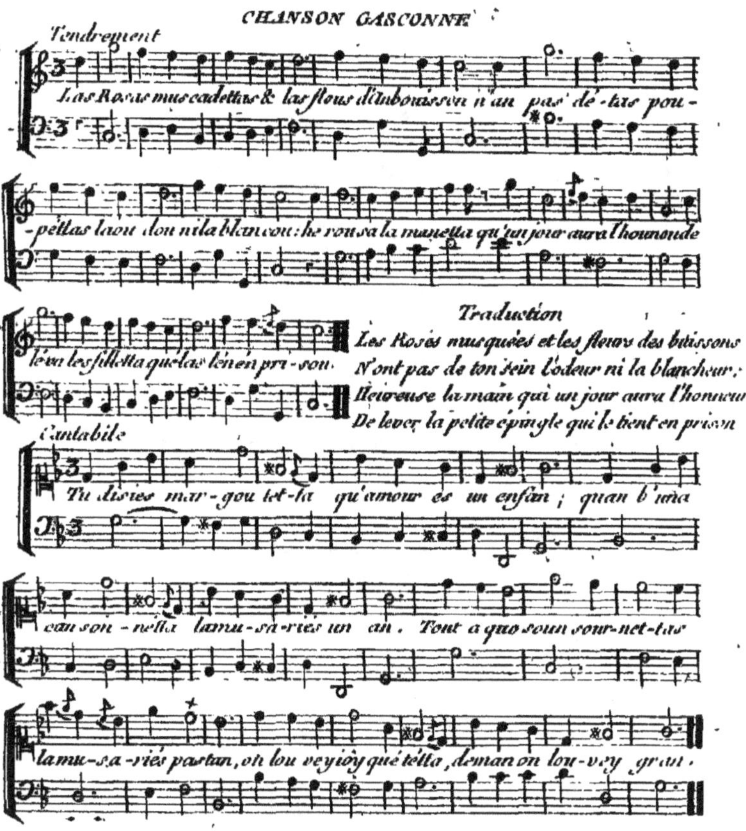

Traduction

Les Rosés musquées et les fleurs des buissons
N'ont pas de ton sein l'odeur ni la blancheur.
Heureuse la main qui un jour aura l'honneur
De lever la petite épingle qui le tient en prison

Traduction

Tu disoit, Marguerite,
Qu'Amour est un enfant,
Qu'avec une chansonnette
Tu l'amuserois un an.
Tout celà n'est que sornettes
Tu ne l'amuserois pas tant,
On le vois aujourd'hui qui tette,
Demain on le voit grand.

CHANSON GASCONNE

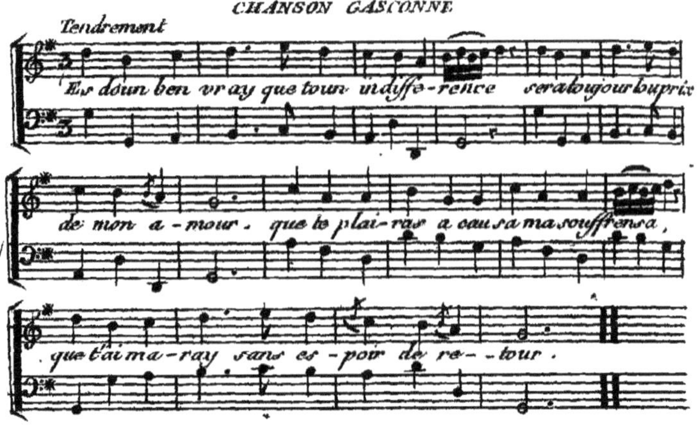

„ Est il bien vrai que ton indifférence
„ Sera toujours le prix de mon amour ;
„ Que tu te plais à causer ma souffrance,
„ Et que je t'aimerai sans espoir de retour.

Din lou transport d'un amouroux delire
Quan sus moun se te presse en be doucou
Seriei counten de te veire sourrire
Me sies toujour pus frecha qu'un glaçon

„ Dans le transport d'un amoureux délire
„ Quand sur mon sein je te presse en douceur
„ Je serois content de te voir sourire,
„ Mais tu es toujours plus froide qu'un glaçon.

Qu'aou maurie dig qu'un excès de tendressa
Serie pagat d'un excès de rigou !
Et qu'insensibla autourmen que me pressa
Ta musaries a nourri ma doulou.

„ Qui m'auroit dit qu'un excès de tendresse
„ Seroit payé d'un excès de rigueur !
„ Et qu'insensible au tourment qui me presse
„ Tu t'amuserois à nourir ma douleur.

Ta cruaoutat fay que passé ma vida,
A deploura la rigou de mon sort.
Perque l'amour te fasie tant poulida.
S'un jour devies me refusa toun Cor.

„ Ta cruauté fait que je passe ma vie
„ A déplorer la rigueur de mon sort
„ Pour quoi l'amour te faisoit elle si jolie.
„ Si un jour tu devois me refuser ton cœur.

Lou jouine diou que te deou soun oumatge
En te fourman au men devie Soungea,
Qu'un jour vendrie que Soun pus bel ouvrage
Dessous saley voudrié pas se rengea.

„ Le jeune Dieu qui te doit son homage
„ En te formant au moins devroit songer,
„ Qu'un jour viendroit que son plus bel ouvrage
„ Dessous sa Loi ne voudroit pas se ranger.

Aurié ben fach per te rendre men fiera
De retrancha qui con de ta beoutat:
Seneres pas pus bella que sa mera,
Me flatarie au men des tre escoutat.

„ Il auroit bien fait pour te rendre moins fiere
„ Je retrancher quelque chose de ta beauté.
„ Tu ne serois pas plus belle que sa mere,
„ Et je me flatterois au moins d'être écouté.

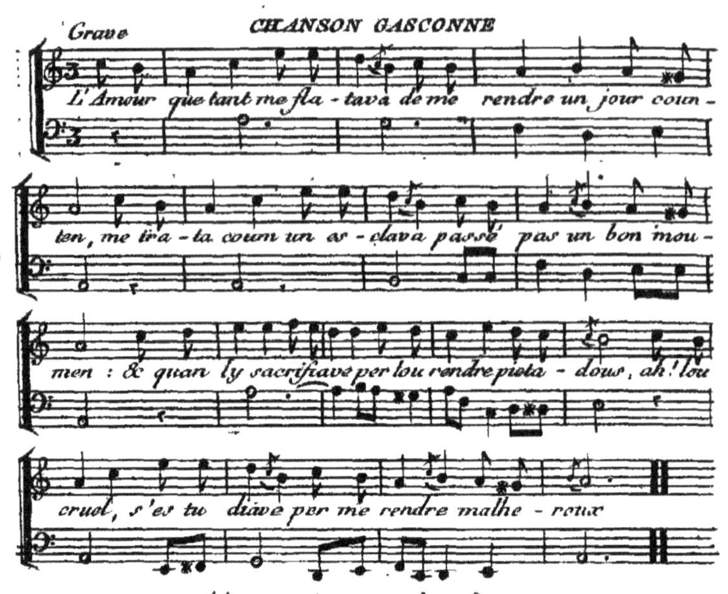

L'Amour qui tant me flateit
De me rendre un jour content,
Me traite comme un Esclave
Je ne passe pas un bon moment
Et quand je lui offre un sacrifice
Pour le rendre compatissant
Ah! le Cruel s'etudie
A me rendre malheureux

Per millou se satisfayré
Et se trufa de moun maou,
Ma blassat lou cor pecayre,
Tant qu'ay perdut lou repaou.
La neit et toujour sous pire
Per la brunetta Phillis
Que seris de moun martire
Et que toujour me fugis

Pour mieux se satisfaire
Et se mocquer de mon mal,
Il m'a blessé le cœur, helas!
Tant que j'ai perdu le repos
La Nuit et le jour, je soupire
Pour la Brunette Philis,
Qui se rit de mon martire
Et qui toujours me fuit

Elle a soun toures blessada	*Elle à son tour est blessée.*
Per un aoutre Pastourel ;	*Par un autre Berger,*
Et Secrei la ben aymade :	*Et S'en croit la bien aimée,*
Cepandan es infidel	*Cependant il est infidele.*
Aima d'aoutras pastourellas	*Il aime d'autres Begeres*
Que volou ben l'escouta :	*Qui veulent bien l'ecouter*
Sané pas se soun Cruellas	*Je ne scais pas si elles sont cruelles*
Mais el pot pas las quitta	*Mais il ne peut les quitter*
Diou nenet, siegue proupice	*Petit Dieu soyés propice*
En bun paoure pastourel,	*A un pauvre Berger*
Que te proumet sacrifice	*Qui vous promet un sacrifier*
De ce qu'aoura de plus bel.	*De ce qu'il aura de plus beau*
Amour, se voulies ou fayre,	*Amour, si tu voulois le faire*
Pourries tout arrant ja	*Tu pourois tout arranger*
Fayli quitta soun fringayre	*Fait lui quitter son amant*
Et força la de' mayma.	*Et force la de m'aimer.*
Se jamay tel ben mariva	*Si jamais tel bien n'arrive,*
Yeou touffriray per presen	*Je t'offrirai pour present*
Un Pigeoum en sa pariva,	*Un pigeon avec sa femelle*
Te faray brulla d'encen.	*Je te ferai bruler de l'encens*
Cantaray touta ma vida	*Je chanterai toute ma vie,*
Ta bountat et tas favous,	*Ta bonté et tes faveurs ;*
Que tu soul me las Caousida	*Que toi seul me l'as choisie*
Per me rendre ben heurouæ,	*Pour me rendre bien heureux*
Se jamay din la pradella,	*Si jamais dans la Prairie*
Pastourellas et pastous,	*Bergeres et Bergers*
Recountraves la Cruella,	*Vous rencontres la Cruelle*
Racountas li mas doulous :	*Racontes lui mes douleurs.*
Diguas ly que per tout more	*Dites lui que par tout je meure*
Denoun poude ly parla,	*De ne pouvoir pas lui parler*
Qu'aissi faou moun purgatore,	*Qu'ici je fais mon purgatoire*
Devant que de très passa.	*Avant que de trépasser*

CHANSON GASCONNE

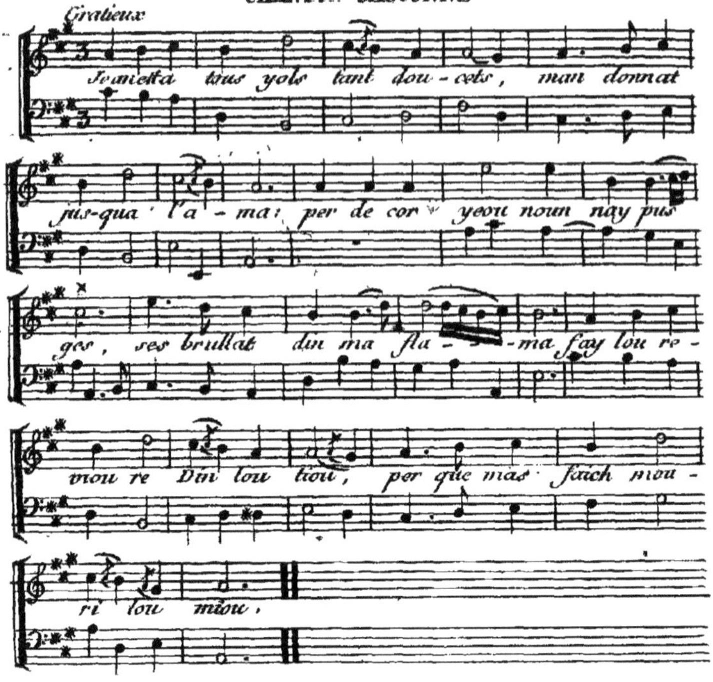

Gratieux

Jeanetta tous yols tant dou-cets, man donnat
jus-qua l'a-ma: per de cor yeou noun nay pus
ges, ses brullat din ma fla-ma fay lou re-
viou re Din lou tiou, per que mas faich mou-
ri lou miou.

Traduction

Jeannette, tes yeux tant doux,
M'ont donné jusqu'à l'ame:
Pour de cœur, je n'en ai plus,
Il s'est brulé dans ma flame:
Fais le revivre dans le tien,
Puis que tu as fait mourir le mien.

Reponse

Lou cor que tus mavies dounat,	Le cœur que tu m'avois donné
Genti Pastour, en gage,	Gentil Berger, en gage ;
Ses pas perdut, ni may brullat,	N'est ni perdu ni brulé
Nay fach un autre usage	J'en ai fait un autre usage ;
Yeou lay mesclat embe lou miou	Je l'ai meslé avec le mien,
Savé pas pus quinte es loutiou.	Je ne scais plus quel est le tien

Autre

Se yeou lay pas pus leou dounat,	Si je ne t'ai pas plutôt donné
Moun aymable Pastoura,	Mon aimable Berger,
Un Cor que tera destinat	Un cœur qui t'étoit destiné
Crei que nera pas houra :	Crois que ce n'estoit pas l'heure ;
Per enfin de t'ayma millou	Car afin de t'aimer mieux
En beun autra preniei liçou	Avec un autre j'ai prie leçons

Reponse

Se toun cor mera destinat,	Si ton cœur m'etoit destiné
Pastour couma pot estre,	Berger, comme cela peut être
L'amour nous aurie enseignat	L'amour nous auroit enseigné
Toutes sous tours de mestre	Tous ses tours de Maitre
Dous cors noun saymou quemillou	Deux cœurs ne s'en aiment que mieux
Quan entr'elles preneu liçou.	Quand entr'eux ils prenent leçon

CHANSON GASCONNE

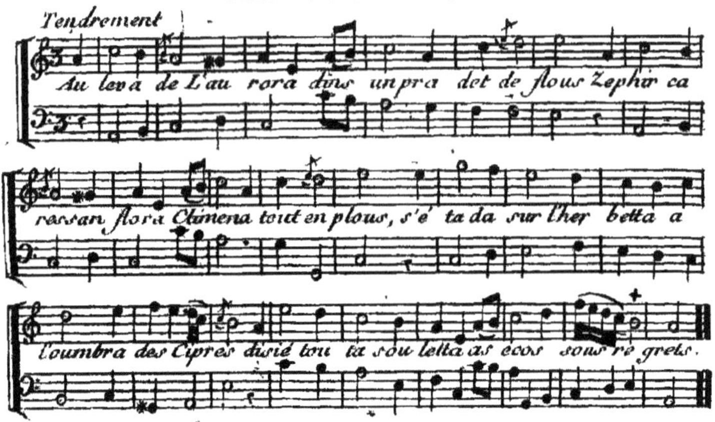

Traduction

Au lever de l'aurore
Dans un Pre de Fleurs,
Zephir caressoit Flore,
Climène toute en pleurs
Assise sur l'herbette
A l'ombre d'un Cyprès,
Disoit toute seulette
Aux Echos ses regrets.

Tircis es mor, pecayré!
Aou selous plouras-lou
Flourettas per mé plaire
Changeas vostras Coulous;
Plaintiva Tourtourella,
Roussignaous amourous,
Et vous écho fidella
Repettas mes doulous

Tircis est mort, hélas!
Oiseaux, pleurez-le;
Fleurs, pour me plaire
Quittés vos Couleurs:
Plaintive Tourterelle
Rossignols amoureux,
Et vous, Echo fidelé
Repettes mes douleurs

Tircis lou vray moudella
De toutes les Pastous
Discret, sage et fidella,
Gardava maus moutons
Soun séplé de Viouletas,
Zounar as Agnelous
Milla Mar aridettas,
A yeou milla poutous.

Tircis le vrai modèle
De tous les Bergers,
Discret, sage, fidèle,
Gardoit mes moutons.
Son sein plein de violettes
Il donnoit aux Agneaux
Mille marguerite
Et à moi mille baisers

Lou Roussignaou sauvage
Venie d'aou foun d'au bois,
Suspendre soun ramage
Per entendre sa vois
Sounda la pus rapida
Coulaba lontamen
Per avedr 'un aouzida
De soun dous instrumen.

Le Rossignol Sauvage
Venoit du fond des bois
Suspendre son ramage
Pour entendre sa voix
L'onde la plus rapide
Couloit lentement
Pour entendre le plus petit fredon
De son doux instrument.

Anas a lavantura
A la merci das loups,
Cerca vostra pastura
Din un desert affrous.
Troupel yeou t'abandonne
Tircis es au toumbeau,
Qu'aco noun vous estoune
Yeou lou seguerai leou

Allez à l'aventure
A la merci des Loups
Chercher votre pature
Dans un desert affreux
Troupeau je vous abandonne
Tircis est au tombeau
Que cela ne vous etonne point
Je le suivrai bientôt

CHANSON BEARNOISE

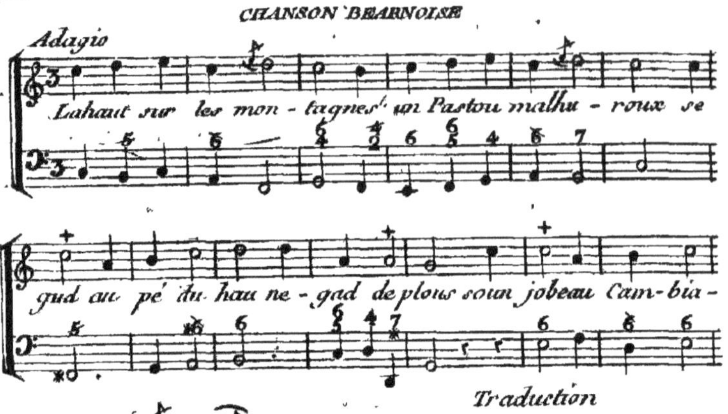

men de Las a - mous

Traduction

La haut sur les montagnes
Un Berger malheureux
Assis au pied d'un hêtre,
Noyé de pleurs,
Songeoit au changement
De ses amours.

2

Co leugé, co boulatge,
Dise l'infortunat
La tendrésse à l'amou
Qui tay pourtat
Son aco lous rebuts
Qu'ay meritat.

Cœur leger, cœur volage,
Disoit l'infortuné,
La tendresse et L'amour
Que je t'ai porté
Sont ils donc les rebuts
Que j'ai mérité.

3

Despuch que tu frequentes
Las gents de condiciou
As prex u ta haut bol
Que ma maysou
Non oy prou haute en sa tu
Du Cabiron

Depuis que tu frequentes
Les gens de condition,
Tu as pris un si haut vol
Que ma maison
N'est àsses haute pour toy
D'un chevron.

4

Tas ouilles dap las mias
Nous doignen plus mescla
Et tous superbs moutons
Despuch en ça
Nou s'approchen daous mes
Qu'en-taus tuma.

Tes brebis avec les miennes
Ne daignent plus se mêler,
Et tes superbes moutons
Depuis-lors
Ne s'approchent des miens
Que pour les Corner.

5

Encoüere que siey praoube
Dens moun petit estat
Aymy mey moun barret
Tout espelat
Que nou pas lou plus bet
Chapeu bourdet

Encore que je sois pauvre
Dans mon petit état
J'aime mieux mon bonet
Tout pelé
Que non pas le plus beau
Chapeau bordé.

6

Adiu donques tigresse
Poutoure chens amou
Cambia be pots cambia
De serbidou
Janey noun troubaras
U taou coum jou.

Adieu donc tigresse,
Bergere sans amour;
Changer tu peux changer
De serviteur;
Jamais tu n'en trouveras
Un tel que moi.

CHANSON BEARNOISE

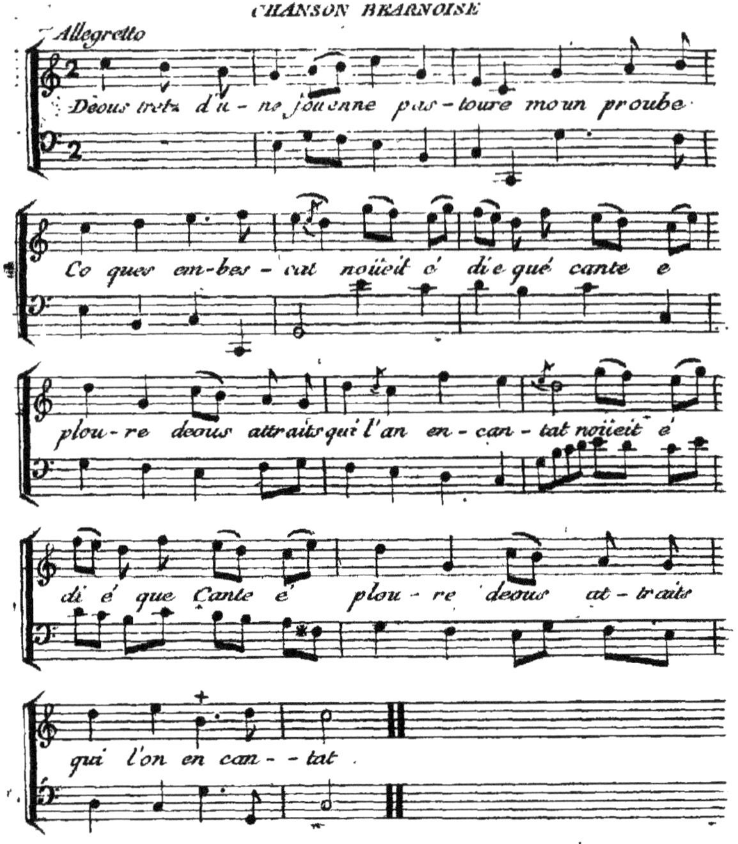

Traduction

Des traits d'une jeune Bergere
Mon pauvre cœur est anglué:
Nuit et jour il chante et pleure,
Des attraits qui l'ont enchanté.

Lous sous ouelhous nou son que dues ames
Dus houeqs allucats prés à prés
De quiou en la bolen Las flammes
Que L'Amou jette a m'a d' rebos } bis

Traduction

Ses jolis yeux ne sont que deux ames
Deux feux allumés prés à prés,
De là volent les flammes
Que l'amour jette de la main gauche.

Lou sou nasou dessus sa Caro
Jogue dab lous arrayjs dou sou
E de l'Ombretta qu'indebare
Marque las ores de l'amou.

Traduction

Son petit néz sur son visage
Joüe avec les rayons du Soleil
Et de la petite ombre qui en descend
Marque les heures de l'amour.

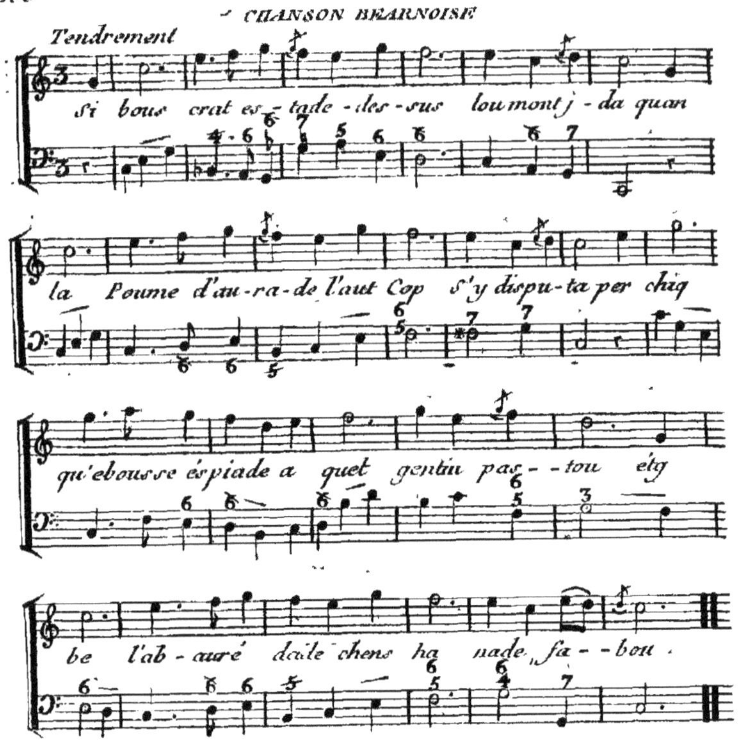

Traduction

Si vous eussiés été dessus le Mont Ida
Lors que la Pomme d'or jadis s'y disputa,
Pour peu que vous eut regardée
Ce genti Pasteur,
Il vous l'auroit donnée
Sans vous faire aucune faveur.

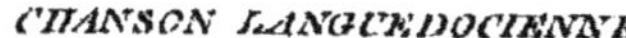

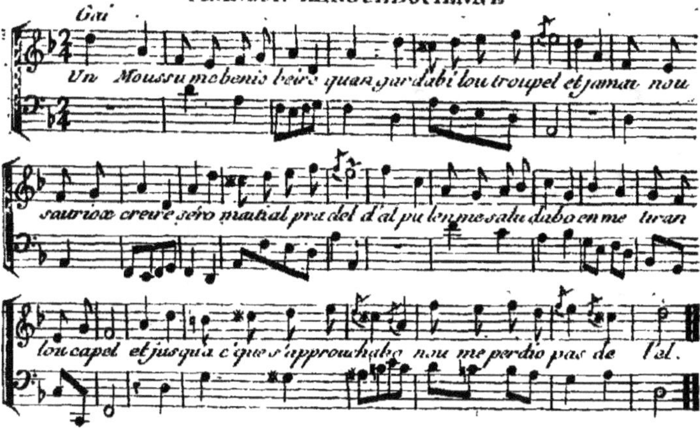

1er

Un Monsieur me venait voir
Quand je gardois le troupeau
Et jamais vous ne sauriez croire
S'il etoit bon matin à la prairie.
D'aussi loin qu'il me voyoit il me saluait
En me tirant son chapeau,
Et jusqu'à ce qu'il m'approchoit
Il ne me perdoit pas de l'œil.

2

A l'ombreto d'un fuillatge
Cantabo mil aires noubels
Et sas doussos cansonnetos
Fasion taire les aouzels
You aourioi boulgut l'entendre
Le beire et l'ebita
La touts benguet à me prendre
Sans la poude arresta.

3

Tout risio dedins soun airé
Et you mouriòi de frayou
Pu rapidé qu'un esclairé
S'emboulec al prex de you
Més d'un galan le lengatge
Reussis à nous calma
N'oun trambleri d'abantatge
Que de paou de le quitta.

2

A l'ombre d'un feuillage
Il chantoit mille airs nouveaux
Et ses douces chansonettes
Faisoient taire les Oiseaux,
J'aurois voulu l'entendre
Le voir et l'eviter;
La toux vint à me prendre,
Sans pouvoir l'arrêter.

3

Tout rioit dans son air
Et moi je mourais de frayeur,
Plus rapide qu'un éclair
Il s'envola auprès de moi;
Mais d'un galant le langage
Réussit à nous calmer,
Je n'en tremblai davantage
Que de peur de le quitter.

CHANSON LANGUEDOCIENNE

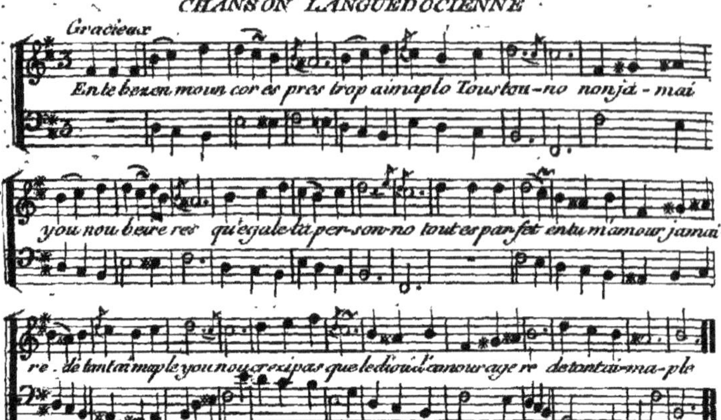

En te veyant mon cœur est pris,
Trop aimable Toutonne,
Non jamais je ne verrai rien
Qui égale ta personne,
Tout est parfait en toi m'amour,
Jamais rien ne te fut comparable;
Je ne crois pas que le Dieu d'Amour
Ait rien de si aimable.

Toutjoun you bezi d'ammetit
Uno beoutat qu'encanto
Dabort se presenta à l'esprit
Uno dousson charmanto
Se calque cop ridos lou froun
Es per me mettre en allarmo
Mes àpei àco se couifoun
Trobi un retour que me charmo.

Toujours je vois avec toi
Une beauté qui enchante,
Dabord se présente à l'esprit
Une douceur charmante,
Si quelquefois tu rides le front
C'est pour me mettre en allarme,
Mais après, cela se confond
Et je trouve un retour qui me charme.

N'hesiten plus à nous aima
Per que l'amour l'ourdouno
You porti lou cor sur la ma
Trop aimaplo Tous touno
Embrassen nous a tout moumen
Sur ta bouco mignouno
un plaze pago cent tourmen
Que l'infidelitat douno.

N'hesitons plus à nous aimer
Puisque l'amour l'ordonne;
Je porte le cœur sur la main,
Trop aimable Toutonne,
Embrassons nous à tout moment
Sur ta bouche mignonne;
Un plaisir paye cent tourmens
Que l'infidélité donne.

CHANSON LANGUEDOCIENNE

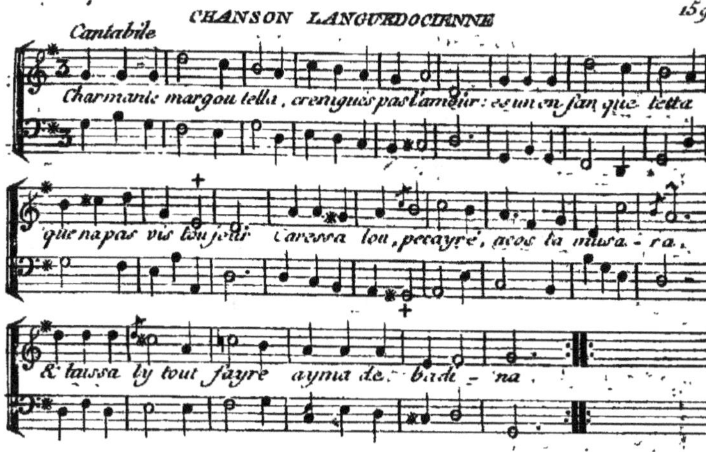

Traduction

Charmante Marguerite, ne craignez pas l'amour,
C'est un enfant qui tette et qui n'a pas vu le jour
Caressez le, de grace, cela l'amusera
Et laissez le tout faire, il aime à badiner

2

Ques dous soun badinage!	Que son badinage est doux!
L'aymaras tendramen	Vous l'aimerez tendrement
Un enfan da quel age	Un enfant de cet age
Es un amusamen	est un amusement
Embe sas manierettas	Avec ses petites manieres
Cerca pas qu'a trepa	il ne cherche qu'à folatrer
Et toujour sas manettas	Et toujours ses petites mains
Voulu tout arrapa	veulent tout attraper,

3.

Soun naturel doucille	Son naturel docile
Es fach per toun plaze,	est fait pour ton plaisir
Te Sera ben facille	Il te sera bien facile
De lou mettre a toun ple	de le mettre à ton pli
Dressat a la brouquetta	Dressé à la brochette
Coumun passerou fran,	comme un passerau franc
Te fara lescaletta (A)	Il te fera l'Escallette (A)
Dabort que sera gran	d'abord qu'il sera grand.

(A) Ce mot ne peut se traduire en francois il represente ce que l'on fait faire à un Oiseau lors qu'on le fait sauter d'un doigt sur l'autre; comme si on le faisoit monter à une Echelle.

CHANSON PROVENÇALE
A DOUAS VOUAS.

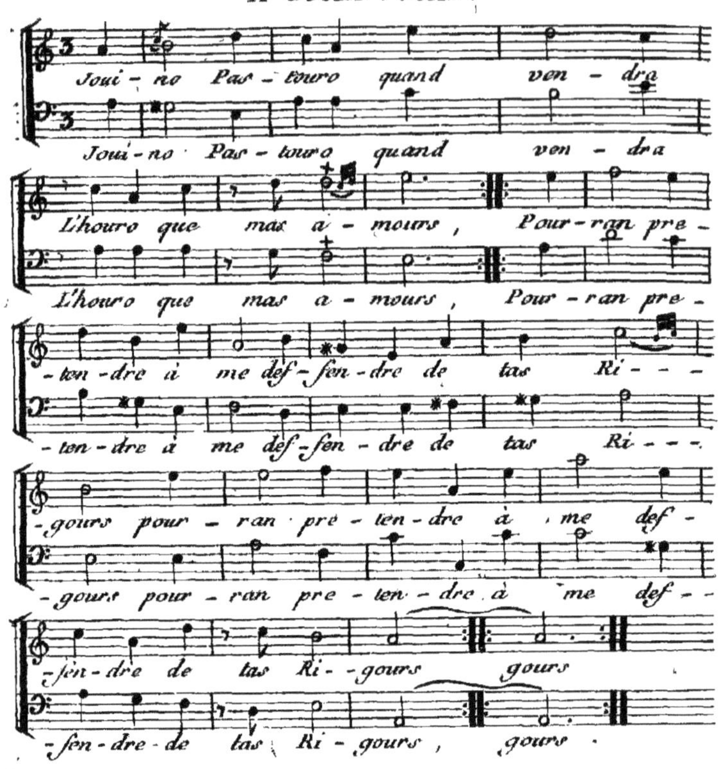

Jeune Bergère !
Quand viendra l'heure
Où mes amours
Pourront prétendre
A me défendre
De tes rigueurs ? } bis

2	2
Ay bel à faire	*J'ai beau faire*
Per n'en coumplaire	*Pour plaire*
Toun sagè coüert	*A ton cœur sage,*
Tan siès tigresso	*Tu es si cruelle*
Senso tendresso } *bis*	*Que sans pitié* } *bis*
Veiras ma moüert.	*Tu verras ma mort.*

3	3
Noun fau pas gaire	*Je ne fais guère*
Mestie de plaire	*Metier de plaire*
Eys amouroux	*Aux amoureux;*
May tan siès tendre	*Mais tu es si tendre*
Te voualy Rendre } *bis*	*Que je veux te rendre* } *bis*
Amant huroux.	*Amant heureux.*

4	4
Teis plours me pressous	*Tes pleurs me pressent,*
Meis rigours cessoun	*Mes rigueurs cessent*
Ley fau finy	*Il faut les finir;*
May si vouas lhouro	*Mais si tu veux l'heure*
De ta Pastouro } *bis*	*De ta Bergere,* } *bis*
Fay la veny.	*Fais la venir.*

CHANSON PROVENÇALE

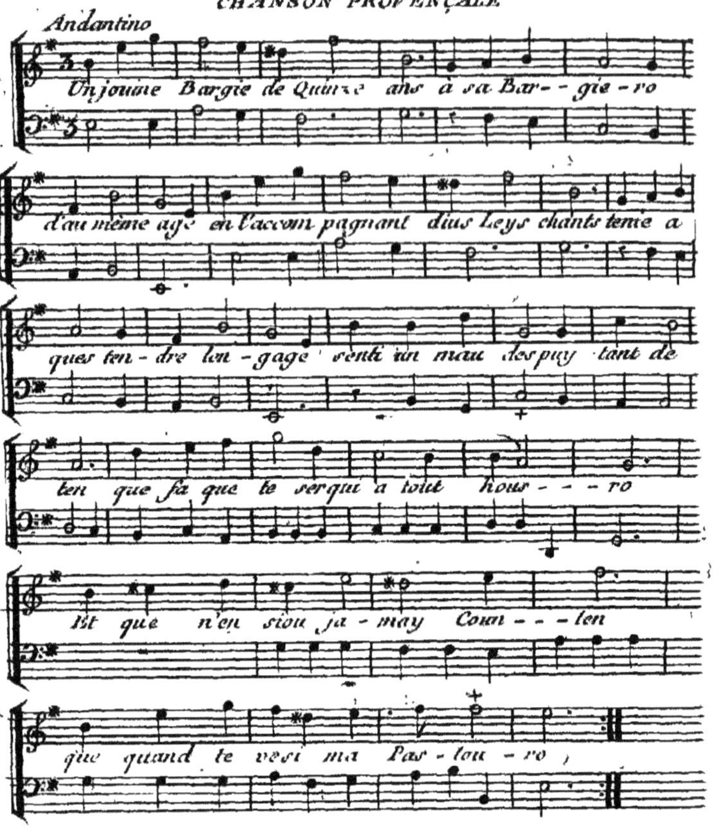

Un jeune Berger de quinze ans
A sa Bergére du même age
En l'accompagnant dans les champs
Tenoit ce tendre langage :
Je sens un mal, depuis tant de tems
Qui fait que je te cherche à toute heure,
Et que je ne suis jamais content
Que quand je te vois, ma Bergere.

Helas que voudriou pas avé	*Hélas! que ne voudrois-je pas avoir ?*
Helas que voudriou you pas faire	*Hélas! que ne voudrois-je pas faire ?*
Te seroy à garda teis avé	*Si je te servois à garder tes Brebis,*
Per tout voulariou per te plaire	*Je volerois partout pour te plaire.*
De floux àmes a te Para	*Tu aimes à te parer de fleurs ;*
Tenen Cuilliray dei plus bellos	*Je ten cueillerai des plus belles*
Si ma vouas te desplasie pas	*Si ma voix ne te déplaisoit pas,*
Ti diriou cent Cansoun nouvellos	*Je te dirois cent chansons nouvelles.*
Sur ma musello Cantaray	*Je chanterai sur ma musette,*
Teis beaus hueils ta bouquo Poulido	*Tes beaux yeux, ta jolie bouche,*
Toun tein plus frès qu'au mes de may	*Ton teint plus frais que n'est au mois de mai*
L'aroso à leigagne espandido	*La Rose épanouie à la rosée.*
Que vouas de you moun bouen tendroun	*Que veux-tu de moi mon bon tendron ?*
Lou Ruban qu'orno ma houletto	*Le ruban qui pare ma houlette ?*
Serie ly ren lou Passeroun	*Ne voudrois tu pas l'oiseau*
Que fa tan ben leis Escaletos	*Qui fait si bien les petites échelles ?* (1)
Vela qui que nen sion jaloux	*Voila que je vais en être jaloux :*
Ah quand baisara ta bouquetto	*Ah! quand il baisera ta bouche mignone*
Transpourta d'un plesy tant doux	*Transporté d'un plaisir si doux*
Que vay boullega seis aletto	*Qu'il va agiter ses petites ailes !*
Anara, vendra voulara	*Il ira, il viendra, il volera*
Sur ta testo sur teis espalos	*Sur ta tête sur tes épaules,*
Et per sauga chausira	*Et il choisira voulant se cacher,*
To cia beou sen per luech de seis alos	*Ton beau sein pour placer ses ailes.*
Quand seray absent d'un moumen	*Quand je serai absent un moment*
Souffrira pas que rès ta proché	*Il ne souffrira pas que rien t'approche ;*
Te bequetara fieramèn	*Il te becquetera vivement*
Et te piantara seis reproché	*Et te piolera ses reproches ;*
Si me troumpès à mon retour	*Si tu me trompes à mon retour*
Seis cris me lou faran entendre	*Ses cris me le feront entendre.*
Et toutey doux mourren d'amour	*Et tous deux nous mourrons d'amour*
Tout peccaire aven lou couer tendre	*Tant nous avons, hélas! le cœur tendre !*

(1) *Voltiger d'un doigt à l'autre.*

CHANSON PROVENÇALE

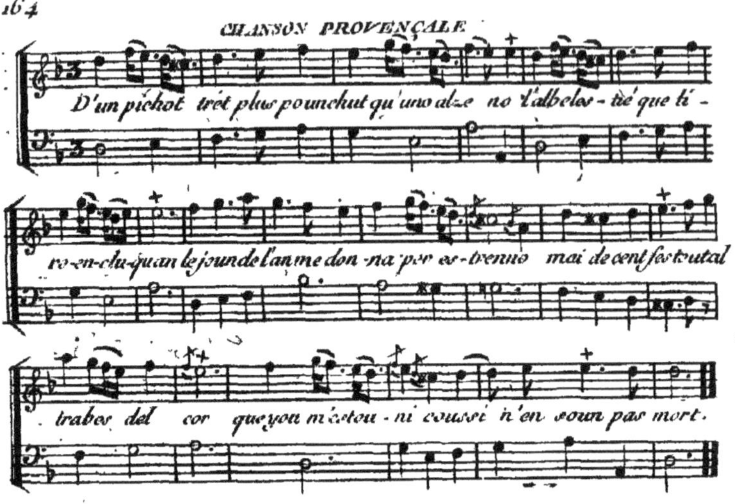

Traduction

D'un petit trait plus pointu qu'une halène
L'amour qui tire en clignant le jour de lan
Me donna pour etrènne
Plus de cent fois tout à travers du cœur
Et je m'etonne comment je n'en suis pas mort

Se you mourrissioi me plaindrios tu pecaire
Vous farienpas soulomen lou semblan
Mais cependant bous aon diaurios ben faire
Car yeu bejeri tout en fadejan
Quan me tirobo li tegniox la man.

Si je mourrois me plaindrois tu mon petit ami
Vous n'en feriez pas seulement semblant
Mais cependant vous le devriés bien faire
Car je vis tout en badinant
Qu'en me tirant vous lui teniés la main.

La Vision d'Enguerrand

Romance (A) de M. Casote.

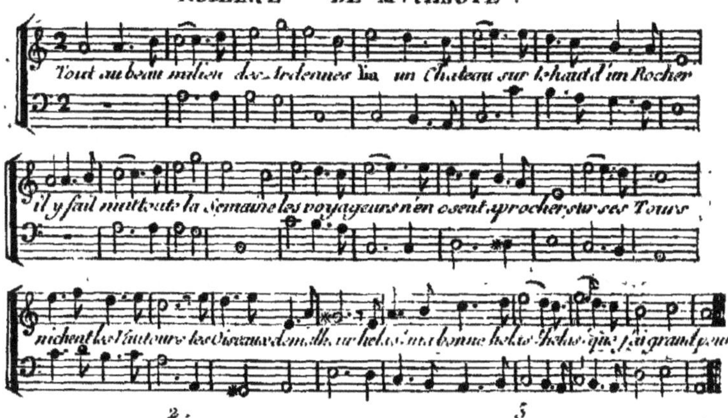

2.

Tout à l'entour de ses murailles
On y entend les Loups garoux heurler,
On entend trainer des ferailles,
On voit des feux, on voit du sang couler.
Tout à la fois
De tristes voix
Qui vous glacent le cœur. helas! &c.

3.

Sire Enguerrand venait d'Espagne
Passant par là cuidoit se reposer:
Il monte au haut de la Montagne,
Faites mon lit, car je veux me coucher
Beau Cavalier!
Restés en Etrier
Vous mourriés de frayeur. helas! &c.

4

Par la morbleu! par les cent Diables!
Est-ce qu'on me prend pour un jeune Ecolier
Faites du feu, dressés la Table,
Mettés des Draps, venez me déboter.
Ou sont ils donc,
Tous ces Esprits felons,
Qui causent tant d'horreur! helas! &c.

5

Bonsoir vous dis, mon Capitaine
Tenés vous bien ferme sur l'oreiller;
Madame, ne soyés en peine.
Si l'Diable vient, je pretends l'etriller
Dame croiés nous,
D'aussi fermes que vous
Y ont manqué de cœur helas! &c.

6

Vers la minuit v'la grand Tapage
Tout le Chateau commence à s'ebranler;
On entend des cris pleins de rage,
Tous les enfers viennent s'y dechainer.
Que d'hurlemens!
Que d'affreux sifflemens!
Que de cris! que de Pleurs! helas! &c.

Tout à coup par la cheminée
Voila des têtes et des cornes tomber,
Des Pieds, des mains de Griffes armées
D'aspics et de Vipères entortillés;
Au même instant
La Porte à deux battans
S'ouvre en grand rumeur helas! &c.

(A). Il faut faire preter l'air aux paroles dans plusieurs endroits

8.

Un Damné de figure hideuse
Etoit traîné par cent Diables affreux ;
Sa bouche étoit toute Ecumense
Le plomb fondu lui découlait des yeux,
Ses cheveux
Tout embrasés de feux.
S'hérissaient de douleur hélas ! &.

9.

Sur ses Epaules déchirées
Les Demons fouettant à coups redoublés,
Les fouets dont leurs mains sont armées
Sont des Serpens des plus envenimés
Il veut crier,
Un Crapau, du gosier
Sort avec les Clameurs hélas ! &.

10.

Une ame toute échevelée
Va lui plongeant un poignard dans le cœur,
Avec une épaisse fumée
Le Sang en sort si noir qu'il fait horreur.
A chaque pas
Meurs, dit elle scélérat,
Expie tes fureurs hélas ! &.

11.

Malheureuse ame Reprouvée
Dit le chevalier en élevant la voix ;
Qui vous ramène en ces contrées ?
Par Dieu vivant ! parlés, répondés moi.
En soupirant,
L'ame au même moment
Lui répondit, Monsieur . . . hélas ! &.

12.

Le Comte Anselme Etait mon Pere,
Prince il étoit d'ici tout à l'entour.
J'etais belle, j'en étais fiere
Sage j'étais, je l'eusse été toujours.
De mes yeux,
Ce monstre odieux
S'éprit, pour mon malheur hélas ! &.

13

Prêtre il etait, Las ! bien indigne
Et de mon pere il était Aumonier ;
Au lieu de prêcher la Doctrine
Qu'à des Chrétiens il devoit enseigner :
Ne faisoit rien.
Que penser au moyen
De m'enlever l'honneur hélas ! &.

14

Il n'osoit découvrir son ame,
Le Chatiment eut suivi son aveu,
Cela faisait croitre sa flâme
Car la contrainte en attisoit le feu ;
Chaque moment
S'en allait redoublant
Son Impudique ardeur hélas ! &.

15.

Au desespoir l'âme livrée
Pour obtenir ce qui lui tient au cœur,
Va sur une route croisée
Pour se livrer au Pere de l'Erreur
Le Démon
Lui Octroye le Don
De me ravir ma fleur hélas ! &.

16

Tous les matins à l'aventure
J'allais au bois pour y prendre le frais,
Dans le cristal d'une eau bien pure,
Je me plaisais à mirer mes attraits
En beauté
Me disoit la vanité
Rien ne vous égale ailleurs hélas ! &.

17

Là tout auprès d'une fontaine,
Une Rose étoit sur un Epais Rosier,
Fraiche brillante, éclose à peine ;
Tout paroissoit Induire à la cueiller
Il semblait
Qu'elle repandait
La plus aimable odeur. hélas ! &.

18

J'en veux orner ma chevelure
Pour ajouter plus d'éclat à mon teint,
Je ne sçais quoi contre nature
Quand j'y touchais me repoussait la main
Mon cœur battait
Tout en battant me disait
Le Diable est sous ces fleurs hélas! &c.

19

A peine en suis je la maîtresse;
Comment pourrai je en faire le recit
Je me sens tomber en faiblesse
Le malheureux son dessein accomplit
Et le sort
Fait que sans remord
J'y sens de la douceur hélas! &c.

20

Mais en fin étant revenüe
Je reconnais l'excès de mon malheur,
L'ame de desespoir émuë
En cris perçans j'exhale ma douleur
Suborneur
Lache seducteur
Lui dis je avec fureur, hélas! &c.

21

Il veut m'apaiser; vas infâme
Tu m'as perdu, mais dis je tu mourras;
Alors de courroux il s'enflâme
Et le Demon le poussant par le bras
L'œil hagard
Il tire un poignard
Et m'en perce le cœur hélas! &c.

22

Pour dérober son crime énorme
Il veut aidé du secours de Satan
Faire une fosse au pied d'un Orme
Mais aussitôt elle s'emplit de Sang,
Qui contre lui
Se tourne et rejaillit
D'une grande fureur hélas! &c.

23

Il veut aller à la fontaine
Pour effacer la trace de ce Sang
Mais le méchant y perd sa peine
Plus il frotte et plus la tache s'etend;
Dans le bois
On entend des voix
Des Cors et des chasseurs hélas! &c.

24

Où m'enfuirai je misérable
Pour m'engloutir, Abîme, entr'ouvre toi,
D'un air officieux le Diable
Se change en bouc, monte, dit il, sur moi,
Ne crains rien,
Vien, mon ami, vien,
Mon fidel Serviteur, hélas! &c.

25

Il monte, et sans qu'il s'en étonne
Il sent sous lui le Diable détaler,
Sur son chemin l'air s'empoisonne,
Et le terrain s'embrase sous ses pieds,
En un moment
Il est plongé vivant
Au séjour des douleurs hélas! &c.

26

Depuis... L'ame parlait encore,
Mais par hazard parla le chevalier.
Jesus, Fil dis je vous adore
Et de la croix commence à se signer
A ce nom
Phantômes et Démons
Tout fuit plein de terreurs. hélas! &c.

Morale

Aprenés par cecy, Mesdames,
A vous deffier de votre vanité
Et vous qui courtisés les femmes,
Retenés bien cette Moralité;
Qu'il ne faut pas
Se donner à Satanas
Pour avoir leurs faveurs hélas! &c.

CHANSON IMITÉE DE CELLE DE LA PALISSE

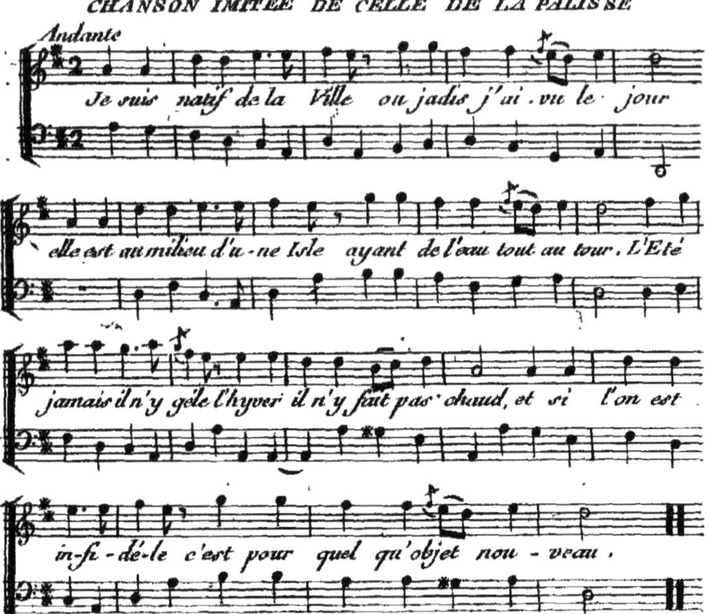

2.

Après la mort de ma mere
Mon Papa demeura veuf,
Si j'eusse eu Sept Sœurs, un Frere,
N'aurions nous pas été neuf ?
C'était une aimable Dame
Qu'il épousa (ce dit-on) ;
S'il n'eut jamais pris de femme
Il aurait vecu Garçon.

3

Il était d'un Caractere
Debonnaire, affable, et doux,
N'entrant jamais en colere
Qu'on ne le mit en Couroux.
Sa chevelure etait blonde
Il brillait comme un Soleil
S'il eut été seul au monde
Il n'eut point son pareil.

4

Pour soutenir sa naissance
Il avait fort peu de bien.
Dès qu'il fut dans l'abondance
Il ne manqua plus de rien.
Toujours (tant il fut honnête
Bien apris dès le Berceau ;)
Il se decouvrait la tête
Dès qu'il otait son chapeau

5.

A le chercher à la Ville
On eut bien perdu son tems
Quand pour être plus tranquille
Il se promenait aux champs.
Sur le plein et sur le vide
Il disputait savamment,
Disant: La Place est humide,
Je le dis publiquement.

6.

On assure cette chose
Parmi plusieurs traits divers;
Il n'écrivait pas en prose
Quand il écrivait en vers:
Il n'aimait pas la paresse
Et jamais il n'était las;
On tient qu'il veilloit sans cesse
Pendant qu'il ne dormait pas.

7.

En allant sur la Riviere
C'était toujours en Bateau:
Il allait toujours par terre
Amoins qu'il n'allat par eau:
Il s'acquit le don de plaire
Par son esprit et son air;
S'il avait voulu le faire
Le Roy l'eut fait Duc et Pair.

8.

Par devant Juge et Notaire
Un jour il fut assigné;
Il eut perdu son affaire
S'il eut été condamné
Il ne pouvait se résoudre
A charger ses Pistolets;
Quand il n'avait point de poudre,
On ne le croira jamais.

9.

Un Devin, chose hardie
Lui dit, en faisant des Ronds
Qu'en mourant en Lombardie
Il mourrait delà les Monts;
Blessé d'une main cruelle
Il vit terminer son sort;
On dit: la Plaie est mortelle
Puis qu'hélas! il en est mort.

10.

Si sa mortelle blessure
Ne l'avait pas fait mourir
On eut opéré sa cure
Dès qu'on eut pû le guérir:
Cédant à la maladie
Il s'est montré le moins fort;
Il serait encore en vie
hélas! s'il n'était pas mort.

11.

Sur un fort bon lit de plume
Il est mort très mollement
S'il fut mort sur une enclume
Il fut mort plus durement
Il mourut digne d'envie
Regretté de ses Soldats:
Le dernier jour de sa vie
Fut le jour de son trépas.

12

Ses ennemis ont sans doute
De sa mort été charmés;
On dit qu'il ne vit plus goutte
Dès qu'il eut les yeux fermés.
Ecrivant au Roy son maître
De sa mort il l'avertit:
Le Roy n'eut point lû sa lettre
S'il n'avait jamais écrit.

Danse Grecque appellée Romeca

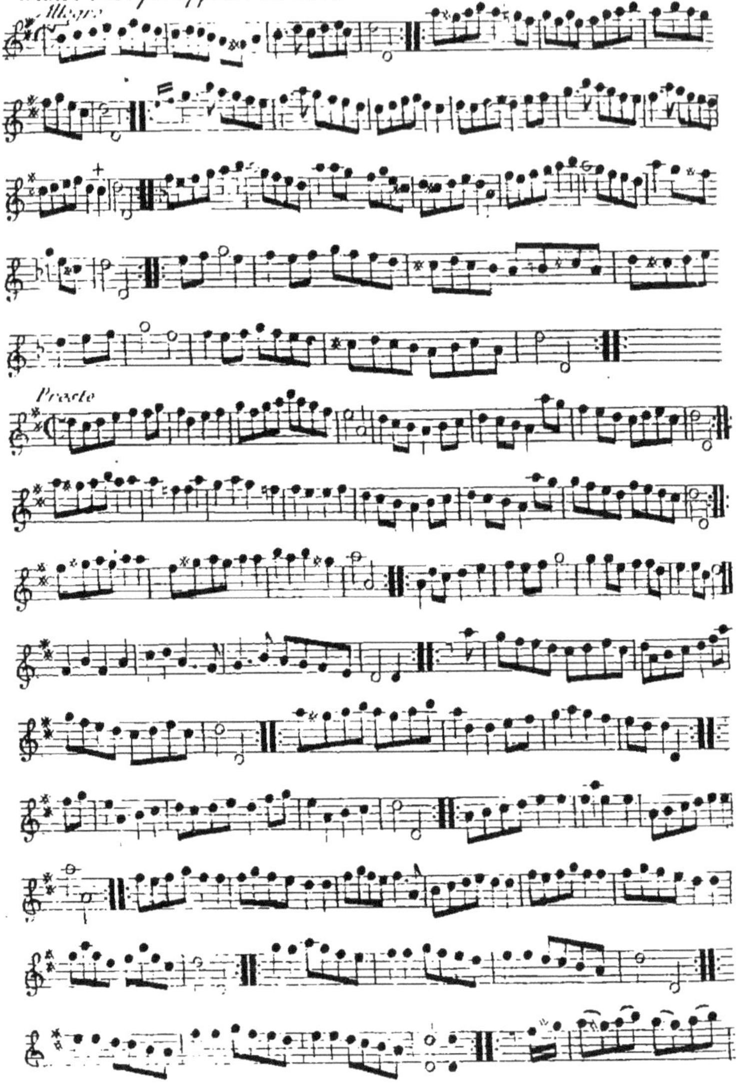

Allegro

Presto

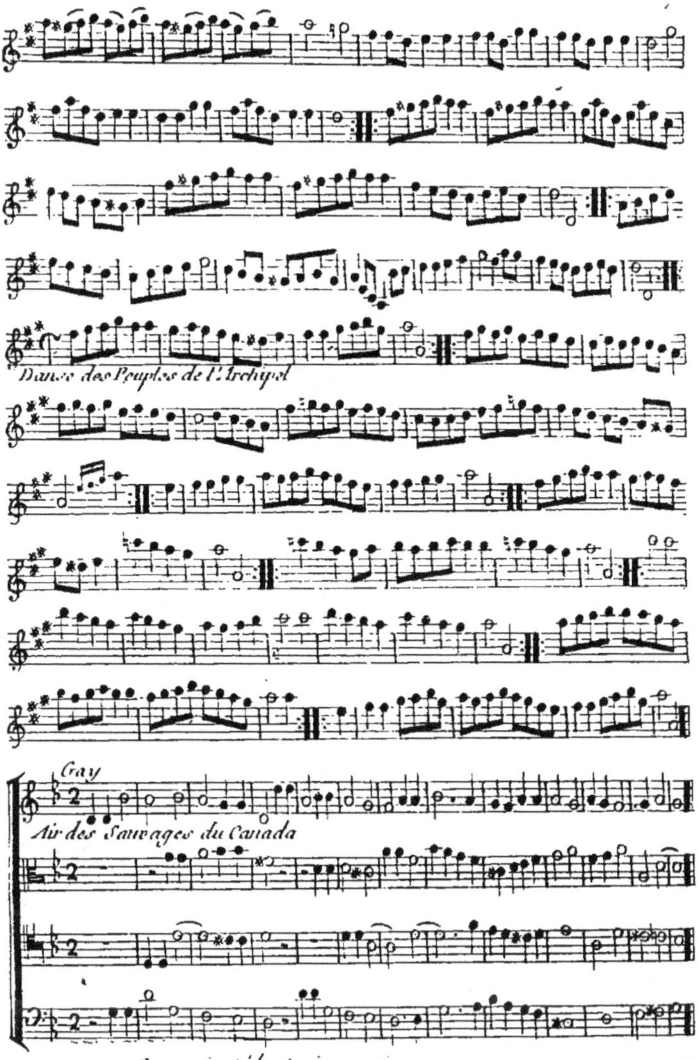

Danse des Peuples de l'Archipel

Gay

Air des Sauvages du Canada

On a ajouté les trois parties

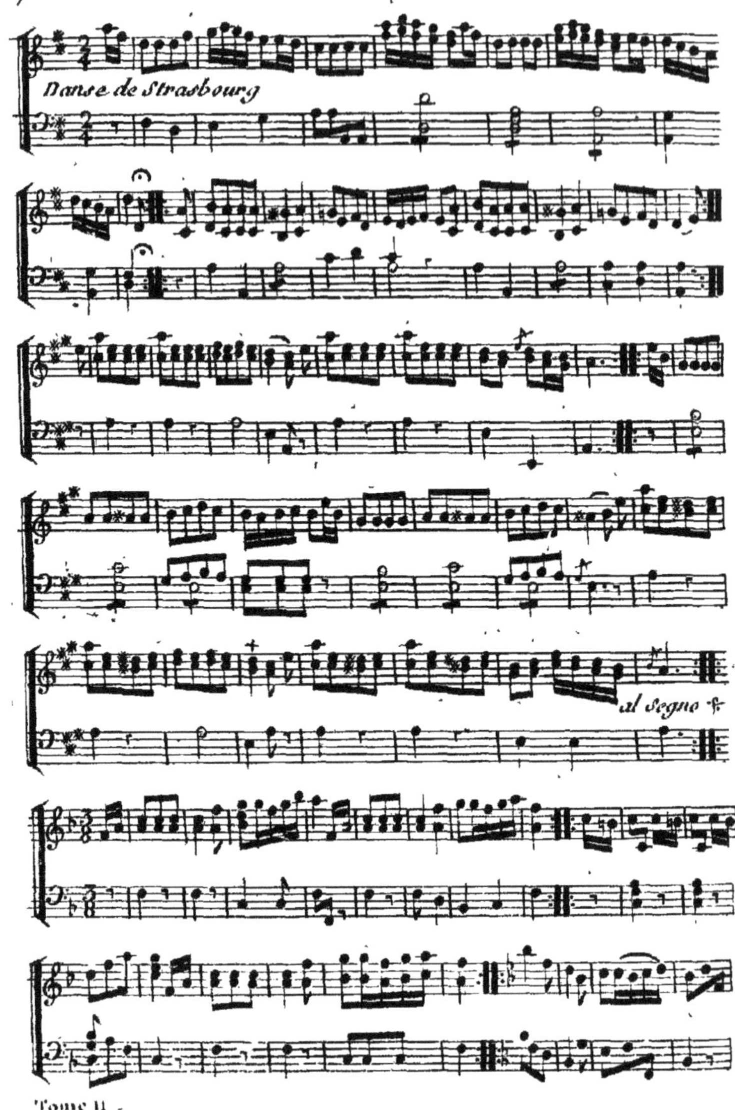
Danse de Strasbourg
al Segno

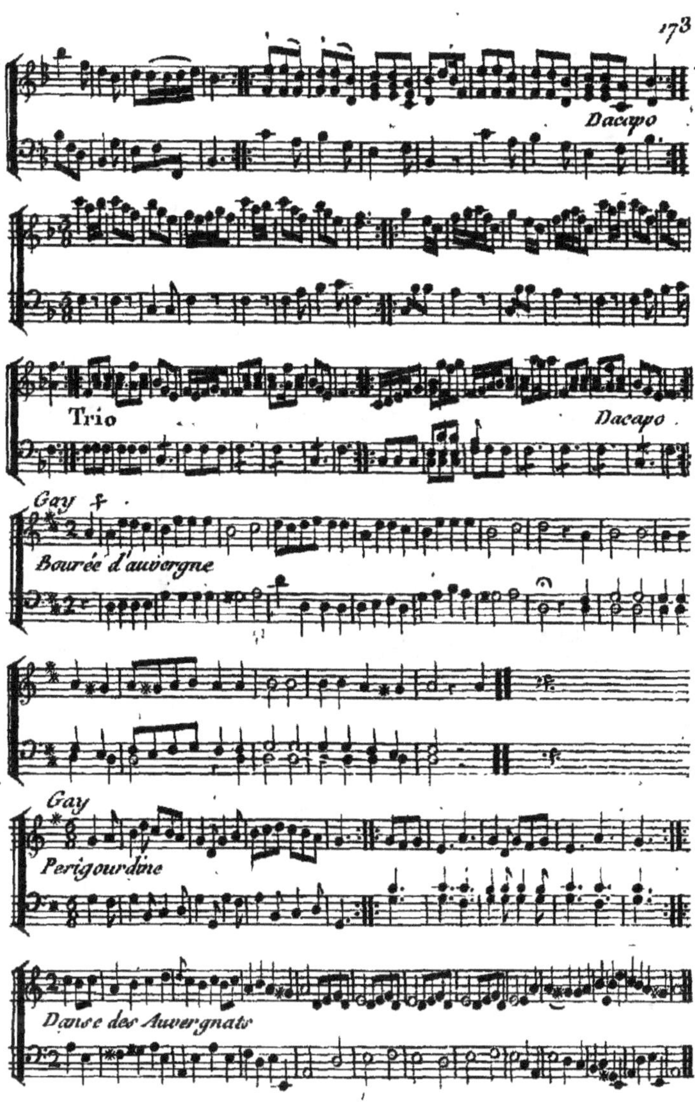
Dacapo
Trio
Dacapo
Gay
Bourée d'auvergne
Gay
Perigourdine
Danse des Auvergnats

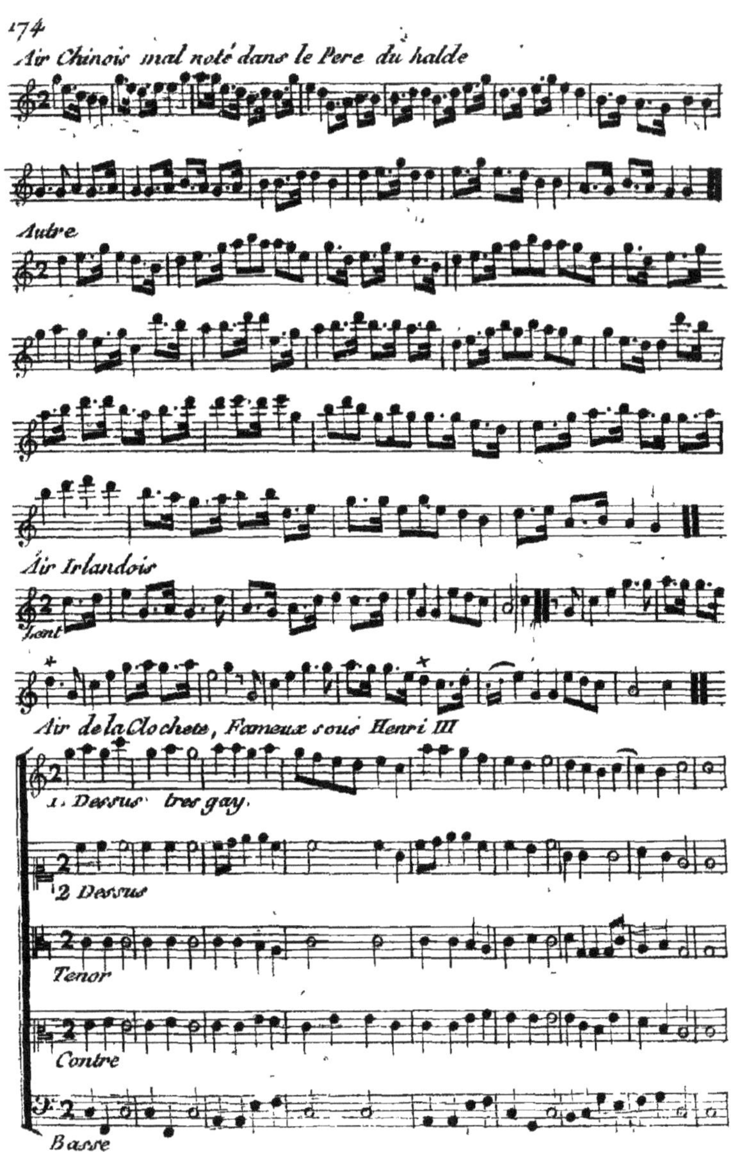

Voilà comme on ecrivoit alors les parties, cet air est tiré de la Féte donnée par Beaujoyeux au Mariage du Duc de Joyeuse avec Melle de Vaudémont.

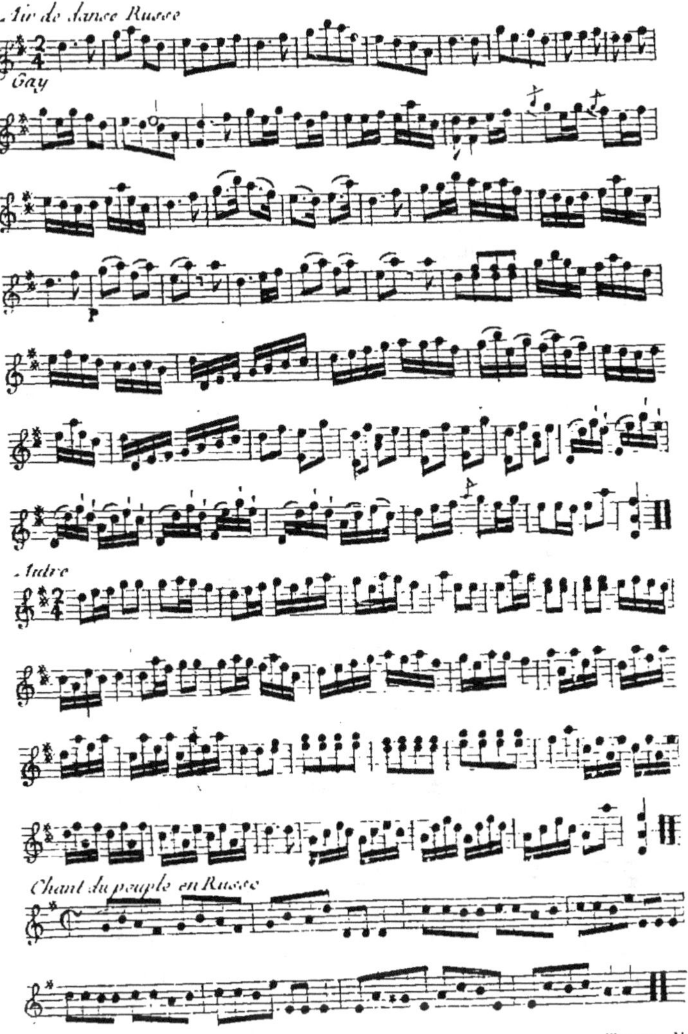
Air de danse Russe
Gay
Autre
Chant du peuple en Russe

AIRS CHINOIS

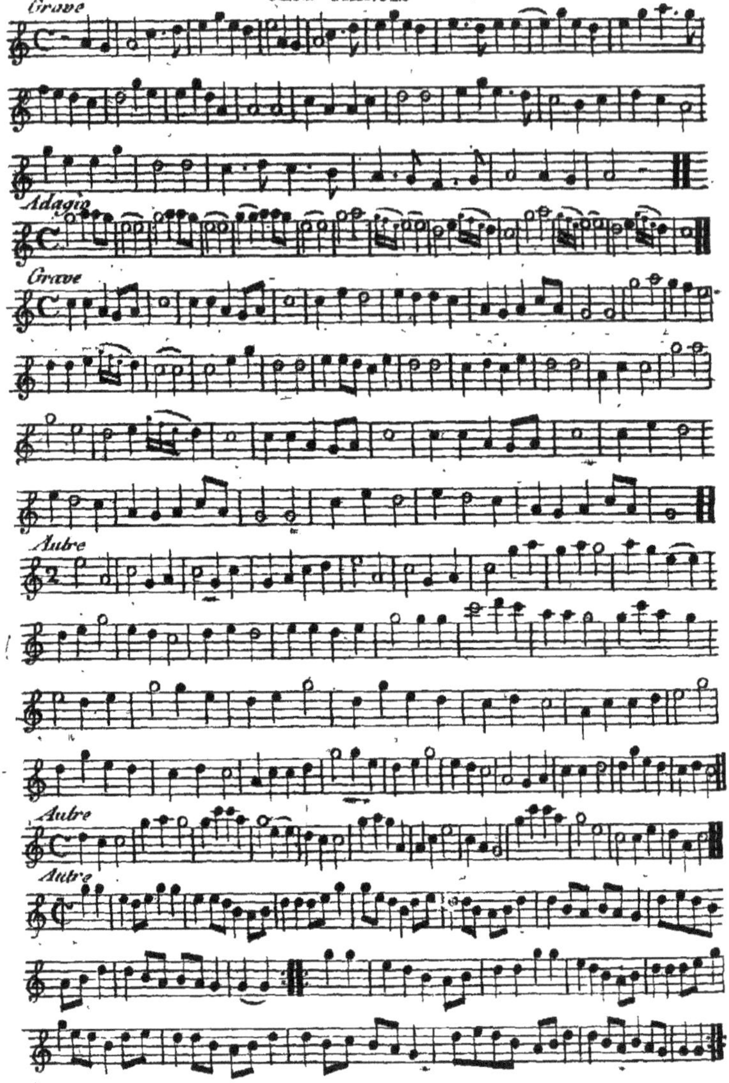

Grave

Adagio

Grave

Autre

Autre

Autre

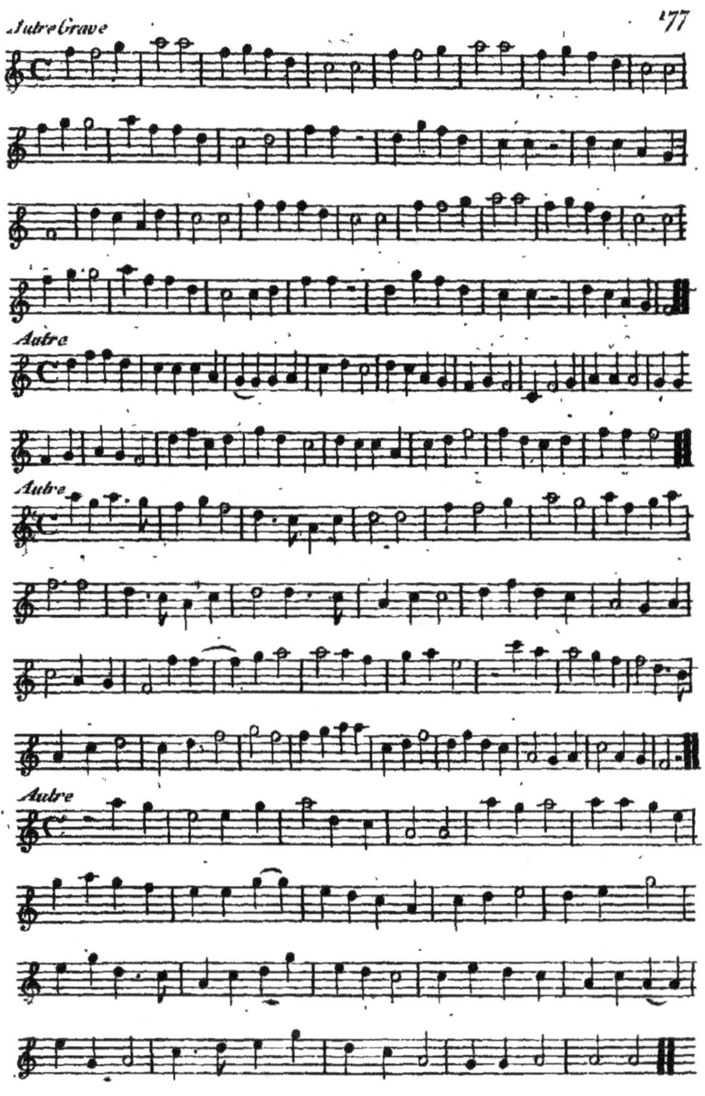
Autre Grave
Autre
Autre
Autre

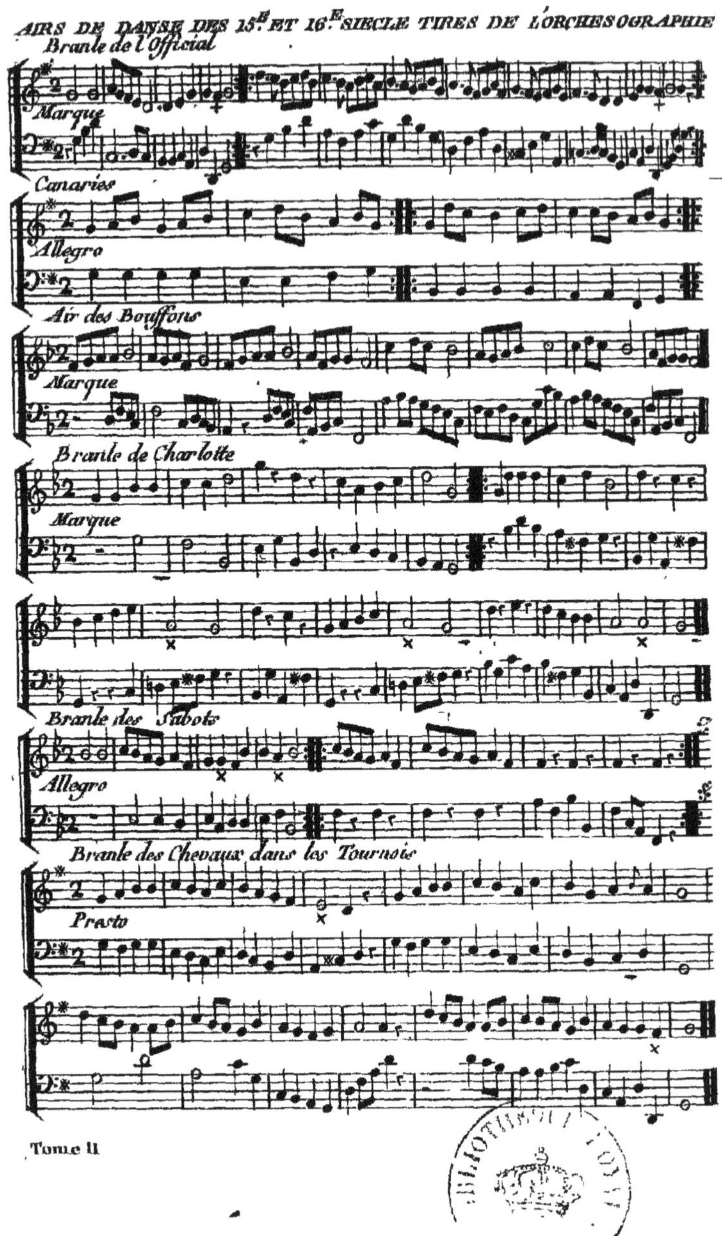
AIRS DE DANSE DES 15.E ET 16.E SIECLE TIRES DE L'ORCHESOGRAPHIE
Branle de l'Official
Marque
Canaries
Allegro
Air des Bouffons
Marque
Branle de Charlotte
Marque
Branle des Sabots
Allegro
Branle des Chevaux dans les Tournois
Presto

TABLEAU des *MODES* de la Musique des Grecs, comparés avec les *TONS* de la Musique Moderne.

Noms des TONS Modernes.	Genre des TONS.	Caractères des TONS prouvés par des Exemples.	Nombre des MODES Anciens.	Noms des MODES Anciens.	Situation respective de la Corde fondamentale de chaque MODE, d'après les Anciens.	Caractères des Modes, selon les Écrits des Anciens; & leurs correspondances aux Caractères de nos TONS.	Ce qu'en disent les Auteurs Anciens.	Division des MODES suivant leur genre d'élévation dans le Système général.
LA	Majeur Mineur	[illegible] Air d'Armide. [illegible]	XVe.	HYPER-LYDIEN.	Ce Mode, le plus aigu des Quinze de la Musique des Grecs, avoit sa Corde fondamentale une Quarte au-dessus de celle du Mode Lydien; & faisoit le Diapason, ou l'Octave avec le Mode III Hypo-Phrygien. Il étoit probablement inconnu à Aristoxène, qui n'en parle pas.	Ce Mode avoit probablement le même caractère, mais plus brillant, que l'Hypo-Phrygien.	Nous n'avons pu découvrir la façon de penser des Anciens sur ces trois Modes.	MODES AIGUS.
LA♭ ou SOL♯	Majeur Mineur	Ces Tons ne sont guère employés, [illegible]	XIV.	HYPER-ÉOLIEN.	Ce Mode, qui n'étoit vraisemblablement pas connu d'Aristoxène, avoit sa Corde fondamentale à la Quarte au-dessus de celle du Mode Éolien, & à l'Octave de celle de l'Hypo-Éolien.	Il avoit probablement le même caractère, mais plus brillant, que le Mode Hypo-Éolien.		
SOL	Majeur Mineur	[illegible] Air des Prêtresses d'Hippolyte & Aricie. Acte I, Scène 3.	XIII.	HYPER-PHRYGIEN, appelé par Euclide, &c. HYPER-MIXO-LYDIEN. [illegible]	Ce Mode, le plus aigu des Treize connus d'Aristoxène, avoit sa Corde fondamentale une Quarte au-dessus de celle du Mode Phrygien, & faisoit l'Octave avec l'Hypo-Dorien, le plus grave de tous.	Il avoit probablement le même caractère, mais plus brillant, que le Mode Hypo-Dorien.		
SOL♭ ou FA♯	Majeur Mineur	Ces deux Tons ne sont guère en usage. Le Ton de Sol♭ [illegible] n'est jamais employé.	XII.	HYPER-IONIEN, ou Hyper-Iastien, ou Mixo-Lydien aigu.	Sa Corde fondamentale étoit à la Quarte au-dessus de celle du Mode Ionien.	Sonore & Tranquille.	[illegible] le dit Triste, & propre aux Cérémonies Religieuses.	
FA	Majeur Mineur	[illegible], Acte II, Scène 3 Monologue de Dardanus. Lieux funestes, [illegible]	XI.	HYPER-DORIEN, ou Mixo-Lydien.	Ce Mode, le plus aigu & le dernier des Sept reconnus par Ptolémée, qui l'appelle Mixo-Lydien, avoit sa Corde fondamentale à la Quarte au-dessus de celle du Mode Dorien.	Bruyant; mais quelquefois, Mélancolique & Pathétique.	Plutarque le dit propre aux Tragédies; Aristote, aux cœurs Tristes; Platon, aux Larmes; Athénée, [illegible] à émouvoir, tantôt à calmer les Passions.	
MI	Majeur Mineur	[illegible] de Castor & Pollux [illegible] de Castor.	X.	LYDIEN, ou Mode Barbare, parce qu'il portoit le nom d'un Peuple de l'Asie.	Ce Mode, le plus aigu des cinq Moyens, occupoit le milieu entre l'Hyper-Dorien & l'Éolien; & sa Corde fondamentale étoit à un ton au-dessus de celle du Mode Phrygien. Il est le Sixième des Sept reconnus par Ptolémée.	Animé, Éclatant; quelquefois Pathétique, & propre à la Mollesse.	Platon le dit Mol, comme propre à [illegible]. Athénée, dit que quelquefois il est propre aux Plaintes. Aristote, l'appelle Plaintif.	MODES MOYENS.
MI♭ ou RÉ♯	Majeur Mineur	Monologue de Castor. Tristes apprêts, pâles flambeaux. Ce Ton Majeur de Ré♯ n'est jamais employé. Ces Tons Mineurs de Mi♭ & de Ré♯ sont peu usités.	IX.	ÉOLIEN, ou Lydien grave.	Il occupoit le milieu entre le Mode Lydien & le Phrygien; & avoit sa Corde fondamentale à un demi-ton au-dessus de ce dernier.	Grave & très-Sonore.	Lasus en parle comme d'un Mode Grave & Sonore. Athénée dit qu'il étoit Simple & [illegible]. Pratinas, rapporté par Athénée, dit que l'Harmonie [illegible] convenoit [illegible], & il lui donne le premier rang.	
RÉ	Majeur Mineur	[illegible] Le [illegible]	VIII.	PHRYGIEN.	Ce Mode, le Cinquième des Sept reconnus par Ptolémée, occupoit le milieu entre le Lydien & le Dorien; & avoit sa Corde fondamentale à un ton de distance de celles de l'un & de l'autre.	Ardent, Fier, Impétueux, Véhément, Terrible; quelquefois plus Doux.	Athénée dit que c'est le Mode [illegible] au son [illegible] des Trompettes & des [illegible]. Platon dit, que c'est le plus Fier & le plus Impétueux de tous les Modes. Plutarque l'appelle le Véhément.	
RÉ♭ ou UT♯	Majeur Mineur	Le Ton de Ré♭ Majeur & d'Ut♯ Mineur sont peu usités. Le Ton d'Ut♯ Majeur, & [illegible] de Ré♭ Mineur, ne le sont point du tout.	VII.	IONIEN, ou Iastien, ou Phrygien grave.	Il occupoit le milieu entre le Mode Phrygien & le Dorien; & avoit sa Corde fondamentale à un demi-ton au-dessus de ce dernier.	Mou & consacré à la Composition, ainsi qu'il [illegible].	Platon le blâme, dans sa République, comme propre à [illegible] & Efféminé. Plutarque le dit Mou, & Athénée, Voluptueux.	
UT	Majeur Mineur	Marche de Castor. [illegible], par Mondonville. [illegible]	VI.	DORIEN, ou Hypo-Mixo-Lydien.	[illegible]	Sérieux, Grave, Magistral, propre pour la Guerre; quelquefois propre aux Sujets Religieux.	Platon le regarde comme propre à conserver les Bonnes Mœurs. Plutarque dit qu'il est distingué par sa Gravité. Athénée dit que quelquefois il est Tendre.	
SI	Majeur Mineur	[illegible] l'Amour. [illegible], règne, Amour. Prière de Thésée à Neptune dans Hippolyte & Aricie. Acte III, Scène 9.	V.	HYPO-LYDIEN.	Sa Corde fondamentale étoit à une Quarte au-dessous de celle du Mode Lydien. Il est le Troisième des Sept reconnus par Ptolémée.	Animé & Brillant; quelquefois Agréable & Doux, d'autres fois consacré aux Chants Funèbres & aux Modulations lubriques.	Platon le dit Brillant. Aristote veut qu'il soit consacré aux choses Tristes & Lentes. Athénée le consacre aux Chants Funèbres, & aux Modulations lubriques.	MODES GRAVES.
SI♭ ou LA♯	Majeur Mineur	Marche des Guides [illegible]. Le Ton de La♯ Majeur n'est jamais employé. Le Ton de Si♭ Mineur est peu usité. Le Ton de La♯ Mineur n'est presque jamais employé.	IV.	HYPO-ÉOLIEN, ou Hypo-Lydien grave.	Sa Corde fondamentale étoit à une Quarte au-dessous de celle du Mode Éolien.	Impétueux, quoique Triste.	Aristote le dit [illegible]. Athénée dit qu'il est Impétueux.	
LA	Majeur Mineur	Air des Indes Galantes, Acte des Incas. [illegible] Monologue d'Hésione. [illegible]	III.	HYPO-PHRYGIEN.	Sa Corde fondamentale étoit à la Quarte au-dessous de celle du Mode Phrygien, & à l'Octave au-dessous de celle de l'Hyper-Lydien. Il est le Second des Sept reconnus par Ptolémée.	Brillant; & quelquefois Calme & Paisible.	Aristote, au IXe Livre de ses Problèmes, nous apprend que les Grecs chantoient sur ce Mode des [illegible] de leurs Tragédies, & les appeloient [illegible]. Athénée dit, que quelquefois il est Calme.	
LA♭ ou SOL♯	Majeur Mineur	Les Tons de La♭ Majeur & de Sol♯ Mineur sont peu usités. Les Tons de La♭ Mineur & de Sol♯ Majeur ne le sont point du tout.	II.	HYPO-IONIEN, ou Hypo-Iastien, ou Hypo-Phrygien grave.	Sa Corde fondamentale étoit à la Quarte au-dessous de celle du Mode Ionien, & à l'Octave au-dessous de celle de l'Hyper-Éolien.	Grave & Majestueux; quelquefois un peu Triste.	Lucien dit qu'on l'employoit aux Fêtes [illegible], pour [illegible].	
SOL	Majeur Mineur	Musique d'Iglé. [illegible] Air des Indes Galantes, Acte des Sauvages. [illegible]	Ier.	HYPO-DORIEN. Commun. Locrien.	Ce Mode, le premier & le plus grave des Quinze de la Musique des Grecs, avoit sa Corde fondamentale à la Quarte au-dessous de celle du Mode Dorien, & à l'Octave au-dessous de celle de l'Hyper-Phrygien. C'est aussi le plus grave des Treize connus d'Aristoxène, & des Sept reconnus par Ptolémée.	Affectueux, mais Gai; souvent Doux & Majestueux.	Aristote lui donne le même éloge qu'à l'Hypo-Phrygien. Lucien l'appelle le Majestueux.	

TABLEAU des *MODES* de la Musique des Grecs, comparés avec les *TONS* de la Musique Moderne.

Noms des TONS Modernes.	Genre des TONS.	Caractères des TONS prouvés par des Exemples.	Nombre des MODES Anciens.	Noms des MODES Anciens.	Situation respective de la Corde fondamentale de chaque MODE, d'après les Anciens.	Caractères des MODES, selon les Écrits des Anciens : ils correspondent aux Caractères de nos TONS.	Ce qu'en disent les Auteurs Anciens.	Division des MODES suivant leur genre d'élévation dans le Système général.
LA	Majeur Mineur	*Ouverture du Carnaval du Parnasse.* *Air d'Armide.* Les Oi-seaux de ces bo-ca-ges N'y res-pirent que l'A-mour.	XVe.	HYPER-LYDIEN.	Ce *Mode*, le plus aigu des Quinze de la Musique des Grecs, avait sa *Corde fondamentale* une Quarte au-dessus de celle du Mode *Lydien*; & faisait le Diapason, ou l'Octave avec le Mode III *Hypo-Phrygien*. Il était probablement inconnu à *Aristoxène*, qui n'en parle pas.	Ce *Mode* avait probablement le même caractère, mais plus brillant, que l'*Hypo-Phrygien*.	*Nous n'avons pu découvrir la façon de penser des Anciens sur ces trois* MODES.	MODES AIGUS.
LA♭ ou SOL♯	Majeur Mineur	Ces Tons ne sont guère employés, tant au Majeur qu'au Mineur.	XIV.	HYPER-ÉOLIEN.	Ce Mode, qui n'était vraisemblablement pas connu d'*Aristoxène*, avait sa Corde fondamentale à la Quarte au-dessus de celle du Mode *Éolien*, & à l'Octave de celle de l'*Hypo-Ionien*.	Il avait probablement le même caractère, mais plus brillant, que le Mode *Hypo-Ionien*.		
SOL	Majeur Mineur	*Ouverture de Pigmalion.* *Air des Prêtresses d'Hippolyte & Aricie. Acte I, Scène 3.*	XIII.	HYPER-PHRYGIEN, appelé par *Euclide*, &c. HYPER-MIXO-LYDIEN. Il semble que ce dernier nom conviendrait mieux à un Mode qui serait à un demi-ton au-dessus de l'*Hyper-Éolien*, à la Quarte au-dessus de l'*Hyper-Dorien*, & à l'Octave de l'*Hypo-Dorien*.	Ce Mode, le plus aigu des Treize connus d'*Aristoxène* avait sa Corde fondamentale une Quarte au-dessus de celle du Mode *Phrygien*, & faisait l'octave avec l'*Hypo-Dorien*, le plus grave de tous.	Il avait probablement le même caractère, mais plus brillant, que le Mode *Hypo-Dorien*.		
SOL♭ ou FA♯	Majeur Mineur	Ces deux Tons ne sont guère en usage. Le Ton de *Sol ♭* Mineur n'est jamais employé.	XII.	HYPER-IONIEN, ou Hyper-Iastien, ou Mixo-Lydien *aigu*.	Sa Corde fondamentale était à la Quarte au-dessus de celle du Mode *Ionien*.	Sombre & Tranquille.	*Lucien* le dit Triste, & propre aux Cérémonies Religieuses.	
FA	Majeur Mineur	*Chasse de Zaïde, Acte II, Scène 5.* *Monologue de* Dardanus. Lieux funestes, où tout res-pire	XI.	HYPER-DORIEN, ou Mixo-Lydien.	Ce Mode, le plus aigu & le dernier des Sept reconnus par *Ptolémée*, qui l'appele *Mixo-Lydien*, avait sa Corde fondamentale à la Quarte au-dessus de celle du Mode *Dorien*.	Bruyant; mais quelquefois, Mélancolique & Pathétique.	*Plutarque* le dit propre aux Tragédies; *Aristote*, aux cœurs Tristes; *Platon*, aux Larmes; *Athénée*, tantôt à émouvoir, tantôt à calmer les Passions.	
MI	Majeur Mineur	*Air gai, du 3e Acte de* Castor & Pollux. *Sarabande de* Castor.	X.	LYDIEN, ou *Mode Barbare*, parce qu'il portait le nom d'un Peuple de l'Asie.	Ce Mode, le plus aigu des cinq *Moyens*, occupait le milieu entre l'*Hyper-Dorien* & l'*Éolien*; & sa Corde fondamentale était à un ton au-dessus de celle du Mode *Phrygien*. Il est le Sixième des Sept reconnus par *Ptolémée*.	Animé, Éclatant; quelquefois Pathétique, & propre à la Mollesse.	*Platon* le défend, comme propre à rendre Mou & Efféminé. *Athénée*, dit que quelquefois il est propre aux Plaisirs. *Aristote*, l'appele *Plaintif*.	MODES MOYENS.
MI♭ ou RE♯	Majeur Mineur	*Monologue de* Castor. Tristes a-prêts, pâles flambeaux. Ce Ton Majeur de *Re ♯* n'est jamais employé. Ces Tons Mineurs de *Mi ♭* & de *Re ♯* sont peu usités.	IX.	ÉOLIEN, ou Lydien *grave*.	Il occupait le milieu entre le Mode *Lydien* & le *Phrygien*; & avait sa Corde fondamentale à un demi-ton au-dessus de ce dernier.	Grave & très-Sombre.	*Lasus* en parle comme d'un Mode Grave & Sombre. *Athénée* dit qu'il était Simple & Mystérieux. *Pratinas*, raporté par *Athénée*, dit que l'Harmonie Ionienne convenait aux Jeunes Gens avides de Chansons Tristes; & il lui donne le premier rang.	
RE	Majeur Mineur	*Chasse d'Églé.* *La Générale.*	VIII.	PHRYGIEN.	Ce Mode, le Cinquième des Sept reconnus par *Ptolémée*, occupait le milieu entre le *Lydien* & le *Dorien*; & avait sa Corde fondamentale à un ton de distance de celles de l'un & de l'autre.	Ardent, Fier, Impétueux, Véhément, Terrible; quelquefois plus Doux.	*Athénée* dit, que c'est le Mode sur lequel on sonnait des Trompettes & des Instruments Militaires. *Platon* dit, que c'est le plus Fier & le plus Impétueux de tous les Modes. *Plutarque* l'appele *le Véhément*.	
RE♭ ou UT♯	Majeur Mineur	Les Tons de *Re ♭* Majeur & d'*Ut ♯* Mineur sont peu usités. Les Tons d'*Ut ♯* Majeur, & sur-tout de *Re ♭* Mineur, ne le sont point du tout.	VII.	IONIEN, ou Iastien, ou Phrygien *grave*.	Il occupait le milieu entre le Mode *Phrygien* & le *Dorien*; & avait sa Corde fondamentale à un demi-ton au-dessus de ce dernier.	Mou & consacré à la Compassion, ainsi qu'à ce qui rendait Efféminé.	*Platon* le défend, dans sa *République*, comme propre à rendre Mou & Efféminé. *Plutarque* le dit Mou, & *Athénée*, Voluptueux.	
UT	Majeur Mineur	*Marche de* Castor. Venite, exultemus, *par Mondonville.* Ve-ni-te, ve-ni-te, ado-re-mus.	VI.	DORIEN, ou Hypo-Mixo-Lydien.	Ce *Mode*, le Quatrième des Sept reconnus par *Ptolémée*, était le premier & le plus grave des cinq principaux & plus anciens de la Musique Grecque; appelés aussi *Moyens*, parce qu'ils tenaient le milieu entre les dix ajoutés depuis, & placés à la Quarte de chacun d'eux; savoir, cinq à l'aigu, distingués des cinq *Moyens* par l'addition de la préposition *hyper*, & cinq au *grave*, distingués par l'addition de la préposition *hypo*.	Sérieux, Grave, Majestueux, propre pour la Guerre; quelquefois propre aux Sujets Religieux.	*Platon* le regarde comme propre à conserver les Bonnes Mœurs. *Plutarque* dit qu'il est distingué par sa Gravité. *Athénée* dit que quelquefois il est Tendre.	
SI	Majeur Mineur	*Duo de* Titon & l'Aurore. Rè - - - - - - - - - - - - gne, règne, Amour. *Prière de Thésée à Neptune dans* Hippolyte & Aricie. *Acte III, Scène 9.*	V.	HYPO-LYDIEN.	Sa Corde fondamentale était à une Quarte au-dessous de celle du Mode *Lydien*. Il est le Troisième des Sept reconnus par *Ptolémée*.	Animé & Brillant; quelquefois Agréable & Doux, d'autres fois consacré aux Chants Funèbres & aux Méditations sublimes.	*Platon* le dit Brillant. *Aristote* veut qu'il soit consacré aux chants Tristes & Lents. *Athénée* le consacre aux Chants Funèbres, & aux Méditations sublimes.	MODES GRAVES.
SI♭ ou LA♯	Majeur Mineur	*Marche des* Gardes Françaises. Le Ton de *La ♯* Majeur n'est jamais employé. Le Ton de *Si ♭* Mineur est peu usité. Le Ton de *La ♯* Mineur n'est presque jamais employé.	IV.	HYPO-ÉOLIEN, ou Hypo-Lydien *grave*.	Sa Corde fondamentale était à une Quarte au-dessous de celle du Mode *Éolien*.	Imposant, quoique Triste.	*Aristote* le dit d'une douce Gravité. *Athénée* dit qu'il est Imposant.	
LA	Majeur Mineur	*Air des* Indes Galantes, *Acte des Sauvages.* Clair flambeau du monde, L'air, la terre & l'onde. *Monologue d'*Ismène. Zé-phirs, aimables fleurs, & vous, claires fon-taines.	III.	HYPO-PHRYGIEN.	Sa Corde fondamentale était à la Quarte au-dessous de celle du Mode *Phrygien*, & à l'Octave au-dessous de celle de l'*Hyper-Lydien*. Il est le Second des Sept reconnus par *Ptolémée*.	Brillant; & quelquefois Calme & Paisible.	*Aristote*, au IXe Livre de ses *Problèmes*, nous apprend que les Grecs chantaient sur ce Mode des Monologues passionés de leurs Tragédies, & les appelaient *Cantiques*. *Athénée* dit, que quelquefois il est Calme.	
LA♭ ou SOL♯	Majeur Mineur	Les Tons de *La ♭* Mineur & de *Sol ♯* Mineur sont peu usités. Les Tons de *La ♭* Mineur & de *Sol ♯* Majeur ne le sont point du tout.	II.	HYPO-IONIEN, ou Hypo-Iastien, ou Hypo-Phrygien *grave*.	Sa Corde fondamentale était à la Quarte au-dessous de celle du Mode *Ionien*, & à l'Octave au-dessous de celle de l'*Hyper-Éolien*.	Grave & Majestueux; quelquefois très Triste.	*Lucien* dit qu'on l'employait aux Sérénades amoureuses, pour procurer de doux réveils.	
SOL	Majeur Mineur	*Monologue d'*Églé. Paisibles bois, ver-gers dé-li-cieux. *Air des* Indes Galantes, *Acte des Sauvages.* Forêts pai-sibles, forêts pai-sibles.	Ier.	HYPO-DORIEN, Commun, Locrien.	Ce *Mode*, le premier & le plus *grave* des Quinze de la *Musique* des Grecs, avait sa Corde fondamentale à la Quarte au-dessous de celle du Mode *Dorien*, & à l'Octave au-dessous de celle de l'*Hyper-Phrygien*. Il est aussi le plus grave des Treize connus d'*Aristoxène*, & des Sept reconnus par *Ptolémée*.	Affectueux, mais Gai; souvent Doux & Majestueux.	*Aristote* lui donne le même usage qu'à l'*Hyper-Phrygien*. *Lucien* l'appele *le Majestueux*.	

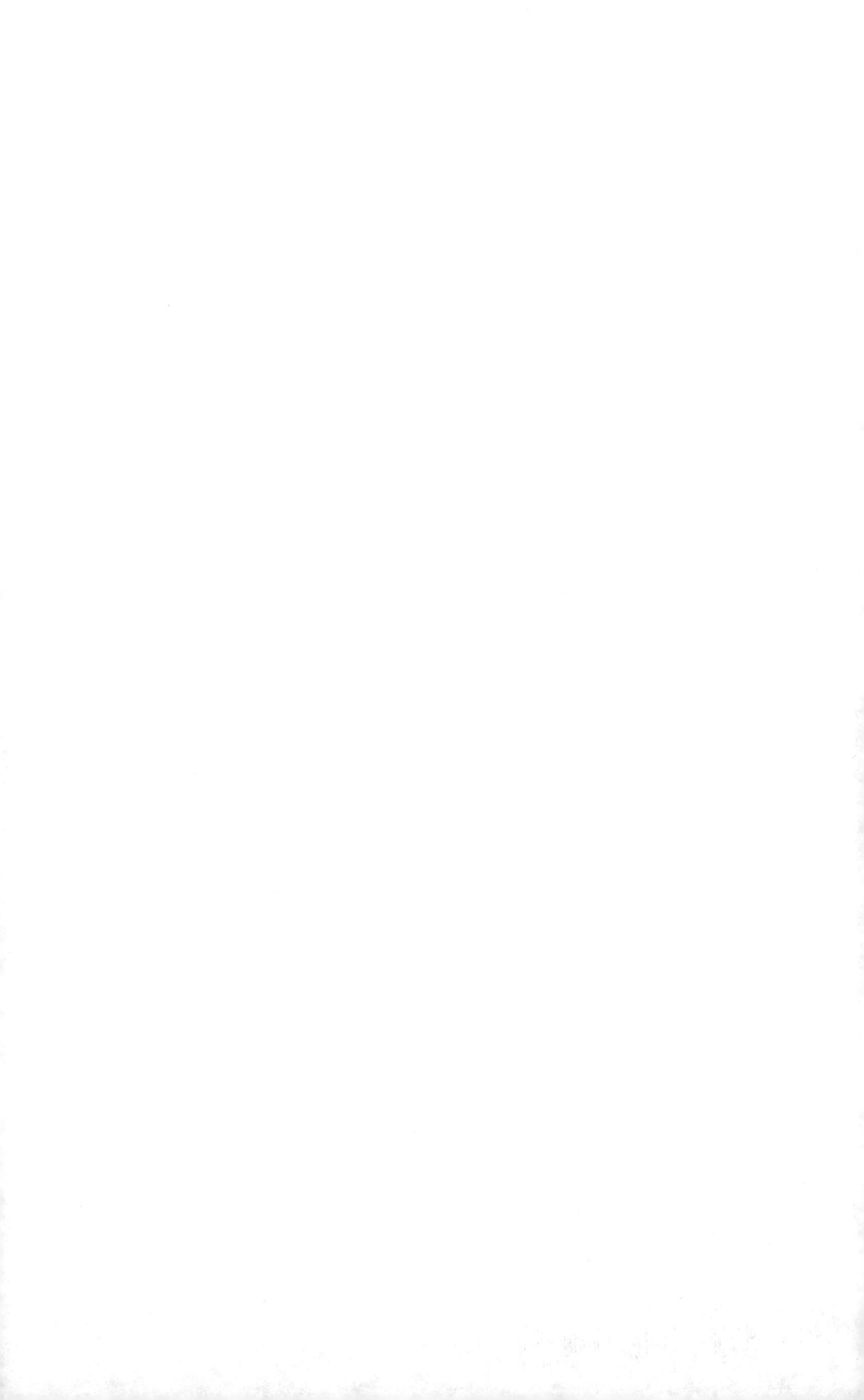

www.ingramcontent.com/pod-product-compliance
Lightning Source LLC
LaVergne TN
LVHW010517100826
845148LV00001B/31